인도 최대 철학자 샹카라와 네 명의 수제자들 8세기에 활동한 샹카라는 힌두교의 위대한 철학자이며 성자. 그는 만물의 밑바탕에는 유일한 절대자 브라만이 있고, 이것은 온갖 차별상을 떠나 본질적으로 같다고 주장한다. 저서로 《브라흐마 수트라》와 《브리하다라냐카 우파니샤드》 등 많은 주해서를 남겼다.

인더스 문명의 모헨조다로 유적 힌두교의 기원은 인더스 문명에서 최초 흔적을 엿볼 수 있다. 모헨조다로는 BC 2600년쯤 건설된 인더스 문명의 고대도시로, 오늘날 파키스탄 신드에 자리한다. 유네스코 세계문화유산 등재.

《리그 베다》 산스크리트 원문 1882~3, 집필연도는 BC 1000년 무렵. 현존하는 인도문헌 중 가장 오래된 것으로 브라만교와 힌두교 경전의 뿌리가 되는 성전이다. 2007년 유네스코 세계기록유산 등재.

CHOWKHAMBA SANSKRIT STUDIES
CX

BṚHADĀRAṆYAKA UPANIṢAD

with the commentary
of
Śrī Madhvācārya

Translated by :
Rai Bahdur Srisachandra Vasu Vidyarnava

CHOWKHAMBA SANSKRIT SERIES OFFICE
VARANASI

《브리하다라냐카 우파니샤드》 모든 우파니샤드 중에서 가장 오래되고 으뜸으로 여기는 것이 《브리하다라냐카 우파니샤드》이다.

《우파니샤드》에 실린 삽화 《우파니샤드》에서, 스승이 제자에게 전한 비밀스런 가르침은 대우주의 원리 브라만과 소우주의 원리 아트만이 동일하다고 생각한다. 곧 브라만과 아트만(인간 자아)의 동일성을 진리로 여기며, 이 진리를 범아일여(梵我一如)라고 한다.

물 한 방울의 영향─브라만과 아트만에 대한 공통의 비유 《우파니샤드》에서, 모든 사물은 상관관계를 가지며 상호의존의 지배를 받는다고 말한다. 우파니샤드 철학자들은 아트만이라는 본래적 자아를 추구한다. 그들은 인간이 물질과 같다고 보고 자신을 사물과 관련시키고 있다. 그것이 인도 사상의 정수이며 우파니샤드 철학의 핵심이다.

《카타 우파니샤드》 DVD 이 우파니샤드의 중심 내용은 나치케타스라는 사제 소년과 죽음 신 야마의 대화로 이루어 진다. 나치케타스가 구하는 것은 태어남도 없고 죽음도 없는 자아(아트만)의 발견이다.

춤추는 시바 신 시바는 힌두교 3대 신(神)의 하나로, 《우파니샤드》에 나오는 파괴의 신이다.

《찬도기야 우파니샤드》 산스크리트 원문 찬도기야는 사마 베다에 속하며, 브리하다라냐카와 함께 우파니샤드 중에서 가장 많은 분량을 차지한다.

할레비드 사원에 조각된 브라흐마 신 브라흐마는 힌두교 3대 신(神)의 하나. 힌두교 교리에 따르면 우주 윤회 질서는
이들 최고의 3신에 의해 유지된다. 곧 창조의 신 브라흐마, 유지의 신 비슈누, 파괴의 신 시바이다.

비슈누신 비슈누는 힌두교 3대 신(神)의 하나로, 우주질서 유지의 신이다.

세계사상전집051

उपनिषद्
우파니샤드

김세현 역해

동서문화사

디자인 : 동서랑 미술팀

우파니샤드

차례

우파니샤드란 무엇인가

우파니샤드를 읽는 이에게

우파니샤드란 무엇인가. 우파니샤드가 고대 인도의 철학서이며 여기에 온 갖 가르침이 두루 들어 있다는 사실 외에는 우파니샤드에 대한 어떠한 설명 도 확실하지 않다. 흔히 우파니샤드를 '오의서(奧義書)'나 '비밀스런 가르침' 이라고 하지만 그것은 근거 없는 잘못된 풀이다. 우파니샤드는 베다 마지막 에 오는 경전이며, 철학과 비철학을 아우른 다양한 주제를 다루고 있을 뿐이 다. 우파니샤드를 올바르게 읽기 위해 우선 우파니샤드가 무엇인지 간략히 살펴보겠다.

우파니샤드의 말뜻

먼저 우파니샤드(Upaniṣad)의 어원부터 풀이해보겠다. 학계에 널리 퍼진 학설에 따르면, 우파니샤드는 스승의 가르침을 받기 위해 제자가 스승 가까 이(upa), 아래에(ni) 앉는($\sqrt{}$ sad) 것을 뜻한다. 그리고 스승이 제자에게 가 르치는 그 비밀스런 가르침은 대우주의 원리인 브라만(브라흐만)과 소우주 의 원리인 아트만이 같다는 사상이다. 브라만은 범(梵)이고 아트만은 아 (我)이다. 브라만=아트만 사상을 사람들은 '범아일여(梵我一如)'라 한다. 그러나 초기 우파니샤드에 '범아일여'라는 표현은 없다.

초기 주요 우파니샤드에서, 제자가 스승의 무릎 밑에 앉아 비밀스런 가르 침을 들은 사실을 증명하는 부분은 어디에도 없다. 그러나 스승의 발치에 앉 는 것이 우파니샤드라는 해석은 가능하다. 따라서 많은 사람이 그러한 해석 을 하나의 가설로 여기지 않고 만인이 인정해야 할 진리라고 믿어 의심치 않 는다. 우파니샤드가 스승 가까이, 아래에 앉는다는 것은 하나의 풀이에 지나 지 않는다. 그것은 한 가지 관점에서의 접근일 뿐이다. 나는 그러한 편파적 인 접근에 기초한 해석을 거부한다. 문헌학적 증거도 없이 스승 가까이 앉는 것이 올바르다고 믿는 발상은 받아들이기 어렵다.

우파니샤드가 가까이, 아래에 앉는다고 한 것을 나는 하나의 비유로 해석한다. 중국과 한국 같은 동아시아 문명에서는 사람과 사람의 관계를 가장 높이 평가한다. 그러나 인도 같은 남아시아 문명에서 결정적인 것은 물질과 인간의 관계이다. 따라서 우파니샤드가 뜻하는 것은 스승의 발치에 제자가 앉는 것이 아니라, 인간이 물질 가까이, 물질 아래에 앉는 것이다. 인간이 물질 가까이, 아래에 앉는 것을 우파스(upa-ās)라고 한다. 우파사나=우파니샤드라는 공식을 인정한다면, 우파니샤드의 기본 뜻은 무언가에 접근하여, 무언가를 얻고자 노력하는 것, 또는 무언가를 열심히 추구하는 것이다. 한 사물을 다른 사물과 동일시는 것이 우파니샤드이며, 본래적 자기인 아트만을 '열심히 추구하는 지적 인식행위'가 초기 우파니샤드의 중요한 주제이다. 초기의 주요 우파니샤드에는 '우파스'라는 말이 적잖이 나타나므로, 우파니샤드=우파사나 이론을 텍스트에 근거해 증명할 수 있다.

우파니샤드는 사물 가까이, 아래에 앉는 것이므로, '비밀스런 가르침'이 아니라 한 사물을 다른 사물 아래에 종속시키는 것을 의미한다. 그리고 사물의 상관관계가 성립하려면 사물 사이에 '계급서열'이 있어야 한다. 우파니샤드는 '계급서열(Rangordnung)' 위에 세워진 사상 체계이다. 한 사물을 다른 사물에 종속시키는 것이 우파니샤드의 밑바탕에 흐르는 가치 체계이다. 모든 사물은 상관관계를 가지며, 사물의 관계는 상호의존의 지배를 받는다. '더욱 높은 사물의 가까이, 아래에 앉는 것'이 바로 우파니샤드이다. 그리고 우파니샤드의 으뜸 철학자들은 아트만이라는 본래적 자기를 '열심히 추구'했다. 인간을 물질과 동일하다고 보고 자신을 사물과 관련시키는 것, 그것이 인도사상의 정수이며 우파니샤드 자체이다.

우파니샤드를 '비밀스런 가르침'이라고 보는 것은 오늘날 통용되지 않는 낡은 학설일 뿐이다. 초기 우파니샤드에서 스승이 제자에게 '비밀스런 가르침'을 전수했다는 내용이 전혀 없기 때문이다. 브리하다라냐카에서 만두키야 우파니샤드에 이르기까지, 스승 발치에 앉는다는 의미로 우파니샤드라는 말이 쓰인 경우는 한 번도 없다. 그런데도 우파니샤드를 그러한 뜻으로 풀이하고, 온 세계의 거의 모든 인도학자가 여전히 우파니샤드를 '비밀스런 가르침'이라고 이해한다. 나는 우파니샤드와 우파스를 동의어로 보고, 가치 있는 사물을 열심히 추구하는 행위가 우파니샤드의 본디 의미라고 생각한다. 고대인도 사람들은 스승 곁으로 공손히 다가간 것이 아니라, 그들이 높이 평가한 사물에 다가가고자 한 것이다.

브라만=아트만 사상 비판

스승이 제자에게 전한 '비밀스런 가르침'은, 대우주의 원리 브라만과 소우주의 원리 아트만과 동일하다는 것이라고 널리 알려져 왔다. 베단타학파에는 '위대한 문장(Mahāvākya)'이라는 명제가 있으며, 브라만과 인간 자기(아트만)의 동일성을 진리로 여긴다. 이 진리를 '범아일여'라고 한다. '위대한 문장'에서 가장 중요한 것은, 찬도기야 우파니샤드 제6장 8~16에 나오는 '타트 트밤 아시(tat tvam asi)'라는 후렴이다. '타트'는 브라만, '트밤'은 아트만을 뜻하므로 타트 트밤 아시는 최고원리인 브라만과 인간 자아의 동일성을 나타낸다고 많은 사람들이 믿어왔다. 그러나 문맥을 살펴보면 타트는 브라만을 뜻하지 않는다. 타트 트밤 아시라는 후렴이 있는 본문 어디에도 브라만이라는 말은 나오지 않기 때문이다. 우파니샤드에 주석을 단 샨카라는 타트가 '존재(sat)'를 뜻한다고 했다.

그러나 미국의 인도학자 브레러턴처럼, 타트는 부사 역할을 하는 지시대명사이며, '그처럼'이라고 해석해야 한다. '투밤'은 '너' 또는 '당신'을 뜻하며, '본래적 자기'나 '소우주의 원리'가 아니라 슈베타케투 그 사람을 가리킨다. 즉 '타트 트밤 아시'를 풀이하면 '너는 그러하다'라는 말이다. 적어도 찬도기야 우파니샤드 제6장에 나오는 'tat tvam asi'는 결코 브라만과 아트만의 동일성(=범아일여)을 나타내지 않는다.

또 다른 '위대한 문장' 가운데 '나는 브라만이다(ahaṃ brahma asmi)'라는 말이 있다. '나(aham)'는 '본래적 자기〔소우주의 원리〕'를, '브라만(brahman)'은 궁극적인 실재〔대우주의 원리〕를 뜻한다. 따라서 '나는 브라만이다'라는 문장이 브라만=아트만 사상의 대표로 알려져 왔다. '나는 브라만이다'라는 문구는 브리하다라냐카 우파니샤드 1.4.10에 나오며, 다음과 같이 적혀있다. "여기에는 최초에 실로 브라만이 존재했다. '나는 브라만이다'라고 말하며, 바로 그 자신을 깨달았다." '나는 브라만이다'에서 '나'는 말 그대로 '나'를 가리키는 인칭대명사이다. '나'가 암시하는 것은 브라만이다. '나는 브라만이다'라고 말하며 브라만은 '바로 그 자신을 깨달'았다. 여기서 아트만은 본래적 자기가 아니라 브라만 자신을 가리킨다. 아트만은 재귀대명사로 쓰였을 뿐, 본래적 자기를 뜻하지 않는다.

모든 우파니샤드 가운데 가장 철학적이고 심오한 것은 야지냐발키야의 사상이다. 그의 기본 가르침이 브라만=아트만 사상일까? 자나카 왕과의 대화에서 야지냐발키야는 말한다. "실로 이것이 위대하고 아직 태어나지 않은 자기이다. 그것은 늙지 않고 죽지 않는 불사이며 두려움을 모른다. 그것은 브라만이다. 실로 브라만은 두려움을 모른다. 이것을 알고 있는 사람은 브라만이 되기 때문이다." 언뜻 보면 브라만=아트만 사상을 나타내고 있는 듯하다. 그러나 브리하다라냐카 우파니샤드 제4장 4.22~23의 주제는 아트만이다. 아트만을 봄으로써 사람이 해탈한다는 것이다. 야지냐발키야와 자나카 왕의 대화는 제4장 4.23의 〔……나는 존경하는 그대에게 비데하 왕국과 나 자신까지도 선사하노라〕라는 말로 끝난다. 독일 인도학자 하네펠트는, "실로 이것이 위대하고 아직 태어나지 않은 자기이다…… 이것을 알고 있는 사람은 브라만이 되기 때문이다"라는 내용은 바로 앞의 글과 함께 아트만=브라만 사상을 믿는 편집자가 나중에 추가한 것이라고 주장한다. 야지냐발키야와 자나카 왕의 대화에 브라만=아트만 사상은 존재하지 않는다. 게다가 위대하고 아직 태어나지 않은 자기를, 늙지 않고 죽지 않는 불사이며 두려움을 모르는 브라만과 동일시하는 것은 매우 부자연스럽다. 이 대목에서 브라만은 바라문 신학의 모든 개념을 포괄하는 아주 추상적인 궁극 원리이다. 말하자면 '백지의 공식'인 것이다. 그렇다면 브라만=아트만 사상은 초기 우파니샤드에 과연 존재할까?

우파니샤드의 3대 철학자의 가르침

우파니샤드를 대표하는 인물은 야지냐발키야와 웃다라카, 그리고 샨딜리야이다. 이 세 고대인도 철학자는 과연 브라만=아트만 사상을 주장했을까? 찬도기야 우파니샤드 3.14.1~4에서 샨딜리야가 아트만=브라만 사상을 설명한다고 한다. 심장 안에 있는 아트만은 브라만이며, 죽을 때 사람은 브라만이 된다고 설명한다. 그러나 샨딜리야의 말은 너무 짧고 의미가 모호하다. 그는 틀림없이 심장 안에 있는 아트만이 브라만이라고 말했다. 그러나 사람은 죽어서 브라만이 아니라 아트만 안으로 들어간다.

다시 말해, 샨딜리야가 주장한 것은 아트만=브라만 사상이 아니라 환생설이다. 그리고 인간의 환생을 결정하는 것은 그의 생전 '의도(kratu)'이다. 찬도기야 우파니샤드 3.14.1~4의 주제는 바로 '의도'이다. 또한 샨딜리야는 인간의 '자기'에 대해 말한다. 이 자기는 모든 것을 포함하는 미세한 것이며 심장 안에 있다. 이 아트만은 대지와 대기와 하늘이라는 3계(界)보다 뛰어나다. 지야야스는 물리적으로 큰 것이 아니라 질적으로 큰 것을 의미한다. 샨딜리야는 극소한 아트만을 극대한 물질과 동일시한 것이다. 심장 안에 있는 우리의 자기는 대지와 대기와 하늘보다 뛰어나며, '모든 것'을 그 안에 포함한다. 그것이 샨딜리야의 주장이다. 샨딜리야는 첫머리에서 "브라만은 널리 알려진 바와 같이 이 모든 것이다"라고 말했다. 심장 안에 있는 인간의 아트만은 '이 모든 것'을 포함하므로, 아트만이 '이 모든 것'과 동일할 까닭이 없다. 아트만은 놀라운 능력을 지녔고 매우 미세하다. 그리고 이러한 아트만이 브라만 즉 '진리의 공식'이다. 사람은 자신의 의도를 결정하고 죽은 뒤 경이로운 능력을 지닌 아트만 안으로 들어간다. 샨딜리야는 결코 아트만과 브라만이 동일하다고 주장하지 않았다.

우파니샤드의 최고 철학자 야지냐발키야의 철학설 가운데 가장 중요한 것은 야지냐발키야와 자나카 왕의 대화(브리하다라냐카 우파니샤드 4.3~4), 그리고 야지냐발키야와 그의 아내 마이트레이의 대화(4.5 및 2.4)이다. 야지냐발키야와 자나카 왕의 대화에서 공통 주제는 브라만이 아니라 푸루샤 또는 아트만이었다. 그리고 야지냐발키야와 자나카 왕의 대화의 절정인 4.4. 22~23에서 두 사람이 논한 것은 푸루샤가 아니라 아트만이다. 야지냐발키야는 오직 아트만에 대한 내용만 자나카 왕에게 설명했다. 야지냐발키야는, 인간의 목표가 '선악의 저편'에 있으며 지금 여기서 해탈하는 것이라고 주장했다. 야지냐발키야와 자나카 왕의 대화의 밑바탕에 있는 사상은 아트만=브라만이 아니라, 아트만을 인식하고 해탈하는 것이다. 인간의 본질은 아트만이며, 인간은 이 모든 것을 아트만이라고 인식해야 한다. 그들의 대화에 아트만=브라만 사상은 존재하지 않는다. 핵심어는 아트만(본래적 자기)이다. 모든 것을 아트만으로 보는 사람은 브라만이 된다는 표현에서, 브라만은 실질적으로 아무 의미가 없다.

야지냐발키야와 마이트레이의 대화는 두 곳에 등장한다. 하네펠트는 A 브리하다라냐카 우파니샤드 2.4.1~14〔샤타파타 브라흐마나 14.5.4.1.16〕, B 브리하다라냐카 우파니샤드 4.5.1~15로 나누어 고찰하며, A를 아트만 텍스트, B를 마하드 부탐 텍스트로 구분했다. A의 주제는 아트만이고, B의 주제는 마하드 부탐〔위대한 존재〕이다. 그러나 B에서도 야지냐발키야는 아트만을 이야기한다. 야지냐발키야와 마이트레이의 대화에서도 아트만=브라만 사상은 존재하지 않는다. 우파니샤드 텍스트를 올바르게 이해하려면 우리는 아트만=브라만 사상을 믿는 샨카라의 해석에서 벗어나야 한다. 이 부부는 모든 것이 아트만이라고 결론을 내린다.

찬도기야 우파니샤드 제6장은 제1부(1~7)와 제2부(8~16)로 구성된다. 제1부의 핵심어는 사트(sat), 세 형태(trīṇi rūpāṇi), 그리고 사고/호흡/언어(manas/prāṇa/vāk)이다. 제2부의 핵심어 가운데 가장 중요한 것은 생명으로서의 자기(jivātman)이다. 제2부 마지막 문구는 타트 트밤 아시(tat tvam asi)이다. 그리고 타트 트밤 아시는 아트만과 브라만의 동일성을 나타내는 문장으로 인용된다. 그러나 타트 트밤 아시는 '네가 그것이다'라는 뜻이 아니라 '너는 그러하다'라는 뜻이다. 찬도기야 우파니샤드 제6장 제2부의 중심 주제는 미세한 지바 아트만, 즉 생명력 또는 생명으로서의 자기가 살아있는 모든 것의 핵심이라는 것이다.

제1부의 주요 가르침은 세 가지 원소에 관한 것이다. 그러나 이는 아트만=브라만 사상과는 독립된 가르침이다. 존재하는 모든 것은 불, 물, 음식물이라는 세 원소로 환원된다. 세 원소에 대한 설명은 오직 이뿐이다. 그리고 제1부 2는 사트〔존재〕에서의 세계 생성을 설명한다. "사랑하는 이여! 여기에는 최초에 존재하는 것만이 있었다"라는 말로 시작되며, 존재하는 것에서 열, 물, 음식물이 생겼다고 한다. 이 부분은 나중에 삽입된 듯하다. 사트, 즉 존재가 무엇을 뜻하는가? 정말로 불변하는 궁극적인 실존일까? 그렇지 않다. 사트 안에서 열과 물과 음식물이 생기기 때문이다. 그렇다면 사트에서 세계가 성립되는 것을, 하네펠트와 마찬가지로, 존재가 생명으로서의 자기에 의해 세 원소 안으로 들어가 개별적인 생물〔명칭과 형태〕을 창조한다고 해석할 수 있다. 이 사트는 브라만이 아니다. 사트는 단순히 '존재하는 것'이며 그것이 무엇인지는 여전히 확실하지 않다.

야지냐발키야, 웃다라카, 샨딜리야는 초기 우파니샤드를 대표하는 철학자이지만 그들은 아트만과 브라만을 동일시하는 '범아일여'를 주장하지 않았다. 그들은 본래적 자기를 설명했다. 샨딜리야 철학의 중심 주제는 환생 종류를 결정하는 '의도'이다. 그가 말하는 아트만은 일체를 포함하는 아주 미세한 것으로 심장 안에 있다. 그는 이 아트만을 브라만이라 부른다. 하지만 샨딜리야가 발견한 것은 경이로운 능력을 지닌 아트만이다. 찬도기야 우파니샤드 제6장 제2부에서 가장 중요한 부분은 '타트 트밤 아시'라는 글이다. 그러나 타트는 '브라만'을 의미하지 않는다. 웃다라카는 미세한 것을 본질로 하는 생명으로서의 자기, 또는 죽지 않는 생명 그 자체를 설명했다. 그러한 생명력은 결코 형이상학적인 개념이 아니라 죽지 않는 생명이라는 아주 소박한 생각이다. 그것은 애니미즘의 관점에서 살펴보아야 한다.

야지냐발키야와 마이트레이의 대화도 핵심어는 아트만이다. 여기서 야지냐발키야는 아트만에 대해 가르치며, '브라만'은 한 번도 언급하지 않는다. 야지냐발키야와 자나카 왕의 대화도 마찬가지이다. 결국 초기 우파니샤드에서 아트만=브라만 사상은 중요한 역할을 하지 않는다. 브라만이라는 말이 텍스트에 나오긴 해도 이 말은 핵심어로 사용되지 않았다.

그렇다면 왜 수많은 인도학자들이 아트만=브라만 사상을 진리로 여겨왔는가? 그들은 단순히 우파니샤드에 대한 샨카라의 관점을 고스란히 이어받았을 뿐이다. 샨카라는 베단타의 기초인 아트만=브라만 사상이 초기 우파니샤드의 기본적인 가르침이라고 이해했다. 우리는 이제 샨카라의 해석에서 벗어나야 한다.

자기 탐구

대부분의 인도학자는 초기 우파니샤드의 중심사상을 '비밀스러운 가르침'에서 찾았다. 제자들이 스승 가까이, 아래에 앉아 스승에게서 대우주의 원리인 브라만과 소우주의 원리가 동일하다는 '비밀스러운 가르침'을 받았다는 것이 학계의 정설이다. 그러나 우파니샤드가 뜻하는 바는, 스승의 발치에 앉아 스승으로부터 브라만=아트만 사상을 배우는 것이 아니다. 사물 가까이, 그 아래에 앉는 것이 우파니샤드이다. 인간은 자신을 사물과 똑같이 여기고 사물과 자신의 상관관계를 찾고자 노력한다. 그러한 노력은 사물을 '열심히 추구하고', 사물을 '인식하고자 애쓰는' 것이다. 우파니샤드에서 가장 중요한 것은 바로 인간이다. 아트만이라는 말은 '자기'를 뜻한다. 자기란 무엇인가? 자기는 '몸'이며, 없어서는 안 될 몸이 가진 힘, 그리고 몸의 여러 기능이다. 인간에게는 인식 과정도 중요하며, 인간의 본질적인 핵도 자기이다. 프라나를 비롯한 다섯 호흡, 시각과 청각 같은 다섯 감각기관, 사고 또는 푸루샤라고 불리는 것, 이것은 모두 자기와 관계가 깊으며, 우파니샤드에서도 이를 거론한다. 인간 자신, 즉 '자기'가 인도사상의 주요 관심사인 것이다.

아트만(ātman)은 특히 몸이다. 그러나 죽은 몸이 아니라 살아있는 몸이다. 숨 쉬는 몸이다. 또한 그것은 단순한 몸인 동시에 정신적인 자기, 인간 내부에서 발견되는 자기이다. 인간의 내부에 있는 아트만은 인간의 가장 깊은 핵이며, 본래적 자기이다. 그러나 그것은 단순한 재귀대명사인 '자기'로도 이해할 수 있다. 또한 걷고, 배설하고, 사정하고, 숨 쉬고, 말하고, 생각하는 것도 다섯 감각기관의 작용과 더불어 아트만과 결부시킬 수 있다. 숨쉬고 생각하고 말하고 보고 듣는 다섯 감각기관은 '프라나(prāṇa)'라 한다. 그 가운데 특히 중요한 것은 숨 쉬는 것이다. 몇몇 우파니샤드는 숨을 생명 자체, 또는 아트만과 동일시한다. 우파니샤드에서는 프라나(날숨), 아파나(들숨), 우다나(위로 향하는 숨), 비야나(아파나와 프라나 사이의 숨), 그리고 사마나(동일하게, 또는 연결하는 숨)를 자세히 설명한다.

우파니샤드에서 아트만이 탐구되었다. 사상사적으로 아트만 탐구는 매우 중요하다. 아트만은 자기이다. 이 자기는 다양하게 해석된다. 자기는 자기 몸이며, 자신이며, 본래적 자기이며, 초현상적 자기이다. 몸에 고유한 성질 또는 기능을 지니고, 인식 작용도 아트만에 포함된다. 아트만은 '자기'이다. 그리고 인간의 자기는 곧 창조자이다.

그러나 아트만을 발견하는 것 자체가 우파니샤드는 아니다. 자신과 사물 사이에 숨겨진 관계를 발견하는 것이 우파니샤드이다. 우파니샤드는 스승 곁에 앉는 것이 아니라 사물 곁에 앉는 것이다. 즉 자신과 사물의 상관관계를 찾고자 노력하는 것이 사물을 '열심히 추구하는 것'이다. 의식과 외부 세계의 사물과 아트만을 서로 연결하는 관계점을 찾는 것, 그것이 우파니샤드이다. 우주는 하나의 전체이며 관계의 네트워크이다. 고립되어 있는 듯이 보이는 사물은 현실에서 서로 연결된 상호의존 상태에 있다. 하지만 관계의 네트워크를 찾아내는 것은 '지식'과 '인식'이다.

인간의 자기와 사물의 상관관계를 알고자 하는 노력, 그것이 바로 우파니샤드이다. 우파니샤드는 '등가(等價)'와 '관련'에 대한 가르침이다.

우파니샤드는 가까이, 아래에 앉아 한 사물을 다른 사물에 종속시키는 것이다. 우파니샤드의 '관계'는 계층적으로 배열되므로 계층적으로 연결되어 있는 우주의 정점에 서 있는 것을 탐구해야 한다. 그 정점에 있는 것이 인간의 아트만이다. 인간의 아트만, 인간의 몸(자신)을 알면 모든 것을 이해하고, 모든 상관관계를 알게 된다. 어떤 것을 다른 것으로서 '명상'하는 것은 그 둘 사이의 관계를 '우파스(upās)'하는 것이다. 여기서 '명상'이라고 했지만, 우파스의 기본 의미는 '어떤 것을 얻고자 노력하는 것', '어떤 것을 열심히 추구하는 것'이다. 사물의 관계를 아는 사람은 그 관계가 인정하는 사물과 자신을 동일하게 여길 것이다. 우파니샤드는 어떤 것과 다른 것 사이의 등가이다. 가장 가치가 높은 우파사나는 사물과 자신[아트만] 사이에 숨겨진 관계를 인식하는 행위이다. 초기 우파니샤드에서 가장 열심히 탐구한 것은 아트만, 즉 인간 자신이었다. 아트만과 브라만을 동일하다고 보는 것이 아니라 사물과 아트만의 상관관계를 발견하는 것이었다. 인간은 만물의 일부이다. 아니, 만물의 중심이다. 만물의 중심은 인간 자신[아트만]이며, 이 아트만을 아는 사람은 사물의 체계를 아는 사람이다. 이렇게 명상하고 이렇게 아는 사람, 그는 이 세상에서 힘과 부와 명성을 얻게 된다. 우파니샤드의 최대 관심사는 바로 인간 존재, 인간의 자기이다.

초기 우파니샤드의 중심 주제가 아트만과 브라만을 동일시[=범아일여]하는 것이라는 학계의 '정설'을 나는 거부한다. 우파니샤드를 대표하는 세 위대한 철학자들이 증명하듯, 초기 우파니샤드의 최대 관심사는 인간 자신이다. 아트만을 '모든 것' 또는 우주와 동일시하는 것이 우파니샤드가 아니다. 우파니샤드의 세계에서 이 모든 것과 세계는 아트만, 즉 인간 자신에 의해 창조되고 형성된다. 외부 세계와 내부 세계도 인간 자신에 의해 만들어지며, 인간 자신이 그것의 본질이다. 몸은 살아 있으며 아트만은 인간의 심장에 깃들어 있다. 그러나 우파니샤드에서 아트만은 보는 것, 아는 것과 결부되었다. 보는 것, 아는 것은 변화하지 않는 것, 생겨나지 않는 것을 말한다. 이리하여 인간 자신을 생겨나지 않는 무엇, 존재 또는 순수의식으로 여기게 되었다.

우파니샤드(upaniṣad)라는 말 안에는 고대인도의 모든 철학사상이 응축되어 있다. 우파니샤드란 무엇인가? 우리는 그 정의부터 정립해야 한다. 우파니샤드는 스승 가까이 앉아 스승에게서 비밀을 수동적으로 받아들이고 지식을 내려 받는 것인가? 아니면 인간이 주체적·적극적으로 인식하기를 원하는 정신적 영위이자 생산적 활동인가?

브리하다라냐카 우파니샤드

[먼저 알아야 할 것들]

모든 우파니샤드 중에서 가장 으뜸으로 꼽는 것은 브리하다라냐카 우파니
샤드(Bṛhadāraṇyaka Upaniṣad)이다. 이 우파니샤드는 백(白)야쥬르 베다에
속하는 샤타파타 브라흐마나(Śatapatha-Brāhmaṇa)의 마지막 장을 이루고 있
다. 브리하다라냐카 우파니샤드라는 제목에도 나타나 있듯이 '넓고 끝없는
황야의 우파니샤드'이다. 이 우파니샤드는 '황야의 서'와 '우파니샤드' 두 가
지를 포함한 것으로 풀이된다. 우파니샤드는 마디얀디나(Mādhyandina)와
카느바(Kāṇva) 두 교정본으로 보존되어 있다. 어느 교정본에서나 브리하다
라냐카 우파니샤드 두 가지 교정본은 기본적으로 동일한 원본을 제시하지만
저마다 섹션의 배열과 읽는 방법에 중요한 차이가 있다.

베단타〔Vedānta : 본디 우파니샤드를 가리켰으나, 뒤에 그것을 체계적으로 해석하는 베단타학파를 말함〕의 대표적 사상가인 샹카라는 카
느바 판에 근거하여 이 우파니샤드에 대한 주석을 달았다. '브리하다'라는 책
이름에서도 알 수 있듯 우파니샤드는 넓고 끝없는 것이다. 브리하다라냐카 우
파니샤드는 찬도기야 우파니샤드와 함께 고대 인도 철학서인 우파니샤드 중에
서 가장 분량이 많은 것이다.

브리하다라냐카 우파니샤드는 모든 우파니샤드 중에서 가장 오래된 것으로
생각된다. 찬도기야 우파니샤드에 포함된 원본에는 브리하다라냐카 우파니샤
드보다도 더 오래된 것이 있을지 모른다. 그러나 브리하다라냐카 우파니샤드
는 가장 초기의 우파니샤드라고 할 수 있다. 이들 두 우파니샤드는 초기 우파
니샤드의 약 3분의 2를 구성하고 있을 뿐만 아니라, 그와 함께 우파니샤드 원
본의 가장 오래되고 가장 중요하며 가장 매력적인 부분을 대표한다.

브리하다라냐카 우파니샤드는 셋의 섹션(Kāṇda)으로 이루어져 있으며 여
섯의 장(adhyāya)이 있다. 첫째 섹션은 '꿀의 섹션'이라 이름이 붙여졌다.
이 섹션을 구성하는 것은 제1장과 제2장이다. '꿀의 섹션'이라고 부르게 된

것은 제2장 5에서 가져왔다. 제3장과 제4장은 '야지냐발키야의 섹션'이라 부른다. 이 섹션에서 중심적인 역할을 하는 것은 우파니샤드 최대 철학자 야지냐발키야이다. 제3장에는 야지냐발키야는 자나카왕 궁전에서 8명의 바라문파와 토론한다. 그중의 한 사람은 여자인 가르기이다. 제4장 주제는 자나카왕과 야지냐발키야의 토론과 야지냐발키야와 그의 아내 마이토레이와의 대화이다. 그러나 야지냐발키야 부부의 대화는 '꿀의 섹션'[제2장 4섹션]에서 다루어졌다. '야지냐발키야 섹션'은 브라하다라냐카 우파니샤드의 가장 철학적인 기록이다. 그러나 그뿐이 아니다. 이 섹션은 우파니샤드 전체에서 가장 중요한 부분일 것이다. 브리하다라냐카 우파니샤드에서 '꿀의 섹션'과 '야지냐발키야의 섹션'은 잘 정리되어 있어 내면적으로 처음에서 끝까지 정연한 인상을 받게 된다. 그러나 '보유편' 제5장과 제6장은 서로 달라, 맥락이 결여된 느낌을 준다. 이 섹션은 단편적이다.

그러나 여기에서 다루어지는 몇 가지 주제는 우리에게 크나큰 흥미를 안겨준다. 의식과 제례의 의례적인 문구[만트라], 비밀로 가려진 지식, 또는 브라만 사상, 모든 생기의 다툼과 숨의 우위, 오화이도설(五火二道說), 성애와 임산부를 확보하기 위한 의식, 다른 유형의 아이를 낳기 위한 의식 등이 '보유편'에 묘사되어 있다. 이 섹션은 우파니샤드를 이해하는 데 반드시 필요한 부분이다. 요컨대 우파니샤드는 고대 인도의 철학서이며 고대 인도인의 심리를 반영하는 기록이기도 하다. 브리하다라냐카 우파니샤드 첫머리에서 "옴! 제사에 알맞은 말(馬) 머리는 참으로 밝아오는 새벽이다" 함은 매우 시사적이다. 제사에 알맞은 말이 '이 일체' 즉 온 우주와 함께이니라 여기는 것은 무엇을 의미하는 것인가? 우파니샤드에서의 진정한 주제는 인간임에 틀림없다. 육신, 육신의 모든 기능, 인식과정 또는 인간 그 자체— 요컨대 인간이 우파니샤드에서 중심적인 관심이다. 다른 우파니샤드에서와 마찬가지로 브리하다라냐카 우파니샤드에서도 그 속에 깊게 흐르는 브라만[브라흐만] 또는 아트만[자아, 자기]이라는 추상적인 아이디어라고 하기보다는 오히려 인간 자신, '살과 피'를 가진 살아 있는 인간 존재가 아닐까? 브리하다라냐카 우파니샤드야말로 진실로 인간 사상의 기록임을 알고 나아가야 할 것이다.

제1장

1.1 옴! 제사(祭祀)에 알맞는 말(馬) 머리는 참으로 밝아오는 새벽이다. 그 눈은 태양이다. 그 숨은 바람이다. 벌리고 있는 그 입은 만인에게 공통된 불이다. 제사에 적합한 말의 몸[ātman, 아트만]은 해(年)이다. 그의 등은 하늘이다. 그 배는 대기이다. 그 하복부는 대지(大地)이다. 그 옆구리는 방향이다. 그 갈비뼈는 중간의 방향이다. 그의 사지는 계절이다. 그것의 관절은 역월(曆月)과 반달이다. 그의 발은 낮과 밤이다. 그 뼈는 별이다. 그의 살은 구름이다. 그 위(胃) 속은 모래다. 그의 내장은 강이다. 그의 간장과 폐는 산악이다. 그 머리털은 초목과 수목이다. 〔그의〕 앞 부분은 솟아오르는 태양, 뒷부분은 저물어 가는 태양이다. 그것이 입을 벌릴 때 번갯불이 번쩍인다. 그것이 몸을 떨 때는 천둥이 울려 퍼진다. 그것이 소변을 볼 때는 비가 온다. 그 언어는 바로 말(言)이다.

1.2 낮(晝)은 말 앞에 놓여 있는 제사용 그릇으로서 그 모태인 동쪽 바다에서 태어났다. 밤은 말의 뒤에 놓여 있는 제사용 그릇으로서 그 모태인 서쪽 바다에서 태어났다. 이 낮과 밤은 말의 앞뒤에 놓여 있는 제사용 그릇으로 태어났다. 그것은 먼저 쏜 화살이 되어 신들을 날랐다. 그것은 처녀가 되어 간다르바[Gandharva, 건달바]를, 아르반이 되어 귀신[asura, 아수라]들을, 아슈바가 되어 인간을 날랐다. 바다는 바로 말과 혈연관계에 있다. 바다는 〔말의〕 모태이다.

2.1 처음에 이 세상에는 아무것도 없었다. 그야말로 죽음과 굶주림만이 이 세상을 뒤덮고 있었다. 왜냐하면 죽음은 굶주림이기 때문이다.
'나는 육체〔아트만〕를 갖추게 될 것이다'
죽음은 이처럼 결심하였다. 그래서 죽음은 찬가를 부르면서 갔다. 그 찬가를 부름으로 인하여 물이 생겨났다.

'내가 찬가를 부르고 있을 때(arc) 나를 위하여 물(ka)이 생겼다'

죽음은 생각하였다. 바로 이것이 찬가(arka)가 찬가인 까닭이다. 이와 같이 이 찬가가 찬가인 까닭을 알고 있는 사람, 그 사람에게는 참으로 물(ka)이 나온다.

2.2 찬가는 곧 물이었다. 그래서 물의 거품이었던 것, 그것이 엉겨 굳은 대지가 되었다. 죽음은 대지 위에서 수고를 하였다. 그 수고에서 온 피로와 달아오른 열이 불〔아그니〕가 되었다.

2.3 죽음의 신은 자기자신을 셋으로 나누었다. 그 자신 외에 3분의 1은 태양에, 3분의 1은 바람에게 주었다. 이것이 셋으로 나누어진 숨이다. 그 머리는 동쪽 방향이다. 그리고 〔그〕 양팔은 이것〔남동〕과 저것〔북동〕이다. 그리고 그 꼬리는 서쪽 방향이다. 그 양쪽 넓적다리는 이것〔남서〕과 저것〔북서〕이다. 그리고 〔그〕 옆구리는 남과 북이다. 그리고 〔그〕 등은 하늘이다. 〔그〕 배는 대기이다. 〔그〕 가슴은 이 대지이다. 이것은 물로써 확립되었다. 이것을 아는 사람은 어디를 가든지 확고하게 자리를 잡는다.

2.4 죽음은 마음 속으로 원하였다.

'나에게 제2의 자기〔육신, 아트만〕가 태어나게 되기를!'

굶주림인 죽음은 그 마음으로 말(언어)과 결합하였다. 그로부터 씨가 나와 해(年)가 되었다. 그 전에는 해가 존재하지 않았다. 죽음은 1년의 시간만큼 그 씨를 뱃속에 품고 있다가 그것을 낳았다. 그것이 태어나자마자 죽음은 그것을 삼키려고 입을 벌렸다. 그것은 "부한"〔Bhāṇ, 두려움〕이라고 외쳤다. 바로 그것이 언어가 되었다.

2.5 죽음은 생각하였다.

'진정으로 만일 내가 이것을 살해한다면 나는 먹을 것이 훨씬 줄어들 것이다.'

그 말과 그 육신〔아트만〕에 의하여 그것은 대개 거기에 존재하는 모든 것

을 낳았다. 리그 베다의 찬가, 야쥬르 베다의 제사용 성전들, 사마 베다의
성가, 운율, 제례, 인간과 가축을 창조하였다. 자기가 창조한 것이 무엇이든
죽음은 그것을 모두 먹기 시작하였다. 실로 죽음은 모든 것을 먹는다. 그것
이 죽음의 본성이다. 이와 같은 죽음의 본성을 아는 사람은 모든 것을 먹고
즐기는 사람이 되며, 모든 것은 그에게 먹을 것이 된다.

2.6 죽음은 마음 속으로 원하였다.
'더 큰 제사를 통해 나는 다시 공물을 바치겠다!'
그것은 노고로 피곤하고 열이 심해졌다. 죽음이 노동과 고행을 행하자 그
열기로 인해 광명과 힘이 나왔다. 그 광명과 힘은 생명의 숨들이다. 그 생명
의 숨들이 사라졌을 때 〔그것의〕 육신이 부어오르기 시작하였다. 그러나 바
로 그 육신에는 마음이 존재하고 있었다.

2.7 죽음은 마음 속으로 원하였다.
'나의 이 육신〔시체〕은 제사에 알맞은 것이 되어주기를! 이 몸에 의지하
여 나는 자기〔살아 있는 육신〕를 갖추어지게 되기를!'
그리고 그 육신은 말〔馬〕이 되었다. 그것은 부어올랐기(aśvat) 때문에 마
사제(馬祀祭)[*1]에 적합한 것(medhhya)이 되었다. 바로 그것이 마사제
(aśvamedha)를 마사제라고 부르는 까닭이다. 이렇게 마사제를 알고 있는 사
람은 참으로 그것을 아는 자이다.
어쨌든 말을 가두지 않고, 죽음은 〔말을 에워싸려고〕 생각하였다. 1년 뒤
에 죽음은 자신을 위하여 말을 도살하였다. 〔그 이외의〕 가축을 신들에게 바
쳤다. 그러므로 사람들은 프라자파티에 속하는 말을 신들에게 바치는 것이
다.
불타고 있는 태양은 진정한 마사제이다. 1년은 그것의 육신〔아트만〕이다.
이 불은 아르카이다. 이런 세계는 그 모든 육신이다. 그 두 가지는 아르카
〔제화(祭火)〕와 마사제이다. 또 〔그것은〕 오직 하나의 신, 바로 죽음이다.

[*1] 마사제는 즉위한 왕의 '세계 지배'를 위하여 거행되었다. 왕의 주권을 시위하고 왕의 지배
를 권위 있게 하려고 마사제를 베풀었다. 그리고 마사제에서 제사에 적합한 말의 몸 부분
및 활동은 우주의 요소·현상과 같은 것으로 보았다.

〔이와 같이 알고 있는 사람은〕 거듭 죽는*² 것을 넘어서게 된다. 이 사람은 죽음을 다시 맞이하지 않는다. 죽음은 그의 육체〔아트만〕가 되고 그는 신과 하나가 된다.

3.1 정작 신들과 귀신들은 프라자파티의 두 종류의 자손이었다.*³ 그들 중에서 신들은 바로 연하이고, 악마들은 연상이었다. 이런 세계를 획득하려고 하여 그들은 다투었다. 그런데 신들이 말하였다.

"자, 제사에서 우리들은 우드기타(udgitha)*⁴를 통하여 귀신들을 정복하자."

3.2 그래서 신들은 언어에게 말했다.

"우리들을 위하여 찬송을 하라."

"좋아"라고 대답한 언어는 그들을 위하여 찬송을 하였다. 찬송을 함으로써, 언어 가운데 담은 찬양의 효력을 신들을 위해 획득하였다. 그들이 말하기에 아름다운 것, 그것은 자기자신을 위하여 소중히 간수하였다. 악마들은 알게 되었다.

'참으로, 이 찬송을 한 사람들이 우리를 정복할 것이다.'

그들은 그것을 덮쳤다. 악으로 그것을 꿰뚫어 버렸다. 악은 사람이 말하기에 부적절한 것이다. 그것이 바로 악이다.

3.3 그리고 신들은 숨에게 말하였다.

"우리들을 위하여 찬송을 하라."

---

*2 '거듭 죽는다'〔再死〕는 말은 옛날 베다 문헌, 예를 들면 리그 베다 같은 데는 나오지 않는다. 이 말은 우파니샤드에 자주 사용되고 있다. '거듭 죽음'이란 저 세상에서 다시 죽는 것을 의미한다.

*3 베다 신화에서 아수라(阿修羅)는 신들의 적으로 보았다. 그러나 아수라는 원래 신적인 존재이고, 생물의 창조자/아버지의 자손 내지 자식이다. 프라자파티의 제3의 자손은 인간이다. 그러나 인도에서 아수라는 사악한 신들, 악귀로 이해되었다. 우파니샤드 시대에는 오로지 악귀, 귀신으로 사용되었다.

*4 제례의 기간 중에 부르는 찬가의 중심적인 부분. 사마 베다의 찬가를 노래하는 것은 제관이었다.

"좋아"라고 답하고 숨은 그들을 위하여 찬송을 하였다. 찬송을 함으로써 그것은 숨 가운데 있는 효력을 신들을 위해 획득하였다. 그것이 냄새 맡기에 아름다운 것, 그것은 자기자신을 위하여 소중하게 간수하였다. 악마들은 알고 있었다.

'참으로 이 찬송을 한 사람들이 우리를 정복할 것이다.'

그들은 그것을 덮쳤다. 악으로 그것을 꿰뚫어 버렸다. 악은 사람이 냄새 맡기에 부적절한 것이다. 바로 그것이 악이다.

3.4 그리고 신들은 시각에게 말하였다.

"우리를 위하여 찬송을 하라."

"좋아"라고 답하고 시각은 그들을 위하여 찬송을 하였다. 찬송을 함으로써, 그것은 시각 가운데 있는 효력을 신들을 위해 획득하였다. 그들이 보기에 아름다운 것, 그것은 자기자신을 위하여 소중하게 간수하였다. 악마들은 알고 있었다.

'참으로 이 찬송을 하는 사람들이 우리를 정복할 것이다.'

그들은 그것을 덮쳤다, 악으로 그것을 꿰뚫어버렸다. 악은 사람이 보기에 부적절한 것이다. 바로 그것이 악이다.

3.5 그리고 신들은 청각에게 말하였다.

"우리를 위하여 찬송을 하라."

"좋아"라고 답하고 청각은 그들을 위하여 찬송을 하였다. 찬송을 함으로써, 그것은 청각 가운데 있는 효력을 신들을 위하여 획득하였다. 그들이 듣기에 아름다운 것, 그것은 자기자신을 위하여 소중하게 간수하였다. 악마들은 알고 있었다.

'참으로 이 찬송을 하는 사람들이 우리를 정복할 것이다.'

그들은 그것을 덮쳤다. 악으로 그것을 꿰뚫어버렸다. 악은 사람이 듣기에 부적절한 것이다. 바로 그것이 악이다.

3.6 그러고 나서 신들은 사고에게 말하였다.

"우리를 위하여 찬송을 하라."

"좋아"라고 답하고 사고는 그들을 위하여 찬송을 하였다. 찬송을 함으로써, 그것은 사고 가운데 있는 효력을 신들을 위하여 획득하였다. 그들이 사고하기에 아름다운 것, 그것은 자기자신을 위하여 소중하게 간수하였다. 악마들은 알고 있었다.

'참으로 이 찬송을 하는 사람들이 우리를 정복할 것이다.'

그들은 그것을 덮쳤다. 악으로 그것을 꿰뚫어버렸다. 악은 사람이 생각하기에 부적절한 것이다. 바로 그것이 악이다.

그리고 이처럼 확실히 귀신들은 이런 신들〔언어, 숨, 시각, 청각, 사고〕을 괴롭히고, 이처럼 이런 신들을 악으로 꿰뚫어버렸다.

3.7 그러고 나서 신들은 입속의 숨에게 말하였다.

"우리를 위하여 찬송을 하라."

"좋아"라고 답하고 이 숨은 그들을 위하여 찬송을 하였다. 악마들은 알고 있었다.

"참으로 이 찬송을 하는 사람들이 우리를 정복할 것이다."

그들은 그것을 덮쳤다. 악으로 그것을 꿰뚫어버렸다. 그러나 흙덩어리가 바위에 부딪쳐 부서지듯 이처럼 그들은 모든 방향으로 부서져 소멸되었다. 그러므로 신들은 번영하고, 악마들은 파멸하였다. 이와 같이 알고 있는 사람은 자신이 스스로 번영하고, 그 사람을 미워하는 적은 파멸한다.

3.8 신들은 말했다.

"이처럼 우리에게 붙어 다니던 것은 대체 어떻게 되었는가?"

"이것은 입속에 있도다."

그것은 아야스야(Ayāsya), 안기라사(Āṅgirasa)이다. 왜냐하면 그것은 사지(四肢)를 이루는 가장 중요한 정수(精髓)이기 때문이다.

3.9 참으로 이 신들〔입 속에 있는 숨〕은 둘(Dūr)이라고 부른다. 왜냐하면 죽음은 이 신들로부터 동떨어져 있기 때문이다. 참으로 이처럼 알고 있는 사람으로부터 죽음은 멀리 떨어져 있다.

3.10 참으로 이 신들은 이런 신들 가운데서 악인 죽음을 몰아내어 모든 방향이 끝나는 곳으로 그것을 보냈다. 그곳에 죽음은 그런 신들의 악을 두었다.

'악인 죽음에 나는 가까이 가지 않도록!'

그렇게 생각하여, 변경의 죄악 안에 들어가 있는 사람들에게 가서는 안 된다. 사람은 변경의 땅으로 가서는 안 된다.

3.11 참으로 이 신들은 이런 신들 가운데서 악인 죽음을 몰아내고, 죽음 저편으로 건너가게 했다.

3.12 참으로 그것은 최초로 그야말로 언어를 〔죽음을〕 넘어 건너가게 했다. 그것이 죽음에서 해방될 때에 그것은 불이 되었다. 죽음의 저쪽에서, 죽음을 넘어 이 불은 번쩍인다.

3.13. 그리고 그 숨을 〔죽음을〕 넘어 건너가게 했다. 그것이 죽음에서 해방될 때에 그것은 바람이 되었다. 죽음의 저쪽에서, 죽음을 넘어 이 바람은 분다.

3.14 그리고 그것은 시각을 〔죽음을〕 넘어 건너가게 했다. 그것이 죽음에서 해방되었을 때에 그것은 태양이 되었다. 죽음의 저쪽에서, 죽음을 넘어 저 태양은 작열한다.

3.15 그리고 그것은 청각을 〔죽음을〕 넘어 건너가게 했다. 그것이 죽음에서 해방되었을 때에 그것은 방향이 되었다. 이런 방향은 죽음을 넘어서 있다.

3.16 그리고 그것은 사고를 〔죽음을〕 넘어 건너가게 했다. 그것이 죽음에서 해방되었을 때에 그것은 달이 되었다. 죽음의 저쪽에서, 죽음을 넘어 저 달은 비친다.

3.17 그리고 노래를 부름으로써 숨은 자기자신을 위하여 먹을 것을 얻었

다. 왜냐하면 먹을 수 있는 음식이 무엇이든 바로 그것에 의해 먹을 수 있기 때문이고, 그것은 이 세상에서 확립되어 있기 때문이다.

3.18 그런 신들은 〔숨에게〕 말하였다.

"참으로 이 모든 것은 그만큼 많은 음식이다. 〔찬송을〕 함으로써 숨은 그것을 자기자신을 위하여 획득했다. 그 음식의 몫을 우리에게 달라!"

그들에 대하여 숨은 말했다.

"진실로 너희들은 내 주위에 모이라!"

"좋아" 답하고, 그들은 숨의 주위 이곳저곳에 앉았다. 그러므로 그것으로써 사람이 먹는 음식, 그것에 의해서만 그들은 배부르다. 이와 같이 알고 있는 사람, 이 사람의 주위에 진실로 그의 일족은 모인다. 그의 일족을 기르는 자, 최고의 지도자, 음식을 먹는 자는 지배자가 된다. 이와 같이 알고 있는 사람에 대하여 일족 간에 경쟁자가 되려고 하는 사람은 자기의 부양자들마저 기를 힘이 없다. 그런데 〔이와 같이 알고 있는〕 이 사람을 따르고, 또 이 사람을 따라 부양자를 기르려고 하는 사람—그는 부양자를 기를 수가 있다.

3.19 숨은 아야스야, 안기라사이다. 왜냐하면 그것은 육체 부분의 정수(精髓)이기 때문이다. 바로 육체 부분의 정수는 숨이다. 그러므로 어떤 육신의 부분에서 숨이 사라지면 바로 그 육체 부분은 시든다. 왜냐하면 참으로 그것은 육체 부분의 정수이기 때문이다.

3.20 그리고 바로 이것이 브리하스파티(Bṛhaspati)이다. 브리하티(Bṛhatí)는 참으로 언어이다. 이것은 언어의 주인(Pati)이다. 그리고 그것은 브리하스파티이다.

3.21 그리고 숨은 또한 브라마나스파티(Brahmanaspati)이다. 브라만(Brahman)은 참으로 언어이다. 이것은 언어의 주인(Pati)이다. 그리고 그것은 브라마나스파티이다.

3.22 그리고 바로 이것은 사만(sāman)이다. 사만은 진실로 언어이다. 그

것은 사(sā)와 아마(ama)이다. 그것이 사만이 사만인 까닭이다. 그리고 그
것은 흰개미와 같고, 모기와 같고, 코끼리와도 같아, 천상·지상·지하 3계
(界)와 같으며 이 모든 것과도 같다. 이와 같이 이 사만을 알고 있는 사람,
그는 사만과의 합일, 사만과 동일한 거처를 획득한다.

3.23 그리고 이것은 진실로 우드기타(udgītha)이다. 우트[ut, 위에]는 참으
로 숨이다. 왜냐하면 이 일체는 숨에 의해 위로 떠받쳐져 있기(ut-tabdha)
때문이다. 기타(gīthā)는 참으로 언어이다. 이것은 위에(ut), 그리고 가창
[歌唱, gīthā]이다. 그것은 영창[詠唱, udgītha]이다.

3.24. 브라마다타 차이키타네야도 역시 소마 왕*5을 먹으면서 말했다. '만
일 아야스야 안기라사가 이것과 다른 방식으로 찬송[우드기타]을 했다고 하
면 이 소마 왕은 내 머리를 쳐서 떨어뜨려도 좋다. 왜냐하면 언어와 숨에 의
해서만 그는 그것을 찬송하기 때문이다.'

3.25 이 사만의 소유물을 알고 있는 사람, 그 소유물은 그의 것이 된다.
사만의 소유물(sva)은 참으로 소리의 울림 그 자체이다. 그러므로 제례를 올
리는 성직자의 직무를 이행하려고 할 때에 그는 언어에서 소리의 울림을 구
해야 한다. 음향이 풍부한 그 언어에 의하여 그는 성직자의 직무를 이행해야
한다. 그러므로 제례에서 사람은 그야말로 소리의 울림이 풍부하고 그리고
[사만의] 소유물을 가진 사람을 보고자 한다. 이와 같이 이 사만의 소유물을
알고 있는 사람—이 소유물은 그 사람의 것이 된다.

3.26 이 사만의 황금을 알고 있는 사람—황금은 그 사람의 것이 된다. 사
만의 황금은 참으로 소리의 울림 그 자체이다. 이와 같이 이 사만의 황금을
알고 있는 사람—이 황금은 그 사람의 것이 된다.

---

*5 소마(soma)는 이란의 하우마(hauma)에 대응하는 고대 인도의 사람을 취하게 하는 음료.
그것을 마시면 사람은 불멸이라고 한다. 소마제례라고 하는 것은 소마라고 하는 식물을 짜는
행위이다. 소마의 액체는 걸러져 우유와 섞어 불 속으로 던지는데, 신들에게 공물로 바치
고 제관이 그것을 마신다.

3.27 이 사만의 기초를 알고 있는 사람은 기초가 잡혀 있다. 사만의 기초는 그야말로 언어 그 자체이다. 왜냐하면 확실히 이 숨(息)은 언어에 의하여 기초가 잡혀 노래 부르게 되기 때문이다. 그러나 그것은 음식에 기초가 잡혀 있다고 어떤 사람들은 말한다.

3.28 그리고 맑게 하기 위하여 찬가를 부르게 된다. 〔우드가트리의 첫째 조수(助手)인〕 프라스토트리 제관(祭官)은 소마에 대한 전주곡을 부른다. 그가 소마에 대한 전주곡을 부르기 시작할 때에 제례의 시주(施主)는 속삭인다.

> 존재하지 않은 것에서 존재하는 것으로 나를 인도하소서!
> 어둠에서 광명으로 나를 인도하소서!
> 죽음에서 불멸로 나를 인도하소서!

"존재하지 않는 것에서 존재하는 것으로 나를 인도하소서!"
그가 말할 때 존재하지 않은 것은 죽음이요 존재하는 것은 불멸이다.
"죽음에서 불멸로 나를 인도하소서! 나를 죽지 아니하게 하소서!"
이렇게 그는 말하고 있는 것이다.
"어둠에서 광명으로 나를 인도하소서!"
이렇게 말할 때 어둠은 참으로 죽음이요 광명은 불멸이다.
"죽음에서 불멸로 나를 인도하소서! 나를 죽지 아니하게 하소서!"
이렇게 그는 말하고 있는 것이다.
"죽음에서 불멸로 나를 인도하소서!"
그가 이렇게 말할 때 숨겨진 것은 아무것도 없다.
그런데 다른 찬가에 대하여 그는 자기자신을 위해 그런 노래를 부름으로써 음식을 얻을 수 있는 것이다. 그리고 그런 노래를 하고 있을 때 자기가 바랄 수 있는 것을 그는 〔보수(報酬)로서〕 골라야 한다. 이와 같이 알고 있는 이 우드가트리 제관은 자기자신을 위하여, 또는 제례의 시주를 위하여, 자기가 바라는 소망을 노래함으로써 획득한다. 이것이 바로 세계를 정복하는 일이다. 이와 같이 이 사마 베다를 알고 있는 사람, 그 사람에게 세계를 잃을 가망은 전혀 없다.

4.1 여기에는 최초로 인간의 모습을 한 자기〔아트만〕만이 존재하고 있다. 그가 주위를 다 둘러보아도 자기자신밖에 아무것도 보이지 않았다. '나는 여기에 있다'고 최초로 그것은 말했다. 그리고 "나"(aham)라고 하는 이름이 생겼다. 그러므로 지금도 〔다른 사람이〕 부를 때 사람은 '이것은 나입니다'라고 처음에 말하고, 그리고 그가 가진 다른 이름을 말한다. 이 일체가 존재하기 전에(pūrva) 그것은 모든 악을 불태웠기〔auṣat, 태우다=uṣ〕때문에 그것은 푸루샤(pur-uṣ-a, puruṣa)이다. 참으로 이와 같이 알고 있는 사람, 그는 그의 앞에 나서려고 하는 사람을 태운다.

4.2 그것은 무서웠다. 혼자 있을 때 사람은 두렵다. 그래서 그것은 생각하였다.
'나밖에 다른 것이 존재하지 않는데 나는 무엇을 두려워하는가?'
그리고 나서 그 공포는 사라졌다. 실로 그것은 무엇을 두려워해야 하였던 것인가? 공포는 참으로 제2의 것에서 생긴다.

4.3 그것은 조금도 즐겁지 않았다. 그러므로 혼자 있을 때 사람은 즐겁지 않다. 그것은 제2의 것을 바란다. 그것은 포용하고 있는 부부와 같을 정도의 크기였다. 그것은 이 육신〔아트만〕을 두 부분으로 나누었다. 그리고 남편(pati)과 아내(patnī)가 생겨났다. 그러므로 야지냐발키야는 항상 그렇게 생각하였다.
'우리 두 사람은 이른바 쪼개진 한 쌍이다.'
그러므로 이 빈자리는 아내에 의하여 채워졌다. 남편은 아내를 껴안았다. 그래서 인간이 태어났다.

4.4 그러나 그녀는 생각하였다.
'그 자신의 육신에서 나를 나오게 한 다음에 어떻게 그는 나를 껴안았는가? 자! 나는 몸을 숨기자!'
그녀는 암소가 되고, 다른 것은 수소가 되었다. 그는 바로 그녀를 껴안았다. 그리고 나서 소가 태어났다. 어떤 것은 암말이 되고, 다른 것은 수말이 되었다. 어떤 것은 암탕나귀가 되고, 다른 것은 수탕나귀가 되었다. 그리고 유제류〔有蹄類 : 발굽이 있는 포유동물〕가 태어났다. 어떤 것은 암산양이 되고, 어떤 것은 수산양이 되었다. 어떤 것은 암양이 되고, 다른 것은 숫양이 되었다. 그는 바로 그녀를 껴안았다. 그리고 나서 산양과 양이 태어났다. 바로 이와 같이 그는 개미에 이르기까지 무릇, 여기에서 한 쌍을 이루는 것을 모두 만들어냈다.

4.5 '나는 바로 창조이다. 왜냐하면 나는 모든 것을 창조하였기 때문이다.' 그것〔아트만〕은 알았다. 그리하여 창조가 생겼다. 이와 같이 알고 있는 사람은 그것을 이 창조에서 발견하게 된다.

4.6 그리고 나서 그것은 〔불을 붙이려고 하여〕 이처럼 마찰하였다. 질(膣) 로서의 입과 양손으로 그것은 불을 창조하였다. 그러므로 〔양손과 입이라는〕 이 두 가지에는 내부에 털이 없다. 왜냐하면 질에는 내부에 털이 없기 때문이다.

'이 신을 모셔라! 저 신을 모셔라!'

사람들이 말할 때에 저마다의 신은 바로 자기의 개별적인 창조이다. 왜냐하면 바로 자기는 모든 신들이기 때문이다. 여기에서는 촉촉이 젖어 있는 모든 것을 그것의 정액으로 창조하였다. 그리고 그것은 소마이다. 음식과 음식을 먹는 것이라는 이 모든 것은 참으로 이만큼 큰 것이다. 음식은 바로 소마이고, 음식을 먹는 것은 불이다.

이것이 브라만*6의 초월의 창조(ati sṛṣṭi)이다. 보다 훌륭한 신들을 스스로 죽어야 할 존재로서 불멸의 죽지 않는 존재인 신들을 창조하였기 때문에 그것은 초월의 창조인 것이다. 이와 같이 알고 있는 사람은 그것을 이 초월의 창조에서 발견하게 된다.

---

*6 현상세계의 만물을 창조하는 태초의 유일한 자아를 의미한다. 이것은 우주의 궁극적 실재 인 브라만〔브라흐만〕과 인간의 궁극적 실재인 아트만을 같은 것으로 여기는 범아일여(梵我 一如) 사상을 나타낸다.

4.7 그때 이 세상은 아직 전개되고 있지 않았다.

'이것은 이런 형태를 갖는다', '이것은 그 명칭을 갖는다.'

그것은 바로 명칭과 형태에 의해 전개되었다. 그래서 현재에도 이 세계는 그야말로 명칭과 형태에 의해 전개된다.

마치 칼을 칼집 속에 넣어 두듯이 또는 불이 화로 속에 들어 있듯이 그것은 여기에서 발가락 끝까지 들어갔다. 그것을 사람들은 보지 않는다. 왜냐하면 그것은 전체적인 것이 아니기 때문이다. 그것이 바로 숨을 쉬고 있을 때 그것을 숨이라고 부른다. 그것이 말하고 있을 때 그것을 언어라고 부른다. 그것이 보고 있을 때 시각, 듣고 있을 때 청각, 생각하고 있을 때 사고라고 그것을 부른다. 이런 것은 그 활동에 따라 붙인 이름일 뿐이다. 그런 가운데 그 개개의 것을 명상하는 사람[열심히 구하는 사람]—그는 모른다. 그런 것을 사람은 바로 자기[아트만]로서 명상해야 한다. 왜냐하면 그것에서 이런 모든 것은 하나가 되기 때문이다. 이 자기라고 하는 것은 모든 것의 발자취이다. 왜냐하면 이것으로써 사람은 이 모든 것을 알기 때문이다. 사람이 발자취를 보고서 바로 [소를] 찾아내듯이 이것을 알고 있는 사람은 명성과 영광을 찾아낸다.

4.8 [우리의] 내부에 있는 이 자기라는 것은 아들보다도 사랑스럽고 재산보다도 사랑스러우며 이 모든 것보다도 사랑스럽다. 자기와 다른 것이 사랑스럽다고 말하는 사람에 대하여 남이 '그는 사랑스러운 것을 잃을 것이다' 말한다면 그렇게 될지도 모른다. 사람은 자기만을 사랑스러운 것으로서 명상해야 한다. 그의 사랑스러운 것은 파멸하지 않을 것이다.

4.9 그리고 사람들은 말한다.

'브라만의 지식에 의하여 인간은 무엇이든 될 수 있다고들 생각한다. 그러면 그것은 모든 것이 되었다고 하는 것에서 브라만은 무엇을 알게 되었을까?'

4.10 태초에 브라만[브라흐만]이 존재하고 있었다.

'나는 브라만이다.'

그것은 바로 그 자신을 알았다. 그 [브라만의 지식]에서 그 모든 것이 생겨났다. 신들 사이에서 깨닫고 있던 것, 바로 그가 그것이 되었다. 성자도 그러했다. 인간도 그러했다. 이것을 보고 성자인 바마데바는 깨달았다.

'나는 마누였다, 그리고 나는 태양이었다.'

지금 현재도 '나는 브라만이다' 알고 있는 사람, 그는 이 모든 것이 된다. 신들도 그것을 방해할 수는 없다. 왜냐하면 그는 이런 신들의 자기[아트만]가 되기 때문이다.

'그는 저것이다. 나는 이것이다'

말하고, 다른 신은 깊이 생각하는 사람을 그는 알지 못한다. [인간에 대한] 가축처럼 이와 같이 그는 신들에 대하여 그런 것이다. 참으로 많은 가축이 인간에게 유익하듯이 개개의 인간도 신들에게 유익한 것이다. 정말로 한 마리의 가축이라도 빼앗길 때에는 불쾌하다. 하물며 많은 가축을 빼앗길 때에는 더욱더 불쾌하다. 그러므로 인간이 이런 것을 안다는 것은 신들에게 유쾌하지 않다.

4.11 태초에 틀림없이 브라만이 존재하고 있었다. 그것은 다만 하나였다. 그것은 혼자였기 때문에 아무것도 하지 않았다. 보다 훌륭한 형태인 크샤트리아[지배권력], 즉 신들 사이의 크샤트리아들을 만들었다. 이를테면 인드라, 바르나, 소마, 루드라, 파르자냐, 야마, 무리티유, 이샤나 등이다. 그러므로 크샤트리아보다도 높은 것은 존재하지 않는다. 그러므로 라자수야제[왕을 신성하게 하기 위한 의식]에서 바라문은 크샤트리아 아래에 앉는 것이다. 그 [브라만]는 진실로 크샤트리아에게 그 명성을 내준다. 그러나 브라만[성직자권력]은 크샤트리아의 모태이다. 그러므로 왕이 최고의 지위에 도달한다 하여도 그는 마지막으로 자기의 모태로서의 브라만에 가까워지는 것이다. 그리고 자기의 이 모태를 훼손하는 사람은 자기의 모태를 손상하는 것이다. 자기보다도 한결 더 훌륭한 것을 손상하기 때문에 그는 더욱 나빠진다. *7

4.12 그[브라만]는 아직 전개되지 않았다. 그것은 비슈[바이샤 계급 : 서민계급]

---

*7 "한결 더 훌륭한"(sreyas) 것은 부유한 사람들, "더욱 나쁜"(pāpīyas) 것은 가난한 사람들을 말함.

을 창조하였다. 이런 신들의 종족은 바수, 루드라, 아디티야, 비슈바데바, 마루트 등이다.

4.13 그는 아직 전개되지 않았다. 그는 슈드라 계급[노예계급]인 푸샨을 창조하였다. 푸샨은 참으로 이 대지이다. 왜냐하면 이 대지는 존재하는 이 모든 것을 기르기 때문이다.

4.14 그는 아직 전개되지 않았다. 그는 보다 훌륭한 형태, 즉 법(dharma)을 창조하였다. 이 법은 크샤트리아[지배권력] 계급의 힘이다. 그러므로 법보다도 위에 있는 것은 없다. 보다 힘이 약한 사람조차 왕에게 하소연하여 법에 의해 보다 힘이 센 사람을 이기고 싶어 한다. 그러므로 진리를 말하는 자를 사람들은 '그는 법을 논한다'고 말한다. 왜냐하면 이 둘은 같기 때문이다.

4.15 이렇게 하여 브라만[성직자 권력], 크샤트리아[지배 권력], 비슈[바이샤 계급, 평민], 슈드라[노예 계급] 등이 생겨났다. 브라만은 신들 사이에서 아그니로, 인간의 사이에서 바라문[브라흐마나]으로, 크샤트리아 사이에서 [신들과 인간들의] 크샤트리아로, 바이샤 사이에서 [신들과 인간들의] 바이샤로 생겨났다. 그러므로 사람들은 확실히 아그니 속에서 신들 사이의 세계를, 바라문 속에서 인간 사이의 세계를 구한다. 왜냐하면 브라만은 이런 두 가지 형태[아그니와 바라문]에 의하여 생겨났기 때문이다.
그러나 확실히 자기 세계[아트만]를 깨닫지 못하고 이 세상을 떠난 사람, 그에게 그것은 아무 소용이 없다. 그것은 독송되지 않은 베다, 또는 실행되지 않은 다른 의식과 같은 것이다. 참으로 이렇게 모르는 사람이 위대하고 성스러운 일을 하더라도 그것은 최후에 헛된 것이 될 것이다.
사람은 바로 자기[아트만]만을 [자신의 진실한] 세계라고 숭배해야 한다. 바로 자기만의 세계를 숭배하는 사람은, 그의 의식은 헛되지 않을 것이다. 왜냐하면 그는 자기가 하고자 하는 것을 자기에게서 만들어내기 때문이다.

4.16 이 자기는 진실로 모든 사물의 세계이다. 사람이 공물을 바쳐 제사를 올림으로써 그것은 신들의 세계가 된다. 그리고 사람이 독송함으로써 그것

은 성자의 세계가 된다. 그리고 사람이 조상에게 제물을 바쳐 자손을 바람으로써 그것은 조상의 세계가 된다. 인간을 머물게 하여 그들에게 음식을 베풂으로써 그것은 인간의 세계가 된다. 사람이 가축을 위하여 풀과 물을 찾음으로써 그것은 가축의 생활 영역이 된다. 맹수, 새, 개미에 이르기까지 그의 집에서 살도록 하게 함으로써 그것은 그들의 세계가 된다. 진실로 사람이 자기의 세계가 다치지 않기를 바라듯이, 모든 생물은 이와 같은 피해를 입지 않기를 바란다. 이것은 확실히 이미 잘 알려져 있는 것이고, 이미 검토되어 있는 것이다.

4.17 태초에 자기[아트만]만이 존재하고 있었다. 그것은 마음속으로 바란다.

'나에게 아내가 있게 되도록. 그렇게 되면 나는 번식을 할 것이다. 그리고 나에게 재산이 있게 되기를. 그러면 나는 제사를 행할 것이다.'

욕망은 참으로 이것뿐이다. 이보다 많이 바라더라도 사람은 그것을 얻어 내지 못할 것이다.

그러므로 지금도 혼자일 때에 사람은 다음과 같이 바란다.

'나에게 아내가 있게 되기를. 그러면 나는 번식할 것이다. 그리고 나에게 재산이 있게 되기를. 그러면 나는 제사를 행할 것이다.'

이런 것을 하나라도 갖지 못하면, 자기는 불완전하다고 사람은 생각한다.

그리고 그의 불완전성은 다음과 같다. 그의 자기[아트만]는 바로 생각이다. 그의 아내는 언어이다. 그의 자손은 숨이다. 그의 인간적인 재산은 시각이다. 왜냐하면 사람은 시각에 의하여 재산을 찾아내기 때문이다. 그의 청각은 신적인 재산이다. 왜냐하면 사람은 청각에 의하여 그것을 듣기 때문이다. 그의 제사의식은 바로 그의 육신[아트만]이다. 왜냐하면 사람은 그의 육신에 의하여 제사의식을 행하기 때문이다. 그 제사는 [언어·숨·시각·청각·육신의] 다섯 가지로 구성되어 있다. 제사용 가축도 그 안에 다섯 요소를 가지고 있고, 인간도 그 안에 다섯 요소를 가지고 있다. 여기에 존재하는 것은 무엇이든 그 안에 다섯 가지를 가지고 있다. 이와 같이 알고 있는 사람은 이 모든 것을 얻게 된다.

5.1

지혜와 금욕에 의해 아버지〔창조자〕가 일곱 가지의 음식을 만들어냈을 때, 그의 〔음식의〕 하나는 모두 공통이었다. 그는 두 가지를 신들에게 주었다.

그는 세 가지를 자기 자신을 위하여 정하고, 가축에게 하나를 주었다. 호흡하는 것과 호흡하지 않는 것, 그 모든 것은 이 음식에 의지하고 있다.

그런 것은 언제나 먹을 수 있는데 그것은 어째서 동나지 않는가? 참으로 그것이 동나지 않는 이유를 알고 있는 사람, 그는 그 앎의 징표로 음식을 먹는다.

그는 신들이 있는 곳에 이르게 될 것이며, 그 동력으로 건강하게 살아간다.

이것은 시구(詩句)이다.

5.2 '지혜와 금욕으로 아버지〔창조자〕가 일곱 가지 음식을 만들어냈을 때'라는 것은 진실로 지혜와 금욕으로 아버지가 〔음식을〕 만들어냈음을 말한다. '그 〔음식의〕 하나는 모두에게 공통이었다'라는 것은 모두에게 공통되는 그의 음식은 〔사람들에 의하여〕 여기에서 먹을 수 있음을 뜻한다. 이것에만 집착하는 사람은 악을 면할 수 없다. 왜냐하면 이것은 뒤섞여 있기 때문이다.

'그는 두 가지를 신들에게 주었다'라는 것은 불 속에 바쳐진 것과 제사 때에 바친 것을 말한다. 그러므로 사람들은 신들을 위하여 불 속에 바치고, 그리고 제사 때에 바친다. 그런데 그것은 초승달과 보름달의 제사라고 다른 사람들은 말한다. 그러므로 사람은 이시티라고 하는 소망 성취의 제사를 지내면 안 된다.

'〔그는〕 가축에게 하나를 주었다'라는 것은 젖을 주었다는 것이다. 왜냐하면 최초의 인간과 가축은 젖을 먹고 살아가기 때문이다. 그러므로 아이가 태어나자마자 처음에 사람들은 녹인 버터를 핥게 하든가 또는 젖을 빨린다. 그리고 송아지가 갓 태어나자마자 사람들은 아직 풀을 먹지 않는 소라고 말한다.

그리고 '호흡하는 것과 호흡하지 않는 것 그 모든 것은 젖에 의해 산다'고 말하는 것은 호흡하는 것과 호흡하지 않는 것, 이 모든 것은 젖으로 살아가기 때문이다. 그런데 사람들은 '1년간 불의 신 아그니에게 젖을 바치면 거듭 죽는 것을 면한다'고 말한다. 그러나 그것은 그렇지 않다. 이와 같이 알고 있는 사람은 그가 불 속에 바친 그 동일한 날에 거듭 죽는 것을 면할 수 있는 것이다. 왜냐하면 그는 신들에게 모든 음식을 바쳤기 때문이다.

'그들은 항상 먹고 있는데 어째서 동나지 않는가?'라는 것은 참으로 사람은 불멸인 것을 뜻한다. 왜냐하면 그는 이 음식을 거듭 만들어내기 때문이다. '진정으로 그것이 동나지 않는 것을 알고 있는 사람'이라는 것은 참으로 사람은 불멸인 것을 뜻한다. 왜냐하면 숙고를 되풀이함으로써 의식을 통하여 그는 이 음식을 만들어내기 때문이다. 만일 그가 그것을 만들지 않는다면 〔음식은〕 없어질 것이다. '그는 프라티카(pratika)로써 음식을 먹는다'라고 할 때 프라티카는 입이다. 입으로 〔그는〕 그 음식을 먹는다. 그리고 '그는 신들에게 도달한다. 그는 활기차게 음식을 먹고 살아간다'라는 것은 찬양이다.

5.3 '그는 세 가지를 그 자신을 위하여 정했다'라는 것은 사고, 언어, 숨을 그는 자신의 것으로 삼은 것을 뜻한다. '나의 사고는 어딘가 다른 곳에 있었다. 그래서 나는 보지 않았다. 나의 사고는 어딘가 다른 곳에 있었다. 나는 듣지 않았다' 사람은 이렇게 말한다. 왜냐하면 사람은 확실히 사고에 의하여 보고, 사고에 의하여 듣기 때문이다. 욕망, 결심, 의혹, 신앙, 불신, 확고함, 확고하지 못함, 수치, 숙고, 공포, 이 모든 것은 다름아닌 사고이다. 그러므로 배후에서 접촉되고 있는 것까지도 사람은 마음에 의해 그것을 인식한다. 어떤 음성도 바로 언어일 뿐이다. 왜냐하면 이 〔음성〕은 〔언어에 대한〕 한계에 고정되어 있기 때문이다. 왜냐하면 이 〔언어〕는 고정되어 있지 않기 때문이다. 내쉬는 숨(prāṇa), 들이쉬는 숨(apāna), 들이쉬는 숨과 내쉬는 숨의 중간에 있는 숨(vyāna), 위로 가는 숨(udāna), 음식의 에너지를 몸 속에 한결같이 나누는 숨이라고 하는 숨 등 이런 모든 것이 바로 숨이다. 이 자기는 참으로 이런 것으로 이루어져 있다. 그것은 언어에서 이루어진다, 그것은 사고에서 이루어진다, 그것은 숨에서 이루어진다.

5.4 세 가지 세계는 바로 이런 것이다. 이 세계는 바로 언어이다. 대기의 세계는 사고이다. 천상의 세계는 숨이다.

5.5 세 가지 베다는 바로 이런 것이다. 리그 베다는 바로 언어이다. 야쥬르 베다는 사고이다. 사마 베다는 숨이다.

5.6 신들, 조상, 인간은 바로 이런 것이다. 신들은 바로 언어이다. 조상은 사고이다. 인간은 숨이다.

5.7 아버지, 어머니, 아이는 바로 이런 것이다. 아버지는 바로 사고이다. 어머니는 언어이다. 아이는 숨이다.

5.8 인식되어 있는 것, 인식되어야 하는 것, 인식되어 있지 않은 것은 바로 이런 것이다. 대개 인식되어 있는 것, 그것은 언어의 형태이다. 왜냐하면 언어는 인식되어 있기 때문이다. 인식이 되어 언어는 그를 보호한다.

5.9 대개 인식되어야 하는 것, 그것은 사고의 형태이다. 왜냐하면 사고는 인식되어야 하는 것이기 때문이다. 인식이 되어 사고는 그를 보호한다.

5.10 대개 인식되어 있지 않은 것, 그것은 숨의 형태이다. 왜냐하면 숨은 인식되어 있지 않기 때문이다. 인식되지 않은 것이 되어 숨은 그를 보호한다.

5.11 대지는 이 언어의 육신이다. 이 〔지상의〕 불은 그것이 빛나고 있는 형태이다. 그러므로 언어가 퍼져가는 한, 대지도 넓어지며, 이 〔지상의〕 불도 퍼진다.

5.12 하늘은 이 사고의 육신이다. 저 태양은 빛나고 있는 형태이다. 사고가 퍼지는 한, 하늘도 넓어지고 저 태양도 넓어진다. 그 둘은 짝이 되어 결합했다. 그리고 숨이 생겼다. 그것이 인드라이다. 그에게는 라이벌이 없다.

참으로 제2의 것이 라이벌이다. 이것을 알고 있는 사람에게는 라이벌이 없다.

5.13 물이 이 숨의 육신이다. 저 달이 반짝이고 있는 형태이다. 숨이 퍼지는 한, 물도 넓어지고 저 달도 넓어진다. 틀림없이 이런 모든 것은 다 같이 모두 무한하다. 이런 것을 유한한 것으로서 신중히 생각하는 사람, 그는 유한한 세계를 얻는다. 그런데 그것들을 무한한 것이라고 깊이 생각하는 사람에게는 무한한 세계를 얻는다.

5.14 확실히 일 년으로서의 프라자파티는 열여섯 부분으로 이루어진다. 그의 열다섯 부분은 바로 밤이다. 그의 열여섯 부분은 바로 영속적이다. 틀림없이 밤을 통하여 그는 가득 차고, 그리고 이지러진다. 초승달 밤에 이 열여섯 번째 부분과 함께 생명을 유지하고 있는 이 모든 것 속으로 그는 들어가, 다음날 아침에 태어난다. 그러므로 이 신들에 경의를 표하고, 생명을 유지하고 있는 것의 생명은 가령 한 마리 도마뱀의 생명이라도 이날 밤에는 죽이면 안된다.

5.15 그것을 알고 있는 이 인간, 그는 참으로 한 해인 동시에 열여섯 부분으로 이루어진 프라자파티이다. 그의 열다섯 부분은 바로 재산이다. 그의 열여섯 번째 부분은 바로 그의 자기[아트만]이다. 그리고 그는 재산에 의해서 가득 차고, 그리고 이지러진다. 이 육신[아트만]인 것, 그것은 허브[수레바퀴의 중심부]이다. 재산은 수레바퀴통이다. 그러므로 사람이 소유하고 있는 모든 것을 빼앗겼다고 해도 그가 육신으로써 산다면 '그는 수레바퀴통을 잃은 것이다'라고 사람들은 말한다.

5.16 그런데 확실히 인간의 세계, 조상의 세계, 신들의 세계라고 하는 세 가지 세계가 존재한다. 이 인간의 세계는 자식에 의해서만 얻을 수 있고, 다른 제사 등의 의식으로는 얻어지지 않는다. 조상의 세계는 의식에 의하여, 신들의 세계는 지식에 의하여 얻을 수 있다. 참으로 신들의 세계는 모든 세계 중에서 가장 훌륭하다. 그러므로 사람들은 지식을 찬양한다.

5.17 이제 임종하는 아버지의 가르침을 살펴본다. 자기는 확실히 죽으리라고 남들도 생각할 때 그는 다음과 같이 아들에게 말한다.

'너는 브라만이고, 너는 제사이고, 너는 세계이다.'

아들이 대답한다.

'나는 브라만이고, 나는 제사이고, 나는 세계입니다.'

진실로 베다에서 배운 그 모든 것은 '브라만'에 합쳐지고, 참으로 이 모든 제사는 '제사'에 합쳐진다. 그리고 참으로 이런 모든 세계는 '세계'에 하나가 된다. 이 모든 것은 참으로 이만큼 넓다.

'이 아들은 이 일체이기 때문에 이 세상에서 그는 나에게 쓸모가 있기를'

[아버지는 생각한다]. 그러므로 사람들은 말한다.

'배운 아들은 세계를 얻는 것이다.'

그러므로 사람은 자식에게 가르친다. 이와 같이 알고 있는 사람이 이 세상을 떠날 때에 그는 참으로 이런 생기[=생명의 기능. prāṇa]와 함께 그의 아들 속으로 들어간다. 아버지에 의하여 뭔가 어떤 것이 잘못되었다고 하더라도 아들은 그 모든 것에서 이 아버지를 해방한다. 그러므로 그를 '아들'(putra)이라고 부르는 것이다. 아들에 의해서만 그는 이 세상에서 굳건히 서는 것이다. 그리고 이런 신적인 불멸의 생기[숨]가 그[아버지]의 속으로 들어간다.

5.18 대지에서 그리고 불에서 신적인 말은 그의 속으로 들어간다. 확실히 언어는 신적이다. 그것으로써 사람이 말하는 것은 무엇이든 생겨나는 것이다.

5.19 하늘에서 그리고 태양에서 신적인 사고가 그의 속으로 들어간다. 참으로 사고는 신적이다. 그것으로써 사람은 환희에 가득 차고 슬퍼하지 않는다.

5.20 물에서 그리고 달에서 신적인 숨이 그의 속으로 들어간다. 움직이고 있어도, 또는 움직이지 않아도 참으로 신적인 숨은 흔들리지도 않고 손상받지도 않는다. 이와 같이 알고 있는 사람은 모든 사물의 자기가 된다. 모든

사물이 이 신격을 보호하듯이, 모든 사물은 이와 같이 알고 있는 사람을 보호한다. 이런 사물이 어떤 슬픔으로 괴로움을 당하더라도 그 슬픔은 그들에게서 멈춘다. 좋은 일만이 그에게 찾아간다. 참으로 악은 신들에게 다가가지 않는다.

5.21 이제 감각기관들의 기능에 대해 살펴본다. 창조주 프라자파티는 감각기관(karman)을 창조하였다. 그들은 창조되자마자 서로 경쟁하기 시작하였다. '나는 말하겠다' 언어는 이렇게 주장하였다. '나는 보겠다' 시각은 말하였다. '나는 듣겠다' 청각은 이렇게 주장하였다. 다른 감각기관은 각기의 기능에 따라 이와 같이 말하였다.

죽음은 피로의 모습을 띠고 그런 감각기관을 붙잡았다. 그것은 그런 데에 도달하였다. 그런 데에 도달한 다음에 죽음은 그들을 가두었다. 그러므로 언어는 확실히 피로하다. 시각은 피로하다. 청각은 피로하다. 그러나 한가운데 있는 이 숨에는 죽음이 도달하지 못하였다. 그런 감각기관은 그것을 알려고 애를 썼다.

'참으로 이것은 우리들 사이에서 가장 뛰어나다. 움직이고 있어도 또는 움직이지 않아도 그것은 흔들리지도 않고 상처도 받지 않는다. 자! 우리는 모두 바로 이 숨의 형태를 띠도록 하자!'

그 감각기관들은 생각하였다. 이들은 모두 바로 이 형태를 띠게 되었다. 그러므로 이 숨을 모방하여 이들은 '생기'(prāṇa)라는 이름이 붙여진다. 그러므로 어떤 가족에게 그와 같이 알고 있는 사람이 있을 때에는 이 사람을 모방하여, 사람들은 이 가문을 부른다. 그리고 이와 같이 알고 있는 사람과 경쟁하는 사람은 쇠약해진다. 그는 쇠약해져 결국 죽는다. 이상은 육신(아트만)에 관한 것이다.

5.22 이제 신들에 대하여 말해보자.

'나는 타오르겠다.' 불의 신 아그니는 이렇게 주장했다. '나는 뜨거워지겠다.' 태양은 말하였다. '나는 빛나겠다.' 달은 결심하였다. 다른 신들은 각기 신들의 기능에 따라 이렇게 주장했다. 이런 숨 한가운데의 숨처럼 이런 신들 사이의 바람도 마찬가지이다. 왜냐하면 다른 신들은 가라앉지만, 바람은 자지 않기 때문이다. 바람은 결코 자지 않는 신들이다.

5.23 자, 이런 시구가 있다.

　거기에서 태양은 떠오르고,
　거기로 그것은 진다.

　참으로 이것은 숨에서 떠오르고,
　숨 속으로 진다.

　신들은 그것을 법으로 만들었다.
　바로 그것이 오늘이고 그리고 내일이다.

참으로 이런 신들이 그 무렵에 결심한 것 바로 그것을 그들은 오늘날까지도 행하고 있다. 그러므로 사람은 확실히 하나의 맹세를 준수해야 한다. '죽음이라는 악이 나에게 도달하지 않도록!'

이렇게 생각하며 그는 숨을 들이쉬어야 하고 또 내쉬어야 한다. 만일 사람이 그것을 준수해야 한다면 그는 그것을 다 마치기를 바라야 한다. 이와 같이 알고 있는 사람은 이 맹세를 준수함으로써 이 신격〔숨〕과 결합하여 동일한 세계에서의 거처를 얻는다.

6.1 이 세계는 참으로 명칭, 형태 및 행위의 셋으로 되어 있다. 언어는 이처럼 그런 명칭 가운데 '목소리'가 그 근원〔uktha, 우크타〕이다. 왜냐하면 모든 명칭은 이것에서 나오기(uttiṣṭhanti) 때문이다. 이것은 이런 것의 사만 (sāman)이다. 이것은 모든 명칭과 동일(sama)하기 때문이다. 이것은 이런 것의 브라만(brahman)이다. 왜냐하면 이것은 모든 명칭을 떠받치기 때문이다.

6.2 그리고 이와 같이 시각은 형태 가운데 근원〔우크타〕이다. 왜냐하면 모든 형태는 이것에서 생기기 때문이다. 이것은 이런 것의 사만이다. 왜냐하면

이것은 모든 형태와 동일하기 때문이다. 이것은 이런 것의 브라만이다. 왜냐하면 이것은 모든 형태를 떠받치기 때문이다.

6.3 그리고 이와 같이 육신(ātman)은 행위 가운데 근원〔우크타〕이다. 왜냐하면 모든 행위는 이것에서 생기기 때문이다. 이것은 이런 것의 사만이다. 왜냐하면 이것은 모든 행위와 동일하기 때문이다. 이것은 이런 것의 브라만이다. 왜냐하면 이것은 모든 행위를 떠받치기 때문이다.

이것은 세 가지이지만 하나이고, 자기〔아트만〕이다. 자기는 하나이지만 이 세 가지인 것이다. 이것은 불멸이고 진리에 의하여 가려져 있다. 불멸이라는 것은 참으로 숨(息)이다. 진리는 명칭과 형태이다. 이 숨은 그런 두 가지에 의하여 가려져 있다.

제2장

1.1 학문 높은 가르가 집안 태생〔가르갸〕 '드리프타발라키'라는 사람이 있었다. 그는 카쉬 국왕 아자타샤토르에게 말하였다.

"나는 그대에게 진리의 공식화〔브라만〕에 대하여 말하겠습니다."

아자타샤토르는 말했다.

"그렇게 해주신다니 우리는 천 마리의 소를 드리겠소. 〔훌륭한 왕에게 감동한〕 백성들이 〔왕을 찬양하며〕 자나카! 자나카! 라 말하며 뛰어다녔다."

1.2 가르갸는 말하였다.

"태양 속에 있는 저 인간, 바로 그를 나는 브라만으로서 명상합니다."

그러자 아자타샤토르는 말하였다.

"이 인간에 대하여 나는 그렇게 생각하지 않소! 모든 생물 가운데 가장 훌륭한 것, 그런 것의 머리요 왕으로서 진정 나는 그를 숭배합니다. 이와 같이 그를 명상하는 사람은 생물 가운데서 가장 훌륭한 것이며, 그런 것의 머리요 왕으로서 진정 나는 이것을 숭배합니다. 그를 이와 같이 명상하는 사람은 생물 가운데서 가장 훌륭한 것, 그런 것의 머리요 왕이 되는 것입니다."

1.3 가르갸는 말하였다.

"달 속에 있는 저 인간, 바로 그를 나는 브라만으로서 명상합니다."

그러자 아자타샤토르는 말하였다.

"이 인간에 대하여 나는 그렇게 생각하지 않소! 하얀 옷을 입고 있는 위대한 소마 왕으로서 진정 나는 그를 숭배합니다. 이와 같이 그를 명상하는 사람 그를 위하여 소마는 매일 〔젖을〕 짜고 또 짜는 것입니다. 그의 음식은 동나지 않습니다."

1.4 가르갸는 말하였다.

"번개 속에 있는 저 인간, 바로 그를 나는 브라만으로서 명상합니다."

그러자 아자타샤토르는 말하였다.

"이 인간에 대하여 나는 그렇게 생각하지 않소! (번개뿐 아니고) 참으로 빛나는 자로서 나는 그를 숭배합니다. 이와 같이 그를 명상하는 사람은 빛나게 됩니다. 그의 자손도 빛나게 됩니다."

1.5 가르갸는 말하였다.

"허공 속에 있는 이 인간, 바로 그를 나는 브라만으로서 명상합니다."

그러자 아자타샤토르는 말하였다.

"이 인간에 대하여 나는 그렇게 생각하지 않소! 참으로 가득 채워진 것, 정지하고 있는 것으로서 나는 그를 숭배합니다. 이와 같이 그를 알고 있는 사람은 자손과 가축으로 가득 채워집니다. 그의 자손은 이 세상에서 소멸하지 않습니다."

1.6 가르갸는 말하였다.

"바람 속에 있는 이 인간, 바로 그를 나는 브라만으로서 명상합니다."

그러자 아자타샤토르는 말하였다.

"이 인간에 대하여 나는 그렇게 생각하지 않소! 참으로 인드라 바이쿤타로서 무적의 군대로서 나는 그를 숭배합니다. 이와 같이 그를 명상하는 사람은 승리를 거두고, 무적이 되어 적을 정복하게 될 것입니다."

1.7 가르갸는 말하였다.

"불 속에 있는 이 인간, 바로 그를 나는 브라만으로서 명상합니다."

그러자 아자타샤토르는 말하였다.

"이 인간에 대하여 나는 그렇게 생각하지 않소! 참으로 (그 불 속에서 스스로를 참아 내는 것을) 압도적인 자로서 나는 그를 숭배합니다. 이와 같이 그를 명상하는 사람은 압도적이 됩니다. 그의 자손도 압도적이 됩니다."

1.8 가르갸는 말하였다.

"물 속에 있는 이 인간, 바로 그를 나는 브라만으로서 명상합니다."

그러자 아자타샤토르는 말하였다.

"이 인간에 대하여 나는 그렇게 생각하지 않소! 참으로 비슷한 존재로서 나는 그를 숭배합니다. 이와 같이 그를 명상하는 사람, 이 사람에게는 닮지 않은 것은 아니고 비슷한 것에 가까워지는 것입니다. 그리고 이 사람과 비슷한 자가 그에게서 태어납니다."

1.9 가르갸는 말하였다.

"거울 속에 있는 이 인간, 바로 그를 나는 브라만으로서 명상합니다."

그러자 아자타샤토르는 말하였다.

"이 인간에 대하여 나는 그렇게 생각하지 않소! 참으로 빛나고 있는 자로서 나는 그를 숭배합니다. 이와 같이 그를 명상하는 사람은 빛나게 됩니다. 그의 자손도 빛나게 됩니다. 그리고 그가 만나는 모든 사람을 능가할 만큼 그는 빛날 것입니다."

1.10 가르갸는 말하였다.

"사람이 갈 때에 그의 등 뒤에서 나는 이 소리, 바로 이것을 나는 브라만으로서 명상합니다."

그러자 아자타샤토르는 말하였다.

"이것에 대하여 나는 그렇게 생각하지 않소! 참으로 생기(asu)로서 나는 이것을 숭배합니다. 이와 같이 이것을 명상하는 사람은 이 세상에서 참으로 수명을 다할 것입니다. 정해진 때가 오기 전에 그가 숨을 거두는 일은 없을 것입니다."

1.11 가르갸는 말하였다.

"사방에 있는 모든 인간, 바로 그를 나는 브라만으로서 명상합니다."

그러자 아자타샤토르는 말하였다.

"이 인간에 대하여 나는 그렇게 생각하지 않소! 진정 우리들에게서 떨어지지 않는 두 번째의 자로서 나는 그를 숭배합니다. 이와 같이 그를 명상하는 사람은 두 번째의 것을 갖게 됩니다. 그를 에워싼 추종자는 그에게서 떠나지 않을 것입니다."

1.12 가르갸는 말하였다.
"그림자로 이루어진 이 인간, 바로 이 인간을 나는 브라만으로서 명상합니다."
그러자 아자타샤토르는 말하였다.
"이 인간에 대하여 나는 그렇게 생각하지 않소! 참으로 죽음으로서 나는 그를 숭배 합니다. 이와 같이 그를 명상하는 사람은 이 세상에서 확실히 수명을 다할 것입니다. 정해진 때가 오기 전에 죽음은 그에게 접근하지 않을 것입니다."

1.13 가르갸는 말하였다.
"육신〔아트만〕속에 있는 이 인간, 바로 그를 나는 브라만으로서 명상합니다."
그러자 아자타샤토르는 말하였다.
"이 인간에 대하여 나는 그렇게 생각하지 않소! 참으로 육신을 가진 자로서 나는 그를 숭배합니다. 이와 같이 그를 명상하는 사람은 육신을 갖게 될 것입니다. 그의 자손도 육신을 갖게 될 것입니다."
거기에서 가르갸는 침묵하였다.

1.14 아자타샤토르는 말하였다.
"〔나에게 가르치려고 한 것이〕모두 이것뿐입니까?"
"그렇습니다, 이것이 전부입니다."
〔가르갸는 대답했다〕.
"이것만으로는〔브라만을〕알 수 없지요."
〔아자타샤토르는 말하였다〕. 그러자 가르갸가 말하였다.
"제가 그대〔왕〕의 제자가 되고 싶습니다."

1.15 아자타샤토르는 말하였다.
"그대는 나에게 진리의 공식화(brahman)를 가르쳐 주리라고 생각하였는데, 바라문이 크샤트리아의 제자가 되는 것은 자연의 질서에 어긋납니다. 그러나 나는 그대에게 그것을 명료하게 인식하도록 하겠소."

가르갸의 손을 잡고 그는 일어났다. 두 사람은 자고 있는 사람을 찾아갔다.

"하얀 옷을 입는 위대한 소마 왕이여!"

그는 이렇게 이름을 불러 보았으나 그는 일어나지 않았다. 손으로 흔들어 그는 그를 잠에서 깨어나게 하였다. 그는 일어났다.

1.16 아자타샤토르는 말하였다.

"그가 이와 같이 자고 있을 때 인식으로 이루어진 그 사람은 어디에 있었을까요, 그리고 어디에서 이렇게 돌아왔을까요?"

이렇게 물었다. 그런데 가르갸는 대답을 하지 못했다.

1.17 아자타샤토르는 말하였다.

"이 인간이 이처럼 잠자고 있을 때에 인식으로 이루어진 이 인간은 인식에 의해 이런 생기의 인식을 붙잡아 심장 내부의 허공에서 쉬게 합니다. 그가 그런 생기(生氣)를 붙잡을 때 이 인간은 잠을 잤다."

사람이 잠을 잘 때에 숨이 바로 포착됩니다. 언어가 포착됩니다. 시각이 포착됩니다. 청각이 포착됩니다. 사고가 포착됩니다.

1.18 이처럼 그가 꿈에서 어디로 가든지 그런 것은 그의 세계입니다. 그때에 그는 어쨌든 대왕이 되는가, 대바라문이 되는가, 또는 오르고 내리고 그 어느 하나가 됩니다. 대왕이 영민(領民)을 데리고 바라는 대로 자기의 영지를 돌아다니듯 이와 같이 그는 생기를 포착하여 자기의 육신이 바라는 대로 돌아다닙니다.

1.19 사람이 숙면하고 있을 때, 그가 아무것도 모르고 있을 때에, 심장에서 심낭(心囊)까지 다다르는 히터라고 하는 7만 2천의 혈관을 타고 인식으로 이루어진 인간은 이쪽으로 미끄러지듯이 움직여 심낭에서 쉬는 것입니다. 청년, 대왕, 또는 대바라문이 성적인 환희의 절정에 달하여 쉬듯이 바로

이와 같이 그도 역시 쉬는 것입니다.

1.20 거미가 줄을 타고 나타나듯 불에서 작은 불꽃이 여러 방향으로 나타나는 것처럼 바로 이와 같이 모든 생기, 모든 세계, 모든 신들, 모든 생명체는 이 자기[아트만]에게서 여러 방향으로 나타납니다. 그 [자기]의 등가(等價, upaniṣad)는 진리 중의 진리입니다. 진리는 확실히 생기이고 이 자기는 그런 생기의 진리입니다.

2.1 확실히 그것을 두는 자리, 반대의 장소에 두는 자리, 그 기둥과 밧줄을 가진 [갓 태어난] 아이를 알고 있는 사람은 그를 미워하는 7명의 적을 접근시키지 않는다. 확실히 이 아이는 한가운데에 있는 숨이다. 그것을 두는 자리는 바로 이것이다. 반대의 장소에 두는 자리는 이것이다. 그것의 기둥은 숨이다. 그 밧줄은 음식이다.

2.2 끊어지지 않는 이런 일곱의 적은 그의 가까이에 있다. 눈 속에 있다. 이런 붉은 선에 의하여 루드라는 그와 결합되어 있다. 그리고 눈 속에 있는 물[눈물]에 의하여 파르자냐[비]는 [그와 결합되어 있다]. 눈동자에 의하여 태양은. [눈 속에 있는] 검은 부분에 의하여 불은. 하얀 부분에 의하여 인드라는. 아랫눈썹에 의하여 대지는. 윗눈썹에 의하여 하늘은. 이와 같이 알고 있는 사람에게는 그의 음식이 줄어들지 않는다.

2.3 그것에 대하여 이런 시구가 있다.

입은 밑으로 향하고 바닥은 위로 향하고 있는 그릇이 있다.
그 속에 온갖 형태의 영광이 들어 있다.
그 가장자리에 7인의 성자들이 앉아 있다. 브라만과 결합되어 있다, 여덟 번째의 것으로서 말[언어]도.

'입은 밑으로 향하고 바닥은 위로 향하고 있는 그릇이 있다.' 이것은 머리이다. 왜냐하면 이것은 입을 밑으로 향하고, 바닥은 위로 향하고 있는 사람의 머리처럼 사발을 엎어 놓은 모양의 그릇이 있기 때문이다. '그 속에 온갖 형태의 영광이 들어 있다.' 온갖 형태의 영광은 참으로 생기이다. 이것은 생기를 말하는 것이다. '그것이 가장자리에 7인의 성자들이 앉아 있다.' 성자들은 진정한 생기이다. 이것은 생기를 말하는 것이다. '브라만과 결합되어 있다, 여덟 번째의 것으로서 언어도.' 왜냐하면 여덟 번째의 것으로서의 언어는 브라만과 결합되어 있기 때문이다.

2.4 가우타마와 바라드바자는 이런 두 〔귀〕이다. 가우타마는 바로 이 〔오른쪽 귀〕이고 바라드바자는 이 〔왼쪽 귀〕이다. 비슈바미트라와 자마다구니는 바로 두 〔눈〕이다. 비슈바미트라는 이 〔오른쪽 눈〕이고, 자마다구니는 이 〔왼쪽 눈〕이다. 바시시타와 카슈야파는 바로 두 〔콧구멍〕이다. 바시시타는 바로 이 〔오른쪽 콧구멍〕이고 카슈야파는 이 〔왼쪽 콧구멍〕이다. 아트리 (atri)는 바로 언어이다. 왜냐하면 언어에 의하여 음식은 먹을 수 있기 (adyate) 때문이다. 아트리 (atri)라고 부르는 것은 확실히 아티〔atti : 사람은 먹는다〕이다. 이와 같이 알고 있는 사람은 모든 것을 먹게 되어 모든 것은 그의 음식이 된다.

3.1 확실히 브라만에는 두 형태가 있다. 하나는 형태를 갖추고, 다른 하나는 형태를 갖추지 않았다. 하나는 죽음을 겪어야 하고 또 하나는 불멸인 것이다. 하나는 정지하고 다른 하나는 움직이는 것이다. 하나는 존재하고 있는 것(sat), 다른 하나는 피안에 있는 것(tyam)이다.

3.2 바람 및 대기와 다른 이 형태를 갖추고 있는 것, 이것은 죽음을 겪어야 한다. 이것은 정지하고 있고 존재하는 것이다. 뜨거워진 이 태양—이것은 이 형태를 갖추고 있는 불멸인 것이다. 왜냐하면 이것은 존재의 정수(精髓)이기 때문이다.

3.3 그런데 바람과 대기는 형태를 갖추고 있지 않다. 이것은 불멸이다. 이것은 움직이고 있다. 그것은 피안에 있는 것이다. 이 일륜〔日輪 : 태양〕 속에 있는 이 인간—이것은 이 형태를 갖추고 있는 것, 이 불멸인 것, 이 움직이

고 있는 것, 이 티야무의 정수이다. 왜냐하면 이것은 피안에 있는 정수이기 때문이다. 이상은 신들의 영역에 관련된 것이다.

3.4 그런데 육신[아트만]에 관련하여, 숨과 자기 내부에 있는 이 허공과 다른 것, 이것은 죽음을 겪어야 하는 것이다. 이것은 정지하고 있다. 이것은 존재하는 것이다. 눈이라는 것—이것은 이 형태를 갖추고 있는 것, 죽음을 겪어야 하는 것, 정지하고 있는 것은 존재의 정수이다. 왜냐하면 이것은 존재하는 것의 정수이기 때문이다.

3.5 그런데 숨과 자기 내부에 있는 이 허공은 형태를 갖추고 있지 않다. 이것은 불멸이다. 이것은 움직이고 있다. 이것은 피안에 있는 것이다. 오른쪽 눈의 내부에 있는 이 인간—이것은 이 형태를 갖추지 않은 것, 이 불멸인 것, 이 움직이고 있는 것은 티야무의 정수이다. 왜냐하면 이것은 피안에 있는 것의 정수이기 때문이다.

3.6 이 인간의 형태는 짙노란색 의복과 같고, 하얀 양털과 같고, 붉은색 작은 곤충과 같고, 불꽃과 같고, 하얀 연꽃과 같고, 갑자기 반짝이는 번개의 섬광과도 같다. 이것을 알고 있는 사람—그 사람에게는 갑자기 반짝이는 번개의 섬광 같은 영광이 주어진다.
그런데 '그렇지 않다, 그렇지 않다'라는 가르침이 있다. 왜냐하면 '그렇지 않다'는 가르침 말고는 그 존재를 적절히 설명할 그 어떤 말도 있지 않기 때문이다. 그러므로 그것의 명칭은 진리 중의 진리이다. 진리는 참으로 생기이다. 이것이 생기[숨]의 진리이다.

4.1 "마이트레이여!"
성자 야지냐발키야는 다정하게 말하였다.
"아! 참으로 나는 이곳에서 떠나려고 하오. 그래서 그대와 둘째 아내인 카티야야니에게 내 재산을 나누어 줄 것이요."

4.2 마이트레이는 말하였다.

"존경하는 분이시여! 만일 재산으로 채워진 이 모든 대지가 저의 것이라면 그것으로써 저는 죽지 않게 되는 건가요?"

"그렇게 되지는 않아요."

야지냐발키야는 이렇게 말했다.

"부자들의 생활이나 마찬가지로 그대의 생활도 유복할 따름이요. 그러나 재산으로는 영생을 살 수 없다오."

4.3 그러자 마이트레이가 말하였다.

"그것으로써 제가 죽지 않을 수는 없는 것, 그것으로써 저는 무엇을 해야 할까요? 존경하는 이가 알고 있는 것, 바로 그것을 저에게 가르쳐주셔요!"

4.4 야지냐발키야는 말하였다.

"아! 참으로 임자는 나에게 사랑스럽소. 임자는 아주 귀여운 말을 하였어요. 이리와 앉아요! 나는 그것을 임자에게 설명하리다. 내가 설명하는 동안 정신을 집중하시오!"

4.5 야지냐발키야는 말하였다.

"아! 진실로 남편을 사랑하기 때문에 남편이 사랑스러운 것은 아니요. 그렇지 않고 자기(아트만)를 사랑하기 때문에 남편이 소중한 것이요. 아! 참으로 아내를 사랑하기 때문에 아내가 사랑스러운 것은 아니요. 그렇지 않고 자기를 사랑하기 때문에 아내가 사랑스러운 것이요. 아! 참으로 아들을 사랑하기 때문에 아들이 사랑스러운 것은 아니요. 그렇지 않고 자기를 사랑하기 때문에 아들이 사랑스러운 것이요. 아! 참으로 재산을 사랑하기 때문에 재산이 사랑스러운 것은 아니요. 그렇지 않고 자기를 사랑하기 때문에 재산이 소중한 것이요. 아! 참으로 성직자의 권력을 사랑하기 때문에 성직자의 권력이 사랑스러운 것은 아니요. 그렇지 않고 자기를 사랑하기 때문에 성직자의 권력이 사랑스러운 것이요. 아! 참으로 모든 세계를 사랑하기 때문에 모든 세계를 사랑하는 것은 아니요. 그렇지 않고 자기를 사랑하기 때문에 모든 세계는 사랑스러운 것이요. 아! 참으로 신들을 사랑하기 때문에 신들이 사랑스러운 것은 아니요. 그렇지 않고 자기를 사랑하기 때문에 신들이 사랑스러운 것이요. 아! 참으로 살아 있는 것을 사랑하기 때문에 살아 있는 것이 사랑스러운 것은 아니요. 그렇지 않고 자기를 사랑하기 때문에 살아 있는 것이 사랑스러운 것이요. 아! 참으로, 모든 것을 사랑하기 때문에 모든 것이 사랑스러운 것은 아니요. 그렇지 않고 자기를 사랑하기 때문에 모든 것이 사랑스러운 것이요.

아! 참으로 자기(아트만)는 보여야 되고, 들려야 되고, 생각되어야 하고, 또한 정신을 집중해야 되는 것이요, 마이트레이어! 참으로 자기를 봄으로써, 들음으로써, 생각함으로써, 인식함으로써, 이 모든 것을 알게 되는 것이라오."

4.6 〔야지냐발키야는 말하였다.〕

"자기 이외의 다른 곳에 바라문(성직자 권력)을 알고 있는 사람, 그 사람을 바라문은 버리는 것이요. 자기 이외의 다른 곳에 〔지배자 권력〕을 알고 있는 사람, 그 사람을 크샤트리아는 버리는 것이요. 자기 이외의 곳에 모든 세계를 알고 있는 사람, 그 사람을 모든 세계는 버리는 것이요. 자기 이외의 곳에 신들을 알고 있는 사람, 그 사람을 신들이나, 이런 살아 있는 것, 이 모든 것은 이 자기라는 것이요."

4.7 〔야지냐발키야는 말하였다.〕

"북을 치고 있을 때 사람이 밖에서 나는 어떤 소리도 파악할 수 없는 것과 같은 것이요. 그러나 북과 북을 치는 사람을 파악함으로써 소리도 파악되는 것이요."

4.8 〔야지냐발키야는 말하였다.〕

"조개껍질이 날리고 있을 때 사람이 밖에서 나는 어떤 소리도 파악할 수 없는 것과 같은 것이요. 그러나 조개껍질과 조가비를 날리고 있는 사람을 파악함으로써 소리도 파악될 수 있는 것이요."

4.9 〔야지냐발키야는 말하였다.〕

"비파를 타고 있을 때 사람이 밖에서 나는 어떤 소리도 파악할 수 없는 것과 같은 것이요. 그러나 비파와 비파를 타는 사람을 파악함으로써 소리도 파악되는 것이요."

4.10 〔야지냐발키야는 말하였다.〕
"습기찬 땔나무에 붙인 불에서 연기가 방향을 따로따로 나가듯 이와 같이 리그 베다, 야쥬르 베다, 사마 베다, 아타르바 베다, 전설, 이야기, 지식, 우파니샤드, 시구, 금언(sūtra), 설명, 주석 등 이런 것은 이 위대한 존재의 내쉬는 숨이요. 이런 것은 이 존재의 들이쉬는 숨이라오."

4.11 〔야지냐발키야는 말하였다.〕
"바다가 모든 물의 합류점인 것처럼 피부는 모든 감촉의 합류점이요. 이처럼 콧구멍은 모든 냄새의 합류점이요. 이처럼 혀는 모든 맛의 합류점이요. 이처럼 시각은 모든 형태의 합류점이요. 이처럼 청각은 모든 소리의 합류점이요. 이처럼 사고(思考)는 모든 의도의 합류점이요. 이처럼 심장은 모든 지식의 합류점이요. 이처럼 양손은 모든 활동의 합류점이요. 이처럼 생식기는 모든 성적인 환희의 합류점이요. 이처럼 항문은 모든 배설물의 합류점이지요. 이처럼 두 발은 모든 길의 합류점이요. 이처럼 언어는 모든 베다의 합류점이라오."

4.12 〔야지냐발키야는 말하였다.〕
"물속에 던져진 소금 덩어리가 바로 물에 녹아드는 것과 같다오. 그것을 사람은 꺼낼 수는 없지만 어디에선가 〔물을〕 떠내면 그것이 바로 짠맛이 아니겠소. 이처럼 참으로 이 대단한 존재는 무한하고 끝이 없으며 바로 인식의 덩어리인 것이요. 그것은 이런 살아 있는 것 중에서 나타나, 바로 그런 것 가운데에 소멸한다오. 사후에 의식은 존재하지 않는다고 나는 생각하오."
4.13 그러자 마이트레이는 말하였다.
"참으로 여기에서 존경하는 이는 "사후에 의식은 존재하지 않는다"고 말하여 나를 헷갈리게 하였어요."
야지냐발키야는 말했다.
"아! 정말로 나는 헷갈리는 말은 하지 않았어요. 확실히 이것은 충분히 알 수 있는 것이지요.”

4.14 〔야지냐발키야는 말하였다.〕

"왜냐하면 어떤 종류의 이원성(二元性)이 존재하는 곳에서는 어떤 것은 다른 것을 냄새 맡고, 어떤 것은 다른 것을 보고, 어떤 것은 다른 것을 듣고, 어떤 것은 다른 것에 말을 걸고, 어떤 것은 다른 것을 생각하고, 어떤 것은 다른 것을 인식한다오. 그러나 참으로 모든 것이 그 자기 자체가 되었을 때 그때 사람은 무엇에 의하여 누구를 냄새 맡아야 하는가? 그때 사람은 무엇에 의하여 누구를 보아야 하는가? 그때 사람은 무엇에 의하여 누구를 들어야 하는가? 그때 사람은 무엇에 의하여 누구에게 말을 걸어야 하는가? 그때 사람은 무엇에 의하여 누구를 생각해야 하는가? 그때 사람은 무엇에 의하여 누구를 인식해야 하는가? 그 자체에 의하여 사람이 이 모든 것을 인식하는 그 자체를 사람은 무엇에 의하여 인식해야 하는가? 아! 무엇에 의하여 사람은 인식하는 것을 인식해야 하는가?”

5.1 이 대지는 모든 살아 있는 것의 꿀이라오. 모든 살아 있는 것은 이 대지의 꿀이지요. 그리고 대지에서 빛으로 되고 불멸로 이루어진 이 인간과 육신에 관련하여 몸에 머물며, 빛으로 되고 불멸로 이루어진 이 인간—바로 이 인간은 자기〔아트만〕이지요. 이것은 불멸이고 브라만이며 모든 것이라오.

5.2 이 물은 모든 살아 있는 것의 꿀이라오. 그리고 이런 물에서 빛으로 되고 불멸로 이루어진 이 인간과 육신에 관련하여 정액에 머물고 빛으로 되어 불멸로 이루어지는 이 인간—바로 이 인간은 자기이지요. 이것은 불멸이고 브라만이며 이것이 모든 것이지요.

5.3 이 불은 모든 살아 있는 것의 꿀이라오. 모든 살아 있는 것은 이 불의 꿀이지요. 그리고 이 불에서 빛으로 되고 불멸로 이루어진 이 인간과 육신에 관련하여 언어로 되고 빛으로 되고, 불멸로 된 이 인간—바로 이 인간은 자기〔아트만〕라오. 이것은 불멸이고 브라만이며 이것이 모든 것이지요.

5.4 이 바람은 모든 살아 있는 것의 꿀이라오. 모든 살아 있는 것은 이 바람의 꿀이지요. 그리고 이 바람에서 빛으로 되고 불멸로 된 이 인간과 육신에 관련하여 숨이 되고 빛으로 되어 불멸로 이루어지는 이 인간—바로 이 인간은 자기라오. 이것은 불멸이고 이것이 브라만이며 이것이 모든 것이지요.

5.5 이 태양은 모든 살아 있는 것의 꿀이라오. 모든 살아 있는 것은 이 태양의 꿀이지요. 그리고 이 태양에서 빛으로 되고 불멸로 된 이 인간과 육신에 관련하여 시각에 머물고 빛으로 되어 불멸로 이루어진 이 인간—바로 이 인간은 자기라오. 이것은 불멸이고 브라만이며 이것이 모든 것이지요.

5.6 이런 방향은 모든 살아 있는 것의 꿀이라오. 모든 살아 있는 것은 이런 방향의 꿀이지요. 그리고 이런 방향에서 빛으로 되고 불멸로 된 이 인간과 육신에 관련하여 메아리에 머물고 빛으로 되어 불멸로 이루어진 이 인간—바로 이 인간은 자기라오. 이것은 불멸이고 브라만이며 이것이 모든 것이지요.

5.7 이 달은 모든 살아 있는 것의 꿀이라오. 모든 살아 있는 것은 이 달의 꿀이지요. 그리고 이 달에서 빛으로 되고 불멸로 이루어진 이 인간과 육신에 관련하여 사고에 머물고 빛으로 되어 불멸로 이루어진 이 인간—바로 이 인간은 자기라오. 이것은 불멸이고 브라만이며 이것이 모든 것이지요.

5.8 이 번개는 모든 살아 있는 것의 꿀이라오. 모든 살아 있는 것은 이 번개의 꿀이지요. 그리고 이 번개에서 빛으로 되고 불멸로 된 이 인간과 육신에 관련하여 빛에 머물고 빛으로 되어 불멸로 이루어진 이 인간—바로 이 인간은 자기라오. 이것은 불멸이고 브라만이며 이것이 모든 것이지요.

5.9 이 벼락은 모든 살아 있는 것의 꿀이라오. 모든 살아 있는 것은 이 벼락의 꿀이지요. 그리고 이 벼락에서 빛으로 되고 불멸로 된 이 인간과 육신에 관련하여 소리에 머물고 음향에 머물며 빛으로 되고 불멸로 이루어진 이

인간—바로 이 인간은 자기라오. 이것은 불멸이고 브라만이며 이것이 모든 것이지요.

5.10 이 허공은 모든 살아 있는 것의 꿀이라오. 모든 살아 있는 것은 이 허공의 꿀이지요. 그리고 이 허공에서 빛으로 되고 불멸로 된 이 인간과 육신에 관련하여 심장에서 허공이고 빛으로 되어 불멸로 이루어진 이 인간— 바로 이 인간은 자기라오. 이것은 불멸이고 브라만이며 이것이 모든 것이지요.

5.11 이 법(다르마)은 모든 살아 있는 것의 꿀이라오. 모든 살아 있는 것은 이 법의 꿀이지요. 그리고 이 법에서 빛으로 되고 불멸로 된 이 인간과 육신에 관련하여 법에 머물고 빛으로 되어 불멸로 이루어진 이 인간—바로 이 인간은 자기라오. 이것은 불멸이고 브라만이며 이것이 모든 것이지요.

5.12 이 진리는 모든 살아 있는 것의 꿀이라오. 모든 살아 있는 것은 이 진리의 꿀이지요. 그리고 이 진리에서 빛으로 되고 불멸로 된 이 인간과 육신에 관련하여 진리에 머물고 빛으로 되어 불멸로 이루어진 이 인간—바로 이 인간은 자기라오. 이것은 불멸이고 브라만이며 이것이 모든 것이지요.

5.13 이 인간 존재는 모든 살아 있는 것의 꿀이라오. 모든 살아 있는 것은 이 인간 존재의 꿀이지요. 그리고 이 인간 존재에서 빛으로 되고 불멸로 된 이 인간과 육신에 관련하여 인간의 존재에 머물고 빛으로 되어 불멸로 이루어진 이 인간—바로 이 인간은 자기라오. 이것은 불멸이고 브라만이며 이것이 모든 것이지요.

5.14 이 자기(아트만)는 모든 살아 있는 것의 꿀이라오. 모든 살아 있는 것은 이 자기의 꿀이지요. 그리고 이 자기에게서 빛으로 되고 불멸로 된 이 인간과 육신에 관련하여 빛으로 되고 불멸로 이루어진 이 인간—바로 이 인간은 자기라오. 이것은 불멸이고 브라만이며 이것이 모든 것이지요.

5.15 참으로 이 자기는 모든 살아 있는 것의 지배자이고 모든 살아 있는 것의 왕이라오. 모든 수레의 바퀴살이 바퀴통과 바퀴 테두리에 고정되듯, 바로 이와 같이 모든 살아 있는 것들, 모든 신들, 모든 세계들, 모든 숨들, 이런 모든 것은 이 자기[아트만]에게 고정되어 있는 것이지요.

5.16 이것이 다디얀치 아타르바나가 아슈빈 쌍신(雙神)에게 가르쳤던 '꿀의 지혜'*¹이다. 이것을 보고 어느 성자가 말하였다.

　오! 영웅들이여, 천둥이 비를 알리듯 그 지혜를 얻기 위해 나는 그대들의 놀라운 경이적 행적을 숨김없이 밝히련다.
　다디얀치 아타르바나가 말의 머리를 하고서 그대들에게 알렸다, 그 꿀의 지혜를.

5.17 진정으로 다디얀치 아타르바나는 이 '꿀의 지혜'를 아슈빈 쌍신에게 가르쳤다. 이것을 보고 어느 성자가 말하였다.

　오! 아슈빈 쌍신이여, 그대들은 다디얀치 아타르바나에게 말의 머리를 올려놓았다.
　오! 아슈빈 쌍신이여! 진리에 충실히 그는 그의 겨드랑이 밑 가까이 있는 트바시트라의 '꿀의 지혜'를 그대들에게 가르쳤다.

5.18 진정으로 다디얀치 아타르바나는 이 '꿀의 지혜'를 아슈빈 쌍신에게 가르쳤다. 이것을 보고 어느 성자는 말하였다.

　그는 두 발 가진 요새를 만들었다. 그는 네 발 가진 요새를 만들었다.
　그는 새가 되어 요새 속으로 들어갔다. 인간은 요새 속으로 들어갔다.

참으로 이 인간(puruṣa)은 모든 요새에서 머물고 있는 것(puriśaya)이다.

---

*1 '꿀의 지혜'는 벌과 꿀처럼 서로에게 도움을 주는 지혜. 이 '꿀의 지혜'는 다디얀치 아타르바나라는 사제가 치료의 신인 아쉬보 쌍둥이 신들에게 처음 가르쳤다고 전한다.

이것으로써 가려져 있는 것은 아무것도 없다. 이것으로써 숨겨져 있는 것은 아무것도 없다.

5.19 진정으로 다디얀치 아타르바나는 이 '꿀의 지혜'를 아슈빈 쌍신에게 가르쳤다. 이것을 보고 어느 성자는 말하였다.

모든 형태에 그는 적응하게 되었다.
그의 이 형태는 〔모든 면에서〕 바라보아야 한다.
인드라〔indra, 신〕는 그의 환술(幻術)에 의하여 다양한 형태를 가지게
된다. 그의 수많은 말(馬)들은 멍에지워졌다.

참으로 이것은 1만 마리의 말이다. 그것은 다수였으며, 더구나 무한하다. 이 브라만은 앞에도 없으며 뒤에도 없다, 그 안에도 없고 밖에도 없다. 브라만은 모든 것을 인식하는 이 자기〔아트만〕이다. 이것이 그 가르침이다.

6.1 그 가르침의 계보는 다음과 같다. 가우파바나에게서 파우티마시야가. 파우티마시야에게서 가우파바나가. 가우파바나에게서 파우티마시야가. 카우시카에게서 가우파바나가. 카운디니야에게서 카우시카가. 샨딜리야에게서 카운디니야가. 카우시카와 가우타마에게서 샨딜리야가. 가우타마는,

6.2 아그니베샤에게서. 샨딜리야와 아나빔라타에게서 아그니베샤가. 아나비무라타에게서 아나비무라타가. 아나비무라타에게서 아나비무라타가. 가우타마에게서 아나비무라타가. 사이타바와 프라치나요기야에게서 가우타마가. 파라샤리야에게서 사이타바와 푸라치나요기야가. 바라드바쟈에게서 파라샤리야가. 바라드바쟈와 가우타마에게서 바라드바쟈가. 바라드바쟈에게서 가우타마가. 파라샤리야에게서 바라드바쟈가. 바이쟈바파야나에게서 파라샤리야가. 카우시카야니에게서 바아쟈바파야나가. 카우시카야니는,

6.3 그리타카우시카에게서. 파라샤리야야나에게서 그리타카우시카가. 파라샤리야에게서 파라샤리야야나가. 쟈투카르니야에게서 파라샤리야가. 아수라

야나와 야수카에게서 쟈투카르니야가. 트라이바니에게서 아수라야나가. 아우파쟌다니에게서 트라이바니가. 아수리에게서 아우파쟌다니가. 바라드바쟈에게서 아수리가. 아트레야에게서 바라드바쟈가. 만티에게서 아트레야가. 가우타마에게서 만티가. 가우타마에게서 가우타마가. 바쓰야에게서 가우타마가. 샨딜리야에게서 바쓰야가. 카이쇼리야 카피야에게서 샨딜리야가. 쿠마라하리타에게서 카이쇼리야 카피야가. 가라바에게서 쿠마라하리타가. 비다르비카운디니야에게서 가라바가. 바트사나파드 바라브라바에게서 비다르비카운디니야가. 판타하 사우바라에게서 바트사나파드 바브라바가. 아야수야 안기라사에게서 판타하 사우바라가. 아부티 트바시트라에게서 아야스야 안기라사가. 비슈바루파 트바시트라에게서 아부티 트바시트라가. 아슈빈 쌍신(雙神)에게서 비슈바루파 트바시트라가. 다디얀치 아타루바나에게서 아슈빈 쌍신이. 아타루반 다이바에게서 다디얀치 아타루바나가. 무리티유 프라드반사나에게서 아타루반 다이바가. 프라드반사나에게서 무리티유 프라드반사나가. 에카루시〔=에카리시〕에게서 프라드반사나가. 비프라치티에게서 에카루시가. 비야시티에게서 비프라치티가. 사나루에게서 비야시티가. 사나타나에게서 사나루가. 사나가에게서 사메타나가. 파라메시틴에게서 사나가가. 브라만에게서 파라메시틴이. 브라만은 스스로 생겨난 자이니. 브라만에게 경배.

제3장

1.1 비데하 국왕 자나카*¹는 많은 제물을 가지고 제사를 지냈다. 이 제사에 크루 판차라 지방에서 여러 바라문들이 모여들었다. 이들 바라문 중에서 가장 학식이 있는 것은 누구일까 하는 것을 알고 싶은 욕구가 비데하 국왕 자나카[의 마음]에 생겼다. 그는 천 마리의 소를 [우리에] 가두게 하였다. 각 소의 뿔에 [금화] 10닢씩을 매달게 하였다.

1.2 왕은 바라문들에게 말했다.

"존경하는 바라문들이여! 그대들 중에서 가장 뛰어난 사람, 그 사람이 이 소들을 몰고 가시오!"

그러나 그들 바라문은 감히 엄두를 내지 못했다. 그런 다음에 야지냐발키야가 그 자신의 제자에게 말하였다.

"사마슈라바스야! 사랑스러운 자야! 이 소들을 몰고 가거라!"

그 소들을 그는 내몰았다. 그러자 그들 바라문이 화를 냈다.

"어떻게 그가 우리들 중에서 가장 뛰어난 바라문이라는 말을 할 수 있는 가?"

그때 비데하 국왕 자나카에게는 아슈바라라고 하는 호트리 제관(祭官)이 있었다. 그는 야지냐발키야에게 물었다.

"야지냐발키야여! 확실히 그대는 우리들 중에서 가장 훌륭한 바라문이라고 할 수 있는가?"

야지냐발키야는 대답했다.

"우리는 가장 훌륭한 바라문에게 경배한다. 우리는 소를 가지고 싶을 따

─────────

*1 크루 판차라의 동쪽에 있는 비데하의 국왕. 우파니샤드에 등장하는 국왕 중에서 가장 유명하다. 자나카는 브리하다라냐카 우파니샤드 2.1.1에도 나온다. 자나카는 동쪽 지역의 중요성을 대표한다. 자나카보다 몇 세기 후에 이 지역에서 불교와 자이나교가 탄생하였다.

름이다."

바로 그 다음에 호트리 제관 아슈바라는 그에게 질문하기로 결심하였다.

1.3 "야지냐발키야여!" 아슈바라는 말하였다. "이 모든 것이 죽음에 의해 덮여 있고, 모든 것이 죽음에 의하여 얽매어 있다. 그렇다면 제주(祭主)는 무엇으로써 죽음의 손아귀를 벗어날 수 있는가?"

〔야지냐발키야는 말했다.〕 "호트리 제관에 의하여, 불에 의하여, 언어에 의하여. 진정으로 제사의 호트리 제관은 언어이다. 이 언어라는 것, 그것이 이 불이다. 그것이 호트리 제관이다. 그것이 해탈(mukti)이다. 그것이 완전한 해탈(atimukti)이다."

1.4 아슈바라는 말하였다. "야지냐발키야여! 이 모든 것이 낮과 밤에 의하여 덮여 있고, 모든 것이 낮과 밤에 의해 얽매어 있다. 그렇다면 제주는 무엇으로써 낮과 밤의 굴레를 벗어날 수 있는가?"

〔야지냐발키야는 말했다.〕 "아드바리유 제관*²에 의해, 시각에 의하여, 태양에 의하여. 참으로 제사의 아드바리유 제관은 시각(視覺)이다. 이 시각이라는 것, 그것이 저 태양이다. 그것이 아드바리유 제관이다. 그것이 해탈이다. 그것은 완전한 해탈이다."

1.5 "야지냐발키야여!" 아슈바라는 말하였다. "이 모든 것이 가득 차기도 하고 이지러지기도 하는 달의 전반과 후반에 의하여 덮여 있고, 모든 것이 그득하기도 하고 이지러지기도 하는 달의 전반과 후반에 의하여 얽매어 있다. 그렇다면 제주는 무엇으로써 그득하기도 하고 이지러지기도 하는 달의 전반과 후반의 굴레를 벗어날 수 있는가?"

〔야지냐발키야는 말했다.〕 "우드가트리 제관*³에 의하여. 즉 바람에 의하

---

*2 아드바리유(advaryu)는 야주르 베다의 제관으로, 자신이 제물을 불 속에 바친다. 그는 제례를 모시는 지면을 측량하여 화단을 쌓고, 제례의 제기를 준비하여 가축을 도살하며, 제물을 요리한다.

*3 우드가트리(udgātr)는 사마 베다의 제관으로 사마 베다의 가곡을 노래한다. 우드가트리는 영창(詠唱)하는 제관.

여, 숨(息)에 의하여. 참으로 제사의 우드가트리 제관은 숨이다. 이 숨이라는 것, 그것이 바람이다. 그것이 우드가트리 제관이다. 그것이 해탈이다. 그것이 완전한 해탈이다."

1.6 "야지냐발키야여!" 아슈바라가 말하였다. "이 대기는 아무 떠받침도 없는데, 제주(祭主)는 어떤 방법으로 천상계로 올라가는가?"

〔야지냐발키야는 말했다.〕"바라문 제관에 의하여, 즉 사고에 의하여, 달에 의하여. 참으로 제관인 바라문 제관*4은 사고(思考)이다. 이 사고라는 것, 그것이 저 달이다. 그것이 바라문 제관이다. 이 사고라는 것, 그것이 저 달이다. 그것이 바라문 제관이다. 그것이 해탈이다."

이와 같이 완전한 해탈에 대해 말하였다. 이제 그 획득물에 대해 말하겠다.

1.7 "야지냐발키야여!" 아슈바라가 말하였다. "오늘 이 제례에서 이 호트리 제관은 어느 정도로 많은 〔리그 베다의〕게송을 사용할까요?"

"셋이오."

"그 셋은 무엇인가요?"

"제사 전에 독송하는 게송, 제사에 따르는 게송, 마지막 축복의 게송이오."

"그런 게송에 의하여 사람은 무엇을 얻는가요?"

"이 세상에서 생명을 유지하는 것은 무엇이든지."

1.8 "야지냐발키야여!" 아슈바라는 말하였다. "오늘 이 제례에서 아드바리유 제관은 얼마나 많은 제물을 불 속에 바칠까요?"

"세 가지이오."

"그 세 가지는 무엇인가요?"

---

*4 바라문(brahman)은 제화(祭火)의 남쪽에 침묵하고 앉아, 영창하는 일도 없고 독송하는 일도 없이 제사의 진행을 감독하며, 다른 제관에 의하여 행하여지는 의식상의 잘못을 정정한다. 바라문 제관은 가장 박식하여, 모든 제사의 이행을 알고 있는 것으로 생각된다. 호트리, 아드바리유, 우드가트리, 바라문은 제례에서 네 직분의 중요한 제관이다.

"불 속에 바칠 때 타오르는 것, 불 속에 바칠 때 넘쳐나는 것, 불 속에 바칠 때 〔불 속에〕 가로놓여 있는 것이오."

"그런 제물에 의하여 그는 무엇을 얻는가요?"

"불 속에 바칠 때 타오르는 공물(供物)에 의하여 신들의 세계를 그는 얻지요. 왜냐하면 신들의 세계는 어쨌든 빛나기 때문이오. 불 속에 바칠 때 넘쳐나는 제물에 의하여 조상의 세계를 그는 얻는다오. 왜냐하면 조상의 세계는 어쨌든 위에 있기 때문이오. 불 속에 바칠 때 〔불 속에〕 가로놓인 제물에 의하여 인간의 세계를 그는 얻는다오. 왜냐하면 인간의 세계는 어쨌든 아래에 있기 때문이오."

1.9 "야지냐발키야여!" 아슈바라는 말하였다. "얼마나 많은 신격에 의하여 이 바라문 제관은 남쪽 좌석에 앉아, 오늘의 제사를 보호하는 것일까요?" 〔야지냐발키야는 대답하였다.〕 "하나이오."

"그 하나란 무엇인가요?"

"바로 사고이지요. 참으로 사고는 무한하다오. 모든 신은 무한한 것이오. 바로 무한한 세계를 그는 사고〔마음〕로 얻을 것이오."

1.10 "야지냐발키야여!" 아슈바라는 말하였다. "오늘, 이 제례에서 우드가트리 제관은 얼마나 많은 찬가를 부르게 될까요?"

〔야지냐발키야는 대답했다.〕 "세 번이오."

"그 세 가지는 무엇인가요?"

"제사 전에 독송하는 찬가, 제사에 따르는 찬가, 마지막 축복의 찬가가 될 것이오."

"육신〔아트만〕에 관련하여 그 셋은 무엇인가요?"

"제사 전에 독송하는 찬가는 바로 숨을 내쉬는 것이고, 제사에 따르는 찬가는 들이쉬는 숨이며, 축복의 찬가는 내쉬는 숨과 들이쉬는 숨의 사이에 쉬는 숨이지요."

"그런 숨에 의하여 그는 무엇을 얻는가요?"

"제사 전에 독송하는 찬가에 의하여 지상 세계를 그는 얻는다오. 제사에 따르는 찬가에 의하여 대기 세계를 그는 얻지요. 축복의 찬가에 의하여 천상계를 그는 얻는 것이오."

야지냐발키야가 여기까지 대답하자 호트리 제관은 입을 다물었다.

2.1 그러고 나서 쟈라트카라바 아르타바가가 그에게 물었다. "야지냐발키야여! 얼마나 많은 인식주체(graha)와 인식대상(atigraha)이 있는가요?"

[야지냐발키야는 말했다.] "여덟의 인식주체와 여덟의 인식대상이 있다."

"그런 여덟의 인식주체와 인식대상은 어떤 것인가요?"라고 아르타바가가 또 물었다.

2.2 [야지냐발키야는 말했다.] "진실로 내쉬는 숨은 인식주체이고, 그것은 인식대상으로서 들이쉬는 숨에 의하여 파악된다오. 왜냐하면 사람은 들이쉬는 숨에 의하여 향기를 맡을 수 있기 때문이오."

2.3 [야지냐발키야는 말했다.] "진실로, 언어는 인식주체이고, 그것은 인식대상으로서의 이름에 의하여 파악되는 것이오. 왜냐하면 사람은 언어에 의하여 이름을 말하기 때문이오."

2.4 [야지냐발키야는 말했다.] "진실로 혀는 인식주체이고, 그것은 인식대상으로서의 맛에 의하여 파악되는 것이오. 왜냐하면 사람은 혀에 의하여 맛을 알기 때문이오."

2.5 [야지냐발키야는 말했다.] "진실로 시각은 인식주체이고, 그것은 인식대상으로서의 형태에 의하여 파악되는 것이오. 왜냐하면 사람은 시각에 의하여 형태를 보기 때문이오."

2.6 [야지냐발키야는 말했다.] "진실로 청각은 인식주체이고, 그것은 인식대상으로서의 소리에 의하여 파악되는 것이오. 왜냐하면 사람은 청각에 의하여 소리를 듣기 때문이오."

2.7 [야지냐발키야는 말했다.] "진실로 사고는 인식주체이고, 그것은 인식

대상으로서의 욕망에 의하여 파악되고 있다오. 왜냐하면 사람은 사고에 의하여 욕망을 갖기 때문이오."

2.8 〔야지냐발키야는 말했다.〕 "진실로 양손은 인식주체이고, 그것은 인식대상으로서의 행동에 의하여 파악되고 있다오. 왜냐하면 사람은 양손으로 행동하기 때문이오."

2.9 〔야지냐발키야는 말했다.〕 "진실로 피부는 인식주체이고, 그것은 인식대상으로서의 감촉에 의하여 파악되고 있다오. 왜냐하면 사람은 피부에 의하여 감촉을 지각하기 때문이오. 이런 것이 여덟의 인식주체, 여덟의 인식대상이지요."

2.10 아르타바가는 말하였다. "야지냐발키야여! 이 모든 것이 죽음의 음식이고 그 음식이 죽음인 신격은 무엇인가요?"
〔야지냐발키야는 대답했다.〕 "진실로 죽음은 불이고, 그것은 물의 음식이요. 〔이것을 알고 있는 사람은〕 거듭 죽는 것에서 벗어날 수 있다오."

2.11 아르타바가는 말하였다. "야지냐발키야여! 인간이 죽을 때에 그에게서 생기〔숨〕는 사라지는가요, 아니면 사라지지 않는가요?"
〔야지냐발키야〕는 대답했다. "그것은 사라지지 않는다. 바로 이 육신 속으로 그것은 모여들지요. 그의 몸은 붓고 부어오른 상태로 죽은 인간은 부은 채 누워 있게 된다오."

2.12 "야지냐발키야여!" 아르타바가는 말하였다. "이 인간이 죽을 때 그에게서 사라지지 않은 것은 무엇인가요?"
〔야지냐발키야는 대답했다.〕 "그것은 이름이다. 진실로 이름은 영원하다오. 모든 신은 영원하며 그것으로써 무한한 세계를 사람은 얻는 것이오."

2.13 "야지냐발키야여!" 아르타바가는 말하였다. "이 인간이 죽었을 때 그의 언어는 불 속으로, 그의 숨은 바람 속으로, 그의 시각은 태양 속으로,

그의 사고는 달 속으로, 방향은 청각 속으로, 육신은 대지 속으로, 그의 자기〔아트만〕는 허공 속으로, 그의 몸털은 식물 속으로, 그의 머리털은 나무들 속으로, 그의 피와 정액은 물에 잠길 때 이 인간은 어떻게 되는 것인가요?"

〔야지냐발키야는 다음과 같이 대답했다〕. "내 손을 잡으라, 아르타바가여, 사랑스러운 자야! 우리 두 사람만이 이것을 알 것이다. 이것은 우리 두 사람 사이의 일이고, 다른 사람들과 함께 이야기할 일은 아니다."

그들 두 사람은 나가서 서로 이야기하였다. 그들이 이야기한 것은 바로 업〔業, karman〕이었다. 그들이 칭찬한 것은 바로 업이었다.

"진실로 사람은 좋은 업에 의하여 좋게 되고, 나쁜 업에 의하여 나쁘게 된다."

야지냐발키야가 여기까지 말하자 쟈라트카라바 아르타바가는 입을 다물었다.

3.1 이번에는 부쥬 라하야니가 그에게 물었다.

"야지냐발키야여! 우리가 돌아다니는 바라문의 제자로서 마드라스 지방을 방랑하고 있을 때 우리는 파탄챠라 카피야의 집을 찾아간 일이 있었지요. 그에게는 〔마치 귀신들린 것처럼〕 간다르바에게 홀린 딸이 있었는데, 우리는 그녀에게 물었어요. '너는 누구인가?' 그는 서슴없이 '나는 수다누반 앙기라사이다'라고 말하더이다. 우리는 그에게 모든 세계의 끝에 대해서 물으면서 그에게 말했어요. '파리크시타는 어떻게 되었는가? 파리크시타는 어떻게 되었는가?'라고 말입니다. 야지냐발키야여! 나는 그대에게 묻겠다. 파리크시타는 어떻게 되었는가요?"

3.2 야지냐발키야는 대답하였다. "진실로 그는 말했다. 마사제(馬祀祭)를 거행하는 사람들이 가는 데로 그들은 갔다."

〔그러자 라햐야니가 물었다.〕 "마사제를 거행하는 사람들은 어디로 가는가?"

〔야지냐발키야는 대답했다.〕 "실로 〔사람이 사는〕 이 세계는 태양의 수레로 하루 동안 가는 거리의 32배 크기이다. 대지는 그것보다도 2배나 크고, 그것을 모든 면에서 둘러싼다. 바다는 대지보다도 2배나 크고, 그것을 모든

면에서 둘러싼다. 그 중간에 면도칼의 칼날 또는 파리의 날개 크기만 한 틈이 있다. 인드라는 새가 되어 파리크시타를 바람에게 건네주었다. 바람은 그들을 자기자신의 내부에 품고, 마사제를 행하는 사람들이 있는 데로 그들을 데리고 갔다. 진정으로 이와 같이 간다르바는 바람 자체를 찬양하였다. 그러므로 바람은 바로 단일체이고 집합체이다. 이것을 알고 있는 사람은 거듭되는 죽음에서 벗어날 수 있다."

그러자 브쥬 라하야니는 입을 다물었다.

4.1 그 다음에 우샤스타 챠크라야나가 그에게 물었다.

"야지냐발키야여! 눈에 보인 숨김이 없는 바라문, 모든 사물들 속에 내재하는 자기[아트만]를 그대는 나에게 설명해주시오!"

[야지냐발키야는 대답했다.]

"이것이 모든 사물들 속에 내재하는 자기라오."

"야지냐발키야여! 모든 사물들 속에 있는 그것은 무엇인가?"

"내쉬는 숨으로써 숨을 내쉬는 것, 그것이 모든 사물들 속에 내재하는 그대의 자기이지요. 들이쉬는 숨으로써 숨을 빨아들이는 것, 그것이 모든 사물들 속에 있는 그대의 자기이지요. 내쉬는 숨과 들이쉬는 숨 사이에 있는 숨에 의하여 육신을 통하여 숨을 쉬는 것, 그것이 모든 사물들 속에 내재하는 그대의 자기이지요. 위로 가는 숨으로써 위로 숨을 쉬는 것, 그것이 모든 사물들 속에 내재하는 그대의 자기이고요. 이것이 모든 사물들 속에 있는 그대의 자기라오."

4.2 우샤스타 챠크라야나는 말하였다.

"'이것은 소다, 저것은 말이다'라고 사람이 말하듯, 바로 그와 같이 이것은 밖으로 나타나지 않아요. 눈에 보이는 숨김없는 바라문, 모든 사물들 속에 있는 자기를 그대는 내게 설명해보시오!"

"이것이 모든 사물들 속에 있는 그대의 자기이지요."

"야지냐발키야여! 모든 사물들 속에 있는 것은 무엇인가요?"

"그대가 보는 것을 보게 하는 자를 볼 수는 없소. 그대가 듣는 것을 듣게 하는 자를 들을 수는 없소. 그대가 생각하는 것을 생각하게 하는 자를 생각할 수는 없소. 그대가 인식하고 있는 것을 인식하게 하는 자를 인식할 수는 없지 않소. 이것이 모든 사물들 속에 있는 그대의 자기이지요. 이것 이외의 것은 [괴로움으로] 채워져 있다오."

그러자 우샤스타 챠크라야나는 입을 다물었다.

5.1 이번에는 카호라 카우시타케야가 그에게 물었다.

"야지냐발키야여! 눈에 보이는 숨김없는 바라문, 모든 사물들 속에 있는 자기를 그대는 나에게 설명해주시오!"

"이것이 모든 사물들 속에 있는 그대의 자기라오."

"야지냐발키야여! 모든 사물들 속에 있는 자기는 무엇인가요?"

"굶주림과 목마름, 슬픔, 미혹, 늙음과 죽음을 초월한 것이지요. 진정으로 이 자기를 알고 바라문은 아들에 대한 욕구, 재산에 대한 욕구와 세계에 대한 욕구를 버리고, 탁발 생활을 보낸다오. 왜냐하면 아들에 대한 욕구는 재산에 대한 욕구이고, 재산에 대한 욕구는 세계에 대한 욕구이기 때문이지요. 왜 그런가 하면 이런 두 가지는 바로 욕망이기 때문이오. 그러므로 바라문은 학식을 폐기하고 어린아이 상태로 머물어야 한다오. 어린이 상태와 학식을 버리고 그런 다음에 그는 [침묵하는] 은자가 된다오. 은자가 아닌 상태 및 은자의 상태를 버리고 나서 그는 바라문이 될 수 있는 것이오."

"무엇으로써 그는 바라문이 될 수 있는가요?"

"그것으로써 바라문이 될 수 있는 것, 그것으로써 그는 바로 그와 같은 것이 될 수 있는 것이오. 이것 이외의 것은 [괴로움으로] 가득 차 있을 뿐이오." 그러자 카호라 카우시타케야는 입을 다물었다.

6.1 그리고 나서 가르기 바챠크나비가 그에게 물었다.

"야지냐발키야여! 이 모든 사물들은 물로써 왔다 갔다 짜여져 있지요. 나는 알고 싶어요, 무엇으로 물은 왔다 갔다 짜여져 있는가요?"

"바람으로요, 가르기여!"

"나는 알고 싶어요. 무엇으로 바람은 왔다 갔다 짜여져 있는가요?"

"대기의 모든 세계로 짜여져 있지요, 가르기여!"

"나는 알고 싶어요. 무엇으로 대기의 모든 세계는 왔다 갔다 짜여져 있는

가요?"

"간다르바의 모든 세계로 짜여져 있지요, 가르기여!"

"그러면 무엇으로 간다르바의 모든 세계는 왔다 갔다 짜여져 있는가요?"

"태양의 모든 세계로 짜여져 있지요, 가르기여!"

"나는 알고 싶어요. 무엇으로 태양의 모든 세계는 왔다 갔다 짜여져 있는가요?"

"달의 모든 세계로 짜여져 있지요, 가르기여!"

"나는 알고 싶어요. 무엇으로 달의 모든 세계는 왔다 갔다 짜여져 있는가요?"

"별의 모든 세계로 짜여져 있지요, 가르기여!"

"나는 알고 싶어요. 무엇으로 별의 모든 세계는 왔다 갔다 짜여져 있는가요?"

"신들의 세계로 짜여져 있지요, 가르기여!"

"나는 알고 싶어요. 무엇으로 신들의 세계는 왔다 갔다 짜여져 있는가요?"

"인드라의 모든 세계로 짜여져 있지요, 가르기여!"

"나는 알고 싶어요. 무엇으로 인드라의 모든 세계는 왔다 갔다 짜여져 있는가요?"

"프라자파티의 모든 세계로 짜여져 있지요, 가르기여!"

"나는 알고 싶어요. 무엇으로 프라자파티의 모든 세계는 왔다 갔다 짜여져 있는가요?"

"바라문의 모든 세계로 짜여져 있지요, 가르기여!"

"나는 알고 싶어요. 무엇으로 바라문의 모든 세계는 왔다 갔다 짜여져 있는가요?"

야지냐발키야는 말하였다.

"가르기여! 그대의 머리가 부서지지 않도록, 지나치게 묻지 말아요! 참으로 너무 물으면 안 되는 신격에 대해서까지 그대는 지나치게 물었어요. 가르기여! 너무 묻지 말아요!"

그러자 가르기 바챠크나비는 입을 다물었다.

7.1 이번에는 웃다라카 아르니가 그에게 물었다.

"야지냐발키야여! 마드라스 지방에서 제사에 대하여 배우면서 우리는 파탄챠라 카피야의 집에서 묵고 있었어요. 그에게는 간다르바에 홀린 아내가 있었는데, '그대는 누구인가?'라고 우리는 그에게 물었습니다. 그러자 자기는 카반다 아타르바나라고 간다르바는 말하더이다. 파탄챠라 카피야와 제사에 대하여 배우고 있는 우리에게 그는 말했어요. '카피야여! 그것으로써 이 세상과 저 세상, 그리고 모든 살아 있는 것은 묶여 있다. 그 실(糸)을 알고 있는가?' 파탄챠라 카피야는 말했어요. '나는 그것을 모르오, 존경스러운 이여!' 그는 파탄챠라 카피야와 제사에 대하여 배우고 있는 우리에게 이렇게 말하였어요. '카피야여! 내부에서 지배하는 것을 그대는 알고 있는가?' 파탄챠라 카피야는 말하였어요. '존경스러운 이여! 나는 그것을 모르오' 그는 파탄챠라 카피야와 제사에 대하여 배우고 있는 우리에게 이렇게 말하였소. '진실로 카피야여! 그 실(糸)과 내부를 지배하는 자를 사람이 안다면 그는 바라문을 알고 있는 자, 그는 세계를 알고 있는 자, 그는 신들을 알고 있는 자, 그는 베다를 알고 있는 자, 그는 자기를 알고 있는 자, 그는 일체를 다 알고 있는 자일 것이다.'"

그는 그들에게 그렇게 말하였소.

"나는 그것을 알고 있소. 야지냐발키야여! 만일 그대가 그 실과 내부에서 지배하는 자를 모르고, 바라문의 소를 몰고간다면 그대의 머리는 깨져 흩어지리다."

"가우타마여! 진실로 나는 그 실과 내부에서 지배하는 자를 알고 있소."

"나는 알고 있소, 나는 알고 있어요" 물론 누구든지 말할 수는 있소. 그대가 아는 대로 말해보시오!"

7.2 야지냐발키야는 말하였다.

"가우타마여! 참으로 그 실은 바람이오. 참으로 아아, 고타마여! 바람으로서의 실로 이 세상과 저 세상, 그리고 모든 살아 있는 것은 묶여 있소. 그러므로 진정 가우타마여! 사람이 죽었을 때 사람들은 말하지요. '그의 육신의 부분은 뿔뿔이 분해된다.' 왜냐하면 가우타마여! 바람으로서의 실로 그것들은 묶여 있기 때문이오."

〔그러자 웃다라카 아르니가 말했다.〕

"맞았어요, 바로 그대로이지요, 야지냐발키야여! 내부에서 지배하는 자에 대하여 말해보시오!"

7.3 "대지 안에 존재하고 대지와 다르며, 그것을 대지는 모르고 그 육신이 대지이며 대지를 내부에서 지배하는 것이오. 이것이 내부에서 지배하는 불멸인 그대의 자기이지요."

7.4 "물 속에 존재하고 물과 다르며 그것을 물은 모르고, 그것의 육신이 물이며 물을 내부에서 지배하는 것이오. 이것이 내부에서 지배하는 불멸인 그대의 자기이지요."

7.5 "불 속에 존재하고 불과 다르며 그것을 불은 모르고, 그것의 육신이 불이며 불을 내부에서 지배하는 것이오. 이것이 내부에서 지배하는 불멸인 그대의 자기이지요."

7.6 "대기 속에 존재하고 대기와 다르며 그것을 대기는 모르고, 그것이 대기의 육신이며 대기를 내부에서 지배하는 것이오. 이것이 내부에서 지배하는 불멸인 그대의 자기이지요."

7.7 "바람 속에 존재하고 바람과 다르며 그것을 바람은 모르고, 바람이 그 육신이며 바람을 내부에서 지배하는 것이오. 이것이 내부에서 지배하는 불멸인 그대의 자기이지요."

7.8 "하늘 안에 존재하고 하늘과 다르며 그것을 하늘은 모르고, 그것의 육신이 하늘이며 하늘을 내부에서 지배하는 것이오. 이것이 내부에서 지배하는 불멸인 그대의 자기이지요."

7.9 "태양 가운데 존재하고 태양과 다르며 그것을 태양은 모르고, 그것의 육신이 태양이며 태양을 내부에서 지배하는 것이오. 이것이 내부에서 지배

하는 불멸인 그대의 자기이지요."

7.10 "방향 가운데 존재하고 방향과 다르며 그것을 방향은 모르고, 그것의 육신이 방향이며 방향을 내부에서 지배하는 것이오. 이것이 내부에서 지배하는 불멸인 그대의 자기이지요."

7.11 "달과 별 가운데 존재하고 달이나 별과 다르며 그것을 달과 별은 모르고, 그것의 육신이 달과 별이며 달과 별을 내부에서 지배하는 것이오. 이것이 내부에서 지배하는 불멸인 그대의 자기이지요."

7.12 "허공 속에 존재하고 허공과 다르며 그것을 허공은 모르고, 그것의 육신이 허공이며 허공을 내부에서 지배하는 것이오. 이것이 내부에서 지배하는 불멸인 그대의 자기이지요."

7.13 "어둠 속에 존재하고 어둠과 다르며 그것을 어둠은 모르고, 그것의 육신이 어둠이며 어둠을 내부에서 지배하는 것이오. 이것이 내부에서 지배하는 불멸인 그대의 자기이지요."

7.14 "열 속에 존재하고 열과 다르며 그것을 열은 모르고, 열이 그것의 육신이며 열을 내부에서 지배하는 것이오. 이것이 내부에서 지배하는 불멸인 그대의 자기이지요."
이상이 신들의 영역에 관한 설명이라오.

7.15 그리고 존재하는 모든 사물에 관하여 말하면,
"모든 존재 속에 존재하고, 모든 존재와 다르며 그것을 모든 존재는 모르고, 그것의 육신이 모든 존재이며 모든 존재를 내부에서 지배하는 것이오. 이것이 내부에서 지배하는 불멸인 그대의 자기이지요."
이상이 존재하는 사물에 관한 설명이라오.

7.16 그리고 육신(아트만)에 관하여 말하면,

"숨 속에 존재하고 숨과 다르며 그것을 숨은 모르고, 그것의 육신이 숨이며 숨의 내부에서 지배하는 것이오. 이것이 내부에서 지배하는 불멸인 그대의 자기이지요."

7.17 "언어 가운데 존재하고 언어와 다르며 그것을 언어는 모르고, 그것의 육신이 언어이며 언어를 내부에서 지배하는 것이오. 이것이 내부에서 지배하는 불멸인 그대의 자기이지요."

7.18 "시각 안에 존재하고 시각과 다르며 그것을 시각은 모르고, 그것의 육신이 시각이며 시각을 내부에서 지배하는 것이오. 이것이 내부에서 지배하는 불멸인 그대의 자기이지요."

7.19 "청각 속에 존재하고 청각과 다르며 그것을 청각은 모르고, 그것의 육신이 청각이며 청각을 내부에서 지배하는 것이오. 이것이 내부에서 지배하는 불멸인 그대의 자기이지요."

7.20 "사고(思考) 가운데 존재하고 사고와 다르며 그것을 사고는 모르고, 그것의 육신이 사고이며 사고를 내부에서 지배하는 것이오. 이것이 내부에서 지배하는 불멸인 그대의 자신이지요."

7.21 "피부 속에 존재하고 피부와 다르며 그것을 피부는 모르고, 그것의 육신이 피부이며 피부를 내부에서 지배하는 것이오. 이것이 내부에서 지배하는 불멸인 그대의 자기이지요."

7.22 "인식 속에 존재하고 인식과 다르며 그것을 인식은 모르고, 그것의 육신이 인식이며 인식을 내부에서 지배하는 것이오. 이것이 내부에서 지배하는 불멸인 그대의 자기이지요."

7.23 "정액 속에 존재하고 정액과 다르며 그것을 정액은 모르고, 그것의 육신이 정액이며 정액을 내부에서 지배하는 것이오. 이것이 내부에서 지배

하는 불멸인 그대의 자기이지요. 그것은 보이지 않지만 보고 있는 것이요. 그것은 들리지 않지만 듣고 있는 것이요. 그것은 생각하지 않지만 생각하고 있는 것이요. 그것은 인식하지 않지만 인식하고 있는 것이요. 이것 이외에 보고 있는 것은 존재하지 않아요. 이것 이외에 듣고 있는 것은 존재하지 않아요. 이것 이외에 생각하는 것은 존재하지 않아요. 이것 이외에 인식하고 있는 것은 존재하지 않아요. 이것이 내부에서 지배하는 불멸인 그대의 자기이지요. 이것 이외의 것은 〔고뇌에〕 넘치게 된다오.”

그러자 웃다라카 아르니는 입을 다물었다.

8.1 그리고 나서 〔가르기〕 바챠크나비가 말하였다. “존경하는 바라문들이여! 이제 나는 이 야지냐발키야에게 두 가지를 묻겠어요. 만일 그가 이 두 가지 질문에 옳게 대답한다면 신성한 사항의 지식에 관한 논쟁에서 여러분 중에서 아무도 결코 그를 이기지 못할 것입니다.”

“물어보시오, 가르기여!”

8.2 그녀는 말하였다. “카시 또는 비데하 나라의 권력있는 사람의 아들이 느슨한 활의 시위를 당겨, 적을 관통할 두 화살을 손에 쥐고 맞서듯이 자, 야지냐발키야여! 진정으로 이와 같이 나는 두 가지 질문을 가지고 그대에게 대항하겠어요. 그것에 대하여 나에게 말해보시오.”

“물어보시오, 가르기여!”

8.3 그녀는 말하였다. “야지냐발키야여! 하늘 위에 있는 것, 땅 밑에 있는 것, 하늘과 땅 사이에 있는 것, 과거 현재 그리고 미래라고 사람들이 말하는 것이오. 그것은 무엇으로 왔다 갔다 짜여져 있는가요?”

8.4 그는 말하였다. “가르기여! 하늘 위에 있는 것, 땅 밑에 있는 것, 하늘과 땅 사이에 있는 것, 과거 현재 그리고 미래라고 사람들이 말하는 것이오. 그것은 허공으로 왔다 갔다 짜여져 있는가요.”

8.5 그녀는 말하였다. “야지냐발키야여! 나를 위하여 이 질문을 설명한

그대에게 경의를 표하고 싶어요. 또 하나의 물음에 대하여 각오하셔요!"

"물어보시오! 가르기여!"

8.6 그녀는 말하였다. "야지냐발키야여! 하늘 위에 있는 것, 땅 밑에 있는 것, 하늘과 땅 사이에 있는 것, 과거 현재 그리고 미래라고 사람들이 말하는 것이오. 그것은 무엇으로 왔다 갔다 짜여져 있는가요?"

8.7 그는 말하였다. "가르기여! 하늘 위에 있는 것, 땅 밑에 있는 것, 과거 현재 그리고 미래라고 사람들이 말하는 것이오. 그것은 바로 허공으로 말미암아 왔다 갔다 짜여져 있어요."

"그러면 무엇으로 허공은 왔다 갔다 짜여져 있는가요?"

8.8 그는 말하였다. "가르기여! 실로 바라문은 이것을 불멸의 것 (aksara) 이라고 부른다오. 그것은 굵지도 않고 미세하지도 않아요. 그것은 짧지도 않고 길지도 않지요. 〔거기에는〕 피도 없고 지방도 없으며, 그림자도 없는가 하면 어둠도 없고 바람도 없고 허공도 없어요. 〔사물에 대한〕 집착도 없고 맛도 없으며 향기도 없어요. 시각도 없고 청각도 없으며, 언어도 없고 사고도 없고 열도 없고 숨도 없고 입도 없고 잣대도 없어요. 안도 없고 겉도 없다오. 그것은 아무것도 먹지 않고, 아무도 그것을 먹지 않는다오."

8.9 "실로 이 불멸의 것의 지시에 의해 가르기여! 태양과 달은 떨어져 있어요. 참으로 이 불멸의 것의 지시에 의해 가르기여! 하늘과 땅은 떨어져 있다오. 참으로 이 불멸의 것의 지시에 의해 가르기여! 순간 시각 낮과 밤, 반달 달 계절 해(年)는 떨어진 채 있어요. 참으로 이 불멸의 것의 지시에 의해 가르기여! 몇몇 강은 하얀 히말라야〔산맥〕에서 동쪽으로 흐르고 몇몇 강은 서쪽으로 흐르며 또는 각각 다른 방향으로 흐르는 것이오. 참으로 이 불멸의 것의 지시에 의해 가르기여! 인간은 보시하는 사람들을 찬양하고, 신들은 제주(祭主)에게, 조상들은 제례에 바치는 제물에 의존하고 있어요."

8.10 "가르기여! 이 불멸이라는 것을 모르고, 이 세상에서 몇천 년이나

불 속으로 제물을 바쳐 제사를 지내고, 금욕생활을 보내도, 그의 세계에는 한계가 있었어요. 가르기여! 참으로 이 불멸이라는 것을 모르고 이 세상을 떠난 사람 그는 불쌍해요. 그런데 가르기여! 이 불멸이라는 것을 알고 이 세상을 떠난 사람, 그는 바라문이라오."

8.11 "가르기여! 참으로 이 불멸이라는 것은 보이지 않지만 보고 있는 것이요. 그것은 들리지 않지만 듣고 있는 것이요. 그것은 생각되지 않지만 생각하고 있는 것이요. 그것은 인식되지 않지만 인식하고 있는 것이라오. 이것 이외에 보고 있는 것은 존재하지 않아요. 이것 이외에 듣고 있는 것은 존재하지 않아요. 이것 이외에 생각하고 있는 것은 존재하지 않아요. 이것 이외에 인식하는 것은 존재하지 않아요. 잘 알려진 것처럼 불멸이라는 것으로, 가르기여! 허공은 왔다 갔다 짜여져 있는 것이오."

8.12 그녀는 말했다.
"존경하는 바라문들이여! 그에게 경의를 표함으로써 그에게서 벗어날 수 있다면, 바로 그것을 여러분은 존중해야 합니다. 신성한 사항의 지식에 관한 논쟁에서 여러분들 가운데 아무도 결코 그를 이길 수 없을 것입니다."
그러자 바챠크나비는 입을 다물었다.

9.1 이번에는 비다그다 샤카리야가 그에게 물었다.
"야지냐발키야여! 얼마나 많은 신들이 존재하나요?"
바로 다음의 니비드[nivid : 신들에게 바치는 찬가 모음]로 야지냐발키야는 대답하였다.
"[모든 신에 대한 찬가의] 니비드에서 채택하고 있는 것만 하여도, 삼백 셋, 그리고 삼천셋." "그와 같소"라고 샤카리야가 말하였다.
"그러나 야지냐발키야여! 실제로 얼마나 많은 신들이 존재하는가요?"
"서른셋."
"그와 같소" 샤카리야가 말하였다.
"그러나 야지냐발키야여! 실제로 얼마나 많은 신들이 존재하나요?"
"여섯."
"그와 같소" 샤카리야가 말하였다.

"그러나 야지냐발키야여! 실제로 얼마나 많은 신들이 존재하는가요?"

"둘."

"그와 같소" 샤카리야가 말하였다.

"그러나 야지냐발키야여! 실제로 얼마나 많은 신들이 존재하나요?"

"하나 반."

"그와 같소" 샤카리야는 말하였다.

"그러나 야지냐발키야여! 실제로 얼마나 많은 신들이 존재하나요?"

"하나."

"그와 같소" 샤카리야는 말하였다.

"그렇다면 이런 삼백셋, 그리고 삼천셋은 누구인가요?"

9.2 "이것은 신들의 위력 그 자체를 말하는 것이오" 야지냐발키야는 말하였다. "실은 서른셋의 신만이 존재한다오."

"그런 서른셋은 누구인가요?"

"여덟 바수, 열하나 루드라, 열두 아디티야이라오. 그렇게 서른하나에 인드라와 프라자파티를 합쳐 서른셋이지요."

9.3 "바수 신들은 누구인가요?"

"불, 땅, 대기, 태양, 하늘, 달, 그리고 별들이오. 이들이 여덟 바수 신들이지요. 실로 이들 중에 이 모든 부〔富 : vasu〕가 포함되어 있다오. 그러므로 그들은 바수(vasu)이지요."

9.4 "루드라 신들은 누구인가요?"

"인간 속의 열 개의 숨(prāna), 그리고 열하나의 것으로서 자기〔아트만〕를 합한 것이오. 그들이 육신을 떠나 위로 나갈 때에 그들은 사람들을 슬프게 한다오. 그들은 사람들을 울리기 때문에 루드라 신들이라고 하지요.

9.5 아디티야 신들은 누구인가요?"

"실로 1년의 열두 달—이것이 아디티야 신들이오. 왜냐하면 이것은 이 모든 것을 빼앗아 떠나기 때문이라오. 그들은 이 모든 것을 빼앗아 가면서

(ādadānāḥ) 떠나기 (ganti) 때문에 아디티야라고 한다오.”

9.6 인드라는 누구인가요? 프라자파티는 누구인가요?”
“인드라는 바로 뇌신(雷神)이라오. 프라자파티는 제사이고요.”
“뇌신은 무엇인가요?”
“번개이지요.”
“제사는 무엇인가요?”
“가축입니다.”

9.7 “여섯은 누구인가요?”
“불, 땅, 바람, 대기, 태양, 그리고 하늘이오. 이들이 여섯이라오. 왜냐하면 이들 여섯이 이 모든 것이기 때문이오.”

9.8 “그런 셋의 신들은 누구인가요?”
“바로 이런 세 개의 세계라오. 왜냐하면 모든 신들은 이런 세계의 내부에 있기 때문이오.”
“그런 두 신은 누구인가요?”
“바로 음식과 숨이오.”
“하나 반은 누구인가요?”
“불고 있는, 맑게 하는 이 바람이지요.”

9.9 “거기에서 사람들은 말하지요. ‘불고 있는 이 바람은 오직 하나에 불과한데 어째서 그것이 하나 반이란 말이오?’ 라고. 그것으로 말미암아 이 모두가 퍼졌기 (adhyardhnot) 때문에 그것은 하나 반 (adhyardha)이라 한다오.”
“유일한 신은 누구인가요?”
“숨이오. 그것이 브라만이고, 사람들은 〔브라만을〕 그것 (tyat)이라고 부른다오.”

“9.10 “그의 거처가 바로 대지이고, 그것의 생활영역이 불〔아그니〕이며, 그것의 광명이 사고하는 인간 (purusa)이오. 참으로 사람은 그를 모든 자기

〔아트만〕의 궁극적 목표로 알아야 하오. 진실로 그는 아는 사람일 것이오, 야지냐발키야여!"

"진실로 그대가 말하는 모든 자기의 궁극적 목표인 그 인간을 나는 알고 있소. 이것은 육체적인 이 인간과 다름없어요. 샤카리야여! 누가 그의 신들인가 말해보시오!"

"불멸하는 자이지요" 샤카리야는 말했다.

9.11 "그것의 거처가 바로 욕망이요, 그것의 생활영역이 심장이며, 그것의 광명이 사고하는 인간이라오. 참으로 사람은 그를 모든 자기의 궁극적 목표로 알아야 하오. 진실로 그는 알고 있는 사람일 것이오, 야지냐발키야여!"

"진실로 그대가 말하는 모든 자기의 궁극적 목표인 그 인간을 나는 알고 있소. 이것은 거울 속에 비친 이 인간과 다름없어요. 샤카리야여! 누가 그의 신들인가 말해보시오!"

"여자이지요." 샤카리야는 말하였다.

9.12 "그것의 거처가 바로 형태요. 그것의 생활영역이 시각이며, 그것의 광명이 사고하는 인간이라오. 참으로 사람은 그를 모든 자기의 궁극적 목표로 알아야 하오. 진실로 그는 알고 있는 사람일 것이오, 야지냐발키야여!"

"진실로 그대가 말하는 모든 자기의 궁극적 목표인 그 사람을 나는 알고 있소. 이것은 태양 속에 있는 그 인간과 다름없어요. 샤카리야여! 누가 그의 신들인가 말해보시오!"

"진리이지요." 샤카리야는 말하였다.

9.13 "그것의 거처가 바로 허공이고, 그것의 생활영역이 청각이며, 그것의 광명이 생각하는 인간이라오. 실로 사람은 그를 모든 자기의 궁극적 목표로 알아야 하오. 진실로 그는 알고 있는 사람일 것이오, 야지냐발키야여!"

"진실로 그대가 말하는 모든 자기의 궁극적 목표인 그 인간을 나는 알고 있소. 이것은 청각 및 메아리와 결부된 이 인간과 다름없어요. 샤카리야여! 누가 그의 신들인가 말해보시오!"

"방향이오." 샤카리야는 말하였다.

9.14 "그것의 거처는 바로 어둠이고, 그것의 생활영역은 심장이며, 그것의 광명이 사고하는 인간이라오. 참으로 사람은 그를 모든 자기의 궁극적 목표로 알아야 하오. 진실로 그는 알고 있는 사람일 것이요, 야지냐발키야여!"

"진실로 그대가 말하는 모든 자기의 궁극적 목표인 그 인간을 나는 알고 있소. 이것은 그림자로 된 이 인간과 다름없어요. 샤카리야여! 누가 그의 신들인가 말해보시오!"

"죽음이오." 샤카리야는 말하였다.

9.15 "그것의 거처가 바로 형태이고, 그것의 생활영역이 시각이며, 그것의 광명이 사고하는 인간이라오. 참으로 사람은 그를 모든 자기의 궁극적 목표로 알아야 하오. 그는 알고 있는 사람일 것이요, 야지냐발키야여!"

"진실로 그대가 말하는 모든 자기의 궁극적 목표인 그 인간을 나는 알고 있소. 이것은 거울 속의 이 인간과 다름없어요. 샤카리야여! 누가 그의 신들인가 말해보시오!"

"생명이오." 샤카리야는 말하였다.

9.16 "그것의 거처는 바로 물이요, 그것의 생활영역은 심장이며, 그것의 광명이 사고하는 인간이라오. 참으로 사람은 그를 모든 자기의 궁극적 목표로 알아야 하오. 진실로 그는 알고 있는 사람일 것이요, 야지냐발키야여!"

"진실로 그대가 말하는 모든 자기의 궁극적 목표인 그 인간을 나는 알고 있소. 이것은 물 속의 이 인간과 다름없어요. 샤카리야여! 누가 그의 신들인가 말해보시오!"

"바르나이지요." 샤카리야는 말하였다.

9.17 "그것의 거처가 바로 정액이고, 그것의 생활영역이 심장이며, 그것의 광명이 생각하는 인간이라오. 참으로 사람은 그를 모든 자기의 궁극적 목표로 알아야 하오. 진실로 그는 알고 있는 사람일 것이요, 야지냐발키야여!"

"진실로 그대가 말하는 모든 자기의 궁극적 목표인 그 인간을 나는 알고 있소. 이것은 아들로부터 이루어진 이 인간과 다름없어요. 샤카리야여! 누가 그의 신들인가 말해보시오!"

"프라자파티이지요." 샤카리야는 말하였다.

9.18 야지냐발키야는 말하였다. "샤카리야여! 저 바라문들은 그대를 불을 끄는 항아리로 만들어버린 것 아니오?"

9.19 샤카리야는 말하였다.
"여기에서 그대가 크루판차라 지방의 바라문들을 말겨루기에서 이겼으므로 바라문 '진리의 공식'도 알고 있는 것 아니오?"
"그런 신들과 함께, 그런 기초와 함께, 나는 방향을 알고 있소."
"그런 신들과 더불어 그런 기초도 함께 그대가 그 방향을 알고 있다고 하면⋯⋯"

9.20 〔샤카리야는 잠시 쉬었다가 계속하여 말하였다.〕
"이 동쪽 방향으로 그대는 어떤 신들을 지고 있는가요?"
"태양을 신들로서 가지고 있소."
"태양은 무엇으로 기초가 만들어져 있나요?"
"시각이요."
"무엇으로 시각은 기초가 만들어졌는가요?"
"형태로. 왜냐하면 사람은 시각에 의하여 형태를 보기 때문이오."
"무엇으로 형태는 기초가 만들어졌는가요?"
"심장이요.〔야지냐발키야는 말하였다〕. 왜냐하면 사람은 심장에 의해 형태를 인식하기 때문이오. 바로 심장에 의해서 형태는 기초가 만들어지기 때문이오."
"바로 그렇소이다, 야지냐발키야여!"

9.21 "이 남쪽 방향으로 그대는 어떤 신들을 가지고 있는가요?"
"야마〔죽음의 신〕를 신으로 가지고 있소."
"야마는 무엇으로 기초가 만들어져 있는가요?"
"제사(祭祀)요."
"무엇으로 제사는 기초가 만들어져 있는가요?"

"제사의 보수(報酬)*5로 기초를 두고 있소."

"무엇으로 제사의 보수는 기초가 만들어져 있는가요?"

"신뢰이오. 바로 사람이 신뢰할 때에 사람은 제사의 보수를 주기 때문이오. 바로 신뢰로써 제사의 보수는 기초가 만들어졌기 때문이오."

"무엇으로 신뢰는 기초가 만들어졌는가요?"

"심장이오. 〔야지냐발키야는 말하였다〕. 왜냐하면 심장에 의하여 사람은 신뢰를 인식하기 때문이오."

"〔샤카리야가 말했다.〕 참으로 그렇소이다, 야지냐발키야여!"

9.22 "서쪽 방향으로 그대는 어떤 신들을 가지고 있는가요?"

"바르나를 신으로 가지고 있소."

"바르나는 무엇으로 기초가 만들어졌는가요?"

"물이오."

"무엇으로 물은 기초가 만들어지는가요?"

"정액이오."

"무엇으로 정액은 기초가 만들어지는가요?"

"심장이오. 그 이유에서도 〔아버지를〕 닮은 아들이 태어날 때 그에 대하여 사람들은 말하지요. '바로 아버지의 심장에서 그 아들은 태어났다, 확실히 아버지의 심장으로 만들어졌다.' 틀림없이 심장에 의하여 정액은 기초가 만들어졌기 때문이오."

"바로 그렇소이다, 야지냐발키야여!"

9.23 "이 북쪽 방향으로 그대는 어떤 신격을 가지고 있는가요?"

"달(soma)을 신격으로서 가지고 있소."

"달은 무엇으로 기초가 만들어져 있는가요?"

"제사의 정결(淨潔) 의식이오."

"무엇으로 제사의 정결 의식은 기초가 만들어져 있는가요?"

"진리요."

---

*5 제주(祭主), 또는 시주(施主)로부터 제관에 대한 제사의 보수로서 주어지는 사례. 다크시나는 자주 소(牛)로 이루어졌으나 금화나 의복 또는 말(馬)로도 이루어졌다.

"그 이유에서도 제사를 위하여 정결하여진 사람에 대하여 사람들은 말하지요. '진리를 말해 보라.' 바로 심장에서 제사의 정결은 기초가 만들어졌기 때문이오."

"무엇으로 진리는 기초가 만들어져 있는가요?"

"심장이오. [야지냐발키야는 말하였다]. 왜냐하면 심장에 의하여 사람은 진리를 인식하기 때문이오. 틀림없이 심장으로 진리는 기초가 만들어져 있기 때문이오."

"바로 그렇소이다, 야지냐발키야여!"

9.24 "이 불변의 방향인 천정(天頂)에서 그대는 어떤 신격을 가지고 있는가요?"

"불[아그니]을 신격으로 가지고 있소."

"불은 무엇으로 기초가 만들어져 있는가요?"

"언어요."

"무엇으로 언어는 기초가 만들어져 있는가요?"

"심장이오."

"그렇다면 무엇으로 심장은 기초가 만들어져 있는가요?"

9.25 야지냐발키야가 말하였다. "어리석은 자여! 이 심장이 우리 육신과는 딴 곳에 있다고 그대는 생각하는가! 실로 이 심장이 우리와 다른 곳에 있다고 하면 개가 이것을 먹을 것이요, 새가 이것을 쪼아 먹을 것이오."

9.26 "무엇으로 그대와 그대의 자기[아트만]는 기초가 만들어져 있는가요?"

"내쉬는 숨이오."

"무엇으로 내쉬는 숨은 기초가 만들어져 있는가요?"

"들이쉬는 숨이오."

"무엇으로 들이쉬는 숨은 기초가 만들어져 있는가요?"

"들이쉬는 숨과 내쉬는 숨의 중간에 있는 숨이오."

"무엇으로 중간에 있는 숨은 기초가 만들어져 있는가요?"

"위로 쉬는 숨이오."

"무엇으로 위로 쉬는 숨은 기초가 만들어져 있는가요?"

"들이쉬는 숨과 내쉬는 숨을 연결하는 숨이오. 이것이 "그렇지는 않다, 그렇지 않다"고 말하는 자기〔아트만〕인 것이오. 그것은 파악될 수 없고, 파악되지 않기 때문이오. 그것은 파괴될 수 없소. 왜냐하면 그것은 파괴될 수 없기 때문이오. 그것은 집착하지 않아요. 왜냐하면 그것은 집착하지 않기 때문이오. 그것은 얽매이지 않고 흔들리지도 않는다오. 그것은 상처받지 않아요. 이런 것이 여덟의 거처, 여덟의 생활영역, 여덟의 신들, 여덟의 인간이오. 그런 인간을 분리시켜 원래 상태로 되돌리고 그런 것을 뛰어 넘어간 인간, 곧 우파니샤드에 나타난 인간에 대하여 나는 그대에게 묻겠소. 만일 그대가 그것을 우리에게 설명하지 않으면 그대의 머리는 깨져 흩어질 것이오."

샤카리야는 그 인간을 몰랐다. 그의 머리는 깨져 흩어졌다. 또 그의 뼈를 다른 것으로 알고, 도둑들이 그의 뼈를 훔쳐갔다.

9.27 그러자 야지냐발키야는 말했다. "존경하는 바라문들이여! 여러분 중에서 묻고자 하는 사람은 나에게 물으시오! 또는 모든 사람은 나에게 물으시오! 〔그렇지 않으면〕 여러분 가운데 질문을 받고자 하는 사람, 그 사람에게 나는 묻겠소. 또는 여러분 모두에게 나는 묻겠소."

그러나 그들 바라문은 아무도 감히 묻지 않았다.

9.28 이런 시구로 그는 그들에게 물었다.

숲의 주인인 나무처럼, 사람도 다 마찬가지니라.

그〔사람〕의 몸털은 그것〔나무〕의 잎이요, 그의 피부는 그것의 바깥 나무껍질이니라.

그의 피부에서는 피가 흐르고, 나무들의 껍질에서는 수액이 흐른다.

그러므로 피부가 찔렸을 때 피가 흘러나온다, 나무껍질이 타격을 입을 때 수액처럼.

그의 살은 나무의 속살이고, 그의 힘줄은 인피섬유(靭皮纖維)이다. 그것은 견고하니라.

그의 뼈는 내부에 있는 단단한 부분이고, 그의 골수는 고갱이처럼 만들어졌느니라.

나무들이 베어 넘어질 때 보다 새로운 나무가 다시 뿌리로부터 자라나느니라.

사람이 죽음으로써 쓰러질 때 그는 어느 뿌리로부터 자라나는 것인가?

'정액으로부터'라고 말하지 말라! 그것은 그가 살아 있는 동안 그 [사람]에게서 생기느니라.

참으로 씨앗에서 자라나는 나무들처럼 죽기 전에 그것은 곧바로 생기느니라.

사람들이 나무를 뿌리째 뽑는다면 그것은 다시는 자라지 않으리라.

사람은 죽음에 의해 넘어지면 어느 뿌리로부터 자라나는 것인가?

참으로 태어난 것은 [다시] 태어나지 않는다. 누가 그를 다시 태어나도록 할 것인가?

인식과 환희의 브라만, 그가 바로 굳건하게 서 있는 사람인 공양자의 궁극의 목표요. 그가 바로 그것을 아는 자의 안식처이리라.

제4장

1.1 비데하 국왕 자나카는 〔자리에〕 앉아 있었다. 그때에 야지냐발키야가 가까이 다가왔다. 자나카는 그에게 말하였다. "야지냐발키야여! 무엇 때문에 그대는 왔는가, 가축을 바라는가 아니면 미묘한 토론을 하고자 함인가?" "그 두 가지를 다 바랍니다, 대왕님!" 그는 말하였다.

1.2 "누군가 왕에게 말했던 것을 듣고 싶소이다."

〔왕이 말하였다.〕 "'참으로 브라만은 언어이다'라고, 지트반 샤이리니는 나에게 말하였소."

"어머니가 있는 사람, 아버지가 있는 사람, 스승이 있는 사람이 말하듯이 그렇게 샤이리니는 '참으로 브라만은 언어이다'라고 말하였어요. 왜냐하면 말을 하지 못하는 사람은 어디에 쓰겠는가 하고 〔그는 생각하였기〕 때문이지요. 그러나 그는 왕에게 그것의 거처와 기초에 대하여 말하던가요?"

"그는 나에게 그런 말은 하지 않았어요."

"참으로 이것은 절름발이〔불완전한 브라만〕입니다. 대왕이여!"

"그렇다면 야지냐발키야여! 그대가 나에게 말하여주시오!"

"바로 언어가 그것의 거처이고 허공이 그것의 기초입니다. 사람은 이것을 예지로서 숭배해야 됩니다."

"예지란 무엇인가요, 야지냐발키야여!"

"바로 언어입니다, 대왕이시여!" 그〔야지냐발키야〕는 말하였다. "참으로 대왕이시여! 언어에 의하여 관계가 있는 것은 인식됩니다. 리그 베다, 야쥬

---

*1 브라만과 언어·숨·시각·청각·사고 및 심장 사이의 등가설(等價說)—그것이 자나카 왕이 알고 있던 우파니샤드였다. 그러나 언어보다도 가치가 높은 것은 숨, 숨보다도 가치가 높은 것은 시각, 시각보다도 가치가 높은 것은 청각, 청각보다도 가치가 높은 것은 사고, 사고보다도 가치가 높은 것은 심장이다. 등가설에서는 가치의 상하 관계가 인정된다.

르 베다, 사마 베다, 아타르바 베다의 찬가, 전설, 옛이야기, 학문, 우파니샤드(Upaniṣad)*1, 시구, 경구, 주석과 설명, 제사 지내는 것과 제물, 음식이 이 세상과 저 세상 그리고 모든 살아 있는 것들이 바로 언어에 의하여 인식됩니다. 진실로 대왕이여! 언어는 최고의 브라만입니다. 이와 같이 알고 이 언어를 숭배하는 사람입니다. 이 사람을 언어는 버리지 않습니다, 모든 살아 있는 것은 여기에 떼지어 모여듭니다. 그는 신이 되어 신들 속으로 들어갑니다."

비데하 국왕 자나카는 말하였다. "코끼리 같은 수소 한 마리와 함께 암소 천 마리를 나는 그대에게 드리겠습니다."

야지냐발키야는 말했다. "다 가르치기 전에 사람은 보수를 받으면 안 된다고 나의 아버지는 가르치셨습니다."

1.3 야지냐발키야는 말하였다. "또 누군가가 왕에게 말했던 것을 듣고 싶소이다."

"참으로 '브라만은 숨이다.'라고 우단카 샤우르바야나는 나에게 말하더이다." 자나카는 말하였다.

〔야지냐발키야가 말하였다.〕 "어머니가 있는 사람, 아버지가 있는 사람, 스승이 있는 사람이 말하듯이 그렇게 샤우르바야나는 '참으로 브라만은 숨이다.'라고 말하였어요. 왜냐하면 '숨을 쉬지 못하는 사람이 무슨 소용이 있겠는가?'라고 〔그는 생각하였기〕 때문입니다. 그러나 그는 왕에게 그것의 거처와 기초에 대하여 말하던가요?"

〔왕이 말하였다.〕 "그는 나에게 그런 말은 하지 않았어요."

"참으로 이것은 외발의 절름발이 〔불완전한 브라만〕입니다, 대왕이여!"

"야지냐발키야여! 진실을 말하여 주시오!"

"바로 숨이 그것의 거처이고, 허공이 그것의 기초입니다. 사람은 이것을 소중한 것으로 명상해야 합니다."

"소중한 것이란 무엇입니까? 야지냐발키야여!"

"바로 숨입니다, 대왕이여!" 야지냐발키야는 말하였다. "참으로 대왕이여! 숨을 소중히 여기기 때문에 제사에 어울리지 않은 사람을 위하여 제사를 지내게 하여, 〔제사의 보수를〕 받아서는 안 되는 사람에게서 보수를 받습니다. 진실로 대왕이여! 숨을 사랑하기 때문에 가령 어느 방향으로 사람이 가더라도 거기에서 살해의 공포가 생깁니다. 진실로 대왕이여! 최고의 브라만은 숨입니다. 이와 같이 알고 숨을 명상하는 사람, 바로 이 사람을 숨은 버리지 않습니다. 모든 살아 있는 것은 여기에 모여듭니다. 그는 신이 되어 신들 속으로 들어갑니다."

"코끼리 같은 수소 한 마리와 함께 천 마리의 암소를 나는 그대에게 드리겠소." 비데하 국왕 자나카는 말하였다.

야지냐발키야는 말했다. "다 가르치기 전에 사람은 보수를 받아서는 안 된다고 나의 아버지는 가르치셨습니다."

1.4 야지냐발키야가 말하였다. "또 누군가 왕에게 말했던 것을 듣고 싶소이다." 자나카는 말했다. "'참으로 브라만은 시각이다'라고 바르쿠 바르시나는 나에게 말하더이다."

〔야지냐발키야가 말하였다.〕 "어머니가 있는 사람, 아버지가 있는 사람, 스승이 있는 사람이 말하듯이 그와 같이 바르시나는 '진실로 브라만은 시각 (視覺)이다'라고 말하였어요. 왜냐하면 볼 수가 없는 사람이 무슨 소용이 있겠는가? 라고 〔그는 생각하였기〕 때문이지요. 그러나 그는 왕에게 그 거처와 기초에 대하여 말하던가요?"

〔왕이 말하였다.〕 "그는 나에게 그런 말은 하지 않았어요."

"참으로 이것은 절름발이〔불완전한 브라만〕입니다. 대왕이여!"

"참으로 야지냐발키야여! 진실을 우리에게 말하여주시오!"

"바로 시각이 그것의 거처이고 허공이 그것의 기초입니다. 사람은 이것을 진리로서 숭배해야 됩니다."

"진리라는 것은 무엇인가요? 야지냐발키야여!"

야지냐발키야는 말하였다. "바로 시각입니다, 대왕이여! 그러므로 진실로 대왕이여! 시각으로써 보고 있는 사람에게 '너는 보았는가?'라고 말할 때 그가 '나는 보았다'라고 말하면 그것은 진리입니다. 참으로 대왕이여! 최고의 브라만은 시각입니다. 이와 같이 알고 시각을 숭배하는 사람, 바로 이 사람을 시각은 버리지 않습니다, 모든 살아 있는 것은 거기에 모여듭니다. 그는 신이 되어 신들 속으로 들어갑니다."

비데하 국왕 자나카는 말하였다. "코끼리 같은 수소 한 마리와 함께 천 마리의 암소를 나는 그대에게 드리겠소."

야지냐발키야는 말했다. "다 가르치기 전에 사람은 보수를 받아서는 안 된다고 나의 아버지는 가르치셨습니다."

1.5 "또 누군가 왕에게 말했던 것을 듣고 싶소이다." 야지냐발키야는 말하였다. "참으로 브라만은 청각이다"라고 가르다비비피타 바라드바쟈는 나에게 말하더이다."

"어머니가 있는 사람, 아버지가 있는 사람, 스승이 있는 사람이 말하듯이 그와 같이 바라드바쟈는 '실로 브라만은 청각이다'라고 말하였어요. 왜냐하면 들을 수가 없는 사람이 무슨 소용이 있겠는가? 라고 〔그는 생각하였기〕 때문이지요. 그러나 그는 왕에게 그것의 거처와 기초에 대하여 말하던가요?" 야지냐발키야는 물었다.

〔왕이 말하였다.〕 "그는 나에게 그런 말은 하지 않았어요."

"참으로 이것은 절름발이〔불완전한 브라만〕입니다, 대왕이여!"

"참으로 야지냐발키야여! 우리에게 말하여주시오!"

"바로 청각이 그것의 거처이고 허공이 그것의 기초입니다. 사람은 이것을 무한한 것으로 숭배해야 됩니다."

"무한한 것이란 무엇인가요? 야지냐발키야여!"

"바로 청각입니다, 대왕이여!" 야지냐발키야는 말하였다. "그러므로 진실로, 대왕이여! 사람이 가령 어느 방향으로 가도 그는 그것의 극한에 이르지 못합니다. 왜냐하면 방향은 무한하기 때문입니다. 진실로 대왕이여! 방향은 청각입니다. 최고의 브라만은 청각입니다. 이와 같이 알고 청각을 명상하는 사람, 바로 이 사람을 청각은 버리지 않습니다. 모든 살아 있는 것은 여기에 모여듭니다. 그는 신이 되어 신들 속으로 들어갑니다."

비데하 국왕 자나카는 말하였다. "코끼리 같은 수소 한 마리와 함께 천 마리의 암소를 나는 그대에게 드리겠소."

야지냐발키야는 말했다. "다 가르치기 전에 사람은 보수를 받아서는 안 된다고 나의 아버지는 가르치셨습니다."

1.6 "또 누군가 왕에게 말했던 것을 듣고 싶습니다." 야지냐발키야는 말하였다.

"'진실로 브라만은 사고(思考)이다'라고 사티야카마 자바라는 나에게 말하더이다" 자나카는 말했다.

"어머니가 있는 사람, 아버지가 있는 사람, 스승이 있는 사람이 말하듯이 그렇게 자바라는 '진실로 브라만은 사고이다'라고 말했습니다. 왜냐하면 사고를 갖지 않는 사람은 무슨 소용이 있겠는가? 라고 '그는 생각하였기' 때문입니다. 그러나 그는 왕에게 그것의 거처와 기초에 대하여 말하던가요?" 야지냐발키야는 물었다.

〔왕이 말하였다.〕 "그는 나에게 그런 말은 하지 않았어요."

"참으로 이것은 절름발이입니다, 대왕이여!"

"야지냐발키야여! 우리에게 진실을 말하여 주시오!"

"바로 사고가 그것의 거처이고 허공이 그것의 기초입니다. 사람은 이것을 환희로서 숭배해야 됩니다."

"환희라고 하는 것은 무엇인가요? 야지냐발키야여!"

"바로 사고입니다, 대왕이여!" 야지냐발키야는 말하였다. "참으로 대왕이여! 사람은 사고에 의하여 여자를 사랑하고, 그녀에게서 〔그와〕 닮은 아들이 태어납니다. 그것이 환희입니다. 대왕이여! 최고의 브라만은 사고입니다. 이와 같이 알고 사고를 명상하는 사람, 바로 이 사람을 사고는 버리지 않습니다, 모든 살아 있는 것은 여기에 모여듭니다. 그는 신이 되어 신들 속으로 들어갑니다."

"코끼리 같은 수소 한 마리와 함께 천 마리의 암소를 나는 그대에게 드리겠소." 비데하 국왕 자나카는 말했다.

야지냐발키야는 말하였다. "다 가르치기 전에 사람은 보수를 받아서는 안된다고 아버지는 가르치셨습니다."

1.7 "또한 누군가 왕에게 말했던 것을 우리는 듣고 싶소이다." 야지냐발키야는 말하였다. "'진실로 브라만은 심장이다'라고 비다크다 샤카리야는 나에게 말하더이다." 자나카는 이렇게 말했다.

"어머니가 있는 사람, 아버지가 있는 사람, 스승이 있는 사람이 말하듯이 샤카리야는 '참으로 브라만은 심장이다'라고 말하였어요. 왜냐하면 심장을 갖지 않은 사람은 무슨 소용이 있겠는가? 라고 〔그는 생각했기〕 때문입니다. 그러나 그는 왕에게 그것의 거처와 기초에 대하여 말하던가요?" 야지냐발키야는 물었다.

〔왕이 말하였다.〕 "그는 나에게 그런 말은 하지 않았어요."

"참으로 이것은 절름발이입니다, 대왕이여!"

"야지냐발키야여! 우리에게 진실을 말하여 주시오!"

"진실로 심장이 그것의 거처이고 허공이 그것의 기초입니다. 사람은 이것을 안전성으로 명상해야 됩니다."

"안정성이라고 하는 것은 무엇인가요? 야지냐발키야여!"

"바로 심장입니다, 대왕이여!" 야지냐발키야는 말하였다. 심장은 모든 살아 있는 것의 기초입니다. 대왕이여! 심장으로 모든 살아 있는 것은 기초가 만들어져 있기 때문입니다. 진실로 대왕이여! 최고의 브라만은 심장입니다. 이와 같이 알고 심장을 명상하는 사람, 바로 이 사람을 심장은 버리지 않습니다. 모든 살아 있는 것은 여기에 모여듭니다. 그는 신이 되어 신들 속으로 들어갑니다."

"코끼리 같은 수소 한 마리와 함께 천 마리의 암소를 나는 그대에게 드리겠소." 비데하 국왕 자나카는 말하였다.

야지냐발키야는 말했다. "다 가르치기 전에 사람은 보수를 받아서는 안 된다고 나의 아버지는 가르치셨습니다."

2.1 비데하 국왕 자나카는 그의 왕좌에서 내려와 그에게 가까이 가서 다음과 같이 말하였다.

"그대에게 절을 하고 싶소, 야지냐발키야여! 나를 더 가르쳐 주시오!"

야지냐발키야는 말하였다.

"진실로 대왕이여! 머나먼 여행길을 떠나려고 할 때 사람이 수레나 배를 준비하듯이 바로 그와 같이 우파니샤드에 의하여 왕 자신은 준비를 갖추셨나이다. 왕께서는 이와 같이 매우 우수하고 유복하며 베다를 배우고 계십니다. 우파니샤드도 배우셨습니다. 여기에서 해방될 때 어디로 가시렵니까?"

"존경하는 이여! 어디로 갈지 나는 모르오."

"그럼 어디로 왕이 가시게 될지 내가 말하리다."

"존경하는 이여! 말하여 주시오!"

2.2 〔야지냐발키야가 말하였다.〕 "실로 오른쪽 눈 속의 이 인간은 인다 (indha)라는 이름이 붙여졌어요. 진실로 그는 인다이지만 사람들은 그를 은 밀히 인드라라고 부릅니다. 왜냐하면 신들은 어쨌든 은밀한 것을 좋아하고 눈에 보이는 것을 싫어하기 때문입니다."

2.3 "그리고 왼쪽 눈 속의 이 인간의 형태는 그의 부인 비라지입니다. 두 사람이 만나는 곳은 심장 속의 이 허공입니다. 그리고 그들의 음식은 심장 속에 있는 핏덩어리입니다. 그리고 그들의 의복은 심장 속의 이 그물코 같은 것입니다. 그들이 함께 가는 길은 심장에서 위로 가는 이 혈관입니다. 머리 카락 하나가 천 갈래로 갈라져 있는 것처럼 이와 같이 히타라고 이름붙여진 이 혈관들은 그의 심장의 내부에 존재하고 있습니다. 진실로 이 혈관들을 통하여 음식의 영양분은 이리저리 흐릅니다. 그러므로 이 인간은 이 육신에 머무는 자기보다도 훨씬 미세한 음식을 어떻게든 섭취합니다."

2.4 "이 인간의 동쪽에 있는 생기〔숨〕는 동쪽 방향입니다. 그의 남쪽에 있는 생기〔숨〕는 남쪽 방향입니다. 그의 서쪽에 있는 생기〔숨〕는 서쪽 방향입니다. 그의 북쪽에 있는 생기〔숨〕는 북쪽 방향입니다. 그의 위에 있는 생기〔숨〕는 위쪽 방향입니다. 그의 아래 있는 생기〔숨〕는 아래쪽 방향입니다. 모든 숨은 모든 방향입니다.

이것이 '그렇지는 않다, 그렇지 않다'고 말하는 자기〔아트만〕입니다. 그것은 파악할 수 없습니다. 왜냐하면 그것은 파악될 수 없기 때문입니다. 그것은 파괴되지 않습니다. 왜냐하면 그것은 파괴될 수 없기 때문입니다. 그것은 집착하지 않습니다. 왜냐하면 그것에 집착하지 않기 때문입니다. 그것은 얽매이지 않고 흔들림이 없습니다. 그것은 상처받지 않습니다. 참으로 자나카 〔왕이〕여, 그대는 두려움을 모르는 경지에 도달하였습니다"*2

─────────

＊2 '두려움을 모르는 상태(abhaya)'와 직결되는 것은 브라만이다. '그대는 두려움을 모르는 상태에 도달하였다'는 말이 의미하는 것은 '그대는 브라만의 지식을 획득하였다'는 것이다. 그러나 이 브라만은 '진리의 공식화'이다.

이렇게 야지냐발키야는 말하였다.

비데하 국의 자나카 왕은 말했다. "야지냐발키야여! 존경하는 이여! 우리에게 두려움을 모르는 상태를 가르친 그대에게도 두려움을 모르는 상태가 찾아오기를! 그대에게 경배를 드리고 싶소. 여기에 비데하 사람들이 있소. 여기에 내가 있소.〔비데하도 나도 그대의 것이요.〕"

3.1 "나는〔그와〕더 이상 말하고 싶지 않다"*3고 생각하여, 야지냐발키야는 비데하의 자나카에게로 갔다. 그러나 비데하 국의 자나카와 야지냐발키야가 전에 조석으로 거행한 불의 축제에 대하여 토론할 적에 야지냐발키야는 그에게 하나의 소원을 허락하였다.〔그때〕그는 왕이 맘대로 질문하는 것을 받아주기로 하였다.〔그러므로〕대왕이 바로 그 첫 질문을 한 것이다.

3.2 "야지냐발키야여! 이 인간은 무엇을 빛으로 갖는 것입니까?"

"그는 태양을 빛으로 갖지요, 대왕이여!" 야지냐발키야는 말하였다. "바로 태양의 빛에 의하여 이 인간은 앉고 걸어다니며 일을 하고 집으로 돌아갑니다."

"바로 그것이요, 야지냐발키야여!"

3.3〔왕이 말하였다.〕"야지냐발키야여! 해가 지면 이 인간은 무엇을 빛으로 갖게 되나요?"

"바로 달이 그의 빛이 됩니다. 달빛에 의하여 이 인간은 앉고 걸어다니며 일을 하고 집으로 돌아갑니다."

"참으로 그렇습니다, 야지냐발키야여!"

3.4 "야지냐발키야여! 해도 지고 달도 지면 야지냐발키야여! 이 인간은 무엇을 빛으로 갖는 것입니까?"

"바로 불이 그의 빛이 됩니다. 불빛에 의하여 이 인간은 앉고 걸어다니며

---

*3 대개의 학자는 sam enena vadiṣya라고 읽는다. 그러나 여기에서는 샹카라의 주석에 따라 sa mene na vadiṣye라고 읽었다. 야지냐발키야는 그의 지식을 알리기를 바라지 않았으나 자나카의 궁전에 와서 결국 왕에게 그의 지식을 가르쳐 달라는 강요를 당한 것이다.

일을 하고 집으로 돌아갑니다."

"바로 그대로입니다. 야지냐발키야여!"

3.5 "야지냐발키야여! 해도 지고 달도 지고 불도 꺼질 때 이 인간은 무엇을 빛으로 갖는 것입니까?"

"바로 언어가 그의 빛이 됩니다. 언어의 빛에 의하여 이 인간은 앉고 걸어다니며 일을 하고 집으로 돌아갑니다. 그러므로 진실로 대왕이여! 자기 손을 분간할 수 없는 곳에서도 사람은 말소리가 들려오는 곳으로 접근하여 갑니다."

"바로 그대로입니다. 야지냐발키야여!"

3.6 "야지냐발키야여! 해가 지고 달도 지고 불도 꺼지고 언어도 끊어졌을 때, 무엇이 이 인간의 빛이 되는 것입니까?"

"바로 자기(아트만)가 그의 빛이 됩니다. 자기 빛에 의하여 이 인간은 앉고 걸어다니며 일을 하고 집으로 돌아갑니다."

3.7 〔왕이 말했다.〕"어떤 자기입니까?"

"모든 생기〔숨〕에서 인식이 이루어지고, 심장 내부에 있는 빛으로서의 이 인간, 바로 그는 〔두 세계에〕 공통되어 있기 때문에 두 세계 사이를 갔다 왔다 돌아다닙니다. 그는 때로는 숙고하고 때로는 흔들립니다. 왜냐하면 그는 꿈이 되어 이 세상과 죽음의 온갖 형태를 초월하기 때문입니다."

3.8 〔야지냐발키야는 계속해서 말했다.〕"진실로 이 인간은 태어날 때 그는 육신 속으로 들어가 악과 연결됩니다. 죽음에 즈음하여 〔육신에서〕 떠나가려고 할 때 그는 악을 버리고 떠나갑니다."

3.9 "진실로 이 인간에게는 바로 두 장소, 즉 이 세상과 저 세상의 장소가 존재합니다. 〔이 세상과 저 세상을〕 연결하는 제3의 것이 꿈의 상태입니다. 그 연결된 상태에 있을 때 그는 이 세상과 저 세상의 장소라고 하는 두 장소를 봅니다. 정작 이것이 저 세상의 장소로 들어가는 것과 같이 〔꿈에서〕 그

렇게 저 세상으로 들어가 그는 〔이 세상의〕 악과 〔저 세상의〕 환희 두 가지를 모두 봅니다.

그가 잠이 들 때 그는 모든 것을 포함한 이 세계에서 작은 부분을 제거하고, 그것을 스스로 파괴하며 스스로 건설한 다음에 그는 스스로 빛남으로써 스스로의 빛에 의하여 잠이 듭니다. 여기에서 이 인간은 스스로 자신의 빛이 됩니다."

3.10 "거기에는 수레도 수레를 끄는 말 같은 것도 길도 존재하지 않습니다. 그러나 그는 수레, 수레를 끄는 말, 그리고 길을 창조〔글자 그대로 '만들어냅니다'〕합니다. 거기에는 환희도 기쁨도 쾌락도 존재하지 않습니다. 그러나 그는 못, 연못과 강을 창조합니다. 왜냐하면 그는 창조자〔글자 그대로 '만드는 사람'〕입니다."

3.11 〔야지냐발키야는 계속 말했다.〕

"이것에 관하여 이런 시구가 있습니다."

잠에 의하여 육체적인 것을 압도하면서 그는 자지 않고 자고 있는 것〔생기〕을 바라본다.

빛을 띠고 그는 다시 그의 장소에 돌아온다, 황금으로 이루어진 인간, 외짝 기러기는.

3.12

숨(息)으로 낮은 둥지를 지키면서 불멸의 것은 둥지 밖으로 떠돌아다니고,

불멸의 것은 좋아하는 데로 간다, 황금으로 이루어진 인간, 유일한 기러기는.

3.13.

꿈의 상태에서 위아래로 다니면서 신은 많은 형태를 만든다,

때로는 웃으면서 여자와 희롱하고 때로는 무서운 것을 보면서.

3.14

　사람들은 그의 희롱을 본다.

　그러나 아무도 그를 보지 못한다.

　〔야지냐발키야가 말했다.〕 "그러므로 '곤하게 잠든 사람을 갑자기 깨워서
는 안된다'고 사람들은 말합니다. 실로 이 인간이 〔잠에서〕 돌아오지 않은
때 그 사람을 치료하기는 어렵습니다. 그런데 잘 알려진 것처럼 사람들은 말
합니다. '그것은 참으로 그의 깨어 있는 상태이다. 왜냐하면 그가 깨어 있을
때 보는 것들, 그것들을 잠들어서도 보기 때문이다.' 〔그 말은 옳지 않습니
다. 왜냐하면〕 그 인간은 〔잠〕 속에서 스스로의 빛나게 되기 때문입니다."

　〔왕이 말했다.〕 "나는 존경하는 이에게 천 마리의 암소를 드리겠습니다.
이제부터는 해탈에 이르는 것에 대하여 말하여 주십시오!"

　3.15 "진실로 이 인간은 깊은 잠의 고요한 상태에서 즐기고 다니며 선과
악을 본 다음에 다시 반대의 순서로 그것의 최초 장소를 따라 바로 꿈〔꾸기
시작했던 잠의〕 상태로 돌아갑니다. 꿈의 상태에서 그가 보았던 어떤 것도
그를 뒤따르지 않습니다. 왜냐하면 이 인간은 집착이 없기 때문입니다." 야
지냐발키야는 이렇게 말했다.

　〔왕이 말했다.〕 "바로 그렇습니다, 야지냐발키야여! 나는 존경하는 이에
게 천 마리의 암소를 드리겠습니다. 이제부터는 확실히 해탈로 인도하는 것
에 대해서만 말하여 주십시오!"

　3.16 "진실로 이 인간은 이 꿈의 상태에서 즐기고 다니며 선과 악을 본 다
음에 다시 반대의 순서로 그것의 최초 장소를 따라 바로 깨어 있는 상태로
돌아갑니다. 〔꿈의 상태〕에서 그가 보았던 어떤 것도 그를 뒤따르지 않습니
다. 왜냐하면 이 인간은 집착이 없기 때문입니다." 야지냐발키야는 이렇게
말했다.

　〔왕이 말했다.〕 "바로 그렇습니다, 야지냐발키야여! 나는 존경하는 이에
게 천 마리의 암소를 드리겠습니다. 이제부터는 확실히 해탈로 인도하는 것
에 대해서만 말하여 주십시오! "

3.17 〔야지냐발키야는 말했다.〕"진실로 이 인간은 깨어 있는 상태에서 즐기고 다니며 선과 악을 본 다음에 다시 반대의 순서로 그것의 최초 장소를 따라 바로 꿈꾸는 상태로 돌아갑니다."

3.18 〔야지냐발키야는 말했다.〕"예를 들어 큰 고기가 양쪽 강기슭을 따라 돌아다니는 것처럼 이와 같이 인간은 이런 두 상태, 즉 꿈의 상태와 깨어 있는 상태를 따라 움직입니다."

3.19 "매나 독수리가 이 공중을 날아다니다 지친 끝에 양쪽 날개를 접고 〔둥지 속에〕들어가 머무는 것처럼 이 인간은 이 상태로 질주합니다. 이 사람도 잠들어 있기 때문에 그는 아무 욕망도 없고 아무 꿈도 꾸지 않습니다."

3.20 "참으로 천 갈래로 갈라진 하나의 머리카락과 같을 만큼 미세한 히타라고 이름 붙여진 그의 혈관이 존재합니다. 그것은 하얀 감색의 황갈색 초록의 붉은 액체로 채워집니다. 막상 사람들이 그를 살해하고 또는 압도하는 것처럼 보일 때, 코끼리가 그를 내모는 것같이 보일 때, 그가 구덩이에 떨어지는 것같이 보일 때, 잠에서 깨어나 있을 때에 그가 보는 그 위험을 그는 꿈을 꾸는 수면에서 무지에 의하여 지각합니다. 그러나 신처럼 보이고 왕처럼 보일 때 그는 '바로 나는 이것이다, 나는 모든 것이다'라고 생각합니다. 그것이 그의 최고의 세계입니다."

3.21 "실로 이것이 욕망을 초월하고 악을 멸한 두려움을 모르는 그의 모습입니다. 예를 들면 사랑하는 여성에게 포옹되어 있는 사람이 안팎으로 아무것도 모르는 것처럼 바로 이와 같이 이 인간은 인식에서 이루어진 자기에게 포옹되어 있을 때 안팎으로 아무것도 모릅니다. 실로 이것이 욕망이 달성되어 있는 자기가 욕망이고, 욕망을 떠나 근심을 초월한 그의 모습입니다."

3.22 "이 상태에서 아버지는 아버지가 아니고, 어머니는 어머니가 아니고, 모든 세계는 모든 세계가 아니며, 신들은 신들이 아니고, 베다는 베다가 아닙니다. 이 상태에서 도둑은 도둑이 아니고, 태아를 살해한 사람은 태아를

살해한 사람이 아니고, 챤달라〔슈드라의 아버지와 바라문의 어머니 사이에 태어난 아들〕는 챤달라가 아니며, 파우르카사〔슈드라의 아버지와 크샤트리아의 어머니 사이에 태어난 아들〕는 파우르카사가 아니고, 슈라마나*4는 슈라마나가 아니고, 금욕주의자는 금욕주의자가 아니고, 그는 선을 따르지도 않고 악을 따르지도 않습니다. 왜냐하면 그때에 그는 모든 근심을 초월하였기 때문입니다."

3.23 "실로 그가 거기에서 보지 않을 때 진정으로 그는 보고 있지만 그는 보지 않는 것입니다. 왜냐하면 보고 있는 것을 보는 능력의 상실은 존재하지 않기 때문입니다. 그것은 불멸이기 때문입니다. 그러나 그가 볼 수 있는 제2의 것, 그와는 달리 그에게서 분리되어 있는 것은 존재하지 않습니다."

3.24 "실로 거기에서 그가 냄새를 맡지 않을 때 진정으로 그는 냄새를 맡고 있지만 그는 냄새를 맡고 있지 않는 것입니다. 왜냐하면 냄새를 맡는 것의 냄새 맡는 능력의 상실은 존재하지 않기 때문입니다. 그것은 불멸이기 때문입니다. 그러나 거기에서는 그가 냄새를 맡을 수 있는 제2의 것, 그와는 달리 그에게서 분리되어 있는 것은 존재하지 않습니다."

3.25 〔야지냐발키야는 말했다.〕 "실로 거기에서 그가 맛보지 않을 때 진정으로 그는 맛보고 있지만 그는 맛보고 있는 것은 아닙니다. 왜냐하면 맛보고 있는 것의 맛보는 능력의 상실은 존재하지 않기 때문입니다. 그것은 불멸이기 때문입니다. 그러나 거기에는 그가 맛볼 수 있는 제2의 것, 그와는 달리 그에게서 분리되어 있는 것은 존재하지 않습니다."

3.26 "실로 거기에서 그가 말하지 않을 때 진정으로 그는 말하고 있지만 그는 말하지 않는 것입니다. 왜냐하면 말하고 있는 것의 말하는 능력의 상실은 존재하지 않기 때문입니다. 그것은 불멸이기 때문입니다. 그러나 거기에는 그가 말할 수 있는 제2의 것, 그와는 달리 그에게서 분리되어 있는 것은 존재하지 않습니다."

---

*4 슈라마나는 세상을 버리고 방랑하는 사람. 불교에서 슈라마나는 "사문(沙門)"이라고 부르는 탁발승. 그러나 여기에서 슈라마나가 불교적인 의미로 사용되었는지는 의문이다.

3.27 "실로 거기에서 그가 듣지 않을 때 진정으로 그는 듣고 있지만 그는 듣지 않는 것입니다. 왜냐하면 듣는 것의 듣는 능력의 상실은 존재하지 않기 때문입니다. 그것은 불멸이기 때문입니다. 그러나 거기에는 그가 들을 수 있는 제2의 것, 그와는 달리 그에게서 분리되어 있는 것은 존재하지 않습니다."

3.28 "실로 거기에서 그가 생각하지 않을 때 진정으로 그는 생각하고 있지만 그는 생각하지 않는 것입니다. 왜냐하면 생각하는 것의 생각하는 능력의 상실은 존재하지 않기 때문입니다. 그것은 불멸이기 때문입니다. 그러나 거기에는 그가 생각할 수 있는 제2의 것, 그와는 달리 그에게서 분리되어 있는 것은 존재하지 않습니다."

3.29 "실로 거기에서 그가 〔피부로〕 접촉하지 않을 때 진정으로 그는 접촉하고 있지만 그는 접촉하지 않는 것입니다. 왜냐하면 접촉하는 것의 접촉하는 능력의 상실은 존재하지 않기 때문입니다. 그것은 불멸이기 때문입니다. 그러나 거기에는 그가 접촉할 수 있는 제2의 것, 그와는 달리 그에게서 분리되어 있는 것은 존재하지 않습니다."

3.30 "실로 거기에서 그가 인식하지 않을 때 진정으로 그는 인식하고 있지만 그는 인식하지 않는 것입니다. 왜냐하면 인식하고 있는 것의 인식하는 능력의 상실은 존재하지 않기 때문입니다. 그것은 불멸이기 때문입니다. 그러나 거기에는 그가 인식할 수 있는 제2의 것, 그와는 달리 그에게서 분리되어 있는 것은 존재하지 않습니다."

3.31 "실로 어떤 다른 것이 존재하는 곳에서는 어떤 것은 다른 것을 볼 것이고, 어떤 것은 다른 것을 냄새 맡을 것이며, 어떤 것은 다른 것을 맛볼 것이고, 어떤 것은 다른 것에 말을 걸 것이며, 어떤 것은 다른 것을 들을 것이고, 어떤 것은 다른 것을 생각할 것이며, 어떤 것은 다른 것에 접촉할 것이고, 어떤 것은 다른 것을 인식할 것입니다."

3.32 "그는 하나의 바다, 이원(二元)을 떨어져서 보는 것이 됩니다. 이것이 브라만의 세계입니다, 대왕이여!"라고 야지냐발키야는 그에게 가르쳤다.

"이것은 그의 최고의 길입니다. 이것은 그의 최고의 행운입니다. 이것은 그의 최고의 세계입니다. 이것은 그의 최고의 환희입니다. 실로 다른 중생들은 이 환희의 작은 부분에 의지하여 삽니다."

3.33 "인간 가운데 어떤 사람이 성공하여 유복하고 다른 사람을 지배하며 모든 것의 인간적인 즐거움을 극한까지 구비하고 있을 때 그것은 인간 최고의 환희입니다. 그러나 인간의 백 가지 환희는 그들의 세계를 획득한 조상의 하나의 환희입니다. 하지만 그들의 세계를 획득한 조상의 백 가지 환희는 간다르바의 세계에서는 하나의 환희입니다. 그러나 간다르바의 세계에서 백 가지의 환희는 의식에 의하여 신의 상태에 도달하는 의식에 의한 신들의 하나의 환희입니다. 하지만 의식에 의한 신들의 백 가지 환희는 출생에 의한 신들의, 그리고 학식이 있으며 술책을 부리지 않고 악을 멸한 사람의 하나의 환희입니다. 그러나 출생에 의한 신들의 백 가지 환희는 프라자파티의 세계에서는 하나의 환희입니다. 하지만 프라자파티의 세계에서 백 가지 환희는 브라만계의 그리고 학식이 있고 책략을 부리지 않고 악을 멸한 사람의 하나의 환희입니다. 실로 이것이야말로 최고의 환희입니다. 대왕이여! 이것이 브라만의 세계입니다." 야지냐발키야는 말하였다.

"내가 존경하는 이에게 천 마리의 암소를 드리겠습니다. 이제부터는 해탈로 인도하는 것에 대해서만 말하여 주십시오!" 왕이 말했다.

그러자 야지냐발키야는 두려웠다. 그는 생각하였다. "왕은 현명하다. 모든 한계에서 그는 나를 궁지로 몰아 넣었구나."

3.34 〔야지냐발키야는 말했다.〕 "참으로 인간은 이 꿈을 꾸는 잠에서 즐기고 돌아다니며 선과 악을 본 다음에 다시 반대의 순서로 그것의 원래 장소를 따라 그야말로 깨어 있는 상태로 돌아가려고 서두릅니다."

3.35 〔야지냐발키야는 말했다.〕 "예를 들면 무거운 짐을 실은 수레가 삐걱거리며 가듯이 지성적인 자기〔아트만〕가 올라탄 이 육체적인 자기도 지금 바

로 숨을 거두려고 할 때에는 신음하면서 갑니다."

3.36 〔야지냐발키야는 말했다.〕 "사람이 쇠약하여지고 늙거나 질병이 들면 망고나 우담화(優曇華)나 피파라〔무화과〕의 열매가 줄기에서 떨어지듯이 인간은 이런 육신의 부분에서 떨어져 다시 반대의 순서로 그것의 원래 장소를 따라 〔새로운〕 생명으로 되돌아갑니다."

3.37 "가까이 오는 왕을 신분이 높은 사람, 치안관, 마을 우두머리가 음식과 식사를 준비하여 환대하듯 이렇게 알고 있는 모든 중생은 '여기 브라만이 온다' '여기에 브라만이 가까이 온다' 하면서 기다립니다."

3.38 〔야지냐발키야는 말했다.〕 "예를 들면 신분이 높은 사람, 치안관, 마을 우두머리가 곧 출발하려고 하는 왕의 주위에 모이듯 바로 이렇게 그가 숨을 거두려고 할 때 모든 생기〔숨〕는 이 자기〔아트만〕 주위에 모여듭니다."

4.1 〔야지냐발키야는 말했다.〕 "이 자기〔아트만〕가 힘이 없는 상태에 떨어져 의식불명이 되기 시작할 때 이런 생기〔숨〕는 그의 주위에 모입니다. 이런 미량의 열로 이루어진 것을 모두 거느리고 그것은 바로 심장 속으로 내려갑니다. 시각을 갖춘 이 인간이 돌아가버리면 그 사람은 이제 형태를 알아볼 수 없게 됩니다."

4.2 〔야지냐발키야는 말했다.〕 "'그는 하나가 된다, 그는 보지 않는다.' 사람들은 말합니다. '그는 하나가 된다, 그는 냄새를 맡지 않는다.' 사람들은 말합니다. '그는 하나가 된다, 그는 맛을 보지 않는다.' 사람들은 말합니다. '그는 하나가 된다, 그는 말을 하지 않는다.' 사람들은 말합니다. '그는 하나가 된다, 그는 듣지 않는다.' 사람들은 말합니다. '그는 하나가 된다, 그는 생각하지 않는다.' 사람들은 말합니다. '그는 하나가 된다, 그는 접촉하지 않는다.' 사람들은 말합니다. '그는 하나가 된다, 그는 인식하지 않는다.' 사람들은 말합니다.
〔그때〕 그의 심장의 윗부분이 빛나기 시작한다. 그 빛으로 이 자기〔아트

만)의 눈에서 또는 머리뼈에서 또는 육신의 다른 부분에서 밖으로 떠나갑니다. 숨이 밖으로 나가려고 할 때, 모든 생기는 그 숨을 따라 밖으로 나갑니다. 그는 인식을 갖추고 있는 것이 되어, 바로 인식을 갖추고 있는 것을 따라 내려갑니다. 그것을 지식과 카르만〔행위〕*5 그리고 과거의 기억이 붙잡습니다."

4.3 〔야지냐발키야는 말했다.〕 "예를 들면 풀벌레가 풀잎의 끝에 다다른 다음, 다른 풀잎으로 가기 위해 자기 몸을 움츠리듯, 바로 이처럼 자기는 이 육신을 파괴하여 그것을 무지(無知) 속으로 들여보내, 다른 걸음으로 〔다른 육신 속으로 들어가〕 자기 자신을 움츠리는 것입니다."

4.4 〔야지냐발키야는 말했다.〕 "예를 들면 옷감을 짜는 사람이 직물의 일부를 없애고 다른 보다 새롭고 보다 아름다운 형태를 완성하듯, 바로 이처럼 자기〔아트만〕는 이 육신을 파괴하여 그것을 무지 속으로 들여보내, 다른 보다 새롭고 아름다운 형태를 만드는 것입니다. 조상, 간다르바, 신들, 프라자파티, 브라만, 또는 다른 중생들과 같은 형태를 만들어 냅니다."

4.5 〔야지냐발키야는 말했다.〕 "실로 이 자기는 브라만입니다. 이 자기는 인식으로 이루어지고, 사고로 이루어지고, 숨으로 이루어지고, 시각으로 이루어지고, 청각으로 이루어지고, 땅으로 이루어지고, 물로 이루어지고, 바람으로 이루어지고, 허공으로 이루어지고, 열로 이루어지고, 열이 아닌 것으로 이루어지고, 욕망으로 이루어지고, 욕망이 아닌 것으로 이루어지고, 분노로 이루어지고, 분노가 아닌 것으로 이루어지고, 법〔다르마〕으로 이루어지고, 법이 아닌 것〔아다르마〕으로 이루어집니다. 그것은 모든 것으로 이루어진 브라만입니다. '이 자기〔아트만〕는 이것으로 이루어진다, 그것은 저것으로 이루어진다' 이와 같이 말하고 있습니다.
사람은 행위〔업〕하는 대로 됩니다, 사람은 행동하는 대로 됩니다. 좋은 일을 하는 사람은 좋게 되고, 나쁜 일을 하는 사람은 나쁘게 됩니다. 좋은 행

*5 카르만은 행위 그 자체 또는 과거 행위의 결과를 의미한다. 이 경우의 카르만은 과거 행위의 남은 결과를 의미할지도 모른다.

위에 의하여 사람은 좋게 되고, 나쁜 행위에 의하여 나쁘게 됩니다. 정작 잘 알려진 것처럼 사람들은 말합니다. '이 인간은 오직 욕망으로 이루어졌다.' 사람은 바라는 대로 그런 의도를 갖게 됩니다. 사람은 의도하는 대로 그와 같은 행위를 합니다. 사람은 자기가 하는 행위에 따라 그것이 됩니다."*6

4.6 〔야지냐발키야는 말했다.〕
"이것과 관련하여 다음과 같은 시구가 있습니다."

　　집착하고 있는 사람은 그의 행위*7와 함께 간다,
　　그의 특징인 사고(思考)가 집착하고 있는 곳으로.
　　이 세상에서 그가 무엇을 하든 그의 행위가 종착점에 이를 때,
　　저 세상에서 다시, 그는 이 세상으로 돌아오는 〔새로운〕 행위를 위하여.

"이상은 바라는 것에 대한 것이고, 이제부터는 바라지 않는 것에 대하여 말하리다. 욕망이 없고 욕망을 떠나 욕망이 채워진 자기를 바라는 사람, 그의 생기〔숨〕는 밖으로 나가지 않습니다. 그는 바로 브라만이기 때문에 그는 브라만 속으로 들어갑니다."

4.7 〔야지냐발키야는 말했다.〕
"그것과 관련하여 다음과 같은 시구가 있습니다."

　　그의 심장에 머무는 모든 욕망이 사라질 때,
　　죽어야 하는 것은 불멸신이 되어,
　　이 세상에서 브라만에 도달한다.

"예를 들면 뱀의 허물이 개밋둑에 죽은 채 버려져 있듯이 그렇게 이 시체도 가로눕게 됩니다. 그러나 육신이 없는 불멸의 이 숨이 바로 브라만이고 바로 열입니다." 〔야지냐발키야는 말하였다.〕

───────────────
＊6 여기에서는 윤회와 엄〔행위〕의 가르침이 나온다.
＊7 여기에서의 행위는 행위의 결과로 해석된다.

"나는 존경하는 이에게 천 마리의 암소를 드리겠습니다." 비데하 국왕 자나카는 말했다.

4.8 〔야지냐발키야는 말했다.〕 "그것과 관련하여 이런 시구가 있습니다."

　가늘게 펼쳐 있는 태고의 나에게 다다른 길*8은 바로 나에게 발견되었다.
　그것으로 브라만을 알고 있는 현자들은 여기에서 위로 가며 해탈되어 하늘의 세계로 들어간다.

4.9
　그 위에 하얀, 감색의, 황갈색의, 초록의, 붉은 액체가 있다고 사람들은 말한다.
　이 길은 브라만에 의하여 발견되었다. 이 길을 따라 브라만을 알고 있는 사람, 착한 행위를 하는 사람, 빛나는 사람은 간다.

4.10
　무지(無知)를 숭배하는 사람들은 칠흑 같이 캄캄한 어둠 속에 있다.
　그러나 지식을 즐기는 사람들은 그보다도 훨씬 더 캄캄한 어둠 속으로 들어간다.

4.11
　칠흑 같은 암흑으로 뒤덮인 이런 세계는 기쁨이 없는 곳이라는 이름이 붙게 된다.
　무지하고 깨닫지 못한 사람들은 죽어서 그런 세계에 가게 된다.

4.12
　'나는 이것이다'라고 인간이 자기 자신을 인식한다면

＊8 오리벨〔1998년, 519쪽〕에 따르면 이 길이 시사하는 것은 아마 히타(Hita)라고 하는 심장의 혈관일 것이다. 히타는 다채로운 빛깔을 가진 액체를 포함한다.

무엇을 구하고 무엇을 바라며 그는 육신에 대하여 깊이 슬퍼하겠는가?

4.13

〔육신이라는〕 이 은밀한 접합 속으로 들어간 자기, 그것을 발견하고 그 것을 깨달은 사람,

그는 모든 것을 만든 자이다. 왜냐하면 그는 모든 것을 만드는 자이기 때문이다. 세계는 그의 것이고 세계는 곧 그가 되리라.

4.14

참으로 이 세상에 있는 동안에 우리는 그렇게 안다. 만일 그렇지 않다면 무지가 큰 파멸이 될 것이다.

그와 같이 알고 있는 사람들은 불멸의 세계로 가고, 그렇지 못한 사람들 은 괴로움 속에 빠지게 된다.

4.15

사람은 자기가 신으로서

과거와 미래의 주인으로서 눈에 보일 때 그 존재로부터 숨으려 하지 않 는다.

4.16

그 자체 아래서 일 년이 모든 날과 더불어 회전하는 것,

그것을 신들은 빛 중의 빛이요 불멸의 생명으로서 섬긴다.

4.17

그 〔자기〕 속에서 다섯의 다섯 중생들이 허공과 더불어 기초를 이루고 있는 것,

바로 그것을 나는 자기라고 생각한다, 알고 있는 것, 불멸이라는 것은.

〔나는 그것을〕 브라만, 불멸의 존재〔라고 생각한다〕.

4.18

숨 속의 숨, 시각 속의 시각, 청각 속의 청각을 알고 있는 사람들,
그들은 태초의 브라만을 인정한 것이다.

4.19

그 〔자기〕는 오직 사고에 의해서 관찰해야 한다. 여기에는 어떤 다양성
도 존재하지 않는다.

여기에서 무엇인가 다양성을 보는 사람, 그는 죽음에서 죽음을 얻을 것
이다.

4.20

이 불멸의 것, 지속적인 것은 실로 혼자 관찰해야 한다.

자기는 티끌 세상을 떠나 허공의 저쪽에서 아직 태어난 적이 없으며 위
대하고 영원하다.

4.21

참으로 그것을 인식하여 현명한 바라문은 결심해야 한다.

그는 많은 언어에 대하여 깊이 생각하면 안된다. 왜냐하면 그것은 언어
를 피로하게 하기 때문이다.

4.22 〔야지냐발키야는 말했다.〕 "실로 이 대단한 아직 태어나지 않은 자기
〔아트만〕, 이것은 모든 생기〔숨〕 속에 있고 인식으로 이루어져 있습니다. 심
장 내부의 이 허공 거기에, 모든 것의 지배자로서 모든 것의 주인으로서 모
든 것의 군주로서 그것은 머무르고 있습니다. 그것은 좋은 행위에 의하여 더
커지지도 않고, 나쁜 행위에 의하여 더 작아지지도 않습니다. 이것은 모든
것의 지배자입니다, 이것은 살아 있는 것의 군주입니다, 이것은 모든 중생의
보호자입니다. 이것은 이런 세계가 뒤섞이지 않도록 이들을 떼어 놓는 둑입
니다. 이 자기를 바라문은 베다의 독송에 의하여, 제사에 의하여, 보시에 의
하여, 금욕에 의하여, 단식에 의하여 알려고 합니다. 바로 이것을 알고 그는
침묵하는 은자가 됩니다. 실로 이것을 세계로 구하면서 방랑의 금욕주의자

들은 편력하는 것입니다.

'이 자기가 우리 것이고 이것이 우리 세계입니다. 우리에게 자손은 어떤 도움이 될까?' 생각하여 진정으로 이것을 알고 있는 고대 사람들은 자손을 바라지 않았습니다. 그들은 자식에 대한 욕구, 재산에 대한 욕구와 세계에 대한 욕구를 버리고 탁발로 방랑하는 생활을 보냈습니다. 왜냐하면 자식에 대한 욕구는 재산에 대한 욕구이기 때문입니다. 재산에 대한 욕구는 세계에 대한 욕구이기 때문입니다. 왜냐하면 이 두 가지는 바로 욕구이기 때문입니다.

이것이 '그렇지 않다, 그렇지 않다' 말하는 자기입니다. 그것은 파악할 수 없습니다. 왜냐하면 그것은 파악할 수 없기 때문입니다. 그것은 파괴될 수 없습니다. 왜냐하면 그것은 파괴될 수 없기 때문입니다. 그것은 집착하지 않습니다. 왜냐하면 그것은 집착하지 않기 때문입니다. 그것은 얽매이지 않고 흔들리지 않습니다. 그것은 손상되지 않습니다. '그러므로 나는 나쁜 짓을 했다', '그러므로 나는 좋은 일을 했다' 말하는 이런 두 가지[의 생각]는 진실로 이 자기를 넘어서지 못합니다. 오히려 이 자기가 실로 이런 두 가지를 초월합니다. 이루어진 것 또는 이루어지지 않은 것은 이 사람을 괴롭히지 않습니다."[*9]

4.23 [야지냐발키야는 말했다.]
"동일하다는 것은 이 찬가로 말하고 있습니다."

이것은 바라문의 영원한 위대성이다. 그는 행위에 의하여 늘어나는 일도 없고 줄어드는 일도 없다.
이것의 발자취를 사람은 알아야 한다. 그것을 알고 나면 그는 나쁜 행위로 오염되지 않는다.

야지냐발키야는 말하였다. "그러므로 이와 같이 알고 있는 사람은 평온하

[*9] 여기에서도 선량한 저쪽에 있는 것이 우파니샤드의 이상으로 알려져 있다. 우파니샤드에서 중요한 것은 선악의 행위가 아니고, 아트만이라는 이름의 본래적 자기를 인식하는 행위(우파사나)이다. 모럴은 초월해야 할 뭔가 어떤 것이다.

여지고 자제하며 활동을 쉬고 강한 인내로 정신을 집중하게 되어 진정으로 자기 자신(아트만) 속에서 자기를 봅니다. 그는 모든 것을 자기로서 봅니다. 악은 그를 넘지 못하며 그는 모든 악을 넘어섭니다. 악은 그를 불태우지 못하며 그는 모든 악을 태웁니다. 악을 떠나 세속을 떠나 번뇌를 떠나 그는 바라문이 됩니다.

이것이 브라만의 세계입니다, 대왕이여! 그대는 이 세계에 도달하셨습니다.”

자나카 국왕은 말하였다. “나는 존경하는 이에게 비데하 나라와 나까지도 예속하도록 바치겠습니다.”*10

4.24 〔야지냐발키야는 말했다.〕 “참으로 이것이 대단한, 아직 태어나지 않은 자기입니다. 그것은 음식을 먹는 자이고 부(富)를 주는 자입니다. 이와 같이 알고 있는 사람은 부를 얻게 됩니다.”*11

4.25 〔야지냐발키야는 말했다.〕 “참으로 이 대단한, 아직 태어나지 않은 자기는 늙지도 않고 죽는 일도 없고 두려워할 일도 없는 것, 그것이 브라만입니다. 실로 브라만은 두려움을 모른다, 이와 같이 알고 있는 사람은 실로 진정한 두려움을 모르는 브라만이 됩니다.”*12

5.1 그런데 야지냐발키야에게는 마이트레이와 카티야야니라고 하는 두 아내가 있었다. 두 사람 중에서 마이트레이는 브라만에 대한 지식을 가지고 있었다. 그리고 카티야야니는 여자의 지혜만 가지고 있었다. 하지만 야지냐발키야는 다른 삶의 단계를 준비하고 있었다.

5.2 야지냐발키야는 말했다.

---

*10 야지냐발키야와 자나카왕의 대화는 여기에서 끝을 맺는다. 이 대화의 클라이맥스는 본래적 자기로서의 아트만의 인식이다. “아트만을 봄으로써 이르게 되는 해탈”(22~23)이 두 사람의 대화에 최종적 결론이다.

*11 다음에 끼어넣은 부분이다.

*12 다음에 끼어넣은 부분이다.

"마이트레이여! 실로 나는 이곳에서 떠날 생각이오. 그래서 나는 당신과 저 카티야야니에게 재산을 나누어 주려고 하오."

5.3 마이트레이는 말하였다.

"존경하는 이여! 혹시 재산으로 가득 채워진 이 대지가 저의 것이 된다면 저는 그것에 의하여 죽지 아니하고 영생을 얻을 수 없을까요?" 야지냐발키야는 말하였다. "그렇게 될 수는 없다오. 부유한 사람들의 생활처럼 당신의 생활도 그와 같이 될 것이오. 그러나 재산으로 영생을 얻을 수는 없어요."

5.4 그러자 마이트레이는 말했다.

"그것에 의하여 제가 영생을 얻을 수 없다면 그것으로 저는 무엇을 해야 될까요? 존경하는 당신께서 알고 계시는 그것을 저에게 말씀해주셔요!"

5.5 야지냐발키야는 말하였다. "참으로 당신은 나에게 사랑스러운 아내였는데 오늘은 더욱 사랑스러워 보여요. 나는 그것을 설명하겠소. 그런데 설명하는 동안 내가 하는 말에 정신을 집중하시오!"

5.6 야지냐발키야는 말하였다.

"아아! 진정으로 남편을 사랑하기 때문에 남편이 사랑스러운 것은 아니오. 그렇지 않고 자기(아트만)를 사랑하기 때문에 남편이 사랑스러운 것이오. 아아! 진정으로 아내를 사랑하기 때문에 아내가 사랑스러운 것은 아니오. 그렇지 않고 자기를 사랑하기 때문에 아내가 사랑스러운 것이오. 아아! 진정으로 아들을 사랑하기 때문에 아들이 사랑스러운 것은 아니오. 그렇지 않고 자기를 사랑하기 때문에 아들이 사랑스러운 것이오. 아아! 진정으로 재산을 사랑하기 때문에 재산이 사랑스러운 것은 아니오. 그렇지 않고 자기를 사랑하기 때문에 재산은 소중한 것이오. 진정으로 가축을 사랑하기 때문에 가축을 사랑하는 것은 아니오. 그렇지 않고 자기를 사랑하기 때문에 가축이 사랑스러운 것이오. 아아! 진정으로 성직자의 권력을 사랑하기 때문에 성직자의 권력이 사랑스러운 것은 아니오. 그렇지 않고 자기를 사랑하기 때문에 성직자의 권력은 부러운 것이오. 아아! 지배자의 권력을 사랑하기 때문에 지배자의 권력이 부러운 것은 아니오. 그렇지 않고 자기를 사랑하기 때문에 지배자의 권력은 부러운 것이오. 아아! 진정으로 모든 세계를 사랑하기 때문에 모든 세계가 사랑스러운 것은 아니오. 그렇지 않고 자기를 사랑하기 때문에 모든 세계는 사랑스러운 것이오. 아아! 진정으로 신들을 사랑하기 때문에 신들이 사랑스러운 것은 아니오. 그렇지 않고 자기를 사랑하기 때문에 신들이 사랑스러운 것이오. 아아! 진정으로 생물을 사랑하기 때문에 생물이 사랑스러운 것은 아니오. 그렇지 않고 자기를 사랑하기 때문에 생물은 사랑스러운 것이오. 아아! 진정으로 모든 것을 사랑하기 때문에 모든 것이 사랑스러운 것은 아니오. 그렇지 않고 자기를 사랑하기 때문에 모든 것은 사랑스러운 것이오. 아아! 진정으로 자기가 보여야 되고 들려야 되고 숙고되어야 하고 거기에 사람의 정신이 집중해야 되는 것이오. 마이트레이여! 아아! 확실히 자기가 보이고 들리고 숙고되고 인식이 될 때 이 모든 것을 알게 되는 것이라오."

5.7 〔야지냐발키야는 말했다.〕

"자기 이외의 다른 곳 성직자의 권력을 알고 있는 사람, 그 사람을 성직자의 권력은 배척하듯이. 자기 이외의 다른 곳 지배자의 권력을 알고 있는 사람, 그를 지배자의 권력은 배척하듯이. 자기 이외의 다른 곳 모든 세계를 알고 있는 사람, 그를 모든 세계는 배척하듯이. 자기 이외의 다른 곳 신들을 알고 있는 사람, 그를 신들은 배척하듯이. 자기 이외의 다른 곳 생물을 알고 있는 사람, 그를 생물은 배척하듯이. 자기 이외의 다른 곳 모든 것을 알고 있는 사람, 그를 모든 것은 배척하듯이. 이 바라문(성직자의 권력), 이 크샤트리야(지배자의 권력), 이 세계, 이 신들, 이런 생물, 이 모든 것은 이 자기인 것이오."

5.8 〔야지냐발키야는 말했다.〕

"북을 치고 있을 때 사람은 밖에서 나는 소리를 파악할 수 없는 것이나 같아요. 그러나 북 또는 고수를 파악함으로써 그 소리를 파악할 수 있지요."

5.9 〔야지냐발키야는 말했다.〕 "조개껍질이 날리고 있을 때 사람이 밖에서

나는 소리를 파악할 수 없는 것이나 같아요. 그러나 조개껍질 또는 조개껍질을 날리는 사람을 파악함으로써 그 소리도 파악할 수 있지요."

5.10 〔야지냐발키야는 말했다.〕 "비파를 타고 있을 때 사람이 밖에서 나는 소리를 파악할 수 없는 것이나 같아요. 그러나 비파 또는 비파를 타는 사람을 파악함으로써 그 소리도 파악할 수 있지요."

5.11 〔야지냐발키야는 말했다.〕 "축축한 땔나무에 점화된 불에서 연기의 방향이 따로따로 나가듯 진실로 이처럼 리그 베다, 야쥬르 베다, 사마 베다, 아타르바앙기라사, 전설, 이야기, 지식, 우파니샤드, 시구, 경구(sūtra), 설명, 주석(註釋), 제사, 제물, 음식, 음료, 이 세상, 저 세상 그리고 모든 생물, 이들은 이 위대한 존재의 들이쉬는 숨들인 것이오."

5.12 〔야지냐발키야는 말했다.〕
"바다가 모든 물의 합류점이듯 이처럼 피부는 모든 감촉의 합류점이라오. 이처럼 콧구멍은 모든 향기의 합류점이고, 이처럼 혀는 모든 맛의 합류점이며, 이처럼 시각은 모든 형태의 합류점이고, 이처럼 청각은 모든 소리의 합류점인 것이오. 이처럼 사고는 모든 의도의 합류점이고, 이처럼 심장은 모든 지식의 합류점이며, 이처럼 양손은 모든 활동의 합류점이지요. 이처럼 생식기는 모든 성적인 환희의 합류점이고, 이처럼 항문은 모든 배설물의 합류점이며, 이처럼 두 발은 모든 길의 합류점인 것과 같이, 언어는 모든 베다의 합류점인 것이오."

5.13 "소금 덩어리가 안팎의 구별 없이 맛의 덩어리 그 자체인 것처럼 참으로 이 자기는 안팎도 없이 완전한 예지의 덩어리 그 자체인 것이오. 그것은 이들 생물 가운데 나타나 바로 그들 속에서 소멸한다오. 죽은 후에 의식은 존재하지 않는다고 나는 말하였소."
그렇게 야지냐발키야는 말하였다.

5.14 마이트레이는 말했다.

"존경하는 당신은 바로 여기에서 나를 헷갈리게 하는구려. 참으로 나는 이것〔=자기〕을 이해하지 못하겠어요."

야지냐발키야는 말하였다. "아아! 나는 결코 헷갈리게 하는 말을 하지 않았는데. 아아! 참으로 이 자기는 불멸이고 파괴될 수 없는 성질의 것이라오."

5.15 "왜냐하면 어떤 종류의 2원성(二元性)이 존재하는 곳에서는 어떤 것은 다른 것을 보고, 어떤 것은 다른 것을 냄새 맡고, 어떤 것은 다른 것을 맛보고, 어떤 것은 다른 것에 말을 걸고, 어떤 것은 다른 것을 듣고, 어떤 것은 다른 것을 생각하고, 어떤 것은 다른 것과 접촉하고, 어떤 것은 다른 것을 인식하기 때문이오. 그러나 일체가 그의 자기 자신이 되었을 때 사람은 무엇으로써 누구를 보아야 할까? 사람은 무엇으로써 누구를 냄새맡아야 할까? 사람은 무엇으로써 누구를 맛보아야 할까? 사람은 무엇으로써 누구에게 말을 걸어야 할까? 사람은 무엇으로써 누구를 들어야 할까? 사람은 무엇으로써 누구를 생각해야 할까? 사람은 무엇으로써 누구에게 접촉해야 할까? 사람은 무엇으로써 누구를 인식해야 할까? 그것으로써 사람이 이 일체를 인식하는 그 자체를 무엇으로써 인식해야 할까?

이것이 그렇지는 않다, 그렇지는 않다,라고 하는 자기(ātman)인 것이오. 그것은 파악할 수 없어요. 왜냐하면 그것은 파악할 수 없기 때문이오. 그것은 파괴될 수 없어요. 왜냐하면 그것은 파괴될 수 없기 때문이오. 그것은 집착하지 않아요. 왜냐하면 그것은 집착하지 않기 때문이지요. 그것은 얽매이지 않고 흔들리지 않고 손상받지 않아요. 아아! 인식하는 것을 무엇으로써 사람은 인식해야 할까?

당신은 그렇게 가르침을 받았어요. 오오, 마이트레이여! 잘 알려진 것처럼 불멸이라는 〔가르침〕은 이것뿐이라오."

그렇게 말하고, 야지냐발키야는 떠났다.

6.1 그리고 계보—가우파바나에게서 파우티마슈야. 파우티마슈야에게서 가우파바나. 가우파바나에게서 파우티마슈야. 카우시카에게서 사우파바나. 카운디냐에게서 카우시카. 샨디랴에게서 카운디냐. 카우시카와 가우

타마에게서 샨디리야. 가우타마는

6.2 아그니베슈야에게서, 가르기야에게서 아그니베슈야. 가르기야에게서
가르기야. 가우타마에게서 가르기야. 사이타바에게서 가우타마. 파라샤리야
야나에게서 사이타바. 가르기야야나에게서 파라샤리야야나. 웃다라카야나에
게서 가르기야야나. 쟈바라야나에게서 웃다라카야나. 마디얀디나야나에게서
쟈바라야나. 사우카라야나에게서 마디얀디나야나. 카샤야나에게서 사우카라
야나. 사야카야나에게서 카샤야나. 카우시카야니에게서 사야카야나. 카우시
카야니는

6.3 그리타카우시카에게서. 파라샤리야야나에게서 그리타타우시카. 파라샤
리야에게서 파라샤리야. 쟈투카르니야에게서 파라샤리야. 아스라야나와 야
스카에게서 쟈투카르니야. 트라이바니에게서 아스라야나. 아우파쟌다니에게
서 트라이바니. 아수리에게서 아우파쟌다니. 바라두바쟈에게서 아수리. 아
트레야에게서 바라두바쟈. 만티에게서 아트레야. 가우타마에게서 만티. 가
우타마에게서 가우타마. 바쓰야에게서 가우타마. 샨디리야에게서 바쓰야.
카이쇼리야 카피야에게서 샨디리야. 쿠마라하리타에게서 카이쇼리야 카피
야. 가라바에게서 쿠마라하리타. 비다르비카운디니야에게서 가라바. 바트사
나파트 바브라바에게서 비다르비카운디니야. 파틴 사우바라에게서 바트사나
파트 바브라바. 이야스야 안기라사에게서 파틴 사우바라. 아브티 트바시트
라에게서 이야스야 안기라사. 비슈바르파 트바시트라에게서 아브티 트바시
트라. 아슈빈 쌍신(雙神)에게서 비슈바르파 트바시트라. 다디얀치 아타르바
나에게서 아슈빈 쌍신. 아타르바나 다이바에게서 다디얀치 아타르바나. 무
리티유 프라드반사나에게서 아타르반 다이바. 프라드반사나에게서 무리티유
프라드반사나. 에카 리시에게서 프라드반사나. 비프라치티에게서 에카 리
시. 비야시티에게서 비프라치티. 사나르에게서 비야시티. 사나타나에게서
사나르. 사나가에게서 사나타나. 파라메시틴에게서 사나가. 브라만에게서
파라메시틴. 브라만은 스스로 자신에 의해 존재한다. 브라만에 경배!

제5장

1.1

저것은 가득 차 있다. 이것도 가득 차 있다. 가득 찬 것에서 가득 찬 것이 생겨난다.

가득 찬 것에서 가득 찬 것을 빼내도 가득 찬 것은 남아 있다.

옴! 브라만은 허공이다. 태곳적부터 존재한 것이 허공이다. 허공은 바람이 부는 것이다. 카우라비야야니프트라는 늘 그렇게 말하였다. 이것은 베다이다. 바라문은 그것을 알고 있다. 사람은 이것〔지식〕으로 알아야 하는 것을 알고 있다.

2.1 신들, 인간과 귀신이라는 프라자파티의 세 종류 자손은 아버지인 프라자파티에게서 베다를 배우는 학생으로서 학습과 자제의 생활을 하며 살았다. 정해진 학습과 자제의 기간이 끝나자 신들이 말했다. "우리에게 가르침을 주십시오!"

그 신들에게 프라자파티는 "다(da)"라고 하는 이 음절 하나를 말하였다. 〔프라자파티는 물었다〕 "너희들은 이해하였느냐?"

그 신들은 대답했다. "알겠습니다. 아버지는 우리에게 '자제하라! (dāmyata)'고 말씀하셨어요."

프라자파티는 말하였다. "그렇다, 너희들은 이해하였구나."

2.2 그리고 인간들은 프라자파티에게 말하였다. "아버지, 우리에게 가르침을 주십시오!"

그들에게 프라자파티는 "다(da)"라고 하는 이 음절 하나를 말하였다. "너희들은 이해하였느냐?"라고 프라자파티는 물었다.

"알겠습니다"라고 그 신들은 대답했다. "'너희들은 베풀라!(datta)'고 아버지는 우리에게 말씀하셨어요."

프라자파티는 말하였다. "그렇다, 너희들은 이해하였구나."

2.3 그리고 귀신들은 이렇게 말하였다. "우리에게 가르침을 주십시오!"

그들에게 그는 "다"라고 하는 이 음절 하나를 말했다. "너희들은 이해하였느냐?"라고 〔프라자파티는 물었다〕

"알겠습니다"라고 그들은 대답했다. "너희들은 동정을 베풀라!(dayadhran)"고 우리에게 말씀하셨습니다.

프라자파티는 말했다. "그렇다, 너희들은 이해하였구나."

바로 이 하늘의 소리가 다시 울리니 '다, 다, 다'라고 되풀이한다. 곧 '자제하라! 베풀라! 동정하라!'라고 말하는 것이다. 자제, 베푸는 것과 동정이라는 이 세 가지를 사람은 몸에 배도록 익혀야 한다.

3.1 이 심장(hṛdaya), 그것은 이 창조주 프라자파티이다. 이것은 브라만이다. 이것은 모든 것이다. 이 흐리다얌(hṛ-da-yam)이라는 말은 세 음절로 이루어진다. 흐리(hṛ)는 하나의 음절이다. 이와 같이 알고 있는 사람에게 그의 친척과 다른 사람들은 선물을 가지고 온다(abhi-hṛ). 다(da)는 하나의 음절이다. 이렇게 알고 있는 사람에게 그의 친척과 다른 사람들은 선물을 준다(da). 얌(yam)은 하나의 음절이다. 이와 같이 알고 있는 사람은 천상의 세계로 간다(i).

4.1 진정으로 그것은 그것이고, 진정으로 이것이고, 그것은 존재하고 있다. 즉 진리 그 자체이다. 브라만은 진리라고, 이 위대한 초자연적인 존재, 최초로 태어난 것을 브라만은 진리라고 알고 있는 사람은 이런 세계를 정복한다. 〔그러나〕 브라만은 진리라고, 이 위대한 초자연적인 존재, 최초로 태어난 것을 이것을 알고 있는 사람을 정복한 자는 결코 존재하지 않는다. 왜냐하면 브라만은 바로 진리이기 때문이다.

5.1 태초에 이 〔세계〕에는 물만 존재하고 있었다. 물은 진리를 만들어냈

다. 진리는 브라만을, 브라만은 프라자파티를, 프라자파티는 신들을 〔만들었다〕. 신들은 진리(satyam)만을 숭배한다. 이 말은 사티얌(sa-ti-yam)이라는 세 음절로 이루어진다. 사(sa)라는 것은 하나의 음절이다. 티(ti)라는 것은 하나의 음절이다. 얌(yam)이라는 것은 하나의 음절이다. 최초와 최후의 두 음절은 진리이고, 중간에 있는 음절은 허위(anṛta)이다. 이 허위는 양쪽에서 진리에 둘러싸여 바로 진리의 성질을 띠게 된다. 이와 같이 알고 있는 사람을 허위(虛僞)는 상처를 주지 않는다.

5.2 그 진리라는 것은 저 태양이다. 태양 안에 있는 이 인간과 오른쪽 눈 속의 이 인간. 이들 두 사람은 서로 의지하고 있다. 저것은 광선에 의하여 이것의 의지가 되고, 이것은 생기〔숨〕에 의하여 저것의 의지가 된다. 사람이 죽을 때가 되면 이 태양을 똑바로 본다. 이런 광선은 그에게 돌아오지 않는다.

5.3 이 태양 안에 있는 사람, 그의 머리는 브훌〔bhūr, 땅〕이다. 머리는 하나이고, 이 음절도 하나이다. 그의 양팔은 부바스〔bhuvas, 창공〕이다. 양팔은 둘이고 이들 음절도 둘이다. 그의 발은 스발〔svar, 하늘〕이다. 발은 둘이고 이들 음절도 둘이다. 그 〔사람〕의 신비, 우파니샤드는 아할〔ahar, 낮, 날〕이다. 이와 같이 알고 있는 사람은 악을 파괴하고, 그리고 〔악을〕 버린다.

5.4 오른쪽 눈 속에 있는 사람, 그의 머리는 브훌이다. 머리는 하나이고, 이 음절도 하나이다. 그의 양팔은 부바스이다. 양팔은 둘이고 이들 음절도 둘이다. 그의 발은 스발이다. 발은 둘이고 이들 음절도 둘이다. 그 〔사람〕의 신비, 우파니샤드는 아함〔aham, 我〕이다. 이와 같이 알고 있는 사람은 악을 파괴하고 그리고 〔악을〕 버린다.

6.1 이 사람은 사고에서 이루어지고 그것의 본질은 빛이다. 쌀알 또는 보리알과 같이 그 〔사람〕은 심장의 내부에 있으며, 그는 모든 것의 지배자요 모든 것의 군주이다. 무릇 여기에 존재하는 이 모든 것을 그는 지배한다.

7.1 사람들은 브라만은 번개라고 말한다. 절단하기(vidāna) 때문에 번개(vidyut)이다. 브라만을 번개라고 알고 있는 사람, 이 사람을 그것은 악으로부터 단절한다. 왜냐하면 브라만은 바로 번개이기 때문이다.

8.1 사람은 언어를 젖소로서 생각해야 한다. 스바하라는 음성, 바샤트라는 음성, 한타라는 음성과 스바다라는 음성*1. 그런 것은 젖소의 네 개의 젖꼭지이다. 스바하라는 음성과 바샤트라는 음성인 젖소의 두 젖꼭지에 의하여 신들은 산다. 인간은 한타라는 음성에 의하여, 선조(先祖)는 스바다라는 음성에 의하여 산다. 그 젖소의 수소는 숨이고 그녀의 송아지는 사고이다.

9.1 인간의 내부에 있는 만인에게 공통되는 이 불―그것에 의하여 여기에서 먹게 되는 이 음식은 소화된다. 이처럼 두 귀를 [두 손가락으로] 막고 사람이 듣는 것은 그것의 딱딱거리는 소리이다. 그가 죽을 때 사람은 그 소리를 이미 듣지 못하게 된다.

10.1 실로 인간이 이 세상에서 떠날 때 그는 바람에게 간다. 그것은 그를 위하여 거기에 수레바퀴 크기의 큰 구멍을 열어준다. 그 구멍을 통하여 그는 위로 올라가 태양에 도달한다. 그것은 그를 위하여 거기에 북 크기의 구멍을 터준다. 그 구멍을 통하여 위로 올라가 덥지도 춥지도 않은 세계에 도달한다. 그는 영원한 세월을 거기에서 산다.

11.1 병을 앓아 괴로움을 겪는 것. 참으로 이것은 최고의 금욕생활이다. 이와 같이 알고 있는 사람은 최고의 세계를 얻는다. 그가 죽을 때 사람들이 그를 황야*2로 나르는 것, 진정 이것이 최고의 금욕생활이다. 이와 같이 알고 있는 사람은 최고의 세계를 얻는다. 그가 죽을 때 사람들이 불 속에 놓는 것. 바로 이것이 최고의 금욕생활이다. 이것을 알고 있는 사람은 참으로 최

---

*1 신들에게 제물을 바칠 때에 스바하(svāhā) 또는 바샤트(vaṣaṭ)라고 외친다. 한타(hanta)는 대화를 할 때에 상대의 주의를 끌기 위하여 사용한다. 한타는 '자', '정작'이라는 의미의 감탄사. 한타는 인간에게 선물을 할 적에 사용하였을 것이다.
*2 Araṅya는 보통 '숲'이라 번역한다. 그러나 시체가 화장되는 것은 마을 밖 거친 장소였다.

고의 세계를 얻는다.

12.1 '브라만은 음식이다'라고 어떤 사람들은 말한다. 그러나 그렇지는 않다. 참으로 숨〔생명〕이 없으면 음식은 부패한다. '브라만은 숨이다'라고 다른 사람들은 말한다. 그렇지는 않다. 참으로 음식이 없으면 숨은 마른다. 그러나 〔음식과 숨이라는〕 이 두 신성한 것들은 하나가 되면 최고의 상태에 도달한다.

그래서 프라트리다는 아버지에게 말했다. "이것을 알고 있는 사람에게 저는 어떤 좋은 일을 할 수 있는가요. 아니면 그를 위하여 저는 어떤 나쁜 일을 할 수 있는가요?"

손사래를 치며 아버지는 말했다. "그만두어라 프라트리다야! 누가 이런 두 가지를 하나로 만들어 최고의 상태에 도달하겠느냐?"

그리고 그에게 아버지는 "비(vi)"라고 말하였다. 참으로 비는 음식이다. 왜냐하면 이런 모든 생물은 음식 안에 들어 있기 때문이다. "람(ram)"이라고 〔아버지는 말했다〕. 참으로 람은 숨이다. 왜냐하면 이런 모든 생물은 숨에서 기뻐하기 때문이다. 참으로 모든 생물은 이와 같이 알고 있는 사람 속으로 들어간다, 세상 만물은 그에게 있어 기쁨이다.

13.1 우크타〔uktha, 리그 베다의 찬가〕. 참으로 우크타는 숨〔생명〕이다. 왜냐하면 숨은 이 모든 것을 낳게 하기 때문이다. 이것을 알고 있는 사람, 그로부터 우크타를 알고 있는 아들이 태어난다. 〔이것을 알고 있는〕 그는 우크타와 결합하여 우크타와 같은 세상에 사는 상태를 얻는다. *3

13.2 야쥬스(yajus). 참으로 야쥬스〔야쥬르 베다의 의례적인 말〕는 숨이다. 왜냐하면 이런 모든 생물은 숨과 결합되어 있기 때문이다. 이것을 알고 있는 사람, 그를 위하여 탁월함을 얻도록 모든 생물은 결합되어, 〔이것을 알고 있는〕 그는 야쥬스와 결합하여 같은 세상에 사는 상태를 얻는다.

---

*3 우크타 야쥬스와 사만은 브라만의 성직자 계급과 결부시켜 생각하였다.

13.3 사만〔sāman, 사마 베다의 찬가〕. 참으로 사만은 숨이다. 왜냐하면 이런 모든 생물은 숨으로 통합되어 있기 때문이다. 이것을 알고 있는 사람, 그를 위하여 탁월함을 얻도록 모든 생물은 통합되어야 쓸모가 있고 〔이것을 알고 있는〕 그는 사만과 합일하여 사만과 같은 세상에 사는 상태를 얻는다.

13.4 크샤트라(Kṣatra). 참으로 크샤트라〔통치권〕는 숨이다. 왜냐하면 참으로 크샤트라는 숨이기 때문이다. 숨은 육신이 다치지 않도록 보호해준다. 이와 같이 알고 있는 사람, 그는 보호가 필요없는 통치권을 크샤트라와 합일하여 크샤트라와 같은 세상에 사는 상태를 얻는다. *4

14.1 부미〔bhū-mi, 땅〕, 안타리크샤〔an-ta-ri-kṣa, 대기〕와 디야우〔dy-au, 하늘〕는 8음절이다. 참으로 가야트리의 발은 8음절로 이루어진다. 그리고 가야트리의 이것〔하나의 발〕은 이것〔땅, 대기, 하늘이라는 3계〕이다. 가야트리의 이 발을 이와 같이 알고 있는 사람. 그는 이런 3계(三界)에 있는 만큼 많은 것을 얻는다.

14.2 리차하〔ṛ-caḥ, 리그 베다의 시구〕, 야쥼시〔ya-jūm-si, 야쥬르 베다의 제식규정〕와 사마니〔sā-mā-ni, 사마 베다의 찬가〕는 8음절이다. 참으로 가야트리의 하나의 발은 8음절로 이루어졌다. 그리고 가야트리의 이것〔하나의 발〕은 이것〔땅, 대기, 하늘이라는 3계〕이다. 가야트리의 이 발을 이와 같이 알고 있는 사람. 그는 3중(三重)의 베다가 있는 만큼 많이 얻는다.

14.3 프라나〔prāṇ-ā, 내쉬는 숨〕, 아파나〔a-pā-na, 들이쉬는 숨〕과 비야나〔vy-ā-na, 아파나와 프라나의 중간에 있는 숨〕은 8음절이다. 참으로 가야트리의 하나의 발은 8음절로 이루어진다. 그리고 가야트리의 이 〔하나의 발〕은 이것 〔내쉬는 숨, 들이쉬는 숨과 그 둘 사이에 있는 숨〕이다. 가야트리의 이 발을 이와 같이 알고 있는 사람. 그는 생물이 있는 만큼 많이 얻는다.
그리고 속세의 저쪽에 빛나고 있는 태양인 가야트리의 눈에 보이는 이 발

*4 크샤트라(kṣatra)는 왕권 또는 크샤트리아의 통치자 계급과 결부한 것으로 생각된다.

이 존재한다. 참으로 그 네 번째의 것은 투리야(turīya)이다. '눈에 보이는 발'이라고 〔사람들은 말한다〕. 왜냐하면 이것은 어떻게 해서든 보이기 때문이다. '속세의 저쪽에'라고 〔사람들은 말한다〕. 왜냐하면 이것은 바로 모든 것의 위에 빛나기 때문이다. 가야트리의 이 발을 이와 같이 알고 있는 사람, 그는 영광과 명성에 의하여 이렇게 빛난다.

14.4 이 가야트리의 시구는 속세 저쪽에 그 네 번째의 것, 눈에 보이는 구절에 기초가 이루어져 있다. 참으로 그 구절은 진리로 기초가 잡혀 있다. 진실로 진리는 시각이다. 왜냐하면 참으로 진리는 시각이기 때문이다. 그러므로 지금 다투고 있는 두 사람이 찾아와서 어떤 사람이 '나는 보았다' 하고, 다른 사람이 '나는 들었다'고 한다면 '나는 보았다'고 말한 사람, 그를 우리는 신뢰해야 한다. 진실로 진리는 힘으로 기초가 이루어져 있다. 참으로 숨은 힘이다. 그것은 숨으로 기초가 이루어져 있다. 그러므로 '힘은 진리보다도 강력하다'고 사람들은 말한다. 그리고 가야트리라고 하는 운율은 이와 같이 육신에 관련하여(adhyātman) 기초가 이루어져 있다. 이 가야트리는 자기의 생명력(gaya)을 보호한다(trā). 참으로 가야는 생기〔숨〕이다. 그것은 생기를 보호한다. 가야를 보호하기(trā) 때문에 그것은 가야트리(gāyatri)라는 이름이 붙여졌다. 사람이 독송하는 저 사비트리, 그것은 가야트리가 틀림없다. 사람이 어떤 사람을 위하여 독송할 때 그것은 그 사람의 생기를 보호한다.

14.5 어떤 사람들은 이 사비트리〔찬가〕를 아누시투브로서 독송한다. 〔그들은〕 '아누시투브(anuṣṭubh)라는 운율은 언어이다. 이 언어를 우리는 독송한다' 하고 말한다. 그러나 사람은 그렇게 해서는 안된다. 사람은 사비트리를 바로 가야트리로서 독송해야 한다. 참으로 이와 같이 알고 있는 사람이 어떤 선물을 받는다 하여도 그것은 가야트리의 한낱 한 구절과도 비교되지 않는다.

14.6 만약 사람이 〔부(富)로〕 채워져 있는 3계(三界)를 얻는다면 그는 그 가야트리의 첫 번째 구절을 얻을 것이다. 그리고 어떤 사람이 이 세 가지 지

식들을 모두 얻고자 한다면 그는 그 [가야트리]의 두 번째 구절을 얻을 것이다. 그리고 어떤 사람이 이 숨들을 모두 얻고자 한다면 그는 그 [가야트리]의 세 번째 구절을 얻을 것이다. 그리고 속세의 저쪽에 빛나고 있는 태양인 가야트리의 눈에 보인 그 네 번째의 것은 누구도 얻을 수 없다. 어디에서 사람이 이만큼 많은 것을 얻을 수 있겠는가?

14.7 그 가야트리에 대한 찬탄은 [다음과 같다].

"가야트리여! 그대는 절름발이다. 그대는 두 발이다, 그대는 세 발이다, 그대는 네 발이다. 그대에게는 발이 없다. 왜냐하면 그대는 걷지 않기 때문이다. 속세의 저쪽에 있는 눈에 보이는 그대의 네 번째의 발에 경배하노라! 혹시 어떤 사람이 자기가 미워하는 사람에 대하여 '저 사람에게 그것이 이루어지지 않기를!' 또는 '저 사람의 소망이 이루어지지 않기를!' 하고 [가야트리에게] 기원한다면 그 사람의 소망은 성취되지 않을 것이다. 그리고 '내가 그것을 달성하게 되기를!'이라고 기원할 수 있다."

14.8 이에 대해서 비데하 국왕 자나카는 브디라 아슈바타라슈비에게 이렇게 말하였다.

"그대는 가야트리를 알고 있다고 말하지 않았는가? 그런데 어째서 그대는 코끼리가 되어 [무거운 짐을] 나르고 있는가?"

그러자 아슈바타라슈비가 말하였다.

"왜냐하면 저는 그 [가야트리]의 입을 모르기 때문입니다, 대왕이여!"

"그것의 입은 바로 불입니다. 진정 사람이 어떤 방법으로 [땔나무를] 많이 불 속에 집어 넣는다 하더라도 불은 마침내 그것을 모두 다 태워버립니다. 이렇게 알고 있는 사람이 어떤 방법으로 나쁜 짓을 많이 한다 하여도 그는 그 모두를 다 먹어치워 맑고 순수하게 되어 늙지도 않고 불멸하게 됩니다."[5]

---

*5 지식의 중시, 행위의 배척. '이와 같이 알고 있는 사람은'이 세상에서 어떤 나쁜 짓을 하더라도 자기의 행위에 대하여 책임이 없다. '이와 같이 아는 사람은' 선악을 초월한 저쪽에 있다.

15.1

황금의 술잔에 의해 진리의 얼굴은 가려져 있다.

프샹이여! 그대는 가리개를 벗어라! 진실의 법인 진리를 볼 수 있도록 하기 위하여. *6

프샹이여! 유일한 성자여! 야마여! 태양이여! 프라자파티의 자손이여! 햇살을 퍼지게 하오! 빛을 모으시오!

가장 아름다운 그대의 자태, 그것을 나는 본다. 거기에 있는 저 인간, 그가 나이다.

불멸의 숨은 바람이다. 그리고 이 육신은 불에 타 재가 되기를.

옴! 아아, 의도(意圖)여! 저지른 행위를 회상하라! 회상하라! 아아, 의도여! 저지른 행위를 회상하라! 회상하라!

아아, 불의 신 아그니여! 좋은 길을 따라 우리를 부(富)로 인도하시라! 아아, 신이여! 그대는 우리의 가려진 모든 행위를 알고 계시지요.

화를 내고 있는 죄, 우리에게서 멀어지게 하소서! 우리는 경의를 표하는 최대의 찬사를 그대에게 바치나이다!

---

*6 진리에 충실한 사람.

제6장

1.1 참으로 가장 훌륭한 것과 가장 좋은 것을 알고 있는 사람은 자기의 친척 중에서 가장 훌륭하고 가장 좋은 사람이 된다. 참으로 가장 훌륭한 것과 가장 좋은 것은 숨(息)이다. 이와 같이 알고 있는 사람은 자기의 친척 중에서 가장 훌륭하고 가장 좋은 사람이 되며 혹시 그가 그렇게 되기를 바란다면 다른 사람들 중에서도 그는 그와 같은 사람이 된다.

1.2 참으로 가장 탁월한 것을 알고 있는 사람은 자기의 친척 중에서 가장 뛰어난 사람이 된다. 참으로 가장 탁월한 것은 언어이다. 이와 같이 알고 있는 사람은 자기의 친척 중에서 가장 뛰어난 사람이 되고, 혹시 그가 그렇게 되기를 바란다면 다른 사람들 중에서도 그와 같은 사람이 된다.

1.3 참으로 기초를 알고 있는 사람은 평지에서 기초가 이루어져 있다, 그는 통행할 수 없는 땅에서도 기초가 잡혀 있다. 참으로 기초는 시각이다. 왜냐하면 사람은 시각에 의하여 평지와 통행할 수 없는 땅에서도 기초가 이루어지기 때문이다. 이와 같이 알고 있는 사람은 평지와 통행할 수 없는 땅에서 기초가 이루어진다.

1.4 참으로 일치[一致, sampad]*1를 알고 있는 사람, 그에게는 그가 바라는 소원이 성취된다. 참으로 성취는 청각이다. 왜냐하면 이런 모든 베다는 청각에 도달하고 있기 때문이다. 이와 같이 알고 있는 사람은 그가 바라는 소원을 성취한다.

---

*1 삼파드에 의하여 의미되는 것은 대응(對應). 대응에 의하여 지시되는 것은 갖가지 사물 사이의 등가(等價)이다. 그러므로 샤이야[1927년, 67쪽]는 '등가설은 우파니샤드를 이해하기 위한 열쇠'라고 하였다.

1.5 참으로 거처를 알고 있는 사람은 자기 친척과 사람들의 거처가 된다. 참으로 거처는 생각이다. 이와 같이 알고 있는 사람, 그는 자기 친척과 다른 사람들의 거처가 된다.

1,6 참으로 생식을 알고 있는 사람은 자손과 가축에 의하여 번식한다. 참으로 생식은 정액이다. 이와 같이 알고 있는 사람은 자손과 가축에 의하여 번영한다.

1.7 이런 생명기관(prāṇa)들은 자기의 탁월함을 주장하며 다투었다. 그는 브라만에게 갔다. 그들은 말하였다. "우리 중에서 가장 탁월한 것은 누구입니까." 브라만은 말했다. "너희들 중의 어떤 자가 〔육신에서〕 빠져나갈 때 사람이 이 육신을 가장 나쁘다고 생각하는 것, 그것이 너희들 중에서 가장 탁월한 자이다."

1.8 〔그러자〕 언어가 〔육신에서〕 떠났다. 1년 동안 여행을 한 다음에 그것은 돌아와서 말하였다. "나 없이 어떻게 너희들은 살 수 있었느냐?" 그 〔생명기관〕들이 말했다. "언어에 의한 말은 하지 못하지만, 그러나 숨으로 호흡하면서, 시각으로 보면서, 청각으로 들으면서, 사고에 의해 알면서, 정액으로 생식하며 지내고 있다, 말을 못하는 사람처럼 그렇게 우리는 살았다." 언어는 〔육신 속으로 다시〕 들어갔다.

1.9 〔이번에는〕 시각이 떠났다. 1년 동안 여행한 다음에 그것은 돌아와서 말하였다. "나 없이 어떻게 너희들은 살 수 있었느냐?" 그 〔생명기관〕들은 말했다. "시각에 의하여 보지는 못하지만 그러나 숨으로 호흡하면서, 언어로 말하면서, 청각으로 들으면서, 사고에 의해 알면서, 정액으로 생식하며 지내고 있다. 맹인처럼 그렇게 우리는 살았다." 시각은 〔육신 속으로 다시〕 들어갔다.

1.10 〔그러자〕 청각이 떠났다. 1년 동안 여행을 한 다음에 그것은 돌아와서 말하였다. "내가 없이 어떻게 너희들은 살 수 있었느냐?" 그들은 말했

다. "청각에 의하여 듣지는 못하지만 그러나 숨으로 호흡하면서, 언어로 말하면서, 시각으로 보면서, 사고에 의해 알면서, 정액으로 생식하는 귀머거리처럼 그렇게 우리는 살았다." 청각은 〔육신 속으로 다시〕 들어갔다.

1.11 〔이번에는〕 사고가 떠났다. 1년 동안 여행을 한 다음에 그것은 돌아와서 말하였다. "나 없이 어떻게 너희들은 살 수 있었느냐?" 그 〔생명기관〕은 말했다. "사고에 의하여 알지는 못하지만 그러나 숨으로 호흡하면서, 언어로 말하면서, 시각으로 보면서, 청각으로 들으면서, 정액으로 생식하는 귀머거리처럼 그렇게 우리는 살았다." 사고는 〔육신 속으로 다시〕 들어갔다.

1.12 정액이 떠났다. 1년 동안 여행을 한 다음에 그것은 돌아와서 말하였다. "나 없이 어떻게 너희들은 살 수 있었느냐?" 그들은 말했다. "정액에 의하여 생식은 못하지만 그러나 숨으로 호흡하면서, 언어로 말하면서, 시각으로 보면서, 청각으로 들으면서, 사고에 의해 아는 성적 불능자처럼 그렇게 우리는 살았다." 정액은 〔육신 속으로 다시〕 들어갔다.

1.13 정작 숨이 나가려고 할 때 신경질적인 말이 족쇄의 말뚝을 확 잡아당기듯 그것은 이런 생명기관들을 힘껏 당겼다. 그러자 생명기관들이 말하였다. "존경스러운 자여! 떠나지 마소서! 참으로 그대 없이 우리는 살 수 없을 것이오." 〔숨은 말하였다〕. "그렇다면 나에게 공물을 바치라!" 〔그들이 말하였다〕. "우리는 그렇게 하리다."

1.14 언어는 말하였다. "실로 내가 가장 탁월하기 때문에 그래서 그대는 탁월하지 않느냐?" 시각은 말하였다. "실로 나는 기초가 이루어졌기 때문에 그래서 그대는 기초가 잡혀 있다." 청각은 말하였다. "진정 나는 일치하기 때문에 그래서 그대는 일치한다." 사고는 말하였다. "진정 나는 거처이기 때문에 그래서 그대는 거처가 된 것이다." 정액은 말하였다. "진정 나는 생식이기 때문에 그래서 그대는 생식을 하게 되었다."
〔숨은 말하였다.〕 "그리고 그 경우에 무엇이 내 음식이고 무엇이 내 의복인가?" 〔그들이 말했다.〕 "개에 이르기까지, 날개 없는 벌레에 이르기까지,

곤충과 나방에 이르기까지 무릇 여기에 있는 모든 것이 그대의 음식이고 그대의 의복이오."

이와 같이 숨(ana)의 이 음식(anna)을 알고 있는 사람, 참으로 그는 음식이 아닌 것은 먹을 수 없는 것이 되고 음식이 아닌 것은 받아들이지 않게 된다오. 이것을 알고 있는 학식이 있는 바라문들은 먹으려고 〔물로 입을〕 헹구고, 먹고 나서 입을 헹군다. 그것으로 숨이 발가숭이가 아닌 것이 된다고 그들은 생각한다.

2.1 슈베타케투 아르네야는 판챠라 일족의 모임에 찾아왔다. 궁전의 사람들이 섬기고 있는 쟈이바리 프라바하나에게 그는 다가왔다. 슈베타케투를 보고 "반갑다, 이 젊은이야!" 하고 왕은 그에게 말을 걸었다. "존경스러운 이여!" 하고 그는 말했다. "그런데 너는 아버지에게 배웠느냐?" 아르네야는 대답했다. "네."

2.2 〔왕이 말했다.〕 "〔그러면〕 죽은 뒤 이런 사람들이 어떻게 서로 다른 길로 가는지 너는 알고 있느냐?"

"모릅니다." 아르네야는 말했다.

〔왕이 말했다.〕 "어떻게 하여 그들이 이 세상에 다시 돌아오는지 너는 알고 있느냐?"

"아니오." 아르네야는 말했다.

〔왕이 말했다.〕 "어떻게 하여 이렇게 되풀이해서 거기로 가는 사람들이 많은데 저 세상은 채워지지 않는지 너는 알고 있느냐?"

"아니오." 그는 대답했다.

〔왕이 말했다.〕 "얼마나 공물을 바친 다음에 물이 인간의 목소리가 되어 일어나서 말하게 되는지, 너는 알고 있느냐?"

"아니오." 그는 말했다.

〔왕이 말했다.〕 "신께 인도하는 길 또는 조상에의 길에 이르는 경로를 너는 알고 있느냐? 무엇을 함으로써 사람들은 신에의 길 또는 조상에의 길에 도달하는가? 왜냐하면 우리들은 〔다음과 같은〕 성자의 가르침을 들었기 때문이다."

인간을 위한 두 길을 나는 들었다,
조상과 신들에 이르는 길을.
아버지와 어머니 [하늘과 땅] 사이에서 움직이는 이 모든 것은
그런 두 길을 따라서 간다."*²

아르네야는 말했다. "나는 그중 단 하나도 알지 못합니다."

2.3 그리고 쟈이바리 왕은 아르네야에게 자신에게 묵고 가도록 권하였다. 그러나 소년[슈베타케투]는 권하는 말을 무시하고 서둘러 떠났다. 그는 아버지에게 돌아와서 아버지에게 물었다. "확실히 잘 알려진 것처럼 저를 잘 가르쳤다고 예전에 아버지는 말하지 않으셨습니까?" [아르네야는 계속하여 말을 이어갔다.] "얼마나 현명한 분인지 몰라요!" "한 왕족이 저에게 다섯 가지 질문을 하였어요. 그런 [질문]의 하나도 저는 [대답할 방법을] 몰랐습니다." "그것이 무엇인가 하면" "이런 것이었어요"라고 말하고 그는 [다섯 가지 질문의] 처음 말을 하였다.

2.4 [아버지는 말했다.] "귀여운 녀석아! 너는 우리를 알고 있지. 내가 알고 있는 모든 것을 나는 너에게 가르쳤다. 자, 거기로 함께 가서 베다를 배우는 학생으로 우리 둘이는 지내보자." 그런데 아들이 "아버지만 가셔요!"라고 하였다. 가우타마*³는 프라바하나 쟈이바리 [왕이] 있는 궁전으로 찾아갔다. 쟈이바리는 그를 위하여 자리를 내주며 물을 가져오게 하였다. 그리고 그를 환대하였다. 쟈이바리는 말하였다. "우리는 존경스러운 사제님에게 하나의 소원을 들어 드리겠습니다."

2.5 가우타마는 말했다. "왕은 저에게 이 소원을 약속하였습니다. 왕께서 저의 아들 앞에서 하신 말, 그것을 저에게 말해주십시오!"

2.6 그러자 왕이 말하였다. "참으로 그것은 하늘에서나 바랄 수 있는 소원

---

*2 이 시는 조금 형태를 바꾸어, 리그 베다 10.88.15에서 보게 된다.
*3 웃다라카 아르니의 성(姓). 가우타마는 슈베타케투의 아버지.

이니 인간의 소원을 말해보시지요!"

2.7 가우타마는 말하였다.

"제가 황금, 소와 말, 여자노예, 모피의 할당받은 몫을 가지고 있는 것은 잘 알려져 있습니다. 왕은 풍부한 것, 무한한 것, 한없는 것[재물]을 쓰시는 데 아끼지 마십시오!"

"진정 가우타마여! 올바른 방법으로 그대는 그것을 요구해야 되는 것이오!"

"저는 [제자로서] 왕을 찾아왔습니다."

바로 이 말로써 옛날 사람들은 [제자로서 스승을] 모셨던 것이다. [제자로서 스승을] 찾아왔다는 말로 가우타마는 [제자로서 스승의 집에] 머물게 되었다.

2.8 쟈이바리 왕이 말하였다. "이 [나의] 지식은 이보다 전에 어느 바라문에서도 갖지 못했던 것이므로 아아, 가우타마여! 그대는 나로 인해 죄를 짓지 않도록 하시오! 그대의 조상들 역시 크샤트리야에게 가르침을 받은 일은 없었습니다. 하지만 나는 그것을 그대에게 가르쳐 드리겠소. 왜냐하면 이렇게 말하는 그대를 누가 거절할 수 있겠습니까?"

2.9 [왕은 말을 계속하였다.] "참으로 불은 저 세상이오, 가우타마여! 그것의 땔나무는 바로 태양이오. 그 연기는 햇볕이라오. 그 불길은 낮이오. 그 숯은 방향이고, 그 불꽃은 중간의 방향이오. 이 불 속으로 신들은 신앙을 공물로서 바친다오. 이 공물 속에서 소마 왕이 생겨나는 것이오."

2.10 "참으로 불은 비구름[파르쟈냐]이오, 가우타마여! 그것의 땔나무는 바로 해[年]라오. 그 연기는 소나기구름이오. 그 불길은 번개이고, 그 숯은 천둥이라오. 그 불꽃은 우박이오. 이 불 속으로 신들은 소마 왕을 공물로서 바친다오. 이 공물 속에서 비가 생기지요."

2.11 "참으로 불은 이 세계요, 가우타마여! 그것의 땔나무는 바로 대지라

오. 그 연기는 불이고. 그 불길은 밤이오. 그 숯은 달이지요. 그 불꽃은 별자리이고. 이 불 속으로 신들은 비를 공물로서 바친다오. 이 공물 속에서 음식이 생기는 것이오."

2.12 "참으로 불은 인간이오, 가우타마여! 그것의 땔나무는 바로 벌리고 있는 입이지요. 그 연기는 숨이고. 그 불길은 언어라오. 그 숯은 시각이고. 그 불꽃은 청각이오. 이 불 속으로 신들은 음식을 공물로서 바친다오. 이 공물에서 정액이 생기는 것이오."

2.13 "참으로 불은 여자라오, 가우타마여! 그녀의 땔나무는 바로 음부이지요. 그녀의 연기는 음모이고. 그녀의 불똥은 질이라오. 내부로 들어가는 것, 그것이 숯이오. 그녀의 불똥은 쾌락이지요. 이 불 속으로 신들은 정액을 공물로서 바친다오. 이 공물에서 인간이 나오는 것이오. 그는 살만큼은 살지요. 그러나 그가 죽으면……"

2.14 〔왕은 잠시 쉬었다가 말했다.〕

"사람들은 그를 불 있는 곳으로 나르지요. 바로 그의 불은 불이 된다오. 땔나무는 땔나무로, 연기는 연기로, 불길은 불길로, 숯은 숯으로, 불꽃은 불꽃이 된다오. 이 불 속으로 신들은 인간을 공물로서 바치는 것이오. 이 공물에서 빛의 색깔을 가진 인간이 나오지요."

2.15 "이것을 이와 같이 알고 있는 사람들과 황야에서 신앙을 진리로서 명상하는 사람들. 그들은 불길로 들어가 불길 속에서 낮에, 낮에 커지고 있는 반달에, 커지는 반달 속에서 태양이 북쪽으로 가는 여섯 달에, 이런 시일 속에서 신들의 세계로, 신들의 세계 속에서 태양으로, 태양 속에서 번개의 영역으로 들어간다오. 생각으로 이루어진 인간은 그런 번개의 영역으로 가서 그들을 브라만의 모든 세계로 가게 하는 것이오. 이런 브라만의 모든 세계에서 그들은 가장 아득히 먼 데까지 가서 산다오. 그들은 돌아오지 않아요."

2.16 〔왕은 계속하였다.〕 "그런데 제사에 의하여 〔제관에게〕 줌으로써 금

욕으로 모든 세계를 얻는 사람들. 그들은 연기 속으로 들어가 연기 속에서 밤으로, 밤중에 이지러지고 있는 반달로, 이지러지는 반달 속에서 태양이 남쪽으로 가는 여섯 달에, 그런 시일 속에서 조상의 세계로, 조상의 세계 속에서 달로 들어간다오. 그들은 달에 도달하여 음식이 되지요. 소마 왕〔달〕에 대하여 '둥글게 되라! 이지러지라!'고 말하듯 이렇게 신들은 거기에서 그들을 먹는다오. 그들에게 있어 그것은 과거에 그들이 바로 이 허공으로 들어가 허공 속에서 바람으로, 바람 속에서 비로, 비 속에서 대지로 들어갔어요. 그들은 대지에 도달하여 음식이 되었지요. 그들은 다시 남자의 불 속에 공물로서 바쳐지고, 그리고 여자의 불 속에서 태어나지요. 모든 세계에 다시 태어나 그들은 이와 같이 돌아오지요. 그런데 이런 두 길을 모르는 사람들, 그들은 날개 없는 벌레, 곤충 또는 여기에서 좀먹는 해충이 되는 것이오."

3.1 큰 일을 이루고 싶다고 바라는 사람이 있다면 그는 다음과 같이 해야한다. 우선 첫째로 그는 12일 동안 어떤 양의 우유를 마시고 산다는 예비의 의식(upasad)을 행하여야 한다. 그리고 태양이 북쪽으로 가는 경로에서 둥그러지고 있는 반달의 길일(吉日)에 무화과나무의 잔이나 용기 속에 그는 모든 종류의 약초와 과실을 모아야 한다. 성화(聖火)의 장소 주위를 쓸고 그 둘레에 〔쇠똥을〕 바른 다음, 그는 불을 쑤석거려 일으키고 둘레에 제사의 풀을 뿌려 옛날 방식으로 녹인 버터를 준비하여 남자의 별자리에 의하여 지배되는 날에 혼합 음료(mantha)를 가지고 다음과 같이 말하며 녹인 버터를 공물로서 바친다.

모든 생물을 알고 있는 자여! 아무리 많은 신들이 그대의 내부에서 방해를 하면서 인간의 욕망을 죽이려고 하여도,
나는 신들에게 배분된 몫을 공물로서 바치리. 만족하게 될 때에 신들은 나의 모든 소원을 만족시키도록 하소서! 스바하!
'나는 떼어놓은 것이라'고 생각하여 어슷이 가로 누워 있는 그녀,
달래는 것으로서 그대를 나는 녹인 버터를 흐르게 함으로써 제사 모시리, 스바하!

3.2 "가장 훌륭한 것에 대하여 스바하! 가장 좋은 것에 대하여 스바하!"라고 말한 그는 불 속에 녹인 버터를 공물로서 바치고 나머지를 혼합 음료 속에 쏟는다. "숨에 대하여 스바하!"〔라는 것을 여기에서 의미하고 있다.〕

"일치에 대하여 스바하!"라고 말한 그는 불 속에 녹인 버터를 공물로서 바치고 나머지를 혼합 음료 속에 쏟는다. "청각에 대하여 스바하!'〔라는 것을 여기에서 의미한다.〕

"처소에 대하여 스바하!"라고 말한 그는 불 속에 녹인 버터를 공물로서 바치고 나머지를 혼합 음료 속에 쏟는다. "사고에 대하여 스바하!"〔라고 하는 것을 여기에서 의미하고 있다.〕

"생식에 대하여 스바하!"라고 말한 그는 불 속에 녹인 버터를 공물로서 바치고 나머지를 혼합 음료 속에 쏟는다. "정액에 대하여 스바하!"〔라는 것을 여기에서 의미하고 있다.〕

3.3 "불에 대하여 스바하!"라고 말한 그는 불 속에 녹인 버터를 공물로서 바치고 나머지를 혼합 음료 속에 쏟는다.

"소마에 대하여 스바하!"라고 말한 그는 불 속에 녹인 버터를 공물로서 바치고 나머지를 혼합 음료 속에 쏟는다.

"대지여! (bhuvas) 스바하!"라고 말한 그는 불 속에 녹인 버터를 공물로서 바치고 나머지를 혼합 음료 속에 쏟는다.

"대기여! 스바하!"라고 말한 그는 불 속에 녹인 버터를 공물로서 바치고 나머지를 혼합 음료 속에 쏟는다.

"하늘이여! 스바하!"라고 말한 그는 불 속에 녹인 버터를 공물로서 바치고 나머지를 혼합 음료 속에 쏟는다.

"대지여! 대기여! 하늘이여! 스바하!"라고 말한 그는 불 속에 녹인 버터를 공물로서 바치고 나머지를 혼합 음료 속에 쏟는다.

"성직자의 권력〔바라문〕에 대하여 스바하!"라고 말한 그는 불 속에 녹인 버터를 공물로서 바치고 나머지를 혼합 음료 속에 쏟는다.

"통치자의 권력〔크샤트리아〕에 대하여 스바하!"라고 말한 그는 불 속에 녹인 버터를 공물로서 바치고 나머지를 혼합 음료 속에 쏟는다.

"과거에 대하여 스바하!"라고 말한 그는 불 속에 녹인 버터를 공물로서 바치고 나머지를 혼합 음료 속에 쏟는다.

"미래에 대하여 스바하!"라고 말한 그는 불 속에 녹인 버터를 공물로서 바치고 나머지를 혼합 음료 속에 쏟는다.

"세상에 대하여 스바하!"라고 말한 그는 불 속에 녹인 버터를 공물로서 바치고 나머지를 혼합 음료 속에 쏟는다.

"모든 것에 대하여 스바하!"라고 말한 그는 불 속에 녹인 버터를 공물로서 바치고 나머지를 혼합 음료 속에 쏟는다.

"프라자파티에 대하여 스바하!"라고 말한 그는 불 속에 녹인 버터를 공물로서 바치고 나머지를 혼합 음료 속에 쏟는다.

3.4 그리고 나서 다음과 같이 그는 혼합 음료에 대하여 말한다.

"그대는 불안정하게 움직이고 있다. 그대는 빛나고 있다. 그대는 가득 차 있다. 그대는 확고하다. 그대는 유일한 만남의 장소이다. 그대는 발음되고 있는 힌(hiñ)이다. 그대는 발음된 힌이다. 그대는 암송된 우드기타이다. 그대는 암송된 우드기타이다. 그대는 신들이 듣도록 한다는 어느 제관(祭官)의 부르짖음이다. 그대는 신들이 들어야 한다는 다른 제관의 부르짖음이다. 그대는 축축한 데서 불타고 있는 것이다. 그대는 널리 퍼져 있다. 그대는 강대하다. 그대는 음식이다. 그대는 빛이다. 그대는 마지막이다. 그대는 그러모으는 것이다."

3.5 그리고 나서 다음과 같이 말하고, 그는 혼합 음료를 치켜든다.

"그대는 원료 그대로이다. 왜냐하면 나의 내부에서 원료 그대로이기 때문이다. 왜냐하면 그는 왕이고 지배자이며 군주이기 때문이다. 그가 나를 왕, 지배자, 군주가 되도록 하라!"

3.6 그리고 다음과 같이 말하며 그는 혼합 음료를 마신다.

사비트리의 바람직한 이 [빛을]
바람은 꿀을, 강은 꿀을, 질서를 지키는 사람을 위하여 쏟는다. 약초는 우리를 위하여 꿀로 가득차는 것이 되기를! 대지여! 스바하!

〔사비트리〕 신의 빛을 우리는 깊이 생각한다.

밤도 꿀이 되어라, 그리고 아침도 꿀이 되어라! 대지의 먼지도 꿀로 가득 차라!

아버지인 하늘도 우리에게는 꿀이 되라! 대기여! 스바하!

그가 우리의 깊은 생각을 자극하도록,

우리를 위하여 나무는 꿀로 가득 차고 태양도 꿀로 가득하여라!

우리를 위하여 암소도 꿀로 가득하도록!

하늘이여! 스바하!

그리고 그는 모든 사비트리의 시구와 꿀에 관한 모든 시구를 되풀이하여 다음과 같이 말한다.

"나는 이 모든 것이 되고 싶다! 대지여! 대기여! 하늘이여! 스바하!"

최후로 그는 입을 헹구고 손을 씻고 머리를 동쪽으로 두르고 불의 뒤에 눕는다. 다음날 아침

"그대는 방향 중의 한 송이 연꽃이다. 나는 인간 가운데 한 송이 연꽃이 되고 싶다."

이렇게 말하고, 그는 태양을 경배한다. 그는 갔던 길로 돌아와서 불 뒤에 앉아 계보*4를 소리없이 암송한다.

3.7 웃다라카 아르니는 이 〔혼합 음료설〕을 제자인 바쟈사네야 야지냐바르키야에게 설한 다음 말하였다.

"만약 사람이 이 혼합 음료를 시든 그루터기에 쏟더라도 가지가 나고 잎이 무성할 것이다."

3.8 바쟈사네야 야지냐바르키야는 바로 이것을 제자인 마두카 파인기야에게 설한 다음 말하였다.

"만약 사람이 이 혼합 음료를 시든 그루터기에 쏟더라도 가지가 나고 잎

---

*4 계보(Vaṁśa)란 사람이 가르침을 받은 스승의 계보를 말한다.

이 무성할 것이다."

3.9 마두카 파인기야는 바로 이것을 제자인 츄라 바가비티에게 설한 다음 말하였다.
"만약 사람이 이 혼합 음료를 시든 그루터기에 쏟더라도 가지가 나고 잎이 무성할 것이다."

3.10 츄라 바가비티는 바로 이것을 제자인 쟈나키 아야스투나에게 설한 다음 말하였다.
"만약 사람이 이 혼합 음료를 시든 그루터기에 쏟더라도 가지가 나고 잎이 무성할 것이다."

3.11 쟈나키 아야스투나는 바로 이것을 제자인 사티야카마 쟈바라에게 설한 다음 말하였다.
"만약 사람이 이 혼합 음료를 시든 그루터기에 쏟더라도 가지가 나고 잎이 무성할 것이다."

3.12 사티야카마 쟈바라는 바로 이것을 제자들에게 설한 다음 말하였다.
"만약 사람이 이 혼합 음료를 시든 그루터기에 쏟더라도 가지가 나고 잎이 무성할 것이다."
그러나 이것을 자기의 아들이나 제자가 아닌 자에게 전해서는 안된다. *5

3.13 무화과나무에서 만들어지는 네 종류의 〔도구〕가 〔제사에서 사용되고〕 있다. 〔그것은〕 무화과나무로 만들어진 작은 숟가락, 무화과로 만들어진 잔, 무화과나무로 만들어진 땔나무, 무화과나무로 만들어진 액체를 휘젓는 두 자루의 나무막대기이다. 〔그리고〕 마을에서 재배되는 열 종류의 곡물이 있다

---

*5 아들이 아닌 자, 또는 제자가 아닌 자에게 말해서는 안된다는 비밀의 가르침을 대개의 사람은 우파니샤드라고 믿고 있다. 그러나, 이 대목에서 아들이나 제자에게 전해야 되는 것은 "혼합 음료의 다산성(多産性)"이라는 사상이다. 혼합 음료는 풍부한 열매를 맺는다는 것이 3.7~12에서의 테마이다.

—쌀·보리·참깨·콩·수수·겨자·밀·렌즈콩·완두콩 그리고 검정콩이다. 이런 것을 깨뜨려 그는 그것을 굳은 우유·꿀 그리고 녹인 버터에 쏟아 제사의 버터를 제물로 바쳤다.

4.1 참으로 대지는 이런 생물의 핵심이다. 대지의 핵심은 물이다. 물의 핵심은 식물이다. 식물의 핵심은 꽃이다. 꽃의 핵심은 과일이다. 과일의 핵심은 인간이다. 인간의 핵심은 정액이다. *6

4.2 프라자파티는 생각하였다. "자, 나는 그 정액을 위하여 기초를 준비하자." 그는 여자를 만들어 냈다. 그 여자를 만들어 낸 다음에 그는 그 여자를 밑으로 열심히 구했다. *7 그러므로 사람은 여자를 밑으로 열심히 구해야 한다. 소마를 짠다, 이 돌*8을 프라자파티는 바로 자기자신에게서 앞으로 내뻗었다. 그것을 사용하여 그는 그 여자와 성교하였다.

4.3 그 여자의 음문은 제단이다. 그 여자의 음모는 제사용 약초이다. 그 여자의 대음순은 소마액의 압착이다. 그 여자의 소음순은 중앙에 있는 땔나무이다. 이와 같이 알고 성교하는 사람, 그는 바로 바쟈페야라고 하는 하루만 소마액을 짜고 소마제를 지내는 사람과 같은 정도의 세계를 얻는다. 자기와 성교하는 여자의 좋은 행위를 그는 자기 것으로 한다. 그런데 이것을 모르고 여자와 성교하는 남자의 좋은 행위를 여자들은 자기 것으로 한다. *9

4.4 진정으로 이것을 알고 현자 웃다라카 아르니는 말했다. 참으로 이것을 알고 현자 나카 마우드가리야는 말했다. 참으로 이것을 알고 현자 쿠마라하

---

*6 아이타레야 아라니야카 2.1.3에는 다음과 같이 설명되어 있다. "……프라자파티의 정액은 신들이다. 신들의 정액은 비이다. 비의 정액은 식물이다. 식물의 정액은 음식이다. 음식의 정액은 정액이다. 정액의 정액은 생류(生類)이다."

*7 "밑으로 열심히 구했다"(adha upāsta)는 것은 그가 그 여자와 성교하였다는 의미.

*8 소마의 돌은 페니스로서의 역할을 수행한다.

*9 섹스의 성질을 소마제인 것을 모르고 성교하는 남자의 좋은 행위를 "여자들은 자기의 것으로 만든다"는 것이다. 소마제로서의 섹스가 이 우파니샤드의 6.4.1~3에서 다루어지고 있다.

리타는 말했다.

"이것을 모르고 성교하는 브라만의 대다수 자손은 생식 능력없이 선한 행위를 빼앗기고 이 세상을 떠난다."

자고 있는 사람이나 깨어 있는 사람이 많든 적든 정액을 사정한다면,

4.5 사람은 그것과 접촉해야 한다, 또는 사람은 이 주문을 외며 정액에 호소하여야 한다.

> 오늘 대지에 젖어 식물 또는 물 속에 흐른 나의 정액, 이 정액을 나는 되돌린다.
> 다시 생식 능력이, 다시 에너지가, 다시 정욕이 나에게 돌아오도록!
> 불과 난로가 다시 올바른 자리에 있기를! *10

그렇게 말하면서 사람은 약지와 엄지손가락으로 정액을 받아 그의 양 가슴 또는 양 미간에 그것을 문질러 발라야 한다.

4.6 만일 사람이 물 속에서 자기자신의 영상을 본다면 사람은 다음의 주문을 외며 그것에 호소해야 한다.

"에너지, 생식 능력, 명성, 부와 선한 행위가 내 속에 머물도록!"

바로 월경 때문에 더러워진 옷을 벗은 이 여자는 여자 중에서 가장 행운을 가져온다. 그러므로 그녀가 월경 때문에 더러워진 옷을 벗을 때, 사람은 훌륭한 그녀를 가까이하여 성교로 그녀를 유도해야 한다.

4.7 만일 그녀가 그에 대하여 그의 욕망을 채우는 것을 허락한다면 그는 그녀를 매수하여 자기 것으로 만들어야 한다. 만일 그녀가 그에 대하여 욕망을 채우는 것을 허락하지 않는다면 그는 "나의 생식 능력과 멋진 솜씨로 나는 너의 매력을 빼앗겠다." 말하고, 곤봉이나 손으로 그녀에게 폭력을 가해서라도 그녀에게 이겨야 한다. 그녀는 마침내 저항력을 잃게 된다.

＊10 "에너지가……다시 올바른 자리에 있기를!"이라는 시는 조금 형태를 바꾸어 아타르바 베다 7.67.1에 나와 있다.

4.8 만일 그녀가 그에 대하여 그의 욕망을 채우는 것을 허락한다면 그는 "나의 생식 능력과 멋진 솜씨로 너를 황홀하게 하여 주겠다"고 〔말해야 한다〕. 두 사람은 참으로 황홀함을 갖게 될 것이다.

4.9 "그녀가 나를 사랑하기를!" 바라고 그가 그녀를 구한다면 그는 그녀의 속에 페니스〔음경〕를 삽입하고 입과 입을 맞추며 그녀의 질에 접촉하면서 중얼거려야 한다.

너는 내 육신의 모든 부분에서 생겨났다.
너는 심장에서 태어난다.
너는 육신 부분의 정수이다. 독화살을 맞은 수사슴처럼 나로 하여금 그녀를 도취하도록 하라!

4.10 "그녀가 임신을 하지 않기를!" 그렇게 그가 바란다면 그는 그녀 속에 페니스를 삽입하고 입과 입을 맞추며 "사랑의 행위는 하지만 나는 너에게서 정액을 되돌린다"고 하면서 〔그녀의 입 속에〕 숨을 내쉬었다가 그 숨을 빨아들여야 한다. 그러면 그녀는 정액을 잃게 된다.

4.11 그러나 "그녀가 임신하기를!" 그가 바란다면 그는 그녀 속에 페니스를 삽입하여 입과 입을 맞추고 "내 생식 능력과 정액으로 나는 너에게 정액을 준다"고 말하면서 숨을 들이마시고 그리고 〔그녀의 입 속으로〕 그 숨을 내쉬어야 한다. 그녀는 마침내 임신하게 된다. [11]

4.12 만일 어떤 사람의 아내에게 애인이 있어 그 애인을 그가 증오한다면, 그는 아직 굽지 않은 그릇 속에 불을 지펴 갈대와 까는 짚을 거꾸로 펼쳐 놓고 그 〔불 속에〕 녹인 버터를 바른 이 갈대의 끝을 다시 거꾸로 세워, 이렇게 말하며 그의 속에 공물로 바쳐야 한다.

---

[11] 6.4.8~11에서 다루어진 것은 아내 이외 여성과의 섹스.

나의 불 속에 너는 공물을 바쳤다.

너의 내쉬는 숨과 들이쉬는 숨을 나는 빼앗겠다, 누구 누구는.

나의 불 속에 너는 공물을 바쳤다.

너의 자식들과 가축을 나는 빼앗겠다, 누구 누구는.

나의 불 속에 너는 공물을 바쳤다.

너의 제사와 훌륭한 행위를 나는 빼앗겠다, 누구 누구는.

나의 불 속에 너는 공물을 바쳤다.

너의 희망과 기대를 나는 빼앗겠다, 누구 누구는.

이와 같이 알고 있는 바라문에 의하여 저주받은 사람, 진정 이 사람은 생식 능력을 잃고, 그의 훌륭한 행위를 빼앗겨, 이 세상을 떠나는 것이다. 그러므로 이와 같이 알고 있는 바라문의 아내와 사람은 사랑의 장난을 치는 일이 없어야 된다. 왜냐하면 이와 같이 알고 있는 사람은 적이 되기 때문이다. *12

4.13 만일 어떤 사람의 아내에게 월경이 있을 때에는 사흘 동안 그녀는 금속의 잔으로 마시면 안된다. 그녀는 새옷을 입으면 안된다. 〔낮은 계급인〕 슈드라와 슈드라의 처는 그녀에게 접촉해서는 안된다. 사흘 밤이 지나고 그녀가 목욕을 한 다음에 그는 그녀에게 벼를 탈곡시켜야 한다.

4.14 만일 "살갗이 흰 아들이 나에게 태어나기를! 이 아이가 하나의 베다를 암송할 수 있기를! 이 아이가 천수를 다하기를!" 하고 사람이 바란다면, 그는 그녀에게 우유와 함께 끓인 쌀죽을 만들게 하여 두 사람이 녹인 버터를 섞어 그것을 먹어야 한다. 두 사람은 〔그런 아들을〕 가질 수가 있다.

4.15 만일 "갈색을 띤 다갈색 눈을 가진 아들이 나에게 태어나기를! 이 아이가 두 베다를 암송할 수 있기를! 이 아이가 천수를 다하기를!" 하고 사람이 바란다면, 그는 그녀에게 굳은 우유와 함께 끓인 쌀죽을 만들게 하여

---

*12 자기 아내의 애인을 저주하는 의식.

두 사람이 녹인 버터를 섞어 그것을 먹어야 한다. 두 사람은 〔그와 같은 아들을〕 가질 수가 있다.

4.16 만일 "살갗이 희고 붉은 눈을 한 아들이 나에게 태어나기를! 이 아이가 셋의 베다를 암송할 수 있기를! 이 아이가 천수를 다하기를!" 하고 사람이 바란다면, 그는 그녀에게 물과 함께 끓인 쌀죽을 만들게 하여 두 사람이 녹인 버터를 섞어, 그것을 먹어야 한다. 두 사람은 〔그와 같은 아들을〕 가질 수가 있다.

4.17 만일 "학문이 있는 딸이 나에게 태어나기를! 이 딸이 천수를 다하기를!" 하고 사람이 바란다면, 그는 그녀에게 참깨의 종자와 함께 끓인 쌀죽을 만들게 하여 두 사람은 녹인 버터를 섞어 그것을 먹어야 한다. 두 사람은 〔그와 같은 딸을〕 가질 수가 있다.

4.18 만일 "학문이 있고 유명한 집회에 다니며 좋아서 경청하고 싶은 말을 잘하는 아들이 나에게 태어나기를! 이 아들이 모든 베다를 암송할 수 있기를! 이 아들이 천수를 다하기를!" 하고 사람이 바란다면, 그는 그녀에게 고기와 함께 끓인 쌀죽을 만들게 하여 두 사람이 녹인 버터를 섞어 그것을 먹어야 한다. 두 사람은 〔그와 같은 아들을〕 가질 수가 있다. 〔요리에는〕 송아지 고기나 황소 고기를 〔사용한다.〕

4.19 그리고 이른 새벽 가까이 냄비 요리〔우유와 함께 끓인 쌀 요리〕의 의식에 의하여 녹인 버터를 준비하여 냄비 요리의 부분을 꺼내어 "불의 신(아그니)에 대하여 스바하! 아누마티 신에 대하여 스바하! 충실한 생식의 신 사비트리에 스바하!"라 말하고 그는 그것을 공물로 바친다. 그런 공물을 바치고 나서 그는 그것을 꺼내어 먹는다. 다 먹은 다음 그는 나머지를 다른 사람〔아내〕에게 준다. 양손을 씻고 냄비에 물을 채워 세 번 그녀에게 그 물을 뿌린다.

일어서라! 비슈바바스야!

여기에서 떠나라! 너는 다른 아름다운 여자를 구하라!
이 아내는 남편과 함께 여기에 있다. *13

4.20 그리고 다음과 같이 말하고 그는 그녀를 부둥켜 안는다.

나는 아마(ama)이고 그대는 사(sā)이다. 나는 아마이다.
나는 사만이다. 그대는 리그의 시구(詩句)이다.
나는 하늘이고 그대는 땅이다.
자! 우리는 부둥켜 안자! 함께 정자를 넣자!
사내 아이, 아들을 얻기 위하여. *14

4.21 그리고 "하늘과 땅이여! 열어라!" 말하고, 그는 그녀의 두 발을 벌린다. 그는 그의 페니스를 그녀의 속에 삽입하고 입과 입을 맞추며 그녀의 치모 방향으로 세 번 그녀를 애무한다.

비슈누는 자궁을 갖추어라!
트바슈트리는 형태를 만들어라!
프라자파티는 정액을 쏟아라! 다트리는 그대에게 태아를 점지하라! 태아를 점지하라!
시니바리여, 폭넓은 머리채를 쥔 자여! 태아를 점지하라!
아슈빈 쌍신(雙神)이여, 연꽃 화환을 쓴 자는 그대에게 태아를 점지하라!

4.22
황금의 두 자루 비비는 나무, 그것으로 아슈빈 쌍신은 불을 붙였다.
열 달 만에 태어나도록 우리는 그 태아를 그대의 모태 속에 둔다.
땅이 불을 품고 있듯이, 하늘이 폭풍우를 품고 있듯이,

---

*13 이 시는 리그 베다 10.85.22에 조금 형태를 바꾼 것이 보인다.
*14 이 시구는 타이티리야 브라마나 3.7.1.9에 보인다. 다만 '나는 아마(이다)'라는 문구는 amo'ham asmi의 대신으로 이 브라마나에서는 amūham asmi로 되어 있다.

바람이 방향을 품고 있듯이, 그렇게 나는 태아를 그대의 모태 속에 둔다, 누구 누구는.*15

4.23 그녀가 바야흐로 분만하려고 할 때 다음과 같이 말하고 그는 그녀에게 물을 뿌린다.

모든 쪽에서 바람이 연못을 들썩거리게 하듯 바로 그처럼 그대의 태아는 움직이기를! 후산(後產 : 해산한 뒤에 태반, 난막 등을 분만하는 것)도 함께 나타나기를!
빗장을 걸고 선반을 갖추고 있는 이 장막은 인드라에 의하여 만들어진다. 인드라여! 태아와 함께 그 후산도 함께 밖으로 나오도록 하라!*16

4.24 아이가 태어날 때 그는 불을 피우고 무릎 위에 아이를 얹고 금속의 잔 속에 굳은 우유와 섞은 녹인 버터 속에서 일부를 꺼내어 다음과 같이 말하며 그것을 공물로서 바친다.

나의 집이 번영하면서 이 아들에게 나는 일천 가지를 번성할 수 있게 되기를!
내 아들의 자손에게 자손과 가축에 의하여 행복이 끊이지 않기를! 스바하!
내 안에 있는 생명의 숨들을 나는 사고에 의하여 그대에게 공물로서 바친다, 스바하!
의식에 관하여 내가 지나쳤던 것 또는 여기에 좀 부족하였던 것,
그것을 알아서 올바른 제사를 행하는 자, 아그니는 우리의 제사를 잘 지내게 하고 올바른 공물을 바치도록 하여 주소서! 스바하!

4.25 그리고 나서 그는 그 아들의 오른쪽 귀에 자기 입을 대고 '말! 말!'이라고 세 번 되풀이한다. 그리고 그는 굳은 우유와 꿀과 녹인 버터를 섞어

---

*15 자기 아내와의 성교 기간에 행하는 의식은 6.4.12~22에서 다루고 있다.
*16 "모든 쪽에서 바람이 연못을"이라는 문구에서 시작하여 '그들을 괴멸시켜라!'고 한 말과 함께 끝나는 이 시의 출전(出典)은 리그 베다 5.78.7~8이다.

아직 입속에 넣은 적이 없는 황금 숟가락을 사용하여 이 아이에게 먹인다. '땅을 나는 네 속에 넣는다. 대기를 나는 네 속에 넣는다. 하늘을 나는 네 속에 넣는다. 땅과 대기와 하늘, 모든 것을 나는 네 속에 넣는다.'

4.26 그리고 그는 '너는 베다이다' 하고 이 아이에게 이름을 지어준다. 이것이 이 아이의 비밀스런 이름이 된다.

4.27 그리고 나서 그는 이 아이를 엄마에게 건네주고 다음과 같이 말하면서 이 아이에게 엄마의 젖을 먹인다.

사라스바티여! 한없이 상쾌하게 하고 재물을 주어 부를 누리게 하며 선물을 주는 그대의 유방,
그것으로써 그대는 모든 것을 골라 살찌우게 하는 그대의 유방, 그대는 그것을 여기에서 이 아이가 빨도록 하여주오!

4.28 그리고 나서 이 아이의 모친에게 그는 다음과 같이 말을 건다.

그대는 미트라 바르나의 자손 이라이도다. 아아, 여장부여! 그대는 영웅을 낳았소.
우리에게 영웅을 안겨준 그대, 그대는 영웅으로 부유한 어머니가 되시오!

진정으로 이 아이에 대하여 사람들은 이렇게 말한다. '아아, 너는 아버지를 넘어서게 되었다. 아아, 너는 할아버지를 넘어서게 되었다. 그것을 아는 바라문의 아들로 태어난 그 〔아이〕는 훌륭하고 명성을 날리며 신성한 지식에 뛰어남으로써 최고의 정점에 도달한다.'

5.1 이 가르침의 계보는 다음과 같다.
파우티마시의 아들은 카티야야니의 아들로부터, 카티야야니의 아들은 가우타미의 아들로부터, 가우타미의 아들은 바라드바지의 아들로부터, 바라드바지의 아들은 파라샤리의 아들로부터, 파라샤리의 아들은 아우파스바스티

의 아들로부터, 아우파스바스티의 아들은 파라샤리의 아들로부터, 파라샤리의 아들은 카티야야니의 아들로부터, 카티야야니의 아들은 카우시키의 아들로부터, 카우시키의 아들은 아란비의 아들로부터, 카우시키의 아들과 아란비의 아들은 바이야그라파디의 아들로부터, 바이야그라파디의 아들은 카누비의 아들과 카피의 아들로부터, 카피의 아들은,

5. 2 아트레이의 아들로부터, 아트레이의 아들은 가우타미의 아들로부터, 가우타미의 아들은 바라드바지의 아들로부터, 바라드바지의 아들은 파라샤리의 아들로부터, 파라샤리의 아들은 바트시의 아들로부터, 바트시의 아들은 파라샤리의 아들로부터, 파라샤리의 아들은 바르카루니의 아들로부터, 바르카루니의 아들은 바르카루니의 아들로부터, 바르카루니의 아들은 아르타바기의 아들로부터, 아르타바기의 아들은 샤운기의 아들로부터, 샤운기의 아들은 산크리티의 아들로부터, 산크리티의 아들은 아란바야니의 아들로부터, 아란바야니의 아들은 아란비의 아들로부터, 아란비의 아들은 자얀티의 아들로부터, 자얀티의 아들은 만두카야니의 아들로부터, 만두카야니의 아들은 만두키의 아들로부터, 만두키의 아들은 샨디리의 아들로부터, 샨디리의 아들은 라티타리의 아들로부터, 라티타리의 아들은 바루키의 아들로부터, 바루키의 아들은 크라운치키의 두 아들로부터, 크라운치키의 두 아들은 바이다브리티의 아들로부터, 바이다브리티의 아들은 카르샤케이의 아들로부터, 카르샤케이의 아들은 프라치나요기의 아들로부터, 프라치나요기의 아들은 산지비의 아들로부터, 산지비의 아들은 아수리바신인 프라슈니의 아들로부터, 프라슈니의 아들은 아수라야나로부터, 아수라야나는 아수리로부터, 아수리는,

5.3 야지냐바르키야로부터, 야지냐바르키야는 웃다라카로부터, 웃다라카는 아루나로부터, 아루나는 우파베시로부터, 우파베시는 쿠슈리로부터, 쿠슈리는 바자슈라바스로부터, 바자슈라바스는 지바바트 바디요가로부터, 지바바트 바디요가는 아시타 바르샤가나로부터, 아시타 바르샤가나는 하리타 카슈야파로부터, 하리타 카슈야파는 시르파 카슈야파로부터, 시르파 카슈야파는 카슈야파 나이드루비로부터, 카슈야파 나이드루비는 바치(언어)로부터, 바

치는 안비니로부터, 안비니는 아디타야〔태양〕로부터, 아디티야로부터 전해진 백(白)야주르 베다의 결정적 문구는 바쟈사네야 야지냐바르키야에 의해 설명되었다.

5.4 산지비의 아들에 이르기까지는 〔위의〕 계보와 같다. 산지비의 아들은 만두카야니로부터, 만두카야니는 만다비야로부터, 만다비야는 카우트사로부터, 카우트사는 마히티로부터, 마히티는 바마카크샤야나로부터, 바마카크샤야나는 샨디리야로부터, 샨디리야는 바스야로부터, 바쓰야는 쿠슈리로부터, 쿠슈리는 야지나바챠스 라쟈스탄바야나로부터, 야지나바챠스 라쟈스탄바야나는 투라 카바셰야로부터, 투라 카바셰야는 프라자파티로부터, 프라자파티는 브라만으로부터, 브라만은 자기자신에 의해 존재한다. 브라만에게 경배!

찬도기야 우파니샤드

[먼저 알아야 할 것들]

찬도기야 우파니샤드(Chāndogya-Upaniṣad)는 사마 베다에 속하고, 모두 여덟 장(章)으로 구성되어 있다. 이 우파니샤드는 찬도기야 브라흐마나의 한 부분이다. 이 브라흐마나는 사마 베다의 탄디야학파에 속한다. 찬도기야 우파니샤드에서 찬도기야는 '찬도가(Chāndoga)'의 가르침을 의미한다. '찬도가'는 사마 베다 또는 사만의 가곡을 노래하는 사람이다. 사만의 가곡을 노래하는 사람은 '우드가트리(udgātṛ)' 제관(祭官)이라고 부른다.

소마제에서 우드가트리는 사만의 가곡을 노래한다. 찬도기야 우파니샤드의 통일적인 주제는 사만의 가곡에 관한 철학적 사색이다. 우드가트리 제관에 의하여 노래하는 '우드기타(udgītha, 영창)'의 해석이 이 우파니샤드의 중심적 주제이다.

그렇지만 이 우파니샤드의 여덟 장은 각기 독립적으로 복수의 작자에 의해서 편집되었을 것이다. 브리하다라냐카 우파니샤드에 대하여도 동일하다고 할 것이다. 우드기타(사만의 가곡)의 노래가 주제가 된 것은 찬도기야 우파니샤드의 제1장과 제2장이다. 브리하다라냐카 우파니샤드의 주인공은 야지냐발키야이다. 찬도기야 우파니샤드의 주인공은 슈베타케투의 아버지, 웃다라카이다. 슈베타케투와 웃다라카의 대화는 이 우파니샤드의 제6장에 나온다.

철학적 관점에서 이 우파니샤드의 가장 중요한 대목은 웃다라카의 가르침을 설한 제6장이다. 제3장에서 우리는 샨디랴의 가르침을 보게 된다. 제4장에는 바람과 숨에 대한 가르침이 존재한다. 제5장에는 오화이도설(五火二道說)이, 제7장에는 사나토크마라의 가르침이, 그리고 제8장에는 신들의 대표 인드라와 악마의 대표 빌로챠나에 대한 모든 생물의 아버지 프라자파티의 '자기(ātman)'에 관한 가르침이 나와 있다. 브리하다라냐카 우파니샤드와 더불어 찬도기야 우파니샤드는 매우 풍부한 사상을 포함한 고대 인도의 철학 문헌이다.

브리하다라냐카 우파니샤드에서 철학적으로 가장 중요한 것은 야지냐발키야가 설하고 있는 '자기(ātman)'이다. 자나카 왕의 궁전에서 야지냐발키야는 8명의 바라문파와 토론을 하고 있지만 거기에서 주제가 된 것은 브라만(brahman)이 아니고 아트만, 즉 인간의 본래적 자기이다. 자나카 왕과 야지냐발키야는 브라만에 대한 토론을 하였으나 이 브라만은 '진리의 공식화'와 같은 실질적 아트만이다. 야지냐발키야와 마이트레이의 대화는 아트만이지 결코 브라만은 아니다. 찬도기야 우파니샤드 제6장에서 웃다라카가 가르치고 있는 것은 야지냐발키야의 경우와 마찬가지로 아트만이다. 웃다라카는 브라만에 대하여 전혀 언급하지 않는다. 그러나 웃다라카가 설하는 아트만은 본래적인 자기라고 하는 것보다도 오히려 '미세한 것' 또는 우리의 육안으로 확인할 수 없는 생명 내지 생명력으로 이해되어야 할 것이다. 웃다라카가 가르친 아트만은 결코 브라만을 의미하지 않는다. 타트 트밤 아시(tat tvam asi)라고 하는 웃다라카의 문구에서 타트가 브라만을 의미하지 않는 것은 너무나 명백하다. 웃다라카의 타트 트밤 아시의 참뜻은 무엇인가? 그것을 확인하기 위해서도 독자는 이 우파니샤드의 제6장을 주의 깊게 읽어야 할 것이다.

제1장

1.1 옴! 사람은 영창(詠唱)을 이 음절[글자]로서 명상해야 한다(upāsita). 왜냐하면 옴*1이라 말하며 사람은 우드기타를 노래하기 때문이다. 그 '옴'이라는 음절에 대한 보완적인 설명이었다.

1.2 이런 존재의 핵심은 대지이다. 대지의 핵심은 물이다. 물의 핵심은 식물이다. 식물의 핵심은 인간이다. 인간의 핵심은 언어이다. 언어의 핵심은 리그[베다]의 시구이다. 리그 시구의 핵심은 사만[사마 베다]의 가곡이다. 사만의 가곡의 핵심은 찬양의 '옴'이다.

1.3 영창하는 것, 이것은 핵심 중의 핵심이고 최고이며 가장 훌륭한 제8의 것이다.

1.4 무엇이 무엇이 리그의 시구인가? 무엇이 무엇이 사만의 가곡인가? 무엇이 무엇이 우드기타인가? 이런 것들에 대해 깊이 생각해 본다.

1.5 바로 리그의 시구가 언어이다. 사만의 가곡은 숨이다. '옴'이라는 이 음절은 우드기타이다. 언어와 숨, 그리고 리그의 시구와 사만의 가곡은 참으로 한 쌍인 것이다.

1.6 이 한 쌍은 '옴'이라는 음절에서 합쳐진다. 한 쌍을 이루고 있는 것이

---

*1 '옴'은 신성한 음절. '옴'은 '불멸의 것'과 '음절'의 쌍방을 의미한다. 우드가트리 제관은 '옴'이라 말하고 우드기타[사만의 가곡]를 노래한다. 바르포라[1981년]에 따르면 옴(om)은 드라비다어인 ām에서 파생한 '그렇다' '그와 같다'고 하는 의미이다. 산스크리트의 '옴'은 일상적인 용법으로 '동의' 또는 '찬성'을 의미한다.

성교에서 맺어질 때 참으로 그들 둘은 서로 욕망을 만족시킨다.

1.7 이 음절을 이와 같이 알고 우드기타를 '옴' 글자로서 명상하는 사람, 그는 참으로 모든 욕망을 채우게 된다.

1.8 확실히 이 음절은 동의를 의미하는 글자이다. 왜냐하면 사람이 뭔가 어떤 것에 동의할 때 '옴'이라고 하기 때문이다. 동의라는 것, 이것이 바로 성취이다. 이 음절을 이렇게 알고 '옴'이라는 글자를 우드기타로서 명상하는 사람, 그는 모든 욕망을 성취하게 된다.

1.9 그 음절에 의해 세 가지 비드야[지혜]가 나타난다. '옴'이라고 말한 그 [야쥬르 베다 베다의 제관=아드바류]는 신을 부른다. '옴'이라고 말한 그 [리그 베다의 제관=호트리]는 독송으로 찬양한다. 그 위대성 때문에, 그 진수 때문에 진정 이 음절에 경의를 표하도록 하기 위해서이다.

1.10 이 음절에 의하여 이것을 이렇게 아는 자와 모르는 자, 두 사람은 의식을 행한다. 그러나 지식과 무지는 다르다. 지식에 의하여 [진리의 힘에 대한] 믿음에 의하여 우파니샤드*²에 의하여 사람이 행하는 것, 바로 그것은 더 강해진다. 잘 알려진 것처럼 이것이 진정한 이 음절의 보완적인 설명이다.

2.1 신들과 귀신, 양쪽 모두 프라자파티의 자손이었다. 그들이 다툴 때 "이 것으로 우리는 그들을 쳐서 이기자"고 생각하여 신들은 영창을 선택하였다.

2.2 신들은 콧구멍 속에 있는 숨을 우드기타로서 명상하였다. *³ 귀신들은

---

*2 우파니샤드가 일러주는 것은 '등가(等價)', '관계' 또는 '상관관계'이다. 우파니샤드라는 말은 스승에 '가까이 앉는다'는 데서 유래한다는 어원적인 해석은 버려야 한다. 제자들은 스승의 가까운 곳에 앉아서 그에게서 비밀의 가르침을 받는다. 이것이 우파니샤드라고 하는 학설은 이미 통용되지 않는 것이다.

*3 upās를 여기에서는 '명상한다'로 번역하였는데 우파스가 의미하는 것은 아마 '열심히 구한다'일 것이다. 여기에서 숨은 옴 음절 내지 우드기타[사만의 가곡]와 동일시되는 것이다. '우파스'라고 하는 것은 어떤 것을 다른 것과 동일하다고 보는 인식 행위이다.

그것을 악으로 뚫어갔다. 그러므로 그것으로 사람은 좋은 향기가 나는 것과 악취가 나는 것 양쪽 냄새를 다 맡는다. 왜냐하면 이것은 악에 의해 꿰뚫려 있기 때문이다.

2.3 그리고 신들은 우드기타를 언어로서 명상하였다. 귀신들은 그것을 악으로 꿰뚫었다. 그러므로 그것에 의하여 사람은 진리와 허위의 양쪽을 말한다. 왜냐하면 이것은 악에 의하여 꿰뚫려 있기 때문이다.

2.4 그리고 신들은 우드기타를 시각으로서 명상하였다. 귀신들은 그것을 악에 의해 꿰뚫었다. 그러므로 그것에 의하여 사람은 보아야 하는 것과 보면 안 되는 것 양쪽을 본다. 왜냐하면 이것은 악에 의해 꿰뚫려 있기 때문이다.

2.5 그리고 신들은 우드기타를 청각으로서 명상하였다. 귀신들은 그것을 악으로 꿰뚫었다. 그러므로 그것에 의하여 사람은 들어야 하는 것과 들어서는 안 되는 것의 양쪽을 듣는다. 왜냐하면 이것은 악에 의해 꿰뚫려 있기 때문이다.

2.6 그리고 그들은 우드기타를 사고로서 명상하였다. 귀신들은 그것을 악으로 꿰뚫었다. 그러므로 그것에 의하여 사람은 의도해야 하는 것과 의도하면 안 되는 것 양쪽을 의도한다. 왜냐하면 그것은 악에 의해 꿰뚫려 있기 때문이다.

2.7 그리고 그들은 우드기타를 입속에 있는 이 숨으로서 명상하였다. 〔찰흙 덩어리가〕 표적인 돌에 명중하여 흩날리듯 이처럼 귀신들은 사방으로 흩어졌다.[*4]

[*4] 우드기타를 입속의 숨과 동일하다고 보는 것, 그것은 효과적인 인식 행위이다. 1.1.10에서 '우파니샤드에 의하여 사람이 행하는 것, 바로 그것은 더 강해진다'고 하지만 '더 강해진다'는 것은 '더 효과적으로 된다'는 것이고 그와 같은 효과를 생기게 하는 것, 또는 생신적인 힘이 우파니샤드이다〔화르크, 1986년 참조〕.

2.8 〔찰흙 덩어리가〕 표적인 돌에 명중하여 흩날리듯 이와 같이 알고 있는 사람에 대하여 악을 바라는 사람 또는 그를 적대시하는 사람, 그는 바로 이처럼 사방으로 흩어진다. 이것은 표적인 돌이다.

2.9 이 입속에 있는 숨에 의하여 사람은 좋은 향기가 나는 것과 악취가 나는 것을 식별하지 않는다. 왜냐하면 이것은 악을 없애고 있기 때문이다. 그러므로 사람이 먹을 때에 사람이 마실 때에 그것에 의해 사람은 다른 모든 생기를 북돋는다. 최후로 사람이 그것을 발견하지 못할 때에 사람은 죽는다. 마지막 순간 사람이 입을 크게 벌리는 것은 이 때문이다.

2.10 성자 안기라스는 우드기타를 입속에 있는 숨으로서 명상하였다. 사람들은 바로 이것을 안기라스(aṅgiras)라고 생각한다. 그것은 육체적인 부분(aṅga)의 진수(rasa)이다.

2.11 그러므로 브리하스파티〔언어의 신〕는 우드기타를 그것〔숨〕으로서 명상하였다. 사람들은 바로 이것을 브리하스파티(Bṛhaspati)라고 생각한다. 언어는 위대(bṛhati)하고 그것〔입속에 있는 숨〕은 언어의 주인(pati)이다.

2.12 그러므로 성자 아야스야는 우드기타를 그것〔숨〕으로서 명상하였다. 사람들은 바로 이것을 아야스야(ayāsya)라고 생각한다. 그것은 입(āsya) 속에서 나타나기(ayate) 때문이다.

2.13 그러므로 바카 다르비야는 그것〔숨〕을 알았다. 그는 나이미샤족의 우드가트리 제관이 되었다. 그들을 위해 노래함으로써 그는 그들의 소원을 달성하였다.

2.14 이것을 이렇게 알고 우드기타를 '옴'이라는 음절로서 명상하는 사람, 참으로 그는 노래함으로써 소원을 이루는 자가 된다. *5 이상은 자기에 관련

＊5 옴이라는 음절은 입속의 숨과 동일시되며 그 둘은 우드기타〔영창〕와 같은 것으로 본다. 이와 같이 명상하는 사람은 노래를 함으로써 그의 소망을 이룬다.

된 것이다.

3.1 이제 신들의 영역에 관하여 말하면, 사람은 영창을 불타고 있는 저 태양으로서 명상해야 한다. 이 태양은 떠오르면서 모든 살아 있는 것을 위하여 우드기타를 찬양한다. 떠오르면서 그것은 암흑과 공포를 몰아낸다. 이와 같이 알고 있는 사람, 그는 참으로 공포와 암흑을 몰아내는 자가 된다.

3.2 그리고 이것〔입속에 있는 숨〕과 저 태양은 바로 같은 것이다. 이것은 뜨겁다. 저것도 뜨겁다. 사람들은 이것을 소리(svara)라 부르고 저것을 소리, 즉 반사하고 있는 스바라라고 부른다. 그러므로 진실로 이 우드기타를 이것〔숨〕과 저것〔태양〕으로서 사람은 명상해야 한다.

3.3 그런데 확실히 사람은 우드기타를 비야나〔내쉬는 숨과 들이쉬는 숨 사이의 숨〕로서 명상해야 한다. 참으로 사람이 숨을 내쉴 때 그것이 프라나〔내쉬는 숨〕이다. 사람이 숨을 들이쉴 때 그것이 아파나〔들이쉰 숨〕이다. 또 프라나와 아파나의 결합, 그것이 비야나〔매기(媒氣)〕이다. 비야나인 것, 그것이 언어이다. 그러므로 숨을 내쉬지 않고 들이쉬지도 않고 사람은 말을 한다.

3.4 언어인 것, 그것이 리그 베다의 시구이다. 그러므로 숨을 내쉬지도 않고 숨을 들이쉬지도 않고 사람은 말을 하는 것이다. 리그의 시구인 것, 그것이 사만〔사마 베다〕의 가곡이다. 그러므로 숨을 내쉬지도 않고 숨을 들이쉬지도 않고 사람은 우드기타를 노래한다. 사만의 가곡인 것, 그것이 영창이다. 그러므로 숨을 내쉬지도 않고 숨을 들이쉬지도 않고 사람은 우드기타를 노래한다.

3.5 예를 들면 불의 마찰, 경주, 강궁(强弓)을 잡아당기듯 하는 이런 이외의 행위, 힘을 필요로 하는 행위를 숨을 내쉬지도 않고 숨을 들이쉬지도 않고 사람은 수행한다. 이 이유로 사람은 우드기타를 바로 비야나〔매기(媒氣)〕로서 명상해야 한다.

3.6 그래서 잘 알려진 것처럼 사람은 우드기타(udgitha)의 음절인 우드(ud), 기(gi), 타(tha)의 글자 하나 하나를 명상해야 한다. '우드'는 바로 숨이다. 왜냐하면 숨에 의하여 사람은 일어서기 때문이다. '기'는 언어이다. 사람들은 언어를 말(gir)이라고 부른다. '타'는 음식이다. 왜냐하면 이 모든 것은 음식에 근거하기 때문이다.

3.7 우드는 바로 하늘이다. 기는 대기이다. 타는 대지이다. 우드는 바로 태양이다. 기는 바람이다. 타는 불이다. 우드는 바로 사마 베다이다. 기는 야쥬르 베다이다. 타는 리그 베다이다. 이런 글자들의 의미를 잘 알고 우드, 기, 타로서 우드기타의 음절을 명상하는 사람들에게 우유가 주어질 것이다. 그는 만물에 힘을 주는 음식을 가진 자가 되며, 음식을 먹는 자가 될 것이다. *6

3.8 그래서 잘 알려진 것처럼 기원(祈願)의 성취에 대하여 말하면, 사람은 〔다음의 것을〕 피난처로서 명상해야 한다. 그 사만〔사마 베다〕의 가곡으로써 그가 찬양하려고 하는 그 사만으로 사람은 도피해야 한다.

3.9 그 리그 베다의 시구가 그 속에 포함되어 있는 리그의 시구에 성자들로부터 유래한 그 성자에게 사람이 찬양하려고 하는 그 신격*7으로 사람은 피난해야 한다.

3.10 그 운율로써 사람이 찬양하려고 하는 그 운율로 사람은 도피해야 한다. 그 찬가에 의하여 찬양하려고 하는 그 찬가로 사람은 도피하여야 한다.

3.11 어느 방향을 사람이 찬양하려고 하여도 그 방향으로 사람은 도피하여

---

*6 먹는 것과 음식은 지배하는 것과 지배받는 것의 비유이다. 이 세상에서 모든 것은 음식과 음식을 먹는 자이다. 브리하다라냐카 우파니샤드 1.4.8 참조. '음식을 먹는 사람'은 지배자이고 정복자이다. 음식을 먹는 자는 음식을 지배하게 된다. 여기서 우유는 풍요와 건강을 상징한다.
*7 입속의 숨.

야 한다.

3.12 최후로 그는 자기자신[아트만]에 가까이하여 주의 깊게 자기의 소원을 숙고하면서 그는 찬가를 불러야 한다. 그것을 바라고 찬가를 부르는 사람, 그 사람은 소원을 크게 이룰 것이리라.

4.1 사람은 우드기타를 '옴'이라고 하는 이 음절로서 명상하여야 한다. 왜냐하면 사람은 '옴'이라고 하며 우드기타를 노래하기 때문이다. 그 '옴'에 대해 보완적인 설명을 하리라.

4.2 참으로 신들은 죽음이 두려워 세 겹의 베다 안으로 들어갔다. 그들은 운율로써 그 죽음의 두려움을 막았다. 이런 운율에 의하여 신들은 그것을 막았기 (chad) 때문에 운율의 보호막 (chandas)이 된 것이다.

4.3 사람이 물속에서 고기를 볼 수 있듯이 죽음은 신들을 리그 [베다]의 시구 속에서 사만[사마 베다]의 가곡 속에서 야쥬르 [베다]의 의례적인 말 속에서 본다. 이제야 그것을 알고 신들은 리그의 시구, 사만의 가곡, 야쥬르의 의례적인 문구를 뛰어넘어 옴의 소리 속으로 들어갔다.

4.4 진실로 사람이 리그의 시구에 도달할 때 사람은 '옴'이라는 소리를 드높이 울리게 한다. 사만의 가곡도 마찬가지이다. 야쥬르의 의례적인 말도 마찬가지이다. 그리고 이 음절이라는 것 이것은 소리이다. 이것은 불멸이고 두려움을 모른다. 이 음절 속으로 들어가 신들은 불멸이 되고 두려움을 모르게 되었다.

4.5 이것을 이와 같이 알고 ['옴'이라는] 음절을 울리는 사람은 바로 이 음절 속으로 불멸이고 두려움을 모르는 소리 속으로 들어간다. 그 음절 속으로 들어간 신들이 불멸이 된 것처럼 사람은 불멸이 되는 것이다.

5.1 그래서 잘 알려진 것처럼 영창이라는 것은 옴 음절이고 옴 음절이라는

것은 영창이다. 바로 영창은 저 태양이고 이것은 옴 음절이다. 왜냐하면 이 것은 '옴'이라고 발음하면서 가기 때문이다.

5.2 "나는 노래함으로써 진실로 이 태양을 찬미하였다. 그러므로 너는 나의 외아들이다." 이렇게 카우시타키는 아들에게 말하였다. "너는 햇살 쪽으로 몸을 돌려라! 그러면 너에게 많은 아들이 있게 될 것이다." 이상은 신들의 영역에 관련된 것이다.

5.3 그래서 자기에 관하여 말하면, 사람은 영창을 입속에 있는 숨으로서 명상하여야 한다. 왜냐하면 이것은 '옴'이라고 발음하면서 가기 때문이다.

5.4 "나는 노래함으로써 진실로 입속의 이 숨을 찬미하였다. 그러하여 너는 내 외아들이다." 이렇게 카우시타키는 아들에게 말하였다.
"너는 노래를 함으로써 풍만하도록 모든 숨을 찬미하여라! 그렇게 하면 많은 아들이 있게 될 것이다."

5.5 그래서 잘 알려진 것처럼 영창은 '옴' 음절이고 '옴' 음절은 영창이다. 호트리 제관의 좌석에서 사람이 서투르게 노래한 영창을 다시 바로잡고 바로잡는다.*8

6.1 리그〔베다〕 시구는 이 대지이고 사만의 가곡은 불이다. 이 사만의 가곡은 이 리그의 시구 위에 실려 있다. 그러므로 리그 시구 위에 실려 있는 사만의 가곡을 부르게 된다. 사(sā)는 바로 이 대지이고 아마(ama)는 불이다. 그러므로 사마(sāma)인 것이다.*9

6.2 리그의 시구는 바로 대기이다. 사만의 가곡은 바람이다. 이 사만의 가

---

*8 호트리 제관은 영창을 노래하는 것을 허락하지 않는다. 우드가트리 제관만이 영창을 노래한다. 우드가트리 제관이 부른 영창에 잘못이 있으면 호트리 제관은 바로잡는다.
*9 사만(sāman)의 통속적인 어원 해석. 사만은 '사(sā 여성명사)와 '아마(ama 남성명사)의 합성어로 보인다. 남성과 여성의 결합은 결실이 풍성하고 생산적이라는 것을 시사한다.

곡은 이 리그의 시구 위에 실려 있다. 그러므로 리그의 시구 위에 실려 있는 사만의 가곡을 부르게 된다. 사는 바로 대기이고 아마는 바람이다. 그러므로 사마인 것이다.

6.3 리그의 시구는 바로 하늘이고 사만의 가곡은 태양이다. 이 사만의 가곡은 이 리그의 시구 위에 실려 있다. 그러므로 리그의 시구 위에 실려 있는 사만의 가곡을 부르게 된다. 사는 바로 하늘이고 아마는 태양이다. 그러므로 사마인 것이다.

6.4 리그의 시구는 바로 별이고 사만의 가곡은 달이다. 이 사만의 가곡은 이 리그의 시구 위에 실려 있다. 그러므로 리그의 시구 위에 실려 있는 사만의 가곡을 부르게 된다. 사는 바로 별이고 아마는 달이다. 그러므로 사마인 것이다.

6.5 그래서 리그의 시구는 바로 태양의 이 하얀 빛이다. 그리고 검은 것, 새까만 것이 사만의 가곡이다. 이 사만의 가곡은 이 리그의 시구 위에 실려 있다. 그러므로 리그의 시구 위에 실려 있는 사만의 가곡을 부르게 된다.

6.6 그래서 태양의 하얀 빛, 바로 그것이 사이다. 그리고 검고 새까만 것, 그것이 아마이다. 그러므로 사마인 것이다. 그래서 태양 속에 보이는 이 황금의 인간, 그는 황금의 수염을 가지고 황금의 머리를 가지고 있다. 발끝까지 그는 완전히 다 황금이다.

6.7 그의 두 눈은 카피야사=연화 같다. 그의 이름은 우드[ud, 위로, 위에]이다. 그는 모든 악보다 위에 있다(udita). 이렇게 알고 있는 사람, 그는 실로 모든 악보다 위에 있다.

6.8 그 황금 인간의 두 노래는 리그의 시구와 사만의 가곡이다. 그러므로 그것은 우드기타이고, 그러므로 바로 우드가트리 제관이다. 왜냐하면 그는 우드기타를 노래하는 사람이기 때문이다. 그는 저 태양 저쪽의 모든 세계와

그런 신들의 소원을 지배한다. 이상은 신들의 영역에 관련된 것이다.

7.1 그래서 자기에 관하여 말하면, 리그의 시구는 바로 언어이고 사만의 가곡은 숨이다. 이 사만은 이 리그의 시구 위에 실려 있다. 그러므로 리그의 시구 위에 실려 있는 사만의 가곡을 부르게 된다. 사는 바로 언어이고 아마는 숨이다. 그러므로 사마인 것이다.

7.2 리그의 시구는 바로 시각이고 사만의 가곡은 자기[아트만]이다. 이 사만의 가곡은 이 리그의 시구 위에 실려 있다. 그러므로 리그의 시구 위에 실려 있는 사만의 가곡을 부르게 된다. 사는 바로 시각이고 아마는 자기이다. 그러므로 사마인 것이다.

7.3 리그의 시구는 바로 청각이고 사만의 가곡은 사고이다. 이 사만의 가곡은 이 리그의 시구 위에 실려 있다. 그러므로 리그의 시구 위에 실려 있는 사만의 가곡을 부르게 된다. 사는 바로 청각이고 아마는 사고이다. 그러므로 사마인 것이다.

7.4 그래서 눈의 이 하얀 빛, 그것은 바로 리그의 시구이다. 그리고 검고 새까만 것 그것은 사만의 가곡이다. 이 사만의 가곡은 이 리그의 시구 위에 실려 있다. 그러므로 리그의 시구 위에 실려 있는 사만의 가곡을 부르게 된다. 그래서 눈의 이 하얀 빛, 그것은 바로 사이다. 그리고 검고 새까만 것 그것은 아마이다. 그러므로 사마인 것이다.

7.5 눈 속에 보이는 이 인간, 그가 리그의 시구이다. 그는 사만의 가곡이다. 그는 독송이다. 그는 제례의 의례적인 말이다. 그는 브라만[진리의 공식화]이다. 이 인간의 형태는 [태양 속에 보이는] 저 인간의 형태와 동일하다. 저 인간의 두 노래는 이 인간의 두 노래이다. 저 인간의 이름은 이 인간의 이름이다.

7.6 이 인간은 태양의 이쪽에 있는 모든 세계와 인간의 소원을 지배한다.

비파에 맞추어 노래부르는 이런 사람들, 그들은 노래를 부름으로써 그를 찬미한다. 그러하여 그들은 부를 얻게 된다.

7.7 그래서 이것을 이렇게 알고 사만의 가곡을 노래하는 사람, 그는 노래를 부름으로써 〔태양 속의 인간과 눈 속의 인간의〕 양쪽을 찬미한다. 바로 〔태양 속에 있는〕 저 인간에 의하여 그는 태양의 저쪽에 있는 모든 세계와 신들의 소원을 달성한다.

7.8 그래서 바로 〔눈 속에 있는〕 이 인간에 의하여 그는 태양의 이쪽에 있는 모든 세계와 인간의 소원을 이룰 수 있다. 그리고 이러한 것들을 잘 알고 있는 〔찬양하는〕 우드가트리 제관은 다음과 같이 말한다.

7.9 "내가 그대를 위하여 어떤 소원을 비는 노래를 부를까?" 왜냐하면 이 지혜를 알고 사만의 가곡을 부르는 사람은 노래를 함으로써 소원을 이룰 수 있기 때문이다.

8.1 시라카 샤라바티야, 챠이키타야나 다르비야, 그리고 프라바하나 쟈이바리, 이 세 사람은 우드기타〔사마 베다의 찬양〕에 관해 정통하였다. 그들은 말했다.
"참으로 우리는 우드기타에 관해 통달하였어. 그래서 우리는 우드기타에 관해 토론하자!"

8.2 "그렇게 하지"라고 그들은 앉았다. 프라바하나 쟈이바리가 말했다.
"존경하는 두 사람이 먼저 말하라고! 두 바라문이 하는 말을 나는 듣겠어."

8.3 시라카 샤라바티야는 챠이키타야나 다르비야에게 말했다. "그래서 나는 그대에게 묻겠네?"
"물어봐!"라고 다르비야는 말하였다.

8.4 "사만 가곡의 근원은 무엇이라고 생각하나?"

"소리야"라고 그는 말하였다.

"소리의 근원은 무엇인가?"

"숨이지"라고 그는 말했다.

"숨의 근원은 무엇인가?"

"음식이지"라고 그는 말하였다.

"그럼 그 음식의 근원은 무엇인가?"

"물이지"라고 그는 말하였다.

8.5 "물의 근원은 무엇인가?"

"저 세상이지"라고 그는 말하였다.

"저 세상의 근원은 무엇인가?"

"사람은 천상계를 뛰어넘어 이끌어 가서는 안 된다네. 우리는 사만의 가곡을 천상계에서 멈추게 해야 하네. 왜냐하면 사만의 가곡은 하늘로서 찬양되고 있기 때문이야"라고 그는 말하였다.

8.6 시라카 샤라바티야는 챠이키타야나 다르비야에게 말하였다.

"다르비야여! 확실히 그대의 사만 가곡은 기초가 잡혀 있지 않아. 지금 누군가 '그대 머리는 깨져 흩어질 것이다'라고 말한다면 그대 머리는 깨져 흩어질 것이야."

8.7 "아아, 나는 존경하는 그대에게 이것을 배우고 싶어."

"잘 알아 두게나!"라고 시라카는 말하였다.

"저 세상의 근원은 무엇인가?"

"이 세상이지"라고 그는 말했다.

"이 세상의 근원은 무엇인가?"

"사람은 기초인 이 세계를 넘어서 이끌어 나가서는 안 되는 거야. 우리는 사만의 가곡을 기초인 세계에서 정지시켜야 해. 왜냐하면 사만의 가곡은 기초로서 찬양받고 있으니까"라고 그는 말했다.

8.8 프라바하나 쟈이바리는 말하였다.

"시라카 샤라바티아여! 확실히 사만의 가곡은 완전하지 못해. 지금 누군가 '그대의 머리는 깨져 흩어질 것이다'라고 한다면 그대의 머리는 깨져 흩어질 것이야."

"아아, 나는 존경하는 그대에게 이것을 배우고 싶네"라고 시라카는 말하였다.

프라바하나는 "잘 알아두게" 하면서 답변을 시작하였다.

9.1 "이 세상의 근원은 무엇인가?"라고 시라카가 물었다.

"그것은 허공이야. 참으로 이런 모든 생물은 바로 허공 속에서 나타나 허공 속으로 다시 사라진다네. 왜냐하면 허공은 이런 생물보다도 오래되었기 때문이야. 허공은 궁극의 목표라네"라고 프라바하나는 말했다.

9.2 "이것은 가장 훌륭한 우드기타〔영창〕이지. 이것은 끝이 없다네. 이것을 이와 같이 알고 가장 훌륭한 우드기타를 명상하는 사람—가장 훌륭한 것은 그의 것이고 그는 가장 훌륭한 모든 세계를 얻을 것이네."

9.3 아티다누반 샤우나카는 우다라샨디리야에게 이 우드기타를 알리는 말을 하였다. "그대의 자손이 이 우드기타를 알고 있는 한 그들의 삶은 이 세상에서 가장 훌륭한 것이 될 것이네."

9.4 이 세상에서의 생활영역도 마찬가지야. 이것을 이와 같이 알고 명상하는 사람, 그는 이 세상에서 가장 훌륭한 생활을 하게 된다네. 저 세상에서의 생활영역도 마찬가지이며, 이 세상에서의 생활영역도 마찬가지이네.

10.1 크루 나라가 메뚜기에 의하여 황폐하여졌을 때 어느 유복한 사람의 마을에 몹시 가난한 우샤스티 챠크라야나는 아내인 아티키와 함께 살고 있었다네.

10.2 우샤스티는 검정콩 같은 곡식을 먹고 있는 유복한 사람에게 음식을

구걸하였네. 그런데 그 사람이 우샤스티에게 이렇게 말했다네.
"나를 위해 따로 아껴둔 이런 것밖에 음식이 없다오."

10.3 "그것 중에서 나에게 좀 나눠 주시오!" 우샤스티가 말하였다네.
그러자 그는 그 음식을 우샤스티에게 주면서 이렇게 말했다네.
"자, 마실 것도 있어요."
"진실로 이 마실 것은 〔다른 사람이 먹다〕 남은 것을 내가 마시는 셈이니,
마시지 않겠소." 우샤스티는 이렇게 말했다네.

10.4 "이 곡식도 〔제가 먹다〕 남은 것이 아닌가요?"라고 그는 말하였다네.
그러자 우샤스티는 말했다네. "사실 내가 이런 곡식이라도 먹지 않으면
나는 살지 못할 것이오. 물을 마시는 것은 내 의지대로 할 수 있지만요."

10.5 다 먹고 나서 우샤스티는 나머지를 아내에게 가져왔다네. 그러나 그
녀는 벌써 그전에 충분히 음식을 얻어먹은지라 그가 가져온 콩을 받아 따로
두었다네.

10.6 다음날 아침 우샤스티는 일어나서 이렇게 말했다네.
"아아, 혹시 우리가 먹을 것을 얻게 된다면 조금 보수를 받게 될 텐데. 저
왕은 자기를 위하여 제례를 지내려 하고 있어. 그래서 그는 모든 제관 직무
를 위하여 나를 뽑을지도 모르오."

10.7 우샤스티에게 아내가 말하였다.
"여보! 여기에 아직도 당신이 가져온 검정콩이 그대로 있어요."
우샤스티는 그 곡식을 먹고 나서 이미 시작된 제례를 찾아갔다.

10.8 그래서 그는 찬가를 부르는 장소에서 찬가를 부르려 하고 있는 우드
가트리 제관들 가까이에 앉았다. 그는 〔우드가트리 제관의 첫째 조수〕 프라
스토트리에게 이렇게 말했다.

10.9 "프라스토트리여! 만일 당신이 사만 가곡의 전주곡과 연관되어 있는 신들에 대해 모르고 사만 가곡의 전주곡을 부르려고 한다면 당신의 머리는 깨져 흩어질 것이오."

10.10 이와 같이 그는 우드가트리 제관에게 말했다.
"우드가트리여! 만일 당신이 우드기타와 연관되어 있는 신들에 대해 모르고 영창을 건성으로 부르려고 하면 당신의 머리는 깨져 흩어질 것이오."

10.11 또 그는 〔우드가트리의 둘째 조수〕 프라티하르트리에게 말하였다.
"프라티하르트리여! 만일 당신이 사만 가곡의 전주곡에 대하여 응답과 결부되어 있는 신들을 모르고 응답의 노래를 부르려고 한다면 당신의 머리는 깨져 흩어질 것이오."
그러자 그들은 노래를 그만두고 침묵하고 말았다.

11.1 그래서 제주〔왕〕가 그에게 말했다.
"존경스러운 그대는 누구신지요, 나는 알고 싶소."
"나는 우샤스티 차크라야나라 하오." 그는 말했다.

11.2 제주는 말하였다.
"참으로 나는 이런 모든 제관 직무를 위하여 그대와 같은 분을 찾아 왔소. 진정으로 나는 존경스러운 그대를 찾지 못하였기 때문에 다른 사람들을 썼던 것이오."

11.3 "지금이라도 존경스러운 그대는 나를 위하여 모든 제관 직무를 맡아 주시오."
우샤스티는 말했다.
"그렇게 하지요. 그러나 이들 제관은 내 말을 따라 찬가를 불러야 합니다. 그리고 그들에게 준 만큼의 대가를 왕께서는 나에게도 주셔야 합니다!"
"그렇게 하지요"라고 제주는 말하였다.

11.4 그래서 프라스토트리는 우샤스티에게 다가와 물었다.

"'프라스토트리여! 만일 당신이 사만 가곡의 전주곡과 연관되어 있는 신을 모르고 사만 가곡의 전주곡을 부르려고 하면 당신의 머리는 깨져 흩어질 것이오' 라고 존경스러운 그대는 나에게 말하였소. 이 신은 무엇인가요?"

11.5 "그 신은 숨이오"라고 우샤스티는 말하였다.

"진실로 모든 생물은 바로 숨의 주위에 모여 숨의 쪽으로 오르지요. 이것이 사만 가곡의 전주곡과 연관되어 있는 신이라오. 만일 그대가 이 신을 모르고 사만 가곡의 전주곡을 불렀다면 당신 머리는 깨져 흩어졌을 것이오."

11.6 그리고 나서 우드가트리 제관이 우샤스티에게 다가와 물었다.

"'우드가트리 제관이여! 만일 당신이 우드기타와 연관되어 있는 신을 모르고 우드기타를 노래하려고 하면 당신의 머리는 깨져 흩어질 것이오' 라고 존경스러운 그대는 나에게 말하였소. 이 신은 무엇이오?"

11.7 "그 신은 태양이오"라고 우샤스티는 말하였다. "참으로 모든 생물은 위에 있는 태양을 노래에 의하여 찬미하지요. 이것이 우드기타와 연관되어 있는 신이오. 만일 당신이 이 신을 모르고 우드기타를 노래했다면 당신의 머리는 깨져 흩어졌을 것이오."

11.8 그리고 나서 프라티하르트리가 우샤스티에게 다가와 물었다. "'프라티하르트리여! 만일 당신이 사만 가곡의 전주곡에 대하여 응답과 연관되어 있는 신을 모르고 응답의 노래를 부르려고 하면 당신 머리는 깨져 흩어질 것이오' 라고 존경스러운 그대는 나에게 말했어요. 이 신은 어떤 것이오?"

11.9 "그 신은 음식이오"라고 우샤스티는 말하였다. "바로 음식을 섭취하기 때문에 참으로 모든 생물은 사는 것이오. 이것이 소마 가곡의 전주곡에 대한 응답과 연관되어 있는 신이오. 만일 그대가 이 신을 모르고 응답의 노래를 불렀다면 당신 머리는 깨져 흩어졌을 것이오."

12.1 이제 개의 영창[우드기타]이 시작된다. 베다를 독송하기 위하여 바카 다르비야 또는 그라바 마이트레야는 집을 떠났다.

12.2 그의 앞에 한 마리의 하얀 개가 나타났다. 다른 개들이 모여 함께 이 하얀 개에게 찾아와서 말했다. "존경스러운 그대는 노래를 함으로써 우리를 위하여 음식을 찾아주오! 우리는 굶주리고 있어요."

12.3 하얀 개는 그들에게 말하였다. "내일 아침 당신들은 여기 나에게 함께 오시오!"
〔다음날 아침〕바카 다르비야와 그라바 마이트레야는 기다리고 있었다.

12.4 제관들이 바히시파바마나의 찬가를 부르려고 할 때 여기에서 서로 마주 붙잡고 몰래 걷듯이 이들 개도 이처럼 〔서로 다른 개의 꼬리를 입에 물고〕소리없이 걸었다. 그들은 함께 앉아 '힝'(hiṇ) 하는 찬양 소리를 냈다.

12.5 개들은 노래했다. "옴! 우리는 먹자! 옴! 우리는 마시자! 옴! 바루나 신(神), 프라자파티 신, 사비트리 신은 음식을 여기에 가져왔다. 아아, 음식의 주인이여! 그대는 여기에 음식을 가져오시오! 가져오시오! 옴!"

13.1 하우(hāu)라는 감탄사는 참으로 이 세상이다. 하이(hāi)라는 감탄사는 바람이다. 아타(atha)라는 글자는 달이다. 이하(iha)라는 감탄사는 자기 〔아트만〕이다. 이(i)라고 하는 감탄사는 불이다.

13.2 우(ū)라고 하는 감탄사는 태양이다. 에(e)라고 하는 감탄사는 부르짖음이다. 아우-호-이(auhoi)라는 감탄사는 일체신이다. 힘(him)이라는 감탄사는 프라자파티이다. 음성(svara)은 숨이다. 야(yā)는 음식이다. 비라치(virāj)는 언어이다.

13.3 열세 번째 감탄사, 곧 거기에 따르는 훔(hum)이라는 음성은 아직 설명되지 않았다.

13.4 모든 사만의 가곡인 이 우파니샤드*10를 이와 같이 알고 있는 사람, 그에게 그 언어를 담은 우유를 짜주워 그는 음식을 가진 자 음식을 먹는 자가 된다.

---

*10 우파니샤드에 의해 의미하는 것은 "등가(等價)" 내지 "상관관계"이다. 화르크(1986년)의 말처럼 우파니샤드는 "두 계급이 제도적으로 질서가 세워져 있는 수준 간의 하나의 관계"를 나타낸 것이다. 우파니샤드는 "계급 제도적인 관계"를 의미하는 말이다. 그래서 우파니샤드를 알고 있는 사람은 음식을 가진 자 음식을 먹는 자가 되는 것이다.

제2장

1.1 잘 알려진 바와 같이 사만[사마 베다]의 가곡을 명상하는 것은 좋은 일(sādhu)이다. 잘 알려진 것처럼 좋은 일을 사람들은 사만이라고 부른다. 좋지 않은 일(asādhu)을 사람들은 아사만이라고 한다.

1.2 그것에 관하여 사람들은 또 말한다. "그는 사만에 의하여 그에게 가까워졌다"고 할 때는 "그는 좋은 [의도]에 의하여 가까워졌다"라는 의미이고, "그는 사만이 아닌 것으로써 가까워졌다"고 할 때는 "그는 좋지 않은 [의도]로써 그에게 가까워졌다"라는 의미로 하는 말이다.

1.3 또 사람들은 말한다. 잘나갈 때에 "아아, 그것이 우리에게 사만이다"라는 것은 "아아, 우리가 잘 되어 가고 있다"라는 의미이다. 잘나가지 않을 때에 "아아, 그것이 우리에게는 사만이 아니다"라는 것은 "아아, 우리에게 잘 나가지 않고 있다"라는 의미로 하는 말이다.

1.4 이것을 이와 같이 알고 사만의 가곡을 좋은 것이라고 명상하는 사람, 그에게는 모든 좋은 성질이 찾아와, 그의 것이 될 것이다.

2.1 사람은 모든 세계에서 다음 다섯 가지로 사만 가곡을 명상해야 한다. 힝이라는 감탄사가 대지이다. [사만의 가곡에의] 전주곡이 불이다. 영창[우드 기타]이 대기이다. [전주곡에의] 응답이 태양이다. [사만 가곡의] 종결이 하늘이다.*¹ 이상은 위로 오르는 순서이다.

---

*1 소마제에서 3명의 사마 베다 제관[우드가트리, 프라스토트리, 그리고 프라티하르트리]이 부르는 다섯 가지의 사만 찬가, 곧 ①'흥'이라고 하여, 프라스토트리가 부르는 전주곡[프라스타바(prastāva)], ②'옴'이라고 하여, 우드가트리가 부르는 사마 베다의 찬가[우드기타

2.2 그리고 반대 순서로 말한다면, '힝'이라는 감탄사가 하늘이다. 전주곡이 태양이다. 우드기타가 대기이다. 응답이 불이다. 종결이 대지이다.

2.3 이것을 이와 같이 알고, 위로 오르는 순서와 반대 순서로 모든 세계에서 다섯 가지의 사만 가곡을 명상하는 사람, 그 사람에게 이런 세계가 주어진다.

3.1 사람은 비를 다섯 가지의 사만 가곡으로 명상해야 한다. 동풍이 '힝'이라는 감탄사이다. 구름이 생긴다, 그것이 전주곡이다. 비가 온다, 그것이 영창이다. 번개가 친다, 뇌성이 울린다, 그것이 응답이다. 비가 그친다, 그것이 종결이다.

3.2 이것을 이와 같이 알고 비를 다섯 가지의 사만 가곡으로 명상하는 사람, 그를 위하여 비가 오고, 그는 비를 내리게 한다.

4.1 사람은 모든 물로 다섯 가지의 사만 가곡을 명상해야 한다. 구름이 모이는 것, 그것이 '힝'이라는 감탄사이다. 비가 오는 것, 그것이 전주곡이다. 강이 동쪽으로 흐르는 것, 그것이 우드기타이다. 강이 서쪽으로 흐르는 것, 그것이 응답이다. 바다가 종결이다.

4.2 이것을 이와 같이 알고 모든 물로 다섯 가지의 사만 가곡을 명상하는 사람, 그는 물로 인해 죽지 않는다. 그는 물로 부자가 된다.

5.1 사람은 계절로 다섯 가지의 사만 가곡을 명상해야 한다. '힝'이라는 감탄사가 봄이다. 전주곡이 여름이다. 우드기타가 우기(雨期)이다. 응답이 가을이다. 종결이 겨울이다.

(udgitha)), ③프라티하르트리가 부르는 전주곡에 대한 그의 응답(프라티하라(pratihāra)), ④우드가트리가 부르는 피날레(우파드라바(upadrava)), ⑤우드가트리, 프라스토트리, 그리고 프라티하르트리에 의하여 일제히 영창되는 종결(의 우드기타)(니다나(nidhana)). 전주곡인 힘은 ①로 보여지며 피날레는 ⑤의 속으로 흡수된다.

5.2 이것을 이와 같이 알고 계절로 다섯 가지의 사만 가곡을 명상하는 사람—그에게 계절이 주어져 그는 계절을 갖게 된다.

6.1 사람은 가축으로 다섯 가지의 사만 가곡을 명상해야 한다. '힝'이라는 감탄사는 산양이다. 전주곡이 양이다. 우드기타가 소다. 응답이 말이다. 종결이 인간이다.

6.2 이것을 이와 같이 알고 가축으로 다섯 가지의 사만 가곡을 명상하는 사람—그에게 가축이 주어지고 그는 가축을 갖게 된다.

7.1 사람은 모든 생기로 가장 훌륭한 다섯 가지의 사만 가곡을 명상해야 한다. 힝이라는 감탄사가 숨이다. 전주곡이 언어이다. 우드기타가 시각이다. 응답이 청각이다. 종결이 사고이다. 참으로 이들은 가장 훌륭하다.

7.2 이것을 이와 같이 알고 모든 생기로 가장 훌륭한 다섯 가지의 사만 가곡을 명상하는 사람, 가장 훌륭한 것이 그의 것이 되고 그는 가장 훌륭한 모든 세계를 얻는다.

8.1 이제 일곱 가지의 사만 가곡에 대하여 말하면, 사람은 언어로 일곱 가지의 사만 가곡을 명상해야 한다. 언어에서 모든 훔(huṃ) 그것은 힘(hiṃ)이라는 감탄사이다. 프라(pra)라는 것 그것이 전주곡(pra-stāva)이다. 아(ā)라는 것 그것이 시작(ā-di)이다. *2

8.2 우드(ud)라는 것 그것이 영창(ud-gītha)이다. 프라티(prati)라는 것 그것이 응답(pratihāra)이다. 우파(upa)라는 것 그것이 종결에의 접근(upa

---

*2 2.8~10에서 다섯 가지의 사만은 다시 일곱 가지로 나누어진다. 최초의 감탄사 훔, 응답과 피날레는 각각의 부분으로 다루어져 영창을 시작하는 옴은 "개시(開始)"로 보인다. 훔, 전주곡, 영창, 응답, 피날레, 종결과 개시가 일곱 가지의 사만이다. 다섯 가지의 사만은 전주곡, 영창, 응답과 종결이라는 네 부분으로 정리될 수 있다. 어쨌든 사만의 가장 중요한 부분은 영창(우드기타)이다.

-dravati)이다. *³ 니(ni)라는 것 그것이 종결(ni-dhana)이다.

8.3 이것을 이와 같이 알고 언어로 일곱 가지의 사만 가곡을 명상하는 사람은 언어의 핵심을 담고 있는 우유를 얻을 것이요, 그는 음식을 갖게 된다.

9.1 그래서 잘 알려진 바와 같이 사람은 저 태양을 사만의 가곡으로서 명상해야 한다. *⁴ 그것은 언제나 동일하다. 그러므로 그것은 사만(의 가곡)이다. "나를 향하여 나를 향하여"(태양은 비친다)고 (사람은 생각한다). 그것은 만인에 대하여 동일하다. 그러므로 그것은 사만(의 가곡)이다.

9.2 이런 생물은 저 (태양)과 연관되어 있음을 알아야 한다. 태양이 떠오르기 전에 그것은 '힘'(hiṃ)이라는 감탄사이다. 가축은 그것과 연관되어 있다. 그러므로 가축은 '힘'이라고 하는 소리를 낸다. 왜냐하면 그들은 이 사만 가곡의 힘이라고 하는 감탄사에 관여하고 있기 때문이다.

9.3 그리고 처음으로 태양이 떠올랐을 때 그것은 전주곡(prastāva)이다. 인간은 그것과 연관되어 있다. 그러므로 그들은 칭찬하는 것을 사랑한다. 그들은 찬미하는 것을 사랑한다. 왜냐하면 그들은 이 사만 가곡의 전주곡에 관여하고 있기 때문이다.

9.4 젖을 짜는 오전의 시각에 태양은 시작(ādi)한다. 새는 그것과 연관되어 있다. 그러므로 아무 의지하는 것도 없이 자기자신을 붙잡고 대기에서 새는 날아다닌다. 왜냐하면 그들은 이 사만 가곡의 시작에 관여하고 있기 때문이다.

9.5 그리고 바로 정오에 태양의 모습은 영창(우드 기타)이다. 신들은 그것

---

*3 우파드라바는 우드가트리가 부른다. 사마 베다의 찬가 제4의 부분인 피날레.
*4 쟈이미니야 우파니샤드 브라흐마나 1.12.5 : "이것(태양)은 모든 세계와 동일하다. 그러므로 바로 그것은 사만이다. 이와 같이 알고 있는 사람, 참으로 그는 사만을 파고들면서 사만을 알고 있다."

과 연관되어 있다. 그러므로 그들은 프라자파티의 자손 중에서 가장 훌륭하다. 왜냐하면 그들은 이 사만 가곡의 우드기타에 관여하고 있기 때문이다.

9.6 그리고 나서 정오를 지난 한낮에 태양의 모습의 모습은 응답(pratihāra)이다. 태아는 그것과 연관되어 있다. 그러므로 그들은 유지되고 있어 밑으로 떨어지지 않는다. 왜냐하면 그들은 이 사만 가곡의 응답에 관여하고 있기 때문이다.

9.7 그리고 한낮을 지나 해가 지기 전에 태양의 모습은 종결로 접근(upadrava)한다. 야생동물은 그것과 연관되어 있다. 그러므로 인간을 보고 그들은 숨을 장소인 보금자리 쪽으로 달린다. 왜냐하면 그들은 이 사만 가곡의 종결에의 접근에 관여하고 있기 때문이다.

9.8 그것이 진 직후에 태양은 종결(nidhana)이다. 조상은 그것과 연관되어 있다. 그러므로 사람들은 조상을 아래에 둔다(nidadhahati). 왜냐하면 그들은 이 사만 가곡의 종결에 관여하고 있기 때문이다. 이와 같이 그대는 알아야 한다, 일곱 가지의 사만 가곡을 사람은 저 태양으로서 명상하여야 한다.

10.1 그래서 잘 알려진 바와 같이 그 자신이 헤아려 죽음을 초월한 것으로서 사람은 일곱 가지의 사만 가곡을 명상해야 한다. 힘카라(himkāra)는 셋의 음절(him-kā-ra)로 이루어진다. 프라스타바(prastāva)는 셋의 음절(pra-stā-va)로 이루어진다. 그러므로 둘은 같은 것이다.

10.2 아디(ādi)는 두 음절(ā-di)로 이루어진다. 프라티하라(pratihāra, 응답)는 넷의 음절(pra-ti-hā-ra)로 이루어진다. 한 음절을 거기에서 빼면 둘은 같다.

10.3 우드기타(udgitha, 영창)는 세 음절(ud-gī-tha)로 이루어진다. 우파드라바(upadrava, 종결에의 접근)는 네 음절(u-pa-dra-va)로 이루어진다. 세 음절과 세 음절에 의하여 그 둘은 동일하다. 세 음절(a-kṣa-ra)로 이루어진

하나의 음절(akṣara)이 남게 된다. 그러므로 둘은 같다.

10.4 니다나(nidhana, 종결. 종결의 영창)는 세 음절(ni-dha-na)로 이루어 진다. 그러므로 그것은 바로 그런 것과 같다. 참으로 이런 스물두 음절이 존 재한다.

10.5 그런 가운데 스물하나 음절에 의하여 사람은 태양에 도달한다. 바로 저 태양은 여기에서 스물한 번째 것이다. 스물두 번째 것에 의하여 사람은 태양의 저쪽에 있는 것을 획득한다. 그것은 천공(天空, nāka)이다. 그것은 슬픔으로부터 자유롭다.

10.6 이것을 이와 같이 알고 그 자신이 헤아려 죽음을 초월한 존재로서 일 곱 가지의 사만 가곡을 명상하는 사람, 사만 가곡을 명상하는 사람. 그는 태 양의 정복을 쟁취하여 그의 정복은 태양의 정복 너머에 있다.

11.1 '힘'(hiṃ)이라는 감탄사가 사고(思考)이다. 전주곡이 언어이다. 우드 기타(영창)가 시각이다. 응답이 청각이다. 종결이 숨이다. 이것이 모든 생기 속에 짜여져 있는 가야트라 사만이다.

11.2 이와 같이 이 가야트라 사만이 모든 생기 속에 짜여져 있는 것을 알 고 있는 사람, 그는 모든 생기를 갖게 된다. 그는 수명을 다하여 장수하고 자손과 가축이 넉넉하며 명성도 날리게 된다. 그는 기품이 높아야 한다. 이 것이 그의 맹세이다.

12.1 사람은 (땔나무를) 마찰한다. 그것이 힘(hiṃ)이라는 감탄사이다. 연 기가 난다. 그것이 전주곡이다. 타오른다, 그것이 영창이다. 숯이 생긴다, 그것이 응답이다. (숯불이) 꺼진다, 그것이 종결이다. 이것이 불 속에 짜여 져 있는 라탄타라 사만이다.

12.2 이와 같이 이 라탄타라 사만이 불 속에 짜여져 있는 것을 알고 있는

사람. 그는 신성한 지식으로 빛나는 자, 음식을 먹는 자가 된다. 그는 수명을 다하여 장수한다. 그는 자손과 가축이 넉넉하고 명성을 날리게 된다. 사람은 불을 향하여 입을 헹구어서는 안된다, 사람은 침을 뱉으면 안된다. 이것이 맹세이다.

13.1 사람이 부르짖는다, 그것이 힘(hiṃ)이라는 감탄사이다. 사람이 찾는다, 그것이 전주곡이다. 여자와 함께 눕는다, 그것이 영창(우드기타)이다. 여자와 마주보고 함께 눕는 것, 그것이 응답이다. 시간이 지난다, 그것이 종결이다. 이것이 성교 중에 짜여지는 바마데비야 사만이다.

13.2 이와 같이 이 바마데비야 사만이 성교 중에 짜여진 것을 알고 있는 사람, 그는 성교하는 자가 되고 그는 모든 성교에 의하여 번식한다. 그는 수명을 다하여 장수하고 자손과 가축이 넉넉하며 명성을 날리게 된다. 사람은 어떤 여자도 피해서는 안된다. 그것이 그의 맹세이다.

14.1 떠오르고 있는 태양이 힘이라고 하는 감탄사이다. 떠오른 태양이 전주곡이다. 정오는 우드기타이다. 오후가 응답이다. 지는 태양이 종결이다. 이것이 태양 속에 짜여져 있는 브리하트 사만이다.

14.2 이와 같이 태양 속에 짜여져 있는 이 브리하트 사만을 알고 있는 사람, 그는 빛나고 음식을 먹는 자가 된다. 그는 수명을 다하여 장수하고 자손과 가축이 넉넉하며 명성을 날리게 된다. 사람은 불타고 있는 태양을 비난해서는 안된다. 이것이 그의 맹세이다.

15.1 구름이 모인다, 그것이 힘이라는 감탄사이다. 구름이 생긴다, 그것이 전주곡이다. 비가 온다, 그것이 영창이다. 번개가 친다, 뇌성이 울린다, 그것이 응답이다. 비가 그친다, 그것이 종결이다. 이것이 빗속에 짜여져 있는 바이루파 사만이다.

15.2 이와 같이 빗속에 짜여져 있는 이 바이루파 사만을 알고 있는 사람,

그는 갖가지의 보기 좋은 가축을 우리에 넣는다. 그는 수명을 다하여 장수하고 자손과 가축이 넉넉하며 명성을 날리게 된다. 비가 올 때 사람은 그것을 비난해서는 안된다. 그것이 그의 맹세이다.

16.1 힘이라고 하는 감탄사가 봄이다. 전주곡이 여름이다. 영창이 우기(雨期)이다. 응답이 가을이다. 종결이 겨울이다. 이것이 계절 속에 짜여져 있는 바이라쟈 사만이다.

16.2 이와 같이 계절 속에 짜여져 있는 이 바이라쟈 사만을 알고 있는 사람. 그는 자손에 의하여, 가축에 의하여, 신성한 지식의 빛에 의하여 빛난다. 그는 수명을 다하여 장수하고 자손과 가축이 넉넉하며 명성을 떨치게 된다. 사람은 계절을 비난해서는 안된다. 그것이 그의 맹세이다.

17.1 힘이라는 감탄사가 대지이다. 전주곡이 대기이다. 영창이 하늘이다. 응답이 방향이다. 종결이 바다이다. 이것이 모든 세계 속에 짜여져 있는 샤크바리 사만이다.

17.2 이와 같이 모든 세계 속에 짜여져 있는 이 샤크바리 사만을 알고 있는 사람, 그는 모든 세계의 소유자가 된다. 그는 수명을 다하여 장수하고 자손과 가축이 넉넉하며 명성을 떨치게 된다. 사람은 모든 세계를 비난하여서는 안된다. 그것이 그의 맹세이다.

18.1 힘이라는 감탄사가 염소이다. 전주곡이 양이다. 영창이 소이다. 응답이 말이다. 종결이 인간이다. 이것이 가축 속에 짜여진 레바티 사만이다.

18.2 이와 같이 가축 속에 짜여진 이런 레바티 사만을 알고 있는 사람, 그는 가축을 소유하게 된다. 그는 수명을 다하여 장수하고 자손과 가축이 넉넉하며 명성을 떨치게 된다. 사람은 가축을 비난해서는 안된다. 그것이 그의 맹세이다.

19.1 힘이라는 감탄사가 몸털이다. 전주곡이 피부이다. 영창이 살이다. 응답이 뼈이다. 종결이 골수이다. 이것이 육신의 부분 속에 짜여져 있는 야지냐야지니야 사만이다.

19.2 이와 같이 육신의 부분 속에 짜여져 있는 이런 야지냐야지니야 사만을 알고 있는 사람, 그는 육신의 부분을 소유하게 되고 어느 육신의 부분도 손상을 입지 않는다. 그는 수명을 다하여 장수하고 자손과 가축이 넉넉하며 명성을 떨치게 된다. 1년 동안 사람은 골수를 먹어서는 안된다. 그것이 맹세이다. 또 사람은 고기를 먹으면 안된다.

20.1 힘이라는 감탄사가 불이다. 전주곡이 바람이다. 영창이 태양이다. 응답이 별이다. 종결이 달이다. 이것이 신들 속에 짜여져 있는 라쟈나 사만이다.

20.2 이와 같이 신들 속에 짜여져 있는 이 라쟈나 사만을 알고 있는 사람. 그는 이런 신들과 같은 세계에서 거처하고 지위의 평등, 그리고 그들과 하나가 된다. 그는 수명을 다하여 장수하고 자손과 가축이 넉넉하며 명성을 떨치게 된다. 사람은 바라문을 비난해서는 안된다. 그것이 그의 맹세이다.

21.1 힘이라는 감탄사가 세 가지 베다이다. 전주곡이 이들 세 가지의 세계이다. 영창이 불, 바람, 태양이다. 응답이 별, 새, 햇살이다. 종결이 뱀, 간다르바, 조상이다. 이것이 모든 것 속에 짜여져 있는 사만이다.

21.2 이와 같이 모든 것 속에 짜여져 있는 이 사만을 아는 사람, 그는 모든 것 그 자체이다.

21.3 그것에 관련하여 다음의 시구가 있다.

5중〔다섯 겹〕인 각기 셋씩인 것, 그런 것보다도 훌륭한 것, 더 좋은 것은 존재하지 않는다.

21.4 이것을 알고 있는 사람, 그는 모든 것을 알고 있다. 사방의 모든 방향은 그에게 공물을 가져온다. "나는 모든 것이다"라고 사람은 명상해야 한다. 그것이 그의 맹세이다.

22.1 "사만의 가곡을 부른다, 짖는 방식, 가축에 관계가 있는 것을 나는 고른다" 이것이 불의 영창이다. 프라자파티의 영창은 분명하지 않다. 소마의 영창은 분명하다. 바람의 영창은 부드럽고 매끄럽다. 인드라의 영창은 부드럽고 힘차다. 브리하스하티의 영창은 도요새 같다. 바루나의 영창은 귀에 거슬린다. 그런 모든 영창을 사람은 사용해야 한다. 그러나 바루나의 그것은 피해야 한다.

22.2 "나는 노래를 함으로써 신들을 위하여 불멸을 얻으려" 생각하고 사람은 노래를 불러서 불멸을 얻어야 한다. 조상을 위하여 제물을, 인간을 위하여 희망을, 가축을 위하여 풀과 물을, 제주를 위하여 천상계를, 자기 자신 [아트만]을 위하여 음식을, "나는 노래를 부름으로써 획득하려"고 이같이 사람은 사고에 의하여 이런 것을 깊이 생각하면서 조심스럽게 찬가를 불러야 한다.

22.3 모든 모음(母音)은 인드라 신의 자기[아트만]이다. 모든 마찰음은 프라자파티 조물주의 자기이다. 모든 폐쇄음은 죽음의 자기이다. 만일 누군가 모음 때문에 그를 비난한다면 그 사람에게 그는 말해야 한다. "보호를 받으려고 나는 프라자파티에게 갔다. 그가 그대에게 대답할 것이다."

22.4 그리고 누군가 마찰음 때문에 그를 비난한다면 그는 그 사람에게 말해야 한다.
"보호를 받으려고 나는 프라자파티에게 갔다. 그가 그대에게 알기 쉽게 말할 것이다."
그리고 누군가 폐쇄음 때문에 그를 비난한다면 그 사람에게 그는 말해야 한다.
"보호를 받기 위해 나는 죽음에게 갔다. 죽음은 그대를 모두 다 태울 것이다.”

22.5 “나는 인드라에게 힘을 실어주려”고 생각하여 모든 모음이 잘 울리도록 힘차게 발음해야 한다. “나는 프라자파티에게 내 자신을 바치려고” 생각하여 모든 마찰음이 빨려들지도 않고 탈락하지도 않게 입을 벌린 채로 발음해야 한다. “나는 자신을 죽음으로부터 멀어지도록” 하려고 생각하여 모든 폐쇄음은 뒤죽박죽되지 않게 천천히 발음해야 한다.

23.1 법(法)에는 세 부문이 존재한다. 첫째 부문은 제례, 베다의 공부와 시주하는 것이다. 둘째 부문은 바로 금욕이다. 셋째 부문은 스승의 집에 살며 스승의 집에서 자기자신을 영원히 마치는 바라문의 제자이다. 이런 모든 과정은 공적에 의하여 얻어진 세계에 관여하게 된다. 브라만에 의하여 기초가 이루어진 사람은 불멸을 얻게 된다.

23.2 프라자파티는 모든 세계를 따뜻하게 하였다. 따뜻해진 그런 것에서 3중의 〔베다의〕 지식이 창조되었다. 그것들을 그는 따뜻하게 하였다. 따뜻해진 그 3중의 지식에서 “브후르, 브후바스, 스바르”*5라 하는 이런 음절이 생겨났다.

23.3 프라자파티는 그들을 따뜻하게 했다. 따뜻해진 그런 음절에서 ‘옴’이라는 음절이 생겨났다. 그러므로 나무못으로 모든 잎이 뚫려 있는 것처럼 이와 같이 ‘옴’이라고 하는 음절에 의하여 모든 언어는 뚫려 있다. 그야말로 ‘옴’이라고 하는 음절은 이 모든 것이다. 바로 ‘옴’이라고 하는 음절은 이 모든 것이다.

24.1 진리공식(brahman)을 아는 지혜로운 사람은 이렇게 말한다.
“만일 아침에 소마즙을 짜낸 것을 바스 신에게, 정오에 짜낸 것을 루드라

---

*5 브후르(bhūr), 브후바스(bhuvas) 그리고 스바르(svar)라고 하는 것은 “부르짖는 외침” (vyāhṛti)이다. 그들은 신성한 음성이다. 그러나 그와 동시에 그들은 저마다 땅, 대기 및 하늘에 대한 이름이기도 하다.

신에게, 세 번째 짜낸 것을 태양 신과 일체신에게 바친다고 하면,"

24.2 "그때에 제주의 세계는 어디에 있는 것인가?"
그것을 알지 못하는 사람이 어떻게 〔제례〕를 행할 수 있겠는가? 그러니
그 내용을 알고 있는 사람만이 제례를 행할 수 있다.

24.3 아침 독송을 시작하는 명령이 떨어지기 전에 제주는 가장(家長)의 불
뒤쪽에 북쪽을 향하여 앉아 바스 신에게 바치는 사만의 가곡을 부른다.

24.4
세계의 문을 열어주오!
우리가 그대를 볼 수 있도록
주권을 얻기 위하여!

24.5 그리고 그는 〔불 속에 녹인 버터의〕 제물을 바친다.
"대지에 살고 세계에 사는 불에게 경배! 나를 위하여 제주를 위하여, 그
세계를 이끌어 주소서! 진실로 이것은 제주의 세계이니, 나는 가리다.

24.6 그곳에서 수명을 다한 다음에 제주로서의 나는. 스바하! 빗장을 풀
어주오!"
이렇게 말하고 그는 일어선다. 바스 신은 그에게 소마즙을 아침에 짜낸 것
을 준다.

24.7 정오에 짜기 시작하는 명령이 떨어지기 전에 제주는 아그니드리야
불*6의 뒤쪽에 북쪽을 향하여 앉아 루드라 신에게 바치는 사만의 가곡을 부
른다.

_____

*6 소마제에서 아그니드라(Āgnidhra) 제관과 결부된다. 이 제관은 아드바류 제관의 조수이고
제화(祭火)를 불타도록 하는 것을 책임진다.

24.8

　세계의 문을 열어주오!
　우리가 그대를 볼 수 있도록
　주권을 얻기 위하여!

24.9 그리고 그는 〔불속에 녹인 버터의〕 제물을 바친다.
"대기에 살고 세계에 사는 바람에게 경배! 나를 위하여 제주를 위하여 그 세계로 이끌어 주소서! 참으로 이것은 제주의 세계이니, 나는 가리다.

24.10 그곳에서 수명이 다한 다음에 제주로서의 나는. 스바하! 빗장을 풀어주오!"
　이렇게 말하고 그는 일어선다. 루드라 신은 그에게 정오에 짠 것을 준다.

24.11 세 번째로 짜기 시작하는 명령이 떨어지기 전에 제주는 아하바니야 불의 뒤쪽에 북쪽을 향하여 앉아 태양 신과 모든 신들에게 바치는 사만의 가곡을 부른다.

24.12

　세계의 문을 열어주오!
　우리가 그대를 볼 수 있도록
　주권을 얻기 위하여!

24.13 그리고 나서 모든 신들에게 바치는 사만의 가곡

　세계의 문을 열어주오!
　우리가 그대를 볼 수 있도록
　주권을 얻기 위하여!

24.14 그리고 그는 〔불속에 녹인 버터의〕 제물을 바친다.
"하늘에 살고 세계에 사는 태양 신과 모든 신들에게 경배! 나를 위하여

제주를 위하여 그 세계로 이끌어주소서!

24.15 참으로 이것은 제주의 세계이니, 나는 가리다, 그곳에서 수명이 다한 다음에 제주로서의 나는. 스바하! 빗장을 풀어 주오!"
이렇게 말하고 그는 일어선다.

24.16 태양 신과 모든 신들은 그에게 세 번째로 짠 것을 준다. 이와 같이 알고 있는 사람, 참으로 이 사람은 제례의 퍼짐새를 알고 있다.

제3장

1.1 신들의 꿀은 참으로 저 태양이다. 신들의 대들보는 바로 하늘이다. 벌집은 대기이다. 벌의 새끼는 빛의 티끌이다.

1.2 대기의 동쪽 벌집은 바로 태양 동쪽의 햇살이다. 꿀벌은 리그 베다의 시구이다. 꽃은 바로 리그 베다이다. 그것은 〔하늘에 있는〕 불멸의 물이다. 진실로 이런 리그 베다의 시구는

1.3 이 리그 베다를 따뜻하게 하였다. 그것이 따뜻해질 때에 거기에서 그것의 진수로서 명성, 빛, 힘, 에너지 그리고 음식이 생겨났다.

1.4 그것은 흘러갔다. 그것은 태양 쪽으로 갔다. 참으로 이것이 태양의 붉은 형태이다.

2.1 그리고 그것의 남쪽 벌집은 바로 태양의 남쪽 햇살이다. 꿀벌은 바로 제례의 의례적인 말이다. 꽃은 바로 야쥬르 베다이다. 그것은 불멸의 물 감로수이다.

2.2 바로 이런 제례의 의례적인 말은 이 야쥬르 베다를 따뜻하게 하였다. 그것이 따뜻해질 때에 그것의 진수로서 명성, 빛, 힘, 에너지 그리고 음식이 생겨났다.

2.3 그것은 흘러갔다. 그것은 태양 쪽으로 갔다. 참으로 이것이 태양의 하얀 형태이다.

3.1 그리고 그것의 서쪽 벌집은 바로 태양의 서쪽 햇살이다. 꿀벌은 바로 사마 베다의 가곡이다. 꽃은 바로 사마 베다이다. 그것은 불멸의 물 감로수이다.

3.2 참으로 이런 사마 베다의 가곡은 이 사마 베다를 따뜻하게 했다. 그것이 따뜻해질 때에 그것의 진수로서 명성, 빛, 힘, 에너지 그리고 음식이 생겨났다.

3.3 그것은 흘러갔다. 그것은 태양 쪽으로 갔다. 참으로 이것이 이 태양의 검은 형태이다.

4.1 그리고 그것의 북쪽 벌집은 바로 태양의 북쪽 햇살이다. 꿀벌은 바로 아타르바·안기라스이다. 꽃은 바로 전설·옛날 이야기이다. 그것은 불멸의 물 감로수다.

4.2 참으로 이런 것의 아타르바-안기라스는, 이 전설·옛날 이야기를 따뜻하게 했다. 그것이 따뜻해질 때에 그것의 진수로서 명성, 빛, 힘, 에너지 그리고 음식이 생겨났다.

4.3 그것은 흘러갔다. 그것은 태양 쪽으로 갔다. 참으로 이것이 이 태양의 칠흑 형태이다.

5.1 그리고 그것의 위에 있는 벌집은 바로 태양 위에 있는 햇살이다. 꿀벌은 바로 은밀한 자리바꿈이다. 꽃은 바로 진리의 공식화(brahman)이다. 그것은 불멸의 물 감로수이다.

5.2 참으로 이런 은밀한 자리바꿈은 이 진리의 공식화*1를 따뜻하게 하였다. 그것이 따뜻해질 때에 그것의 진수로서 명성, 빛, 힘, 에너지 그리고 음

---

*1 여기에서 사용되고 있는 브라만은 '궁극적 원리' 내지 '최고의 실재'라는 식으로 해석되어서는 안 된다. 브라만은 '진리의 공식화'로서 이해되어야 할 것이다.

식이 생겨났다.

5.3 그것은 흘러갔다. 그것은 태양 쪽으로 갔다. 참으로 이것이 태양의 한 가운데에서 어쨌든 흔들리고 있다.

5.4 참으로 이들은 정수 중의 정수이다. 왜냐하면 정수는 베다이고 이들은 그 정수이기 때문이다. 참으로 이들은 불멸의 음료 중의 불멸의 음료이다. 왜냐하면 신들은 불멸의 음료이고 이들은 그 불멸의 음료이기 때문이다.

6.1 최초의 불멸의 음료인 감로수, 그것에 의하여 바스 신들은 불을 입으로 하고 산다. 참으로 신들은 먹지도 마시지도 않는다. 이 불멸의 음료인 감로수를 보기만 해도 그들은 배부르다.

6.2 그 신들은 참으로 이 〔붉은〕 형태 속으로 사라지고, 이 형태 속에서 〔다시〕 나타난다.

6.3 이와 같이 이 불멸의 음료 감로수를 알고 있는 사람, 그는 바스 신들의 하나가 되고 불을 입으로 하여 이 불멸의 음료를 보기만 해도 배부르다. 그는 바로 이 형태 속으로 사라지고 이 형태 속에서 〔다시〕 나타난다.

6.4 태양이 동쪽에서 뜨고 서쪽으로 지는 한 그러는 한은 틀림없이 그는 바스 신들의 지배권과 주권을 달성할 것이다.

7.1 그리고 두 번째 불멸의 음료, 그것에 의하여 루드라 신들은 인드라를 입으로 하고 산다. 참으로 신들은 먹지도 마시지도 않는다. 이 불멸의 음료를 보기만 해도 그들은 배부르다.

7.2 루드라 신들은 참으로 이 〔하얀〕 형태 속으로 사라지고, 이 형태 속에서 〔다시〕 나타난다.

7.3 이와 같이 이 불멸의 음료를 알고 있는 사람, 그는 루드라 신들의 하나가 되고 인드라를 입으로 하며 이 불멸의 음료를 보기만 해도 배부르다. 그는 바로 이 형태 속으로 사라지고 이 형태 속에서 [다시] 나타난다.

7.4 태양이 동쪽에서 뜨고 서쪽으로 지는 것보다도 갑절이나 긴 동안, 태양은 남쪽에서 뜨고 북쪽으로 질 것이다. 그러는 한 그는 틀림없이 루드라 신들의 지배권과 주권을 달성할 것이다.

8.1 그리고 세 번째로 불멸이 마시는 음료, 그것에 의하여 태양 신들은 바루나를 입으로 하고 산다. 참으로 신들은 먹지도 마시지도 않는다. 이 불멸의 음료를 보기만 해도 그들은 배부르다.

8.2 그들은 바로 이 [검은] 형태 속으로 사라지고, 이 형태 속에서 [다시] 나타난다.

8.3 이와 같이 이 불멸의 음료를 알고 있는 사람, 그는 태양 신들의 하나가 되어 바로 바루나를 입으로 하여 이 불멸의 음료를 보기만 해도 배부르다.

8.4 태양이 남쪽에서 뜨고 북쪽으로 지는 것보다도 갑절이나 긴 동안, 태양은 서쪽에서 뜨고 동쪽으로 질 것이다. 그러는 한 그는 틀림없이 태양 신들의 지배권과 주권을 달성할 것이다.

9.1 그리고 네 번째로 불멸의 음료, 그것에 의하여 폭풍의 신들은 달을 입으로 하고 산다. 참으로 신들은 먹지도 마시지도 않는다. 이 불멸의 음료를 보기만 해도 그들은 배부르다.

9.2 그들은 바로 이 [칠흑의] 형태 속으로 사라지고, 이 형태 속에서 [다시] 나타난다.

9.3 이와 같이 이 불멸의 음료를 알고 있는 사람, 그는 폭풍의 신들의 하나가 되어 바로 달을 입으로 하고, 이 불멸의 음료를 보기만 해도 배부르다.

9.4 태양이 서쪽에서 뜨고 동쪽으로 지는 것보다도 갑절이나 긴 동안, 태양은 북쪽에서 뜨고 남쪽으로 질 것이다. 그러는 한 그는 틀림없이 폭풍의 신들의 지배권과 주권을 달성할 것이다.

10.1 그리고 다섯 번째로 불멸의 음료, 그것에 의하여 사디야 신들은 브라만을 입으로 하고 산다. 참으로 신들은 먹지도 않고 마시지도 않는다. 이 불멸의 음료를 보기만 해도 그들은 배부르다.

10.2 그들은 참으로 이 형태 속으로 사라지고, 이 형태 속에서 〔다시〕 나타난다.

10.3 이와 같이 이 불멸의 음료를 알고 있는 사람, 그는 바로 사디야 신들의 하나가 되어 이 불멸의 음료를 보기만 해도 만족한다. 그는 바로 이 형태 속으로 사라지고, 이 형태 속에서 〔다시〕 나타난다.

10.4 태양이 북쪽에서 뜨고 남쪽으로 지는 것보다도 갑절이나 긴 동안, 태양은 위로 뜨고 아래로 질 것이다. 그러는 한 그는 틀림없이 사디야 신들의 지배권과 주권을 달성할 것이다.

11.1 그리고 거기에서 위로 떠오른 다음에 그것은 〔그보다도〕 위로 오르지 않을 것이고 지지 않을 것이다. 틀림없이 혼자 그것은 한가운데 서 있을 것이다. 그것에 관련하여 다음의 시구가 있다.

11.2 진실로 거기에서 그것은 지지 않았고, 결코 뜨지 않았도다. 이 진리에 의해 아아, 신들이여! 나는 진리의 공식화(brahman)를 잃지 않게 하소서!

11.3 바로 이 진리의 공식화(brahman)인 우파니샤드를 알고 있는 그 사람에게는 틀림없이 태양은 떠오르지 않으리라, 지지도 않으리라. 그것은 그에게 이것을 끝으로*² 한낮같이 밝아진다.

11.4 이 진리의 공식화를 브라흐마[범천(梵天)]은 프라자파티에게 말했다. 프라자파티는 마누에게 마누는 그의 자손에게. 큰아들인 웃달라카에게 이 진리의 공식화를 그의 아버지는 들려주었다.

11.5 확실히 이 진리의 공식화를 아버지는 장남이나 믿을 만한 제자에게만 가르쳐야 한다. *³

11.6 바다로 둘러싸여 부(富)로 가득찬 대지를 그에게 다 주더라도 사람은 다른 누구에게도 〔진리의 공식화를 가르쳐서는 안된다〕. 바로 이 진리의 공식화는 그 모든 재화보다 값진 것이다. 이것은 그 이상(以上)이다.

12.1 진실로 생성하고 있는 이 모든 것, 여기에 존재하는 것이 가야트리이다. 참으로 가야트리는 언어이다. 참으로 언어는 생성하고 있는 이 모든 것을 노래함으로써 찬미(gāyati)하고, 그리고 그들을 보호한다(trāyati).

12.2 참으로 이 가야트리라는 것, 그것은 확실히 이 대지인 것이다. 왜냐하면 생성하고 있는 이 모든 것은 대지에 의하여 기초가 이루어져 있기 때문이다. 그것은 확실히 이것을 넘어설 수 없다.

12.3 참으로 이 대지라는 것, 그것은 확실히 이 인간에게 있어 이 육신과도 같은 것이다. 왜냐하면 이런 생기(生氣)는 이 육신으로서 기초가 이루어

---

*2 "이것을 끝으로"(sakṛt)는 "언제나"로 번역해도 좋을 것이다. 샨카라는 사크리트에 대하여 다음과 같이 주석하고 있다—sakṛd divā haiva sadaivāhar bhavati. 샨카라의 주석에 따르면 "그것은 그에게 있어 언제나 낮이다"라고 번역된다.

*3 아버지가 장남이나 믿을 만한 제자에게 가르치는 것은 결코 대우주의 원리인 브라만은 아니다. 브라만은 여기에서는 "말로 표현하는 것" 또는 "진리의 공식화"로 이해해야 할 것이다.

져 있기 때문이다. 그들은 확실히 이것을 절대 넘어설 수 없다.

12.4 참으로 인간에 있어 이 육신이라는 것, 그것은 확실히 이 인간의 내부에 있는 이 심장과 같은 것이다. 왜냐하면 이런 생기는 이 심장으로 기초가 이루어져 있기 때문이다. 그들은 확실히 이것을 넘어설 수 없다.

12.5 이것이 네 발로 된, 6중의 가야트리*4이다. 그것에 관련하여 리그 베다의 시구는 이렇게 표현하고 있다.

12.6 그[가야트리]의 위대성은 그 정도이고 그보다도 위대한 것이 인간[푸루샤]이다. 그 [브라만]의 4분의 1은 모든 생물이고, 나머지 4분의 3은 천상계에서의 불멸인 것이다.

12.7 참으로 이 브라만(brahman)이라고 하는 것. 그것은 확실히 인간의 외부에 있는, 이 허공인 것이다. 참으로 인간의 외부에 있는 이 허공이라는 것,

12.8 확실히 그것은 인간의 내부에 있는 이 허공이다. 참으로 인간의 내부에 있는 이 허공이라는 것,

12.9 확실히 이것은 심장 내부에 있는 이 허공이다. 그것은 가득히 채워져 있고 더구나 움직임이 없는 것이다. 이와 같이 알고 있는 사람은 충만되고 더구나 변함없는 행복을 누릴 것이다.

13.1 확실히 이 심장에는 다섯 신들의 구멍이 있다. 그것의 동쪽 구멍이라는 것, 그것은 내쉬는 숨이다. 그것은 시각이다. 그것은 태양이다. 이것을

---

*4 가야트리(gāyatrī)는 3×8의 운율. 가야트리는 존재하는 생물, 언어, 대지, 육신, 심장, 그리고 생기와 동일하게 본다. 가야트리는 네 "발(pada)", 즉 넷의 4분의 1을 갖는다. 네 개의 발= 4의 4분의 1은 원인(原人)인 푸루샤의 넷의 4분의 1을 가리키는 것으로 생각된다.

사람은 열과 음식으로서 명상해야 한다. 이와 같이 알고 있는 사람은 열을 잘 다스리고 늘 음식이 풍부한 자가 될 것이다.

13.2 그리고 그것의 남쪽 구멍이라는 것, 그것은 브야나[내쉬는 숨과 들이쉬는 숨 사이에 있는 숨]이다. 그것은 청각이다. 그것은 달이다. 이것을 사람은 행복과 명성으로서 명상해야 한다. 이와 같이 알고 있는 사람은 행복과 명성을 누리게 될 것이다.

13.3 그리고 그것의 서쪽 구멍이라는 것, 그것은 들이쉬는 숨이다. 그것은 언어이다. 그것은 불이다. 이것을 사람은 신성한 지식의 빛과 음식으로서 명상해야 한다. 이와 같이 알고 있는 사람은 신성한 지식의 빛을 가지고 음식을 가진 자가 될 것이다.

13.4 그리고 그것의 북쪽 구멍이라는 것, 그것은 사마나[평숨]이다. 그것은 사고(思考)이다. 그것은 비이다. 이것을 사람은 영예와 아름다움으로서 명상해야 한다. 이와 같이 알고 있는 사람은 영예와 아름다움을 누리게 된다.

13.5 그리고 그것의 위에 있는 구멍, 그 위쪽으로 가는 숨이다. 그것은 바람이다. 그것은 허공이다. 이것을 사람은 힘과 위대성으로서 명상해야 한다. 이와 같이 알고 있는 사람은 힘을 가지고 위대하게 된다.

13.6 참으로 이들 5명의 브라만의 사용인은 천상계의 문지기이다. 5명의 브라만의 사용인, 천상계의 문지기를 이와 같이 알고 있는 사람은 그 집안에 영웅이 태어난다. 이들 5명의 브라만의 사용인, 천상계의 문지기를 이와 같이 알고 있는 사람, 그는 천상계로 간다.

13.7 그리고 그 하늘 저쪽에 모든 것의 키 위로, 모든 것의 키 위로 그것을 넘어서는 것이 없는 최고의 세계 위에 반짝이는 빛—확실히 이것은 이 인간의 내부에 있는 이 빛이다. 이 육신과 접촉함으로써 사람이 이 체온을 인식할 때 우리는 그것을 보는 것이다. 두 귀를 막고 무엇인가의 신음 소리,

무엇인가의 포효 소리, 또는 무엇인가의 불타는 소리를 들을 때 우리는 그것을 듣는다. 이것을 사람은 볼 수 있는 것과 들을 수 있는 것으로서 명상해야한다. 이와 같이 알고 있는 사람, 이와 같이 알고 있는 사람은 미남이 되고 그리고 유명해진다.

14.1 "브라만은 잘 알려진 것과 같이 이 모든 세상이다. 사람은 마음을 진정하고 그것을 잘란(jalān)*5으로서 명상해야 한다. 그래서 잘 알려진 것처럼 인간은 의도로 이루어진다. 이 세상에서 어떤 의도에 인간이 도달하든 이 세상을 떠난 다음에 그는 그와 같은 의도에 도달한다. 사람은 의도를 정해야한다. *6

14.2 사고(思考)로 이루어져 숨을 육신으로 하고, 빛을 형태로 하고, 진리를 의도로 하며, 허공을 자기[아트만]로 하고, 모든 행위를 포함하고, 모든 욕망을 포함하며, 모든 향기를 포함하고, 모든 맛을 포함하고, 이 모든 것을 포함하며, 말하지 않고, 다시 돌이켜 생각하지 않는 것이다.

14.3 심장 내부에 있는 나의 이 자기[아트만]—그것은 쌀알보다도, 보리알보다도, 또는 겨자알보다도, 수수알보다도, 또는 수수알의 핵보다도 작도다. 심장의 내부에 있는 나의 이 자기는 대지보다도 크고, 대기보다도 크고, 하늘보다도 크고, 이런 세계보다도 크다.

14.4 모든 행위를 포함하고, 모든 욕망을 포함하고, 모든 향기를 포함하며, 모든 맛을 포함하고, 이 모든 세상을 포함하며, 말하지 않고 다시 돌이켜 생각하지 않는 것—이것이 심장의 내부에 있는 나의 자기이다. 이것이 브라만이다. 이 세상을 떠난 다음에 나는 이 자기로 들어갈 것이다. 이와 같

---

*5 잘란이라는 말은 한번밖에 쓰지 않았다. 샨카라는 이 말을 자[ja, 태어나다], 라[la, 흡수되다, ……의 속으로 몰입하다], 안[an, 호흡하다]로 분해하였다. 샨카라에 따르면 탓지 잘란은 "그 속에서 생겨, 그 속에 몰입하여, 그 속에서 숨쉬고 있는 그것"을 의미한다. 이 말에 따르면 브라만을 시사하는 것이 될 것이다.
*6 샨디리야설의 중심 주제는 사후의 존재 형태[재생]를 결정하는 것이 의도(kratu)라는 사상이다.

이 확신하는 사람에게는 분명히 의혹은 존재하지 않는다."

이상은 샨디리야가 예전에 늘 말하였던 지혜인 것이다.

15.1 그것의 배(腹)가 대기이고 그것의 지면이 대지인 나무상자는 썩지 않는다. 왜냐하면 그것의 구석은 방향이고 그것의 위로 열려 있는 대목은 하늘이기 때문이다. 이 나무상자는 부(富)를 품고 그 속에 이 모든 세상이 포함되어 있다.

15.2 그 나무상자의 동쪽 방향은 쥬흐[나무숟가락]이라고 한다. 그것의 남쪽 방향은 사하마나[극복하고 있는 것]이라고 한다. 그것의 서쪽 방향은 라지니[여왕]이라고 한다. 그것의 북쪽 방향은 스브타[번영]라고 한다. 이들의 아들은 바람이다. 이와 같이 방향의 아들이라는 이 바람을 알고 있는 사람, 그는 아들을 잃어도 울지 않는다.

"나는 이와 같이 방향의 아들인 바람을 알고 있다. 나는 아들을 잃어도 우는 일이 없도록 하여주오!"

15.3 아무개*7와 함께, 아무개와 함께, 아무개와 함께, 나는 상처없는 나무상자에 의지하여 간다.

아무개와 함께, 아무개와 함께, 아무개와 함께, 나는 숨에 의지하여 간다.

아무개와 함께, 아무개와 함께, 아무개와 함께, 나는 브후르[bhūr, 대지]에 의지하여 간다.

아무개와 함께, 아무개와 함께, 아무개와 함께, 나는 브후바스[bhuvas, 대공]에 의지하여 간다.

아무개와 함께, 아무개와 함께, 아무개와 함께, 나는 스바르[svar, 천상]에 의지하여 간다.

15.4 "나는 숨에 의지하여 간다"고 내가 말했을 때 확실히 숨은 생성하고 있는 이 모든 것과 대개 여기에 존재하는 것이다. 바로 그것에 나는 의지하

---

*7 "아무개"—이렇게 말한 아버지는 자기의 모든 아들 이름을 부를 것이다.

여 갔다.

15.5 그리고 "나는 브후르에 의지하여 간다"고 내가 말했을 때 "나는 대지에 의지하여 간다, 나는 대기에 의지하여 간다, 나는 하늘에 의지하여 간다"고 이렇게 나는 말했던 것이다.

15.6 그리고 "나는 브후바스에 의지하여 간다"고 내가 말했을 때 "나는 불에 의지하여 간다, 나는 바람에 의지하여 간다, 나는 태양에 의지하여 간다"고 이렇게 나는 말했던 것이다.

15.7 그리고 "나는 스바르에 의지하여 간다"고 내가 말했을 때 "나는 리그 베다에 의지하여 간다, 나는 야쮸르 베다에 의지하여 간다, 나는 사마 베다에 의지하여 간다"고 이렇게 나는 말했던 것이다.

16.1 제례는 확실히 인간이다. 그의 〔최초의〕 24년, 그것은 소마의 아침의 제례이다. 가야트리의 운율은 24개 음절로 이루어진다. 아침의 제례는 가야트리에 의해 행하여진다. 그러므로 바스 신들은 그것과 결부되어 있다. 바스 신들은 확실히 생기이다. 왜냐하면 그들은 이 모든 생물을 건강하게 살게 하기(vāsayanti) 때문이다.

16.2 24년 동안 어떤 질병이 그를 괴롭힌다면 그는 다음과 같이 말해야 한다. "아아, 모든 생기여! 바스 신들이여! 나의 이 아침 제례를 정오의 제례까지 계속시켜 주오! 모든 생기와 바스 신들의 한가운데에서 제례 그 자체인 내가 파멸하지 않도록 하여주오!"
그는 거기에서 일어나면 바로 건강해진다.

16.3 그리고 그의 〔그 다음의〕 44년 동안, 그것은 소마의 정오의 제례이다. 트리시투브(Triṣṭubh) 운율은 44개 음절로 이루어진다. 정오의 제례는 트리시투브에 의하여 행하여진다. 그러므로 루드라 신들은 그것과 결부되어 있다. 루드라 신들은 확실히 생기이다. 왜냐하면 그들은 이 생기를 울리기

때문이다.

16.4 이 44년 동안 어떤 질병이 그를 괴롭힌다면 그는 다음과 같이 말해야 한다.

"아아, 모든 생기여! 루드라 신들이여! 나의 이 정오의 제례를 저녁의 제례까지 계속시켜 주오! 모든 생기와 루드라 신들의 한가운데에서 제례 그 자체인 내가 파멸하지 않게 하여주오!"

그는 거기에서 일어나면 바로 건강해진다.

16.5 그리고 그의 〔최후의〕 48년 동안, 그것은 소마의 저녁의 제례이다. 자가티(Jagati) 운율은 48개 음절로 이루어진다. 저녁의 제례는 자가티에 의하여 행하여진다. 그러므로 태양의 신들은 그것과 결부되어 있다. 태양의 신들은 확실히 생기이다. 왜냐하면 그들은 모든 것을 데리고 떠나기 때문이다.

16.6 이 48년 동안 어떤 질병이 그를 괴롭힌다면 그는 다음과 같이 말해야 한다.

"아아, 모든 생기여! 태양의 신들이여! 나의 이 저녁 제례를 수명이 다 할 때까지 계속시켜 주오! 모든 생기와 태양의 신들의 한가운데에서 제례 그 자체인 내가 파멸하지 않게 하여주오!"

그는 거기에서 일어나면 바로 건강해진다.

16.7 참으로 이것을 알고 마히다사 아이타레야는 말했다.

"이 병 때문에 나는 죽지 않을 것인데 어째서 그대는 이렇게 나를 괴롭히는가?"

그는 116세까지 살았다. 이와 같이 알고 있는 사람은 누구든 116세까지 산다.

17.1 사람이 굶주림, 갈증, 기분이 좋지 않을 때, 그런 것이 그의 디크샤 〔dikṣa : 소마제를 시작하기 전에 제주가 재계하는 의식〕이다.

17.2 그리고 사람이 먹고, 마시고, 기분이 좋을 때 사람은 우파사드〔upa-sad : 예비 의식〕*8를 한다.

17.3 그리고 사람이 웃고, 먹고, 성적인 결합을 할 때 사람은 바로 찬가와 독송을 하게 된다. *9

17.4 그리고 금욕, 시주, 살생하지 않는 것, 그리고 진리를 말하는 것, 그런 것은 그의 〔제관에 대한〕 보수〔報酬, dakṣiṇā〕이다.

17.5 그러므로 그들은 말한다.
"그는 소마를 짤 것이다, 그는 자기를 위하여 소마를 짰다."
그것은 그의 재생산이다. 아바브리타〔avabhṛta : 제례의 마무리로 제주에 의해 행하여지는 재계의 목욕〕는 죽음이다.

17.6 고라 안기라사는 이것을 데바키의 아들 크리시나에게 알려주고 말하였다.
"그는 갈증에서 해방되었다. 임종 때 사람은 다음의 세 가지 것에 의지하여 가야 한다. '그대는 불멸이다' '그대는 변하지 않는다' '그대는 숨에 의하여 예민하게 되었다.'"
그것과 관련하여 두 개의 리그 베다의 시구가 있다.

그리고 그들은 본다, 태곳적 씨앗의 아침 빛을,
하늘 저쪽에 타오른 빛을.

어둠을 넘어 우리는 최고의 빛을 본다, 우리는 최고의 빛을 본다.
신 중의 신, 최고의 빛, 태양 아래로 우리는 갔다.

---

*8 우파사드 의식은 디크샤의 날과 소마의 제례일 중간의 날에 행하여진다.
*9 찬가(stuta)를 노래하는 것은 우드가트리 세관과 그의 조수인 프라스토트리와 프라티하르트리. 리그 베다의 시구를 독송·낭독하는 것은 호트리 제관이다.

18.1 "브라만은 사고(思考)이다"라고 사람은 명상해야 한다. 그와 같이 자기에 관하여. 그리고 신들의 영역에 관하여 말한다면, "브라만은 허공이다". 이와 같이 자기에 관하여〔육신의 영역에 관하여〕, 그리고 신들의 영역에 관하여, 쌍방의 자리바꿈*10이 이루어졌다.

18.2 여기에서 브라만은 네 발이다. 언어는 하나의 발이다. 숨은 하나의 발이다. 시각은 하나의 발이다. 청각은 하나의 발이다. 이상, 자기에 관하여〔육신의 영역에 관하여〕. 그리고 신들의 영역에 관하여—불은 하나의 발이다, 바람은 하나의 발이다, 태양은 하나의 발이다, 방향은 하나의 발이다. 이와 같이 자기에 관하여, 그리고 신들의 영역에 관하여 쌍방의 자리바꿈이 이루어진다.

18.3 브라만의 〔네 발 가운데〕 한 발은 바로 언어이다. 그것은 빛으로서 불에 의하여 빛나고 그리고 불탄다. 이와 같이 알고 있는 사람은 영예, 명성, 그리고 신성한 지식의 광채에 의하여 빛나고 그리고 불탄다.

18.4 브라만의 또다른 한 발은 바로 숨이다. 그것은 빛으로서 바람에 의하여 빛나고 그리고 불탄다. 이와 같이 알고 있는 사람은 영예, 명성, 그리고 신성한 지식의 광채에 의하여 빛나고 그리고 불탄다.

18.5 브라만의 또다른 한 발은 바로 시각이다. 그것은 빛으로서 태양에 의하여 빛나고 그리고 불탄다. 이와 같이 알고 있는 사람은 영예, 명성, 그리고 신성한 지식의 광채에 의하여 빛나고 그리고 불탄다.

18.6 브라만의 또다른 한 발은 바로 청각이다. 그것은 빛으로서 방향에 의하여 빛나고 그리고 불탄다. 이와 같이 알고 있는 사람은 영예, 명성, 그리고 신성한 지식의 광채에 의하여 빛나고 그리고 불탄다.

---

*10 자리바꿈은 값이 같다는 것. 동일시. 아데샤의 바탕에 있는 것은 "등가"의 사상이다.

19.1 브라만은 태양이라는 자리바꿈이 있다. 그것은 초월적인 지혜의 가르침이며, 그것에 대한 설명은, 처음에는 이 모든 것이 드러나지 않은 실체로 있었다. 그런데 그것이 밖으로 드러났다. 그것은 알이 되었다. 1년이나 되는 긴 동안 그것은 누워 있었다. 그것은 깨졌다. 하나는 은, 하나는 금이라는 두 조각의 알껍데기가 생겼다.

19.2 은(銀)의 알껍데기라는 것, 그것이 이 대지이다. 바깥의 난막(卵膜)이라는 것이 산악이다. 속의 난막이라는 것이 구름과 안개이다. 〔발달하고 있는 태아의〕혈관이 강이다. 나머지 양수(羊水)가 바다이다.

19.3 그리고 태어난 것 그것이 저 태양이다. 태양이 태어났을 때 환성, 모든 생물, 그리고 모든 소원이 잇따라 일어났다. 그러므로 해가 뜨는 시각에 그리고 해가 지는 시각에 환성, 온갖 생물과 모든 소원이 잇따라 일어난다.

19.4 이와 같이 이것을 알고 태양을 브라만으로서 명상하는 사람―그에게는 기분 좋은 환성이 가까이 와서 그를 기쁘게 할 것이요, 그를 기쁘게 할 희망이 있다.

제4장

1.1 자나슈르티 파우트라야나는 신뢰가 넘치도록 베풀며 많이 주고, 요리도 많이 시켰다. 그는 여러 곳에서 사람들이 자신이 베푼 음식을 먹을 수 있도록 많은 곳에 [식사를 주기 위한] 숙박소를 세우게 하였다.

1.2 그런데 한 마리의 기러기가 밤에 날아서 지나가고 있었다. 그 기러기가 다른 기러기에게 말을 걸었다.
"이봐, 조심해. 곰의 눈[근시]을 하고 있는 자야, 곰의 눈을 하고 있는 자야! 자나슈르티 파우트라야나의 그것과 같은 빛이 하늘로 퍼져가고 있어. 그것이 너를 불태우지 못하도록 너는 그것을 건드리면 안 되는 거야!"

1.3 다른 기러기가 그에게 대답하였다.
"이봐, 그가 그러모은 것*1 그것이 라이크바인 것처럼 누구에 대하여 너는 말하고 있는 거냐?"

1.4 "크리타[라는 주사위]에 의해 사람이 이겼을 때 그것보다도 낮은 주사위[의 수]가 크리타에게 돌아가듯 사람들이 행하는 어떤 선행도 모두 그에게 돌아가게 마련이다. 라이크바가 알고 있는 그것을 알고 있는 사람—그 사람에게 내가 그와 같은 이름을 붙여주었다."

1.5 자나슈르티 파우트라야나는 그 말을 듣자 바로 일어나 그는 그의 주방장에게 말하였다.
"여봐라, 그가 그러모은 것이 라이크바인 것처럼 너는 말하느냐?"

---

*1 sayugavan은 "수레를 소유하는 것"이 아니고 주사위놀이의 용어이다. 그것은 주사위를 "그러모은 것" 또는 "긁어모은 것"을 의미한다.

그러자 주방장이 말했다. "그런데 어째서 그가 그러모은 것이 라이크바입니까?"

1.6 "크리타〔라는 주사위〕로 이겼을 때 그보다도 낮은 주사위〔의 수〕가 크리타에게 돌아가듯 사람들이 행하는 어떤 선행도 모두 그에게 돌아가는 것이다. 라이크바를 알고 있는 사람—그 사람에게 나는 그렇게 이름붙여준 것이다."

1.7 주방장은 라이크바를 찾아나선 다음에 "저는 그를 발견하지 못했습니다" 하고 돌아왔다. 자나슈르티는 그에게 말하였다.
"여봐라, 사람들이 바라문을 구하여 찾아나선 곳에서 너는 그를 찾아야 되느니라!"

1.8 주방장은 수레 곁에 앉아 가려운 곳을 긁고 있는 사람에게 다가갔다. 그는 그 사람에게 말을 걸었다.
"존경하는 이여! 그대가 그러모은 것은 라이크바인가요?"
"물론 그렇소"라고 그는 대답하였다.
주방장은 "저는 그를 찾아냈습니다"라고 하며 돌아왔다.

2.1 그러자 자나슈르티 파우트라야나는 6백 마리의 암소와 한 개의 황금목걸이, 암노새가 이끄는 한 대의 수레를 몰고 라이크바에게 갔다. 그리고 그에게 말을 걸었다.

2.2 "라이크바여! 여기에 6백 마리의 암소, 여기에 한 개의 목걸이, 여기에 암노새가 끌고온 한 대의 수레가 있소이다. 존경하는 이여! 그대가 명상하고 있는 신격을 나에게 가르쳐주시오!"

2.3 그러자 그 사람이 대답하였다.
"여보, 슈드라여! 암소와 함께 그것 모두가 도로 그대의 것이 되어야 하오."

그러자 자나슈르티 파우트라야나는 천 마리의 암소, 한 개의 목걸이, 암노새가 이끄는 한 대의 수레 그리고 그의 딸까지 데리고 라이크바에게 다시 돌아왔다.

2.4 자나슈르티는 그에게 말하였다.
"라이크바여! 여기에 천 마리의 암소, 한 개의 황금 목걸이, 암노새가 이끌고 온 한 대의 수레가 있소이다, 여기에 아내가 될 사람도 있고, 그대가 살고 있는 마을도 바치리다. 존경하는 이여! 청컨대 나를 가르쳐주시오!"

2.5 그녀의 얼굴을 들어올리면서 라이크바는 말하였다.
"여봐요, 이런 것을 그대는 저쪽으로 몰아내시오! 슈드라여! 이렇게 순수한 모습이 되어야 나는 가르칠 수 있을 것이오."
그리하여 마하브리샤 지방에 있는 이 마을을 라이크바 파르나라고 부르게 되었다. 거기에서 자나슈르티는 라이크바의 제자로서 그의 집에 살고 있었다. 라이크바는 자나슈르티에게 가르침을 주었다.

3.1 바람은 확실히 그러모은 것이다. 틀림없이 불이 꺼질 때 그것은 바로 바람 속으로 들어간다. 태양이 질 때 그것은 바로 바람 속으로 들어간다. 달이 질 때 그것은 바로 바람 속으로 들어간다.

3.2 물이 마를 때 그것은 바로 바람 속으로 들어간다. 왜냐하면 확실히 바람은 이런 모든 것을 그러모으기 때문이다. 이상은 신들의 영역에 관련된 것이다.

3.3 그리고 자기에 관련하여 말하면. 숨(息)은 확실히 그러모은 것이다. 사람이 잠을 잘 때에 언어는 바로 숨 속으로 들어간다. 시각은 숨 속으로, 청각은 숨 속으로, 사고는 숨 속으로 들어간다. 왜냐하면 틀림없이 숨은 이런 모든 것을 그러모으기 때문이다.

3.4 틀림없이 바람과 숨은 그러모은 것이다. 바람은 신들 사이에서, 숨은

모든 생기의 사이에서 그러모은 것이다.

3.5 그래서 샤우나카 카페야와 아비프라타린 카크샤세니에게 상이 차려졌을 때 어느 바라문의 학생이 그들 두 사람에게 음식의 보시를 청하였다. 그러나 그들은 그에게 아무것도 주지 않았다.

3.6 학생은 그들에게 말하기를,

네 개의 강대한 것을 유일의 신, 세계의 보호자는 삼켜 버렸어요. 그것은 누구인가요? *2
카페야여! 죽어야 할 자는 그를 보지 못한다오, 아비프라타린이여! 여러 곳에 살고 있는 그를.
틀림없이 이 음식을 마땅히 베풀어야 할 그 사람에게 보시하지 않은 것이오.

3.7 여기에 응수하며 샤우나카 카페야는 그에게 가까이 다가가 말했다.

신들의 자기[아트만], 생물의 아버지, 황금 이빨을 가지고 씹는 자, 숨의 지배자—
그의 위대성은 거룩하다고 사람들은 말한다. 먹지 않고도 그는 음식을 먹기 때문이다.

그처럼 진정으로 바라문의 학생이여! 우리는 이것을 명상한다오. 원하는 음식을 그대들은 그에게 드려라!

3.8 그들은 그에게 음식을 주었다. 참으로 이들 둘은 저마다 다섯이고, 열

---

*2 이 신은 '숨'이다. 사람이 잠을 자고 있는 동안에 강대한 것—사고, 시각, 청각 및 언어—을 숨이 삼킨다는 것이 이 수수께끼의 해결이다. 먹지 않고 음식을 먹는 "신들의 자기"—그것이 숨이다. 리그 베다 10.168.4에서 우리는 '신들의 아트만'이라는 표현을 만나게 된다. 이 경우에 '아트만'이 의미하는 것은 '숨'이다. '신들의 숨'은 바람에 틀림없다.

이 되는 것이며, 그것이 크리타(라는 주사위의 눈금)이다. 그러므로 모든 방향에서 열, 곧 크리타는 확실히 음식이다. 이것이 음식을 먹는 비라지(10개 음절로 이루어진 운율)이다. 비라지에 의해 이 모든 것을 씹히고 있다. 이와 같이 알고 있는 사람, 이와 같이 알고 있는 사람—그에 의하여 이 모든 것은 씹히게 되어, 그는 음식을 먹는 자가 된다.

4.1 사티야카마 자바라는 그의 어머니 자바라에게 물었다.
"어머니! 나는 바라문의 학생으로서 스승의 집에 살고자 합니다. 그런데 나의 성은 무엇인가요?"

4.2 어머니는 아들에게 말했다.
"사랑하는 아들아! 네가 어떤 성(姓)인지 나는 모른다. 젊었을 때 나는 (남자들과) 많은 성적 관계를 가졌고 하녀였을 때 너를 낳았다. 그러므로 네가 어떤 성인지 나는 모른다. 그러나 나는 자바라라는 이름이고 너는 사티야카마라는 이름이다. 그러므로 너는 사티야카마 자바라라고 하여라!"

4.3 사티야카마는 하리드루마타 가우타마를 찾아가서 말했다.
"저는 바라문의 학생으로서 존경하는 분 밑에서 살고자 합니다. 저는 존경하는 분의 제자가 되고 싶습니다."

4.4 하리드루마타는 사티야카마에게 물었다.
"그런데 사랑스런 녀석아! 너는 성이 무엇이냐?"
그는 말했다.
"존경스런 분이시여! 저는 성이 무엇인지 모릅니다. 저는 어머니에게 물었습니다. 어머니는 저에게 대답하였습니다. '젊어서 나는 (남자들과) 많은 성적 관계를 가졌고, 하녀로 있을 때 너를 낳았다. 그래서 너의 성이 무엇인지 나도 모른다. 그러나 내 이름은 자바라이고, 너는 사티야카마라는 이름이 아니냐'라고 하셨습니다. 그러므로 저는 사티야카마 자바라라고 하는 이름입니다."

4.5 하리드루마타는 사티야카마에게 말하였다.

"바라문이 아닌 사람이 이렇게 또렷이 말할 수는 없다. 사랑스러운 녀석아! 땔나무를 가져오너라! 나는 너를 제자로 삼겠다. 너는 진리에서 벗어나지 않았다."

그를 제자로 받아들인 다음에 여위어 바짝 마른 암소 4백 마리를 골라, 그는 사티야카마에게 말했다.

"이 소들의 뒤를 따라 가거라! 사랑스런 제자야!"

소들을 몰고 가면서 사티야카마는 말했다.

"천 마리가 되기 전에 나는 돌아오지 않겠다"

그리고 그는 소들이 천 마리가 될 때까지 꽤 오랜 세월 동안 그렇게 〔스승에게 돌아가지 않고〕 딴 곳에 머물렀다.

5.1 한 마리 황소가 "사티야카마여!" 하고 그에게 말을 걸었다.

"존경스러운 분이시여!" 하고 사티야가마는 대답하였다.

"사랑스러운 이여! 우리는 천 마리가 되었어요. 이제 우리를 스승님 댁으로 데려다 주시오!

5.2 나는 그대에게 브라만의 4분의 1 가운데 첫부분에 대해 말하리다."

"존경스러운 분이시여! 내게 말씀해주십시오."

황소는 사티야카마에게 말하였다.

"16분의 1은 동쪽 방향이고, 16분의 1은 서쪽 방향이요. 16분의 1은 남쪽 방향이고, 16분의 1은 북쪽 방향이요. 참으로 사랑스러운 이여! 이것이 넷의 16분의 1로 이루어진 브라만의 한 발〔4분의 1〕입니다. 그것은 '퍼지게 되는 것'이라는 이름이 붙여졌답니다.

5.3 이것을 이와 같이 알고, 넷의 16분의 1로 이루어진 브라만의 한 발을 퍼지게 하는 것으로서 명상하는 사람—그는 이 세상에서 퍼지게 되어 있어요. 이것을 이와 같이 알고 넷의 16분의 1로 이루어진 브라만의 한 발을 퍼지는 것으로서 명상하는 사람—그는 퍼지게 되는 모든 세계를 얻을 것입니다."

6.1 〔황소는 말하였다.〕 "불이 한 발〔4분의 1〕을 말할 것입니다."

다음날 아침 사티야카마는 소를 몰고 스승님 집으로 향했다. 저녁 무렵 그들이 도착한 곳에서 그는 불을 붙여 소들을 울 속으로 모으고 땔나무를 불 위에 얹고 동쪽을 향하여 불의 배후에 앉았다.

6.2 불의 신이 그에게 말을 걸었다.

"사티야카마여!"

사티야카마가 대답했다.

"존경스러운 분이시여!"

6.3 "사랑스러운 이여! 나는 그대에게 브라만의 한 발 가운데 두 번째 부분을 말하리다."

"존경스러운 분이시여 나에게 말씀해주십시오!"

불의 신은 사티야카마에게 말하였다.

"그것의 16분의 1은 대지라오. 그것의 16분의 1은 대기이지요. 그것의 16분의 1은 하늘이고, 그것의 16분의 1은 바다랍니다. 사랑하는 이여! 확실히 이것은 넷의 16분의 1로 이루어진 브라만의 한 발입니다. 그것은 브라만의 무한한 모습의 이름입니다."

6.4 이것을 이와 같이 알고 넷의 16분의 1로 이루어진 브라만의 한 발을 무한한 존재로서 명상하는 사람—그는 이 세상에서 무한한 덕을 가진 자가 될 것입니다.

7.1 〔다시 불의 신이 말했다〕 "한 마리 기러기가 그대에게 〔브라만의〕 한 발 가운데 세 번째 부분을 말하리다."

다음날 아침 사티야카마는 소들을 몰았다. 저녁 무렵에 그들이 도착한 곳에서 그는 불을 붙여 소들을 우리 속으로 모으고 땔나무를 불 위에 얹고 동쪽을 향하여 불의 배후에 앉았다.

7.2 한 마리 기러기가 날아 내려와서 그에게 말을 걸었다.

"샤티야카마여!"

샤티야카마는 대답하였다.

"존경스러운 자여!"

7.3 "사랑스런 이여! 나는 그대에게 브라만의 한 발 가운데 세 번째 부분을 말하리다."

"존경스러운 분이시여 나에게 말씀해주시오!"

기러기는 사티야카마에게 말하였다.

"그것의 16분의 1은 불이고, 그것의 16분의 1은 태양이요. 그것의 16분의 1은 달이고, 그것의 16분의 1은 번개라오. 사랑스러운 이여! 확실히 이것이 넷의 16분이 1로 이루어진 브라만의 한 발이랍니다. 그것에는 빛을 가진 것이라는 이름이 붙여집니다."

7.4 이것을 이와 같이 알고 넷의 16분의 1로 이루어진 브라만의 한 발을 가진 것으로서 명상하는 사람—그는 빛을 가진 모든 세계를 얻게 됩니다.

8.1 〔다시 기러기는 말했다〕

"한 마리 물새가 그대에게 4분의 1을 말하리다."

다음날 아침에 그는 소들을 몰았다. 저녁 무렵에 그들이 도착한 곳에서 그는 불을 붙여 소들을 우리 속으로 모으고 땔나무를 불 위에 얹고 동쪽을 향하여 불의 배후에 앉았다.

8.2 한 마리의 물새가 날아 내려와서 그에게 말을 걸었다.

"사티야카마여!"

샤티야카마는 말했다.

"존경스러운 자여!"

8.3 "사랑스러운 이여! 나는 브라만의 한 발을 그대에게 말하리다."

"존경스러운 자는 나에게 말하여 다오!"

물새는 그에게 말했다.

"그것의 16분의 1은 숨이고, 그것의 16분의 1은 시각이요. 그것의 16분의 1은 청각이고, 그것의 16분의 1은 사고라오. 사랑스러운 이여! 확실히 이것이 넷의 16분의 1로 이루어진 브라만의 한 발입니다. 이것은 거처를 가진 것이라는 이름이 붙여지지요."

8.4 이것을 이와 같이 알고, 넷의 16분이 1로 이루어진 브라만의 한 발을 거처를 가진 것으로서 명상하는 사람—그는 거처를 가진 모든 세계를 얻게 됩니다.

9.1 그는 스승의 집에 도착하였다. 스승은 그에게 말을 걸었다.
"사티야카마야!"
사티야카마는 대답하였다.
"존경하는 스승이시여!"

9.2 "사랑스러운 자야! 참으로 너는 브라만을 알고 있는 사람같이 빛나고 있구나. 누가 너에게 가르쳐주더냐?"
"인간 이외의 존재입니다."
그는 대답했다.
"그러나 혹시 괜찮으시면 존경하는 스승님께서 저에게 가르쳐주시기를 바랍니다.

9.3 왜냐하면 존경하는 사람 같은 존재에게서 '스승에게 배운 지식이 가장 올바른 길을 간다'고 저는 들었기 때문입니다."
그에게 그는 완전히 똑같은 말을 하였다. 그때에 무엇 하나 잃지 않았다. 잃은 것이 없었다.

10.1 참으로 우파코사라 카마라야나는 사티야카마 자바라 밑에서 바라문의 학생으로 살고 있었다. 12년 동안 그는 여러 가지 불에 대한 일을 보살폈다. 스승은 다른 제자들을 집에 돌아가게 했으나 그는 귀가시키지 않았다.

10.2 사티야카마에 대하여 그의 아내는 말하였다.

"이 바라문의 학생은 금욕생활을 하고 조심스럽게 여러 가지 불에 대한 일을 시중들었어요. 그런데도 저 제자를 거들떠보지도 않으시는군요. 그대를 원망하는 일이 없도록 그에게도 가르침을 베풀어주셔요!"

그러나 그에게 말하기 전에 그는 여행을 떠났다.

10.3 우파코사라는 병 때문에 식사도 하지 않았다. 그에게 스승의 아내는 말하였다.

"바라문의 학생이여! 먹어요! 왜 먹지 않는 거예요?"

그는 말했다.

"이 인간에게는 갖가지 위험이 도사리고 있는 많은 욕망들이 있어요. 나는 병으로 가득 차 있습니다.*3 나는 먹지 않을 것입니다."

10.4 그래서 여러 가지 불의 신은 서로 의논을 하였다.

"이 바라문 학생은 금욕생활을 하고 조심스럽게 우리의 시중을 들었다. 자, 우리가 그에게 가르쳐주자!"

그에게 그들은 말하였다.

"브라만은 숨이다. 브라만은 카〔ka : 기쁨〕이다. 브라만은 크하〔kha : 허공〕이다."

10.5 그는 말하였다.

"브라만이 숨이라는 것을 나는 이해한다. 그러나 나는 기쁨과 허공을 이해하지 못하겠다."

그들은 말하였다.

"확실히 기쁨인 것 바로 그것이 허공이다. 참으로 허공인 것 바로 그것이 기쁨이다."

숨과 허공에 대하여 그들은 말하였다.

---

*3 우파코살라가 '갖가지 위험이 도사린 욕망으로 가득 차 있다'는 말에서 추측되듯 그의 병은 스승의 아내에 대한 성적인 욕구와 관련이 있는지도 모른다.

11.1 그래서 가장(家長)의 불(gārhapatya)은 그에게 가르쳤다.

"대지, 불, 음식 그리고 음식(은 나의 형태)—태양 속에 보이는 이 인간, 내가 그이다. 나는 바로 그이다.

11.2 이것을 이와 같이 알고 명상하는 사람은 악업을 멸하고 세계를 소유하는 자가 되어 수명을 다한다. 그는 장수하고 그의 자손은 끊어지지 않는다. 이것을 이와 같이 알고 명상하는 사람—우리는 이 세상과 저 세상에서 그에게 봉사한다."

12.1 그리고 남쪽 제단의 불(anvāhāryapacana)은 그에게 가르쳤다.

"물, 별과 달(은 나의 형태)—달 속에 보이는 이 인간, 내가 그이다. 나는 바로 그이다.

12.2 이것을 이와 같이 알고 명상하는 사람은 악업을 멸하고 세계를 소유하는 자가 되어 수명을 다한다. 그는 장수하고 그의 자손은 끊어지지 않는다. 이것을 이와 같이 알고 명상하는 사람—우리는 이 세상과 저 세상에서 그에게 봉사한다."

13.1 그리고 제물이 그 속에 바친 불(ākavanīya)은 그에게 가르쳤다.

"숨, 허공, 하늘과 번개(는 나의 형태)—번개 속에 보이는 이 인간, 내가 그이다, 나는 바로 그이다.

13.2 이것을 이와 같이 알고 명상하는 사람은 악업을 멸하고 세계를 소유하는 자가 되어 그의 자손은 끊어지지 않는다. 이것을 이와 같이 알고 명상하는 사람—우리는 이 세상과 저 세상에서 그를 보호한다."

14.1 온갖 불의 신은 말하였다.

"우파코사라여! 사랑스러운 자여! 이것이 그대를 위한 우리 자신에 대한 지식이요 자기(아트만)에 대한 지식이다. 그러나 스승이 그대에게 목표를 일러줄 것이다."

그의 스승이 돌아왔다. 스승은 그에게 말을 걸었다.

"우파코살라야!"

14.2 "존경하는 이여!" 하고 그는 대답하였다.

"사랑스러운 자야! 너의 얼굴은 브라만을 알고 있는 사람같이 빛나고 있구나. 대체 누가 너에게 가르쳤느냐?"

"도대체 누가 저에게 가르칠 수 있겠습니까?"

어쨌든 이렇게 그는 부정했다.

"이들 불의 신은 이제 이같이 보입니다. 그러나 그들은 다르게 보였습니다."

그는 여기에 있는 모든 불의 신을 가리켰다.

"사랑스러운 자야! 그들은 너에게 무엇이라고 말하더냐?"

14.3 "이렇게 말했습니다"라고 우파코사라는 대답하였다.

"사랑스러운 자야! 참으로 확실히 그들은 모든 세계에 대하여 말하였구나. 그러나 나는 너에게 이것을 말하려고 한다. 연꽃의 잎이 물에 젖지 않는 것처럼 이와 같이 알고 있는 사람에게 나쁜 행위는 묻지 않는다."

"존경하는 스승님, 저에게 그것을 가르쳐 주십시오!"

15.1 그러자 스승이 우파코사라에게 말하였다.

"정작 눈속에 보이는 이 인간—이것이 자기[아트만]이다"라고 그는 말했다.

"이것은 불멸이고 두려움을 모른다. 이것이 브라만이다."

그러므로 설사 사람이 눈속에 녹인 버터 또는 물을 쏟더라도 그것은 틀림없이 두 가장자리 속으로 간다.

15.2 사람들은 그를 삼야드바마(saṃyadvāma)라고 부른다. 왜냐하면 모든 바람직한 것(vāma)은 그에게로 모여들기(abhisaṃyanti) 때문이다. 이와 같이 알고 있는 사람에게로 모든 바람직한 것은 모여든다(abhisaṃyanti).

15.3 바로 이것이 또 바마니(vāmanī)이다. 왜냐하면 이것은 모든 바람직한 것을 이끌기(nī) 때문이다. 이와 같이 알고 있는 사람은 모든 바람직한 것을 이끈다.

15.4 바로 이것이 또 바마티(bhāmatī)이다. 왜냐하면 이것은 모든 세계에서 빛나기(bhāti) 때문이다. 이와 같이 알고 있는 사람은 모든 세계에서 빛난다.

15.5 이제 그들이 이 사람〔이와 같이 알고 있는 사람〕을 위하여 화장(火葬)을 하든 말든 그들은 바로 불길 속으로 들어간다. 불길 속에서 낮에, 낮 동안에 둥그러지기 시작한 반달로, 둥그러지기 시작한 반달 속에서 태양이 북쪽으로 가는 6개월 동안 태양으로, 태양 속에서 달로, 달 속에서 번개로 들어간다. 거기에 인간이 아닌 인간이 있다. 그는 그들을 브라만으로 보낸다. 이것이 신들에 이르는 길, 브라만에 이르는 길이다. 이 길을 따라가는 사람들은 이 인간의 소용돌이 속으로 돌아오지 않는다, 돌아오지 않는다.

16.1 맑게 해주는 바람, 참으로 이것이 제례이다. 이 바람이 지나면서 이 모든 것을 성스럽게 한다. 이 바람이 지나면서 이 모든 것을 성스럽게 한다. 그러므로 진실로 이것은 제례(yajña)인 것이다. 그〔제례〕의 두 바퀴자국이 사고와 언어이다.

16.2 브라만 제관은 이 둘 중 하나를 사고에 의해 만든다. 호트리, 아드바리유, 우드가트리 제관은 다른 하나를 그들의 언어에 의해 만든다. 아침의 독송이 시작되어 그것의 종결 시구 앞에 브라만 제관이 침묵을 깨고 말을 하면,

16.3 그는 둘 중 하나의 바퀴자국만을 만들고 다른 하나는 잃게 된다. 절름발이 사람이 걸어갈 때처럼 또는 외바퀴로 회전하는 수레가 부서지듯이 그처럼 그의 제례도 손상을 입는다. 제례가 손상을 입으면 그 뒤에 제주가 손상을 입은 제례를 지낸 다음 그는 더 비참해진다. *4

16.4 그러나 아침의 독송이 시작되어 그것의 종결 시구 전에 브라만 제관이 침묵을 깨고 말할 때에, 그들은 틀림없이 양쪽으로 바퀴자국을 만들어 둘 중의 하나도 잃지 않는다.

16.5 두 발로 걸어가는 사람 또는 두 바퀴로 회전하는 수레가 흔들리지 않듯 이와 같이 그의 제례는 동요하지 않는다. 제례가 흔들리지 않으면 그 다음에 제주도 흔들리지 않는다. 제례를 지낸 다음에 그는 보다 행복해진다. *5

17.1 조물주 프라자파티는 모든 세계를 따뜻이 하였다. 그들이 따뜻해졌을 때 그는 그들의 정수(精髓)를 짜냈다. 대지에서 불의 신, 대기에서 바람의 신, 하늘에서 태양 신들의 정수를 짜냈다.

17.2 그는 이 세 신들을 따뜻이 하였다. 그들이 따뜻해졌을 때에 그는 그런 정수를 짜냈다. 불의 신들에서 리그 베다의 시구, 바람의 신들에서 야쥬르 베다의 의례적인 말, 태양의 신들에서 사마 베다의 가곡의 정수를 짜냈다.

17.3 그는 이런 3중의 지식〔베다〕을 따뜻이 하였다. 그 3중의 지식이 따뜻하여졌을 때에 그는 그들의 정수를 짜냈다—리그 베다의 시구에서 브후르(bhūr), 야쥬르 베다의 의례적인 말에서 브후바스(bhuvas), 사마 베다의 가곡에서 스바르(svar), 이 세 정수를 짜냈다.

17.4 리그 베다의 시구 쪽에서 제례가 손상을 입는다면 '브후, 스바하!'라 말하고, 사람은 가르하파티야 불의 신에게 제물을 바쳐야 한다. 리그 시구의 정수에 의하여, 리그 시구의 에너지에 의하여, 그는 리그 시구와 결부되어 있는 제례의 손상을 수복한다. *6

---

*4 라우〔1957년, 32~35쪽〕에 따르면 "가난해진다(kāpīyas)"를 라우는 "가난하다"로 해석.
*5 라우〔1957년, 32~35쪽〕에 따르면 그는 부자가 된다. śreyas는 "유복한", "부자의(reich)"로 해석된다.
*6 이 대목은 찬도기야 우파니샤드 4·16·2~4와 결부된 것으로 생각된다. 제례를 수복(修復)하기 위하여 가르하파티야 불의 신에게 제물을 바치는 것은 브라만 제관.

17.5 그리고 야쥬르 베다 쪽에서 제례가 손상을 입는다면 "브후바하, 스바하!"라 말하고, 사람은 닥시나 불의 신에게 제물을 바쳐야 한다. 확실히 야쥬르 베다의 정수에 의하여, 야쥬르 베다의 에너지에 의하여, 그는 야쥬르 베다와 결부되어 있는 제례의 손상을 수복한다.

17.6 그리고 사마 베다의 가곡 쪽에서 제례가 손상을 입는다면 "스바하, 스바하!"라 말하고, 사람은 아하바니야 불의 신에게 제물을 바쳐야 한다. 확실히 사마 베다의 가곡에 의하여, 사마 베다의 에너지에 의하여 그는 사마 베다와 결부되어 있는 제례의 손상을 수복한다.

17.7 사람이 소금으로써 황금을, 황금으로써 은을, 은으로써 주석을, 주석으로써 납을, 납으로써 구리를, 구리로써 목재를 또는 가죽으로써 목재를 붙잡아매는 것과 같은 것이다.

17.8 이처럼 이런 모든 세계, 이런 신들, 이 세 베다의 빛에 의하여 그는 제례의 손상을 추슬러 채우는 것이다. 이와 같이 알고 있는 사람이 브라만의 제관이 되는 곳에서는 확실히 이 제례는 치유하는 의약을 구비하고 있다.

17.9 이와 같이 알고 있는 사람이 브라만 제관이 되는 곳에서는 틀림없이 이 제례는 북쪽으로 기운다. 참으로 이와 같이 알고 있는 브라만 제관에 관하여 다음의 시구가 있다.

설사 그것〔제례〕이 어디로 향하든 거기로 인간은 간다.

17.10 유일한 제관인 브라만이 크르족(族)을 보호하는 암말처럼.

실로 이와 같이 알고 있는 브라만 제관은 제례, 제주와 모든 제관을 보호한다. 그러므로 사람은 이와 같이 알고 있는 사람만을 브라만 제관으로 삼아야 한다. 이와 같이 알고 있지 않은 사람, 이와 같이 알고 있지 않은 사람을 〔브라만 제관으로 삼으면 안 된다.〕

제5장

1.1 참으로 가장 훌륭한 것과 가장 좋은 것을 알고 있는 사람, 그는 확실히 가장 훌륭하고 가장 좋은 자가 된다. 참으로 숨은 가장 훌륭하고 가장 좋은 것이다.

1.2 참으로 가장 유복한 것을 알고 있는 사람, 그는 자기의 일족 중에서 가장 유복한 자가 된다. 확실히 가장 유복한 것은 언어이다.

1.3 참으로 기초를 알고 있는 사람, 그는 이 세상과 저 세상에서 기초가 이루어져 있다. 확실히 시각은 기초이다.

1.4 참으로 일치(saṃpad)를 알고 있는 사람, 그에게 신적 및 인간적 소원은 성취된다. 확실히 청각은 일치이다.

1.5 참으로 거처를 알고 있는 사람, 그는 자기 일족의 거처가 된다. 확실히 사고는 거처이다.

1.6 그래서 "나는 가장 훌륭하다" "나는 가장 훌륭하다"라 하고, 모든 생기(生氣, prāṇa)는 자기의 우위를 주장하며 다투었다.

1.7 그런 생기는 아버지 창조주 프라자파티에게 가서 말하였다.
"존경하는 아버지시여! 우리 중에서 누가 가장 훌륭합니까?"
프라자파티는 그들에게 말했다.
"너희들 중에서 누구든 육신을 빠져나갈 때 그로 인해 육신이 가장 곤란하게 되는 자, 그것이 가장 훌륭한 자이니."

1.8 언어가 육신을 빠져나갔다. 1년 동안 여행을 한 다음에 언어는 돌아와서 말했다.

"내가 없이 어떻게 너희들은 살았느냐?"

그들은 말하였다.

"언어에 의한 말은 못하나 숨으로 호흡하면서, 눈으로 보면서, 귀로 들으면서, 사고에 의해 생각하며 살았다. 말을 하지 못하는 사람처럼 이와 같이 [우리는 살았다.]"

그래서 언어는 [육신 속으로 다시] 들어갔다.

1.9 시각이 육신을 빠져나갔다. 1년 동안 여행을 한 다음에 시각은 돌아와서 말했다.

"내가 없이 어떻게 너희들은 살았느냐?"

그들은 말하였다.

"시각에 의해 보지는 못하나 숨으로 호흡하면서, 언어로 말하면서, 청각으로 들으면서, 사고에 의해 생각하는 소경처럼 이와 같이 [우리는 살았다.]"

그래서 시각은 [육신 속으로 다시] 들어갔다.

1.10 청각이 육신을 빠져나갔다. 1년 동안 여행을 한 다음에 청각은 돌아와서 말했다.

"내가 없이 어떻게 너희들은 살았느냐?"

그들은 말하였다.

"청각에 의해 듣지는 못하나 숨으로 호흡하면서, 언어로 말하면서, 시각으로 보면서, 사고에 의해 생각하며 살았다, 귀가 들리지 않는 사람처럼 이와 같이 [우리는 살았다.]"

그래서 청각은 [육신 속으로 다시] 들어갔다.

1.11 사고가 육신을 빠져나갔다. 1년 동안 여행을 한 다음에 사고는 돌아와서 말했다.

"내가 없이 어떻게 너희들은 살았느냐?"

그들은 말하였다.

"사고에 의한 생각은 못하나 숨으로 호흡하면서, 언어로 말하면서, 시각으로 보면서, 청각에 의해 듣고 산다. 어리석은 사람처럼 이와 같이 〔우리는 살았다.〕"

그래서 사고는 〔육신 속으로 다시〕 들어갔다.

1.12 이제 숨이 막 육신을 빠져나가려고 할 때 신경질적인 말이 차꼬의 말뚝을 힘껏 잡아당기듯 숨은 그런 생기를 힘껏 잡아당겼다. 모든 생기는 숨의 주위에 모여들어 말하였다.

"존경하는 자여! 존재하라! 우리들 중에서 너는 가장 훌륭하다. 〔몸에서〕 떠나면 안 된다!"

1.13 그래서 언어가 숨에게 말했다. "나는 가장 탁월하기 때문에 너는 가장 탁월하다."

시각은 숨에게 말했다. "나는 기초이기 때문에 너는 기초이다."

1.14 그리고 청각은 숨에게 말했다. "나는 일치하기 때문에 너는 일치한다."

그리고 사고는 숨에게 말했다. "나는 거처이기 때문에 너는 거처이다."

1.15 확실히 사람은 이것을 언어라고도, 시각이라고도, 청각이라고도, 사고라고도 이름붙이지 않는다. 사람들은 이것을 바로 모든 생기(prāṇa)라고 부른다. 왜냐하면 바로 숨(prāṇa)이 이 모든 것이 되기 때문이다.

2.1 숨은 말하였다. "무엇이 내 음식이 될 것인가?"

모든 생기는 말했다. "개나 새에 이르기까지 여기에 있는 모든 것이다."

확실히 이것은 숨(ana)의 음식(anna)이다. 확실히 아나는 〔프라나에 대한〕 명료한 이름이다. 참으로 이와 같이 알고 있는 사람의 경우에는 음식이 되지 않는 것은 무엇 하나 존재하지 않는다. [1]

2.2 숨은 말하였다. "무엇이 내 의복이 되는 것인가?"

"물이다"라고 그들은 말했다.

그러므로 진정 먹으려고 하는 사람들은 음식을 먹기 전후에 물로써 입 안을 가신다. *² 숨은 언제나 의복을 받아들이는 습관이 있다. 그것은 벌거숭이로 있는 일은 없다.

2.3 이것을 고슈르티 바이야그라파디야에게 전한 다음에 사티야카마 자바라는 말했다.

"혹시 사람이 이것을 시든 그루터기에게 말하더라도 그 위에 바로 가지가 돋고 잎이 무성할 것이다."

2.4 그래서 사람이 위대한 것을 얻고자 한다면 초승달 밤에 정결의 의식을 마치고, 보름달 밤에 모든 약초의 혼합 음료에 응유(凝乳)와 꿀을 섞은 '가장 훌륭한 것과 가장 좋은 자에게 스바하〔바칩니다〕!'라 말하고 그는 불 속에 녹인 버터를 제물로 바치고 나머지를 혼합 음료 속에 쏟는다.

2.5 "가장 유복한 자에게 스바하!"라 말하고 사람은 불 속에 녹인 버터를 제물로 바치고 나머지를 혼합 음료 속으로 쏟아야 한다.

"기초에 대하여 스바하!"라 말하고 사람은 불 속에 녹인 버터를 제물로 바치고 나머지를 혼합 음료 속으로 쏟아야 한다.

"일치에 대하여 스바하!"라 말하고 사람은 불 속에 녹인 버터를 제물로 바치고 나머지를 혼합 음료 속으로 쏟아야 한다.

"거처에 대하여 스바하!"라 말하고 사람은 불 속에 녹인 버터를 제물로 바치고 나머지를 혼합 음료 속으로 쏟아야 한다.

---

*1 이와 같이 알고 있는 사람에게 부정한 음식, 어울리지 않은 음식은 존재하지 않는다고 하는 정도의 의미.

*2 식사를 하기 전후에 물을 훌쩍훌쩍 마신다는 의식상의 관행이 시사되어 있다. 더욱이 '둘러싼다'는 의미의 paridadhati에는 '옷을 입는다'는 의미도 있다. 그러나 이 관련은 아나〔ana〕와 안나〔anna〕라고 하는 음성상으로 비슷한 데 근거하고 있다.

2.6 이제 돌아와 살금살금 걸어가서 합장하고 혼합 음료를 양손에 들고 그는 중얼거린다.

"그대는 아마(ama)라는 이름이오. 왜냐하면 이 일체는 그대에게(amā) 있기 때문이오. 왜냐면 그[숨]는 가장 훌륭하고 가장 좋고 왕이며 군주이기 때문이지요. 그것은 나를 가장 훌륭한 자, 가장 좋은 자, 왕위와 군주의 지위에 이르게 하여주오! 바로 나는 이 일체이고 싶소이다!"

2.7 그래서 잘 알려진 것처럼 이 리그 베다의 시구를 한 줄씩 낭송할 때마다 그는 혼합 음료를 한 모금씩 마신다.

"사비트리의 그 [음식]을 우리는 선택한다"라 하고 그는 한 모금 마신다.
"[사비트리] 신의 음식 [그것]을"이라 하고 그는 한 모금 마신다.
"가장 좋고 모든 것을 더 없이 상쾌하게 하는 것을"이라 하고 그는 한 모금 마신다.
"바가 신(神)의 풍부한 것을 우리는 생각한다"라 하고 그는 [혼합 음료의] 일체를 다 마신다.

금속제 또는 목제의 술잔을 씻어, 불의 배후에, 모피의 위 또는 땅바닥에서 그는 침묵한 채 조심스레 눕는다. 혹시 그가 여자를 본다면 의식(儀式)은 성공하였다고 그는 알아야 한다.

2.8 이것에 관련하여 다음의 시구가 있다.

소원 성취의 제례에서 사람이 꿈 속의 여자를 볼 때,
그 꿈자리에서, 그 꿈자리에서, 그것이 성공하였다고 그는 알아야 한다.

3.1 슈베타케투 아르네야는 판챠라 일족의 모임에 찾아왔다. 그에게 프라바하나 쟈이발리 왕이 말하였다.
"젊은이여! 그대는 아버지에게 배웠는가?"

"예, 존경하는 분이시여!"

3.2 또 왕이 슈베타케투에게 물었다.

"이 세상을 떠나, 살아 있는 사람들이 어디로 가는지 그대는 알고 있는가?"

"아니요, 존경하는 왕이시여!"

"어떻게 하여 그들이 다시 돌아오는지 그대는 알고 있는가?"

"아니요, 존경하는 왕이시여!"

"신들에 이르는 길과 조상에 이르는 두 길이 어떻게 갈라지는지 그대는 알고 있는가?"

"아니요, 존경하는 왕이시여!"

3.3 "어째서 저 세상이 가득 차지 않는지 그대는 알고 있는가?"

"아니요, 존경하는 왕이시여!"

"다섯 번째의 제물로서 어떻게 물이 인간의 소리를 내게 되는지 그대는 알고 있는가?"

"아니요, 존경하는 왕이시여!"

3.4 "그렇다면 어째서 그대는 배웠다고 하였는가? 이런 것도 모르는 사람이 어떻게 배웠다고 말할 수 있겠는가?"

슈베타케투는 풀이 죽어 아버지가 있는 곳으로 돌아왔다. 그는 아버지에게 말하였다.

"실제로 무엇 하나 저에게 가르쳐주지 않았는데 아버지는 '나는 너를 다 가르쳤다'고 말하셨습니까.

3.5 왕족의 한 사람이 저에게 다섯 가지 질문을 하였어요. 그 중의 하나도 저는 해답할 수가 없었습니다."

아버지는 말했다.

"네가 나한테 이런 말을 한 것같이, 그리고 내가 이런 것 중 하나도 모르는 것처럼—혹시 내가 이런 것을 알고 있었다면 왜 내가 너한테 말하지 않앉겠느냐?"

3.6 아버지 가우타마는 왕에게 다가갔다. 그가 도착하였을 때 왕은 그에게 경의를 표하였다. 다음날 아침 그는 모임 장소로 가서 〔왕에게〕 가까이 갔다. 그에게 왕은 말했다.

"존경하는 가우타마여! 인간의 부(富) 가운데서 그대가 바라는 것을 말해 보시오!"

그는 말하였다. "왕이시여! 인간의 부는 모두 왕의 것입니다. 젊은 아이에게 왕께서 하셨던 바로 그 말을 나에게 하시지요!"

그러자 왕은 당황하였다.

3.7 왕은 가우타마에게 다음과 같이 말하였다.

"이곳에 오랫동안 머물기 바라오. 가우타마여! 그대가 내게 말하였듯이 그대보다 앞서 이 지식이 바라문에 도달하지 않은 것처럼—그러므로 모든 세계에서의 지배권은 크샤트리아 계급에만 속해 있었어요.

4.1 가우타마여! 참으로 불은 저 세계요. 그것의 땔나무는 바로 태양이요. 그것의 연기는 햇빛이요. 그것의 불꽃은 낮이요. 그것의 숯은 달이요. 그것의 불똥은 별이라오.

4.2 이 불 속으로 신들은 신앙을 제물로서 바치지요. 이 제물 속에서 소마 왕이 태어났어요.

5.1 참으로 불은 비구름이요, 가우타마여! 그것의 땔나무는 바로 바람이요. 그것의 연기는 번개구름이요. 그것의 불꽃은 번개요. 그것의 숯은 천둥이요. 그것의 불똥은 우박이라오.

5.2 이 불 속으로 신들은 소마 왕을 제물로서 바치지요. 이 제물 속에서 비가 생긴다오.

6.1 참으로 불은 대지이지요, 가우타마여! 그것의 땔나무는 바로 해[년]지요. 그것의 연기는 허공이요. 그것의 불꽃은 밤이요. 그것의 숯은 방향이요. 그것의 불똥은 중간의 방향이라오.

6.2 이 불 속으로 신들은 비를 제물로 바치지요. 이 제물 중에서 음식이 생깁니다.

7.1 참으로 불은 인간입니다, 가우타마여! 그것의 땔나무는 바로 언어지요. 그것의 연기는 숨이요. 그것의 불꽃은 혀지요. 그것의 숯은 시각이요. 그것의 불똥은 청각이라오.

7.2 이 불 속으로 신들은 음식을 제물로 바치지요. 이 제물 속에서 정액이 생긴다오.

8.1 참으로 불은 여자지요, 가우타마여! 그것의 땔나무는 바로 음부지요. 여자를 불러들이는 것, 그것이 여자의 연기지요. 여자의 불꽃은 질이요. 속으로 넣는 것, 그것이 그녀의 숯이지요. 그녀의 불똥은 쾌락이라오.

8.2 이 불 속으로 신들은 정액을 제물로 바치지요. 이 제물 중에서 태아가 생긴다오.

9.1 그래서 그와 같은 다섯 번째 제물에서 물은 인간의 소리를 띠게 되지요. 이 태아는 태막에 덮여 10개월 또는 9개월 또는 그 정도의 기간을, 자궁 속에 누워 있다가 태어나지요.

9.2 한 번 태어나면 사람은 수명이 있는 한 살지요. 그에게 정해진 수명이 다하여 사람이 죽을 때 사람들은 그가 거기에서 찾아왔고 그가 태어난 바로 그 불 있는 데로 그를 나르지요.

10.1 이와 같이 알고 있는 사람들과 황야에서 신앙을 금욕으로서 명상하는

사람들—그들은 불꽃으로 들어가 불꽃 속에서 낮에, 낮 동안에 둥그러져가는 반달에, 둥그러져가는 반달 속에서 태양이 북쪽으로 가는 6개월에,

10.2 이런 달력 중의 해〔年〕에, 해 중에서 태양에, 달 중에서 번개로 들어간다오. 거기에 인간이 아닌 초인이 있지요. 그는 그들을 브라만으로 보냅니다. 이것이 신에 이르는 길이라는 오솔길입니다.

10.3 그런데 마을에서 〔신들과 제관에게〕 보시하는 것은 제례의 선행을 얻기 위한 것으로 명상하는 사람들—그들은 연기로 들어갑니다. 연기 속에서 밤에, 밤 중에서 다른 반달 〔이지러지는 반달〕에, 다른 반달 중에서 태양이 남쪽으로 가는 6개월에 그들은 들어가지요. 이들은 해〔年〕에 도달하지 못합니다.

10.4 그런 세월 속에서 조상의 세계에, 조상의 세계 속에서 허공에, 허공 속에서 달에. 이것이 소마 왕이라오. 이것이 신들의 음식이지요. 그것을 신들은 먹는답니다.

10.5 나머지가 있는 한 거기에 머물고, 그리고 갔던 데와 같은 길을 지나, 그들은 다시 돌아오지요—허공으로. 허공 속에서 바람으로. 바람이 된 다음에 그것은 연기가 됩니다. 연기가 된 다음에 그것은 번개구름이 되지요.

10.6 번개구름이 된 다음에 그것은 비구름이 됩니다. 비구름이 된 다음에 그것은 내리기 시작하지요. 그들은 여기에서 쌀 또는 보리, 식물 또는 수목, 참깨 또는 콩으로 태어납니다. 이것을 헤쳐나가는 것은 지극히 어렵답니다. 왜냐하면 음식을 먹는 사람, 정액을 쏟는 사람은 바로 다시 이것이 되기 때문이지요.

10.7 여기에서 〔먹는다는〕 그 행동이 바람직한 사람들에게는 바람직한 자궁, 즉 바라문의 자궁 또는 크샤트리아의 자궁으로 들어갈 희망이 있어요. 그러나 여기에서 〔먹는다는〕 그 행동이 가슴에 역겨운 사람들에게는 개의 자

궁, 돼지의 자궁 또는 불가천민(不可賤民)의 자궁으로 들어갈 가능성이 있지요.

10.8 그렇지만 이런 두 오솔길 위를 그 어떤 것으로도 [가지] 않는 [것이 존재하는]—그런 것은 자주 여기에 돌아오는 이런 보잘것없는 생물이 됩니다. '태어나라!' '죽어라!'—이것이 제3의 상태라오. 그러므로 저 세상은 채워지지 않는 것이지요. 그러므로 사람은 그것으로부터 몸을 지켜야 합니다. 그것에 관련하여 다음의 시구가 있어요.

10.9 황금을 훔친 자, 스라주[술]를 마시는 자, 스승의 침대를 더럽히는 자[스승의 아내와 정을 통하는 자], 바라문을 살해하는 자—이런 네 가지 죄를 지은 자와 다섯 번째로 그들과 사귀는 자는 파멸을 당한다.

10.10 그러나 이런 오화(五火)를 알고 있는 사람은 설사 그런 사람들과 사귀어도 악에 물들지 않는다. 이와 같이 알고 있는 사람은, 이와 같이 알고 있는 사람은, 순수하고 정결하게 되며 선한 세계에 살게 된다."*3

11.1 프라치나샤라 아우파마니야바, 사티야야쥬나 파우루시, 인드라디유므나 바라베야, 쟈나 샤르카라크시야, 브디라 아슈바타라슈비—이런 큰 집안의 가장, 대(大)베다학자는 함께 와서 "우리의 자기[아트만]란 무엇인가? 브라만이란 무엇인가?"를 탐구한다.

11.2 그들은 공통의 결론에 도달하였다.
"참으로 존경스러운 이 웃다라카는 지금 이 자기, 만인에게 공통되는 것

---

*3 아시우바파티 카이케야는 사람을 타락시키는 다섯 가지 큰죄에 관한 시[10.9]를 인용한 다음에 이 대목에서 이 시에 대하여 논평하였다. 오화설(五火說)을 알고 있는 사람, 자기의 생기에 제물을 바치는 사람은 설사 큰죄를 범하여도 악을 면한다고 주장하는 것이다. 제례를 행하는 사람은 아무리 나쁜 짓을 해도 상관없다고 하는 사상은 이 우파니샤드의 5.24. 3~4에도 나온다. 우파니샤드 가운데는 사회 정의라고 하는 것은 존재하지 않는다. 모럴의 결여—그것이 우파니샤드의 최대 특징의 하나이다. 니체 식으로 말하면 우파니샤드는 [선악의 저편에] 있는 것이다.

을 배우고 있다. 자, 우리는 그에게 가자!"

그들은 모두 웃다라카에게 갔다.

11.3 웃다라카는 결론에 도달하였다.

"이런 큰 집안의 가장, 대 베다학자는 나에게 물을 것이다. 나는 그들의 질문에 어쨌든 모든 것을 다 대답하지는 못할 것이다. 그래서 나는 다른 성자에게 가보는 것이 좋겠다."

11.4 웃다라카는 그들에게 말했다.

"참으로 존경하는 이 아슈바파티 카이케야는 지금 이 자기, 만인에게 공통되는 것을 배우고 있다. 자, 우리는 그에게 가자!"

그리하여 그들 모두는 아슈바파티에게 갔다.

11.5 그들이 도착하였을 때 아슈바파티는 그들에게 일일이 경의를 표하였다. 다음날 아침 일어났을 때 그는 말했다.

내 왕국에는 도둑이 없고 인색한 사람이 없고 주정뱅이가 없고,
제례의 불을 끄는 자가 없고 무지한 자가 없고 호색한도, 호색하는 여자도 없습니다.

"참으로 존경하는 분들이여! 나는 제례를 행하려고 하오. 내가 각 제관에게 주려고 하는 그 정도의 답례를 존경하는 여러분께도 드릴 것이오. 존경하는 분들이여! 머물도록 하시오!"

11.6 그러나 그들은 말하였다.

"어떤 일에 사람이 관여하고 있는 바로 그것에 대하여 왕은 말해야 하오. 왕께서는 지금 이 자기, 만인에게 공통되는 것을 배우고 계시지 않습니까. 바로 그것에 대하여 우리에게 말해주십시오!"

11.7 그러자 아슈바파티는 그들에게 말하였다.

"내일 아침에 나는 그대들에게 대답할 것이오."

다음날 아침, 땔나무를 손에 들고 그들은 돌아왔다. 그러나 그들을 제자로 삼지 않고 그는 이렇게 말하였다.

12.1 "아우파마니야바여! 그대는 무엇을 자기[아트만]로서 명상합니까?"

"바로 하늘을 명상합니다, 존경하는 왕이여!"라고 그는 말했다.

"그대가 자기로서 명상하는 것, 이것은 참으로 밝고 빛나는 자기입니다. 만인에게 공통되는 것입니다. 그러므로 그대의 집에서 날마다 짜고, 며칠 동안 짜고, 수많은 나날 짜고 있는 소마의 액체가 보입니다."

12.2 "그대는 음식을 먹는 사랑스러운 것을 봅니다. 이와 같은 이 자기, 만인에게 공통되는 것을 명상하는 사람—그는 음식을 먹는 사랑스러운 것을 보고 그의 집에는 신성한 지식의 빛이 반짝인다고 생각하지요. 그러나 이것은 자기의 머리에 불과한 것입니다"라고 그는 이어서 말하였다. "만일 그대가 나한테 오지 않았다면 그대의 머리는 깨져 흩어졌을 것입니다."

13.1 그리고 왕은 사티야야지나 파우르시에게 말하였다.

"프라치나요기야여! 그대는 무엇을 자기[아트만]로서 명상합니까?"

"바로 태양을 명상합니다, 존경하는 왕이여!"라고 그는 말했다.

"그대가 자기로서 명상하는 것—이것은 참으로 일체의 형태를 가진*4 자기, 만인에게 공통되는 것입니다. 그러므로 그대의 집에는 일체의 형태를 가진 많은 복이 보입니다.

13.2 회전하기 시작한 암노새에게 이끌리는 수레, 한 사람의 여자 하인, 한 개의 황금 장식이 보입니다. 그대는 음식을 먹는 사랑스러운 것을 봅니다. 이와 같은 이 자기, 만인에게 공통되는 것을 명상하는 사람—그는 음식을 먹는 사랑스러운 것을 보고 그의 집에는 신성한 지식의 빛이 반짝인다고 생각하지요. 그러나 이것은 자기의 눈에 불과합니다." 이렇게 그는 말하였

─────────────

*4 Viśvarūpa를 여기에서는 "일체의 형태를 가진"으로 번역하였다. 그러나 rūpa는 형태와 동시에 빛깔도 의미한다. 그러므로 이 말은 "다채로운"이라고 번역할 수도 있을 것이다.

다. "만일 그대가 나한테 오지 않았다면 그대는 소경이 되었을 것입니다."

14.1 이번에는 왕이 인드라디유므나 바라베야에게 말하였다. "바이야그라
파디야여! 그대는 무엇을 자기로서 명상합니까?"

그가 대답했다. "바로 바람을 명상합니다, 존경하는 왕이여!"

그러자 왕이 말했다. "그대가 자기〔아트만〕로서 명상하는 것—이것은 참
으로 다양한 길을 가진 자기, 만인에게 공통되는 것입니다. 그러므로 갖가지
의 선물이 그대를 찾아와 수레 행렬이 이어질 것입니다.

14.2 그대는 음식을 먹는 사랑스러운 것을 봅니다. 이와 같은 자기, 만인
에게 공통되는 것을 명상하는 사람—그는 음식을 먹는 사랑스러운 것을 보
고 그의 집에는 신성한 지식의 빛이 반짝인다고 생각하지요. 그러나 이것은
자기의 숨에 불과한 것입니다. 만일 그대가 나한테 오지 않았다면 숨은 그대
에게서 떠났을 것입니다."

15.1 그리고 왕이 쟈나 샤르카라크슈야에게 말하였다. "샤르카라크슈야
여! 그대는 무엇을 자기로서 명상합니까?"

그가 대답했다. "바로 허공을 명상합니다, 존경하는 왕이여!"

왕이 말했다. "그대가 자기로서 명상하는 것—이것은 참으로 훌륭한 자
기, 만인에게 공통되는 것입니다. 그러므로 자손과 재산으로써 그대는 광대
하게 될 것입니다.

15.2 그대는 음식을 먹는 사랑스러운 것을 봅니다. 이와 같은 자기, 만인
에게 공통되는 것을 명상하는 사람—그는 음식을 먹는 사랑스러운 것을 보
고 그의 집에는 신성한 지식의 빛이 반짝인다고 생각하지요. 그러나 이것은
자기의 접합〔육신〕에 불과합니다." 그는 이렇게 말하였다. "만일 그대가 나
한테 오지 않았다면 그대의 육신은 달아났을 것입니다."

16.1 그리고 왕이 브디라 아슈바타라슈비에게 말하였다. "바이야그라파디
야여! 그대는 무엇을 자기로서 명상합니까?"

그가 대답했다. "바로 물을 명상합니다, 존경하는 왕이여!"

그러자 왕이 말했다. "그대가 자기로서 명상하는 것—이것은 참으로 재물로서의 자기, 만인에게 공통되는 것입니다. 그러므로 그대는 부를 누리고 번영할 것입니다.

16.2 그대는 음식을 먹는 사랑스러운 것을 봅니다. 이와 같은 자기, 만인에게 공통되는 것을 명상하는 사람—그는 음식을 먹는 사랑스러운 것을 보고 그의 집에는 신성한 지식의 빛이 반짝인다고 생각하지요. 그러나 이것은 자기(아트만)의 오줌보에 불과합니다." 그는 이렇게 말하였다. "만일 그대가 나한테 오지 않았다면 그대의 방광은 터졌을 것입니다."

17.1 이번에는 왕이 웃다라카 아르니에게 말하였다.

"가우타마여! 그대는 무엇을 자기로서 명상합니까?"

그가 대답했다. "바로 대지를 명상합니다, 존경하는 왕이여!"

그러자 왕이 말했다. "그대가 자기로서 명상하는 것—이것은 참으로 기초로서의 자기, 만인에게 공통되는 것입니다. 그러므로 자손과 가축으로써 그대는 기초를 이루게 됩니다.

17.2 그대는 음식을 먹는 사랑스러운 것을 봅니다. 이와 같은 자기, 만인에게 공통되는 것을 명상하는 사람—그는 음식을 먹는 사랑스러운 것을 보고 그의 집에는 신성한 지식의 빛이 반짝인다고 생각하지요. 그러나 이것은 자기의 두 발에 불과합니다. 만일 그대가 나한테 오지 않았다면 그대의 두 발은 쇠약해졌을 것입니다."

18.1 왕은 그들 모두에게 말하였다. "참으로 이 자기, 만인에게 공통되는 것을 어쨌든 개별적인 것으로 알고 있었어요. 여기에 있는 그대들—그대들은 음식을 먹습니다. 그러나 이 자기, 만인에게 공통되는 것을 한 뼘밖에 안 되는 길이를 가진 것, 그 잣대를 넘은 것으로서 명상하였어요. 그러나 실은 모든 세계에서 모든 생물을 모든 자기들의 음식으로 먹는 것입니다.

18.2 참으로 이 자기, 만인에게 공통되는 것에 관하여―반짝반짝 빛나고 있는 것은 바로 머리입니다. 모든 형태를 가진 것은 눈입니다. 갖가지 길을 가진 것은 숨입니다. 관대한 것은 접합으로서의 육신(ātman)입니다. 부는 바로 오줌보입니다. 두 발은 바로 대지입니다. 제단은 바로 가슴입니다. 제례의 풀은 몸털입니다. 가장의 제화(祭火)는 심장입니다. 남쪽의 불은 사고입니다. 그 중에서 제물을 바치는 불은 입입니다.

19.1 최초로 가져온 음식, 그것을 사람은 제물로서 바쳐야 합니다. 그가 첫 입에 들어갈 음식으로서 바쳐야 하는 제물, 그것을 사람은 〔다음의 말과 함께〕 바쳐야 합니다. '내쉬는 숨에게 스바하!' 이렇게 하면 내쉬는 숨은 만족합니다.

19.2 내쉬는 숨이 만족할 때 시각은 만족합니다. 시각이 만족할 때 태양은 만족합니다. 태양이 만족할 때 하늘은 만족합니다. 하늘이 만족할 때 하늘과 태양을 지배하는 것은 무엇이나 만족합니다. 그가 만족한 다음에 그의 자손, 가축, 음식, 신성한 지식이 빛남으로써 만족합니다.

20.1 그리고 사람이 두 번째 것으로 바쳐야 하는 제물, 그것을 그는 〔다음의 말과 함께〕 제물로서 바쳐야 합니다. '매기〔媒氣 : 내쉬는 숨과 들이쉬는 숨 사이에 있는 숨〕에 대하여 스바하!' 이렇게 하면 매기는 만족합니다.

20.2 매기가 만족할 때 청각은 만족합니다. 청각이 만족할 때 달은 만족합니다. 달이 만족할 때 방향은 만족합니다. 방향이 만족할 때 방향과 달을 지배하는 것은 무엇이나 만족합니다. 그가 만족한 다음에 그의 자손, 가축, 음식, 열과 신성한 지식이 빛남으로써 만족합니다.

21.1 그리고 사람이 세 번째 것으로 바쳐야 하는 제물, 그것을 그는 〔다음의 말과 함께〕 제물로서 바쳐야 합니다. '들이쉬는 숨에 대하여 스바하!'

21.2 그들이 들이쉬는 숨이 만족할 때 언어는 만족합니다. 언어가 만족할

때 불은 만족합니다. 불이 만족할 때 대지는 만족합니다. 대지가 만족할 때 대지와 불이 지배하는 것은 무엇이나 만족합니다. 그가 만족한 다음에 그의 자손, 가축, 음식, 열, 신성한 지식이 빛남으로써 만족합니다.

22.1 그리고 사람이 네 번째 것으로 바치는 제물, 그것을 그는 〔다음의 말과 함께〕 제물로서 바칩니다. '사마나〔samana : 내쉬는 숨과 들이쉬는 숨을 연결하는 숨〕에 대하여 스바하!' 이렇게 하면 사마나는 만족합니다.

22.2 사마나가 만족할 때 사고는 만족합니다. 사고가 만족할 때 비는 만족합니다. 비가 만족할 때 번개는 만족합니다. 번개가 만족할 때 번개와 비를 지배하는 것은 무엇이나 만족합니다. 그가 만족한 다음에 그는 자손, 가축, 음식, 열과 신성한 지식이 빛남으로써 만족합니다.

23.1 그리고 사람이 다섯 번째 것으로 바치는 제물, 그것을 그는 〔다음의 말과 함께〕 제물로서 바쳐야 합니다. '위로 가는 숨에 대하여 스바하!' 이렇게 하면 위로 가는 숨은 만족합니다.

23.2 위로 가는 숨이 만족할 때 바람은 만족합니다. 바람이 만족할 때 허공은 만족합니다. 허공이 만족할 때 바람과 허공이 지배하는 것은 무엇이나 만족합니다. 그가 만족한 다음에 그는 자손, 가축, 음식, 열과 신성한 지식이 빛남으로써 만족합니다. *5

24.1 누구든 이 지혜를 알지 못하고 불의 신의 제례를 지낸다면 그것은 숯을 없애고 재 속으로 제물을 바치는 것이나 같습니다.

24.2 이것을 이와 같이 알고 불의 신 제례를 지내는 자, 그의 제물은 모든 세계, 모든 생물, 모든 자기〔아트만〕에게 제례를 지내는 셈이 됩니다.

**5 5.19~23은 찬도기야 우파니샤드의 핵심 부분이다. 오화(五火)로 여기는 다섯 가지 숨〔프라나, 비야나, 아파나, 사마나, 우다나〕 속에 제물로서 소량의 음식을 바친다. 이 의식이 다섯 가지 숨 속으로 음식을 바치는 불의 제례(prāṇāgnihotra)이다.

24.3 불 속에 던진 갈대의 끝이 다 타듯이 누군가 이 지혜를 알고 불의 신 제례를 지낸다면 그렇게 그의 모든 죄악은 불에 타게 됩니다.

24.4 그러므로 이와 같이 알고 있는 사람이 가령 천민에게 남은 음식을 주더라도 그것은 만인에게 공통된 불인 자기〔아트만〕에게 제물로서 바치는 것이 됩니다. *6

24.5 이것에 관련하여 다음의 시구가 있습니다.

여기에 굶주린 아이들이 어머니 가까이 앉듯이,
그와 같이 모든 생물은 불의 신 제례 가까이에 앉는다, 불의 신 제례 가까이에 앉는다.”

---

*6 5.24.3~4에서 프라나·아그니·호트라, 즉 자기의 숨에게 음식을 바친다는 불의 신 제례를
  지내는 사람은 그의 죄악을 면한다고 하는 우파니샤드의 중심 사상이 설명되어 있다.

제6장

1.1 슈베타케투는 웃다라카 아르니의 아들이었다. 아버지가 아들에게 말하였다.

"슈베타케투야! 학생으로서의 생활을 보내거라! 참으로 사랑스러운 아들아! 배우지 않고 태생만 브라만인 그런 사람은 우리 가족이 될 수 없단다."

1.2 그래서 12세 때〔스승에게〕제자로 들어가 24세 때 그는 모든 베다를 배운 다음, 자기는 학문이 있다고 생각하여 우쭐한 자부심을 가지고 집으로 돌아왔다. 아버지는 그에게 말하였다.

1.3 "슈베타케투야! 사랑스러운 아들아! 네 자신은 네가 학문을 했다고 생각하여 우쭐거리고 있구나. 그로 말미암아 아직 들어본 적이 없는 것을 듣게 되고, 아직 생각해본 적이 없는 것을 생각하게 되고, 아직 인식해본 적이 없는 것을 인식하게 되었을 것이다. 그 변화 곧, 자리바꿈(ādeśa)에 대하여 너는 여쭈어 보았느냐?"

"그런데 존경하는 아버님! 어떻게 하여 그 변화는 일어나는 것입니까?"

1.4 "사랑하는 아들아! 한 덩어리의 찰흙을 알면 모든 찰흙으로 만들어진 것들을 인식할 수 있는 이치와 같다. 흙덩어리를 변형시켜 만들어진 것들은 그것들을 말로 부르기 위해 각각 다른 이름을 붙인 것에 불과하다. '그것은 찰흙이다'라고 하는 것만이 진리이다.

1.5 사랑스러운 아들아! 하나의 구리 장식물을 알면 모든 구리 제품들을 인식할 수 있는 이치와 같다. 구리를 변형시켜 만들어진 것들은 그것들을 말로 부르기 위해 각각 다른 이름을 붙인 것에 불과하다. '그것은 구리이다'라

고 하는 것만이 진리이다.

1.6 사랑스러운 아들아! 하나의 손톱깎이 가위를 알면 모든 철로 만들어진 것들을 인식할 수 있는 이치와 같다. 철을 변형시켜 만들어진 것들은 말로 부르기 위해 각각 다른 이름을 붙인 것에 불과하다. '그것은 철이다'라고 하는 것만이 진리이다. 사랑스런 아들아! 이와 같이 이 변화는 일어난다."

1.7 "제가 존경하는 스승님들은 이것을 몰랐던 것 같습니다. 왜냐하면 만일 그분들이 이것을 알았다면 어째서 그것을 저에게 말하지 않았겠습니까? 그러나 존경하는 아버지께서 그것을 저에게 가르쳐 주십시오!"
아버지가 말했다.
"좋다, 사랑스런 아들아!"

2.1 "사랑스러운 아들아! 여기에는 처음에 존재하고 있는 것만이 있었다. 그것은 오직 하나이고 다른 것은 존재하지 않았다. 그것에 관련하여 어떤 사람들은 말한다. '여기에는 처음에 존재하지 않은 것만 있었다. 그것은 오직 하나이고 다른 것은 있지 않았다. 하지만 이 존재하지 않은 것에서 존재하는 것이 생겨났다.'

2.2 '그러나 사랑스러운 아들아! 어떻게 하여 잘 알려진 것처럼 그와 같은 일이 있을 수 있겠느냐?'라고 그는 말하였다. '어떻게 하여 존재하지 않은 것에서 존재하는 것이 생길 수 있겠느냐? 사랑스러운 아들아! 여기에는 처음에 존재하는 것만이 존재하였다. 그것은 오직 하나이고 다른 것은 있지 않았다.'

2.3 그것은 관찰하였다. '나는 많이 존재하고 싶다, 나는 번식하고 싶다'라고. 그것은 열을 만들어냈다. 그 열은 관찰하였다. '나는 많이 존재하고 싶다, 나는 번식하고 싶다'고. 그것은 물을 만들어냈다. 그러므로 뜨거운 때에 또는 사람이 땀을 흘리는 곳은 어디에서나 바로 열에서 물이 생긴다.

2.4 불은 관찰한다. '나는 많이 존재하고 싶다, 나는 번식하고 싶다'고. 그것은 음식을 만들어낸다. 그러므로 비가 오는 곳이면 어디에서나 음식이 풍부하게 된다. 바로 물에서 음식이 생기기 때문이다.

3.1 잘 알려진 것처럼 모든 생물에는 세 가지 기원만이 존재한다. 알에서 부화하는 [난생(卵生)], 살아 있는 개체에서 태어나는 [태생(胎生)] 그리고 싹에서 생겨나는 [아생(芽生)]이다.

3.2 이 신격[존재하고 있는 것]은 관찰하였다. '자, 나는 이런 세 가지 신격[열·물·음식] 속으로 들어가 생명으로서의 자기[아트만]를 명칭과 형태로 드러내자.

3.3 그런 자기를 저마다 세 겹으로 존재하겠다'고. 이 신격은 이런 세 가지 속에 이 생명으로서의 자기로 들어가 명칭과 형태를 드러냈다.

3.4 그런 자기를 그것은 저마다 세 겹으로 하였다. '그러나 사랑스러운 아들아! 어떻게 해서 실로 이런 신격이 각기 저마다 세 겹이 되었는지 그것을 나에게 배워라!'

4.1 불의 붉은 형태 그것은 열의 형태이다. 하얀 형태 그것은 물의 형태이다. 검은 형태 그것은 음식의 형태이다. 불에서 불의 상태*1는 사라져 없어졌다. 모든 변형으로 만들어진 것들은 말로 부르기 위해 각각 다르게 붙여진 다른 이름에 불과하다. '그것은 세 가지 형태이다'라고 하는 것만이 진리이다.

4.2 태양의 붉은 형태 그것은 열의 형태이다. 하얀 형태 그것은 물의 형태이다. 검은 형태 그것은 음식의 형태이다. 태양에서 태양의 상태는 사라져

＊1 '불의 상태(agnivam)'—불로 하여금 불답게 하는 상태, 불의 본질적인 상태를 말한다. 그것은 '사라져 없어졌다'. 즉, '불의 상태'라고 하는 것은 '불'이라는 단순한 명칭이고, 사라져 없어지는 성질의 것이다. '불'에 관하여 진리인 것은 '세 가지 상태'뿐이다.

없어졌다. 모든 변형으로 만들어진 것들은 말로 부르기 위해 각각 다르게 붙여진 다른 이름에 불과하다. '그것은 세 가지 형태이다'라고 하는 것만이 진리이다.

4.3 달의 붉은 형태 그것은 열의 형태이다. 하얀 형태 그것은 물의 형태이다. 검은 형태 그것은 음식의 형태이다. 달에서 달의 상태는 사라져 없어졌다. 모든 변형으로 만들어진 것들은 말로 부르기 위해 각각 다르게 붙여진 다른 이름에 불과하다. '그것은 세 가지 형태이다'라고 하는 것만이 진리이다.

4.4 번개의 붉은 형태 그것은 열의 형태이다. 하얀 형태 그것은 물의 형태이다. 검은 형태 그것은 음식의 형태이다. 번개에서 번개의 상태는 사라져 없어졌다. 모든 변형으로 만들어진 것들은 말로 부르기 위해 각각 다르게 붙여진 다른 이름에 불과하다. '그것은 세 가지 형태이다'라고 하는 것만이 진리이다.

4.5 이것에 관련하여 그것을 알고 있는 사람들, 큰 집안의 주인들, 베다에 정통한 사람들은 예전에 늘 이렇게 말했었다. '우리가 듣지 못하였던 것, 생각하지 않았던 것, 또는 인식하지 못했던 것을 이제 누구 한 사람도 증인으로 나서지 않을 것이다'라고. 왜냐하면 이런 〔세 가지 형태〕에서 그들은 〔그 모든 것을〕 알았기 때문이다.

4.6 '붉은빛으로 나타난 것 그것은 열의 형태이다'라고 그들은 그렇게 알았다. '검은빛으로 나타난 것 그것은 음식의 형태이다'라고 그들은 그렇게 알았다.

4.7 어쨌든 확정적이 아니던 것 그것에 대하여 그들은 '그것은 바로 이런 〔세 가지〕 신격의 결합이다'라고 알고 있었다. 참으로 사랑스러운 아들아! 이런 세 가지의 신격이 인간에게 도달한 다음에 어떻게 각기 저마다 세 겹으로 되었는가 그것을 나에게 배워라!

5.1 먹을 수 있는 음식은 세 갈래로 나누어진다. 그 가장 거칠고 큰 성분은 똥이 되고, 중간 성분은 살이 되고, 가장 미세한 성분은 사고가 된다.

5.2 마실 수 있는 물은 세 갈래로 나누어진다. 그 가장 거칠고 큰 성분은 오줌이 되고, 중간 성분은 피가 되고, 가장 미세한 성분은 숨이 된다.

5.3 먹을 수 있는 열*2은 세 갈래로 나누어진다. 그 가장 거칠고 큰 성분은 뼈가 되고, 중간 성분은 골수가 되며, 가장 미세한 성분은 언어가 된다.

5.4 사랑스러운 아들아! 왜냐하면 사고는 음식에서 이루어지며 숨은 물에서 이루어지고 언어는 불에서 이루어지기 때문이다."
"존경하는 아버지께서는 더 많이 저에게 가르쳐주셔요!"
아버지는 말했다.
"좋다, 사랑스러운 아들아!"

6.1 "사랑스러운 아들아! 응유(凝乳)가 뒤섞일 때 그 미세한 성분은 위로 올라간다. 그것이 버터가 된다.

6.2 사랑스러운 아들아! 너는 알아야 한다. 음식을 먹을 때 그 가장 미세한 성분은 위로 올라간다. 그것이 사고가 된다.

6.3 사랑스러운 아들아! 물을 마실 때 그 가장 미세한 성분은 위로 올라간다. 그것이 숨이 된다.

6.4 사랑스러운 아들아! 열을 먹을 때 그 가장 미세한 성분은 위로 올라간다. 그것이 언어가 된다.

6.5 〔=5.4〕 사랑스러운 아들아! 왜냐하면 사고는 음식에서 이루어지고 숨

---

*2 '〔뜨거운 음식에서〕 먹을 수 있을 때의 열은'—이렇게 티메〔1966년 a, 48쪽〕는 번역하였다. 사람이 뜨거운 음식을 섭취함으로써 열은 몸 속으로 흡수된다고 하는 의미이다.

은 물에서 이루어지고 언어는 불에서 이루어지기 때문이다."

"존경하는 아버지께서는 더 많이 저를 가르쳐주세요!"

"좋다, 사랑스러운 아들아!"라고 아버지는 말하였다.

7.1 "사랑스러운 아들아! 인간은 열여섯 부분으로 이루어졌단다. 15일 동안 너는 먹지 말고, 마음대로 물만 마셔보아라! 숨은 물에서 이루어진 것이니 물을 마시는 사람한테서 숨은 떠나지 않을 것이다."

7.2 슈베타케투는 15일 동안 먹지 않았다. 그리고 그는 아버지 가까이에 앉았다.

"존경하는 아버님! 저는 무슨 말을 해야 될까요?"

"사랑스러운 아들아! 리그 베다의 시구, 야쥬르 베다의 의례적인 말, 사마 베다의 영창을 낭송하여라."

그러자 아들이 말했다.

"존경하는 아버님! 진정 그런 것이 저의 마음에 떠오르지 않습니다."

7.3 그의 아버지는 말했다.

"사랑스러운 아들아! 활활 타고 있는 불 속에 반딧불만한 숯불이 하나 남아 있다면 그것으로 다시 크게 타오르도록 하기는 어려운 것처럼 너에게 열여섯 부분 중 하나의 부분이 남아 있을지 모르는데 지금 그것으로 네가 베다를 생각해 내지는 못할 것이다. 밥을 먹어라! 그리고 나서 너는 나에게 또 배울 것이다."

7.4 그는 밥을 먹었다. 그리고 그는 아버지 가까이 다가가 앉았다. 아버지가 묻는 것은 무엇이나 모두 대답하였다.

7.5 아버지는 아들 슈베타케투에게 말하였다.

"사랑스러운 아들아! 활활 타고 있는 불속에 반딧불만한 숯불 하나가 남아 있어 그것을 풀로 덮고 그것을 타오르게 하면 그것에 의해 다시 활활 타듯이,

7.6 너에게 열여섯 부분 중에서 부분 하나가 남아 있었다. 이것은 음식으로 가려져 있었던 것이다. 이제야 너는 그것에 의하여 베다를 생각해 냈다. 왜냐하면 사랑스러운 아들아! 사고는 음식에서 이루어지고, 숨은 물에서 이루어지며, 언어는 불에서 이루어지기 때문이다."

그것을 슈베타케투는 아버지에게서 잘 배웠다, 잘 배웠다.

8.1 웃다라카 아르니는 아들 슈베타케투에게 말했다.

"사랑스러운 아들아! 나에게서 수면의 상태를 배워라! 인간이 잔다 (svapiti)고 할 때, 그 순간 그는 존재하고 있는 것과 결부된다. 그는 자기자신(sva) 속으로 돌아간다(apita). 그러므로 사람들은 그에 대하여 '그는 잔다'고 말한다. 왜냐하면 그는 svam apīti〔자기자신 속으로 돌아갔기〕때문이다.

8.2 줄로 묶여 있는 새가 여기저기 방향으로 난 다음에 다른 곳에 쉴 자리를 찾아내지 못하고 묶여 있는 곳에 내리듯 바로 이와 같이 잘 알려져 있는 것처럼, 사랑하는 아들아! 사고는 여기저기 방향으로 난 다음에 다른 곳에 쉴 곳을 찾아내지 못하고 바로 숨 위에 내린다. 왜냐하면 사고는 숨에 묶여 있기 때문이다.

8.3 사랑하는 아들아! 굶주림과 갈증을 나에게 배워라! 인간이 굶주리고 있다(aśiśiṣati)고 말할 때 그가 먹던 것을 가지고 사라지는 것은 바로 물이다. 소를 몰고 가는 자, 말을 몰고 가는 자, 인간을 데리고 가는 자라고 사람들이 말하듯이 사람은 물이라는 것을 굶주림〔aśanāya＝aśa-nāya : 음식을 가지고 가는 자〕이라고 부른다. 그 경우에 너는 몸을 움튼, 싹의 잎집〔葉鞘〕으로 인식하여라! 몸은 뿌리가 없는 것은 아닐 것이다.

8.4 몸의 뿌리는 음식 이외의 어디에 있는 것일까? 잘 알려져 있는 것처럼, 사랑스러운 아들아! 싹의 잎집으로서의 음식에 의해 그 뿌리인 물을 탐구하여라! 싹의 잎집으로서의 물에 의해 그 뿌리인 열을 탐구하여라! 그리고 싹의 잎집으로서의 열에 의해 뿌리로서 존재하고 있는 것을 탐구하여라!

이런 모든 살아 있는 것은 존재하고 있는 것을 뿌리로 하고, 존재하고 있는 것을 거처로 하며, 존재하고 있는 것을 기초로 하고 있다.

8.5 그리고 인간이 갈증난다(pipāsati)고 말할 때, 그가 이미 마신 물을 가져다주는 것은 바로 열이다. 그 때 인간은 이 열을 '물을 가져오는 자'라고 부르니, 일상에서도 소를 몰아오는 자, 말을 몰아오는 자, 인간을 데리고 오는 자와 같이 부르는 것과 같은 것이다. 그러므로 사랑스러운 아들아! 몸은 물을 뿌리로 하여 돋아난 싹으로 인식하여라! 몸은 뿌리 없는 것일 수가 없기 때문이다.

8.6 그 몸의 뿌리는 물 이외의 어디에 있는 것일까? 사랑스러운 아들아! 마찬가지로 물은 열을 뿌리로 하고 있다. 열은 참 존재를 그 뿌리로 하고 있다. 이 모든 생물들이 그 참 존재를 뿌리로 하고 있다. 참 존재는 그들이 머무는 거처요, 참 존재는 그들의 기반이다.

사랑스러운 아들아! 잘 알려져 있는 것처럼 이런 세 가지의 신격이 인간에 도달하여 어떻게 각각 저마다 세 겹으로 되는지 그것은 이미 예전에 말하였느니라. 이 인간이 죽을 때 그의 언어는 사고 속으로, 사고는 숨 속으로, 숨은 열 속으로, 열은 최고의 신격 속으로 들어간다.

8.7 이 아주 미세한 존재—이것을 세상 모든 것들은 아트만[본질]으로 삼고 있다. 이 존재가 곧 진리이다. 이 존재가 곧 아트만[자기]이다, 이것은 바로 너이다. 아아, 내 아들 슈베타케투야!"

"존경하는 아버지께서는 더 많이 저를 가르쳐주셔요!"

"좋다, 사랑스러운 아들아!"라고 아버지가 말했다.

9.1 "사랑스러운 아들아! 꿀벌이 꿀을 만드는 것이나 같다. 꿀벌은 갖가지 나무의 수액을 모아 그들 수액을 하나로 만든다.

9.2 거기에서 그런 수액이 '나는 이 나무의 수액이다', '나는 저 나무의 수액이다'라고 하는 구별을 할 수 없는 것이나 같다. 바로 이와 같이 잘 알려

진 것처럼, 사랑스러운 아들아! 모든 생물은 존재하고 있는 것 속으로 들어가 있는데, '우리는 존재하고 있는 것 속에 들어가 있다'는 것을 모르고 있다.

9.3 이 세상에서 어떤 모습으로 살았든 간에 호랑이나 사자, 이리 또는 멧돼지, 날벌레나 곤충, 파리나 모기 또는 무엇이든지, 모두 그 존재 자체가 된단다.

9.4 이 아주 미세한 존재—이것을 세상 모든 것들은 아트만[본질]으로 삼고 있다. 이 존재가 곧 진리이다, 이 존재가 곧 자기이다. 이것은 바로 너이다. 아아, 내 아들 슈베타케투야!"
"존경하는 아버지께서는 더 많이 저를 가르쳐주세요!"
"좋다, 사랑스러운 아들아!"라고 아버지는 말했다.

10.1 "사랑스러운 아들아! 이들 강은 흐른다, 동쪽에 있는 것은 동쪽으로, 서쪽에 있는 것은 서쪽으로. 그들은 바다에서 큰 바다 속으로 들어간다. 그것은 그렇게 하여 하나의 큰 바다가 된다. 거기[바다]에서는 강이 '나는 이 강이다', '나는 저 강이다'라는 것을 모르듯이,

10.2 참으로 이와 같이 잘 알려져 있는 것처럼 사랑스러운 아들아! 이런 생물들은 존재하고 있는 것에서 나온 것인데, '우리는 존재하고 있는 것에서 나왔다'는 것을 모르고 있다. 이 세상에서 어떤 모습으로 살았든 간에 호랑이나 사자, 이리 또는 멧돼지, 날벌레나 곤충, 파리나 모기 또는 무엇이든 간에 모두 그 존재 자체가 되는 것이다.

10.3 이 아주 미세한 존재—이것을 세상 모든 것들은 아트만[본질]으로 삼고 있다. 이 존재가 곧 진리이다, 이 존재가 곧 자기이다. 이것은 바로 너이다. 아아, 내 아들 슈베타케투야!"
"존경하는 아버지께서는 더욱더 많이 저를 가르쳐주세요!"
"좋다, 사랑스러운 아들아!"라고 아버지는 말했다.

11.1 "사랑스러운 아들아! 만일 사람이 이 큰 나무의 밑둥을 친다면 그것은 살아 있으면서 [수액을] 흘릴 것이다. 만일 사람이 한가운데를 친다면 그것은 살아 있으면서 [수액을] 흘릴 것이다. 만일 사람이 앞쪽의 끝을 친다면 그것은 살아 있으면서 [수액을] 흘릴 것이다. 이 나무는 살아 있는 자기 (jīvātman)에 의해 꿰뚫려 끊임없이 물을 먹으면서 즐거운 듯이 서 있기 때문이다.

11.2 생명(jīva)이 그것의 한 가지로부터 사라질 때 그 가지는 시든다. 그것이 둘째 가지에서 사라질 때 그 가지는 시든다. 그것이 셋째 가지에서 사라질 때 그 가지는 시든다. 그것이 모든 나무에서 사라질 때 나무는 메말라 버릴 것이다.

11.3 '바로 이와 같이 알려진 것처럼, 사랑스러운 아들아! 잘 알아야 한다!'라고 그는 말하였다. 참으로 생명이 사라질 때에 물론 이 나무는 죽지만 생명은 죽지 않는다.
이 아주 미세한 존재—이것을 세상 모든 만물은 아트만으로 알고 있다. 그것이 곧 진리이다. 그것이 곧 아트만이다. 이것이 바로 너이다. 아아, 내 아들 슈베타케투야!"
"존경하는 아버지께서는 더욱더 저를 가르쳐주셔요!"
"좋다, 사랑스러운 아들아!"라고 아버지는 말했다.

12.1 "거기에서 무화과 열매를 따오너라!"
"여기에 있습니다, 존경하는 이여!"
"그것을 쪼개보아라!"
"예, 쪼갰습니다, 존경하는 이여!"
"그 속에 너는 무엇이 보이느냐?"
"이런 아주 작은 낟알이 보입니다, 존경하는 이여!"
"자, 그 중의 낟알 하나를 쪼개 보아라!"
"예, 쪼갰습니다, 존경하는 이여!"
"그 속에 너는 무엇이 보이느냐?"

"전연 아무것도 보이지 않는데요, 존경하는 이여!"

12.2 아버지는 아들에게 말하였다.

"참으로 사랑스러운 아들아! 그것을 너는 알지 못하는구나. 이 미세한 것, 이 미세한 것에서 이렇게 큰 무화과가 나온단다. 믿어라.

12.3 이 아주 미세한 존재―이것을 세상 모든 것들은 아트만으로 삼고 있다. 그것이 곧 진리이다. 그것이 곧 아트만[자기]이다. 그것은 바로 너이다. 아아, 내 아들 슈베타케투야!"

"존경하는 아버지께서는 더욱더 많이 저를 가르쳐주셔요!"

"좋다, 사랑하는 아들아!"라고 아버지는 말했다.

13.1 "이 소금을 물에 넣어라! 그리고 내일 내 가까이에 앉아라!"라고 〔아버지는 아들 슈베타케투에게 말했다〕. 아들은 시키는 대로 하였다. 아버지는 말했다.

"어젯밤에 네가 물속에 넣은 소금, 그것을 가져오너라!"

그것을 손으로 더듬었으나 아들은 소금을 찾아내지 못했다.

13.2 그것은 완전히 녹아 버렸기 때문이다.

"자 어서 그 가장자리에서 마셔 보아라! 어떠하냐?"

"짠데요."

"한가운데서 마셔 보아라! 어떠하냐?"

"짭니다."

"〔다른〕 가장자리에서 마셔 보아라! 어떠하냐?"

"짭니다."

"그것을 버려라! 그리고 내 가까이 앉아라!"

아들은 시키는 대로 하였다. 소금은 항상 존재하고 있다. 아버지는 그에게 말했다.

"사랑스러운 아들아! 확실히 물론 여기에서 너는 그것을 알지 못한다. 그러나 그것은 물론 바로 여기에 있다.

13.3 이 아주 미세한 존재—이것을 세상 모든 것들은 아트만으로 삼고 있다. 그것이 곧 진리이다. 그것이 곧 아트만이다. 그것은 바로 너이다, 아아, 내 아들 슈베타케투야!"

"존경하는 아버지께서는 더욱더 많이 저를 가르쳐주세요!"

"좋다, 사랑스러운 아들아!"라고 아버지는 말하였다.

14.1 "사랑스러운 아들아! 눈이 가려진 사람을 간다라 지방에서 데려다 인적이 드문 곳에서 그를 풀어주듯이, 눈을 가린 채로 풀어준다면 그 사람은 동쪽으로 또는 북쪽으로 또는 남쪽으로 또는 서쪽으로 헤매게 되는 것처럼,

14.2 누군가 그의 눈가리개를 풀어주고 '이 방향에 간다라 지방이 있소, 이 방향으로 가시오!'라고 그가 말하였다고 하자. 그리고 그가 학식이 있고, 현명하기 때문에 마을에서 마을을 물어서 간다라 지방을 찾아가듯이 바로 이와 같이 여기에서 지혜를 줄 수 있는 사람이 스승이다. 스승을 만난 사람은 속박에서 완전히 해방될 때까지 시간이 걸릴 따름이다. 그러고 나서 나는 그 존재를 발견하게 된단다.

14.3 이 아주 미세한 존재—이것을 세상 모든 것들은 아트만으로 삼고 있다. 그것이 곧 진리이다. 그것이 곧 자기이다. 그것은 바로 너이다, 아아, 내 아들 슈베타케투야!"

"존경하는 아버지께서는 더욱더 많이 저를 가르쳐주세요!"

"좋다, 사랑스러운 아들아!" 아버지가 말했다.

15.1 "사랑스러운 아들아! 병든 사람 주위에 친척들이 앉아, '그대는 나를 알겠소? 그대는 나를 알겠소?'라고 묻는다. 그의 언어가 사고 속으로, 사고가 숨 속으로, 숨이 열 속으로, 그리고 열이 최고의 신격 속으로 들어가지 않는 한, 그는 친척들을 알아본단다.

15.2 그러나 그의 언어가 사고 속으로, 사고가 숨 속으로, 숨이 열 속으로, 열이 최고의 신격 속으로 들어가 있을 그때에 그는 〔어느새 친척을〕 몰

라본다.

15.3 이 아주 미세한 존재—이것을 세상 모든 것들은 아트만으로 삼고 있다. 그것이 곧 진리이다. 그것이 곧 자기이다. 그것은 바로 너이다. 아아, 내 아들 슈베타케투야!"

"존경하는 아버지께서는 더욱더 많이 저를 가르쳐주셔요!"

"좋다, 사랑스러운 아들아!"라고 아버지가 말하였다.

16.1 "사랑스러운 아들아! '그는 빼앗았다! 그는 도둑질을 하였다! 그를 〔벌하기〕 위하여 도끼를 달구라!'고 말한 사람들은 양손이 묶여 있는 인간을 데리고 〔재판장에〕 나온다. 만일 그가 〔훔친〕 범인이라면 그는 거짓말을 하고 허위로써 그 자신의 범행을 은폐하려고 하였기 때문에, 뜨겁게 달구어진 도끼를 잡아야 한다. 그는 쇠불에 태워져 처형된다.

16.2 그러나 그가 그 범인이 아니면 그는 그 자신의 결백을 맹세한다. 그는 진리를 말하고 진리에 의하여 그 자신의 몸을 감싸며 달구어진 도끼를 잡아도 그는 화상을 입지 않는다. 그리고 석방된다.

16.3 진실로 진실을 맹세한 인간이 이 시험에서 화상을 입지 않는 것처럼 진실의 이 지혜를 가진 자는 죽은 뒤 다시 이 세상에 오지 않게 된다. 그러나 그렇지 않은 자는 다시 반복해서 오게 된다. 그 아주 미세한 존재, 그것을 세상 모든 것들은 본질〔아트만〕로 삼고 있다. 그 존재가 곧 진리이다. 그 존재가 곧 자기〔아트만〕이다. 그것은 바로 너이다. 아아, 내 아들 슈베타케투야!"

이렇게 아버지에게 9번을 배우고 슈베타케투는 브라만과 아트만을 알게 되었다. 그는 알게 되었다.

제7장

1.1 "존경하는 이여! 가르쳐주소서!" 말하고, 나라다는 사나토쿠마라의 가까이에 갔다. *¹ 사나토쿠마라는 그에게 말하였다.

"자네가 이미 알고 있는 것 그것을 먼저 말해보게. 그리고 내 가까이에 앉게나! 그것을 넘어선 것을 나는 자네에게 말하겠네."

1.2 "존경하는 이여! 저는 배웠어요, 리그 베다, 야쥬르 베다, 사마 베다, 넷째 것으로서 아타르바 베다, 다섯째 것으로서 옛날 설화와 전설, 베다중의 베다인 산스크리트 문법, 조상제례에 대한 가르침, 산술, 점, 보물찾기, 대화술, 독백술, 신들에 대한 가르침. 베다의 의식에 대한 가르침, 귀신론, 지배에 대한 가르침, 점성술, 뱀과 반신[악마]에 대한 가르침까지 이 모두를 저는 배웠습니다, 존경하는 이여!" 나라다는 말했다.

1.3 이어서 나라다는 말했다.

"저는 만트라[제례의 의례적인 말]도 알고 있습니다, 그러나 자기[아트만]를 모릅니다. 존경하는 선생님과 같은 사람들에게서 '자기를 알고 있는 사람은 슬픔을 초월한다'고 하는 절실한 말을 들었습니다. 존경하는 이여! 저는 지금 슬픕니다. 존경하는 이여! 저를 슬픔에서 벗어나게 하여 주십시오!"

사나토쿠마라는 그에게 말했다.

"참으로 자네가 배운 것은 무엇이나 허울 좋은 이름에 불과하네.

1.4 참으로 리그 베다, 야쥬르 베다, 사마 베다, 넷째 것으로서 아타르바

---

*1 '땔나무를 가지고' 제자는 스승을 찾아오는 것이 고대 인도의 관행. 나라다가 '알고 있는 것, 그것과 함께' 그에게 찾아오기를 사나토쿠마라는 바라고 있었던 것이다. 그러나 사나토쿠마라는 나라다가 알고 있는 것을 이미 알고 있었다.

베다, 다섯째 것으로서 옛날 설화와 전설, 베다 중의 베다인 산스크리트 문법, 조상제례에 대한 가르침, 산술, 점, 보물찾기, 대화술, 독백술, 신들에 대한 가르침, 베다의 의식에 대한 가르침, 귀신론, 지배에 대한 가르침, 점성술, 뱀과 반신〔악마〕에 대한 가르침까지, 이 모두는 허울 좋은 이름에 지나지 않네. 그러므로 자네는 이름을 명상하도록 하게!

1.5 이름을 브라만으로서 명상하는 사람—그는 이름이 미치는 한 거기에서 바라는 대로 이루게 된다네. 이름을 브라만으로 명상하는 사람은."*2

"존경하는 이여! 이름보다도 위대한 것은 존재하는 것입니까?"

"확실히 이름보다도 위대한 것은 존재한다네."

"존경하는 이여! 그것을 저에게 가르쳐 주소서!"라고 나라다가 물었다.

2.1 그러자 사나토쿠마라가 말했다.

"참으로 언어는 이름보다도 위대하다네. 참으로 언어는 리그 베다를 인식시켜 주는 것이야. 야쥬르 베다, 사마 베다, 넷째 것으로서 아타르바 베다, 다섯째 것으로서 옛날 설화와 전설, 베다 중의 베다인 문법, 조상제례에 대한 가르침, 산술, 점, 보물찾기, 대화술, 독백술, 신들에 대한 가르침, 베다 의식에 대한 가르침, 귀신론, 지배에 대한 가르침, 점성술, 뱀과 반신〔악마〕에 대한 가르침은 하늘과 땅, 바람과 허공, 물과 열, 신들과 인간, 가축과 새, 풀과 나무, 날벌레, 곤충과 개미에 이르기까지 맹수를, 법과 불법, 진리와 허위, 선과 악, 쾌적한 것과 불쾌한 것을 말이야. 참으로 언어가 존재하지 않는다면 법과 불법, 진리와 허위, 선과 악, 쾌적한 것과 불쾌한 것을 인식하지 못했을 것이야. 참으로 언어가 이 모든 것을 인식시키는 것이라네. 그러므로 자네는 언어를 명상하도록 하게!

---

*2 이름(nāman)에서 시작하여 숨(prāṇa)에 이르기까지 이런 사물을 브라만으로서 명상하는 사람은 이름, 언어, 사고, 의도, 이해력, 심사숙고, 인식, 힘, 음식, 물, 열, 허공, 기억, 희망, 숨이라는 현실의 개념 영역에서 '바라는 대로 행동하게' 된다. 이름을 브라만으로서 명상하는 사람은 이름 영역에서 바라는 대로 행동하게 되고, 이름보다도 위대한 언어, 언어보다도 위대한 사고라는 식으로 보다 위대한 개념을 명상하는 사람은 그 개념 영역에서 '바라는 대로 행동하게' 되는 것이다. 그리고 숨보다도 위대한 개념은 존재하지 않는다.

2.2 언어를 브라만으로서 명상하는 사람—그는 언어가 미치는 한 거기에서 바라는 대로 행동하게 된다네. 언어를 브라만으로서 명상하는 사람은 말이지."

"존경하는 이여! 언어보다도 위대한 것은 존재하나요?"

"확실히 언어보다도 위대한 것은 존재한다네."

"존경하는 이여, 그것을 저에게 가르쳐 주소서!"라고 나라다가 물었다.

3.1 그러자 사나토쿠마라가 말했다.

"참으로 사고는 언어보다도 위대하다네. 참으로 쥔 주먹이 두 개의 아마라카, 또는 두 개의 코라, 또는 두 개의 아크샤 과일을 쥐듯이 이와 같이 사고는 언어와 이름을 파악하도록 한다네. '나는 제례의 의례에 대한 말을 배워야 한다'고 사람이 사고에 의하여 생각할 때 그는 그것을 배우는 것이라네. '나는 의식을 치러야 한다'고 사람이 생각할 때 그는 의식을 행한다네. '나는 아들과 가축을 소망해야 한다'고 사람이 생각할 때 그는 그것을 바란다네. '나는 이 세상과 저 세상을 바라고 싶다'라고 사람이 생각할 때 그는 그것을 소원하는 것이라네. 왜냐하면 자기〔아트만〕는 사고이기 때문이지. 왜냐하면 세계는 사고이기 때문이야. 왜냐하면 브라만은 사고이기 때문이라네. 그러므로 자네는 사고를 명상하도록 하게!

3.2 사고를 브라만으로서 명상하는 사람—그는 사고가 미치는 한 거기에서 바라는 대로 행동하게 된다네. 사고를 브라만으로서 명상하는 사람은 말이야."

"존경하는 이여! 사고보다 위대한 것은 존재하나요?"

"참으로 사고보다도 위대한 것은 존재한다네."

"존경하는 이여! 그것을 저에게 가르쳐 주소서!"라고 나라다가 물었다.

4.1 그러자 사나토쿠마라가 말했다.

"참으로 의도는 사고보다도 위대하지. 확실히 의도할 때 사람은 생각하게 된다네. 그리고 사람은 이름의 형태를 드러내 보이는 거야—그는 이름을 날리게 되고, 이름으로 제례의 의례적인 말의 하나가 된다네. 제례의 의례적인 말의 하나가 된다네.

4.2 참으로 이런 것은 의도를 합류점으로 하고 의도를 본질로 하며, 의도를 기초로 하고 있다. 하늘과 땅은 의도에 의하여 형성된다. 바람과 허공은 의도에 의해 형성된다. 물과 열은 의도에 의해 형성된다. 비의 의도를 통하여 음식은 의도로 형성된다. 음식의 의도를 통하여 모든 숨은 의도로 형성된다. 모든 숨의 의도를 통하여 제례의 의례적인 말은 의도로 형성된다. 제례의 의례적인 말은 의도를 통하여 의식은 의도로 형성된다. 의식의 의도를 통하여 세계는 의도로 형성된다. 세계의 의도를 통하여 이 모든 것은 의도로 형성된다. 이것이 의도이다. 그러므로 자네는 의도를 명상하도록 하게!

4.3 의도를 브라만으로 여기고 명상하는 사람—그는 참으로 견고하고 기초를 이뤄 흔들리지 않으며 그와 같은 의도에 의해 형성되어 있는 모든 세계에 그는 도달한다. 의도를 브라만으로 명상하는 사람—그는 의도가 미치는 한 거기에서 바라는 대로 행동하게 된다."
"존경스러운 이여! 의도보다도 위대한 것은 존재하나요?"
"확실히 의도보다도 위대한 것은 존재한다네."
"존경스러운 이여! 그것을 저에게 가르쳐 주소서!"라고 나라다가 물었다.

5.1 그러자 사나토쿠마라가 말했다.
"확실히 이해력은 의도보다도 위대하다. 참으로 사람이 이해할 때 그것에서 사람은 의도한다. 그리고 사람은 생각한다. 거기에서 사람은 목소리를 내게 된다. 그리고 이름으로 사람은 그것을 울린다. 이름에서 제례의 의례적인 말은 하나가 된다. 제례의 문구에서 의식은 하나가 된다.

5.2 참으로 이런 것은 이해력을 그 궁극의 목적지로 삼고 이해력을 본질로 하며 마음을 기초로 하고 있다. 그러므로 사람이 설사 많이 알고 있어도 그에게 이해력이 없다면 사람들은 그에 대하여 말한다. '이 사람은 〔우리에게 있어〕 전혀 쓸모없는 존재나 같다'고, '그가 무엇을 알고 있든 참으로 그가 안다면 그에게 그렇게 이해력이 없지는 않을 것이다'라고 그들은 말한다. 그

러나 그가 조금밖에 몰라도 이해력을 가질 때에는 사람들은 그가 하는 말을 들으려고 한다. 왜냐하면 진실로 이해력은 이런 것의 궁극적인 근원이기 때문이다. 이해력은 자기[아트만]이다. 이해력은 기초이다. 그러므로 자네는 이해력을 명상하도록 하게!

5.3 이해력을 브라만으로 명상하는 사람—확실히 그는 굳건하고 바탕이 단단하여 흔들림이 없이 이해되고 있는 모든 세계에 도달한다. 이해력이 미치는 한 거기에서 그는 바라는 대로 행동하게 된다. 이해력을 브라만으로서 명상하는 사람은."

"존경하는 이여! 이해력보다 위대한 것은 존재하나요?"

"확실히 이해력보다 위대한 것은 존재한다네."

"존경하는 이여, 그것을 저에게 가르쳐 주소서!"라고 나라다가 물었다.

6.1 사나토쿠마라가 말했다.

"확실히 깊은 생각은 이해력보다도 위대하다. 대지는 어쨌든 깊이 생각한다. 대기는 어쨌든 깊이 생각한다. 하늘은 어쨌든 깊이 생각한다. 그러므로 이 세상의 인간 중에서 위대한 경지에 도달한 사람들은 깊은 생각을, 어쨌든 보수(報酬)의 일부분으로서 갖는다. 그런데 그들은 다투기를 좋아하여 중상하고 그리고 모함한다. 이것과 반대로 주인인 사람들은 어쨌든 깊은 생각을 보수의 일부분으로 갖는다. 그러니 자네는 깊은 생각을 명상하도록 하게!

6.2 깊은 생각을 브라만으로 명상하는 사람—그는 깊은 생각이 미치는 한 거기에서 바라는 대로 행동하게 된다. 깊은 생각을 브라만으로 명상하는 사람은."

"존경하는 이여! 깊은 생각보다도 위대한 것은 존재하나요?"

"확실히 깊은 생각보다도 위대한 것은 존재한다네."

"존경하는 이여, 그것을 저에게 가르쳐 주십시오!"라고 나라다가 물었다.

7.1 사나토쿠마라가 말했다.

"확실히 인식은 깊은 생각보다도 위대하다. 참으로 인식에 의하여 사람은 리그 베다를 인식한다. 야쥬르 베다, 사마 베다, 넷째 것으로서 아타르바 베다, 다섯째 것으로 옛날 설화와 전설, 베다 중의 베다인 문법, 조상제례에 대한 가르침, 산술, 점, 보물찾기, 대화술, 독백술, 신들에 대한 가르침, 베다 의식에 대한 가르침, 귀신론, 지배에 대한 가르침, 점성술, 뱀과 반신〔악마〕에 대한 가르침을, 하늘과 땅, 바람과 허공, 물과 열, 신들과 인간, 가축과 새, 풀과 나무, 날벌레, 곤충 및 개미에 이르기까지 맹수를, 법과 불법, 진리와 허위, 선과 악, 쾌적한 것과 불쾌한 것을, 음식과 액체를, 이 세상과 저 세상을—바로 인식에 의하여 사람은 알게 된다. 그러니 자네는 인식을 명상하도록 하게!

7.2 인식을 브라만으로 명상하는 사람—참으로 그는 인식을 가지고 지식을 가진 모든 세계에 도달한다. 인식에 도달하는 한 거기에서 그는 바라는 대로 행동하게 된다. 인식을 브라만으로서 명상하는 사람은."
"존경하는 이여! 인식보다도 위대한 것은 존재하나요?"
"확실히 인식보다도 위대한 것은 존재한다네."
"존경하는 이여, 그것을 저에게 가르쳐 주셔요!"라고 나라다가 물었다.

8.1 사나토쿠마라가 말했다.
"확실히 힘은 인식보다도 위대하다. 힘이 있는 사람은 인식을 가진 백 사람도 덜덜 떨게 한다. 사람이 힘을 가지게 되었을 때 그는 일어서게 된다. 일어섰을 때 그는 섬기는 사람이 된다. 섬기게 될 때 그는 가까이에 앉는 사람이 된다. 가까이에 앉으면서 그는 볼 수 있게 된다. 들을 수 있게 된다. 생각하는 사람이 된다. 그는 지각하는 사람이 된다. 그는 의식을 행하는 사람이 된다. 그는 인식하는 사람이 된다. 참으로 힘에 의하여 대기(大氣)가, 힘에 의하여 하늘이, 힘에 의하여 산이, 힘에 의하여 신들과 인간이, 힘에 의하여 가축과 새, 풀과 나무, 날벌레, 곤충과 개미에 이르기까지 맹수가 존속한다. 힘에 의하여 세계가 존속한다. 그러므로 자네는 힘을 명상하도록 하게!

8.2 힘을 브라만으로서 명상하는 사람—그는 힘이 닿는 한 거기에서 바라

는 대로 행동하게 된다, 힘을 명상하는 사람은."

"존경하는 이여! 힘보다도 위대한 것은 존재하나요?"

"확실히 힘보다도 위대한 것은 존재한다네."

"존경하는 이여, 그것을 저에게 가르쳐 주셔요!"라고 나라다가 물었다.

9.1 사나토쿠마라가 말했다.

"확실히 음식은 힘보다도 위대하다. 그러므로 그가 만일 10일 동안 먹지 않고도 살 때에는 그는 벌써 보지 못하는 자, 듣지 못하는 자, 생각하지 못하는 자, 지각하지 못하는 자, 행위하지 못하는 자, 인식하지 못하는 자가 된다. 그리고 음식을 먹어야 사람은 보게 되고, 듣게 되고, 생각하게 되고, 지각하는 자가 된다, 사람은 행위를 하는 자가 되고, 인식하는 자가 된다. 그러므로 자네는 음식을 명상하도록 하라!

9.2 음식을 브라만으로서 명상하는 사람—확실히 그는 음식을 가지고 음료를 가지고 모든 세계에 도달한다. 그는 음식이 미치는 한 거기에서 바라는 대로 행동하게 된다, 음식을 브라만으로서 명상하는 사람은."

"존경하는 이여! 음식보다도 위대한 것은 존재하나요?"

"확실히 음식보다도 위대한 것은 존재한다네."

"존경하는 이여, 그것을 저에게 가르쳐 주셔요!"라고 나라다 물었다.

10.1 사나토쿠마라가 말했다.

"확실히 물은 음식보다도 위대하다. 그러므로 비가 넉넉히 내리지 않을 때 모든 생기(生氣)는 병이 든다. 왜냐하면 '음식이 더 줄어들 것이라'고 생각하기 때문에. 그러나 비가 넉넉히 올 때는 모든 생기가 환희에 넘친다. "음식이 많아질 것이라'고 생각하기 때문에. 이런 것은 엉겨 굳어진 물과 같다—이 대지, 대기, 하늘, 산, 신들과 인간, 가축과 새, 풀과 나무, 날벌레, 곤충과 개미에 이르기까지 맹수도. 이것은 엉겨 굳어진 물과 같다. 그러므로 자네는 물을 명상하도록 하라!

10.2 물을 브라만으로서 명상하는 사람—그는 모든 욕망을 달성하여 만족

하게 된다. 물이 미치는 한 거기에서 그는 바라는 대로 행동하게 된다. 물을 브라만으로서 명상하는 사람은."

"존경하는 이여! 물보다도 위대한 것은 존재하나요?"

"확실히 물보다도 위대한 것은 존재한다네."

"존경하는 이여, 그것을 저에게 가르쳐 주셔요!"라고 나라다 물었다.

11.1 사나토쿠마라가 말했다.

"확실히 열은 물보다도 위대하다. 참으로 이것은 바람을 붙잡아 허공을 뜨겁게 한다. 그때 사람들은 말한다. "더워! 볶듯이 덥다! 비가 쏟아질 것 같다!"라고. 그것은 바로 처음에 열을 나타내고 거기에서 물이 흘러나온다. 그리고 나서 위로 그리고 대기를 가로질러 번쩍이는 번개와 함께 천둥이 울린다. 그러므로 사람들은 말한다. '번개가 치고 있다! 천둥이 울린다! 곧 비가 올 것 같다!'고. 그것은 바로 처음에 열을 나타내고 그리고 물을 흘려 보낸다. 그러니 자네는 열을 명상하도록 하라!

11.2 열을 브라만으로서 명상하는 사람—확실히 그는 열이 넘쳐나, 열이 풍부하고 빛이 풍부하고 어둠이 없어진 그런 세계에 도달한다. 열이 미치는 한 거기에서 그는 바라는 대로 행동하게 된다, 열을 브라만으로 명상하는 사람은."

"존경하는 이여! 열보다도 위대한 것은 존재하나요?"

"확실히 열보다도 위대한 것은 존재한다네."

"존경하는 이여, 그것을 저에게 가르쳐 주셔요!"라고 나라다 물었다.

12.1 사나토쿠마라가 말했다.

"확실히 허공은 열보다도 위대하다. 참으로 허공 속에 태양과 달, 번개, 별, 그리고 불이 존재한다. 허공을 통하여 사람은 소리를 지른다. 허공을 통하여 사람은 그 소리를 듣는다. 허공을 통하여 사람은 〔그것에〕 대답한다. 허공에서 사람은 즐긴다. 허공에서 사람은 즐기지 않는다. 허공에서 사람은 태어난다. 그러므로 허공 속에서 사람은 태어난다. 그러므로 자네는 허공을 명상하도록 하라!

12.2 허공을 브라만으로서 명상하는 사람—확실히 그는 빛이 풍부하여 한정되지 않고 펼쳐져 있는 넓고 넓은 모든 세계에 도달한다. 허공이 미치는 한 거기에서 사람은 바라는 대로 행동하게 된다, 허공을 브라만으로서 명상하는 사람은."

12.3 '존경하는 이여! 허공보다도 위대한 것은 존재하나요?"
"확실히 허공보다도 위대한 것은 존재한다네."
"존경하는 이여! 그것을 저에게 가르쳐 주셔요!"라고 나라다가 물었다.

13.1 사나토쿠마라가 말했다.
"확실히 기억은 허공보다도 위대하다. 그러므로 기억하지 않고 앉아 있는 사람들이 있어 설사 그들이 많다고 하더라도 그들은 누가 하는 말도 듣지 않을 것이다. 누구의 일도 생각하지 않을 것이다. 그리고 누구의 일도 인식하지 않을 것이다. 확실히 그들이 기억한다면 그때에 그들은 들을 것이다. 인식할 것이다. 참으로 이 기억에 의하여 사람은 아들을 알아보고 짐승을 인식한다. 그러므로 자네는 기억을 명상하도록 하라!

13.2 기억을 브라만으로서 명상하는 사람—그는 기억이 미치는 한 거기에서 바라는 대로 행동하게 된다, 기억을 브라만으로서 명상하는 사람은."
"존경하는 이여! 기억보다도 위대한 것은 존재하나요?"
"확실히 기억보다도 위대한 것은 존재한다네."
"존경하는 이여, 그것을 저에게 가르쳐 주셔요!"라고 나라다가 물었다.

14.1 사나토쿠마라가 말했다.
"확실히 희망은 기억보다도 위대하다. 참으로 희망에 의하여 불타오른 기억은 제례의 의례적인 말을 배워 의식을 행하고, 아들과 가축을 바라며 그리고 이 세상과 저 세상을 바란다. 그러므로 자네는 희망을 명상하도록 하라!

14.2 희망을 브라만으로서 명상하는 사람—그의 모든 염원은 희망에 의해 성취된다. 그의 기도는 헛되지 않는다. 희망이 미치는 한 거기에서 그는 바

라는 대로 행동하게 된다. 희망을 브라만으로서 명상하는 사람은."

"존경하는 이여! 희망보다도 위대한 것은 존재하나요?"

"확실히 희망보다도 위대한 것은 존재한다네."

"존경하는 이여, 그것을 저에게 가르쳐 주셔요!"라고 나라다가 물었다.

15.1 사나토쿠마라가 말했다.

"확실히 숨은 희망보다도 위대하다. 참으로 〔차바퀴의〕 살이 바퀴통에 고정되어 있듯이 이처럼 세상 모든 것은 그 숨에 고정되어 있다. 숨은 숨에 의하여 간다. 숨은 숨을 준다. 숨은 숨에게 준다. 아버지는 숨이다. 어머니는 숨이다. 형제는 숨이다. 자매는 숨이다. 스승은 숨이다. 바라문은 숨이다.

15.2 그의 아버지 또는 어머니, 형제 또는 자매, 스승 또는 바라문을 향하여 어떤 사람이 다소 거칠게 말대꾸를 한다면 사람들은 그에 대하여 말한다. '이 철면피야! 참으로 너는 아버지를 죽일 놈이다! 참으로 너는 어머니도 죽일 놈이다! 참으로 너는 형제도 죽일 놈이다! 참으로 너는 자매도 죽일 놈이다! 참으로 너는 스승도 죽일 놈이다! 참으로 너는 바라문도 죽일 놈이다!'라고.

15.3 그러나 그들의 숨이 끊어진 다음에 그들 시체를 구이 꼬챙이로 그가 그러모아 태운다 하더라도 사람들은 그에 대하여 이와 같이는 말하지 않을 것이다. '너는 아버지를 죽일 놈이다! 너는 어머니도 죽일 놈이다! 너는 형제도 죽일 놈이다! 너는 자매도 죽일 놈이다! 너는 스승도 죽일 놈이다! 너는 바라문도 죽일 놈이다!'라고.

15.4 왜냐하면 바로 숨이 이 모든 것이 되기 때문이다. 참으로 이와 같이 보고, 이와 같이 생각하고, 이와 같이 인식하고 있는 사람은 토론에 승리자가 된다. 만일 사람들이 그에 대하여 '너는 토론에 이긴 사람이다'라고 말한다면 그는 '나는 토론의 승리자다'라고 말해야 한다. 그것을 그는 부정해서는 안 된다."

16.1 "그러나 진리의 깨달음에 의한 토론의 승리자—참으로 이런 사람이 토론의 승리자인 것이다."

"존경하는 이여! 저는 진리의 깨달음으로써 토론에 승리하고 싶겠습니다."

"그렇다면 그대는 확실히 진리를 깨달아야 한다."

"존경하는 이여! 그 진리를 알고자 합니다."라고 나라다가 물었다.

17.1 "참으로 사람이 진리를 인식하고 나면 그는 진리를 말한다. *³ 사람이 진리를 인식하지 못하면 그는 절대로 진리를 말하지 않는다. 인식하고 있을 때만 사람은 진리를 말한다. 그러므로 먼저 '인식한다는 것'이 무엇인지에 대해 알아야 한다."

"존경하는 이여! 진리를 인식한다는 것을 저는 바라고 있습니다."

18.1 "참으로 사람이 생각할 때에 그는 인식하게 된다. 생각하지 않으면 절대로 사람은 인식하지 못한다. 이렇게 생각하고 있을 때만 사람은 인식할 수 있으니 먼저 '생각한다는 것'이 무엇인지 인식해야 한다."

"존경하는 이여! 저는 생각한다는 것을 인식하고 싶습니다."

19.1 "참으로 사람이 믿을 때에 그는 생각하게 된다. 믿지 않으면 절대로 사람은 생각하지 못한다. 이렇게 믿음을 가졌을 때만 사람은 스스로 생각하는 것이다. 그러니 확실히 믿음이 무엇인지 인식하여야 한다."

"존경하는 이여! 저는 이 믿음에 대해서 알고 싶습니다."

20.1 "참으로 사람이 완성될 때에 그는 믿음을 갖게 된다. 완성되지 않으면 절대로 사람은 믿음을 얻을 수 없다. 완성되었을 때만 사람은 믿음을 얻을 수 있다. 그러니 확실히 완성된다는 것을 인식해야 합니다."

---

*3 15.3에서 '명상한다(upa-ās)'는 행위는 끝나고, 이제부터 yada……atha vi-jñā라는 공식에 의하여 표현되는 사상이 전개된다. yadā vai vijñānāty atha satyaṃ vadati [17.1]에서 시작된 이 공식은 yadā vai sukhaṃ labhate'tha karoti. [22.1]이라는 문구로써 완결된다. 그리고 '참으로 풍족한 것[bhūman], 그것이 행복이다'라는 것이 yada……vi-jñā의 끝이다.

"존경하는 이여! 저는 실천하는 것에 대해서 알고 싶습니다."

21.1 "참으로 사람이 기꺼이 행할 때에 그는 완성이 된다. 기꺼이 행하지 않을 때에 그는 완성되지 않는다. 실천할 때만이 사람은 완성되는 것이니, 기꺼이 행함이란 무엇인지 알아야 한다."
"존경하는 이여! 저는 그 '기꺼이 행함'에 대해서 알고 싶습니다."

22.1 "참으로 사람이 행복을 얻을 때에 그는 기꺼이 행하게 되는 것이다. 행복을 얻지 않으면 사람은 기꺼이 행하지 않는다. 행복을 얻을 때에만 사람은 기꺼이 행한다. 그래서 확실히 행복이란 무엇인지 알아야 한다."
"존경하는 이여! 저는 그 행복이란 무엇인지 알고 싶습니다."

23.1 "참으로 풍족한 것(bhūman) 그것이 행복이다. 적은 것(alpa)에 풍족은 존재하지 않는다. 행복은 확실히 풍족한 것이다. 그래서 바로 풍족함이란 무엇인지 알아야 한다."
"존경하는 이여! 저는 풍족함에 대해서 알고 싶습니다."

24.1 "사람이 다른 것을 보지 않고, 다른 것을 듣지 않고, 다른 것을 인식하지 않은 곳은 어디나 그것이 풍족하다. 그러나 사람이 다른 것을 보고, 다른 것을 듣고, 다른 것을 인식하는 곳은 어디나 그것이 적은 것이다. 실로 풍족한 것 그것은 불멸이다. 그러나 적은 것 그것은 죽어야 하는 것이다."
"존경하는 이여! 풍족함은 무엇으로 기초가 이루어져 있나요?"
"스스로의 위대성으로. 또는 위대성 때문에 그것은 기초가 이루어지지 않는다네.

24.2 소와 말, 코끼리와 황금, 하인과 아내, 밭과 집—이 세상에서 사람들은 이런 것을 위대하다고 한다. 그러나 나는 이렇게 말하지 않는다, 말하지 않는다." 그는 이렇게 말하였다. "왜냐하면 어떤 것은 다른 것에 의하여 기초가 이루어져 있기 때문이다."

25.1 "확실히 풍족함은 아래에 있다, 그것은 위에 있다, 그것은 서쪽에 있다, 그것은 동쪽에 있다, 그것은 남쪽에 있다, 그것은 북쪽에 있다, 확실히 그것은 모든 것이다.

그래서 이제부터 바로 '나'라고 하는 음성*4에 관한 변화가 있다. 바로 나는 아래에 있다, 나는 위에 있다, 나는 서쪽에 있다, 나는 동쪽에 있다, 나는 남쪽에 있다, 나는 북쪽에 있다. 틀림없이 나는 이 모든 것이다.

25.2 그래서 이제부터 확실히 자기의 자리바꿈이. 바로 자기는 아래에 있다, 자기는 위에 있다, 자기는 서쪽에 있다, 자기는 동쪽에 있다, 자기는 남쪽에 있다, 자기는 북쪽에 있다. 틀림없이 자기는 이 모든 것이다.

참으로 이와 같이 보고, 이와 같이 생각하고, 이와 같이 인식하고 자기를 즐기고, 자기와 희롱하는 자기와 한 쌍이 되어, 자기에게 기쁨을 느끼는 이 사람—그는 스스로를 지배하는 자가 된다. 모든 세계에서 그는 바라는 대로 행동하게 된다. *5 그러나 이것과 다른 방식을 알고 있는 사람들은 다른 사람들에 의하여 지배되고, 파멸하는 세계를 얻는다. 그런 모든 세계에서 그는 바라는 대로 행동하지 못하게 된다.

26.1 참으로 이와 같이 보고, 이와 같이 생각하고, 이와 같이 인식하고 있는 그 사람의 자기에서 숨이 [생긴다]. 자기에게서 희망이. 자기에게서 기억이. 자기에게서 허공이. 자기에게서 열이. 자기에게서 물이. 자기에게서 나타냄과 파멸이. 자기에게서 음식이. 자기에게서 힘이. 자기에게서 인식이. 자기에게서 깊은 생각이. 자기에게서 이해력이. 자기에게서 의도가. 자기에게서 사고가. 자기에게서 언어가. 자기에게서 이름이. 자기에게서 제례의 의

---

*4 Ahaṃkāra를 여기에서는 ahaṃ이라는 Kāra[음성]으로 해석. 고전적 산키야의 체계에서는 아함카라는 근본 질료[프라크리티 또는 프라다나]에서 전개하는 우주적인 원리이다. 그것은 부디[이해력]의 다음에 마나스[사고]의 앞에 나타난다. 아함카라는 개별화의 개념이고, 산키야에서는 '자아의식'으로 이해된다. 그러나 여기에서 그것은 '나'라고 하는 음성이다. 아함[나]이 아트만[atman, 자기]이 된 것이다. 아함은 아트만이다.
*5 Bhūyas upa-ās에 관한 이름에서 시작하여 숨으로 마치는 개념의 영역에서 사람은 '바라는 대로 행동하게 된다'는 것이 알려진다. 그리고 '바라는 대로 행동한다'는 이 사상은 이 대목에서 절정을 맞이한다. 풍족한 자기는 전세계의 지배자이다.

례적인 문구가. 자기에게서 행위가. 틀림없이 자기(아트만)에게서 이 모든 것이 생긴다."

26.2 이에 관련하여 다음의 시구가 있다.

깨달은 사람은 죽음도 질병도 괴로움조차도 없다.
깨달은 사람은 모든 것을 본다.
그는 모든 것을 완전히 얻는다.
그것은 한 겹이 되고 세 겹이 되고 다섯 겹이 되고,
일곱 겹이 되고 아홉 겹이 되고,
다시 열한 겹이라고 전하여지며,
그리고 백열하나, 그리고 2만이라고 전하여진다.
음식이 깨끗하면 본성이 깨끗해진다.
본성이 깨끗하면 기억력이 좋게 된다.
기억이 좋게 되면 (가슴속) 모든 매듭이 풀린다.

이렇게 해서 그 존경스러운 사나토크마라는 오염을 씻어낸 그(나라다)에게 어두운 피안을 가리킨다. 그의 일을 사람들은 스칸다*6라고 부른다.

---

*6 스칸다(Skanda)는 인도 신화에서는 싸움의 신. 어둠의 피안으로 '뛰어넘은 사람'이라는 의미로 여기에서 '스칸다'라는 말이 사용된 것으로 보인다.

제8장

1.1 "그래서 여기에 브라만의 성채*¹ 안에 작은 하나의 연화,*² 하나의 거처가 있고 그것의 내부에 하나의 작은 허공이 있다. 그것의 내부에 있는 것 그것을 사람은 탐구해야 한다. 확실히 그것을 인식하는 것을 사람은 원해야 한다."

1.2 "여기에서 브라만의 성채 안에 작은 하나의 연화 하나의 거처가 있고 그 내부에 하나의 작은 허공이 있다. 사람이 탐구해야 하고 확실히 사람이 인식하기를 바라야 할 무엇이 그 허공 안에 있는가?"

만일 사람들이 이와 같이 그에게 말한다면 그는 다음과 같이 말해야 한다.

1.3 참으로 이 허공이 큰 만큼 심장 내부의 허공도 그렇게 크다.

그것의 안에 하늘과 땅의 둘, 불과 바람의 둘, 태양과 달의 둘, 번개와 별의 둘, 그것에 속하는 것과 그것에 속하지 않은 것 둘이 포함되어 있다.

1.4 "이 브라만의 성채 안에 이 모든 것이 다 들어 있고 모든 생물, 그리고 모든 욕망들도 포함되어 있다고 했다. 그러면 이 육신의 노화(老化)가 이 성채에 도달하고 또는 그것이 멸한다면 그것 안에 무엇이 남아 있는가?" 이렇게 사람들이 말한다면,

1.5 그는 다음과 같이 말해야 한다.

---

*1 샹카라에 따르면 '육신'.

*2 샹카라에 따르면 '심장'.

이 (브라만의 성채)에 의하여 이 (심장 속 허공의 내부에 있는 것)은 늙지 않는다. 그것의 살해에 의하여 이것은 살해되지 않는다. 이것이 진실한 브라만의 성채이고 그것 안에 욕망이 포함되어 있다.

"이것이 악을 없앤 자기(아트만)이다. 그것은 늙지 않고, 죽지 않고, 슬픈 일이 없고, 굶주림이 없고, 갈증이 없고, 그것의 욕망이 진리이며 그것의 의도가 진리인 자기이다. 실로 이렇게 신하가 (왕에 의하여) 명령이 내린 대로 행동하고 국토이든 또는 밭의 일부이든 그들이 바라는 그것, 이 목적에 의지하여 살아가듯이······

1.6 이 세상에서 행위에 의하여 얻어진 세계가 사라지는 것처럼 확실히 저 세상에서 착한 행위에 의해 얻어진 세계도 사라진다. 이 세상에서 자기(아트만)와 이런 진실한 욕망을 알지 못하고 방랑하는 사람들—그들은 어느 세상에서나 바라는 대로 행동하지 못하게 된다. 그러나 이 세상에서 자기와 이런 진실한 욕망을 알고 방랑하는 사람들—그들은 어느 세계에서나 바라는 대로 행동하게 된다."

2.1 "혹시 그러한 자들이 이 세상을 떠나서 아버지의 세계에 가기를 원하게 되면 그의 의도만으로 아버지는 모습을 나타낸다. 아버지의 세계를 얻어 그는 행복하다고 느낀다.

2.2 그리고 혹시 그러한 자들이 이 세상을 떠나서 어머니의 세계에 가기를 원하면 그의 의도만으로 어머니가 모습을 나타낸다. 어머니의 세계를 얻어 그는 행복하다고 느낀다.

2.3 그리고 혹시 그러한 자들이 이 세상을 떠나서 형제의 세계에 가기를 원하면 그의 의도만으로 형제가 모습을 나타낸다. 형제의 세계를 얻어 그는 행복하다고 느낀다.

2.4 그리고 혹시 그러한 자들이 이 세상을 떠나서 자매의 세계에 가기를

원하면 그의 의도만으로 자매가 모습을 나타낸다. 자매의 세계를 얻어 그는 행복하다고 느낀다.

2.5 그리고 혹시 그러한 자들이 이 세상을 떠나서 친구의 세계에 가기를 원하면 그의 의도만으로 친구가 모습을 나타낸다. 친구의 세계를 얻어 그는 행복하다고 느낀다.

2.6 그리고 혹시 그러한 자들이 이 세상을 떠나서 향기와 화환의 세계에 가기를 원하면 그의 의도만으로 향기와 화환이 모습을 나타낸다. 향기와 화환의 세계를 얻어 그는 행복하다고 느낀다.

2.7 그리고 혹시 그러한 자들이 이 세상을 떠나서 음식과 음료의 세계에 가기를 원하면 그의 의도만으로 음식과 음료가 모습을 나타낸다. 음식과 음료의 세계를 얻어 그는 행복하다고 느낀다.

2.8 그리고 혹시 그러한 자들이 이 세상을 떠나서 노래와 음악의 세계에 가기를 원하면 그의 의도만으로 노래와 음악이 모습을 나타낸다.

2.9 그리고 혹시 그러한 자들이 이 세상을 떠나서 여자의 세계에 가기를 원하면 그의 의도만으로 여자가 모습을 나타낸다. 여자의 세계를 얻어 그는 행복하다고 느낀다.

2.10 그가 어떤 세계를 바라게 되든, 그가 어떤 욕망을 원하든, 그의 의도만으로 그것은 모습을 나타낸다. 그것을 얻어 그는 행복하다고 느낀다."

3.1 "이런 진실한 욕망은 허위에 의해 가려져 있다. 이런 욕망은 진실하지만 허위가 그것을 가리고 있다. 왜냐하면 누구든지 그의 일족 중에서 이 세상을 떠나는 사람―그 사람을 그는 이 세상에서 보지 못하기 때문이다.

3.2 그런데 그의 일족 중에서 살아 있는 사람들, 그리고 죽은 사람들, 그

가 바라지만 아직 얻지 못한 다른 사물—그 모든 것을 그는 가슴 속 공간에서 발견한다. 왜냐하면 그의 이런 진실한 욕망은 여기에서 허위에 의하여 가려져 있기 때문이다.

장소를 모르는 사람들이 매장되어 있는 황금의 보물 위를 몇 번이나 걸어 다녀도 그것을 찾아내지 못하는 것처럼 바로 이와 같이 이런 모든 생물은 매일 거기에 가지만 이 브라만의 세계를 발견하지 못한다. 왜냐하면 그 브라만의 세계가 허위에 의하여 가려져 있기 때문이다.

3.3 참으로 이 자기〔아트만〕는 가슴 속에 있다. 이것이 그것의 어원(語源)이다. '가슴 속에(hṛdi) 이것(ayam)'이 존재한다. 그러므로 그것은 가슴(hṛdayam)이다. 참으로 이와 같이 알고 있는 사람은 날마다 천상계로 간다.

3.4 그래서 이 조용한 것은 이 육신에서 일어나 최고의 빛에 달하여 스스로의 형태로 나타난다. '이것이 자기〔아트만〕이다'라고 그는 말하였다. 이것이 불멸인 것이다, 이것이 두려움을 모르는 것이다. 이것이 브라만(brahman)이다." 확실히 이 브라만의 이름은 진리(satyam)이다.

3.5 참으로 이들은 사(sa), 티(ti)와 얌(yam)이라는 세 음절로 이루어진다. *³ 사트(sat)라는 것 그것은 불멸인 것이다. 그리고 티(ti)라는 것 그것은 죽어야 하는 것이다. 그리고 얌(yam)이라는 것 그것에 의하여 그는 〔sa-ti의〕 둘을 가진다. 그것으로써 둘을 보유하므로 그것은 얌이다. *⁴ 참으로 이와 같이 알고 있는 사람은 날마다 천상계로 간다.

4.1 그래서 자기〔아트만〕라는 것 그것은 이런 모든 세계가 뒤섞이지 않도록 하기 위한 둑이고 서로를 떼어 놓는 제방이다. 이 둑을 낮과 밤은 넘지 않는다. 노쇠도, 죽음도, 슬픔도, 좋은 행위도, 나쁜 행위도, 모든 죄악은

＊3 사티얌(sa-ti-yam)이라는 식으로 여기에서는 사티얌(satyam)이라는 말이 분석된다.
＊4 satyam을 sa-ti-yam으로 분석하는 대신, 실제로는 그것을 sat-ti-yam이라고 분석하는 편이 옳다고 설명한다. 그리고 sat-ti라는 두 음절을 '유지한다(yam)'라는 어원의 해석이 시도된다. yam에 의하여 sat-ti를 유지하기 때문에 sa-ti-yam이다.

거기에서 되돌아온다. 왜냐하면 이 브라만의 세계는 죄악을 멸하고 있기 때문이다.

4.2 진정 그러므로 이 둑을 넘으면 장님은 눈을 뜨게 되고, 상처 입은 사람은 상처가 낫게 되며, 환자는 병을 고치게 된다. 이 둑을 넘으면 사람은 어두운 밤에도 바로 한낮 속으로 들어간다. 왜냐하면 이 브라만의 세계는 영원히 빛나기 때문이다.

4.3 이 브라만의 세계를 베다 학습에 의해 알게 된 사람들—이 브라만의 세계는 그들의 것이다. 모든 세계에서 그들은 바라는 대로 행동하게 된다.

5.1 그래서 사람들이 제례라고 부르는 것 그것은 바로 학생 생활〔금욕〕이다. 왜냐하면 학생 생활에 의하여 사람은 알고 있는 사람을 찾아내기 때문이다. 그래서 떠받든다고 하는 것, 그것은 바로 학생 생활이다. 왜냐하면 바로 학생 생활을 실천함으로써 사람은 그 브라만 세계를 발견하기 때문이다.

5.2 그리고 사람들이 사트라야나〔sattrāyaṇa, 수년에 걸친 제례〕라고 부르는 것 그것은 바로 학생 생활〔금욕〕이다. 왜냐하면 바로 학생 생활에 의해 사람은 존재하고 있는 것 자기에 대한 보호를 발견하기 때문이다. 그리고 사람들이 침묵(mauna)이라고 부르는 것 그것은 바로 학생 생활이다. 왜냐하면 바로 학생 생활을 실천함으로써 브라만을 깨닫게 하는 명상을 할 수 있기 때문이다.

5.3 그리고 사람들이 단식(anāśakāyana)이라고 부르는 것 그것은 바로 학생 생활〔금욕〕이다. 왜냐하면 학생 생활에 의하여 사람이 발견한 이 자기는 멸하지 않기(na naśyati) 때문이다. 그리고 사람들이 황야로 간다는 것 (araṇyāyana) 그것은 바로 학생 생활이다. 참으로 아라(ara)와 니야(nya)는 브라만의 세계, 즉 여기에서부터 세 번째 하늘에서의 두 바다이다. 거기에는 아이란마디야 호수가 있다. 거기에는 소마사바나라는 무화과나무가 있다. 거기에는 아파라지타〔정복하기 어려운 것〕라는 브라만의 성채가 있고 거기

에는 프라부흐(브라만)에 의하여 세워진 황금의 홀이 있다. *5

5.4 베다의 학습에 의하여 브라만의 세계에서 아라와 니야라고 하는 이들 두 바다를 발견한 사람들—그들만이 이 브라만의 세계에 도달하게 된다. 그러한 사람들은 모든 세계에서 바라는 대로 이룰 수 있다.

6.1 그리고 심장의 이런 혈관에는 누렇고, 하얗고, 파랗고, 노랗고, 빨간색의 미세한 것으로 이루어져 있다. 확실히 저 태양은 누런색이다. 이것도 그 안에는 하얗고, 파랗고, 노랗고, 빨간색을 가지고 있다.

6.2 길게 펼쳐진 길이 여기와 저기라는 두 마을로 통하듯, 바로 이처럼 태양의 광선은 이 세계와 저 세계라는 두 개의 세계로 통한다. 저 태양으로부터 그런 광선은 퍼져 이런 혈관 속으로 스며든다. 그들은 이런 혈관에서 퍼져 저 태양 속으로 미끄러져 들어간다.

6.3 태양 광선은 사람이 잠들어 완전히 조용해져 꿈을 꾸지 않을 때 그 몸의 혈관 속으로 미끄러져 들어간다. 어떤 악도 그를 건드리지 않으며, 오로지 태양의 열기로 가득한 상태이기 때문이다.

6.4 사람이 쇠약해져 임종이 가까울 때 그의 주위에 앉아 있는 사람들은 말한다. "나를 알아보겠어요?" "나를 알아보겠어요?" 그는 태양 광선이 그의 육신에서 떠나지 않는 한 사람들을 알아본다.

6.5 그래서 태양의 광선이 그 몸에서 떠날 때가 되면 그는 이들 광선을 통해 위로 올라간다. 탈것으로서의 옴이라고 하는 음절과 함께, 사람은 문에 도달한다. 사고를 다 하자마자 그는 태양에 도달한다. 잘 알려져 있는 것처럼 확실히 이것(태양)은 아는 사람에게 열린, 알지 못하는 사람들에게는 닫힌 저 세상에 이르는 문이다.

---

*5 카우시타키 우파니샤드 1.3 참조. 이 대목에서 브라만의 세계(브라만계)가 그려져 있다.

6.6. 이에 관련하여 다음의 시구가 있다.

심장 속에는 백하나의 혈관이 있다.
그 중에 하나는 머리〔정수리〕에 붙겨져 있다.
그것에 의해 위로 가면서 그는 불멸에 다다른다.
그밖의 것은 나아갈 때에 도처로 향하게 된다. 그들이 나아갈 때에.

7.1 아트만이란 무엇인가. 창조주 프라자파티가 말했다.
"어떤 죄악도, 늙음도, 죽음도, 슬픔도, 굶주림도, 갈증도 없이, 그의 욕망이 진실하고 그 의도가 진실한 자기〔아트만〕—그것을 사람은 탐구하여야 한다. 그것을 인식하는 것을 사람은 바라야 한다. 이 자기를 찾아 깨닫고 인식하는 사람, 그는 모든 세계와 모든 욕망을 이룬다"

7.2 신들과 귀신들은 프라자파티의 이 말을 듣고 알았다. 그들은 말하였다.
"자, 우리도 이 자기〔아트만〕를 탐구하자. 이 자기를 탐구하여 우리의 모든 세계와 욕망을 이루자."
신들 중에서 바로 인드라가, 귀신들 중에서는 비로차나가 나섰다. 의논할 것도 없이 땔나무를 들고 그들은 프라자파티 앞으로 찾아갔다.

7.3 베다를 배우기 위해 그들은 32년 동안 〔프라자파티 밑에서〕 살고 있었다. 두 사람에게 프라자파티가 물었다.
"무엇을 바라고 너희 두 사람은 여기에 살고 있느냐?"
그들은 말하였다. "악을 멸하여 늙지 않고, 죽지도, 슬프지도, 굶주리지도 않고, 갈증도 없고, 그 욕망이 진실하고 그 의도가 진실한 자기〔아트만〕—그것을 사람은 탐구해야 됩니다. 그것을 인식하는 것을 바라야 합니다. 이 자기를 찾아 깨닫고 인식하는 사람, 그는 모든 세계와 모든 욕망을 이룬다고 하신, 존경스러운 조물주님의 가르침을 배우고자 저희 둘은 제자로 지내는 것입니다."
"바로 그것을 구하여 너희 두 사람은 여기에서 살았던 것이다."

7.4 프라자파티는 두 사람에게 〔다시〕 말하였다. "눈 속에 보이는 이 인간, 이것이 자기이다." 그리고 그는 말했다. "이것이 불멸인 것이다. 이것이 두려움을 모르는 것이다. 이것이 브라만이다."

"그러나 존경스러운 창조주시여! 물 속에 보이는 이것과 거울 속에 보이는 이것은 누구입니까?" 그 둘이 물었다.

"바로 이것〔자기〕이 〔물과 거울의〕 모든 내부에서 보인다." 프라자파티는 말하였다.

8.1 프라자파티는 말했다. "물 속에 비친 자기자신〔아트만〕을 바라본 너희 두 사람이 자기자신에 대하여 인식하지 못한 것 그것을 나에게 말해 보아라!"

두 사람은 물 속에 비친 〔자기자신을〕 바라보았다. 그들에게 프라자파티는 말하였다. "너희들 두 사람은 무엇을 보았느냐?"

두 사람은 말하였다. "존경스러운 창조주시여! 우리 두 사람은 여기에서 우리의 온몸〔아트만〕을 체모에 이르기까지, 손톱에 이르기까지 모두 다 닮은 것을 보았습니다."

8.2 그래서 프라자파티는 두 사람에게 말하였다. "너희들은 아름다운 장식으로 꾸미고 아름다운 옷을 입고 몸을 단정히 한 뒤 물 속에 비친 자기자신을 바라보라."

두 사람은 아름다운 장식으로 꾸미고 아름다운 옷을 입고 몸을 단정히 한 뒤 물 속에 비친 자기자신을 바라보았다.

그들에게 프라자파티가 물었다. "너희들 두 사람이 지금 보는 것은 무엇이냐?"

8.3 두 사람은 말했다. "존경스러운 창조주시여! 우리가 여기에서 아름답게 꾸미고 아름다운 옷을 입고 몸을 단정히 하듯이 존경스러운 창조주시여! 바로 이와 같이 이들은 아름답게 치장하고 아름다운 옷을 입고 몸 단장을 갖추었습니다."

"이것이 자기〔아트만〕이다"라고 프라자파티는 말하였다. "이것이 불멸인 것이다. 이것이 두려움을 모르는 것이다. 이것이 브라만이다."

그러자 두 사람은 평온한 마음을 가지고 그곳을 떠났다.

8.4 두 사람을 배웅하며 프라자파티는 말하였다. "자기를 파악하지 않고 자기를 찾아내지 못하고 두 사람은 떠나는구나. 신이든 귀신이든 이것을 우파니샤드로서 소유하는*6 둘 중의 누군가가 파멸할 것이다."

그의 마음이 완전히 평온하여진 모습으로 비로차나는 귀신들한테 돌아왔다. 그는 그들에게 이 우파니샤드를 알렸다. "이 세상에서 칭찬해야 할 것은 바로 자기[아트만·육신]이다. 소중히 하여야 할 것은 자기이다. 이 세상에서 사람이 확실히 자기를 칭찬하고 자기를 소중히 할 때 사람은 이 세상과 저 세상이라는 두 세계를 얻는다."

8.5 그러므로 아무것도 베풀지 않고, 아무것도 믿지 않고, 제례를 행하지 않은 사람에 대하여 사람들은 오늘날에도 이렇게 말한다. "아아, 이 귀신 같은 놈아!" 왜냐하면 이것은 귀신들의 우파니샤드이기 때문이다. 그들은 의복과 장식이라고 하는 구걸에 의하여 얻은 보시를 가지고 죽은 자의 몸을 꾸민다. 왜냐하면 이렇게 해서 자기들은 죽은 후의 세상을 차지할 수 있다고 그들은 생각하기 때문이다.

9.1 그러나 인드라는 신들에게 도착하기 전에 가르침의 부족함을 느꼈다.

"확실히 이 육신을 아름답게 꾸몄을 때 이것이 아름답게 장식이 되고, 아름다운 옷을 입고 있을 때 아름다운 옷을 입게 되며, 몸단장을 갖추었을 때 몸치장을 갖추게 되는 것처럼 바로 이와 같이 이 육신이 소경이 될 때 이것은 소경이 되고, [수족이] 마비될 때 [그것은] 마비되고, [그것이] 절단될 때 그것은 절단된다. 바로 이 육신이 소멸한 다음에 이 [자기]는 소멸하는 것이 아닌가. 그 중에서 나는 이로운 점을 보지 못하였다."

---

*6 "이것을 우파니샤드로서 소유한다'(etadupaniṣad)고 하는 것은 육신을 우파니샤드로서 소유한다는 것. 여기에서 우파니샤드에 의해 시시히는 것은 '대응'이고 '등가(等價)'이다. '이것을 우파니샤드로서 소유한다'는 것은 자기와 육신을 동일하다고 보는 것이다.

9.2 땔나무를 들고 인드라는 다시 돌아왔다. 그에게 프라자파티는 말하였다. "마가반아! 평온해진 마음으로 너는 비로차나와 함께 떠났는데, 무엇을 구하려고 너는 되돌아왔느냐?"

인드라가 말했다. "존경스러운 창조주시여! 확실히 이 육신이 아름답게 꾸며질 때 이것은 아름답게 장식을 하게 되고, 아름다운 옷을 입고 있을 때 아름다운 옷을 입게 되며, 몸단장을 갖추고 있을 때 몸치장을 갖추게 되듯이 바로 이와 같이 이 육신이 소경이 될 때 이것은 소경이 되고, 〔수족이〕 마비될 때 이것은 마비되며, 〔그것이〕 절단될 때 이것은 절단됩니다. 바로 이 육신이 소멸한 다음에 이 〔자기〕는 소멸하지 않겠습니까. 이 중에 저는 이로운 점을 보지 못하였습니다."

9.3 "인드라여! 이것은 그대로 네 말이 맞다"라고 프라자파티는 말하였다. "그러나 이것을 나는 다시 너에게 설명하련다. 32년 동안 더 〔나한테서〕 살아라!" 다시 32년 동안 인드라는 〔거기에서〕 지냈다. 그러고 나서 프라자파티는 인드라에게 말하였다.

10.1 "꿈에서 즐겁게 여기저기 떠돌아다니는 것—이것이 자기 곧 아트만이다. 이것이 불멸인 것이다, 이것이 두려움을 모르는 것이다, 이것이 브라만이다."

그러자 마음이 평온하게 되어 인드라는 그곳을 떠났다. 그러나 아직 신들에게 도착하기 전에 그는 가르침의 부족함을 느꼈다.

"설사 이 육신이 소경이 되어도 그〔자기〕는 소경이 되지 않는다. 〔수족이〕 마비되어도 그것은 마비되지 않는다. 이것은 육신의 결함에 의하여 손상받지 않는다.

10.2 육신이 죽어도 그것은 사라지지 않는다. 그것이 마비되어도 그것은 마비되지 않는다. 그러나 사람들은 무슨 수를 써서라도 이것을 죽이려 한다. 사람들은 무슨 수를 써서라도 이것을 몰아내려고 한다. 그것은 무슨 방법으로든 불쾌한 것을 경험한다. 그것은 무슨 방법으로든 큰 소리로 목놓아 울기도 한다. 이 중에서 나는 이로운 점을 찾아볼 수 없다."

10.3 그래서 인드라는 땔나무를 들고 다시 돌아왔다. 그에게 프라자파티는 말하였다. "인드라여! 평온하여진 마음으로 너는 떠났다. 무엇을 바라고 너는 돌아왔느냐?"

그는 말하였다. "존경스러운 창조주시여! 가령 이 육신이 소경이 된 때에도 그것은 소경이 되지 않고, 〔수족이〕 마비될 때에도 그것은 마비되지 않습니다. 이것은 육신의 결함에 의하여 손상되는 것이 아닌가요.

10.4 육신이 죽어도 그것은 죽지 않습니다. 그것의 마비에 의해 그것은 마비되지 않습니다. 그러나 사람들은 무슨 방법으로든 큰 소리로 목놓아 울기도 합니다. 이 중에 이로운 점은 보이지 않습니다."

"인드라야! 이것은 그대로 네가 한 말이 맞다"라고 프라자파티는 말하였다. "그러나 이것을 나는 너에게 다시 설명하련다. 다시 32년간 〔나한테서〕 살아라!" 다시 32년간 인드라는 〔그에게서〕 살았다. 그리고 나서 프라자파티는 인드라에게 말하였다.

11.1 "사람이 잠이 들어 완전히 조용해져 꿈도 꾸지 않을 때의 행복한 상태, 이것이 자기〔아트만〕이다"라고 그는 말하였다. "이것이 불멸인 것이다, 이것이 두려움을 모르는 것이다, 이것이 브라만이다"라고.

이제 인드라는 마음이 평온하게 되어 그곳을 떠났다. 그러나 이번에도 아직 신들에게 도착하기 전에 그는 가르침의 부족함을 느꼈다. 잘 알려진 것처럼 이 자기는 "나는 이것이다"라고 이와 같이 올바로 자기를 모른다. 그것은 이런 생물조차도 모른다. 그렇다면 자기는 파멸의 존재와 같은 것이 아닌가. 이 중에 나에게 이로운 점이 보이지 않는다.'

11.2 인드라는 땔나무를 들고 다시 돌아왔다. 그에게 프라자파티는 말하였다. "인드라야! 마음이 평온하여져 너는 떠나지 않았더냐. 무엇을 바라고 너는 또 돌아왔느냐?"

인드라는 말하였다. "존경스러운 창조주시여! 잘 알려진 것처럼 이 자기는 '나는 이것이다'라고 이와 같이 올바로 자기를 모릅니다. 그것은 이런 생물을 모릅니다. 그것은 파멸한 존재와 같은 것이 아닙니까. 이 중에 저에게 이로운 점이 보이지 않습니다."

11.3 "인드라야! 이것은 그대로 네가 한 말이 맞다"라고 프라자파티는 말하였다. "그러나 이것을 나는 너에게 다시 설명하련다. 그러나 다음의 조건이 없으면 안된다. 다시 5년간 [나한테서] 살아라!"

인드라는 다시 5년 동안 [거기에서] 지내서 이 세월은 모두 합해 101년에 달하였다. 이것에 관련하여 사람들은 말한다. "참으로 101년 동안 인드라는 베다를 배우기 위하여 프라자파티한테서 살았다."

그리고 나서 프라자파티는 인드라에게 말했다.

12.1 "인드라여! 참으로 이 육신은 죽어야 되는 것이기에 죽음에게 붙잡혀 있는 것이다. 그것은 저 불멸의 육신을 갖지 못한 자기의 집이다. 참으로 육신을 갖는 것은 쾌적한 것과 쾌적하지 않은 것에게 붙잡혀 있다. 사람이 육신을 가질 때 쾌적한 것과 쾌적하지 않은 것의 제거는 할 수 없는 것이다. 그러므로 육신을 갖지 않는 초월적인 자기[아트만]가 될 때 쾌적한 것과 쾌적하지 않은 것은 건드리지 못하게 된다.

12.2 바람은 육신을 갖지 않는다. 비구름, 번개, 천둥—이런 것들은 육신을 가지고 있지 않다. 이런 것들이 저 허공에서 일어난 최고의 광명에 달하여 스스로의 형태로 나타나듯이,

12.3 참으로 이와 같이 이 평온한 것은 이 육신에서 일어나 최고의 광명에 달하고 스스로의 형태에 의해 나타난다. 그것이 최고의 인간이다. 여자, 수레, 또는 친척과 함께 웃으면서, 장난치면서, 즐기면서 자기의 부속물인 이 육신을 회상하지 않고, 그[자기]는 거기를 돌아다닌다. 수레를 끄는 동물이 수레에 매어 있듯이 바로 이와 같이 이 숨은 이 육신에 연결되어 있다.

12.4 그래서 시각이 허공 속으로 들어간 곳은 어디든지 그것을 보고 있는 인간이 있다. 시각은 보기 위해서 있다. 그리고 '나는 이것을 냄새 맡자'고 알고 있는 것 그것이 자기[아트만]이다. 후각은 냄새를 맡기 위하여 있다.

그리고 '나는 이것을 말하자'라고 알고 있는 것 그것이 자기이다. 언어는 말하기 위하여 있다. 그리고 '나는 이것을 듣자'라고 알고 있는 것 그것이 자기이다. 청각은 듣기 위하여 있다.

12.5 그리고 '나는 이것을 생각하자'고 알고 있는 것 그것이 자기이다. 사고는 그의 신적인 시각이다. 확실히 이〔자기〕는 이 신적인 시각, 즉 사고에 의하여 이런 욕망은 브라만의 세계에서 이런 욕망을 보면서 즐긴다.

12.6 참으로 신들은 이 자기를 명상한다. 그러므로 그들에 의하여 모든 세계와 욕망은 얻게 된다."
이와 같이 프라자파티는 말하였다, 프라자파티는 말하였다.

13.1 나는 검은 것에서 얼룩이 있는 것 속으로 간다. 나는 얼룩이 있는 것에서 검은 것 속으로 간다. 말이 그 머리털을 흔들어 떨어뜨리듯이 죄악을 흔들어 떨어뜨리면서 달〔月〕이 라후*7의 입에서 해방되듯이 몸을 흔들어 떨어뜨리면서 자기를 완성한 나는 브라만의 세계 속으로 들어간다, 들어간다.

14.1 참으로 허공이라고 부르는 것은 명칭과 형태를 생기게 하는 것이다. 그 내부에 있는 것 그것이 브라만이다. 그것이 불멸인 것이다, 그것이 자기〔아트만〕이다. 나는 프라자파티의 집회장, 거처 속으로 들어간다. 나는 바라문의 영광이다, 나는 크샤트리아의 영광이다, 나는 바이샤의 영광이다. 나는 영광을 얻었다. 나는 영광 중의 영광이다. 백발의, 이가 빠진, 침을 흘리는 상태에 나는 이르지 않기를 바란다! 침을 흘리는 상태에 나는 이르지 않기를 바란다!

15.1 이 지혜를 창조의 신 브라만〔범천(梵天)〕은 프라자파티에게 전하였다. 프라자파티는 마누〔인류의 시조〕에게, 마누는 그의 자손에게 전하였다.
〔그 가르침을 따르는 사람은〕 스승의 문하에서 스승을 위한 일의 경우에

---

*7 라후(Rāhu) : 주기적으로 태양과 달을 삼킴으로써 일식과 월식을 일으키는 귀신.

남은 시간에 규정대로 베다를 배운 다음 스승에게 할 도리를 다한 후 집으로 돌아와 가장의 의무를 진다. 그는 자기 집의 깨끗한 장소에서 스스로 공부를 하고 의무에 충실한 사람들을 육성하고 모든 감각기관을 자기〔아트만〕에게 고정시켜 신성한 장소〔제례 지내는 곳〕이외에 모든 생물을 해치지 않는 사람*8—그와 같은 인간은 잘 알려져 있듯이 행동할 때 수명이 있는 한 브라만의 세계에 도달한다. 그리고 그는 다시 돌아오지 않는다, 그는 다시 돌아오지 않는다.

---

*8 제례에서 살생을 하는 것은 전혀 살생이 되지 않는다. 《마누의 법전》〔5.39〕에서 다음과 같이 말하고 있다. "제례는 이 일체의 번영을 위한 것이다. 그러므로 제례에서의 살생은 살생이 아니다." 오리벨〔1998년, 571쪽, 주 15.1〕은 이렇게 말한다. "존경하는 손님에게 보이는 환대는 손님의 식사를 위해 고등동물을 도살하는 것이 포함되었다." 제례 이외에 살생을 하지 않는 사람이 생물을 해치지 않는 사람이다. 우파니샤드에서는 전세계는 '음식'과 '먹을거리'로 구성되어 있다. 거기에서는 생물이 다른 생물을 희생시켜 사는 것은 긍정되고 있다.

타이티리야 우파니샤드

[먼저 알아야 할 것들]

타이티리야 우파니샤드는 타이티리야 아라니야카의 프라파타카〔Prapāṭhaka, 섹션〕7~9로 구성된다. 이 아라니야카는 흑(黑)야쥬르 베다의 타이티리야 브라만에 대한 보유(補遺)이다. 타이티리야 우파니샤드(Taittirīya-upaniṣad)는 셋의 발리〔Vallī, 덩굴〕로 구성되어 있다. 이 우파니샤드의 세 부분은 시크샤 발리(Śikṣāvallī, Śikṣāvallyadhyāyaḥ), 아난다 발리(Ānandavallī, Brahmavallī) 및 브리그 발리(Bhṛgvallī)이다. 이른바 시크샤발리〔음성학의 가르침에 관한 장〕은 다른 두 발리와 구별되어야 한다. 그것은 독립된 우파니샤드로 본다. 아난다 발리〔환희의 장〕 및 브리그 발리〔브리그에 관한 장〕이 타이티리야 우파니샤드의 본디 부분이다.

시크샤 발리에서 다루고 있는 것은 단지 음성학뿐만 아니고 문자의 결합에 관한 우파니샤드이다. 아난다 발리〔브라만의 환희에 관한 장〕의 주제는 자기자신을 가리는 다섯 가지 코샤〔Koṣa, 용기(容器)〕이다. 인간의 자기〔아트만〕는 음식, 숨, 사고, 인식과 환희로 이루어진다고 보며, 다섯 코샤가 저마다 선행하는 코샤에 포함된다. 예를 들면 숨으로 이루어진 자기는 음식으로 이루어진 코샤에 포함되어 있다. 타이티리야 우파니샤드에 따르면 인간성의 가장 깊은 핵심은 대단한 기쁨, 또는 환희이다. 브리그 발리는 바르나의 아들 브리그에 관한 장이다. 브리그 발리의 주제는 브라만〔아트만〕이 음식, 숨, 사고, 인식, 환희라고 하는 가르침이다. 생물이 거기에서 태어나 그것에 의하여 살고 그리고 죽을 때에 그것으로 돌아가는 브라만—실질적으로 이 브라만은 음식으로 이해된다. 이것을 알고 있는 사람은 브라만으로 기초가 잡혀 있는 것이고 이와 같이 알고 있는 사람은 "음식을 소유하고 음식을 먹은 자가 되는" 것이며 "자손, 가축 및 신성한 지식의 빛에 의하여 그는 위대하게 되는"〔타이티리야 우파니샤드 3.6.1〕 것이다.

타이티리야 우파니샤드의 아난다 발리와 브리그 발리에 관한 한 설사 브라만으로 인식되어야 하는 것이라고 하더라도 거기에서 진실로 원하고 있는 것은 생물의 근원인 음식이다. 생명의 근원이 음식이라고 하는 것이 타이티리야 학파의 기본적인 입장이다. 그리고 음식, 숨, 사고, 인식 및 환희에서 이루어진 자기라고 하는 사상의 밑바닥에 가로놓여 있는 것은 음식의 철학이다.

제1장

1 옴! 미트라는 우리에게 은혜를 베풀기를! 바르나는 우리에게 은혜를 베풀기를! 아리야만은 우리에게 은혜를 베풀기를! [*1]
인드라, 브리하스파티는 우리에게 은혜를 베풀기를! 성큼성큼 걷는 비슈느는 우리에게 은혜를 베풀기를!

브라만에게 경배! 그대에게, 바람에게 경배! 바로 그대가 눈에 보인 브라만이오. 바로 눈에 보인 브라만인 그대에 대하여 나는 말하리라. 나는 질서에 대하여 말하리라. 나는 진리에 대하여 말하리라. 그것이 나를 보호하기를! 그것이 말하는 사람을 보호하기를! 옴! 평온! 평온!

2 옴! 우리는 음성학을 설명하겠노라. 음소(音素 : 낱소리), 악센트, 음량, 발음과 연음(連音 : 소리이음) 같은 것들을 이 음성학의 장(章)에서는 이와 같이 말하고 있다.

3 우리 두 사람과 함께 명성이 있기를! 우리 두 사람과 함께 신성한 지식으로 빛나기를 바라노라!
그래서 이제부터 다섯 항목에 관련하여 우리는 결합의 우파니샤드[*2]를 설명하리라—세계에 관련하여, 빛에 관련하여, 지식에 관련해, 자손에 관련하여, 육신(아트만)에 관련해. 사람들은 그것을 대단한 결합이라고 부른다.
이제 모든 세계에 관련하여—앞서 가는 형태는 대지이고 다음에 오는 형

[*1] 리그 베다, 1. 90.9.
[*2] 결합의 우파니샤드는 결합을 대상으로 하는 명상 내지 인식의 행위이다. 결합의 우파니샤드는 결합을 알려고 열심히 탐구하는 것. 세계 내지 자기에 관한 결합을 대상으로 하는 우파니샤드라고 하는 것은 'a는 b이다'라고 하는 대응을 인정하는 것이다.

태는 하늘이다. 그런 결합은 허공이고 그들을 연결시키는 것은 바람이다. 이상은 모든 세계에 관련된 것이다.

그리고 빛에 관련하여 말하면—앞서 가는 형태는 불이고 다음에 오는 형태는 태양이다. 그들의 결합은 물이고 그들을 결합시키는 것은 번개이다. 이상은 빛에 관련된 것이다.

그리고 지식에 관련하여 말하면—앞서 가는 것은 스승이고 다음에 오는 형태는 제자이다. 그들의 결합은 지식이고 그들을 연결시키는 것은 말로 하는 가르침이다. 이상은 지식에 관련된 것이다.

그리고 자손에 관련하여 말하면—앞서 가는 형태는 어머니이고 다음에 오는 형태는 아버지이다. 그들의 결합은 자손이고 그들을 연결시키는 것은 생식이다. 이상은 자손에 관련된 것이다.

그리고 육신(ātman)에 관련하여 말하면—앞서 가는 형태는 아래턱이고 다음에 오는 형태는 위턱이다. 그들의 결합은 언어이고 그들을 연결시키는 것은 혀이다. 이상은 육신에 관련된 것이다.

이렇게 다섯 항목들이 위대한 결합을 이룬다. 이와 같이 설명되어 있다. 이런 대단한 결합을 알고 있는 사람*3—그는 자손, 가축, 신성한 지식의 빛, 음식 및 천상계와 연결된다.

4 베다 찬가 중에 수많은 형상이며, 베다 찬가 중에서 가장 뛰어난 말씀으로부터 생겨난 저 인드라 신이여! 그 지혜로써 나를 구하소서!

아아, 신이여! 내가 불멸함을 유지하도록! 내 육신이 튼튼하도록! 내 혀는 최상의 감미를 갖도록! 두 귀로써 나는 충분히 듣도록! 그대는 브라만의 용기(容器)이고 지혜에 의하여 가려져 있소이다. 그대가 들은 것을 그대는 지키소서!

그녀(śrī, 행복의 여신)는 가져와서 그녀는 베풀도다,
이윽고 그녀 자신을 위하여 그리고 늘 나를 위하여 의복과 소, 음식과
음료를 주소서.

---

*3 산카라에 따르면 그와 같은 사람은 우파스(upa-ās)하는 사람이다.

그러므로 가축과 더불어 양털이 풍부한 슈리를 나에게 데리고 오기를!
스바하!
바라문의 학생들 그들이 나에게 오도록 하소서! 스바하!
바라문의 학생들 그들이 나에게 모여들도록 하소서! 스바하!
바라문의 학생들 그들이 나에게 자진하여 오도록 하소서! 스바하!
바라문의 학생들 그들은 금욕하도록 하소서! 스바하!
바라문의 학생들 그들은 마음이 평온하도록 하소서! 스바하!

인간 사이에서 내가 유명해지도록 하소서! 스바하!
유복한 사람 이상으로 나는 더 잘되고 싶소이다!
아아, 비호하는 이여! 나는 그대 속으로 들어가고 싶소이다! 스바하!
아아, 비호하는 이여! 그대는 내 속으로 들어오소서! 스바하!
아아, 비호하는 이여! 천 개의 가지를 가진 그대 속에서,
나는 스스로를 맑게 하리다, 스바하!

경사면을 따라 물이 흐르듯 나날이 지나가며 세월이 흐르듯, 이와 같이 세
계의 보유자시여!
여기저기에서 바라문의 학생들이 나에게 모여들도록 하소서! 스바하!

그대는 이웃사촌이셔요!
나를 비치소서!
나에게 오도록 하소서!

5 브후르(bhūr), 브후바스(bhuvas), 스바르(svar) —이들 셋의 외침이다.
그런 외침의 넷째 것, 즉 마하스(mahas)를 마하차마스야는 알렸던 것이다.
그것은 브라만이다. 그것은 육신이다. 다른 신들은 육신의 부분이다.
참으로 이 세상은 브후르이다. 대기는 브후바스이다. 저 세상은 스바르이
다. 태양은 마하스이다. 확실히 태양에 의하여 모든 세계는 즐거운 듯하다.
참으로 불은 브후르이다. 바람은 브후바스이다. 태양은 스바르이다. 달은 마
하스이다. 확실히 달에 의하여 모든 빛은 즐거운 듯하다. 참으로 리그 베다

의 시구는 브후르이다. 사마 베다의 가곡은 브후바스이다. 야쥬르 베다의 의
례적인 문구는 스바르이다. 브라만은 마하스이다. 확실히 브라만에 의하여
모든 베다는 즐거운 듯하다. 내쉬는 숨[프라나]은 브후르이다. 들이쉬는 숨
[아파나]은 브후바스이다. 그들 두 숨 중간에 있는 숨[비야나]은 스바르이
다. 음식은 마하스이다. 확실히 음식에 의하여 모든 숨은 즐거운 듯하다.

확실히 이들 넷은 네 겹이다. 넷의 외침은 4와 4〔16〕이다. 그런 외침을
알고 있는 사람―그는 브라만을 알고 있다. 모든 신들은 그에게 선물을 바
치러 온다.

6 심장의 내부에 있는 이 허공―거기에 사고(思考)로 이루어진 이 인간이
존재한다. 그는 불멸이고 황금으로 이루어져 있다. 두 입천장 사이에 있고
젖꼭지처럼 늘어져 있는 것―그것이 인드라 신의 거처이다. 저 머리털의 앞
끝이 갈라지는 곳에서 두 두개골을 열어, 브후르라고 하는 불에서 브후바스
라고 하는 바람에서, 스바르이라고 하는 태양에서, 마하스라고 하는 브라만
에서 그는 기초가 이루어져 있다. 그는 자기의 주권을 획득한다. 그는 사고
의 주인이 된다. 그는 언어의 주인, 시각의 주인, 청각의 주인, 인식의 주인
이다. 그리고 그는 이것이 된다. 브라만은 허공을 그 육신으로 하는 그것의
자기는 진리이다. 그것은 숨을 기쁨으로 하고, 사고를 환희로 하고 있다. 그
것은 평온함을 갖춘 불멸이다. 아아, 프라치나요기야여! 그대는 이와 같이
명상하라!

7

대지	대기	하늘	방향	중간의 방향
불	바람	태양	달	별
물	식물	수목	허공	육신〔아트만〕

이상은 존재에 관련된 것이다. 이어서 육신에 관련하여 말하면,

내쉬는 숨	중간에 있는 숨	들이쉬는 숨	위로 가는 숨	연결하는 숨
시각	청각	사고	언어	촉각
피부	살	힘줄	뼈	골수

이와 같이 구분한 다음에 성자는 말하였다. "확실히 이 모든 것은 다섯 겹이다." 바로 다섯 겹에 의해 사람은 다섯 겹을 얻는다.

8 브라만은 '옴'[이라는 음절]이다. 이 모든 것은 '옴'이다. 이와 같이 사람이 '옴'이라고 할 때 바로 모든 것을 순응하게 하여 따르도록 한다. 확실히 "아아, ['옴'이라는 음절을] 들리게 하라"*4고 아드바리유 제관이 말할 때까지도 그들은 그에게 듣도록 한 것이다. '옴'이라고 하며 그들은 사마 베다의 가곡을 노래한다. 옴솜*5이라 하고 그들은 찬가를 독송한다. '옴'이라 하며 아드바리유 제관은 응답한다. *6 '옴'이라 하고 브라만 제관은 찬가를 부르기 시작한다. '옴'이라 하고 사람은 불의 제례를 지내도록 승락한다. 베다를 독송하려고 할 때 바라문은 '옴'이라 하고 그리고 말한다. "나는 브라만*7이 되게 하소서!" 그는 바로 브라만이 되는 것이다.

9 정확성 그리고 베다의 학습과 독송. 진리 그리고 베다의 학습과 독송. 금욕 그리고 베다의 학습과 독송. 억제 그리고 베다의 학습과 독송. 평온 그리고 학습과 독송. 모든 불 그리고 베다의 학습과 독송. 불의 제례 그리고 학습과 독송. 손님 그리고 베다의 학습과 독송. 인간적인 것 그리고 학습과 독송. 자손 그리고 베다의 학습과 독송. 생식 그리고 베다의 학습과 독송.
"진리이다"라고 진리를 말한 라티타라는 말하였다. "그것은 금욕이다"라고, 항상 금욕하고 있는 파우르시시티는 말하였다. "확실히 베다의 학습과 독송이다"라고, 나가 마우드가리야는 말하였다. 왜냐하면 그것은 금욕이기 때문이다. 왜냐하면 그것은 금욕이기 때문이다.

---

*4 아드바리유 제관이 조수인 아그니드라에게 부르짖는 것은 '아아, 듣게 하라!' [o śravaya]이다. 처음의 o는 om과 등가이다.

*5 옴솜(oṃśom)은 찬가(śastra)를 부르기 전에 아드바리유 제관에 대한 호트리 제관의 부르짖음에 포함되어 있는 음성이다.

*6 호트리 제관의 부르짖음에 대한 아드바리유 제관의 응답(pratigara)도 옴이라는 음성으로 시작한다.

*7 이 대목에서 브라만에 의해 의미하는 것은 무엇일까? 이 말에 의해 여기에서는 베다 또는 베다의 신성한 말이 시사되어 있는 것인가?

10 나는 나무를 흔드는 자이다. 나의 명성은 산봉우리의 정상과 같다.
　높은 데에서 맑고 불멸의 선물이 넘쳐나는 자로서,
　나는 빛나는 보물이다. 나는 현명하고 불멸이며 끝이 없다.

이것이 〔성자인〕 트리샹크에 의한 베다의 독송이다.

11 베다를 가르친 다음에 스승은 제자에게 말한다. 진리를 말하라! 법〔법도〕을 지키라! 베다 공부를 게을리하지 말라! 스승에게 뜻에 맞는 선물을 바치고, 〔결혼하여〕 자손이 끊어지지 않도록 하라!

　사람은 진리를 무시해서는 안 된다.
　사람은 법을 무시해서는 안 된다.
　사람은 건강을 무시해서는 안 된다.
　사람은 복지를 무시해서는 안 된다.
　사람은 베다의 공부와 독송을 무시해서는 안 된다.
　사람은 조상에 대한 의식을 무시해서는 안 된다.
　어머니를 신같이 공경하라!
　아버지를 신같이 공경하라!
　스승을 신같이 공경하라!
　손님을 신같이 공경하라!
　다른 행위가 아니고 전혀 결점이 없는 행위—그런 행위가 실천되어야 한다. 다른 몸가짐이 아니고 우리 사이의 좋은 품행—그런 품행을 그대는 지켜야 한다. 우리보다도 훌륭한 바라문에게 그대는 자리를 내주어 그들을 쉬도록 해야 한다.
　신뢰를 남에게 주어야 한다.
　신뢰하지 않는 사람에게 주어서는 안 된다.
　위엄을 가지고 사람은 주어야 한다.
　두려움을 가지고 사람은 주어야 한다.
　양해*8를 얻어서 사람은 주어야 한다.

그러나 그대가 취한 행위에 대하여 의혹 또는 품행에 대한 의혹이 존재한다면 그 상황에서 판단력이 있고 법을 사랑하며 경험이 풍부하고 자격이 있는 다정한 바라문이 있어야 한다. 그 상황에서 그들이 행동하듯 그 상황에서 그대도 그와 같이 행동해야 한다. 그래서 중상(中傷)을 당하고 있는 사람들에 관하여—그 상황에서 판단력이 있고 법을 사랑하며 경험이 풍부하여 자격이 있는 다정한 바라문이 있어야 한다. 그런 상황에서 그들이 행동하듯 그런 상황에서 그대도 그와 같이 행동해야 한다.

이것이 나아갈 길(ādeśa)이다. 이것이 가르침(upadeśa)이다. 이것이 베다인 우파니샤드(upaniṣad)이다. 이것이 교훈(anuśāsana)이다. 이렇게 사람은 명상하여야 한다. 이와 같이 이것은 명상되어야 한다.

12

미트라는 우리에게 자비를 베푸소서!
바루나는 우리에게 자비를 베푸소서!
아리야만은 우리에게 자비를 베푸소서!
인드라와 브리하스파티는 우리에게 자비를 베푸소서! 성큼성큼 걷는 비슈누는 우리에게 자비를 베푸소서!

브라만에게 경배! 그대에게, 바람에게 경배! 바로 그대가 눈에 보이는 브라만이로다. 바로 눈에 보이는 브라만으로서의 그대에 대하여 나는 말하였노라. 올바름에 대하여 나는 말하였노라. 진리에 대하여 나는 말하였노라. 그것은 나를 보호하였소이다. 그것은 말하는 사람을 보호하였소이다.

---

*8 "양해"의 원어는 saṃvid이다. 남에게 어떤 것을 주는 사람은 그 선물에 관한 목적에 대하여 그것을 받아들이는 사람의 '양해' 내지 '합의'가 없으면 그것을 그에게 주면 안 된다. '양해를 받아서 준다'는 것은 '동정심 또는 친절로써 주는' 것이기도 하다.

제2장

1 브라만을 알고 있는 사람은 최고의 경지에 도달한다. 이것에 관하여 다음의 시구로 말하고 있다.

브라만은 진리이고 인식이며 무한하다. 그것을 공동(空洞)으로 최고의 천상계에 숨겨져 있다고 알고 있는 사람—그는 현명한 브라만과 함께 모든 욕망을 달성한다.

참으로 이 자기(ātman)*¹에서 허공이 생긴다. 허공에서 바람이, 바람에서 불이, 불에서 물이, 물에서 대지가, 대지에서 식물이, 식물에서 음식이, 음식에서 인간이 생긴다. 확실히 이 인간은 음식의 진수(眞髓)로 이루어진다. 바로 이것이 그의 머리이다. 이것이 그의 오른쪽 날개이다. 이것이 그의 왼쪽 날개이다. 이것이 그의 몸통〔아트만〕이다. 이것이 그의 꼬리/볼기이다.*² 또 이것에 관하여 다음의 시구가 있다.

2 참으로 음식에서 생물은 생긴다. 대지에 머무는 모든 것이. 그리고 오직 음식에 의지하여 그들은 살고, 생을 마칠 때 음식 속으로 들어간다. 왜냐하면 음식은 생물 중에서 가장 좋은 것이기 때문이다. 그러므로 그것은 모든 약초라고 말한다. 생물은 음식에서 생겨나 음식에 의하여 성장한다.

그것은 먹을 수 있고 그리고 생물을 먹는다. 그러므로 그것은 음식이라고

---

*1 샹카라는 '이 자기'를 '자기를 본질로 하는 브라만'이라고 해석하였다. 이 해석에 따르면 자기와 브라만은 동일한 실재이다. 여기에서는 이 아트만을 손쉽게 '자기'로 해석하였다.

*2 인간〔푸루샤〕은 새라는 생각을 떠올린다. 화단(火壇)은 새를 닮았다. 그것은 하나의 머리, 두 날개, 하나의 몸통 그리고 하나의 꼬리를 갖는다. 날개(pakṣa)는 측면을 의미한다. 그것은 인간의 팔을 시사한다. 꼬리(puccha)는 배꼽보다 아래 부분, 꼬리를 의미한다.

한다.

참으로 숨으로 이루어진 자기〔아트만〕는 이 음식의 진수로 된 것과 달리 그것은 내부에 있다. 그〔숨으로 이루어진 자기〕에 의하여 이〔음식의 진수로 된 자기〕는 채워진다. 확실히 이것은 인간의 모습을 하고 있다. 그것이 인간의 모습을 하고 있는 것에 대응하여 이 〔숨으로 이루어진 자기〕도 인간의 모습을 하고 있다. 그의 머리는 바로 내쉬는 숨이다. 오른쪽 날개〔우측〕는 중간에 있는 숨이다. 왼쪽의 날개〔좌측〕는 들이쉬는 숨이다. 몸통〔아트만〕은 허공이다. 꼬리/볼기는 대지이다. 또 그것에 관하여 다음의 시구가 있다.

3
신들은 숨에 따라 호흡한다, 인간과 가축도.
왜냐하면 숨은 생물의 생명이기 때문이다.
그러므로 그것은 일체의 생명(sarvāyuṣam)이라고 한다.
숨을 브라만으로서 명상하는 사람들—그들은 확실히 천수를 다한다.
왜냐하면 숨은 생물의 생명이기 때문이다.
그러므로 그것은 일체의 생명이라고 한다.

바로 이것은 그것의 육신을 구비한 자기(śārira ātman)이다. 이것은 앞의 것〔음식에서 이루어진 자기〕에 속한다.

확실히 사고에서 이루어진 자기〔아트만〕는 이 숨으로 이루어진 것과 달리 그것의 내부에 있다. 그〔사고에서 이루어진 자기〕에 의하여 이〔숨으로 이루어진 자기〕는 채워져 있다. 확실히 이것은 바로 인간의 모습을 하고 있다. 그것이 인간의 모습을 하고 있는 것에 대응하여 이〔사고에서 이루어진 자기〕도 인간의 모습을 하고 있다. 그의 머리는 바로 제례의 의례적인 문구이다. 오른쪽 날개〔우측〕는 리그 베다의 시구이다. 왼쪽 날개〔좌측〕는 사마 베다의 가곡이다. 몸통〔아트만〕은 나아갈 길이다. 꼬리/볼기는 아타르바 안기라스이다. 또 그것에 관하여 다음의 시구가 있다.

4 사고와 함께 〔브라만에게〕 도달하지 못하고,

그리고 언어는 돌아온다. 브라만의 환희를 아는 사람은 결코 두려워하지 않는다.

이는 바로 그것의 육체를 지니고 있는 자기이다. 이는 앞의 것 [숨결로 된 자기]에 속한다.

인식으로 된 자기는 이 사고로 된 것과 다르며, 그 내부에 존재한다. 그것 [인식으로 된 작기]에 의해 이것 [사고로 된 자기]이 충족된다. 참으로, 이것은 인간의 모습을 하고 있다. 그것이 인간의 모습을 하고 있는 데 대응하여 이것 [인식으로 된 자기]도 인간의 모습을 하고 있다. 그의 머리는 바로 신뢰이다. 오른쪽 날개[우측]는 정의이다. 왼쪽 날개[좌측]는 진리이다. 몸통[아트만]은 요가이다. 꼬리/엉덩이는 마하스이다. 그에 관한 다음 시구도 있다.

5
    인식은 제례를 넓혀 의식까지도 넓힌다.
    모든 신들은 인식을 가장 좋은 브라만으로서 명상한다. 혹시 사람이 브라만을 인식으로 안다면, 혹시 사람이 그것을 무시하지 않는다면,
    육신에서 악을 버리고 사람은 모든 욕망을 달성한다.

확실히 이것은 그것의 육신을 구비하고 있는 자기이다. 이것은 앞의 것[사고로 이루어진 자기]에 속한다.

확실히 환희에서 이루어진 자기는 이 인식에서 이루어진 자기와 달리 그것은 내부에 있다. 그것[환희로 이루어진 자기]에 의하여 이 [인식에서 이루어진 자기]는 채워져 있다. 확실히 이것은 바로 인간의 모습을 하고 있다. 그것이 인간의 모습을 하고 있는 것에 대응하여 이것[환희로 이루어진 자기]도 인간의 모습을 하고 있다. 그의 머리는 바로 기쁨이다. 오른쪽 날개[우측]는 쾌락이다. 왼쪽 날개[좌측]는 대단한 쾌락이다. 몸통[아트만]은 환희이다. 꼬리/볼기는 브라만이다. 또 그것에 관하여 다음의 시구가 있다.

6

혹시 사람이 브라만을 존재하지 않는 것으로 안다면 그는 바로 존재하지 않는 것이 된다.

혹시 사람이 브라만을 존재하는 것으로 안다면 그때에 그는 존재하고 있다고 사람들은 알고 있다.

바로 이것은 그 육신을 구비하고 있는 자기이다. 이것은 앞의 것〔인식에서 이루어진 자기〕에 속한다.

그래서 다음의 질문이 이어진다.

죽은 뒤를 알지 못하는 누가 저 세상으로 가는가?

또는 죽은 뒤를 알고 있는 누가 저 세상으로 가는가?

그〔아트만〕은 바랐다. "나는 많이 존재하고 싶다. 나는 번식하고 싶다." 그것은 스스로를 따뜻하게 했다. 스스로를 따뜻하게 한 다음에 그것은 여기에 있는 이 모든 것을 만들어냈다. 그것을 만들어내고 바로 그 속으로 들어갔다. 그 속으로 들어가 존재하고 있는 것(sat), 그것(tyat), 명료한 것과 불명료한 것, 휴식과 비휴식, 인식과 비인식, 진리(satya)와 허위(anṛta)가 되었다. 그것은 진리, 여기에 존재하는 것이 되었다. 사람들은 그것을 진리라고 한다. 또 그것에 관하여 다음의 시구가 있다.

7

참으로 여기에는 처음에 존재하지 않은 것이 존재하고 있었다. 확실히 그것에서 존재하는 것이 생겨났다.

그것은 스스로 육신을 만들었다. 그러므로 그것은 잘 만들어졌다고 한다.

참으로 잘 만들어진 것, 그것은 확실히 진수이다. 왜냐하면 바로 진수를 획득하여 이 사람은 환희에 넘치게 되기 때문이다. 만일 허공에서 이 환희가 없다면 실로 누가 숨을 들이쉬고 누가 숨을 내쉬겠는가? 왜냐하면 바로 이 진수가 환희를 가져오기 때문이다. 왜냐하면 이 눈에 보이지 않고 육신이 없는(anātmya), 명료하지 않고 휴식이 없는 것 중에서 사람이 두려움을 모르는 상태, 기초를 발견할 때에 그는 두려움을 모르는 상태에 이르게 되기 때문이다. 실로 그가 이 중에 아주 적은 차이를 만들 때 그에게는 공포가 생긴다. 바로 이것이 알고 있다고 생각하는 사람의 공포이다. 또 그것에 관하여 다음의 시구가 있다.

8

그것에 대한 두려움으로 바람이 분다.
그것에 대한 두려움으로 해가 떠오른다.
그것에 대한 두려움으로 아그니와 인드라, 다섯째 것으로서 죽음이 달아나느니라.

이것이 환희에 대한 탐구인 것이다. 매우 민첩하고 아주 튼튼한 체격의 건장한, 베다에 정통한 한 사람의 젊은이—그렇게 선량한 젊은이가 있다고 하자. 그리고 부로 가득한 이 모든 대지가 그의 것이라고 하자. 그것은 인간의 한 가지 환희이다.

백 명 인간의 환희라는 것—그것은 인간인 건달바와 베다에 정통한 욕망을 멸한 사람의 한 가지 환희이다.

인간인 건달바의 백 가지 환희라는 것—그것은 신인 건달바와 베다에 정통한 욕망을 멸한 사람의 한 가지 환희이다.

신인 건달바의 백 가지 환희라는 것—그것은 오랫동안 그들의 세계에 살고 있는 조상과 베다에 정통한 욕망을 멸한 사람의 한 가지 환희이다.

오랫동안 그들의 세계에 살고 있는 조상의 백 가지 환희라는 것—그것은 출생에 의하여 신들과 베다에 정통한 욕망을 멸한 사람의 한 가지 환희이다.

출생에 의한 신들의 백 가지 환희라는 것—그것은 의식을 이행함으로써 신들과 베다에 정통한 욕망을 멸한 사람의 한 가지 환희이다.

의식 이행에 의한 신들의 백 가지 환희라는 것—그것은 신들과 베다에 정통한 욕망을 멸한 사람의 한 가지 환희이다.

신들의 백 가지 환희라는 것—그것은 인드라와 베다에 정통한 욕망을 멸한 사람의 한 가지 환희이다.

인드라의 백 가지 환희라는 것―그것은 브리하스파티와 베다에 정통한 욕망을 멸한 사람의 한 가지 환희이다.

프리하스파티의 백 가지 환희라는 것―그것은 프라자파티와 베다에 정통한 욕망을 멸한 사람의 한 가지 환희이다.

프라자파티의 백 가지 환희라는 것―그것은 브라만과 베다에 정통한 욕망을 멸한 사람의 한 가지 환희이다.

인간 속의 이것과 태양 속의 그것―그것은 하나이다. 이와 같이 알고 있는 사람은 이 세상을 떠나 음식에서 이루어진 이 자기〔아트만〕에 도달한다. 그는 숨으로 된 이 자기에 도달한다. 그는 사고로 된 이 자기에 도달한다. 그는 인식으로 된 이 자기에 도달한다. 그는 환희로 된 이 자기에 도달한다. 그것에 관하여 다음의 시구가 있다.

9 사고(思考)와 함께〔브라만에〕도달한 적이 없이,
  그것으로부터 언어는 돌아온다.
  브라만의 환희를 알고 있는 사람은 결코 두려움이 없다.

"어째서 나는 좋은 일을 하지 않았는가? 왜 나는 나쁜 짓을 하였는가?" 하는 생각은 확실히 이 사람을 괴롭힌다. 이와 같이 알고 있는 사람은 자기자신〔아트만〕을 이런 두 가지 생각에서 해방한다. 왜냐하면 이와 같이 알고 있는 사람은 이런 두 가지 생각에서 자기자신을 해방하기 때문이다. 이것이 우파니샤드(uoaniṣad) *³이다.

---

*3 선악에서 해방되는 것, 또는 선악과 먼 곳에 있는 것이 우파니샤드이다. 앞 장에서 '인간 속의 이깃과 태양 속의 지것―그것은 하나'라고 한다. 태양 속의 인간과 눈 속의 인간은 등가라는 것, 이것이 우파니샤드이다.

제3장

1 성자 바루나의 아들 브리그는 아버지 가까이에 다가갔다. "존경스러운 이여! 〔저에게〕 브라만을 가르쳐주십시오!" 브리그는 말하였다.

바루나는 아들에게 이렇게 말하였다. "음식, 숨, 시각, 청각, 사고, 언어가 브라만을 알 수 있는 통로이다." 이어서 바루나는 말했다. "그로부터 이런 생물이 생겨나고 생겨난 것은 그것에 의지하여 살다가 죽을 때 그들은 다시 그 속으로 들어가는 것이란다. 그것을 너는 인식하도록 하여라! 그것이 브라만이다"*1라고.

브리그는 금욕을 실천하였다. 금욕을 실천한 다음에,

2 "브라만은 음식이다"라고 브리그는 이해하였다. "왜냐하면 잘 알려진 것처럼 이런 생물은 음식에서 생겨나기 때문이다. 생겨난 것은 음식으로 살다가 죽을 때 그들은 음식 속으로 다시 들어간다."*2

그것을 이해한 다음에 브리그는 다시 아버지인 바루나에게 가까이 갔다. "존경스러운 이여! 〔저에게〕 브라만을 가르쳐주십시오!"라고 그는 말하였다.

바루나는 아들에게 말했다. "금욕에 의하여 브라만을 이해하도록 너는 힘쓰거라! 브라만은 금욕이다."

브리그는 금욕을 실천하였다. 금욕을 실천한 다음에,

3 "브라만은 숨이다"라고 브리그는 이해하였다. "왜냐하면 잘 알려진 것

---

*1 브라만이 여기에서는 음식으로 이해되고 있다.

*2 생명의 비밀은 음식이고 사람은 브라만을 음식으로 이해해야 한다. 그러나 이와 같은 생각을 사람은 거칠게 볼지도 모른다. 이렇게 해서 브라만은 순차로 숨, 사고, 인식, 환희로 보게 되었는지도 모른다.

처럼, 이런 생물은 바로 숨에서 생겨나기 때문이다. 생겨난 것은 숨에 의하여 살다가 죽을 때 그들은 다시 숨 속으로 들어간다.”

그것을 이해한 다음 브리그는 다시 아버지 바루나 가까이로 갔다. “존경스러운 이여! 〔저에게〕 브라만을 더 가르쳐주십시오!”라고 그는 말하였다.

바루나는 그에게 말했다. “금욕에 의하여 브라만을 이해하도록 너는 힘쓰거라! 브라만은 금욕이다.”

브리그는 금욕을 실천하였다. 금욕을 실천한 다음에,

4 “브라만은 사고이다”라고 브리그는 이해하였다. “왜냐하면 잘 알려진 것처럼 이런 생물은 바로 사고에서 생겨나기 때문이다. 생겨난 것은 사고에 의하여 살다가 죽을 때 그들의 사고 속으로 다시 들어간다.”

그것을 이해한 다음 브리그는 다시 아버지 바루나 가까이로 갔다. “존경스러운 이여! 〔저에게〕 브라만을 더 가르쳐주십시오!” 그는 말하였다.

바루나는 그에게 말했다. “금욕으로써 브라만을 이해하도록 너는 힘쓰거라! 브라만은 금욕이다.”

5 “브라만은 인식이다”라고 브리그는 이해하였다. “왜냐하면 잘 알려진 것처럼 이런 생물은 바로 인식에서 생겨나기 때문이다. 생겨난 것은 인식에 의하여 살다가 죽을 때 인식 속으로 다시 들어간다.”

그것을 이해한 다음 브리그는 다시 아버지 바루나 가까이 다가갔다.

“존경스러운 이여! 〔저에게〕 브라만을 더 가르쳐주십시오!”라고 그는 말했다.

바루나는 그에게 말하였다. “금욕으로써 브라만을 이해하도록 너는 힘쓰거라! 브라만은 금욕이다.”

브리그는 금욕을 실천하였다. 금욕을 실천한 다음에,

6 “브라만은 환희이다”라고 브리그는 이해하였다. “왜냐하면 잘 알려진 것처럼 이런 생물은 바로 환희에서 생겨나기 때문이다. 생겨난 것은 환희에 의하여 살다가 죽을 때 그들은 다시 환희 속으로 들어간다.”

이것이 바루나의 아들 브리그의 지식이다. 그것은 최고의 천상계에서 기초가 잡혀 있다. 이와 같이 알고 있는 사람은 기초가 이루어져 음식을 가지고 음식을 먹는 자가 된다. 자손, 가축 및 신성한 지식의 빛에 의해 사람은 위대하게 된다. 명성에 의하여 사람은 위대하게 된다.

7 사람은 음식에 대해 나쁘게 말해서는 안된다. 그것이 서약이다. 참으로 숨은 음식이다. 육신은 음식을 먹는 것이다. 육신은 숨으로 기초가 이루어지고 숨은 육신으로 기초가 이루어져 있다. *3 이와 같이 음식은 음식에서 기초가 이루어졌다. 이와 같이 음식이 음식으로 기초가 이루어져 있다고 알고 있는 사람은 기초가 잡혀 있다. 그는 음식을 가지고 음식을 먹는 자가 된다. 자손, 가축 그리고 신성한 지식의 빛에 의하여 그는 위대하게 된다.

8 사람은 음식을 거절해서는 안된다. 그것이 서약이다. 참으로 물은 음식이다. 빛은 음식을 먹는 것이다. 빛은 물로 기초가 잡혀 있다. 물은 빛으로 기초가 이루어졌다. 이와 같이 음식은 음식으로 기초가 이루어져 있다. 이와 같이 음식이 음식으로 기초가 잡힌 것을 알고 있는 사람은 기초가 이루어져 있다. 그는 음식을 가지고 음식을 먹는 자가 된다. 자손, 가축 그리고 신성한 지식의 빛에 의하여 그는 위대하게 된다. 명성으로써 그는 위대하게 된다.

9 사람은 음식을 풍부하게 생산해야 한다. 그것이 서약이다. 참으로 대지는 음식이다. 허공은 음식을 먹는 자이다. 허공은 대지로 기초가 이루어지고 대지는 허공으로 기초가 이루어져 있다. 이와 같이 음식은 음식으로 기초가 이루어져 있다. 이와 같이 음식이 음식으로 기초가 이루어져 있다는 것을 아는 사람은 기초가 잡혀 있다. 그는 음식을 가지고 음식을 먹는 자가 된다. 자손, 가축, 그리고 신성한 지식의 빛에 의하여 그는 위대하게 된다. 명성으로써 그는 위대하게 된다.

---

*3 전세계는 대립하는 한 쌍, 즉 숨과 육신, 물과 빛, 그리고 대지와 허공으로 나누어진다. 그러나 "숨은 육신에 의하여 빨려 들어가고 물은 햇볕에 의하여 '흡수되며' 허공은 대지를 싸기 때문에 전우주는 음식과 먹는 자에 다름없다"(가이프, 1976년, 227쪽)는 것이다.

10 자기의 거처에서 사람은 누구든지 〔손님을〕 거절해서는 안 된다. 그것이 서약이다. 그러므로 어떤 방법을 써서라도 그는 풍부한 음식을 준비해야 한다. '그를 위하여 음식이 준비되어 있다'고 사람들은 말한다. 참으로 이 음식은 최초로 준비되어 있다. 그를 위하여 최초로 음식은 준비된다. 확실히 이 음식은 한가운데에 준비되어 있다. 그를 위하여 한가운데에 음식은 준비된다. 참으로 이 음식은 마지막으로 준비되어 있다. 그를 위하여 마지막으로 음식은 준비되어 있다. *4 이와 같이 알고 있는 사람―〔그에게는〕

언어에서의 휴식(kṣema), 내쉬는 숨과 들이쉬는 숨에서의 활동(yoga)과 휴식, 양손에 의한 행동, 두 발로의 보행, 항문으로의 배설이 있다. 이런 것은 인간적인 호칭이다. 그리고 신성한 호칭―흡족한 비의 만족, 번개에서의 에너지, 가축으로의 명성, 별에서의 빛, 생식기로서의 생식, 불멸과 환희, 허공에서의 모든 것이 존재한다.

그는 그것을 기초로 하여 명상해야 한다. 그는 기초를 갖게 된다. 그는 그것을 마하스〔위대한 것〕로서 명상해야 한다. 그는 위대하게 된다. 그는 그것을 사고로서 명상해야 한다. 그는 사고를 갖게 된다. 사람은 그것을 경의〔敬意, mamas〕로서 명상해야 한다. 욕망은 그에게 경의를 나타낸다. 사람은 그것을 브라만*5으로서 명상해야 한다. 그는 브라만을 가지게 된다. 사람은 그것을 브라만 주위의 죽음*6으로서 명상해야 한다. 그의 주위에서 그를 미워하는 적은 죽는다. 그의 주위에서 그를 싫어하는 경쟁자도 죽는다.

인간 속의 이런 자와 태양 속의 저것―그것은 하나이다. 이와 같이 알고 있는 사람은 이 세상을 떠나 음식으로 이루어진 자기〔아트만〕에 도달하고 숨

---

*4 참으로 이 음식은 최초로 준비되어 있다고 하는 문장에서 시작하여 그를 위하여 마지막으로 음식은 준비되어 있다고 하는 문구로 끝나는 원문은 난해하다. 이 원문의 해독에 대하여는 론멜〔1945~1949년, 43~49쪽 참조〕.

*5 브라만(또는 브라흐만)이라고 하는 말은 무엇을 의미하는가. 그것은 분명하지 않다. 여기에서 의미하고 있는 것은 '신성한 공식' 또는 '진리의 공식화'일까? 모든 생물을 생기게 한 음식을 여기에서는 브라만으로 이해하려고 한다. 보다 추상적으로 말하면 브라만이라고 하는 말은 모든 생물의 궁극의 원인을 표현하기 위하여 사용하였다. '일종의 공백의 공식(a kind of blank formula)'이라고 가이프〔1976년, 225쪽 참조〕는 보았다.

*6 브라만의 주위의 죽음(brahmaṇaḥ prarimara)―자기의 적을 파멸시키기 위한 주술적인 의식. 이 의식을 행함으로써 사람은 자기 주위에서 자기의 적과 자기에게 적의를 품은 친척들의 파멸을 보게 된다.

으로 이루어진 자기에 도달하며, 사고로 이루어진 자기에 도달하고, 인식으로 이루어진 자기에 도달하며, 환희에서 이루어진 자기에 도달하고, 먹고 싶은 대로 먹고 좋아하는 모습으로 이런 세상을 돌아다니며 다음의 사마 베다의 가곡을 노래하면서 앉는다.

하우! 하우! 하우!
나는 음식, 나는 음식, 나는 음식이다.
나는 음식을 먹는 자, 나는 음식을 먹는 자, 나는 음식을 먹는 자이다.
나는 소리를 내는 자, 나는 소리를 내는 자, 나는 소리를 내는 자이다.
나는 우주 질서에 의해 최초로 태어난 자.
신들보다 이전에 불멸인 자의 배꼽에서.
나에게 준 자 그는 나를 돕는다.
나는 음식. 음식을 먹고 있는 자를 나는 먹는다.
나는 온 세계를 초월하는 존재이다.
이와 같이 알고 있는 사람은 황금빛의 지혜를 아는 자이다.
이것이 우파니샤드*7이다.

---

*7 우파니샤드는 스승으로부터 제자에게 주는 비밀의 가르침도 아니고, 대우주의 원리인 브라만(브라흐만)과 소우주의 원리인 아트만을 동일하게 보는 것도 아니다. 이 문맥에서 우파니샤드는 분명히 인간 속의 푸루샤를 태양 속의 푸루샤와 동일하다고 보는 '등가(Äg uivalenz)'의 가르침에 틀림없다.

아이타레야 우파니샤드

[먼저 알아야 할 것들]

아이타레야 우파니샤드(Aitareya-Upaniṣad)는 아이타레야 아라니야카의 제2부 4~6장(adhyāya)으로 이루어져 있다. 이 브라흐마나는 모두 다섯 부분 또는 다섯 아라니야카(āraṇiyaka)로 구성되어 있다. 이 아라니야카는 리그 베다의 아이타레야 학파에 속하는 아이타레야 브라흐마나의 한 부분이다. 아이타레야 아라니야카와 아이타레야 우파니샤드 간의 차이는 인위적이며 거기에서 다루어지고 있는 화제는 그다지 다르지 않다. 아이타레야 아라니야카의 제3부는 산히타 우파니샤드라고 부른다. 인도의 전통에 따르면 아이타레야 아라니야카에는 세 가지 우파니샤드가 포함되어 있다. 첫째 우파니샤드는 제2부의 1~3장, 둘째 우파니샤드는 우리의 우파니샤드, 셋째 우파니샤드는 제3부이다. 여기에서 번역한 것은 둘째 우파니샤드뿐이다.

아이타레야 우파니샤드는 세 장(章)으로 구성된다. 아이타레야 우파니의 주제는 자기(ātman)이다. 제1장의 주제는 자기에 의한 세계의 창조이다. 제2장의 주제는 본래적 자기의 탄생이다. 제2장은 첫째 주제의 계속이고 두 주제 간에는 관련이 있다. 그러나 제3장은 독립된 작품으로 고찰해야 할 것이다. 이 우파니샤드의 핵심 부분은 자기에 의한 세계의 창조를 설한 제1장일 것이다. 제2장에는 아트만은 세 번 태어난다고 하는 재미있는 사상이 발견된다. 그렇지만 이 장에서 다루고 있는 것은 생식이다. 제3장의 주제는 인식되고 있는 자기이고 이 장은 독립되어 있는 부분이다. 이 우파니샤드에서 사상사적으로 중요한 것은 제1장과 제2장이다.

제1장

1.1 확실히 여기에는 최초의 자기(ātman)만이 존재하고 있다. 그 이외에 눈을 깜빡이고 있는 것은 아무것도 없었다. 아트만은 생각하였다.
"자, 나는 세상을 창조하겠다."

1.2 그래서 그는 이런 모든 세계를 창조하였다. 하늘의 물, 빛의 티끌, 죽음 그리고 지하의 물을. 하늘의 물은 하늘 저쪽 거기에 있다. 그것의 기초는 하늘이다. 빛의 티끌은 대기이다. 대지는 죽음이다. 그리고 그 밑에 있는 것은 지하수이다.

1.3 그는 생각하였다. "그래서 이런 세계가 존재하게 되었으니 이제 나는 모든 세계의 보호자들을 창조해야 되겠구나!"
그래서 지하의 물속에서 사나이(puruṣa)*1를 끌어내어, 그에게 형체를 부여하였다.

1.4 아트만은 사람의 형체를 따뜻하게 했다. 형체가 따뜻해졌을 때 부화된 달걀처럼 그의 입이 찢어져 열렸다. 그의 입에서 말이, 말에서 불이 생겼다. 그리고 두 콧구멍이 찢어져 열렸다. 두 콧구멍에서 내쉬는 숨이, 내쉰 숨에서 바람이 생겼다. 두 눈이 찢어져 열렸다. 두 눈에서 시각이, 시각에서 태양이 생겼다. 두 귀가 찢어져 열렸다. 두 귀에서 청각이, 청각에서 방향이 생겼다. 피부가 찢어져 열렸다. 피부에서 몸털이, 몸털에서 초목이 생겼다. 심장이 찢어져 열렸다. 심장에서 사고(思考)가 사고에서 달

---

*1 '남자'(puruṣa) —샨카라는 푸루샤를 머리와 손을 가진 '인간의 모습을 하고 있는 것'으로 이해하고 있다. 그러나 여기에서의 푸루샤는 '사나이'를 의미한다. 그〔아트만〕은 푸루샤를 물속에서 끌어내어 그를 농축하고, 그에게 질료적인 형체를 주었던 것이다.

이 생겼다. 배꼽이 찢어져 열렸다. 배꼽에서 들이쉬는 숨이, 들이쉰 숨에서 죽음이 생겼다. 생식기가 찢어져 열렸다. 생식기에서 정액이, 정액에서 물이 생겼다.

2.1 창조된 이런 신들은 큰 바다*2 속으로 떨어졌다. 창조자는 신들을 굶주림과 갈증으로 괴롭혔다. 이런 신들은 창조자에게 말했다.
"그것으로 기초가 이루어져 우리가 음식을 먹을 수 있는 거처를 우리를 위하여 찾아주시오!"

2.2 창조자는 신들에게 소 한 마리를 끌고왔다. 신들은 말하였다. "확실히 이것은 우리에게 충분하지 않소이다."
그래서 그는 그들에게 말 한 필을 끌고왔다. 그들은 또 말하였다. "확실히 이것은 우리에게 충분하지 않소이다."

2.3 그는 이번에는 그들에게 한 사나이를 데리고 왔다. 그러자 그들은 말하였다. "아아, 잘 길러냈소이다."
확실히 잘 길러낸 사나이였다. 그는 그들에게 말하였다. "그대들은 각기 자기 거처로 들어가라!"

2.4
불은 언어가 되어 입 속으로 들어갔다.
바람은 내쉬는 숨이 되어 두 콧구멍 속으로 들어갔다.
태양은 시각이 되어 두 눈 속으로 들어갔다.
방향은 청각이 되어 두 귓속으로 들어갔다.
초목은 몸털이 되어 피부 속으로 들어갔다.
달은 사고가 되어 심장 속으로 들어갔다.
죽음은 들이쉬는 숨이 되어 배꼽 속으로 들어갔다.
물은 정액이 되어 생식기 속으로 들어갔다.

---

*2 슈나이더[1963년, 58쪽]는 큰 바다를 '세계에서의 영위'로 이해하고 있다.

2.5

굶주림과 갈증은 창조자에게 말했다. "우리를 위하여 배려하소서!"

창조자는 굶주림과 갈증에게 말했다. "우리는 확실히 이런 신격에 그대들을 관여시키리라. 우리는 그대들을 이런 신격의 관여자로 하리라."

그러므로 어떤 신격에 사람이 제물을 바치더라도 굶주림과 갈증은 그 제물에 관여하게 된다.

3.1 그것은 생각하였다. "그래서 이런 세계와 모든 세계의 보호자들이 있다. 그들을 위하여 나는 음식을 창조하겠다!"

3.2 그것은 물을 따뜻하게 데웠다. 물이 따뜻하여졌을 때 그것에서 형체가 생겼는데 확실히 그것은 음식이었다.

3.3 그것〔음식〕은 창조되자마자 달아나려고 했다. 그것〔자기〕는 말로써 달아나는 음식을 붙잡으려고 하였다. 그러나 그는 말에 의해 음식을 붙잡을 수 없었다. 만일 그것이 언어에 의하여 음식을 붙잡았다면 음식을 말로 발음하는 것만으로 사람은 배가 불렀을 것이다.

3.4 그것은 내쉬는 숨으로 달아나는 음식을 붙잡으려고 하였다. 그러나 그것은 내쉬는 숨으로 그것을 붙잡을 수는 없었다. 만일 그것이 내쉬는 숨으로 음식을 붙잡았다면 음식을 냄새 맡는 것만으로도 사람은 배불렀을 것이다.

3.5 그것은 시각으로 달아나는 음식을 붙잡으려고 하였다. 그러나 그것은 시각으로 그것을 붙잡을 수는 없었다. 만일 그가 시각으로 음식을 붙잡았다면 음식을 보기만 해도 사람은 배불렀을 것이다.

3.6 그것은 청각으로 달아나는 음식을 붙잡으려고 하였다. 그러나 그것은 청각으로 그것을 붙잡을 수는 없었다. 만일 그는 청각으로 음식을 붙잡았다면 음식〔이라는 음성〕을 듣는 것만으로 사람은 배불렀을 것이다.

3.7 그것은 촉감으로 달아나는 음식을 붙잡으려고 하였다. 그러나 그것은 촉감으로 그것을 붙잡을 수는 없었다. 만일 그것이 촉감으로 음식을 붙잡았다면 음식에 닿기만 하여도 사람은 배불렀을 것이다.

3.8 그는 사고로 달아나는 음식을 붙잡으려고 하였다. 그러나 그는 사고로 그것을 붙잡을 수는 없었다. 만일 그가 사고로 음식을 붙잡았다면 음식에 대하여 깊이 생각하는 것만으로 사람은 배불렀을 것이다.

3.9 그는 생식기로 달아나는 음식을 붙잡으려고 하였다. 그러나 그는 생식기로 그것을 붙잡을 수는 없었다. 만일 그가 생식기로 음식을 붙잡았다면 음식을 쏟아놓는 것만으로 사람은 배불렀을 것이다.

3.10 그는 들이쉬는 숨으로 달아나는 음식을 붙잡으려고 하였다. 하지만 그는 음식을 다 먹어 버렸다. 바람, 그것은 음식을 붙잡는 것이다. 바람이라는 것 이것은 확실히 음식에 의하여 사는 것이다.

3.11 그는 생각하였다. "그래서 나 없이 음식이 어떻게 존재할 수 있을까? 그러니 이제 내가 몸 안으로 들어가야겠다. 만일 언어로 발음되고, 내쉬는 숨에 의해 내쉬고, 시각으로 보고, 청각으로 듣고, 피부로 만지고, 사고로 생각하고, 들이쉬는 숨에 의하여 들이쉬고, 생식기만으로 정액을 배설한다면 그때에는 나는 누구일까?"

3.12 그는 확실히 이 머리털의 가르마를 갈라 헤치고*3 이 문을 통하여 들어갔다. 이 문(dvar)은 '가르마'(vidṛti, 두개골의 이음매)라고 부른다. 이것은 환희의 장소이다. 거기에 셋의 거처와 셋의 꿈[의 상태]가 존재한다. 이것은 [최초의] 거처이다. 이것은 [제2의] 거처이다, 이것은 [제3의] 거처이다.

---

*3 타이티리야 우파니샤드 1.6 참조. 아이타레야 아라니야카(2.1.4)에는 브라만이 발톱 끝을 통하여 이 푸루샤 속으로 늘어간다는 사상이 발견된다. 사야나의 주석에 따르면 '이 푸루샤'에 의하여 의미되는 것은 '거친 육신'이다.

3.13 그는 태어났을 때 다음과 같이 생각하며 만물을 바라보았다. "여기 나 말고 누가 있는가?"

그것은 이 인간[푸루샤]만을 그 이상 없는 브라만으로 보았다. "나는 알고 있도다"라고 그는 선언하였다.

3.14 그러므로 그는 이단드라(Idandra)라는 이름이 붙여졌다.*4 확실히 그 것의 이름은 이단드라이다. 이단드라라는 것을 사람들은 비밀리에 인드라 (Indra)라고 부른다. 신들은 어쨌든 비밀인 것[숨겨져 있는 것]을 사랑하기 때문이다.

---

*4 이단드라는 '안에 들은 이것'이란 뜻. 원본에 tasmād indro nāma라고 쓰여 있지만 indra= idandra이기 때문에 tasmād idandro nāma로 정정하여도 좋을 것이다.

제2장

1.1 확실히 이 태아는 정액으로서 최초부터 남자 속에 생긴다. 모든 육신의 부분에서 모아진 이 열을 그는 자기[아트만]로서 자기에게 보존한다. 여자 속에 그가 [정액을] 쏟을 때 그는 이것[자기]을 낳는다. 이것이 자기 최초의 탄생이다.

1.2 여자의 육신적 부분의 하나로서 그것[정액]은 여자의 육신(ātman)과 하나가 된다. 그러므로 그것은 그녀에게 상처를 주지 않는다. 여기 [자궁 속]에 있는 그의 자기[아트만]를 그녀는 양육한다. *1

1.3 그 아트만을 양육하는 부인은 고이 간수되어야 한다. 여자는 그를 태아로서 보유한다. 확실히 최초로 그는 [아이의] 탄생 전후에 아이를 양육한다. 그 아이가 태어나기 전부터 그는 확실히 자기자신(ātman)을 이런 세계의 존속을 위하여 양육한다. 왜냐하면 이렇게 하여 이런 세계는 존속하고 있기 때문이다. 이것이 자기의 제2의 탄생이다.

1.4 그[그의 이 자기]는 선한 행위*2를 하도록 되어 있다. 그러나 그의 다른 이 자기는 해야 할 일을 마치고 늙어서 이 세상을 떠난다. 그러나 이 세상을 떠난 다음에 그것은 다시 태어난다. *3 그것이 자기의 제3의 탄생이다.

---

*1 "아내"(jāyā)는 '낳는다'(jan)라는 동사에서 파생된다. 그러나 아내가 낳은 것은 아이만이 아니다. 남편이 아내 속에서 아들로서 다시 태어나는 것이다[오리벨, 1993년, 41~46쪽 참조].

*2 puṇyakarman은 '도덕적으로 좋은 행위'보다도 오히려 '의식에서의 좋은 행위' '공덕이 있는 행위' 또는 '신성한 의식'을 의미한다.

*3 "다시 태어난다"라는 문구에 의하여 시사되는 것은 '내세에 태어난다'는 것이다[키스, 1909년, 8쪽 참조]. 그러나 '그[그의 이 자기]는 선한 행위를 하도록 정해져 있다, [1.4]라는

1.5 그러므로 성자(聖者)는 다음과 같이 말하고 있다.

　이미 어머니 태 속에 있을 때 나는 세상의 신들이 어떻게 태어나는지 알
게 되었다.
　태 속에서는 수백 개의 쇠로 된 듯 단단한 보호막들이 나를 감시하였다.
　그러나 나는 그곳에서 재빠른 독수리와 같이 밀치고 밖으로 나왔다. *4

바로 어머니 태 속에 누워 있는 것처럼 성자 바마데바는 이렇게 말했다.

　1.6 이와 같이 알고, 이 육신이 무너진 다음에 성자 바마데바는 위로 걸어
나와 저 천상계에서 모든 욕망을 만족시키고 불멸의 존재가 되었다, 불멸의
존재가 되었다. *5

표현에 의해 재생설과 결부되어 있는 카르만설이 시사되어 있다고 생각된다(슈나이더,
1963년, 65쪽, 주19 참조). '다시 태어난다'고 하는 표현은 푸루샤가 '이 세상에' 재생하는
것을 시사하는 것같이 생각된다. '다시 태어난다'고 하는 것은 아버지가 아들로서 이 세상
에 재생하는 것과 죽은 뒤에 그가 저 세상에 재생하는 것이라는 두 재생설의 결합같이 생
각된다(오리벨, 1998년, 580쪽, 주4 참조).
*4 리그 베다 4.27.1에서의 인용. 슈나이더(60쪽)에 따르면 모태(garbha)는 '탄생의 사이클'로
서 이해된다. 신들의 탄생도 많은 회수로 되풀이된다. 그리고 탄생의 사이클은 동시에 삶
과 죽음의 사이클이기도 하다.
*5 탄생의 사이클에서 벗어나기를 바라고, 성자 바마데바는 죽은 뒤에 '위로 걸어나와, 저 천
상계에서 모든 욕망을 만족시키고 불멸의 존재가 되었다, 불멸의 존재가 되었다'라고 말한
것으로 생각된다.

제3장

1.1 이[자기, 아트만]는 누구인가? 자기로서 우리는 그것을 명상한다. 어떤 것이 자기인가?

1.2 그것에 의해 사람이 보는 것인가? 또는 그것에 의해 사람이 듣는 것인가? 또는 그것에 의해 사람이 향기를 맡는 것인가? 또는 그것에 의해 사람이 말을 하는 것인가? 또는 그것에 의해 사람은 맛있는 것과 맛없는 것을 식별하는 것인가?

그것은 심장인가, 사고인가? 그것은 의식인가? 지각인가? 인식인가? 예지인가? 지혜인가? 통찰력인가? 결단인가? 사려인가? 숙고인가? 충동인가? 기억인가? 의도인가? 의향인가? 생명력인가? 욕망인가? 의욕인가? 바로 이것들은 모두 인식에 대한 다른 이름들이다.

1.3 이것은 브라만[범천]이다, 이것은 인드라이다, 이것은 프라자파티[창조주]이고, 이것은 모든 신들이다. 이것은 이런 다섯 가지 위대한 존재,*1 즉 땅·바람·허공·물·빛이다. 이것은 이런 [다섯 가지의 위대한] 존재이고, 작은 존재와 혼합되어 있다. 이런 것이고, 여러 가지 종자, 즉 알에서 생기는 것, 모태에서 태어나는 것, 땀에서 생기는 것과 싹에서 나오는 것이다. 이것은 말, 소, 인간과 코끼리이다. 이것은 여기에서 호흡하고 있는 [살아 있는] 모든 것, 곧 움직이고, 날고 그리고 정지하고 있는 것이다. 그 모든 것은 인식을 그 눈으로 하고, 인식으로 기초를 이루고 있다. 세계는 인식을

---

*1 "크나큰 존재"(mahābhūta)는 후세의 인도 철학에서 '원소'라고 부른 것이다. 땅·바람·허공·물·불이 '다섯 원소'이다. 여기에서 '빛'(jyotis)이라고 부르는 것은 '불'에 대응한다. 여기에서 mahābhūta라고 부르는 것은 원소라고 하기보다도 오히려 자연계에 보이는 사물로 생각된다.

그 눈으로 하고 있다. 인식은 기초이다. 브라만은 인식이다. *²

1.4 인식인 이 자기에 의하여 그는 이 세계에서 위로 나가 저 천상계에서 그가 바라는 모든 것을 달성하고 불멸의 존재가 되었다―불멸의 존재가 되었다.

---

*2 제3장의 주제는 인식으로서의 자기 또는 인식해 가는 자기이다. 그것은 인식 주관이고 인식의 주체이다. '인식은 브라만이다'라고 하는 글에서 브라만을 게르토나(1928년, 135쪽, 주755)는 단순한 인식의 대상으로 보고 있다. 제3장의 주제는 인식의 주체로서의 아트만이다. 제3장은 제1∼2장과 구별해야 한다. 제1장의 주제는 아트만(자기)에 의한 창조이고, 제2장은 제1장의 계속이다. 그러나 이 장의 주제는 창조라 하기보다도 생식이며 세계의 영위에 관여하고 있는 푸루샤(본래적으로는 '남자')의 운명이 중심적이다. 아이타레야 우파니샤드의 원래 부분은 제1장과 제2장이다.

카우시타키 우파니샤드

[먼저 알아야 할 것들]

카우시타키 우파니샤드(Kauṣītaki Upaniṣad) 또는 카우시타키 브라흐마나 우파니샤드(Kauṣītaki-Brāhmaṇa-Upaniṣad)는 카우시타키 아라니야카 또는 샨카야나 아라니야카의 아디야야 3~6장으로 이루어져 있다. 이 아라니야카 는 리그 베다의 카우시타키 우파니샤드의 한 부분이다. 카우시타키 우파니 샤드에는 네 장이 있다. 브리하다라냐카, 찬도기야와 타이티리야 우파니샤 드에 대하여 샨카라는 주석을 하였으나 카우시타키 우파니샤드에 대하여는 전혀 주석을 하지 않았다. 《브라흐마 스트라》(Ⅲ.1.12~13)에서 샨카라는 카 우시타키 우파니샤드에 언급하고 있다. 그는 이 우파니샤드의 존재를 알고 있었다고 생각된다. 그러나 이 우파니샤드에 대해 그는 검토하지 않았다.

이 우파니샤드의 원본은 여러 사본이 있고 저마다 다르다. 다른 초기의 우 파니샤드와 달리 이 우파니샤드는 충실하게 전해지지 않았다. 카우시타키 우파니샤드는 네 장으로 구성되어 있다. 이 우파니샤드의 프렌츠[1968~ 1969년]의 편집과 번역은 유명하다. 이 책 역시 프렌츠의 교정과 그의 독일 어 번역을 참조하였으나 그 원본 교정에는 참여하지 않았다. 그래서 카우시 타키 우파니샤드의 제1장의 주제는 인간의 죽은 다음 운명이다. 크샤트리아 의 치트라가 슈베타케투의 아버지 아루니에게 가르친 것은 '조상의 길' (pitryāna)과 '신들의 길'(devayāna)이었다. 조상의 길로 가는 사람은 죽은 뒤에 이 세상으로 돌아온다. 그러나 신들의 길로 들어간 사람들은 거기에서 브라만의 세계에 도달하여, 다시는 이 세상에 돌아오지 않는 것이다. 그들은 재생을 벗어나 해탈한다. 이것이 제1장의 주제이다.

제2장에서 다루어지는 것은 이 세상의 소원을 달성하기 위한 의례이다. 이 장의 원본에는 맥락(콘텍스트)가 빠져 있다. 그렇지만 이 장의 중요한 주 제는 숨(Prāṇa)의 우파사나(upāsana)이다. 숨에 대하여 깊이 생각하는 것,

또는 명상하는 것이 숨의 우파사나이다. 그것은 단지 숨에 대하여 명상할 뿐만 아니라 숨을 열심히 구하는 것을 의미한다. 우리의 우파니샤드에서 궁극의 존재로 보는 것은 우리 자신의 숨[프라나]이다. 제3장의 내용은 철학적이다. 여기에서 다루어지는 것은 '예지로서의 자기'(prajñāman)이다. 그러나 예지로서의 자기, 또는 의식하고 있는 아트만은 '숨' 그 자체이다.

제2장의 주제가 '숨에 관한 지식'이라고 하면 제3장의 주제는 '자기에 관한 지식'이다. 숨이라는 것이 예지이고 예지라는 것이 숨이라는 것이 이 장의 중심 사상이다. 예지로서의 아트만은 실은 숨과 같은 것이라고 우리의 우파니샤드는 주장하는 것이다.

제4장의 주제는 브라만의 정의이다. 그러나 아자타샤트루와 발라키의 대화에서 화제가 된 것은 궁극적 실재로서의 브라만이 아니고 '진리의 공식화'이다. 실질적으로 브라만에 의하여 시사되는 것은 숨이다. 숨이 예지로서의 자기라고 하는 것이 아자타샤트루가 가르친 브라만이다.

카우시타키 우파니샤드의 제1장에서 브라만은 인간의 본질로 이해되고 있다. 그렇지만 제2~4장에서 예증되고 있듯이 브라만에 의하여 시사되는 것은 '숨'이다. 그리고 인간의 숨이 인간 자신이라는 것이 이 우파니샤드의 밑바닥에 깔려 있는 사상이다.

제1장

1 참으로 치트라 가르기야야니는 제례를 행하려고 아루니를 〔호트리 제관으로〕뽑았다. 그는 아들인 슈베타케투를 〔자기의 대신으로〕보내며 말하였다. "자기를 위하여 제례를 행하라!"고.

슈베타케투가 그곳에 도착하였을 때 치트라는 그에게 물었다. "가우타마의 아들아! 그대가 나를 그 세계 속에 가둘 만한 폐쇄의 문*¹이 존재하는가, 아니면 나를 그 세계 속에 있게 할 다른 길을 그것은 가지고 있는가?"

슈베타케투는 말했다. "저는 그것을 모릅니다. 그럼 제가 스승님께 묻겠습니다!"

슈베타케투는 아버지에게 와서 물었다. "이것저것 그는 저에게 물었어요. 어떻게 저는 대답해야 되는 것입니까?"

아버지는 말했다. "나도 그것을 모른다. 베다의 독송을 마친 다음에 제례의 장소*²에서 우리는 다른 사람들이 우리에게 주는 것을 받아들이자! 그리고 우리 둘이는 스승을 찾아가자!"

그리고 아루니는 땔나무를 들고 치트라 가르기야야니에게 돌아왔다. "저는 스승의 제자가 되고 싶습니다!"라고 그는 말하였다.

그러자 치트라는 그에게 말했다. "그대는 진리의 공식화(brahman)에 어울리는 사람이오. 자만심에 빠지지 않았으니까. 자 〔묻고 싶은 것을〕나는 그대에게 확실히 인식시켜 주겠소!"

2 치트라는 말하였다.

"참으로 이 세상을 떠난 사람들—그들은 모두 확실히 달로 간다오. 그들

---

*1 saṃvṛtam은 울타리 또는 목책을 의미한다〔프렌츠, 1968~9년, 105쪽〕.
*2 sadas—소마제를 지내는 동안 큰 제례의 장소(mahāvedi) 서쪽 부분에 세워진 오두막 집. 사다스는 제관과 조수가 머무는 장소로 유익하고 각 제관의 좌석이 만들어져 있다.

의 모든 생기〔숨〕에 의하여 달은 처음의 반달에서 가득 차고, 제2의 반달에서 그들을 〔다시〕 태어나게 한다오. 확실히 달이라는 것—이것은 천상계의 문이오. 달에 대하여 대답하는 사람—그를 달은 지나가도록 하지요. 그러나 달에 대하여 대답하지 못한 사람에게는 그가 비가 되었을 때 달은 이 대지에 다시 내리게 하는 것이오. 그는 여기에서 날벌레 또는 곤충 또는 새 또는 호랑이 또는 사자 또는 물고기 또는 물소 또는 인간 또는 다른 것으로서 갖가지 생활영역으로 그 행위에 따라 그 지식에 따라 다시 태어나게 되는 것입니다."

그 〔죽은 자〕가 〔달의 세계〕에 도착하였을 때 달은 그에게 묻지요. "그대는 누구인가?"라고. 달에게 그는 대답해야 합니다.

아아, 계절이여! 빛나는 것에서, 열다섯의 부분을 가진 것에서, 태어난 것에서 조상의 세계를 가진 것에서, 나의 정액을 가지고 올 수 있었어요. 그대들은 나를 행위자인 남자 속으로 보냈지요. 행위자인 남자를 통하여 그대들은 나를 어머니 속으로 쏟았어요.
내가 태어나는 12개월 동안 또는 보태어 태어나는 13개월이라는 윤달로 12의 부분 또는 13 부분의 아버지를 통하여.
나는 그것을 알고 있어요. 나는 그것을 이해합니다. 그러므로 아아, 계절이여! 그대들은 내가 〔지혜의 삶을 살아서〕 불멸을 얻도록 해주시오! 이 진리에 의하여 이 열에 의하여 나는 계절입니다. 나는 계절의 자손입니다. 나는 누구인가요? 나는 그대입니다.

달은 그를 지나가게 한다.

3 신들의 길에 도달한 다음에 그는 불의 신 아그니의 세계로, 바람의 신 세계로, 태양의 신 세계로, 세상을 덮는 신 바루나의 세계로, 비와 천둥의 신 인드라의 세계로, 창조주 프라자파티의 세계로, 브라만의 세계로 갑니다. 확실히 이 브라만의 세계에 속하는 것은 아라(敵)라고 하는 호수, 예슈티하〔감정 억제〕라고 하는 무후르타, *³ 늙는 일이 없는 강, 이리야〔흙〕라고 하는 나무, 사라지야〔제방〕라는 안뜰, 불패(不敗)라고 하는 성(城), 인드라와 프

라자파티라고 하는 2명의 수위, 비브흐〔드넓음〕라는 홀, 비챠크샤나〔분별력〕라고 하는 옥좌, 아미타우쟈스〔끝없는 힘〕라고 하는 소파침대입니다.

사랑스러운 마나시〔사고력〕와 그것에 짝을 이루는 챠크슈시〔시력〕는 꽃을 꺾어 확실히 세계를 온갖 〔꽃으로〕 엮지요. 암바〔낳은 자〕라고 하는 세상의 어머니, 암바야비라는 천녀(天女)가 있어요. 브라만의 지혜로 이끄는 암바야라는 강이 있고요. 이와 같이 알고 있는 사람에게 그것〔브라만의 세계〕이 찾아옵니다. 그에게 창조자 브라만은 말합니다. "나의 영광으로 더불어 그대들은 그에게 달려가시오! 확실히 이 사람은 늙지 않는 강에 도달할 것이며, 틀림없이 이 사람은 늙지 않을 것이오."*4

4 오백 명의 천녀가 그를 맞이하러 옵니다. 백 명은 화장용 분을 들고, 백 명은 의복을 들고, 백 명은 과일을 들고, 백 명은 향유를 들고, 100명은 화환을 들고 옵니다. 천녀들은 브라만의 장식으로써 그를 장식합니다. 브라만의 장식으로 꾸며진 그는 브라만을 알고 있는 사람으로서 브라만으로 나아가게 되는 것입니다.

그들은 아라 호수에 이르러 그는 마나스〔사고(思考)〕로 그것을 건너갑니다. 그러나 〔진리를 모르고〕 눈앞에 있는 것밖에 모르는 사람은 거기에 갔을 때 그 호수에 빠지고 맙니다. 그는 예슈티하라고 하는 무흐르타로 갑니다. 그러나 그런 무흐르타에서 그는 달아납니다. 그는 늙는 일이 없는 강으로 옵니다. 그는 사고만으로 그것을 건넙니다. 거기에서 그는 좋은 행위와 나쁜 행위를 흔들어 떨어뜨립니다. 그가 좋아하는 친척은 그의 좋은 행위를, 그가 싫어하는 친척은 그의 나쁜 행위를 받아들입니다. 예를 들면 수레로 가는 사람이 두 바퀴를 내려다보듯 이렇게 그는 낮과 밤을 내려다봅니다. 이와 같이 그는 좋은 행위와 나쁜 행위 그리고 모든 상반되는 것을 내려다봅니다. 좋은 행위를 떠나고 나쁜 행위를 떠나 브라만의 지혜를 알고 있는 이 사람은 확실히 브라만에게로 갑니다. *5

---

*3 무흐르타(muhūrta)는 48분. 그것은 순간·시간이라고 번역되기도 한다. 그러나 이 난해한 일절은 '아마 시간의 무상함과 불안정한 것을 가리킬 것이다'〔안토와느 1955년, 334쪽〕.
*4 브라만의 세계(Brahmaloka)에는 시간은 존재하지 않는다. 그러므로 브라만의 세계에 도달한 사람은 이미 늙지 않는 것이다.

5 그는 이리랴 나무 아래로 옵니다. 브라만의 향기가 그의 속으로 들어갑니다. 그는 사라지야라고 하는 안뜰로 찾아옵니다. 브라만의 미각이 그의 속으로 들어갑니다. 그는 불패라고 하는 성(城)에 옵니다. 브라만의 광채가 그의 속으로 들어갑니다. 그는 인드라와 프라자파티라고 하는 2명의 수위에게 찾아옵니다. 2명은 그에게서 달아납니다. 그는 넓혀져 있는 홀*6 속으로 들어갑니다. 브라만의 영광이 그의 속으로 들어옵니다.

그는 멀리를 보는 옥좌로 옵니다. 그것의 두 앞발은 브리하드와 라탄타라라고 하는 사마 베다의 가곡입니다. 그것의 두 뒷발은 슈야이타와 나우다사입니다. 그것의 두 세로의 면은 바이르파와 바이라쟈, 그것의 가로 면은 샤크바라와 라이바타[라고 하는 사마 베다의 가곡]입니다. 옥좌는 예지[분별력]입니다. 왜냐하면 예지로 사람은 식별하기 때문입니다.

그는 끝없는 힘을 가진 소파침대에 찾아옵니다. 그것은 숨입니다. 그것의 두 앞발은 과거와 미래이고 그것의 두 발은 행운과 영양분입니다. 그것의 두 세로 면은 브리하드와 라탄타라이고 그것의 두 머리 부분은 바드라와 야지냐야지니야[라고 하는 사마 베다의 가곡]입니다. 세로 뻗어 있는 가는 끈은 리그의 시구와 사마 베다의 가곡이고 그것의 두 가로 뻗은 가는 끈은 야쥬스[제례의 의례적인 문구]입니다. 소파침대의 씌우개는 소마의 줄기입니다. 그것의 팔걸이는 우드기타[영창]입니다. 그것의 베개는 행복입니다.

그 소파침대 위에 브라만은 앉아 있습니다. 이와 같이 알고 있는 사람은 최초로 틀림없이 그의 발로 거기에 오릅니다. 브라만은 그에게 묻습니다. "그대는 누구인가?"라고. 그는 브라만에게 대답합니다.

6 "나는 계절입니다! 나는 계절의 자손입니다. 나는 허공의 모태에서 아내에 대한 정액으로서, 세월의 열기로서, 모든 생물의 자기(ātman)로서 태어났습니다. 그대는 모든 생물의 자기입니다. 그러한 그대가 바로 나입니

---

*5 브라만을 알고 있는 사람은 '좋은 행위'를 떠나고, '나쁜 행위'도 떠나 있다. 브라만을 알고 있는 사람은 '선악의 저쪽에' 있다.

*6 '넓혀져 있는 홀'(vibhu pramita)은 찬도기야 우파니샤드 8.5.3에서는 '브라부[브라만]에 의하여 세워진 황금의 홀'(prabhu-vimita)로 표현되어 있다. 브라만이라고 하는 요새 안에 이 황금의 홀이 있는 것이다.

다"라고.

"나는 누구인가?"라고 브라만은 그에게 다시 묻습니다.

"사티얌〔satyam, 진리〕이라오"라고 그는 대답합니다.

"사티얌이란 무엇인가?"

"신들과 온갖 숨과 다른 것, 그것이 사트(sat)입니다. 그러나 신들과 온갖 숨인 것 그것이 티얌(tyam)입니다. 이 한마디〔사티얌〕에 의해 그것이 표현되어 있습니다. 이 존재하는 모든 것입니다. 이 모든 것이 그대입니다."

이것이 그때에 그가 브라만에게 말한 것입니다. 이것은 리그 베다의 시구로써 이렇게 밝히고 있습니다.

7 그 불멸의 존재는 야쥬르 베다를 배(腹)로 하고, 사마 베다를 머리로 하고, 리그 베다를 육신으로 하고 있도다.

그는 브라만이다. 그는 브라만으로 이루어진*7 위대한 성자로서 인식되어야 한다."

브라만은 그에게 또 묻습니다.

"무엇에 의하여 그대는 나의 남성이란 이름을 얻었는가?"*8

"숨에 의하여"라고 그는 말합니다.

"무엇에 의하여 여성 이름을?"

"언어에 의하여"

"무엇에 의하여 중성 이름을?"

"사고에 의하여"

"무엇에 의하여 향기를?"

"후각에 의하여"라고 그는 말합니다.

"무엇에 의하여 형태를?"

"시각에 의하여"

---

*7 브라만으로 이루어진(brahmamaya) 것은 신성한 말 내지 진리의 공식화.

*8 남성, 여성 및 중성의 이름은 숨, 언어 그리고 사고와 대응하고 있다. 숨의 젠더는 남성, 언어의 젠더는 여성, 그리고 사고의 젠더는 중성이다. 그러므로 남성, 여성 및 중성의 이름은 숨, 언어와 사고에 대응한다.

"무엇에 의하여 소리를?"

"청각에 의하여"

"무엇에 의하여 음식의 맛을?"

"혀에 의하여."

"무엇에 의하여 행위를?"

"양손에 의하여."

"무엇에 의하여 쾌락과 고통을?"

"육신에 의하여."

"무엇에 의하여 환희, 사랑의 기쁨과 생식을?"

"생식기에 의하여."

"무엇에 의하여 보행을?"

"두 발에 의하여."

"무엇에 의하여 사상, 인식되어 얻는 것과 욕망을?"

"예지에 의하여"라고 그는 말합니다.

그의 이런 대답에 브라만은 말합니다. "확실히 잘 알려져 있는 것처럼 그대는 나의 세계를 얻었도다. 그것은 그대의 것이로다, 누구누구는!"이라고. 이와 같이 알고 있는 사람—그는 브라만의 승리인 것, 그것의 성과인 것— 이 승리를 쟁취합니다, 이 성과를 획득합니다.

제2장

1 '브라만은 숨이다'라고 카우시타키는 예전에 늘 말하였다. 확실히 브라만인 이 숨에 대하여—그 사자(使者)는 사고이다. 파수꾼은 시각(視覺)이다. 〔찾아온 자를〕 알리는 것은 청각이다. 하녀는 언어이다. 확실히 사고를 브라만의 이 숨의 사자로 아는 사람은 사자를 갖게 된다. 시각이 파수꾼이라는 것을 아는 사람은 파수꾼을 갖게 된다. 청각이 〔찾아온 것을〕 알리는 것을 아는 사람은 〔찾아온 것을〕 알리는 자를 갖게 된다. 언어가 하녀라는 것을 아는 사람은 하녀를 갖게 된다.

확실히 브라만인 이 숨에 대하여 그것이 청하지도 않았는데 이런 모든 신격〔사고, 시각, 청각과 언어〕은 공물을 가지고 온다. 이와 똑같이 아는 사람에게 그가 청하지도 않았는데 모든 생물은 공물을 가져온다. '사람은 요구해서는 안 된다'고 하는 것이 그의 우파니샤드이다. [*1]

예를 들면 어느 사람이 마을로 보시를 청하러 가서 〔전혀 음식을〕 얻지 못하여 '나는 여기 〔이 마을 사람들에게는〕 어떤 보시도 받지 않겠다'고 생각하며 앉아 있는 것이나 같다. 그런데 예전에 이 사람을 거절한 사람들은 '우리는 그대에게 보시를 하겠다'고 말하며 그를 불러들인다. 요구하지 않은 사람에게 있어 이것은 법(dharma)이 된다. 음식을 주는 사람들은 '우리는 그대에게 보시를 하겠다'고 그를 불러들인다.

2 '브라만은 숨이다'라고 파인기야는 예전에 늘 말하였다. 확실히 이 브라만인 숨에 대하여—시각은 언어의 뒤에 갇혀 있다. 청각은 시각의 뒤에 갇

[*1] '그가 요구하지도 않았는데 모든 생물은 공물을 가져오는 것'과 그가 요구하지 않았는데 마을 사람들이 그에게 음식을 주는 것은 '등가(等價)'이다. 마을 사람들은 그가 요구하지도 않았는데 그에게 음식을 준다. 그러므로 '사람은 요구해서는 안 된다고 하는 것이 그의 우파니샤드이다.'

혀 있다. 사고는 청각의 뒤에 갇혀 있다. 숨은 사고의 뒤에 갇혀 있다.

확실히 브라만인 이 숨에 대하여 그것이 청하지도 않았는데 이런 모든 신격은 공물을 가지고 온다. 이와 똑같이 알고 있는 그 사람에 대하여 그가 청하지도 않았는데 모든 생물은 공물을 가지고 온다. '사람은 청해서는 안 된다'고 하는 것이 그의 우파니샤드이다.

예를 들면 어떤 사람이 마을로 보시를 청하러 가서 [전혀 음식을] 얻지 못하여, '나는 여기에서 주는 것을 먹지 않겠다'고 생각하며 앉아 있는 것이나 같다. 그런데 예전에 이 사람을 거절한 사람들은 '우리는 그대에게 보시를 하겠다'고 청하여 그를 불러들인다. 청하지 않은 사람에게는 이것이 법이 된다. 음식을 주는 사람들은 '우리는 그대에게 보시를 하겠다'고 그를 불러들이는 것이다.

3 그리고 유일한 보배를 얻게 된다. 만일 사람이 유일한 보배를 얻으려면 보름달 밤이나 초승달 밤 또는 밝은 반달 때 재수가 있는 별자리 아래 불을 피워 그 주위를 깨끗이 청소하여 그 주위에 신성한 풀을 뿌려 덮은 다음 물을 뿌려 맑게 하고 오른쪽 무릎을 굽혀 작은 숟가락이나 찻종 또는 금속제 그릇을 사용하여 사람이 녹인 버터 제물을 [다음과 같이 말하며] 바친다.

> 언어라고 하는 신은 얻는 자이니, 그는 나를 위하여 아무개에게서 이것을 얻게 하소서! 그 신에게 올립니다, 스바하!
> 시각이라고 하는 신은 얻는 자이니, 그는 나를 위하여 아무개에게서 이것을 얻게 하소서! 그 신에게 올립니다, 스바하!
> 청각이라고 하는 신은 얻는 자이니, 그는 나를 위하여 아무개에게서 이것을 얻게 하소서! 그 신에게 올립니다, 스바하!
> 사고라고 하는 신은 얻는 자이니, 그는 나를 위하여 아무개에게서 이것을 얻게 하소서! 그 신에게 올립니다, 스바하!
> 예지라고 하는 신은 얻는 자이니, 그는 나를 위하여 아무개에게서 이것을 얻게 하소서! 그 신에게 올립니다, 스바하!

그리고 그는 연기의 향기를 맡고 녹인 버터를 발라 육신의 부분을 문지르며 침묵한 채 〔아무개에게〕 가서 〔자기가 바라는〕 것을 말하든가 또는 그는 사자(使者)를 보내야 한다. 그러면 그는 확실히 바라는 것을 얻게 되리라.

4 그리고 신을 기억함으로써 소원을 이루는 원리는 이러하다. 어떤 남자나 여자 또는 남자들이나 여자들에게 사랑받기를 바란다면 그는 달이 차고 이지러진 날〔보름달, 반달, 또는 초승달의 재수 있는 날에〕 이미 설명한 것과 같은 방식으로 녹인 버터의 공물을 〔다음과 같이 말하며〕 바친다.

> 그대의 말을 나는 내 안에 바칩니다, 아무개, 스바하!
> 그대의 숨을 나는 내 안에 바칩니다, 아무개, 스바하!
> 그대의 시각을 나는 내 안에 바칩니다, 아무개, 스바하!
> 그대의 청각을 나는 내 안에 바칩니다, 아무개, 스바하!
> 그대의 사고를 나는 내 안에 바칩니다, 아무개, 스바하!
> 그대의 예지를 나는 내 안에 바칩니다, 아무개, 스바하!

그리고 그는 연기의 향기를 맡고 녹인 버터를 바른 육신의 부분을 문지르며 침묵한 채 〔아무개에게〕 가서 〔아무개와 육신을〕 접촉하도록 바란다. 또 그는 〔아무개와〕 말하면서 바람 위에 선다. 그러면 그는 틀림없이 사랑을 받게 되리요, 사람들은 그를 진정 사랑하리라.

5 그리고 성자 프라타르다나는 희생에 관해 이렇게 말하였다. 그것은 또 내면적인 불의 제례라고도 부른다. 확실히 사람이 말을 하고 있는 동안 그는 숨을 쉴 수가 없다. 그때에 그는 숨을 그의 말 속에 바친다. 확실히 사람이 호흡하고 있는 한 그는 말을 할 수 없다. 그때에 그는 말을 숨 속에 바친다. 깨어 있을 때도, 자고 있을 때에도 이런 둘의 무한한 불멸의 제물을 그는 끊임없이 바친다. 그러나 다른 제물은 유한하다. 왜냐하면 그런 것은 의식 활동에서 이루어지기 때문이다. 확실히 이것을 알고 있던 옛 시대 사람들은 불의 제례를 바치지 않았다.

6 '우크타(uktha)가 곧 브라만'*²이라고 성자 슈슈카브린가라는 예전에 늘

말하였다. 사람은 그것을 리그 베다로서 명상해야 한다. 그것의 우월성 때문에 모든 생물은 그것을 위해 찬미하는 노래를 부른다. 사람은 그것을 야쥬르 베다의 의례적 찬양으로서 명상해야 한다. 그것의 우월성 때문에 모든 생물은 그것과 결부된다. 사람은 그것을 사마 베다로서 명상해야 한다. 모든 생물은 그것에 고개를 숙인다.

사람은 그것을 행운으로서 명상하여야 한다. 사람은 그것을 명성으로서 명상해야 한다. 사람은 그것을 눈부신 광채로서 명상해야 한다. 우크타가 찬가의 독송 중에 가장 많은 행운을 가져오는 것, 가장 명성이 있는 것, 가장 뜨거운 것이 되도록 정확히 그와 같이 알고 있는 사람은 모든 생물 중에서 가장 많은 행운을 가져오는 자, 가장 많은 명성이 있는 자, 가장 광채가 나는 자가 된다.

아드바리유 제관은 제례에서 이뤄진 이 자기, 의식에서 이뤄진 이 자기〔아트만〕를 구성하여 그 위에 야쥬르 베다의 의례적 찬양으로 이뤄진 자기를 엮는다. 야쥬르 베다로 이뤄진 것 위에 호트리 제관은 리그 베다의 시구로 이루어진 자기를 엮는다. 리그 베다의 시구로 이뤄진 자기 위에 우드가트리 제관은 사마 베다로 이루어진 자기를 엮는다. 이것이 세 가지 베다 속에 든 지혜의 자기이다. 이것이 틀림없이 그 자기이다. 이와 같이 알고 있는 사람은 이것을 자기로서 가지게 된다.

7 그리고 사르바지트 카우시타키의 세 가지 명상에 대하여 말하면 이러하다. 그는 제례용의 끈을 매고 물을 홀짝홀짝 마시고 물이 들어 있는 그릇에 세 번 쏟아 떠오르는 태양을 숭배해야 한다. "그대는 제거되는 자이다. 나에게서 악을 제거하라!"고 그는 말한다. 똑같은 방식으로 그는 한낮의 태양을 숭배한다. "그대는 위로 제거되는 자이다. 나에게서 악을 위로 제거하라!"고 말한다. 똑같은 방식으로 그는 저물어 가는 태양을 숭배한다. "그대는 함께 제거되는 자이다. 나에게서 악을 함께 제거하라!"고 그는 말한다. 밤낮으로 그가 저지른 악—그것을 태양은 함께 제거한다. 〔확실히 그처럼 이것을 알고 똑같은 방식으로 그가 태양을 숭배할 때 그가 밤낮으로 저지른 악을 태

＊2 브리하다라냐카 우파니샤드, 1.6.1 참조.

양은 함께 제거한다.〕

8 그리고 매월 초승달의 밤에 달이 서쪽 하늘에 보일 때 똑같은 방식으로 그는 달을 숭배한다. 그는 또 두 풀잎을 그것을 향하여 던진다. 〔그리고 그는 말한다〕

달에 머물고 있는 아름다운 갈림길에 있는 내 심장―그것을 나는 알고 있다고 생각하오. 자식의 불행 때문에 내가 울지 않도록 해주소서!

그에 앞서 그의 자손은 죽지 않는다. 이것은 이미 아들로 태어난 사람을 위해서이다. 그리고 아들로 아직 태어나지 않은 사람을 위해서라면 그런 사람은 다음 세 가지 리그의 시구를 암송한다.

부풀어 올라라! 〔오오, 소마여!〕 그대의 〔남성 생식 능력이〕 모이기를!
우유 음료, 제례 음식이 〔그리고 적을 짓밟는 그대의 생식 능력이 그대 안에〕 모이기를! 태양이 부풀리게 하는 그 소마액을 모이게 하소서!

그리고 그는 말한다. "우리 숨에 의하여, 자손에 의하여, 가축에 의하여 그대는 스스로 부풀어나지 않기를! 우리를 미워하고 우리가 미워하는 그 사람의 숨에 의하여, 자손에 의하여, 가축에 의하여 그대는 스스로를 부풀리지 않기를!"
"나는 인드라 쪽으로 방향을 바꾼다, 나는 태양 쪽으로 방향을 바꾼다"라 말하고 그는 오른팔에 따라 방향을 바꾼다.

9 그리고 보름날 밤, 동쪽 하늘에 달이 보일 때 정확히 같은 방식으로 사람은 달을 숭배한다. 그는 다음의 만트라를 암송한다.

"그대는 소마왕이요, 멀리 보고 있는 자로다. 그대는 다섯 입을 가진 프라자파티〔창조주〕입니다.

바라문〔사제〕은 그대 하나의 입이요. 그 입으로 그대는 왕을 먹도다. 그 입으로 그대는 나를 음식을 먹는 자로 만들어주소서!

왕은 그대 하나의 입이요. 그 입으로 그대는 백성을 먹도다. 그 입으로 그대는 나를 음식을 먹는 자로 되게 하소서!

매(鷹)는 그대 하나의 입이요. 그 입으로 그대는 새를 먹도다. 그 입으로 그대는 나를 음식을 먹는 자로 만들어 주소서!

불은 그대 하나의 입이요. 그 입으로 그대는 이 세상을 먹도다. 그 입으로 그대는 나를 음식을 먹는 자로 만들어 주소서!

그대 속에 제5의 입이 있도다. 그 입으로 그대는 모든 생물을 먹도다. 그 입으로 그대는 나를 음식을 먹는 자로 만들어 주소서!

우리 숨에 의하여, 자손에 의하여, 가축에 의하여 그대는 뒤떨어지지 않도록 하소서!

우리를 미워하고 우리가 미워하는 그 사람의 숨에 의하여, 자손에 의하여, 가축에 의하여 그대는 뒤떨어지지 않도록 하소서!

우리는 신들이 있는 쪽으로 방향을 바꾼다. 우리는 태양 쪽으로 방향을 바꾼다."

이렇게 말하고 그는 그의 오른팔에 따라 방향을 바꾼다.

10 그래서 사람이 자기 아내와 성교하려고 할 때 〔다음과 같이 말하고〕 그는 그녀의 심장에 닿도록 한다.

오오, 아름다운 갈라진 경계를 가진 자여! 그대의 심장에 프라자파티의 내부에 놓아둔 것,

그것에 의하여 오오, 불멸의 여지배자여! 그대는 아들의 불행을 당하지 않도록 하오!

그의 자손은 그녀보다 앞서 죽지 않으리라.

11 그래서 집을 비운 다음에 돌아와서 〔다음과 같이 말하고〕 사람은 그의 아들 머리 냄새를 맡는다.

나의 모든 육신에서 네가 나왔다. 내 심장에서 너는 태어났다.
너는 나의 자기(ātman)이다, 아아, 아들아! 너는 나를 살렸다. 너는 100년의 가을을 살아라!

아무개라 말하며 그는 아들에게 〔여러〕 이름을 지어준다.

너는 바위가 되어라! 너는 도끼가 되어라! 너는 부서지지 않는 황금이 되어라!
확실히 너는 아들이라는 이름의 열이다. 너는 가을을 백 번 살아라!

아무개라 말하고 그는 아들에게 이름을 지어준다. 그러고 나서 〔다음과 같이 말하고〕 그는 아들을 꼭 껴안는다.
"프라자파티가 그들을 상처받지 않도록 하기 위하여 생물을 포옹하듯이 그와 같이 나는 너를 부둥켜 안는다, 아무개야."
그리고 그는 그의 아들 오른쪽 귀에 속삭인다.

오오, 인드라여! 마가반이여! 리지싱이여! 모든 보배를, 그대는 그에게 넉넉한 보물을 주소서! *3

그리고 그의 아들 왼쪽 귀에 〔그는 속삭인다〕.

오오, 인드라여! 그대는 그에게 가장 좋은 보물을 주소서!

너는 따로 떨어지지 않도록! 너는 흔들리지 않도록! 아아, 아들아! 너는 인생의 백 번 가을을 살아라!
너의 이름에 의하여 나는 너의 머리 냄새를 맡는다, 아무개야라 말하고 세 번 그는 그의 아들 머리 냄새를 맡는다.

---

*3 리그 베다 3.26.10. 원문에는 asmai〔그를 위하여〕가 아니라 asmc〔우리를 위하여〕로 되어 있다.

"소의 울음소리에 의하여 나는 실로 너의 머리 위에서 힘*⁴이라는 소리를 낸다" 말하고 세 번 그는 진실로 그의 아들 머리 위에서 힘이라는 소리를 내야 한다.

12 그래서 자연신들 주위의 죽음에 대하여 말하면 이러하다. 불이 타고 있을 때 확실히 이 브라만은 빛난다. 그러나 불이 타고 있지 않을 때 이것은 죽는다. 그때 열기는 확실히 태양 속으로, 그것의 숨은 바람 속으로 간다. 태양이 보일 때 확실히 이 브라만은 빛난다. 그러나 태양이 보이지 않을 때 이것은 죽는다. 그때 열기는 바로 달 속으로, 그것의 숨은 바람 속으로 간다. 달이 보일 때 확실히 이 브라만은 빛난다. 그러나 달이 보이지 않을 때 이것은 죽는다. 그때 열기는 바로 번개 속으로, 그것의 숨은 바람 속으로 간다. 번개가 번쩍일 때 확실히 이 브라만은 빛난다. 그러나 번개가 번쩍이지 않을 때 이것은 죽는다. 그때 열기는 바로 방향 속으로, 그것의 숨은 바람 속으로 간다. 확실히 이런 모든 자연신들은 바로 바람 속으로 들어가 바람 속에 스며들어 있으므로 그것은 사라지지 않는다. 그들은 바람 속에서 다시 나타난다. 이상이 자연신들에 관련된 것이다. 이제 아트만(사람의 육신 안에 든 신)에 관련하여 말하노라.

13 사람이 언어로 말할 때 확실히 이 브라만은 빛난다. 그러나 사람이 말을 하지 않을 때 이것은 죽는다. 그 열은 확실히 시각 속으로, 그것의 숨은 숨 속으로 간다. 사람이 시각에 의하여 볼 때 확실히 이 브라만은 빛난다. 그러나 사람이 보지 않을 때 이것은 죽는다. 그때 열기는 청각 속으로, 그것의 숨은 숨 속으로 간다. 사람이 청각에 의하여 들을 때 이 브라만은 빛난다. 그러나 사람이 듣지 않을 때 이것은 죽는다. 그때 열기는 정확히 사고 속으로, 그것의 숨은 숨 속으로 간다. 사람이 사고에 의하여 숙고할 때 이 브라만은 빛난다. 그러나 사람이 숙고하지 않을 때 이것은 죽는다. 그때 열기는 확실히 숨 속으로 그것의 숨은 숨 속으로 간다. 이런 모든 신들은 바로

---

*4 소마제에서 발음되는 것은 힘(him)이라는 음성[예컨대 찬도기야 우파니샤드 2.2.1]. 그러나 힘이라는 음성이 우드가트리 제관에 의해 발음될 때에는 '홍'(hum)으로 들린다. 이 대목에서는 '홍이라는 소리를 낸다'고 번역하여도 된다.

숨 속으로 들어가 숨 속에 스며들어 있는 것이고 그들은 사라지지 않는다. 그런 숨 속에서 다시 나타난다.

확실히 이와 같이 알고 있는 사람을 없애려고 가령 남북 두 산맥*5이 돌진을 하더라도 그들은 그를 결코 없애지는 못할 것이다. 그러나 그를 미워하는 사람들과 그 자신이 미워하는 사람들은 모두 이 사람의 주위에서 죽는다. *6

14 그리고 정말로 중요한 것을 얻는 것에 대하여 말하면 이러하다. 확실히 자기[아트만]의 우위를 둘러싸고 다투던 모든 감각의 신들은 이 육신에서 떠났다. 그 육신은 [숨도 없이 마른] 나무토막처럼 누워 있었다.

그리고 언어가 육신 속으로 들어갔다. 그것은 언어로 말하면서 누워 있을 따름이었다.

그리고 시각이 육신 속으로 들어갔다. 그것은 언어로 말하면서 시각으로 보면서 누워 있을 따름이었다.

그리고 청각이 육신 속으로 들어갔다. 그것은 언어로 말하면서 시각으로 보면서 청각으로 들으면서 누워 있을 따름이었다.

그리고 사고가 육신 속으로 들어갔다. 그것은 언어로 말하면서 시각으로 보면서 청각으로 들으면서 사고로 생각하면서 누워 있을 따름이었다.

그리고 숨이 육신 속으로 들어갔다. 그러자 모든 감각들이 한꺼번에 일어났다.

그리하여 모든 감각의 신들은 숨이 그들 신 중에서 가장 훌륭한 것을 알았고, 그들은 숨이야말로 진정 지혜의 아트만인 것을 알게 되어, 이 모든 감각의 신들과 함께 이 육신에서 떠났다. 그들은 바람 속으로 들어가, 허공을 자기로 하고 하늘로 올라갔다.

확실히 이와 같이 알고 있는 사람은 숨의 가장 훌륭함을 알고 지혜의 아트만으로서의 숨을 알게 되어, 이 모든 감각의 신들과 함께 이 육신에서 떠난

---

*5 남쪽 산맥은 빈디야, 북쪽 산맥은 히말라야.
*6 이 문구에 관하여 보데비츠[443쪽]는 다음과 같이 말한다. "이 우파니샤드에서 결론은 틀림없이 다음과 같을 것이다. 죽음에 있어 다른 모든 생기는 숨에 의하여 영원히 흡수되고 숨은 순서대로 바람[=브라만]에 의하여 흡수하게 된다. 그리고 이와 같이 알고 있는 사람은 죽음에서 해방이 된다."

다. 그는 바람 속으로 들어가 허공을 자기로 하고 하늘로 간다. 이런 신들이 있는 곳으로 그는 간다. 신들은 불멸의 존재이기 때문에 거기에 도달하고 이와 같이 알고 있는 사람은 죽지 않는다.

15 그리고 아버지가 마지막 순간에 아들에게 그의 것을 전해주는 일에 대하여 말하면 이러하다. 확실히 임종을 맞이할 때 아버지는 그의 아들을 곁으로 부른다. 새 풀을 집에 깔고 불을 피워 그릇과 함께 물주전자를 가까이 놓고 새옷을 몸에 두르고 아버지는 가로누워 있다. 아들이 와서 자기가 대응하는 감관(感官)으로 〔아버지의〕 감관에 접촉하면서 그는 〔아버지의〕 위로 몸을 굽힌다. 또는 아버지에게 얼굴을 두르고 앉아 있는 아들에게 아버지는 전해준다. 그때 아버지는 아들에게 유언을 한다.

"내 목소리를 나는 너의 안에 두고 가겠다"라고 아버지는 말한다. "아버지 말씀을 저의 안에 잘 간직하리다"라고 아들은 말한다.

"내 숨을 나는 너의 안에 두고 가겠다"라고 아버지는 말한다. "아버지의 숨을 저의 안에 잘 간직하리다"라고 아들은 말한다.

"내 시각을 나는 너의 안에 두고 가겠다"라고 아버지는 말한다. "아버지 시각을 저의 안에 잘 간직하리다"라고 아들은 말한다.

"내 청각을 나는 너의 안에 두고 가겠다"라고 아버지는 말한다. "아버지의 청각을 저의 안에 잘 간직하리다"라고 아들은 말한다.

"내 미각을 나는 너의 안에 두고 가겠다"라고 아버지는 말한다. "아버지의 미각을 저의 안에 잘 간직하리다"라고 아들은 말한다.

"내 업〔業, 카르마〕을 나는 너의 안에 두고 가겠다"라고 아버지는 말한다. "아버지의 업을 저의 안에 잘 간직하리다"라고 아들은 말한다.

"내 쾌락과 고통을 나는 너의 안에 두고 가겠다"라고 아버지는 말한다. "아버지의 쾌락과 고통을 저의 안에 잘 간직하리다"라고 아들은 말한다.

"내 환희, 사랑의 기쁨과 생식*7을 나는 너의 안에 두고 가겠다"라고 아버지는 말한다. "아버지의 환희, 사랑의 기쁨과 생식을 저의 안에 잘 간

---

*7 여기에서 말하는 것은 성애(性愛)이다. 타이티리야 우파니샤드 3.10 등 참조.

직하리다"라고 아들은 말한다.

"내 걷는 힘을 나는 너의 안에 두고 가겠다"라고 아버지는 말한다. "아
버지의 걷는 힘을 저의 안에 잘 간직하리다"라고 아들은 말한다.

"나의 사고를 나는 너의 안에 두고 가겠다"라고 아버지는 말한다. "아
버지의 사고를 저의 안에 잘 간직하리다"라고 아들은 말한다.

"내 지혜를 나는 너의 안에 두고 가겠다"라고 아버지는 말한다. "아버
지의 지혜를 저의 안에 잘 간직하리다"라고 아들은 말한다.

그러나 이처럼 말하기가 힘겨우면 아버지는 간결하게 한마디로 대신한다.
"나의 모든 생기〔숨〕를 나는 너의 안에 두고 가겠다"라고. "아버지의 모든
생기를 저의 안에 잘 간직하리다"라고 아들은 말한다.

그리고 아들이 오른쪽으로 돌아서 동쪽으로 나갈 때 아버지는 그에게 부
르짖는다. "영광과 신성한 지식으로 빛나고 음식·명성이 너에게 즐거움이
되기를 바란다!"

그리고 다른 사람〔아들〕은 왼쪽 어깨 너머로 바라본다. 그는 손으로 〔얼굴
을〕 가리든가 또는 옷의 가장자리로 그것을 덮고 말한다. "당신에게 모든 천
상계와 모든 소원이 이루어지소서!"

그런데 혹시 그가 회복되면 그는 아들의 지배 아래 살든가, 아니면 보시에
의지하여 방랑해야 한다. 그러나 실제로 아버지가 죽는다면 아들은 정해진
대로 장례를 치른다.

제3장

1 프라타르다나 다이보다시는 전투와 용감성 때문에 인드라 신의 마음에 드는 거처에 이르게 되었다. 인드라는 그에게 말했다.

"프라타르다나야! 나는 너의 소망이 이루어지도록 하겠다! 너의 소원을 말해보아라!"

프라타르다나는 말했다.

"인간에게 가장 유익하다고 당신이 생각하는 것, 그것을 골라주십시오!"

인드라는 그에게 말했다.

"본인이 아닌 사람이 남을 위하여 소원을 고르지는 않는다. 네가 골라라!"

"확실히 그 경우에는 물론 나는 소원이 없소이다"라고 프라타르나다는 말한다.

그러나 물론 인드라는 〔그에게 줄〕 진리를 버리지 않았다. 왜냐하면 인드라는 진리이기 때문이다. 인드라가 그에게 말하였다. "확실히 나를 인식하여라"라고. 인드라는 말했다.

"사람이 나를 인식해야 한다는 것, 바로 이것을 나는 인간에게 가장 유익하다고 생각한다. 트바슈트리의 머리가 셋인 아들과 아룬무카를 나는 살해하였다. 나는 금욕주의자들을 하이에나에게 내주었다. 나는 많은 협정을 깨고 하늘에서 프라후라디야, 대기에서 파우로마, 땅에서 칼라칸쟈를 찔러 죽였다. 그러면서도 나는 털끝 하나도 상하지 않았다.

나를 알고 있는 사람—그 사람의 세계는 어떤 행위에 의해서도 상하지 않는다, 어머니를 살해하여도, 아버지를 살해하여도, 도둑질을 하여도, 태아를 살해하여도. 설사 그가 나쁜 짓을 하였다 해도 그의 얼굴에서 검은 빛을 띤 색깔은 사라지지 않는다."*1

2 인드라 신이 계속하여 말하였다.

"나는 숨이다, 예지로서의 자기[아트만]이다. 그런 것으로, 나를 수명으로서, 불멸의 존재로서 명상하라! 숨은 수명이다. 확실히 수명은 숨이다. [확실히 숨은 불멸이다.] 왜냐하면 이 육신에 숨이 머물고 있는 한 수명도 [그 속에 머물고 있기] 때문이다. 왜냐하면 사람은 숨에 의하여 이 세상에서 불멸에 도달하기 때문이다. 그는 예지에 의해 진실의 의지를 갖게 된다. 나를 수명으로서 불멸의 것으로서 명상하는 사람은 이 세상에서 수명을 다하고 천상계에서 불사와 불멸의 상태에 도달한다."

그러나 어떤 사람들은 말한다.

"확실히 모든 생기는 하나가 된다. [그렇지 않으면] 누구 한 사람도 언어에 의하여 이름을, 시각에 의하여 형태를, 청각에 의하여 소리를, 사고에 의하여 숙고를 인식하도록 할 수 없기 때문이다. 확실히 모든 생기는 하나가 된다. 그들은 틀림없이 이런 모든 것을 낱낱이 인식시킨다. 언어가 말할 때 모든 생기는 그것에 이어서 말한다. 시각이 볼 때 모든 생기는 그것에 이어서 본다. 청각이 들을 때 모든 생기는 그것에 이어서 듣는다. 사고가 숙고할 때 모든 생기는 그것에 이어서 숙고한다. 자기가 호흡할 때 모든 생기는 그것에 이어서 호흡한다."

"그와 같다"고 인드라는 말하였다. 그러나 모든 생기 사이에는 가장 훌륭한 것이 존재한다.

3 "목소리가 없어도 사람은 산다. 왜냐하면 우리는 말을 못하는 사람들을 보기 때문이다. 시각이 없어도 사람은 산다. 왜냐하면 우리는 장님을 보기 때문이다. 청각이 없어도 우리는 산다. 왜냐하면 우리는 귀가 들리지 않는 사람들을 보기 때문이다. 사고하는 마음이 없어도 우리는 산다. 왜냐하면 우리는 어리석은 사람들을 보기 때문이다. 팔이 끊어져도 사람은 산다. 허벅지가 절단되어도 사람은 산다. 왜냐하면 우리는 이런 사람들을 보기 때문이다.

그래서 잘 알려진 것처럼 숨만이 예지로서의 자기(prajñātman)이다. 그것

---

*1 인드라를 인식하기만 하면 어떤 나쁜 짓을 하여도 사람은 그것에 의하여 벌받지 않는다. 사람은 인식에 의해 선악을 초월한다고 하는 비도덕성─그것이 우파니샤드의 최대 특징의 하나이다.

은 이 육신을 붙잡아 일으킨다[일어선다＝utthā]. 그러므로 사람은 그것을 우크타(uktha) *2로서 명상하여야 한다. 이것이 숨으로 모든 것을 얻기 때문이다.

확실히 숨이라는 것, 그것이 예지이다. 참으로 예지라는 것, 그것이 숨이다. [실로 이 둘은 함께 육신 안에 머물고 함께 떠난다.]

다음은 그것에 대하여 설명하는 것이니, [그것을 통해] 알라.

잠이 든 이 인간이 아무 꿈도 꾸지 않을 때 그는 이 숨에서 하나가 된다. 그의 언어는 모든 이름과 함께 이 속으로 들어간다. 그의 시각은 모든 형태와 함께 이 속으로 들어간다. 그의 청각은 모든 소리와 함께 이 속으로 들어간다. 그의 사고는 모든 숙고와 함께 이 속으로 들어간다. 그가 잠에서 깨어날 때 타고 있는 불에서 불꽃이 사방으로 흩어지듯 이 자기[아트만]로부터 모든 생기는 저마다의 자리로 흩어져 들어간다. 모든 생기에서 감각들이 감각들로부터 모든 세계가 저마다 흩어져 제자리로 들어간다.

[예지로서의 자기인 이 숨만이 이 육신을 붙잡아 일으킨다. 그러므로 사람은 그것을 우크타로서 명상하여야 한다. 이것이 숨으로 모든 것을 얻는 것이다. 확실히 숨이라는 것, 그것이 예지이다. 확실히 예지라는 것, 그것이 숨이다.] 바로 다음은 그러함을 설명하는 것이니, 이를 통해 알라.

병든 사람이 막 세상을 떠나려고 할 때 그는 쇠약한 상태가 되어 무의식 상태에 빠진다. 그때에 사람들은 말한다.

'그의 사고는 [육신에서] 떠났다. 그는 듣지 않는다. 그는 보지 않는다. 그는 말을 하지 않는다. 그는 생각하지 않는다.'

그때에 이 숨으로만 사람은 하나가 된다. 그의 언어는 모든 이름과 함께 이 속으로 들어간다. 그의 시각은 모든 형태와 함께 이 속으로 들어간다. 그의 청각은 모든 소리와 함께 이 속으로 들어간다. 그의 사고는 모든 생각과 함께 이 속으로 들어간다. *3 그리고 그것[숨]이 이 육신에서 떠나갈 때 그것은 이 모든 [생기]와 함께 떠나간다. *4

---

*2 브리하다라냐카 우파니샤드 1.6.1 참조.

*3 사람이 무의식에 빠질 때에는 그의 모든 생기[감각기관의 기능]는 숨 속으로 들어간다.

*4 사람이 의식을 돌이킬 때에는 각 생기는 이 숨으로부터 그것의 대상을 해방한다. 그리고 깨어난 사람은 이런 대상을 모든 생기에 의하여 인식할 수 있는 것이다. [오리벨, 1998년,

4 언어는 이 숨으로부터 모든 이름을 해방하고 언어에 의하여 사람은 모든 이름을 얻는다. 숨은 그것으로부터 모든 향기를 해방하고 숨에 의하여 사람은 모든 향기를 얻는다. 시각은 그것으로부터 모든 형태를 해방하고 시각에 의하여 사람은 모든 형태를 얻는다. 청각은 그것으로부터 모든 소리를 해방하고 청각에 의하여 사람은 모든 소리를 얻는다. 사고는 그것으로부터 모든 생각을 해방하고 사고에 의하여 사람은 모든 생각을 얻는다. 이것이 숨으로 얻는 모든 것이다. 확실히 숨이라는 것, 그것이 예지이다. 확실히 예지라는 것, 그것이 숨이다. 실로 이들 둘은 함께 이 육신 안에 머물고 〔이 육신에서〕 함께 떠난다."

이제 이 예지가 어떻게 모든 만물과 하나가 되는가,*5 그것을 우리는 설명할 것이다.

5 "확실히 언어는 그것 〔예지로서의 자기〕에서 꺼낸 일부분이다. 이름은 그것과 외적으로 관련되어 있는 미세한 요소(bhūtamātrā)이다. 확실히 숨은 그것에서 꺼낸 일부분이다. 향기는 그것과 외적으로 관련되어 있는 미세한 요소이다. 확실히 시각은 그것에서 꺼낸 일부분이다. 형태는 그것과 외적으로 관련되어 있는 미세한 요소이다. 확실히 청각은 그것에서 꺼낸 일부분이다. 소리는 그것과 외적으로 관련되어 있는 미세한 요소이다. 확실히 혀는 그것에서 꺼낸 일부분이다. 음식의 맛은 그것과 외적으로 관련되어 있는 미세한 요소이다. 확실히 양손은 그것에서 꺼낸 일부분이다. 행동은 양손과 외적으로 관련되어 있는 미세한 요소이다. 육신은 그것에서 꺼낸 일부분이다. 쾌락과 고통은 그것과 외적으로 관련되어 있는 미세한 요소이다. 확실히 생식은 그것에서 꺼낸 일부분이다. 환희, 사랑의 기쁨과 생식은 그것과 외적으로 관련되어 있는 미세한 요소이다. 확실히 두 발은 그것에서 꺼낸 일부분이다. 보행은 두 발과 외적으로 관련되어 있는 미세한 요소이다. 확실히 예지는 그것에서 꺼낸 일부분이다. 사고, 인식 및 욕망은 예지와 외적으로 관련되어 있는 미세한 요소이다.

593쪽, 참조〕.

＊5 "하나가 된다'고 하는 것은 그것의 근원인 예지로서의 자기로 되돌아간다고 하는 뜻.

6 예지에 의하여 사람이 언어로 올라선 때, 언어에 의하여 그는 모든 이름을 얻는다. 예지에 의하여 사람이 숨으로 오른 때, 숨에 의하여 그는 모든 향기를 얻는다. 예지에 의하여 사람이 시각으로 오른 때, 시각에 의하여 그는 모든 형태를 얻는다. 예지에 의하여 사람이 청각으로 오른 때, 청각에 의하여 그는 모든 소리를 얻는다. 예지에 의하여 사람이 혀에 오른 때, 혀에 의하여 그는 모든 음식의 맛을 얻는다. 예지에 의하여 사람이 양손에 오른 때, 그는 양손에 의해 모든 행동을 얻는다. 예지에 의하여 사람이 육신에 오른 때, 육신에 의하여 그는 쾌락과 고통을 얻는다. 예지에 의하여 사람이 생식기로 오른 때, 생식기에 의하여 그는 환희, 사랑의 기쁨과 생식을 얻는다. 예지에 의하여 사람이 두 발로 올라선 때, 두 발에 의하여 그는 모든 보행을 얻는다. 확실히 예지에 의하여 사람이 숙고에 오른 때, 확실히 예지에 의하여 그는 숙고와 인식해야 하는 것과 욕망을 얻는다.

7 왜냐하면 예지없이 언어는 어떤 이름도 인식시키지 않기 때문이다. '나의 사고는 다른 데 있었다. 나는 이 이름을 인식하지 못했다'고 할 것이다. 왜냐하면 예지가 없으면 숨은 어떤 향기도 인식하지 못하기 때문이다. '나의 사고는 다른 데 있었다. 나는 이 향기를 인식하지 못했다'고 할 것이다. 왜냐하면 예지가 없으면 시각은 어떤 형태도 인식하지 못할 것이니까. '나의 사고는 다른 데 있었다. 나는 이 형태를 인식하지 못했다'고 할 것이다. 왜냐하면 예지가 없으면 청각은 아무 소리도 인식하지 못할 것이니까. '나의 사고는 다른 데 있었다. 나는 이 소리를 인식하지 못했다'고 할 것이다. 왜냐하면 예지가 없으면 혀는 어떤 음식의 맛도 인식하지 못할 것이니까. '나의 사고는 다른 데 있었다. 나는 이 음식의 맛을 인식하지 못했다'고 할 것이다. 왜냐하면 예지가 없으면 양손은 어떤 행동도 인식하지 못할 테니까. '나의 사고는 다른 데 있었다. 나는 이 행동을 인식하지 못했다'고 할 것이다. 왜냐하면 예지가 없으면 육신은 어떤 쾌락과 고통도 인식하지 못할 것이니까. '나의 사고는 다른 데 있었다. 나는 이 쾌락과 고통을 인식하지 못했다.' 왜냐하면 예지가 없으면 생식기는 어떤 환희, 사랑의 기쁨과 생식을 인식하지 못할 것이니까. '나의 사고는 다른 데 있었다. 나는 어떤 환희와 사랑의 기쁨과 생식도 인식하지 못했다'고 할 것이다. 왜냐하면 예지가 없으면

두 발은 어떤 보행도 인식하지 못할 것이니까. '나의 사고는 다른 데 있었다. 나는 이 보행을 인식하지 못했다'고 할 것이다. 왜냐하면 예지가 없으면 어떤 사상도 실현시킬 수 없고 인식해야 하는 것도 인식하지 못할 것이니까.

8 언어를 인식하려고 바라면 안된다. 사람은 말하는 사람을 알아야 한다. 향기를 인식하려고 바라면 안된다. 사람은 냄새를 맡는 사람을 알아야 한다. 형태를 인식하려고 바라면 안된다. 사람은 보고 있는 사람을 알아야 한다. 소리를 인식하려고 바라면 안된다. 사람은 듣는 사람을 알아야 한다. 음식의 맛을 인식하려고 바라면 안된다. 사람은 음식의 맛을 인식하는 사람을 알아야 한다. 행위를 인식하려고 바라면 안된다.

사람은 행위를 하는 사람을 알아야 한다. 쾌락과 고통을 인식하려고 바라면 안된다. 사람은 쾌락과 고통을 인식하는 사람을 알아야 한다. 환희, 사랑의 기쁨과 생식을 인식하려고 바라면 안된다. 사람은 환희, 사랑의 기쁨과 생식을 인식하는 사람을 알아야 한다. 보행을 인식하려고 바라면 안된다. 사람은 보행하는 사람을 알아야 한다. 사고를 인식하려고 바라면 안된다. 사람은 사고하는 사람을 알아야 한다.

확실히 이런 열 가지의 미세한 요소는 예지에 관련되어 있다. 열 가지 예지의 작은 부분은 외적인 존재에 관련되어 있다. 왜냐하면 외적인 존재의 작은 부분이 존재하지 않으면 예지의 작은 부분은 존재하지 않을 것이니까. 또는 예지의 작은 부분이 존재하지 않으면 외적인 존재의 작은 부분은 존재하지 않을 것이니까. 왜냐하면 둘 중의 어느 하나 때문에 어떠한 형태도 성립하지 않을 것이니까.

그러나 이것은 개별적이 아니다. 수레의 바퀴테가 바퀴살에 고정되고 바퀴살이 바퀴통에 고정되어 있듯이 확실히 이와 같이 이런 외적인 존재의 작은 부분은 예지의 작은 부분에 고정되고, 예지의 작은 부분은 숨에 고정되어 있다. 확실히 이 숨이 예지로서의 자기[아트만]이다. 그것은 환희이고 늙지 않으며 불멸이다. 그것은 선한 행위에 의하여 더 커지지 않는다. 그것은 또 나쁜 행위에 의하여 더 작아지지 않는다. *6 왜냐하면 확실히 이것은 이런 세

---

*6 사람은 행위에 의하여 영향받지 않는다고 하는 사상이 여기에서 발견된다. 사람은 도덕에 의하여 지배되지 않는다. 브리하다라냐카 우파니샤드 4.4.22 참조.

계에서 위로 인도하려고 하는 사람에게 선한 행위를 하도록 하고, 이것은 아래로 이끌려고 하는 사람에게 나쁜 행위를 하도록 하기 때문이다. 이것은 세계의 보호자이다. 이것은 세계의 군주이다. 이것은 세계의 지배자이다. '그것은 나의 자기[아트만]이다'는 것을 사람은 알아야 한다."

제4장

1 그래서 확실히 베다에 정통하고 견문이 넓은 가르기야 바라키라는 사람이 있었다. 우시나라의 땅, 사트반과 마쓰야의 땅, 크루와 판챠라의 땅, 카시와 비데하의 땅에 그는 살고 있었다.

그는 카시의 왕 아쟈타샤트루에게 가서 "나는 그대에게 진리의 공식화(brahman)를 가르쳐 드리겠소" 말했다. 그러자 아쟈타샤트루는 그에게 말하였다. "우리는 그대에게 천 마리의 소를 드리겠습니다"라고 하자, 이 말을 듣고 "그것은 자나카다!" "그것은 자나카다!"라고 찬양하면서 사람들이 뛰어왔다.

2 "태양 속의 광대함, 달 속의 음식, 번개 속의 열, 천둥 속의 소리, 바람 속의 인드라 바이쿤타, 허공 속의 충만, 불 속의 싸워 이기는 자, 물 속의 진리. 이상은 신들의 영역에 관련된 것이고, 육신(ātman)에 관련하여 말하면 이러하다.

거울 속의 닮은 것, 그늘 속의 동행자, 메아리 속의 생명, 소리 속의 죽음, 수면 속의 죽음의 신, 육신 속의 창조주 프라자파티, 오른쪽 눈 속의 언어의 〔진수〕, 왼쪽 눈 속의 진리의 〔진수〕.

3 발라키는 말하였다. "태양 속의 이 인간이라는 것, 바로 그것을 나는 명상합니다."*1

그러자 아쟈타샤트루가 그에게 말하였다. "그것에 대한 대화에 나는 동의하고 싶지 않습니다! 광대한 것, 하얀 옷을 입고 있는 것, 모든 만물 가운데 탁월한 것, 그들의 우두머리로서 확실히 나는 이것을 명상합니다. 이것을

---

*1 이 경우의 '명상'은 어떤 사물을 알려고 하여 그것을 열심히 구하든가, 또는 능동적인 인식 행위를 말한다.

이와 같이 명상하는 사람은 모든 만물 가운데서 뛰어난 것, 그들의 우두머리가 됩니다."

4 발라키는 말하였다. "달 속의 이 인간이라는 것, 그것을 나는 명상합니다."

아쟈타샤트루는 그에게 말하였다. "그것에 대한 대화에 나는 동의하지 않습니다! 소마, 왕, 음식의 자기[아트만]로서 나는 이것을 명상합니다."

이것을 이와 같이 명상하는 사람은 음식의 자기가 됩니다.

5 발라키는 말하였다. "번개 속의 이 인간이라는 것, 그것을 나는 명상합니다."

아쟈타샤트루는 그에게 말하였다. "그것에 대한 대화에 나는 동의하지 않습니다! 열기의 자기로서 나는 이것을 명상합니다."

이것을 이와 같이 명상하는 사람은 열기의 자기가 됩니다.

6 발라키는 말하였다. "천둥 속의 이 인간이라는 것, 그것을 나는 명상합니다."

아쟈타샤트루는 그에게 말했다. "그것에 대한 대화에 나는 동의하지 않습니다! 소리의 자기로서 나는 이것을 명상합니다."

이것을 이와 같이 명상하는 사람은 소리의 자기가 됩니다.

7 발라키는 말하였다. "바람 속의 이 인간이라는 것, 그것을 나는 명상합니다."

아쟈타샤트루는 그에게 말하였다. "그것에 대한 대화에 나는 동의하지 않습니다! 인드라 바이쿤타, 무적의 군대로서 확실히 나는 이것을 명상합니다."

이것을 이와 같이 명상하는 사람은 승리를 거두고 천하무적이 됩니다.

8 발라키는 말하였다. "허공 속의 이 인간이라는 것, 그것을 나는 명상합니다."

아쟈타샤트루는 그에게 말하였다. "그것에 대한 대화에 나는 동의하지 않습니다! 충만하고 활동하지 않은 브라만으로서 나는 이것을 명상합니다."

이것을 이와 같이 명상하는 사람은 자손과 가축으로 가득 차게 됩니다. 〔그는 영광에 의하여, 신성한 지식의 빛에 의하여 천수를 다합니다.〕 또 그의 자손은 때가 오기 전에 죽는 일이 없습니다. *²

9 발라키는 말하였다. "불 속의 이 인간이라는 것, 그것을 나는 명상합니다."

그러자 아쟈타샤트루는 그에게 말했다. "그것에 대한 대화에, 나는 동의하지 않습니다! 승리를 거둔 자로서 나는 이것을 명상합니다."

이것을 이와 같이 명상하는 사람은 다른 사람들 사이에서 승리를 거두는 자가 됩니다.

10 발라키는 말하였다. "물 속의 이 인간이라는 것, 그것을 나는 명상합니다."

아쟈타샤트루는 그에게 말하였다. "그것에 대한 대화에 나는 동의하지 않습니다! 이름을 가진 자기로서 나는 이것을 명상합니다."

이것을 이와 같이 명상하는 사람은 이름 같은 자기가 됩니다.

이상은 신들의 영역에 관련된 그리고 육신(ātman)에 관련된 것이다.

11 발라키는 말하였다. "거울 속의 이 인간이라는 것, 그것을 나는 명상합니다."

아쟈타샤트루는 그에게 말하였다. "그것에 대한 대화에 나는 동의하지 않습니다! 닮는 것으로서는 이것을 명상합니다."

이것을 이와 같이 명상하는 사람—그에게는 자손 중에 그를 닮는 자가 태어납니다, 닮지 않는 자는 태어나지 않습니다.

12 발라키는 말하였다. "그림자 속의 이 인간이라는 것, 그것을 나는 명

＊2 "때가 오기 전에 죽는다"는 것은 백 살이 되기 전에 죽는 것. 고대 인도에서는 인간은 백 살까지 살도록 유전적으로 예정된 것이라고 생각하였다.

상합니다.”

아쟈타샤트루는 그에게 말하였다. “그것에 대한 대화에 나는 동의하지 않습니다! 죽음으로서 나는 이것을 명상합니다.”

이것을 이와 같이 명상하는 사람—그 자신도 그의 자손도 때가 오기 전에는 죽지 않습니다.

13 발라키는 말하였다. “메아리 속에서 이 인간이라는 것, 그것을 나는 명상합니다.”

아쟈타샤트루는 그에게 말하였다. “그것에 대한 대화에 나는 동의하지 않습니다! 떼어 놓을 수 없는 동행자로서 확실히 나는 이것을 명상합니다.”

이것을 이와 같이 명상하는 사람은 동행자를 얻게 됩니다. 그는 동행자를 가진 사람이 됩니다.

14 발라키는 말하였다. “소리 속에 든 이 인간이라는 것, 그것을 나는 명상합니다.”

아쟈타샤트루는 그에게 말하였다. “그것에 대한 대화에 나는 동의하지 않습니다! 생명으로서 나는 이것을 명상합니다.”

이것을 이와 같이 명상하는 사람—그 자신도 그의 자손도 때가 오기 전에는 무의식에 빠지는 일이 없습니다.

15 발라키는 말하였다. “이 인간이 자고 있을 때 꿈에서 헤매는 예지가 풍부한 이가 자기라는 것, 그것을 나는 명상합니다.”

아쟈타샤트루는 그에게 말하였다. “그것에 대한 대화에 나는 동의하지 않습니다! 죽음의 신 야마 왕*3으로서 나는 이것을 명상합니다.”

이것을 이와 같이 명상하는 사람—이 모든 것은 그의 지배에 복종합니다.

16 발라키는 말하였다. “육신에 머문 이 인간이라는 것, 그것을 나는 명상합니다.”

---

*3 야마(yama)는 최초의 인간 이름. 죽은 자의 나라 왕, 또는 사신으로 알려졌다. 야마에 대하여는 논문 《고대 인도에서의 죽음이라는 주제》 참조.

아쟈타샤트루는 그에게 말하였다. "그것에 대한 대화에 나는 동의하지 않습니다! 확실히 프라자파티로서 참으로 나는 이것을 명상합니다."

이것을 이와 같이 명상하는 사람은 자손과 가축에 의하여 번영합니다.

17 발라키는 말하였다. "오른쪽 눈 속의 이 인간이라는 것, 그것을 나는 명상합니다."

아자타샤트루는 그에게 말하였다. "그것에 대한 대화에 나는 동의하지 않습니다! 언어의 자기, 불의 자기, 빛의 자기로서 확실히 나는 이것을 명상합니다."

이것을 이와 같이 명상하는 사람은 이런 모든 것의 자기가 됩니다.

18 발라키는 말하였다. "왼쪽 눈 속의 이 인간이라는 것, 그것을 나는 명상합니다."

아쟈타샤트루는 그에게 말하였다. "그것에 대한 대화에 나는 동의하지 않습니다! 진리의 자기, 번개의 자기, 열기의 자기로서 확실히 나는 이것을 명상합니다."

이것을 이와 같이 명상하는 사람은 이런 모든 것의 자기가 됩니다.

19 그리고 발라키는 침묵하였다. 아쟈타샤트루는 그에게 말하였다. "발라키여! 〔지금까지 말한〕 그것이 그대가 아는 브라만의 전부인가요?"

"확실히 이것이 전부입니다"라고 발라키는 말했다.

아쟈타샤트루는 그에게 말하였다. '그대는 나에게 진리의 공식화(brahman)를 가르쳐주겠다'고 하였는데, 잘 알려진 것처럼 그대는 공허한 대화를 하는데 나를 끌어들였소. 발라키여! 확실히 〔그대가 서로 대화한〕 이런 인간을 만든 존재가 어떤 것인지, 확실히 인간이 그의 작품인지, 그것을 알아야 하오."

그러자 발라키는 땔나무를 들고 "나를 제자로 받아주십시오!"라고 하며 그에게 가까이 갔다.

아쟈타샤트루는 그에게 말했다. "크샤트리아가 바라문을 제자로 삼는다는 것은 확실히 자연의 질서에 어긋나는 일이요. 이리 오시오! 〔그대를 제자로 삼을 수는 없고〕 나는 그대에게 그것을 알 수 있도록 하겠소.”

발라키의 손을 잡고 그는 함께 밖으로 나갔다. 두 사람은 잠자고 있는 사람에게 갔다. 아쟈타샤트루는 잠든 사람을 불렀다. “오오, 소마여! 하얀 옷을 입고 있는 위대한 왕이여!”

그러나 그는 〔침묵하고〕 누워 있을 따름이었다. 그래서 그는 지팡이로 이 사람을 건드렸다. 그 직후에 이 사람은 일어났다.

아쟈타샤트루는 그에게 말했다. “발라키여! 이 사람은 어디에 누워 있었을까요? 이 사람은 어디에 있었을까요? 이 사람은 어디에서 왔을까요?”

그것을 발라키는 이해하지 못했다. 아자타샤트루는 그에게 말하였다. “발라키여! 이 인간은 어디에 누워 있었는가? 이것은 어디에 있었는가? 이것은 어디에서 왔는가? 그것은 심장에서 심낭으로까지 퍼져 있는 히타(hitā)라고 하는 심장 혈관을 통하여 온 것입니다. 그것은 천 개로 나눈 머리카락 같이 미세한 것입니다. 그것은 고동색과 희고, 검고, 붉은 미세한 액체로 채워져 있습니다. 잠든 사람이 아무 꿈도 꾸지 않을 때에 그는 그런 혈관 속에 있는 것입니다.”

20 그리고 확실히 이 숨에서 사람은 하나가 됩니다. 그리고 모든 이름과 함께 그의 언어는 이 〔숨〕 속으로 들어갑니다. 모든 형태와 함께 그의 시각은 〔이것 속으로〕 들어갑니다. 모든 소리와 함께 청각은 〔이것 속으로〕 들어갑니다. 모든 숙고와 함께 사고는 〔이 속으로〕 들어갑니다.

타고 있는 불에서 불꽃이 모든 방향으로 튀듯이 확실히 그와 같이 이 자기〔아트만〕의 속에서 온갖 생기는 저마다의 자리로 튀어갑니다. 갖가지 생기에서 신들이 신들에게서 모든 세계가 〔예지로서의 자기인 이 숨이 육신인 자기 속으로 체모에 이르기까지 손톱에 이르기까지 보이지 않게 들어가 있습니다. 면도가 면도갑으로 또는 불이 불의 둥지〔목재〕 속으로 숨듯이 확실히 이와 같이 예지인 이 자기는 자기의 이 육신 속으로 들어간 것입니다. 일족의 사람들이 우두머리에게 매달리듯이 이들 자기는 〔예지인〕 이 자기에게 매달립니다.

예를 들면 다음과 같습니다. 우두머리가 일족의 사람들에 의하여 스스로를 거두듯이 또는 일족의 사람들이 우두머리를 거두듯이 확실히 이와 같이 예지로서의 이 자기는 이런 자기에 의하여 스스로를 거두는 우두머리가 일족의 사람들에 의하여, 스스로를 거두듯이 말입니다. *⁴ 확실히 이와 같이 이들 자기는 〔예지인〕이 자기에게 매달리는 일족 사람들이 우두머리에게 매달리는 것과 같습니다.

확실히 인드라가 이 자기를 이해하지 못하는 한 귀신들은 이 자기를 쳐서 이깁니다. 사람이 〔이 자기를〕이해할 때 그는 귀신들을 죽이고 정복하며 모든 신들의 우위를 점하여, 주권과 통치권을 획득합니다.

확실히 이와 같이 알고 있는 사람은, 모든 악을 멸하고 모든 생물의 우위에 서서 주권과 통치권을 획득합니다. 이와 같이 알고 있는 사람은, 이와 같이 알고 있는 사람은 말입니다.

＊4 Anvavasyanti의 대신으로 bhuñjanti라고 읽는 빙식을 쓰면 '이런 자기는 이 지기에게 도움이 되는 것이다'라는 식으로 번역될 것이다.

케나 우파니샤드

[먼저 알아야 할 것들]

케나 우파니샤드(Kena-Upaniṣad)는 타라바카라 우파니샤드(Taravakāra-Upaniṣad)라고도 부른다. 이 우파니샤드는 Kena[누구에 의하여]라는 말로 시작한다. 그러므로 케나 우파니샤드라고 한다. 이것은 사마 베다의 타라바카라 또는 자이미니야파에 속한 자이미니야 우파니샤드 브라흐마나[4.18～21]의 일부분이다. 케나 우파니샤드는 두 부분으로 크게 나눈다. 첫 부분은 두 칸다[khaṇḍa, 섹션]로 구성되며 둘째 칸다의 처음 글을 빼고 운문(韻文)으로 쓰여 있다. 제1부의 주제는 궁극의 실재인 브라만[Brahman, 브라흐만]이다. 브라만은 알 수가 없는 것이고 말로 다할 수 없다. 이 우파니샤드의 제2부는 제3·제4 칸다로 이루어져 산문으로 쓰여 있다. 신들과 신들의 힘이 브라만으로부터 어떻게 하여 생기는가. 그것이 제2부에서 제시된다. 케나 우파니샤드의 '그것[브라만]은 그들[신들] 앞에 모습을 나타냈다'[3.2]라는 문장은 이것을 말한다. 브라만은 여기에서는 야크샤[불가사의한 것]이라는 식으로 표현되어 있다. 현상계의 저쪽에 존재하는 헤아릴 수 없는 신비에 대한 신앙이 케나 우파니샤드에서 발견된다. 아무도 브라만을 이해할 수가 없다. 그러나 브라만을 이해하지 못하는 사람이 그것을 알고 있는지도 모른다. 그리고 이 브라만은 '이 지상에 있는 이 모든 것까지'도 '옮겨 갈 수가 있는 것이다!'[3.9]. 브라만은 신들을 지배하는 불가사의한 신이라고 말할 수 있을지 모른다. 야크샤[불가사의한 것]라는 브라만의 명상이 우파니샤드로 이해된다.

제1장

1 누구에게 사로잡히고 내쫓겨 누구에게 내쫓겨 사고[마음]는 날아가는가? 누구와 연결되어 최초의 것으로서 숨은 앞으로 나아가는가?

누구에게 사로잡혔다, 이 말을 사람들은 하는가? 그리고 시각과 청각을 연결하는 것은 어느 신인가?

2 청각의 청각, 사고의 사고, 말의 말, 시각의 시각이라는 것. 바로 그것이 숨의 숨이다. 이들로부터 해방되어 이 세상을 떠날 때 현자들은 불멸을 얻는다.

3 시각으로도 거기[브라만]에 도달하지 못하며, 말로도 그것을 표현할 수 없으며, 사고로도 그것을 알 수 없다.

어떻게 사람이 이것을 가르치는지 우리는 모른다, 우리는 이해하지 못한다.

4 그 브라만은 우리가 알고 있는 것과 전혀 다르다. 우리가 아직 알지 못하는 것과도 전혀 다르다.

우리에게 그것을 설명한 옛날 사람들에게 우리는 그렇게 들었다.

5 말로 표현할 수 없으나 그것으로 인해 말이 표현될 수 있으니.

그대여, 바로 그것이 브라만인 것을 알라! 이 세상 사람들이 명상하는 것 그것은 브라만이 아니다. *1

＊1 에르텔은 upa-as를 일관하여 '숭배한다'(worship)로 번역하였다. 그러나 우파스는 비드 (vid)와 아주 가까운 말이다. 우파스는 여기에서는 '열심히 구하는' 것, 내지 '알고자 열심히 구하는' 것이 틀림없다.

6 그것을 사고로 생각할 수 없으나 그것으로 인해 사고의 생각이 이루어질 수 있으니.

그대여, 바로 그것이 브라만인 것을 알라! 이 세상 사람들이 명상하는 것 그것은 브라만이 아니다.

7 시각으로 볼 수는 없으나 그것으로 인해 시각이 사물을 볼 수 있으니.

그대여, 바로 그것이 브라만인 것을 알라! 이 세상 사람들이 명상하는 것 그것은 브라만이 아니다.

8 청각으로 들을 수는 없으나 그것으로 인해 청각이 소리를 들을 수 있으니.

그대여, 바로 그것이 브라만인 것을 알라! 이 세상 사람들이 명상하는 것 그것은 브라만이 아니다.

9 숨이 그것을 숨쉬게 할 수 없으나 그것으로 인해 숨 쉬는 것이 가능하고 생명이 있게 되니. 그대여, 바로 그것이 브라만인 것을 알라! 이 세상 사람들이 명상하는 것 그것은 브라만이 아니다.

제2장

1 혹시 그대가 "나는 브라만을 잘 알고 있다"고 생각한다면 아주 조금밖에 그대는 브라만의 형태를 알고 있지 않은 것이다. *1 그대가 알고 있는 부분이 신들 간의 부분이다. 생각건대 알려지지 않은 그 부분이 그대에 의해 확실히 검토되어야 한다.

2 "나는 브라만을 잘 알고 있다"고 생각하지 않는다. 그렇다고 "나는 브라만을 전혀 모른다"고 생각지도 않는다.

브라만은 잘 안다고 하는 사람이 알고, 모른다고 하는 사람이 모르는 그런 것이 아니기 때문이다.

3 브라만을 알지 못한다는 사람이 사실은 브라만을 잘 안다. 브라만을 안다는 사람은 사실 브라만을 잘 모른다.

브라만은 안다고 하는 사람들에게는 끝내 나타나지 않으며, 알지 못한다고 하는 사람들에게 나타나기 때문이다.

4 잠에서 깨어남으로써 그것이 알려질 때 그것은 생각될 수 있다. 왜냐하면 그때 사람은 불멸을 발견하기 때문이다.

자기〔아트만〕에 의해 사람은 힘을 발견한다. 지식에 의해 사람은 불멸을 발견한다.

---

*1 우리는 브라만의 현상 형태를 알고 있다는 의미. 그것은 이 세상에 나타난다. 그러나 브라만에는 형상으로 나타나지 않는 면이 있다. 이것을 우리는 알지 않으면 안된다―이와 같이 해석될 것이다. 브라만의 현상하는 부분과 현상하지 않은 부분을 함께 아는 것이 중요하다고 여겨진다.

5 혹시 이 세상에서 사람이 브라만을 알고 있다면 그것이 진리이다. 혹시 이 세상에서 사람이 그것을 알지 못한다면 큰 파멸이 있을 것이다.

현자들은 브라만을 모든 생물 속에서 인정하고 이 세상을 떠날 때 불멸을 얻게 된다.

제3장

1 브라만은 신들을 위하여 승리를 거두었다. 브라만의 그 승리에 신들은 기쁨으로 들끓었다. "이 승리는 우리만의 것이다! 이 위대성은 우리만의 것이다!" 신들은 생각하였다.

2 브라만은 신들의 자만심을 이해하였다. 브라만은 그 신들 앞에 모습을 드러냈다. 그 신들은 그것을 이해하지 못했다. "이 불가사의한 것*¹은 무엇인가?"라고 그 신들은 말했다.

3 그 신들은 불의 신에게 말하였다. "자타베다스〔불〕이여! 이 불가사의한 것은 무엇인가, 그대는 이것을 이해하라!"고. "좋다"고 불의 신은 말했다.

4 〔불의 신은〕 그것을 향하여 달렸다. 그것은 불의 신에게 물었다. "그대는 누구인가?"

"확실히 나는 불이다!"라고 불의 신은 말하였다. "틀림없이 나는 자타베다스다!"라고.

5 "그런 그대에게 어떤 힘이 있는가?"라고 그것은 물었다.

"이 지상에 있는 이 모든 것을 다 나는 태울 수가 있다!"라고 불의 신이 말했다.

6 그것은 불의 신 앞에 지푸라기 하나를 놓아주며 말했다. "이것을 태워 봐!"

---

*1 yakṣa가 의미하는 것은 '현상' 내지 "형태". 야크샤〔야차〕를 "요괴', '환영' 등으로 번역할 수도 있다.

불의 신은 전속력으로 그것에 돌진했다. 그러나 그는 그것을 태울 수가 없었다. 불의 신은 곧 거기에서 돌아왔다. "이 불가사의한 것 이것을 나는 이해할 수 없었다"고 그는 말했다.

7 그리고 그들은 바람의 신에게 말하였다. "바람이여! 이 불가사의한 것이 무엇인가, 그대는 이것을 알아보라!"
바람은 "좋아"하고 말하였다.

8 〔바람의 신은〕 그것을 향하여 달렸다. "그대는 누구인가?"라고, 그것은 그에게 말을 걸었다.
"확실히 나는 바람이다!"라고 바람의 신은 말했다. "틀림없이 나는 마타리슈반〔바람〕이다"라고.

9 "그런 그대에게 어떤 힘이 있는가?"라고 그것은 물었다.
"이 지상에 있는 모든 것을 다 날려 버릴 수가 있다!"고 바람 신은 대답했다.

10 그것은 바람의 신 앞에 지푸라기 하나를 놓아주며 말했다. "이것을 날려 보라!" 바람은 전속력으로 그것을 향하여 돌진하였다. 그러나 그는 그것을 날려 버리지 못했다. 바람 신은 곧 거기에서 돌아왔다. "이 불가사의한 것 이것을 나는 이해할 수가 없었다"고 그는 말했다.

11 그리고 그 신들은 천둥의 신 인드라에게 말하였다. "마가반〔인드라〕이여! 이 불가사의한 것이 무엇인가, 그대는 이것을 알아보라!"
인드라는 "좋아" 하고 말했다.
〔인드라는〕 그것을 향하여 달렸다. 그것은 인드라에게서 몸을 숨겨 버렸다.

12 인드라는 확실히 같은 하늘에 사는 매우 아름다운 여자, 설산〔히말라야〕의 아가씨 우마와 마주쳤다. "이 불가사의한 것은 무엇인가?"라고, 그는 그녀에게 말했다.

제4장

1 그녀가 인드라에게 말하였다. "그것은 브라만이라오. 틀림없이 브라만의 승리에 이와 같이 그대들은 기쁨에 들끓고 있다."

그리고 인드라는 곧 그것이 브라만이라는 것을 알았다.

2 그러므로 확실히 이런 신들, 즉 불, 바람 및 인드라는 무슨 방법으로든 다른 신들보다도 훌륭하다. 왜냐하면 그들은 가장 가까이에서 이것을 접하였기 때문이다. 왜냐하면 그는 이것을 최초로 브라만이라고 알았기 때문이다.

3 그중에서도 틀림없이 인드라는 다른 신들보다도 뛰어나다. 왜냐하면 그는 가장 가까이에서 브라만을 접하였기 때문이다. 왜냐하면 '그것은 브라만이다'라고 최초로 알았기 때문이다.

4 그것에 관하여 우리에게 주는 교훈이 있다. 번개가 번쩍할 때 '아아!'라고 하는 외침의 순간에 '아아!'라는 외침. 그것이 브라만의 신적 존재로서의 영역이라는 것이다.

5 그리고 육신(ātman)에 관련하여 말하면, 사고가 무슨 방법으로든 이것에 다가가서 이 사고에 의하여 사람이 브라만을 되풀이하여 회상하는 것—그것이 의도이다.

6 그 브라만은 타드바나(tadvana)라고 부르게 된다. 그것은 타드바나로서 명상하여야 한다. 이것을 이와 같이 알고 있는 사람—이 사람을 모든 만물은 열망한다.

7 〔학생〕—"존경하는 분이시여! 저에게 우파니샤드(upaniṣad)를 가르쳐 주십시오!"

〔스승〕—"우파니샤드는 그대에게 이미 가르쳤느니라. 이제 〔사제로서〕 알아야 할 브라만에 관한 우파니샤드를 그대에게 가르쳐주겠다.

8 그것〔우파니샤드〕의 기초는 금욕, 〔감각의〕 억제 그리고 의식(儀式)이다. 베다는 모든 육신〔아트만〕의 부분이고 진리는 바로 그가 머무른 곳이다."

9 확실히 이 우파니샤드를 이와 같이 알고 있는 사람—그는 악을 떨쳐버리고 무한하며 가장 훌륭한 천상세계에 확고히 서게 되리라. 확고히 서게 되리라.

카타 우파니샤드

[먼저 알아야 할 것들]

카타 우파니샤드(Kaṭha-Upaniṣad)는 흑(黑)야쥬르 베다의 카타카 학파에 속한다고 한다. 그러나 이 우파니샤드는 타이티리야 학파에 속한다고 생각하는 사람도 있다. 카타 우파니샤드는 카타카 우파니샤드(Kāṭhaka-Upaniṣad)라고도 부른다. 이 우파니샤드의 중심적 주제는 이른바 '나치케타스 설화'이다. 나치케타스라고 하는 바라문(사제)의 소년과 죽음의 신 야마의 대화가 이 우파니샤드의 핵심 부분이다. 그러나 이 일화는 카타카 속에서가 아니라 타이티리야 브라흐마나(3.11.8.1~6)에 나온다.

카타 우파니샤드는 첫머리의 1.2와 4를 빼고는 전부 운문으로 쓰여 있다. 이 우파니샤드는 형식적으로는 두 부분으로 나누어지고, 여섯 발리(Valli, 덩굴)로 구성되어 있다. 많은 학자는 제1부(발리 1~3)를 본래의 부분, 제2부(발리 4~6)를 다음에 덧붙인 부분으로 보고 있다. 예를 들면 호이트니(1890년, 104쪽)에 따르면 카타 우파니샤드는 원래 제3의 발리로써 끝난 것이다. 발리 4~6이 후세에 추가된 것이 분명하고, 제2부 모두가 이 우파니샤드 본래의 부분이 아닌 것은 부정할 수 없을 것이다. 나치케타스와 죽음의 신 야마의 대화를 포함한 발리 1과 2가 카타 우파니샤드의 본래 부분이었다. 그러나 제2 발리도 아마 18로써 끝났을 것이다. 제2의 발리 19~25 및 제3 발리에는 야마와 나치케타스의 대화는 존재하지 않는다. 그러므로 이런 대목은 카타 우파니샤드의 본래 원본에는 속하지 않는다고 말할 수 있을 것이다. 결국 우리는 카타 우파니샤드를 제1부(발리 1~3)와 제2부(발리 4~6)로 나누어 제1부만을 그것의 원래 부분이라고 보는 것이 타당할 것이다. 이 우파니샤드는 '나치케타스 설화'라는 본래 부분(발리 1~2)과 다음에 삽입한 부분(발리 3~6)으로 구성되어 있다. '발리'를 여기에서는 '장(章)'이라고 번역하였다.

카타 우파니샤드는 난해한 텍스트이다. 이 원전의 원형은 손상을 입어 그것을 올바로 읽기는 어렵다. 우리는 샨카라의 주석에 따르는 대신 원본 자체를 이해하여야 한다. 나치케타스가 죽음의 신 야마에게 배우기를 바란 것은 저 세상으로의 '위대한 통과', 곧 죽은 뒤 상태였다. 그리고 나치케타스가 구한 것은 덧없는 기쁨이 아니고 태어나는 일도 없고 죽는 일도 없는 '자기' [아트만]의 발견이었다.

제1장

1 바쟈슈라바스의 아들 우샤스는 일찍이 〔제례 때 제관에 대한 보수로〕 모든 재산을 내놓았다. 그에게는 나치케타스라는 이름의 아들이 있었다.

2 제관에 대한 보수로 소를 몰고 떠났을 때 아직 소년이지만 나치케타스는 〔제례의 작용에 대한〕 믿음이 마음속에 들어왔다. 그는 생각하였다.

3 그런 소들은 물을 마시고 풀을 뜯고 젖을 다 짜내어 생식력을 가지고 있지 않다. *¹ 그런 〔늙은〕 소를 주는 사람은 아무리 원해도 기쁨이 있는 그런 세계로 갈 수 없을 것이다.

4 아들은 아버지에게 말하였다. "아버님! 그럼 저는 저를 누구에게 바치려 하십니까?"
두 번, 세 번 〔되풀이해 말하자〕 "나는 너를 죽음의 신에게 바치겠다!"고 아버지는 말했다.

5 〔나치케타스〕
많은 사람들*² 중에서 나는 첫 번째로 간다.
많은 사람들의 중간쯤*³으로 나는 간다.
아버지께서 나를 바쳐서 죽음의 신에게 올리려는 제례는 무엇인가?
그렇게 해서 아버지께서 이룰 수 있는 일은 무엇인가?

＊1 '생식력을 갖지 않는다'(nirindriya)라는 말은 브리하다라냐카 우파니샤드 6.4.4에도 나온다.
＊2 '많은 사람들' : 나의 다음에 죽는 수많은 사람들.
＊3 '많은 사람들의 중간쯤' : 나의 앞에 죽은 수많은 사람들.

6 〔말하는 사람이 분명하지 않음〕

앞을 보아라! 우리 전에 간 옛 사람들이 어떻게 갔는지! 뒤를 보아라! 그와 같이 그들도 갈 것이다.

사람은 누구나 밭에 나는 곡식처럼 익고 죽고 또 다시 태어난다.

7 만인에게 공통된 불의 신처럼 바라문의 손님*4은 집으로 들어온다.

"바이바스바타〔죽음의 신〕여! 〔그의 발을 씻기 위하여〕 물을 가지고 오라!"고 사람들은 이렇게 그를 달랜다.

8 희망과 기대, 교제와 호의, 제례와 선행,*5 자식과 가축.

이런 모든 것을 아주 조금밖에 알지 못하는 사람에게서 바라문은 빼앗는다. 그의 집에서 바라문은 식사를 하지 않고 머문다.

9 〔죽음의 신〕

아아, 바라문이여! 그대는 존경받아야 할 손님으로서 식사를 하지 않고 나의 집에 머물렀기 때문에,

나는 그대에게 경배를 한다! 나에게 행운이 있으라! 아아, 바라문이여! 그것 대신으로 세 가지 소원을 골라 보아라! *6

---

*4 나치케타스를 말함.

*5 Iṣṭāpūrte를 벨라〔1953년, 112쪽〕는 '제례와 신심이 깊은 행위'로 보았다. 라우〔1971년, 160쪽〕는 iṣṭāpūrte를 '제례와 선한 행위'로 번역하였다. 벨라〔115쪽〕에 따르면 '신심이 깊은 행위' 내지 윤리적 행위란 신들에게 제물을 바치고 바라문에게 음식을 시주하며 사람들을 위하여 우물을 파는 것 같은 선행이다.

*6 타이티리야 브라흐마나 〔3.11.8〕에 나오는 죽음의 신 야마와 나치케타스의 대화에서 나치케타스의 첫 소원은 "나는 살아서 아버지에게 돌아가고 싶다"는 것이다. 카타 우파니샤드에서 나치케타스의 첫 소원도 마찬가지. 타이티리야 브라흐마나에서 나치케타스의 두 번째 소원은 제례의 장점인 불멸성에 관한 지식이었다. 나치케타스에게 야마는 나치케타 제화(祭火)를 올리는 의식에 대하여 말했다. "나치케타 제화를 쌓고 그리고 이것을 이처럼 알고 있는—그의 제례의 선행은 멸하지 않는다"고. 그런데 카타 우파니샤드에서는 나치케타스의 두 번째 소원은 '천상계로 인도하는 불'〔1.13〕을 앎으로써 불멸에 이른다는 것이다. 나치케타스는 야마에 의한 두 번째 소원, 즉 개인적인 불멸을 약속받았다. 그러나 천상계로 인도하는 불〔아그니〕은 단순한 불이 아니고 제례 의식이다. 타이티리야 브라흐마나에서는 다시 죽는 것을 없애는 것, 또는 같은 것이지만 다시 죽음을 면하는 것이 나치케타스의

10 〔나치케타스〕

아아, 죽음의 신이여! 나의 아버지 가우타마가 차분한 마음으로 호의적이 되어 나에 대한 분노를 풀고 내가 그대에게서 석방될 때 아버지가 명랑하게 맞이하도록! 이것이 내가 고른 세 가지 소원 중의 첫 번째입니다.

11 〔죽음의 신〕

아버지는 예전같이 명랑할 것이다. 아우다라카 아르니*7는,

이미 내가 석방하였다.

네가 죽음의 신의 입에서 해방되었다는 것을 볼 때 분노도 사라지고 기분 좋게 그 〔가우타마〕는 잠들 것이다.

12 〔나치케타스〕

천상계에는 아무 공포도 존재하지 않고, 거기에서는 사람이 그대 역시 늙는 것도 두려워하지 않는다지요.

굶주림과 갈증 두 가지를 초월하고 슬픔을 지나서 사람은 천상계에서 기뻐하지요.

13 아아, 죽음의 신이여! 그대는 하늘로 인도하는 불에 대하여 배웠지요. 〔제례의 작용을〕 믿고 있는 나에게 그것을 말해주시오!

천상계에 사는 사람들은 불멸을 즐겁게 맛보고 있다지오. 이것이 나의 두 번째 소원입니다.

14 〔죽음의 신〕

오오, 나치케타스야! 나는 너에게 그것을 말하겠다. 내가 하는 말을 잘 들어라!

두 번째 소원이었다. 나치케타스 제례 의식을 통해서 나치케타스는 다시 죽음을 면하고 죽은 뒤 불멸에 도달한다. "나치케타 제화를 쌓고 그리고 이것을 이와 같이 알고 있는 사람은 다시 죽는 것을 면한다." 이 말과 함께 타이티리야 브라흐마나에서의 야마와 나치케타스의 대화는 끝이 난다.

**7 웃나라가 아르니의 아들, 즉 나치케타스〔에자튼, 1965년, 180쪽〕와 라우〔1971년, 161쪽 참조〕.

오오, 나치케타스야! 나는 하늘로 인도하는 불을 알고 있다.

무한한 세계에 도달하는 수단으로서 〔그것의〕 기초로서 그것이 심장의 동굴에 숨어 있다는 것을 너는 알라!

15 〔말하는 사람〕

세계의 기원인 제화를 올리는 의식에 대하여 그는 그에게 말했다. '벽돌은 어떤 것인가, 얼마나 〔필요한가〕, 또 그것은 어떻게 쌓는 것인가' 라고. 그 역시 배운 대로 되풀이하였다. 죽음의 신은 만족하여 그에게 다시 말했다.

16 만족하여 고상한 것은 그에게 말했다.

〔죽음의 신〕

여기에서 오늘 나는 너에게 다시 소원을 들어주겠다.

확실히 너의 이름으로 이 제화를 올리는 의식은 부름을 받게 될 것이다. 그리고 〔제화를 올리는 의식의〕 이 화려한 황금의 판자(sṛnkā)*8를 너는 받아라!

17 이것이 세 가지의 나치케타스를 알고 있는 사람이다. 셋과 결부되어 〔세 가지 수준*9에서〕 의식을 행하고 사람은 탄생과 죽음을 초월한다.
태어나고 있는 브라만을 찬미해야 할 신으로 알고, 이 황금의 판자를 이것이라고 지각하여 사람은 영원한 정적에 도달한다.

18 이것이 세 가지의 나치케타스를 알고 있는 사람이다. 이 셋을 알고 이와 같이 나치케타스의 제화를 올리는 사람—그는 그의 앞에 죽음의 함정을 뿌리쳐 버리고 슬픔을 건너 천상계에서 기쁨을 얻게 되리라.

19 나치케타스야! 이것이 하늘로 인도하는 너의 불이다. 너는 그것을 두 번째 소원으로 골랐다.

---

*8 스린카(sṛnka)라는 말은 카타 우파니샤드에만 나온다. 제화를 올릴 때 태양과 동일시되는 황금의 판자는 제화 의식의 기초로 놓여진다. 〔타르, 1989년, 96쪽 참조〕

*9 의식, 우주 및 소우주라는 세 가지 수준〔보데비츠, 25쪽 참조〕.

이 불을 사람들은 너만의 것이라고 한다. 나치케타스야! 세 번째 소원을 말해보아라!

20 〔나치케타스〕

죽은 인간에 관한 일이 궁금합니다. '그는 존재한다'고 어떤 사람들은 말하고 '그는 존재하지 않는다'고 어떤 사람들은 말합니다.

나는 이것을 당신에게 배우고 싶습니다. 이것이 세 가지 소원 중의 세 번째 것입니다.

21 〔죽음의 신〕

이것에 대하여는 신들조차 예전에 의심을 품었다. 왜냐하면 그것은 쉽게 이해될 수 없었기 때문이다. 이것은 어려운 일이다.
나치케타스야! 다른 소원을 말해보아라! 나를 번거롭게 하지 않도록! 나를 어려운 문제로 얽어매지 말고 풀어다오!

22 〔나치케타스〕

그것에 대하여는 신들조차 의심했다고 우리에게 전하여진 말을 들었어요. 그리고 아아, 죽음의 신이여, 그것은 쉽게 알 수 없다고 당신은 말하였습니다.

그리고 너만큼 그것에 대하여 말이 통하는 사람은 없다고 하셨지요. 이것에 비길 다른 소원은 아무것도 없습니다.

23 〔죽음의 신〕

백 년을 사는 아들과 손자, 많은 가축, 코끼리, 황금과 말을 골라 보아라!
대지의 광대한 영토를 선택하여라! 그리고 네가 바라는 만큼 언제까지나 살도록 하여 주리라!

24 혹시 네가 이것을 마찬가지 소원이라고 생각한다면 재산과 장수를 선택하여라!
오오, 나치케타스야! 광대한 국토에서 번영하여라! 나는 네가 모든 욕망을 즐겁게 맛보도록 하여 주리라.

25 죽어야 되는 인간 세상에서 얻기 어려운 어떤 욕망이라도 바라는 대로
너는 요구하여라!

여기에는 수레와 함께 악기와 함께 사랑스러운 여자들이 있다. 참으로 그
와 같은 여자들은 인간이 쉽게 얻을 수 없는 것이다.

내가 보낸 그녀들과 너는 마음껏 즐겨라! 그러나 나치케타스야! 제발 죽
음에 대해서는 묻지 말아다오!

26 〔나치케타스〕

아아, 죽음의 신이여! 덧없는 것은 이와 같이 죽어야 하는 생명의 예리한
감각을 무디게 합니다.

전 생애조차 너무나 짧고 하찮습니다. 말은 확실히 당신의 것입니다. 춤과
노래도 당신의 것입니다.

27 재산으로 인간을 만족시킬 수는 없습니다. 우리가 당신을 보았을 때
재산을 얻었을까요?

당신이 지배하는 한 우리는 살 것입니다. 그것만이 내가 선택해야 할 소원
입니다.

28 불멸의 상태에 가까워졌다 해도 그 자신이 늙어 비참한 상태라는 것을
알고 죽어야 한다면 아름다움이나 쾌락과 기쁨에 대하여 생각할 때 너무나
따분한 인생을 즐겁다 할 수 있을까요?

29 오오, 죽음의 신이여! 그것에 대하여 사람들이 이렇게 의심하는 〔저 세
상으로의〕 위대한 통과*10에서 일어나는 것—그것을 나에게 말하여주시오!
숨겨진 것 속으로 들어가는 이 소원—이것 이외에 나치케타스는 더 선택할
것이 없습니다.

---

*10 죽음에 있어 이 세상에서 저 세상으로 통과하는 것. 저 세상으로 떠나는 여행.

제2장

1 〔죽음의 신〕

어떤 것은 좀더 좋은 것이고 그리고 다른 것은 좀더 쾌적한 것이다. 그런 두 가지는 다른 목적을 가지고 인간을 속박한다.

둘 중의 좀더 좋은 것을 골라잡은 사람에게 〔모든 것은〕 잘 된다. 그러나 좀더 쾌적한 것을 택한 사람은 목적을 잃는다.

2 좀더 좋은 것과 좀더 쾌적한 것은 인간에게 다가온다. 두 가지를 숙고한 다음에 현자는 그것을 구별한다.

왜냐하면 현자는 좀더 쾌적한 것보다 오히려 좀더 좋은 것을 고르기 때문이다. 어리석은 사람은 복지보다도 오히려 좀더 쾌적한 것을 선택한다.

3 나치케타스야! 쾌적하고 쾌적하게 보이는 욕망을 숙고한 다음에 너는 그것들을 버렸다. 그 속으로 많은 사람이 침몰한다. 부(富)로 이루어진 것으로서 황금의 판자를 너는 받아들이지 않았다. *1

4 이 두 가지는 크게 다르고 각기 딴 방향으로 간다—무지(無知)와 지식으로 알려져 있는 것은. 나치케타스는 지식을 바라고 있다고 나는 생각한다. 많은 유혹이 너를 해롭게 하지 못하였다.

5 무지 속에 살면서 스스로 현명하고 학식이 있다고 생각하며 눈먼 소경

---

*1 나치케스타는 '황금의 판자'를 받았다. 그러나 그는 그것을 부 또는 재산에서 이루어진 것으로 받아들이지 않았다. 황금의 판자는 제화(祭火)를 올리는 의식의 기초를 쌓을 때 사용되는 것이기에 마땅히 나치케타스는 그것을 받았던 것이다〔보디비츠, 1985년, 20~21쪽 참조〕.

에게 끌려다니는 소경처럼 어리석은 사람들은 여기저기 삐뚤어진 길을 달리면서 배회한다. *2

6 [저 세상으로 가는] 통로는 재산의 망상에 현혹되어 있는 경솔한 어리석은 자에게는 밝혀지지 않는다. '이 세상은 존재한다. 저 세상은 존재하지 않는다'고 생각하여 그는 거듭거듭 [죽음의 신이] 나에게 지배를 받게 된다.

7 [저 세상으로의 통과라는 말을] 듣는 것조차 많은 사람에게는 들리지 않는다. 설사 그것을 들었다 하여도 많은 사람은 그것을 이해하지 못한다.
그것을 알리는 사람은 존경스럽다. 그것을 달성하는 사람은 대단히 훌륭하다. 그것을 알고 있는 사람은 경이롭다. 그의 제자는 깨닫는 사람이 될 것이다.

8 평범한 사람에 의하여 그것이 알려진다면 아무리 생각하여도 이것은 쉽게 이해될 수 없다. 다른 사람에 의해 알려진다면 거기에 도달하는 길은 존재하지 않는다. 왜냐하면 그것은 원자 크기보다도 미세하고 추측할 수 없기 때문이다.

9 이 사상은 추측에 의하여 달성될 수 없다. 다른 사람에 의하여 알려질 때만 그것은 쉽게 이해하게 된다, 사랑하는 사람아!
너는 그것을 획득하였다. 아아, 너는 진리를 지니고 있다. 나치케타스야! 너와 같이 묻는 사람이 없기를 바란다!

10 [나치케타스]
재산이라고 하는 것이 무상하다는 것을 나는 알고 있어요. 왜냐하면 불안정한 것에 의해 안정된 것은 달성될 수 없기 때문입니다.
그러므로 나에 의하여 나치케타스의 제화를 올리는 의식이 행해졌어요. 무상한 것으로 나는 영원한 것을 얻었습니다.

---

*2 이 시구는 조금 형태를 달리하여 문다카 우파니샤드 1.2.8과 마이트리 우파니샤드 7.9에도 나와 있다.

11 〔죽음의 신〕

세계의 기초로서의 욕망의 달성, 두려움을 모르는 상태의 피안으로서 제례의 무한성, 기초로서의 찬가, 위대한 것, 폭넓게 걷고 있음을 본 다음에 현명한 나치케타스는 견고성을 가지고 〔이런 무상한 재산을〕 내놓았다.

12 보기가 어렵게 비밀 장소로 들어가 심장의 동굴에 숨어 심연에 머문 태고의 것—그것을 자기와 관련하여 요가의 체험에 의해 신이라 생각하고 현자는 기쁨과 슬픔을 버린다.

13 죽어야 하는 것은 이것을 듣고 충분히 이해하여 법의 성질을 띠고 있는 것(dharmya)을 남김없이 다하여 미세한 것에 도달하고
그는 기뻐한다. 왜냐하면 그는 기뻐할 만한 것을 획득하였기 때문이다. 나치케타스야! 나의 거처는 활짝 열려 있다고 나는 생각한다.

14 〔말하는 사람이 분명하지 않음〕

법과 불법이 다른 딴 곳 거기에서 이루어진 것, 이루어지지 않은 것과 다른 딴 곳에서 과거와 미래와 다른 딴 것을 네가 본 대로 그것을 말하여 다오!

15 〔말하는 사람이 분명치 않음〕

모든 베다를 전하고 모든 금욕을 말하며,
그것을 구하여 사람들은 바라문의 학생 생활을 보낸다. 그 말, 그것을 나는 아주 짧게 너에게 말하겠다. 이것이 옴(OM)이다.

16 왜냐하면 확실히 이 음절은 브라만이기 때문이다. 왜냐하면 틀림없이 이 음절은 최고의 것이기 때문이다.
왜냐하면 확실히 이 음절을 알고 그가 구하는 것, 그것은 그의 소유이다.

17 이것이 가장 좋은 버팀목이다. 이것이 최고의 떠받침이다. 이 떠받침을 알고 사람은 브라만의 세계에서 기뻐한다.

18 〔죽음의 신〕

현명한 자는 태어나지도 않고 죽는 일도 없다. 그는 어디에서 찾아오지도 않았다. 그는 누구도 되지 않았다.

이 태곳적 것은 태어나지 않았으며 영원하고 영구하게 이어진다. 육신이 살해될 때도 그는 살해되지 않는다. *3

19 혹시 살해자가 자기는 누군가를 해치려 한다고 생각하고 살해된 사람이 자기는 살해당하였다고 생각한다면 그들은 양쪽 모두 자기를 제대로 이해하지 못하고 있는 것이다. 이 사람은 살해도 하지 않고 살해되지도 않기 때문이다.

20 미세한 것보다도 더 미세하고 큰 것보다도 더 큰 자기〔아트만〕. 그것은 세상 모든 것의 구석구석에 그리고 지혜의 동굴이라는 사람 마음속에 머물러 있다. 욕구를 떠나 슬픔이 사라진 사람은 창조자의 은혜에 의하여 자기의 위대함을 본다.

21 앉아서 그는 멀리 간다. 누워서 그는 어디든지 간다.
나 말고 누가 끊임없이 흥분하고 있는 이 신을 알 수 있을까?

22 육신에 육신이 없고 불안정한 데에서 안정을 찾아, 모든 곳으로 두루 퍼져 있는 위대한 자기를 인식하고 현자는 슬퍼하지 않는다.

23 이 자기〔아트만〕는 말에 의한 가르침으로도 이해력에 의해서도 많은 학식에 의해서도 달성될 수 없다.

오로지 구도자 스스로 〔자기〕를 구할 때 이 〔자기〕는 달성될 수 있다. 그러한 구도자 앞에서만 아트만은 그 모습을 드러낸다.

---

*3 바카바드 기타 2.20 참조. 카타 우파니샤드의 진정한 부분〔야마와 나치케타스의 대화〕는 여기에서 끝난다. 여기에서 '현명한 자'라고 부른 것은 아트만, 즉 본래의 자기이다. 2. 19~25에서 야마〔죽음의 신〕는 일방적으로 나치케타스에게 가르치고 있을 뿐 거기에서 대화는 존재하지 않는다.

24 나쁜 행위를 그치지 않는 사람, 평정을 찾지 못한 사람, 정신을 집중하지 않은 사람, 또는 조용히 마음을 가라앉히지 못한 사람도 인식에 의하여 이 〔자기〕에 도달할 수 없다.

25 그 사람에게 있어 바라문과 크샤트리아는 양쪽 모두 쌀로 쑨 죽이고,
  그 사람에게 죽음은 소스이다. 어디에 그 〔자기〕가 있는지 누가 참으로 알고 있는가?

제3장

1 이 육신의 동굴 안에는 최고 존재의 세상에 속한 두 개 아트만〔자기〕이 들어 있다. 잘 모신 제례 행위의 세계에서 진리를 마시는 그 둘은 브라만을 알고 있는 사람들과, 오화(五火)와 3중의 나치케타스의 제화(祭火)를 쌓는 것을 소유한 사람들*¹이 〔저마다〕 그림자와 빛이라고 부른다.

2 제례를 행하는 사람들에게는 다리가 되고 두려움을 모르는 열반의 세계에 도달하려는 사람들에게는 불멸의 최고 브라만이다. 나치케타스의 제화를 올리는 의식을 우리는 맘대로 할 수 있게 되기를 바란다!

3 자기〔아트만〕를 수레에 타는 자, 육신을 바로 수레로 알라!
지혜를 수레의 마부, 사고를 고삐로 알라!

4 감각기관은 말, 감각기관의 대상은 그런 〔말〕의 경마장이라고 사람들은 말한다. 자기, 감각기관 및 사고와 결부되어 있는 것을 현자들은 즐기고 음미하는 것이라고 말한다.

5 사람이 지혜가 없어서 사고가 늘 느슨해져 있을 때 마부의 좋은 말처럼 그의 감각기관은 그에게 순종한다.

---

*1 벨라〔1953년, 45쪽〕는 tri-nāciketāḥ를 '나치케타스 불을 세 번 쌓다'(das Nāciketa-Feuer dreimal schichten)로 번역하였다. 그런데 보데비츠〔1985년, 13쪽〕는 다음과 같이 말한다. "이 특수한 나치케타스 제화를 쌓는 것을 세 번 거듭 쌓아야 된다고 하는 아이디어는 의미가 없다"고. 나치케타스 제화를 쌓는 것은 세 번이 아니라 3중으로 또는 셋의 수준으로 쌓아야 한다.

7 그러나 지혜가 모자라고 사고가 부족하여 늘 깨끗하지 못한 사람—그는 [최고의 하늘에 있는] 그 장소*2에 도달하지 못한다. 그리고 그는 윤회*3에 빠진다.

8 그러나 지혜가 있고 사고를 가진 항상 깨끗한 사람—그는 [최고의 하늘에 있는] 그 장소에 도달한다. 거기에서 그는 다시 태어나지 않는다.

9 그러나 지혜를 마부, 사고를 고삐로 삼고 있는 사람—그는 여로의 끝이자 비슈느의 그 최고 장소에 도달한다.

10 실로 감각기관의 저쪽에 사물이 있고 사물의 저쪽에 사고가 있다. 사고의 저쪽에 지혜가 있고 지혜의 저쪽에 크나큰 자기*4가 있다.

11 크나큰 자기[아트만]의 저쪽에 아직 펼쳐지지 않은 것이 있다. 아직 펼쳐지지 않은 것 저쪽에 푸루샤[인간]가 있다. 푸루샤의 저쪽에는 아무것도 존재하지 않는다. 이것이 목표이다. 이것이 최고의 걸음이다.

12 모든 것 속에 숨겨져 있는 이 자기는 드러나지 않는다. 그러나 그것은 똑똑한 사람들에 의하여 그들의 최상의 미세한 지혜를 통하여 볼 수 있다.

13 현명한 사람은 언어와 사고를 억제해야 한다. 그 두 가지를 인식으로서 자기[아트만]에게 억제하여야 한다. 그는 인식으로서 자기를 크나큰 자기로 억제해야 한다. 그리고 그는 그것을 고요한 자기로 억제하여야 한다.

---

*2 비슈느 신의 제3보 또는 최고의 걸음. 그것은 신들과 인간에게 가장 바람직한 장소이다.

*3 '윤회(saṃsāra)'라는 말이 여기에서 사용되고 있다. 슈베타슈바타라 우파니샤드 6.16에도 이 말이 나온다. 산사라는 탄생과 죽음이 끝없이 이어지는 재생.

*4 '크나큰 자기'(mahān ātma)는 오리벨[1998년, 607쪽, 주11]의 말처럼 산캬의 체계에서 '크다'(mahat)에 대응하는지도 모른다. '크다'는 근본 질료에서 처음의 전개. 그러나 카타 우파니샤드의 산키야 사상은 고전적 체계와 같지는 않다. '지혜'의 저쪽에 크나큰 자기가 있다고 말하지만 고전적인 산키야의 체계에서는 '크다'와 '지혜'는 같은 뜻의 말로 보아도 된다. '대단하다'는 것은 '크다'는 것이다.

14 일어나라! 깨어나라! 너희들이 소원을 이룰 때 너희들은 조심하라! 시퍼렇게 날이 선 면도날은 건너기가 어렵다. 그처럼 진리를 깨닫기 위해 나아가는 길은 험난하다고 선각자들은 말한다.

15 소리도 없고 감촉도 없고 형태도 없으며, 변화도 없고 마찬가지로 맛도 없고 영원하며, 향기도 없고 시작도 없는가 하면 끝도 없이 크나큰 것의 저쪽에 안정되어 있는 것. 그 아트만을 알게 되면 그는 죽음의 어귀에서 해방된다.

16 죽음의 신에 의하여 알려진 태곳적 나차케타스 설화를 말하고 또는 듣고 현자는 브라만의 세계에서 기뻐한다.

17 바라문의 집회에서 혹은 조상에게 제례 올릴 때 이 최고의 비밀스런 우파니샤드를 들려주는 사람. 그를 도와 그것은 끝없는 효력을 지니게 한다. 그것은 끝없는 효력을 지니게 한다.

제4장

1 자기자신에 의하여 이룬 것(svayaṃbhū)은 외부로〔육신의〕구멍을 열었다. 그러므로 사람은 내부의 자기〔아트만〕가 아니고 밖의 대상들만을 보는 것이다. 불멸을 구하면서 어떤 현자는 그의 시각을〔자기자신에게〕돌려 내부의 자기를 바라본다.

2 어리석은 사람은 밖으로 돌린 욕망을 추구하다 펴놓은 죽음의 신의 함정에 빠진다. 그러나 현자들은 내부에 있는 아트만을 확고한 존재로 인식하고 이 세상의 허망한 것들에 대해 욕심을 내지 않는다.

3 그것에 의하여 형태, 맛, 향기, 소리, 감촉 및 성교가 이해되는 것—
확실히 이것에 따라 사람은 이해한다. 여기에는 무엇이 남아 있는가? 바로 그것은 이와 같다.

4 그것에 따라 사람이 꿈의 상태와 깨어 있는 상태 양쪽을 지각하는 것—
그 자체를 크게 넓혀진 자기〔아트만〕라고 생각하여 현자는 슬퍼하지 않는다.

5 이 꿀을 먹는 살아 있는 자기를 과거와 미래의 주인으로서 친근하게 알고 있는 사람—그에게서 그것은 숨으려고 하지 않는다. 바로 그것이 아트만에 대한 올바른 지식이다.

6 열보다도 먼저 태어나고 물보다도 먼저 태어나, 심장의 동굴로 들어가 생물을 통하여 본 거기에 머무르고 있는 것을 알게 된다. 해탈을 바라는 자가 이것을 깨닫게 되면, 그는 브라만을 보게 된다. 그것이 바로 아트만이다.

7 여신으로 된 아디티로서 숨과 함께 생겨, 생물을 통하여 태어나 심장의 동굴 안으로 들어가, 거기에 머무르고 있는 것을 깨닫게 된다. 바로 그것이 아트만이다.

8 임산부에 의하여 잘 보호되고 있는 태아처럼 불〔=자타베다스〕은 두 자루의 마찰목 속에 숨겨져 있다. 매일 〔아침 일찍〕 잠이 깨어 제물을 바치는 인간들에 의하여 불은 찬미를 받아야 한다. 바로 그것 또한 아트만이다.

9 태양은 거기에서 떠오르고, 그리고 그 속으로 진다. *¹ 모든 신들은 거기에 고정되어 있다. 그리고 아무도 그것을 지나가지 않는다. 바로 그것이 아트만이다.

10 이 세상에서 여기에 있는 그 자체, 그것은 저 세상에 있다. 저 세상에 있는 것, 그것은 대응하여 여기에 있다. 여기에서 무엇인가 다양성을 보는 사람—그는 죽음에서 죽음으로 도달한다. *²

11 사고에 의해서만 이것은 이루어져야 한다. 여기에는 어떤 다양성도 존재하지 않는다. *³ 이 세상에서 무엇인가 다양성을 보는 사람—그는 죽음에서 죽음으로 간다.

12 엄지손가락 크기의 푸루샤〔인간〕는 육신(ātman)의 한가운데에 존재한다. 그것은 과거와 미래의 주인인 것을 안다. 그런 지혜를 알고 있는 자는 자신의 육신에 애착을 갖지 않는다. 그것이 바로 아트만이다.

13 엄지손가락 크기의 푸루샤는 연기를 내지 않는 불과 같은 것이다. 그

＊1 브리하다라냐카 우파니샤드 1.5.23 참조. 단, 이 우파니샤드에서 태양이 숨에서 떠올라 숨 속으로 진다고 말한 것에 대하여 카타 우파니샤드의 이 대목에서는 태양은 불에서 떠올라 불 속으로 진다고 해석되는 것이다〔라우, 1971년, 169쪽 참조〕.

＊2 '여기에서…… 죽음에 도달한다'라고 하는 원전은 브리하다라냐카 우파니샤드 4.4.19의 둘째 줄에 보인다.

＊3 이 줄은 브리하다라냐카 우파니샤드 4.4.19의 첫 줄에 나온다.

것은 과거와 미래의 주인이다. 바로 그것은 오늘이고 그리고 내일이다. 확실히 그것이 바로 브라만이다.

14 험한 산길을 내려온 물이 산 속으로 흘러가듯이, 그와 같이 가지가지의 달마*4를 개별적으로 보고 있는 사람—그는 바로 그런 달마를 따라 떠내려간다.

15 맑은 물이 맑은 물로 흘러갈 때에 그와 같이 되듯이 침묵의 성자 (muni)인 자기도 이와 같이 된다. 아아, 가우타마여!

---

*4 '달마(dharma)'가 무엇을 의미하는지는 분명치 않다. 이 달마를 불교적으로 해석하면 이 말은 '사물' 또는 '현상'을 의미한다. 달마는 여기에서는 복수형으로 사용되고 있다. 그라제 나프[1938년, 138~141쪽]는 달마를 불교적으로 해석하고 있다. 그러나 카타 우파니샤드 가 불교 이전에 이미 있었다고 생각하면 이 우파니샤드에서 달마는 바라문의 전통에 근거하여 해석된다. 호르슈[1961년, 1404~1410쪽]는 카타 우파니샤드의 달마를 바라문적인 달마, 즉 종교적 규정 내지 계급의 의무로서 해석하였다.

제5장

1 아직 태어나지 않은 자, 그 마음이 비뚤어지지 않은 자에게는 열한 개의 문이 있는 성채가 있다. 그 성채의 배후에 서서 사람은 슬퍼하지 않는다. 그는 해방되어 있다, 그는 자유로운 자이다 바로 그것[아트만]은 이와 같다.

2 [그 아트만은] 맑은 [하늘]에 앉아 있는 기러기, 대기에 앉아 있는 바스, 제단에 앉아 있는 호트리 제관, 집에 앉아 있는 손님. 인간 가운데 앉아, 크고 넓은 가운데 앉아, 물에서 태어나, 소에서 태어나, 진리에서 태어나, 바위에서 태어난다. 위대한 진리!

3 그는 내쉬는 숨을 위로 인도하고 들이쉬는 숨을 뒤로 던진다. 모든 신들은 한가운데 앉아 있는 난쟁이를 명상한다.

4 육신에 머무른 이 육신을 가진 자기가 분해하여, 육신에서 해방되어 있을 때 여기에는 무엇이 남아 있는가? 바로 그것[아트만]은 그와 같다.

5 어떤 죽어야 하는 자도 내쉬는 숨에 의하여 들이쉬는 숨에 의하여 살지 않는다. 다른 것에 의하여 그들은 산다. 이 두 가지 숨은 그것[아트만]에 의지하고 있다.

6 그래서 우리는 그대에게 이 비밀의 영원한 진리의 공식화(brahman)를 알린다. 그리고 가우타마여! 그것이 죽음에 도달한 다음에 자기가 어떻게 되는가 하는 것을.

7 육신을 가진 자기가 육신을 얻기 위하여 어떤 자는 자궁 속으로 들어간

다. 그들의 행업(行業)에 따라 그들이 배운 것에 따라 다른 것은 정지하고 있는 것 속으로 들어간다.

8 자고 있는 것 사이에서 깨어나 모든 욕망을 만들어내고 있는 푸루샤(인간)—그것만이 빛나고 있는 것이다. 그것만이 브라만이다. 그것만이 불멸이라고 한다. 모든 세계는 거기에 근거하고 있다. 그리고 아무도 그것을 지나가지 않는다. 바로 그것(브라만)은 이와 같다.

9 하나의 불*¹이 생물의 세계로 들어와 저마다의 형태로 적응하고 있듯이, 그와 같이 모든 생물의 내부에 있는 하나의 자기(아트만)는 저마다의 형태에 적응하고 더구나 외부에 있다.

10 하나의 불이 생물의 세계에 들어와 저마다의 형태에 적응하고 있듯이, 그와 같이 모든 생물의 내부에 있는 하나의 자기는 저마다의 형태에 적응하고 더구나 외부에 있다.

11 전세계의 눈인 태양이 시력의 외적 손상에 의하여 더럽혀지지 않는 것처럼, 그와 같이 모든 생물의 내부에 있는 하나의 자기는 세계의 괴로움에 의하여 더럽혀지지 않은 그것의 외부에 있기 때문이다.

12 모든 생물의 내부에 있는 자기, 유일한 지배자—그는 그의 하나의 형태를 다양하게 한다. 그것을 육신(ātman)에 머문다고 여기는 현자들—다른 사람들이 아니고 그들에게 영구히 이어질 행복이 주어진다.

13 무상한 것 사이에서 영원한 것, 지적인 것 사이에 있는 지적인 것, 많은 것 사이에 있는 욕망을 주는 하나가 있다. 그것(아트만)이 육신에 머문다고 여긴 현자들—다른 사람들이 아니고 그들에게 영원히 이어지는 정적이 주어진다.

---

*1 소화(消化)하는 불 또는 육신을 따뜻하게 하는 불.

14 "그것은 이와 같다"고 하는 말을 사람들은 언어를 초월한 최고의 행복이라고 생각한다. 어떻게 하여 나는 그것〔아트만〕을 인식해야 하는가? 그것은 빛나는가? 또는 그것은 비치는가?

15 거기에서는 태양은 빛나지 않는다. 달도 별도. 이런 번개도. 하물며 이런 불 따위는 더 말할 것이 없다. 바로 그〔아트만〕가 빛날 때 모든 것은 그를 모방하여 빛난다. 그의 빛에 의해 이 모든 것은 비친다.

제6장

1 영원히 아득한 옛날부터 존재한 이 아슈바타 나무(보리수)—그것의 뿌리는 위를 향하고 그것의 가지는 밑으로 처져 있다. 그것만이 빛나고 있다. 그것이 브라만이다. 그것만이 불멸이라고 한다. 온 세계는 거기에 근거하고 있다. 그리고 아무도 그것을 지나가지 않는다. 바로 그것(브라만)은 이와 같다.

2 무릇 여기에 존재하는 것, 모든 생물의 세계는 나타나서 숨 속을 움직인다. 공포는 크다. 천둥 신의 화살은 높이 치켜 올려졌다. 이것을 알고 있는 사람들—그들은 불멸이다.

3 그것에 대한 공포에서 불은 탄다. (그것에 대한) 공포에서 태양은 불탄다. (그것에 대한) 공포에서 인드라, 바람과 다섯 번째 것으로서 죽음은 질주한다.

4 혹시 사람이 육신을 분해하기 전에 여기에서 그것을 지각할 수 있었다면, 그때에 그것은 창조된 모든 세계에서 그것을 도와 육신을 얻게 하였을 것이다.

5 거울 속처럼 그와 같이 육신(ātman)에서. 꿈 속처럼 그와 같이 조상의 세계에서. 물속에서 그것이 어쨌든 볼 수 있게 되도록, 그와 같이 간다르바 세계에서. 어쨌든 그림자와 빛에서처럼 그와 같이 브라만 세계에서.

6 감각기관의 개별성과 개별로 생기고 있는 감각기관의 출현, 소실(消失)을 생각하여 현자는 슬퍼하지 않는다.

7 사고는 감각기관의 저쪽에 있다. 사트바(satva) *1는 사고보다도 훌륭하다. 크나큰 자기〔아트만〕는 사트바를 초월하고 있다. 아직 펼쳐지지 않은 것은 크나큰 것보다도 훌륭하다.

8 모두 널리 퍼지고 전혀 특징이 없는 푸루샤〔인간〕는 아직 펼쳐지지 않은 것의 저쪽에 있다. 그것을 알고 생물은 해방되어 불멸의 상태가 된다.

9 그것의 형태는 눈에 안 보인다. 아무도 시각으로 이것을 본 사람은 없다. 심장에 의해, 지식에 의해, 사고에 의해, 그것을 알게 되는 것이다. 이것을 이와 같이 알고 있는 사람들은 불멸이 된다.

10 사고와 다섯 가지 감각기관이 정지하고,
이해력이 움직이지 않을 때,
그것을 사람은 최상의 단계라고 한다.

11 감각기관을 단단히 억제하는 것을 사람들은 요가(yoga)라고 부른다. 그때에 사람은 조심스러워진다. 왜냐하면 요가로써 사고의 내달림과 평온함을 통제할 수 있기 때문이다.

12 그것〔아트만〕은 언어에 의해서도, 사고에 의해서도, 시각에 의해서도 달성될 수 없다. '그것은 존재한다'(asti)고 말하는 이외에 그것은 어떻게 인식될 수 있는 것일까?

13 '그것은 존재한다'〔라고 하고〕 그것이 진실한 존재로서 〔긍정〕되는 경우에 그것은 인식될 수 있는 것이다. '그것은 존재한다'고 인식하고 있는 사람에게 그것의 진실한 존재가 밝혀지게 된다.

---

*1 이 대목에서 사트바라고 하는 것은 카타 우파니샤드 3·10에서 부디〔buddhi, 이해력〕를 자리바꿈한 것. 이 사트바는 산키야의 고전적 체계에서 '순질(純質)'이라고 부르는 셋의 구나(guna) 중 하나로부터 구별해야 한다. 여기에서는 사트바를 '본질'로 번역한다.

14 심장에 머무는 모든 욕망이 사라져 없어질 때 그때에 죽게 되어 있는 것은 불멸이 된다. 이 세상에서 그는 브라만에 도달한다.

15 여기에서 심장의 모든 매듭이 끊어질 때, 그때에 죽게 되어 있는 것은 불멸이 된다. 실로 이것이 이 우파니샤드의 가르침(anuśāsana)인 것이다.

16 심장의 혈관은 백하나이다. 그들 중 하나는 정수리까지 간다. 그것에 의해 위로 가면서 사람은 불멸의 상태가 된다. 다른 혈관은 위로 올라갈 때 모든 방향으로 퍼진다.

17 육신(ātman)의 내부에 있는 엄지손가락 크기의 푸루샤[인간]는 항상 사람들의 심장에 머물고 있다. 문자 풀의 껍데기에서 갈대의 줄기를 뽑듯이 사람은 의연하게 자기의 육신에서 그것을 뽑아내야 한다. 사람은 그것을 빛내고 있는 것, 불멸인 것이라고 알아야 한다. 사람은 그것을 빛내고 있는 것, 불멸인 것이라고 알아야 한다.

18 그리고 나치케타스는 죽음의 신에 의하여 알려진 이 지식과 요가의 모든 지시를 얻은 다음에, 브라만에 도달한다. 그는 격정에서 자유로워지고 죽음에서 자유로워졌다. 자기에 관하여 알고 있는 사람도 마찬가지이다. [2]

---

*2 죽음을 이탈하여 불멸이 되기 위하여 사람은 아트만[본래의 자기]를 인식해야 한다는 사상이 여기에 담겨져 있는 것이다.

이샤 우파니샤드

[먼저 알아야 할 것들]

　이샤 우파니샤드(Īśā-Upaniṣad)는 백(白)야쥬르 베다의 바쟈사네이 산히타의 제40장[최후의 장]을 이루고 있다. 케나 우파니샤드와 같이 이샤 우파니샤드도 이 우파니샤드의 머리말 '이샤'[Īśā, 주인에 의해]로 말미암아 그와 같이 부르게 된 것이다. 이 우파니샤드의 첫마디—Īśā vāsyam[Īśvāsyam, 주인에 의지해 살아야 한다]—로 인해 그것은 이샤바스야 우파니샤드라고도 한다. 이샤 우파니샤드는 유신론적인 경향을 가진 우파니샤드이고, 슈베타슈바타라 우파니샤드와 문다카 우파니샤드와 가까운 관계가 있다고 할 수 있다. 이 우파니샤드는 카타 우파니샤드와 일맥상통하는 것이다.

　이샤 우파니샤드는 브리하다라냐카 우파니샤드와 마찬가지로 마디얀디나와 카누바라고 하는 두 종류의 교정본으로 보존되어 있다. 그리고 인도판의 우파니샤드 전집 또는 선집에서 이샤 우파니샤드는 첫머리를 장식하는 것이 관례로 되어 있다. 이 우파니샤드는 전부 운문으로 쓰여 그것에 대한 샨카라의 주석이 있다. 케나 우파니샤드에 대한 것과 마찬가지로 샨카라는 이샤 우파니샤드에 대하여 주석을 썼다. 이샤 우파니샤드에 포함되어 있는 것은 열여덟의 시구뿐이다. 그러나 이 우파니샤드는 아주 짧다. 하지만 그것은 대단히 중요한 내용을 포함하고 있다. 이 우파니샤드에서 강조하고 있는 것은 인간의 행위가 효력을 갖지 않는 것, 그리고 하나인 자기를 인식하는 것이다.

1 대지의 위를 움직이는 것이 무엇이든 이 모든 것은 주인에 의지하여 살아야 되는 것이니라. *1

너는 버려진 것을 음식으로 먹어야 한다. *2 너는 누군가의 재산을 탐내지 말지어다.

2 이 세상에서 자신의 의무를 다하며 백 년을 살도록 바라야 하느니라. 너에게 이 길 말고, 이처럼 실제로 다른 길은 없으리라. *3

3 그런 세계는 악귀적(惡鬼的)이라고 말하리라. 그들은 맹목의 암흑으로 뒤덮여 있도다. 자기자신(ātman, 자기 육신)을 살해하는 사람들*4은 죽은 뒤에 그런 세계로 가느니라.

4 움직이지 않지만 하나인 것은 사고보다도 빠르니라. 그것이 앞을 달리고 있을 때 신들은 이것에 도달하지 못하였나니. 정지하고 있지만 그것은 달리는 다른 것을 추월하리라. 마타리슈반(바람)은 그 속에 물을 놓도다.

---

*1 티메(1971년, 89쪽)는 Īśāvāsyam을 Īśatavāsya라고 해석. 이샤바스야를 '주인에 의지하여 살아야 할' 또는 '주인의 거처'라고 하는 식으로 번역하였다.

*2 이것은 무엇을 의미하는 것일까? 티메(1966년 a, 77쪽, 주석)에 따르면 사람은 주인(이샤)이 버린 것을 음식으로 먹어야 한다. "보시에 의해 얻은 음식 또는 폭력을 가하는 일이 없이 섭취하는 음식, 예를 들면 떨어진 과일, 주워모은 이삭 같은 것으로만 수명을 이어가야 하는 어떤 금욕주의자의 생활에 대한 규정." 티메의 이 해석에 따르면 이샤 우파니샤드에서는 생물을 음식으로 살해하지 않도록 명하고 있는 것이다.

*3 바가바드 기타에 나오는 '카르마 요가'의 사상. 사람은 '집착'을 떠나서 행동하면 설사 생물을 살해하여도 그런 행위의 결과에 의하여 사람은 더럽혀지지 않는다. 이것이 바가바드 기타의 메시지. 티메(1971년, 92쪽)는 이샤 우파니샤드 2를 1과 모순된다고 생각한다.

*4 아트마하노 자나흐(ātmahano janāh)를 여기에서는 자기자신 또는 자기 육신의 살해자라고 해석한다(샤르마/양그, 1990년, 593~602쪽). 아트마한(ātmahan)을 티메(1966년 a, 78쪽)는 '어떤 자기(어떤 혼, 어떤 생물)을 살해한다는 식으로 번역하였다. 아트마한을 티메(1791년, 97쪽 참조)는 '생물을 살해한다"는 의미에서 "어떤 자기를 살해한다"로 해석하였다. 그러나 자기를 살해한다는 것은 불가능하다. 예를 들면 카카 우파니샤드 2.18(=바가바드 기타 2.20 참조). 아트마한에서 아트만을 여기에서는 자기자신 내지 육신으로 해석한다. 아트마하노 자나흐는 자기자신을 살해하는 사람 또는 자살하는 사람으로 이해한다.

5 그것〔아트만〕은 움직인다. 그것은 움직이지 않는다. 그것은 먼 데에 있다. 그리고 그것은 가까이에 있도다. 그것은 이 세상 안에 있다. 그리고 그것은 이 세상 밖에도 있도다.

6 모든 생물을 확실히 자기가 보는 사람, 그리고 자기를 모든 생물 속에서 보는 사람—그에게서 그것*5은 숨으려고 하지 않으리라.

7 인식하고 있는 사람의 그 자기에게 있어 바로 그 자기가 모든 생물이 되었을 때, 하나라는 것을 보고 있는 사람의 그 자기에 관하여 어떤 현혹, 어떤 슬픔이 있겠는가?

8 그것〔아트만〕은 정액 속으로 들어갔다. 정액은 육신이 없고, 상처가 없고, 힘줄이 없고, 깨끗하며 악에 의해서 꿰뚫리지 않았도다.
현명한 시인, 모든 것을 포함한 자기자신에 의하여 이루어진 것으로서 〔진리에 따라〕 그것은 영원히 이어지는 해를 통하여 감각기관의 대상을 낳았도다.

9 무지를 명상하는 사람들은 맹목의 암흑 속으로 들어가나니. 지식을 즐기는 사람들은 뭔가 무슨 방법으로 그보다도 큰 어둠 속으로 들어가도다.

10 그것은 지식과 전혀 다르다고 사람들은 말하더라. 그것은 무지와 다르다고 사람들은 말하느니라. 그것을 우리에게 설명한 현인들에게서 이와 같이 우리는 들었도다.

11 지식과 무지 이 두 가지를 같이 알고 있는 사람. 그는 무지에 의하여 죽음을 초월하고, 지식에 의하여 불멸에 도달하느니라.

12 눈에 보이는 것만을 명상하는 사람들은 맹목의 암흑 속으로 들어가도다. 눈에 보이지 않는 것만을 즐기는 사람들은 뭔가 무슨 방법으로 그보다도

---

*5 '그것'이 의미하는 것은 '자기'〔아트만〕이다.

큰 어둠 속으로 들어가느니라.

13 그것은 눈에 보이는 것과 전혀 다르다고 사람들은 말하더라. 그것은 눈에 보이지 않는 것과 다르다고 사람들은 말하느니라. 그것을 우리에게 설명한 현인들에게서 이와 같이 우리는 들었도다.

14 생성과 소멸 이 두 가지를 같이 알고 있는 사람. 그는 소멸에 의하여 죽음을 초월하고 생성에 의하여 불멸에 도달하느니라. *6

15 진리의 얼굴은 황금의 술잔으로 가려져 있도다. 아아, 푸샹이여! 그것을 열어라! 그것의 법이 진리인 내가 그것을 볼 수 있도록!

16 아아, 푸샹이여. 유일한 성자여! 야마여, 태양이여! 프라자파티의 자손이여! 햇살을 넓혀다오! 열을 모아다오!
그대의 가장 아름다운 자태를, 그대의 그것을 나는 보도다. 저쪽에 있는 그 인간—그가 바로 '나'이니라.

17 숨은 불멸의 바람 속으로 들어가 이 육신은 재로 끝나도다. 옴! 아아, 의도여, 네가 한 일을 회상하라! 회상하라! 아아, 의도여, 네가 한 일을 회상하라! 회상하라!

18 아아, 불이여! 좋은 길로, 우리를 부(富)로 이끌어다오! 모든 관습을 알고 있는 신이여!
홧김에 저지른 죄를 우리에게서 멀리 하소서!
최고로 경의를 표하는 말을 나는 그대에게 바치나이다! *7

---

*6 이 우파니샤드의 시구 14에서 '소멸(vināśa)'은 '비생성(asaṃbhūti)'과 동의어. '소멸'에 의해 뜻하는 것은 죽은 뒤에는 '생성'이 있을 수 없다는 것이다. '생성'은 사후에 존속하는 것. 그리고 생성과 비생성(소멸) 두 가지를 알고 있는 사람은 소멸하는 일이 없고 "생성에 의해 불멸에 도달한다"고 하는 것은 한없이 재생함을 뜻하는 것으로 보인다.
*7 이런 시구는 브리하다라냐카 우파니샤드 5.15에 보인다.

슈베타슈바타라 우파니샤드

[먼저 알아야 할 것들]

슈베타슈바타라 우파니샤드(Śvetāśvatara-Upaniṣad)는 전통적으로 야쥬르 베다 학파에 속한다고 한다. 슈베타슈바타라 우파니샤드는 유신론적인 상키야 요가의 영향을 받아 성립되었고, 그 중심 사상은 루드라/시바 신의 숭배이다. 이 우파니샤드는 그 사상과 언어에 있어 마하바라타의 철학시, 바가바드 기타(Bhagavad Gītā)에 매우 가깝다. 슈베타슈바타라 우파니샤드는 여섯 아디야야(adhyāya, 장)로 구성되어 있다. 그것은 운문으로 쓰여 있다. 만일 이 우파니샤드의 중심적 주제가 루드라/시바 신의 숭배라고 한다면 이 우파니샤드의 본래 원전은 루드라/시바, 즉 '하나인 것'(ekaḥ)을 다룬 제3장과 제4장이다. 하나인 것은 물론, 신 자신으로 이해된다.

슈베타슈바타라 우파니샤드의 지은이는 슈베타슈바타라(하얀 노새를 소유한 사람)인 것같이 생각된다. 그가 이 우파니샤드를 atyāśramibhyaḥ에게 가르친 것이다. 문제는 atyāśramin을 어떻게 해석하는 가이다. 종래의 학계에서는 atyāśramin은 바라문의 네 가지 인생 단계(āśrama)를 넘어 정통 바라문의 권위가 있는 금욕주의자라고 하는 학설이 유력하다. 이것은 매우 설득력이 있는 것이다. 그러나 오리벨(1993년, 23쪽)에 따르면 atyāśramin은 가장(家長)의 인생 단계를 넘어선 사람, 또는 같은 것이지만 이 인생 단계를 넘은 금욕주의자로 이해된다.

어쨌든 이 우파니샤드에서 슈베타슈바타라는 그가 알고 있는 브라만(brahman)을 '아슈라마'(인생 단계)를 넘어선 사람들, 즉 금욕주의자에게 전한 것이다. 그리고 슈베타슈바타라 우파니샤드에서 브라만은 3중의 브라만으로 이해된다(예를 들면 1.12 참조). 그리고 3중의 브라만을 여기에서는 '신, 자기 및 능력'(1.3 참조)으로 해석한다. 《요가 자기에 이르는 인도인의 길》(1983년, 119쪽)에서 하우아는 이 우파니샤드의 전 6장에 관하여 다음과 같이 말했다.

　"여러 우파니샤드들은 신, 혼, 세계 및 그런 것의 상관관계라고 하는 세 가지 근본명제를 다루고 있다. 그런 근본명제에 대한 올바른 지식이 trividham brahman〔3중의 브라만〕이다"라고 한 하우아의 이 주장은 옳다고 생각된다. 그러나 그 경우에 브라만이라는 말이 의미하는 것은 궁극적인 실재라기보다도 오히려 '진리의 공식화' 또는 진리의 공식화 수단으로서 신성한 말이라고 할 것이다.

제1장

1 옴! 브라만에 대하여 논하는 사람들은 말한다. 브라만은 어떤 근원을 가지고 있는가? 어디에서 우리는 태어난 것인가? 무엇으로 우리는 사는가? 어디에 우리는 기초를 두고 있는가?

브라만을 알고 있는 그대들이여! 우리는 누구에게 지배되어 저마다 행복함과 불행함으로 사는 것인가?

2 시간, 고유의 성질, 필연성, 우연, 원소(元素), 모태(母胎), 푸루샤[남자]가 [원인이라고] 생각해야 되는 것인가? [또는 그것은] 이런 것의 결합인가? 그렇지는 않다. 자기(ātman)가 존재하기 때문이다. 자기마저 행복과 불행의 원인에 대하여 무력하다.

3 명상이라는 디시프린에 수반되어 자기자신의 성질(guṇa)에 의하여 가려져 있는 신, 자기와 능력을 그들[브라만에 대하여 논하는 사람들]은 보았다. 시간에서 자기에 이르기까지 모든 원인을 지배하고 있는 것은 하나라는 것(ekaḥ)*1이다.

4 하나의 바퀴테에 세 겹의 테두리, 열여섯 개의 모서리, 스무 개의 부차적 바퀴살, 여덟 부분으로 이루어진 여섯 벌과 함께 50개의 바퀴살을 가진 수레바퀴, 그것 하나의 줄은 다종다양하고, 그것은 세 가지 다른 길을 가지며 그것의 하나로의 유혹은 두 원인을 갖는다.

5 그것의 물은 다섯 갈래의 흐름에서 유래하고, 그것의 무서운 입을 가진

---

*1 '하나라는 것'이 의미하는 것은 유일신, 세계를 창조하고 그리고 그것을 없애버리는 인격신, 루드라/시바이다—하우어[1983년, 140쪽] 참조.

것은 다섯의 출생 기원이며, 그것의 물결은 다섯의 숨이고 그것의 최초 근원은 다섯의 지각[의 종류]이며, 다섯의 소용돌이를 가진 그 도도한 급류는 다섯 종류의 괴로움이고, 50으로 나뉘고 다섯 갈래를 가진 강으로서 우리는 [그것 아트만에 대하여] 배운다. *²

6 모든 [생물]의 생활을 유지하고, 모든 [생물] 속에 있는 브라만의 이 광대한 수레바퀴 속에서 한 마리의 기러기가 방황하게 된다.

자기와 [수레바퀴를] 내모는 것을 별도로 생각하고, 그것의 인식에 만족하여 그것은 거기에서 [이 수레바퀴에서 떨어져] 불멸을 얻게 된다.

7 그러나 이 최고의 브라만은 이와 같이 칭찬을 받고 있다. 그 중에 셋으로 된 것, 즉 자기자신[아트만], 기초[능력/근본물질]와 불멸인 것[신]이 존재한다. 브라만을 진정으로 알고 있는 사람은 [그런 사이의] 구별을 알고 브라만에 몰입하여 브라만을 최고 목표로 하고 이제 세상의 태어남에서 해방된다.

8 서로 이어져 있는 파멸하는 것과 파멸하지 않는 것, 그리고 나타낸 것과 나타내지 않은 이 모든 것을 주인(Īśa)은 떠받친다. 그리고 주인이 아닌 자기는 번뇌에 묶인다. 그것은 즐기고 맛보는 것이기 때문에. 신을 알고 그것은 모든 굴레에서 해방된다.

9 알고 있는 것과 알지 못한 것이라는 아직 태어나지 않은 두 수컷이 있다. 어떤 것은 주인이고 다른 것은 주인이 아니다. 실로 아직 태어나지 않은 하나의 암컷이 있다. 그것은 즐기고 맛보는 것, 그리고 즐기고 맛보게 되는 것과 결부되어 있다.

참으로 무한하며 모든 형태를 띠고 활동하지 않는 자기가 존재한다. 셋으로 이루어진 것을 사람이 발견할 때 이것이 브라만*³이다.

---

*2 시구, 4~5는 존스턴[1930년, 856~861쪽]에 의하여 철저히 검토되었다. 이런 시구는 상키야의 관점에서만이 옳게 이해된다.

*3 브라만은 대우주의 원리, 또는 궁극의 실재는 아니고 신[이샤. 주인], 개별적인 자기[=아

10 〔펼치도록 된〕 프라크리티〔근본질료〕는 파멸한다. 하라〔hara, 열〕은 불 사이고 불멸이다. 유일한 신은 파멸하는 것과 자기(ātman)를 지배한다. 신을 명상함으로써 신과 결부되는 것에 의하여 최후로 신과 같은 본질이 됨으로써 〔신의〕 모든 환술〔幻術, māyā〕*4은 끝이 난다.

11 사람이 신을 알았을 때 모든 굴레는 사라진다. 번뇌*5가 다할 때 생사의 윤회도 끝난다. 육신이 무너질 때 신을 명상함으로써 사람은 제3의 것— 세상 모든 것에 대한 주권을 얻는다. 그의 욕망은 달성되었기 때문에 하나가 되는 단계에 이른다.

12 이것*6이 알려져야 한다. 그것은 늘 육신 속에 있다(ātmasaṃstha). 왜냐하면 이것보다도 저쪽에 있는 것은 아무것도 알 수 없기 때문이다.
향락하는 자가 향락해야 하는 것과 몰아내는 것을 인식하였을 때 〔그 인식에 의하여〕 이 모든 것은 알려졌던 것이다. 이것이 3중의 브라만이다.

13 〔마찰목의〕 모태에 있는 불의 본디 형태는 볼 수 없지만 그 본질적인 특징은 잃지 않는 것이고, 땔나무에 의하여 불이 그 모태에서 다시 붙잡힐 수 있도록 사람은 육신에서 확실히 옴의 음절에 의하여 〔신과 프라크리티의〕 양쪽을 붙잡을 수가 있다.

니샤. 주인이 아닌 자〕 및 근본질료〔아직 펼쳐지지 않은 세계〕라고 하는 셋으로 이루어지는 것이다. 이 우파니샤드의 전 6장〔각 우파니샤드〕에 관하여 하우어〔1938년, 119쪽〕는 다음과 같이 말한다. "각 우파니샤드는 신, 혼, 세계 그리고 그들의 상관관계라고 하는 세 가지 근본명제를 다룬다. 그런 근본명제에 대한 옳은 지식이 trividham brahman〔3중의 브라만〕이다."

*4 마야(māya)는 샨카라에서와 같은 '환영'을 의미하지 않는다. 이 대목에서 마야는 세계를 창조하는 신의 창조력 내지 환술(幻術)을 의미한다. 환술의 세계는 '신의 역사' 또는 '조화'이다.

*5 '번뇌'의 원어는 Kleśa이다. 《요가 스트라》 2.3에서 5종류의 번뇌를 들고 있다. '번뇌란 무지, 아집, 격정, 증오와 생명에의 충동이다.'

*6 신, 자기〔아트만〕 그리고 프라크리티의 셋이 '이것'이라는 말로 표현되었다. 그런 셋은 이 우파니샤드의 1.3.7, 9∼10에서 논하고 있으며 이 어구의 끄트머리에 '3중의 브라만'이라는 이름이 붙여졌다.

14 자기의 육신을 〔아래〕 마찰목으로 하고 옴의 음절을 위의 마찰목으로 하여 명상이라고 하는 〔마찰목의〕 비비기를 되풀이함으로써 숨겨진 무엇인가가 있는 것같이 사람은 신을 볼 수가 있다.

15 참깨 씨 속에 참기름이, 우유 속에 버터가, 강에 물이, 그리고 마찰목 속에 불이 있는 것처럼 사람이 진리에 의하여, 금욕에 의하여 이것을 볼 때 이와 같이 어떤 것은 자기로서 육신(ātman)으로 붙잡힌다.

16 우유 속의 버터처럼 〔육신에〕 고정되어 있어 모든 데에 널리 퍼져 있는 자기를 〔사람은 본다〕.

그것은 자기에 관한 지식과 금욕에 근거하고 있다. 그것이 우파니샤드의 최고 목표인 브라만이다. 그것이 우파니샤드의 최고 목표인 브라만이다.

제2장

1 최초로 생각을 멍에로 묶어 거기에서 사고를 넓혀 사비트리*1는 불을 빛으로 인정, 불을 대지에서 〔천상계로〕 가져갔다.

2 멍에에 묶인 사고와 함께 사비트리 신의 자극 아래 하늘의 거처를 위하여 능력을 위하여 〔우리는 제물을 바친다.〕

3 사고와 함께 하늘로 간다, 사상과 함께 천공(天空)으로 가는 신들을 멍에로 묶어,
천공(天空)으로 가는 신들이 밝게 빛나는 빛을 만들어내듯이 사비트리가 그들을 몰아내기를 바란다!

4 그들은 사고를 멍에로 묶다, 그들은 사고를 멍에로 묶다, 위대한 시인의 영감을 받고 있는 시인들은.
관습을 알고 있는 유일한 자가 제물을 배분하였다. 사비트리 신에 대한 찬송은 자자하다.

5 나는 숭배에 의해 그대들 양쪽의 태곳적 브라만(brahman)을 멍에로 묶는다. 길 위에 있는 태양처럼 찬송은 멀리 퍼진다. 그들이 하늘의 거처에 도달하였을 때 불멸의 모든 그 아들은 〔이런 찬송을〕 듣는다.

6 불이 휘저어 섞이는 곳, 바람을 막을 수 있는 곳, 소마의 액이 넘치는 곳, 거기에 사고가 생겨난다.

---

*1 사비트리 : 불의 힘을 상징하는 신. 태양의 신 아디티야의 다른 이름.

7 사비트리에 의하여 그의 자극에 의하여 사람은 태고의 브라만을 즐겨야 한다.

거기에 그대들의 모태를 만들지어다! 왜냐하면 그것은 그대의 예전 보수(報酬)를 깡그리 없애지 않았기 때문이니라.

8 3중으로 [즉, 가슴과 목과 머리에서] 육신을 곧추세워 사고에 의하여 감각기관을 심장 속으로 들여보내라,

브라만이라고 하는 작은 배로 현자는 위험을 가져올 모든 강을 건너리라.

9 여기에서 그는 모든 숨을 압축하고 그의 운동을 억제하며 그의 숨이 다할 때 사람은 콧구멍으로 숨을 들이마셔야 하나이다.

감당할 수 없는 말에 묶여 있는 마차를 사람이 억제하듯 현자는 조심스럽게 이 사고를 억제해야 하느니라.

10 편편하고 깨끗한 곳, 조약돌, 불, 모래가 없는 곳, 소리없이 물이 흐르는 곳, 사고하는데 쾌적하고 눈에 아픔을 안 주는 곳, 동굴 또는 바람이 없이 가려진 곳에서 사람은 요가(yoga)를 실천해야 한다오.

11 안개, 연기, 태양, 바람, 불, 반딧불, 번개, 수정(水晶)과 달—이런 것은 요가에서 브라만을 드러내 뚜렷이 하는데 선행하는 형태이니라.

12 땅·물·불·바람과 허공이 함께 생겨 이런 다섯 가지로 된 육신이 요가의 성질을 띠게 될 때 요가의 불로 이루어진 육신을 얻은 사람[요가의 행자]에게는 질병도 노화도 죽음도 존재하지 않도다.

13 [몸이] 가벼워지고 건강하여 욕구가 없는 상태, 밝은 안색, 듣기 좋은 소리, 기분좋은 향기, 적은 대소변[의 배설]—그것이 요가의 최초 단계라고 사람들은 말한다오.

14 점토로 더럽혀진 거울을 잘 닦으면 밝게 빛나듯 육신을 가진 자기는

자기의 본질을 인식하여 목적을 이루고, 슬픔에서 해방되어 홀로 유일한 존재가 되는 것이요.

15 등불에 비유되는 자기의 진정한 본질을 통하여 요가를 실천하고 있는 사람이 브라만의 진정한 본질을 볼 때,
아직 태어나지 않은 변화하지 않은 〔상키야의〕 모든 원리에 의하여 더럽혀지지 않은 신을 안 사람은 모든 굴레에서 해방되리라.

16 이 신은 모든 방향으로 퍼져 있다. 그는 최초의 것으로 태어난다. 그리고 그는 모태 속으로 들어간다.
태어난 것은 바로 신이다. 그는 태어나려 하고 있다. 그의 얼굴은 모든 방향으로 두르고 사람들의 방향을 향하여 그는 서리라.

17 불 속에 물 속에 모든 일체의 생물 속으로 들어간 신이라는 것, 식물 속에 수목 속에 머무는 신이 이 신에게 고개 숙여 경례! 경례!

제3장

1 그물을 가진 유일한 자, 지배자의 권력에 의하여 온 세계를 지배하는 자, 일어남과 태어남에 있어 유일한 자—이것을 이와 같이 알고 있는 사람들은 불멸을 얻으리라.

2 왜냐하면 루드라는 하나이니까. 이런 세계를 지배자의 권력에 의하여 지배하는 제2의 것을 그는 허락하지 않았도다.
이 모든 세계를 창조하고 나서 종말 때 보호자로서 사람들 방향으로 두르고 그는 그들을 〔자기 속으로〕 되돌아오게 하도다. *1

3 도처에 눈을 가지고 그리고 도처에 얼굴을 가지고, 도처에 팔을 가지고, 도처에 발을 가지고, 하늘과 땅이 생기게 하면서 유일신은 양팔로 날개를 가지고 이어주도다.

4 신들의 근원이며 일어나는 모든 지배자로서 루드라로서 위대한 성자로서 황금의 태아를 탄생—그는 우리에게 명석한 이해력을 주소서!

5 아아, 루드라여! 그대의 자비스럽고 두려움이 없으며 사악하게 보이지 않은 그대의 육신—가장 많은 행복을 가져오는 이 육신에 의하여 아아, 높은 산에 사는 이여! 우리를 굽어 살피소서!

6 아아, 산에 사는 이여! 쏘기 위하여 그대가 손에 들고 있는 화살—그대

＊1 루드라/시바에 대하여 하우어〔1930년, 98쪽〕는 다음과 같이 말한다. "이 신은 세계의 창조자이자 파괴자이고 그 속에서 세계가 생기고 그 속으로 세계가 다시 되돌아가는 근원이다."

는 그것을 행복을 가져오는 것으로 하소서! 아아, 산의 보호자여! 인간과 동물을 상처입지 않도록 하소서!

7 그것보다도 저쪽에 있고 브라만보다도 높은 데 있으며 그것의 그룹에 응하여 모든 생물 속에 숨겨진 광대한 자―그것 모두를 덮는 유일한 주인으로 알면 그들은 불멸을 얻으리라.

8 태양의 빛깔을 하고 암흑 저쪽에 있는 위대한 이 자기를 나는 알고 있도다. 확실히 그것을 알고 사람은 죽음을 넘어가나니, 거기로 가기 위한 딴 길은 존재하지 않도다.

9 그보다도 저쪽에 다른 것은 존재하지 않도다. 그것보다도 미세한 것은 아무것도 존재하지 않도다. 그것보다도 위대한 것은 아무것도 존재하지 않도다. 수목같이 유일한 자는 확고하게 하늘에 서도다. 이 푸루샤〔인간〕에 의하여 온 세상이 채워져 있노라.

10 그것보다도 더 높은 자 그것은 형태가 없어 질병에서도 해방되도다.
이것을 알고 있는 사람들 그들은 불멸이 되고, 다른 사람들은 바로 괴로움 속으로 들어간다오.

11 모든 것의 얼굴, 머리, 목이며 모든 생물〔의 심장 동굴〕에 숨겨져 모두에게 퍼져 있는 것―그가 성스러운 것이오. 그러므로 시바〔Śiva, 자비스러운 것〕는 모든 곳에 존재한다오.

12 푸루샤〔인간〕는 참으로 위대한 지배자이고 그는 순수한 지혜로 이끌기 위하여 활동하게 하지요.
파멸하지 않는 자는 전혀 오염되지 않은 이 달성을 지배한다오.

13 육신 (ātman) 내부에 있는 엄지손가락 크기의 푸루샤〔인간〕는 항상 사람들의 심장에 머물고 있지요. 심장에 의해 지혜에 의해 사고에 의해 푸루샤는

알게 되었다오. 이것을 알고 있는 사람들—그들은 불멸을 얻게 되지요.

14 푸루샤〔인간〕는 천의 머리를 가지고 천의 눈을 가지고 천의 발을 가지고 있지요. 그는 모든 면에서 대지를 감싸고 그것을 넘어서 열 손가락 너비로 우뚝 솟아 있다오.

15 확실히 푸루샤〔인간〕는 과거에 생겨났고 앞으로도 생겨날 이 세상의 모든 것이니라. 그는 음식을 먹고 〔세계보다도〕 더 높이 성장하기 때문에 불멸까지도 지배하느니라. *2

16 그것은 도처에 손발을 가지고, 도처에 눈, 머리, 얼굴을 가지고, 도처에 귀를 가지고 있도다. 모든 것을 뒤덮고 그것은 세계에서 존속하리라. *3

17 그것은 모든 감각기관의 성질을 가진 것같이 보이지만 모든 감각기관을 빠뜨리고 있도다. 그것은 모든 것의 주인, 모든 것의 지배자, 위대한 비호자이니라.

18 아홉 개의 문이 있는 성채에서 육신을 가진 자기〔아트만〕는 기러기로서 밖으로 여기저기 움직이니라.
그것은 전세계의 정지하고 있는 것과 움직이는 것의 지배자이니라.

19 손발도 없으면서 그는 재빨리 무엇이든 잡는다. 눈이 없이도 그는 본다. 귀가 없어도 그는 듣는다.
알아야 하는 것을 그는 다 알고 있다. 그러나 그를 알고 있는 자는 없다. 사람들은 그를 가리켜 '최초의 위대한 푸루샤'라고 한다.

---

*2 '원인(原人)의 노래'〔Puruṣasūkta, 리그 베다, 10.90.1~2〕에서의 인용.
*3 이 시구는 바가바드 기타 13.14에서 인용한 것이다. 이 글의 주어는 기타에서는 '그것'〔브라만〕이다. 그러나 우리의 우파니샤드 제3장 주제는 '푸루샤'〔남성명사〕이다. 문법상으로 '여기에서 그는 도처에 손발을 가지고……'라는 식으로 번역해야 할 것이다.

20 미세한 것보다도 더 미세하고 큰 것보다 더 큰 자기는 생물의 심장의 동굴에 머물고 있다. 창조자의 자비에 의하여 의도가 없는 위대한 자, 지배자로 이 푸루샤를 보는 사람은 슬픔에서 해방된다.

21 이 늙지 않는 태고의 것, 그것의 편재(遍在)로 말미암아 모든 것에 내재하고 있는 모든 생물의 자기로서 나는 알고 있다. 그것은 태어남이 없는 영원한 존재라고 브라만에 대해 논하는 사람들은 항상 선언한다, 선언한다.

제4장

1 유일한 존재이고 색깔도 없으면서 온갖 능력을 행사하고 그 목적을 정하여 다양한 색깔을 만들어내었도다. 〔그 속에서〕 처음에 모든 것을 나타내고 끝으로 〔그 속에서 모든 것을〕 파괴하는 신*1—그는 우리에게 명석한 이해력을 주소서!

2 불은 바로 그것이다. 태양은 그것이다. 바람은 그것이다. 그리고 달은 그것이다. 정액은 그것이다. 브라만은 그것이다. 창조주 프라자파티는 그것이다.

3 그대는 여자이다. 그대는 남자다. 그대는 소년이다. 그대는 소녀다. 그대는 노인이라 지팡이를 짚고 비틀거리며 걷는다. 태어나자마자 그대는 도처에 얼굴을 돌리게 되도다.

4 그대는 검푸른빛의 새, 붉은 눈의 초록색 〔앵무새〕이다. 그대는 번개를 품은 비구름이고 계절이며 바다이다. 편재하고 있는 것이기 때문에 그대는 시작도 없는 것으로 존재한다. 그 속에서 모든 생물이 태어났도다.

5. 실로 하나의, 아직 태어나지 않은 것〔숫산양〕은 같은 색깔의 많은 자손을 낳고 있다, 붉고 하얗고 검은 하나의 아직 태어나지 않은 것〔암산양〕과 즐기면서 그녀의 곁에 엎드리고 있다. 즐겨야 할 것이 즐기기 때문에 다른, 아직 태어나지 않은 것〔숫산양〕은 그녀에게서 떠나간다. *2

---

*1 신은 모든 생물의 기원이자 파괴로서 이해된다. 슈베타슈바타라 우파니샤드 4.12 참조.
*2 슈베타슈바타라 우파니샤드 1·9 참조. '아직 태어나지 않은 숫산양'은 개별적 자기 '아직

6 동료이고 친구인 두 마리 새는 같은 나무를 껴안고 있다. 그 중의 한 마리는 달콤한 무화과를 먹고 다른 한 마리는 먹지 않고 바라보고만 있다.

7 같은 나무 속으로 가라앉은 푸루샤는 무력한 그녀에게 유혹되어 슬퍼한다. 그가 다른 것, 만족하고 있는 지배자를 볼 때 이것은 그의 위대성이라고 생각하여 그는 슬픔에서 해방된다.

8 가장 높은 천상계에서 모든 신이 그 위에 앉아 있는 리그 〔베다의 시구〕의 음절〔불멸의 것〕을 알지 못하는 사람—그는 리그에 의하여 무엇을 하려고 하는가? 그것을 알고 있는 사람들, 그들은 여기에 함께 앉는다.

9 운율, 제례, 의식, 맹세, 과거와 미래, 그리고 베다가 말하는 모든 것—그것〔리그의 음절〕으로부터 환술을 사용하는 자는 이 모든 것을 창조한다. 그리고 다른 것은 환술에 의하여 그것 속에 갇힌다.

10 사람은 프라크리티*3를 마야〔māyā, 환술, 경이적인 힘〕, 마야의 소유자〔환술을 쓰는 자〕를 위대한 것으로 알아야 한다.
이 모든 생물 세계는 그의 부분적 사물들로 채워져 있다.

11 각 모태를 지배하는 하나이며 그에게서 이 모든 것이 하나로 되고, 그리고 분리하는 것—소원을 성취할 수 있는 이 주인을 숭배해야 하는 신으로 인정, 사람은 이 정적 속으로 영원히 들어간다.

12 신들이 일어나는 근원이며 모든 지배자인 위대한 성자 루드라는 어떻

태어나지 않은 암산양'은 프라크리티(prakṛti)이다. 프라크리티의 세 가지 색깔은 프라크리티의 세 가지 성질(guṇa)—순질(純質, sattva), 격질(激質, rajas)과 암질(暗質, tamas)을 가리킨다. 사트바는 백, 라자스는 적, 타마스는 흑색이다. 그의 파트너인 암산양에게서 숫산양이 떠나는 것—그것은 자기의 해방을 의미한다.
*3 상키야에서는 프라크리티는 창조의 경이적인 힘, 또는 마야로 여긴다. 프라크리티를 위대한 주인·유일한 신의 역사로 보고, 하우어〔1983년, 136쪽〕는 이 대목을 "그러나 마야는 창조자, 라고 사람은 알아야 한다"로 번역하였다.

게 황금의 태아가 태어나는가를 보았다. 그가 우리에게 명석한 이해력을 주게 하소서!

13 신들의 지배자이고 모든 세계가 그에게 근거한 두 발과 네 발이 달린 것을 지배하는 신—그 어느 신에게 우리는 제물을 바쳐야 하는가?

14 카오스의 한가운데에서 미세한 것보다도 미세하고 많은 형태를 띠고 있는 모든 것의 창조자, 모든 것을 감싸안는 유일한 자를 시바〔Śiva〕로 알면 그 사람은 정적 속으로 영원히 들어간다.

15 그만이 시간에 있어 생물의 보호자이고 모든 지배자이며 그는 모든 생물 속에 숨어 있다. 그에게 바라문의 성자와 신들도 결부되어 있다. 이와 같이 그를 아는 사람은 죽음의 굴레를 끊을 수 있다.

16 녹인 버터 위에 있는 거품처럼 극히 미세한 것으로서 모든 생물 속에 숨은 것으로서 시바〔자비스러운 것〕를 알고, 모든 것을 감싸는 유일한 것을 신으로 아는 사람은 모든 굴레에서 해방된다.

17 이 신, 세상 모든 것을 만드는 신, 위대한 자기〔아트만〕는 항상 사람들의 심장에 머물고 있다. 심장에 의하여 지혜에 의하여 사고에 의하여 그는 알게 되었다. 이것을 알고 있는 사람들—그들은 불멸을 얻는다.

18 암흑이 있을 때 낮도 없었다, 밤도 없었다. 시바〔자비스러운 신〕만이 존재하였다. 그것은 불멸이었다. 그것은 사비트리의 바람직한 〔빛〕이었다. 그리고 그것 속에서 태고의 예지가 퍼져 나왔다.

19 위에서 비탈진 한가운데에서 사람은 그를 붙잡지 못했다. 그의 닮은 모습은 존재하지 않는다. 그의 이름은 '위대한 영광'이다.

20 그의 형태는 시계에 들어오지 않는다. 아무도 그를 시각에 의하여 보

지 못한다, 심장에 의하여 보지 못한다, 심장에 머무른 그를 심장에 의하여 사고에 의하여 알게 되는 사람들—그들은 불멸을 얻는다.

21 〔그는〕 아직 태어나지 않았다고 생각하여 두려워하는 누군가가 루드라에게 도피한다. "아아, 루드라여! 그대의 다정한 얼굴로 나를 항상 지켜주오!"

22 "우리를 〔우리의〕 아이에게 〔우리의〕 자손에게 〔우리의〕 수명에 〔우리의〕 소에 〔우리의〕 말에게 상처가 나지 않도록 하여 주오!
아아, 루드라여! 화가 나도 그대는 우리의 부하들을 죽이지 마소서! 제물을 가지고 우리는 〔제단의〕 좌석으로 그대를 모시고 찬양하리다."*4

---

*4 리그 베다 1.114.8〔원전이 조금 바뀌어 있다〕

제5장

1 불멸의 그리고 무한한 브라만의 성채—거기에 숨겨진 것은 지식과 무지이다. 무지는 파멸되어야 하는 것이고, 지식은 실로 불멸의 것이다. 그러나 지식과 무지를 지배하는 것은 다른 자이다.

2 저마다의 모태, 모든 형태와 모든 모태를 지배하는 유일한 자〔세계 창조의〕 최초로 탄생한 카피라*¹를 그가 태어나 있을 때 그의 지식에 의하여 〔자기 속에〕 잉태하고 지켜볼 것이다. 그 자체를—

3 이 신은 이 땅에 저마다 그물을 다양하게 펼치면서 그것을 〔다시〕 거두어 들인다. 그와 같이 주(Īśa)는 다시 여러 지배자를 만들어낸 다음에 위대한 자기로서 주권을 행사한다.

4 짐수레를 끄는 수소〔=태양〕가 위아래로 그리고 비스듬히 모든 방향을 비추면서 빛나듯이 그와 같이 유일한 이 신, 바람직한 성스러운 신은 모태와 고유의 성질(svabhāva)을 지배한다.

5 모든 것의 모태로서 고유의 성질(svabhāva)을 익혀 성숙시킬 수 있는 일체를 성숙시킨 유일한 신으로서 이 모든 것을 지배하는 신 그리고 일체의 구나〔guṇa, 성질〕를 배분할지도 모르는 그 자체—그는 유일한 신으로서 이 모든 것을 지배한다.

6 그것은 베다의 비밀인 우파니샤드(upaniṣad) 속에 숨어 있다. 그것을 브

---

*1 상키야 철학의 창시자라고 하는 전설상의 인물.

라만은 브라만의 모태로 알고 있다. 예전에 그것을 알고 있던 신들과 성자들
―그들은 그것과 하나가 되어 참으로 불멸의 존재가 되었다.

7 자기의 구나〔guṇa, 성질〕에 관련하여 과실을 가져오는 행위를 하는 사람
―그도 역시 확실히 자기의 행위를 즐기고 맛본다. 모든 형태를 띤 세 가지
구나〔성질〕을 구비하고 생기〔숨〕의 지배자로서 그는 세 가지 길*²에 따라 자
기자신의 행위 때문에 〔이 존재에서 저 존재로〕 떠돈다.

8 그는 엄지손가락 크기이고 태양과 마찬가지 형태를 띠며 의도와 자아
의식을 갖추고 있다. 이해력의 성질과 육신(ātman)의 성질을 구비하고 있기
때문에 찌르는 송곳의 첨단 크기만 한 다른 것도 실로 잘 보이게 되었다.

9 생명으로서의 자기는 백의 부분으로 나누어졌다고 생각되는, 한 가닥
모발의 첨단, 100분의 1 부분으로 이해되어야 한다. 그리고 그 작은 개체
속에 영원함이 있다.

10 이것은 남자도 아니고 여자도 아니고 양성을 구비하고 있는 것도 아니
다. 어떠한 육신을 그것이 가지고 있던 그것은 육신과 결부되어 있다.

11 의도하는 것, 접촉하는 것, 보는 것이라는 제물로써 음식, 물 그리고
비에 의한 자기의 성장과 출생이 있다. 육신을 가진 자기는 순차로 〔갖가지
로 재생하는〕 장소에서 그것의 행위에 대응하는 형태에 도달한다.

12 육신을 가진 자기는 그 자신의 성질에 따라 거칠고 엉성한 그리고 미
세한 형태를 고른다. 행위의 성질과 육신(ātman)과 이런 〔형태〕를 결합하는
다른 원인도 보이고 있다.

13 카오스의 한가운데에 있어 시작도 없고 끝도 없는 것, 모든 것의 많은

---

*2 존스턴〔1930년, 860쪽〕에 따르면 세 가지 길〔trivartman〕에 의하여 제시된 것은 신, 인간
또는 동물로서 재생하는 세 영역.

형태를 띠고 있는*3 유출자[창조자], 모든 것을 감싸는 유일한 것을 신으로 아는 사람은 모든 굴레에서 해방된다.

14 애정 (bhāva)으로써 붙잡아야 되는 것, 둥지가 없다고 하는 것, 생성과 비생성을 일으키는 시바[자비스러운 신]를 [열여섯] 부분의 창조를 불러일으킨 신으로 알고 있는 사람들—그들은 그들의 육신을 버리고 갔다.

---

*3 Vṛṣṭi는 '수태' '수정' 등으로도 번역된다. 생물의 성장과 출생에 필요한 것은 음식, 음료 그리고 비이다.

제6장

1 어떤 현자들은 고유의 성질에 대하여 말하고, 마찬가지로 다른 사람들은 시간에 대하여 말한다. 그들은 잘못된 생각을 하고 있다. 이것은 오히려 세계에서의 신의 위대성이다. 그것에 의하여 이 브라만의 수레바퀴*1는 돌아가고 있다.

2 실로 그에 의하여 이 모든 것은 항상 가려져 있다. 그는 알고 있는 것, 시간의 시간, 성질을 구비하고 있는 것, 모든 것을 다 알고 있는 것이다. 그에 의하여 지배되는 땅, 물, 불, 바람과 허공이라고 생각해야 될 조화〔造化, 業, karman〕가 전개된다.

3 그것의 조화〔업〕를 다 마치고 그것에 다시 몰입하여 그는 그것을 원리(tattva)와 원리의 결합으로 끌어들이고, 그것을 하나 둘 셋 또는 여덟〔의 원리〕 그리고 바로 시간과 육신(ātman)의 미세한 성질과의 결합으로 끌어들인다.

4 성질을 갖추고 있는 조화에 착수하여 모든 생성(bhāva)을 배분할지도 모르는 것—이런 것〔의 생성〕이 존재하지 않을 때 〔그에 의해 이루어진〕 조화는 사라진다—조화를 다할 때 그는 원리(tattva)와 다른 것으로서 간다.

5 그는 발단이고 〔그 자신과 원리의〕 결합을 일으킨 원인이며 세 가지 시간〔과거, 현재, 미래〕을 초월하여 부분조차 가지고 있지 않은 것으로 보인다. 세상의 모든 형태를 띠고 그것에 의하여 모든 것을 생성하고 칭찬해야

---

*1 브라만의 수레바퀴(brahma cakram) : 윤회의 수레바퀴로도 이해할 수 있다.

할 이 신을 자기 마음에 품은 것으로서 최초로 명상한 다음에 〔이 신에 대하여 우리는 다음과 같이 알아야 한다〕.

6 그에게서 이 현상계가 전개된 그런 그는 〔우주의〕 수목(樹木), 시간과 형상을 초월하여 그런 것과 달라져 있다. 우리는 법을 가져오는 것, 악을 없애는 것, 행복을 지배하는 것을 우리 자신(ātman)이 품은 것, 세상 모든 것의 불멸의 거처로 알고,

7 〔모든〕 지배자 중에서 최고의 위대한 지배자, 신들 중에서 최고의 신들, 〔모든〕 주인 가운데서 최고의 주인, 저쪽에 있는 칭찬받아야 할 신, 세계의 지배자를 우리는 찾아내고 싶다.

8 그에게는 해야 할 행위도 수단도 찾아볼 수 없다. 그와 마찬가지 것도 그보다 훌륭한 것도 찾아볼 수 없다. 그의 최고의 능력은 아주 다양하다고 사람들은 들었다. 그것은 그에게 고유한 그의 지식과 힘의 작용에서 말미암은 것이다.

9 세계에는 그의 주인은 존재하지 않는다. 그를 지배하는 것은 존재하지 않는다. 그의 특징도 존재하지 않는다. 그는 모두의 원인이다, 감각기관에 의존하는 인간들의 지배자—그에게는 낳아준 어버이도 없으며 그를 지배하는 것도 없다.

10 거미처럼 고유한 성질(svabhāva)에 근거하는 근본 질료에서 나오는 실로 자기자신을 가린 유일한 신—그는 우리에게 브라만으로 돌아오도록 하여 주소서!

11 모든 생물 속에 숨어 모든 데로 퍼져나가 모든 생물의 내부에 있는 자기, 조화의 감시자, 모든 생물이 품고 있는 것, 목격자, 중재자, 홀로인 것, 아무런 속성도 없는 유일신—

12 그는 많은 비활동적인 것의 유일한 지배자이고 하나의 종자를 다양하게 하는 자이며, 그가 자기자신(ātman)이 품은 것을 아는 현명한 사람들— 그들에게 영원히 이어지는 행복이 주어지고, 다른 사람들은 그렇지 못하리라.

13 영원한 것 중의 영원한 것, 지적인 것 중의 지적인 것, 많은 소원을 베푸는 유일한 자, 이런 것의 원인, 상키야와 요가*2에 의하여 도달해야 되는 것을 신으로 아는 사람은 모든 굴레에서 해방된다.

14 거기에는 태양은 빛나지 않는다. 달도 별도. 이런 번개도 번쩍이지 않는다. 하물며 [지상의] 이 달에 있어서랴. 확실히 그가 빛날 때 이 세상 모든 것은 그를 따라 빛난다. 그의 빛으로 이 모든 것은 비친다.

15 그는 유일한 것, 이 세상의 한가운데에 있는 한 마리의 기러기이다. 바로 그는 바다 속으로 들어간 불이다. 확실히 그를 알고 있는 사람은 죽음을 초월하여 간다. 거기에 가기 위한 다른 길은 존재하지 않는다.

16 그는 세상 만물을 만들고 세상 만물을 알며 그 자신의 모태, 시간의 시간, 속성을 가진 것, 모든 것을 아는 전지자(全知者)이다.
그는 근본 질료와 개별적 자아(kṣetrajña)의 지배자, 속성의 지배자이다. 그는 윤회의 지속과 굴레, 그리고 해탈의 원인이다.

17 실로 그것과 하나이며 [거기에서 이루어진] 불멸이고, 주의 안에 머물며 알고 있는 자이고 편재하는 이 세계의 보호자로서—이 생물의 세계를 그는 확실하게 영원히 지배한다. 지배하기 위한 다른 원인은 발견되지 않는다.

18 최초로 브라만을 창조하고 그에게 베다를 전한 자—자기자신의 지혜로서 그 신에게 해방되기를 바라는 나는 비호를 구하려고 간다.

---

*2 유신론적 상키야-요가에 의하여 이해해야 할 신을 사람은 알아야 한다. 포프킨스[1901년, 382~383쪽] 참조.

19 그것의 땔나무가 다 타고 난 불처럼 부분이 없고 활동하지 않는 조용한, 흠잡을 데 없이 얼룩이 없는 불멸에 이른 최고의 둑으로 [해방되기를 바라는 나는 확실히 비호를 구하려고 간다.]

20 인간들이 허공을 무두질한 가죽처럼 둘둘 말 때 그 때에는 신을 알지 않아도 괴로움의 종말이 있을 것이다.

21 그의 금욕의 힘에 의하여 그리고 신의 자비에 의하여 슈베타슈바타라는 [3중의] 브라만을 알았다. 성자들의 무리에게 환영을 받은 최고로 깨끗한 수단을 그는 인생의 단계를 넘어선 사람들에게*3 올바로 알렸다.

22 오래전의 세계 시기(時期)에 베단타에서의 최고의 비밀*4이 알려졌다. 마음의 평정이 없는 사람, 자식이 아닌 사람, 또는 제자가 아닌 사람*5에게 이것을 전수하여서는 안 된다.

23 그 자체의 최고로 헌신적인 사랑(bhakti)이 신에 대한 것처럼 스승에게도 있어야 한다. 고귀한 사람에 대하여 진실로 여기에 알려져 있다. 이런 일은 빛난다, 빛이 난다.

---

*3 '인생의 단계를 넘어선 사람들에'(atyāśramibhyaḥ) 관하여 하우어[1930년, 101쪽]는 다음과 같이 말하였다. "자이나교 또는 불교 교단같이 그렇게 엄하게 형성되지 않았다고 하여도 바라문의 아슈라마[……]를 넘고 있었다, 이 그룹의 현자들은 아마 하나의 상가[교단]으로 통합되어 있었을 것이다. 그리고 이 상가는 [……] 카피라를 사무야크 리시[……]를 그들 가르침의 창시자로서 숭배하였다." 그리고 이 우파니샤드에 대하여 오버리스[1998년, 126쪽]는 다음과 같이 말하였다. "Atyāśramin이라는 말은—다음에 또 전형적인 방식으로 파슈 파타라고 하는 금욕주의자를 의미한다—그러므로 우리의 우파니샤드가 파슈파타-시바교의 서클로 성립한다고 하는 것에 대한 하나의 중요한 상황 증거이다."

*4 상키야-요가에 의한 신, 자기와 프라크리티라고 하는 3중의 브라만에 접근하여 루드라/시바를 인식하려고 열심히 구하는 행위—그것을 여기에서는 베단타에서의 '최고의 비밀'(parama guhya)로 이해한다.

*5 찬도기야 우파니샤드 3.11.5 및 마이트리 우파니샤드 6.29 참조.

문다카 우파니샤드

[먼저 알아야 할 것들]

문다카 우파니샤드는 아타르바 베다에 속한다고 한다. 이 학파는 샤우나카의 가르침을 전하고 있다. 문다카 우파니샤드(Muṇḍaka-Upaniṣad)란 무엇인가? 질문에 답하기 위하여 잘 인용되고 있는 것이 문다카(Muṇḍaka)라는 말이다. 이 말은 글자 그대로 '깎았다', '삭발하였다'는 것을 의미한다.

이와 같은 이유로 문다카 우파니샤드는 삭발한 금욕주의자 또는 출가한 수행자에 의하여 쓰인 것, 또는 그들을 위하여 쓴 것으로 추측된다. 이 우파니샤드에서 우리는 '두발의 맹세'라고 하는 표현을 보게 된다. '두발의 맹세(śirovrata)'를 '삭발의 맹세'로 해석하고 많은 학자가 이 우파니샤드를 금욕주의를 위한 것이라고 해석하였다. 이 우파니샤드에는 야티[yati, 행자]라는 말, 또는 세상을 버린 방랑자(saṃnyāsa)라는 말이 사용되고 있기 때문에 이 해석이 옳을지도 모른다. 그러나 과연 그런 것인가는 분명하지 않다.

문다카 우파니샤드는 세 장(章)으로 되어 있고 각 장은 두 편으로 나누어져 있다. 기묘한 일인데 이 우파니샤드에서 장이라는 의미로 사용되고 있는 것은 muṇḍaka이다. 이 우파니샤드는 3개의 문다카로 구성되어 있으며, 문다카라고 하는 3개의 장으로 구성되어 있기 때문에 문다카 우파니샤드라는 이름으로 부르게 되었다고 하는 것도 무리가 아닌 것 같다.

어쨌든 의식의 상대적인 가치를 인정하는 대목[1.2.1~2]도 존재하지만 이 우파니샤드는 기본적으로 반제례(反祭禮)주의적이다. 문다카 우파니샤드는 베다의 의식과 의식의 전통을 비판하고 공격한다. 베다의 의식에 관한 지식은 뒤떨어진 지식이므로 그런 지식을 포함한 베다의 텍스트는 버려야 마땅하다. 불멸의 브라만(brahman)을 가르치는 원전이 좀더 훌륭한 지식을 갖추고 있다. 불멸의 브라만을 아는 것이 베단타[우파니샤드]를 이해하는 일이다 [3.2.6 참조].

문다카 우파니샤드에서는 브라만의 지식은 '모든 지식의 기초'[1.1.1]이고 브라만의 지식을 가진 사람들에 의하여 '두발[삭발]의 맹세가 규칙대로 실천'[3.2.10]되고 있는 것이다. 이 우파니샤드에서 '불멸의 것'으로 이해되는 것은 눈에 보이지 않는 것, 몹시 미세한 것, 생물의 근원이다. 여기에 있는 이 세상 모든 것은 거기에서 나온다[1.1.6~7 참조].

그러나 이 불멸의 것을 우리는 궁극적 실재로서 브라만이라고 생각해서는 안 된다. 이 우파니샤드에 관한 한 브라만은 타파스[tapas, 열기 내지 금욕]에 의하여 쌓이는 것이다. '세상 모든 것을 알고 그것의 금욕이 지식으로 이루어진 것' 즉, 푸루샤[puruśa, 우주의 최고 원리. 인간] 속에서 '브라만, 명칭, 형태 및 음식이 생겨난다'[1.1.8~9]는 것이다. 문다카 우파니샤드에서 불멸의 것[akṣara]이라고 하는 것은 브라만이라고 하는 것보다 오히려 푸루샤 그 자체이다. 푸루샤로 돌아와 들어가는 것이 인간 최고의 목표이고 그것만이 그에게 해탈을 약속하는 것이다.

문다카 우파니샤드의 주요한 주제는 푸루샤이다. 이 우파니샤드에서는 브라만은 최고의 원리가 아니고, 푸루샤에서 생긴 것에 불과하다. 이 우파니샤드에는 브라만설도 아트만설도 존재하지 않는다. 불멸의 푸루샤와 불멸의 아트만은 같은 뜻의 말로 사용되고 있지만 이 우파니샤드에서 중심적인 주제는 천상에서 불멸의 것, 푸루샤이다.

제1장

제1편

1.1 브라흐마(범천)는 신들 중에서 최초의 것이고 세상 모든 것을 만든 것으로서 생물의 보호자로 생겨났다. 그의 장남인 아타르바에게 그는 브라만(brahman)*¹의 지식, 모든 지식의 기초를 알려주었다.

1.2 브라흐마가 아타르반에게 알려준 브라만의 지식을 아타르반은 그 옛날 안기르에게 전하였다. 그는 바라드바쟈 사티야카마에게 전하고, 바라드바쟈는 안기라스에게 전하였다—보다 훌륭한 지식과 좀 뒤떨어진 지식을.

1.3 확실히 대호주(大戶主)인 샤우나카는 규정되어 있는 대로 [제자로서] 안기라스에게 가까이 가서 다음과 같이 물었다. "존경스러운 이여! 먼저 무엇을 알아야 우리가 알아야 할 것들을 모두 알 수 있는 것입니까?"

1.4 그에게 안기라스는 말하였다. "브라만을 알고 있는 사람들이 말하는 두 가지 지식—좀더 훌륭한 초월적인 것과 좀더 뒤떨어진 것을 다 알아야 한다."

1.5 그런 지식 중에서 좀더 뒤떨어진 저차원적인 것은 리그 베다, 야쥬르 베다, 사마 베다, 아타르바 베다, 음성학, 제례학, 문법, 어원학, 운율론과 천문학 등이다. 그리고 좀더 훌륭하다는 고차원적인 것은 그것에 의하여 그

---

*1 중성명사인 브라만은 '진리의 공식화' 내지 '궁극의 실재'로 이해된다. 문다카 우파니샤드에서 '브라만의 지식(brahmavidyā)은 실제로는 푸루샤(puruṣa)에 관한 지식과 같다. 이 우파니샤드에서 최고 목표는 푸루샤로 돌아오는 것이며 그것만이 우리에게 해탈을 약속한다고 하는 지식—그것이 '브라만의 지식'이다.

불멸의 것을 알게 하는 것이다.

1.6 눈에 보이지 않는 것, 파악할 수 없는 것, 색깔이 없는 것, 시각과 청각이 없는 것, 손과 발이 없는 것, 영원하고 널리 퍼져 있으며 몹시 미세한 것—그것이 불멸의 것이다〔그것을 현자들은 생물의 모태로 안다〕.

1.7 거미가 〔실을 몸 속에서〕 뱉어내고 〔그것을 다시 몸 속으로〕 거두어 들이듯 대지에 식물이 나오듯,
　살아 있는 인간에게서 머리털과 몸털이 나오듯이 그와 같이 이 불멸의 존재로부터 모든 세상이 생겨난다.

1.8 〔의식(儀式)주의자는 말한다〕—
　금욕에 의하여 불멸의 브라만은 이루어진다. 그것에 의하여 음식이 생겨나게 된다. 음식에서 숨, 사고, 진리, 모든 세계와 제례의 행위에서 불멸이 생겨난다.

1.9 세상 모든 것을 알고 그것의 금욕이 지식으로 이루어진 것*2—그의 속에서 이 브라만, 명칭, 형태 및 음식이 생겨난다.

제2편
2.1 이것이 진리이다.
　현명한 시인들이 제례의 의례적인 문구 중에서 본 제례의 행위라는 것—그들은 세 가지 불로 다양하게 실행한다.
　"진리를 사랑하는 그대들은 규칙대로 그것을 실천하라! 이것은 선한 행위를 하는 사람의 세계에 이르는 그대들의 길이로다."

---

*2 그것은 푸루샤와 같다. 브라만은 푸루샤에서 창조되었다. 헤르텔〔1924년, 48쪽〕의 말처럼 '문다카 우파니샤드에서 브라만(brahman)은 모든 다른 사물이나 생물과 마찬가지로 푸루샤(purusa)의 창조이다'. 문다카 우파니샤드에는 우주의 최고 원리로서의 브라만의 개념은 보이지 않는다.

2.2 실로 불이 커져 불꽃이 흔들릴 때 사람은 녹인 버터의 두 부분 사이에 제물을 바쳐야 한다.

2.3 그 사람의 불 축제(agnihotra)를 초승달과 보름달의 잔치, 4개월마다의 제례[첫 추수행사]를 행하지 않고, 손님[에 대한 잔치]를 베풀지 않고[제물을 바치지 않고], 모든 신에 대하여 제물을 바치지 않고, 규정을 따르지 않고 제례를 행한다면 그 사람에게는 일곱 세대 동안 파멸할 것이다.

2.4 검은 것, 두려운 것, 생각처럼 빠른 것, 새빨간 것, 아름다운 연기 색깔을 하고 있는 것, 불꽃을 흩뜨리는 것 그리고 반짝반짝 빛나는 여신의 혀가 흔들리고 있다. *3

2.5 이런 불꽃이 반짝이고 있을 때 봉납하는 제례를 제때에 온전히 행하면서 이들 속으로 가는 사람—그를 이런 태양의 햇살로서 신들의 왕이 있는 곳 유일한 천상으로 인도한다.

2.6 "잘 왔소! 잘 왔어!"라고 하며 밝게 반짝이는 제물은 태양의 햇살에 실어 제주(祭主)를 나른다.
"이것은 그대들에 의하여 잘 지어진 신성한 브라만의 세계라오"라고 기분 좋은 말을 하며 그를 칭찬하면서.

2.7 실로 제례의 모습을 하고 있는 이들의 열여덟*4은 떠돌며 안정이 되지 않고 있다. 그 중에서도 제례의 행위는 좀더 뒤떨어진 것이라고 한다. 그것을 좀더 훌륭하다고 칭찬하는 어리석은 사람들—그들은 다시 늙음과 죽음의 쳇바퀴에서 벗어나지 못한다.

2.8 무지 속에 존재하며 스스로 현명하고 학식이 있다고 생각하면서 맹인

---

*3 타이티리야 산히타 1.5.3.4에서 아그니[불의 신]에 일곱의 혀가 있다고 설명되어 있다.
*4 열여덟이라는 수는 무엇을 의미하는지 분명하지 않다. 오리벨[1988년, 630쪽 주2·7] 참조.

에게 이끌려다니는 소경처럼 어리석은 사람들은 재기불능케 되어 방황한다.

2.9 무지 속에 자주 존재하면서 어리석은 사람들은 "우리는 목적을 이루었다"고 생각한다. 제례에 종사하는 사람들은 격정 때문에 이해하지 못한다. 그러므로 그들의 세계가 다할 때 그들은 괴로워하며 침몰한다. *5

2.10 어리석은 사람들은 제례의 장점을 가장 좋은 것으로 생각하고 다른 장점을 좀더 좋은 것으로서 인식하지 않는다. 잘 지어진 천공(天空)의 지붕에서 경험한 다음에 그들은 이 세상 또는 좀더 열악한 세계로 들어간다.

2.11 참으로 황야에서 금욕과 신앙의 생활을 하고 평온을 찾아 알고 있는, 보시로 살아 가는 사람들—그들은 티끌세상을 떠나 태양의 문을 지나 불멸의 푸루샤[인간], 불멸의 자기(ātman)가 있는 곳으로 간다.

2.12 제례 행위에 의하여 쌓은 모든 세계를 검토하고, 바라문은 혐오에 도달하였다. "만들어진 것[행위]에 의하여 만들어지지 않은 것[영원한 세계]는 존재하지 않는다." 그것을 이해하기 위하여 사람은 땔나무를 들고 베다에 정통하고 브라만을 근거로 하는 스승을 찾아갔다.

2.13 평정한 마음을 가지고 조용하게 올바른 태도로 가까이 온 그[샤우나카]에게 알고 있는 사람[안기라스]는 그것에 의하여 사람이 불멸의 푸루샤[인간]을 진리로 알고 있는, 그 브라만의 지식을 실제로 말하였다.

---

*5 카타 우파니샤드 2.5와 마이트리 우파니샤드 7.9에 조금 형태를 바꿔 이 시구가 나옴.

제2장

제1편

1.1 이것이 진리이다.

잘 북돋은 불에서 같은 형태의 불꽃이 수없이 사방으로 튀듯, 그처럼 귀여운 자여! 불멸의 것[*1]에서 갖가지 사물이 생겨나고 바로 그 속으로 되돌아온다.

1.2 실로 푸루샤[인간]는 천상에 있고 형태를 가지고 있지 않다. 그것은 밖에 있는 것과 안에 있는 것을 포함해 아직 태어나지 않았다. 참으로 그것은 숨도 쉬지 않으며 사고도 없고, 빛나는 저쪽 불멸의 것 저쪽에 존재한다.

1.3 그 불멸의 브라만에서 숨, 사고 및 모든 감각기관이 생겨난다.
　　허공, 바람, 빛 그리고 모든 세상을 지탱하는 대지가 [생겨난다].

1.4 그의 머리는 [천상에 있는] 불이다. 그의 양쪽 눈은 달과 태양이다. 그의 양쪽 귀는 방향이다. 그의 말은 계시된 베다이다.
　　그의 숨은 바람이다. 그의 심장은 모든 것이다. 그의 두 발에서 대지가 생겨난다. 실로 이것은 모든 생물 내부에 있는 자기[아트만]이다.

1.5 그에게서 [천상에 있는] 불이 생긴다. 그것의 땔나무는 태양이다. 달[소마]에서 비가 생긴다. 대지에 식물이 생겨난다.
　　남자는 여자 속에 정액을 쏟는다. 많은 자손은 푸루샤에서 생긴다. [*2]

[*1] 헤르텔[1924년, 45~46쪽]에 따르면 이 우파니샤드의 원천은 아타르바 베다 10.7에서 발견된다. 브라만[브라흐만]이 아니고 푸루샤가 이 찬가의 근본사상이다.
[*2] 이것은 브리하다라냐카 우파니샤드 6.2.9~14 및 찬도기야 우파니샤드 5.4~9에서 자세히

1.6 푸루샤로부터 리그 베다의 시구, 사마 베다의 가곡, 야쥬르 베다의 의
례문구, 제례의 정화의식, 제사, 모든 의식, 〔제사장에 대한〕 제사의 보수,
세월, 제주 그리고 거기에서 달이 비치고 태양이 빛나는 모든 세계가 생겨난
다.

1.7 그에게서 다양하게 태어난 신들, 군신(群神), 인간, 가축, 새가 들이
쉬는 숨과 내쉬는 숨, 쌀과 보리, 금욕, 신앙, 진리, 바라문의 행적 및 의식
의 규정이 갖가지로 생긴다.

1.8 그에게서 일곱의 감각, 일곱의 불꽃, 일곱의 땔나무, 일곱의 제물, 거
기에서 생기가 동하는 이런 일곱의 세계가 생겨났다. 심장의 동굴에 일곱 개
씩, 그들이 숨겨져 있다.

1.9 그에게서 모든 바다와 산이 생겨났다. 그로부터 수많은 형태의 강이
흐르게 되었다. 그로부터 모든 식물과 수액이 생겨났다. 그 푸루샤로 인해
생명체의 육신 속에 아트만이 머무는 것이다.

1.10 이 모든 세상은 바로 인간이다―그것은 제례의 행위이고 금욕이며
죽음을 초월한 브라만(brahman)이다. 이것이 심장의 동굴에 머물고 있는 것
을 알고 있는 사람―그는 이 세상에서 무지의 매듭을 끊느니라, 귀여운 자
여!

제2편

2.1 분명하며 더욱이 숨어서 심장의 동굴을 움직이고 있다고 하는 것―그
것은 위대한 곳이다. 그 속에 이 세상 모든 것이 고정되어 있다―움직이고
있는 것, 숨을 쉬고 있는 것, 그리고 깜빡거리고 있는 모든 생명체가.
이것을 존재, 비존재, 바람직한 것, 인식을 초월한 생물 중에서 가장 훌륭
한 것이라고 그대들은 알라!

설명하고 있는 오화설(五火說)의 묘사이다.

2.2 빛나고 있는 것과 미세한 것보다도 더 미세한 것—그 속에 모든 세계와 모든 세계의 주민이 존재하고 있다. 이것이 불멸의 브라만이다. 그것이 숨이다. 그것이 말이고 사고이다. 이것이 진리이다. 그것이 불멸이다. 그것을 표적으로 삼아야 한다고 알라! *3 아아, 사랑스러운 자여!

2.3 우파니샤드(aupaniṣada)의 강력한 무기를 활로 가지고 명상에 의하여 예리하게 다듬은 화살을 사람은 시위에 꽂아야 한다. 그것의 존재를 향하여 마음으로 활을 당겨라. 아아, 사랑스러운 자여! 목표로서 바로 불멸의 브라만을 알라!

2.4 활은 '옴'이라고 하는 음절이다. 실로 화살은 자기(ātman)이다. 목표는 브라만이라고 한다. 조심스러운 사람에 의하여 그것은 명중시켜야 한다. 화살처럼 사람은 그것〔목표〕과 같은 것이 될 것이다.

2.5 그 안에 하늘과 땅, 그리고 대기, 모든 숨과 함께 사고를 짜넣은 것—그것만이 그대들의 유일한 자기라는 것을 알라! 다른 언어는 내버려라! 이것이 불멸에 이르는 둑이다.

2.6 바퀴살〔스포크〕이 바퀴통〔허브〕에 끼어들어가 있듯이 혈관이 모인 곳에서 이〔자기〕는 다양하게 태어나며 내부에서 움직인다.
'옴'이라고 하며 그대들은 이와 같이 자기를 명상하라! 암흑의 저쪽으로 건너기 위하여 그대들에게 행운이 깃들기를!

2.7 세상 모든 것을 알고 있는 사람—지상에서 이 영광은 그의 것이다.
실로 이 자기는 신성한 브라만의 성채에 기초를 두고 있다.

2.8 사고(思考)에서 이루어져 숨과 육신을 이끄는 것으로서 그것은 음식에

---

*3 2.2.2~3에서 vidhi를 대개의 번역자는 vyadh〔명중시키다, 뚫다, 꿰뚫다〕로부터 파생시켰다. 그러나 여기에서는 사로몬〔1980년, 25.96~97쪽〕에 따라 vidhi를 vid로 파생시켜 '알라!'로 번역하였다.

기초를 둔 심장 속에 있다. 그것을 인식함으로써 현자는 환희의 모습을 한 불멸의 것이 나타나는 것을 바라본다.

2.9 좀더 훌륭한 고차원의 것과 좀더 뒤떨어진 저차원의 것을 그가 볼 때 심장의 매듭이 풀려 모든 의혹은 사라지고 그가 할 일은 끝이 난다.

2.10 저쪽에 있는 황금의 그릇 속에 풍진을 떠나 부분이 없는 브라만이 있다. 그것은 반짝이고 있다. 그것은 빛 중의 빛이다. 자기를 알고 사람들이 아는 것은 바로 그것이다. *4

2.11 거기에서 태양은 빛나지 않는다. 달도 별도. 이런 번개도 반짝이지 않는다. 하물며 이 불 같은 것이야 어떻게 빛날 수 있겠는가. 확실히 그 존재가 빛날 때 모두 그를 모방하여 빛난다. 그 빛으로 이 세상 모두가 빛나고 있다.

2.12 이 불멸이라는 것은 바로 브라만이다. 브라만은 동쪽으로, 브라만은 서쪽으로, 브라만은 남쪽으로, 브라만은 북쪽으로 퍼져 있다. 브라만은 아래로 그리고 위로도 퍼져 있다. 바로 이 모든 세상은 브라만이고 가장 광대하다.

---

*4 헤르텔(1924년, 63쪽)에 따르면 문다카 우파니샤드 2.4~10은 끼어넣은 것이다. 확실히 이 대목에서 지배적인 것은 브라만-아트만 설이다. 문다카 우파니샤드의 원래 부분은 푸루샤 또는 우주의 최고 원리를 다룬 대목뿐이다. 2.4~10은 이 우파니샤드 본래의 원전이라고 인정할 수 없을 것이다.

제3장

제1편

1.1 정다운 친구인 두 마리 새가 같은 나무에 앉아 있다. 그 중의 한 마리는 달콤한 무화과를 먹고, 다른 한 마리는 먹지 않고 바라보고 있다.

1.2 같은 나무에 앉아서 푸루샤〔인간〕는 무력한 그녀에게 현혹된 것을 슬퍼한다. 그가 다른 것, 만족하고 있는 지배자를 볼 때에 이것은 그의 위대성이라고 생각하여 그는 슬픔에서 해방된다.

1.3 보면서 사람이 황금빛의 창조자, 브라만의 모체인 푸루샤를 볼 때에 그 사람은 선과 악을 떨쳐버리고 오염에서 벗어나 푸루샤와 다를 바 없는 최고의 경지에 도달한다.

1.4 실로 이 숨은 모든 생물에서 나타난다. 인식하고 있는 사람,*¹ 알고 있는 사람은 지나치게 지껄이는 사람은 되지 않는다.
자기(ātman) 안에서 희롱하고 자기 안에서 즐기며 행위를 하고 있는 인간
—이 사람은 브라만을 알고 있는 사람들 중에서 가장 훌륭하다.

1.5 실로 이 자기는 진리에 의하여, 금욕에 의하여, 옳은 지식에 의하여, 바라문의 행적에 의하여 항상 얻을 수 있다. 실로 그것은 육신의 내부에서 빛이 되어 빛나고 있다. 죄과를 다한 수행자만이 그것을 볼 수 있다.

1.6 사람은 그 자신을 위하여 허위가 아닌 진리만을 얻는다. 진리에 의하

＊1 Ativādin은 긍정적인 의미로서는 토론에서 상대에게 이기는 사람. 부정적인 의미로는 지나치게 지껄이는 사람을 말한다.

여 신들에 이르는 길이 펼쳐진다. 참으로 그 길을 지나 소망을 이룬 성자들은 진리의 최고 보배가 있는 곳으로 간다.

1.7 그것은 광대하고 천상에 있는 상상할 수 없는 형태를 가진, 미세한 것보다도 더 미세하게 나타난다.

그것은 먼 것보다도 훨씬 더 먼 데에 있고 더구나 여기 가까이에 있어 바로 여기에서 보고 있는 사람들의 심장 동굴에 숨어 있다.

1.8 그 아트만은 시각에 의해서도, 언어에 의해서도, 다른 신들〔감각기관〕에 의해서도, 금욕에 의해서도 또는 제례 행위에 의해서도 붙잡을 수 없다.

지식의 명석성에 의하여 그 본성이 맑아진 사람은 명상하면서 어떤 부분도 갖지 않은 것을 본다.

1.9 그 속에 숨이 다섯 종류가 들어 있는 이 미세한 자기(ātman)는 의식(cetas)에 의하여 알려져야 한다. 그리고 생물의 모든 사고는 여러 숨으로써 짜넣어져 있다. 그것이 맑아질 때 그 속에 이 자기가 나타난다.

1.10 그 본성이 맑아져 있는 사람이 사고에 의하여 생각이 떠오르는 어떠한 세계도 그가 바라는 어떠한 욕망도, 이 세상과 이런 욕망을 그는 그 자신을 위하여 얻게 된다(jayate). 그러므로 번영을 바라는 사람은 실로 자기(ātman)를 알고 있는 사람을 존경해야 한다.

제2편

2.1 그는 이 최고의 브라만을 거처로 알고 있다. 거기에 세상 모두가 존재하여 빛나고 있다. 실로 욕망을 가진 일이 없이 푸루샤를 명상하는 현자들—그들은 빛나는 것*2을 초월하여 간다.

2.2 생각하면서 욕망을 바라는 사람—그는 욕망에 의해 여기저기 태어난

---

*2 슈크라(śukra)에는 '빛나고 있는 것'이라는 의미 외에 '정액'이라는 의미도 있다. "그들은 정액을 넘어서 간다"라고 번역한다면 "그들은 재생하지 않는다"고 하는 의미가 된다.

다. 그러나 아트만에 대한 지혜로 욕망을 만족하게 채운 사람은 확실히 이 세상에서 그의 모든 욕망이 사라진다.

2.3 이 자기(ātman)는 베다의 가르침에 의해서도, 이해력에 의해서도, 많은 학식에 의해서도 달성될 수 없다. 이[자기]가 선택한 그 사람에 의하여 이[자기]는 얻을 수 있다. 그에 대하여 이 자기는 그 자신의 육신을 드러낸다.

2.4 이 자기는 힘이 없는 사람에 의해서도, 부주의에 의해서도, 또는 특징이 없는 금욕*3에 의해서도 달성될 수 없다. 그러나 알면서 이런 수단으로 노력하는 사람—그의 아트만은 브라만의 세계로 들어간다.

2.5 이것에 도달하여 성자들은 지식에 만족하고 자기를 형성, 격정에서 해방되어 평정을 얻게 된다.
그런 현명한 사람들은 어느 곳에든 충만한 브라만에 도달하여 자기자신을 통제하고 확실히 그 완전한 브라만 속으로 들어간다.

2.6 베단타[＝우파니샤드]의 이해를 통하여 그 목적을 충분히 확인하고 수행자는 세상을 버린다는 방법*4으로써 그들의 본성을 맑게 한다. 최후를 마칠 때 불멸의 브라만의 세계에 들어가서 그들은 죽음을 초월하여 모든 것으로부터 해방된다.

2.7 죽음의 순간에 열다섯 부분*5은 각기의 근원으로 돌아가 모든 신들도 대응하고 있는 각기의 신들[자연력] 속으로 들어간다. 행위와 인식으로 이루어진 자기는 초월적 불멸의 것으로 모두 하나가 된다.

---

*3 존스턴[1930년, 863쪽]에 따르면 링가(linga)는 '어떤 금욕주의자의 외면적인 표시'이다. 그의 의복, 삭발 등을 의미한다.
*4 '세상을 버린다는 방법(samnyāsa-yoga)'이라는 표현이 이 시구에서 사용되고 있다. 세상을 버린다고 하는 것은 인생의 제4 단계에 도달한 인간을 말한다.
*5 다섯의 감각기관, 다섯의 숨, 그리고 다섯의 행동기관[오리벨, 1998년, 635쪽, 주2.7].

2.8 흐르고 있는 강이 바다에 도달하면 명칭과 형태를 버리고 바다와 하나가 되듯, 그와 같이 알고 있는 사람은 명칭과 형태에서 해방되어 저쪽에 있는 천상의 푸루샤에 도달하게 된다.

2.9 참으로 최고의 브라만을 알고 있는 사람은 확실히 브라만이 된다. 그의 집에는 브라만을 모르는 사람은 태어나지 않는다. 그는 슬픔을 초월한다. 그는 악을 초월한다. 심장의 매듭에서 해방되어 그는 불멸을 얻게 된다.

2.10 이것에 관련하여 리그 베다의 시구에서 다음과 같이 말하고 있다.
의식을 행하여 베다에 정통한 사람들, 브라만을 의지하고 있는 사람들,
유일한 성자를 믿고 그들 자신을 위하여 제물을 바치는 사람들—
그런 사람들에게만 이 브라만의 지식*6을 전해야 한다. 그들에 의하여
두발[삭발]의 맹세*7가 규칙대로 실천되는 [한에 있어서].

2.11 이 진리를 성자인 안기라스는 예전에 말하였다. 맹세를 실천하지 않는 사람은 이것을 배우지 않는다[이해할 수가 없다].

최고의 성자들에게 머리숙여 경배!
최고의 성자들에게 머리숙여 경배!

---

*6 '브라만의 지식'(brahmavidyā)이란 무엇인가? 그에 대한 대답은 이 우파니샤드의 1.2.13 속에 이미 나와 있다. '브라만의 지식'이란 그것에 의해 사람이 불멸의 인간을 진지(眞知)로 알고 있는 '그 브라만의 지식'을 말한다. '브라만의 지식'은 진리로 알려진 불멸의 인간, 저 푸루샤에 다름없다. '브라만의 지식'에 의해 시사되는 것은 '푸루샤의 지식'으로 보인다.
*7 '두발의 맹세'(śiravrata)는 샹카라에 따르면 머리 위에 불(아그니)을 이고 나르는 맹세이다. 그러니 두발의 맹세는 문다카(Muṇḍaka) 우파니샤드라고 하는 그 제목에서도 연상되듯이 '삭발의 맹세'로 해석해도 될 것이다.

프라슈나 우파니샤드

[먼저 알아야 할 것들]

문다카 우파니샤드와 마찬가지로 프라슈나 우파니샤드(Praśna-Upaniṣad)도 아타르바 베다 계열이라고 한다. 이 우파니샤드는 아타르바 베다의 파이파라드 학파에 속하는 것으로 생각된다. 문다카 우파니샤드가 운문으로 쓰인 데 반하여 프라슈나 우파니샤드는 산문으로 쓰어 있다. 그러나 이 우파니샤드에는 몇 운문이 인용되어 있다. 프라슈나 우파니샤드는 6명의 바라문에 의하여 제기된 여섯 가지 '질문'(Praśna)과 그 질문에 대한 피파라다의 대답으로 구성되어 있다. 이 우파니샤드는 여기에서 '장'이라고 하지 않고, '질문'이라는 번역어를 채택하였다.

프라슈나 우파니샤드의 중심적인 주제는 '숨'(Prāṇa)이다. '첫째 질문'에서 피파라다는 생물의 기원이 무엇인가 라는 물음에 생명의 아버지인 프라자파티에 의한 질료(Rayi)와 숨(Prāṇa)이 낳은 것이라고 대답하였다. 피파라다는 질료보다도 오히려 숨을 높이 평가했다. 그러나 첫째 질문은 서론이고 이 우파니샤드의 중심 부분은 '둘째 질문'과 '셋째 질문'이다. 둘째와 셋째 질문이 프라슈나 우파니샤드의 핵심이다. 이들 중심적인 주제는 숨이다.

둘째 질문은 언어, 사고, 시각 또는 청각에 대한 숨의 우위에 대하여 논하고 있다. 숨은 생물 내지 인간의 생명을 유지한다. 그러므로 이 우파니샤드는 '이 세상의 모든 것은 숨의 지배하에 있는……'[2.13] 것이라고 한다. 셋째 질문은 숨이 인간의 육신에서 아파나, 프라나, 사마나, 비아나, 우다나라고 하는 다섯 가지 숨으로 세분되어 육신 속을 움직이는 것을 다룬다. 넷째 질문, 3～6의 주제는 숨이다. 그러나 넷째 질문 주제는 꿈과 꿈을 꾸는 잠[숙면]이다. 다섯째 질문의 주제는 '옴' 음절에 관한 명성, 여섯째 질문의 주제는 푸루샤[인간]의 열여섯 부분이다.

결국 프라슈나 우파니샤드는 여섯 가지 질문으로 이루어져 있지만 숨을 다루고 있고 최초의 세 가지 질문이 본래의 부분이다. 넷째 질문과 다섯째 질문은 여섯째 질문과 함께 다음에 추가된 것 같다. 이 우파니샤드는 첫머리에서 6명의 바라문은 '최고의 브라만을 탐구하고 있었다'고 하였으나 이 우파니샤드의 어디에도 브라만 탐구의 흔적조차 찾아볼 수 없다. 프라슈나 우파니샤드의 중심적 주제는 '숨의 이론'이고, 그것이 피파라다에 의하여 6명의 바라문에게 알려준 그 자신의 가르침이다. '숨의 이론'이 이 우파니샤드 최고의 브라만〔=진리의 공식화〕'이다.

첫 질문

1 스케샨 바라드바쟈, 샤이비야 사티야카마, 사우르야야니 가르기야, 카우사리야 아슈바라야나, 바르가바 바이다르비와 카반딘 카티야야나—이 사람들은 브라만에 몰두하여 브라만[브라흐만]을 근거로 최고의 브라만을 탐구하고 있었다. "진실로 이 분이라면 그 모든 것을 가르쳐 주시리라"고 생각하여 그들은 땔나무를 들고 존경하는 피파라다를 찾아갔다.

2 위대한 성자는 그들에게 말했다. "금욕, 바라문의 행적, 그리고 신앙을 위하여 그대들은 여기에 다시 또 1년 머물도록 하라! 그러고 나서 풀리지 않은 의문이 있다면 무엇이든 물어보라! 혹시 우리가 그 [대답을] 알고 있다면 그대들에게 모든 것을 말하리라."

3 카반딘 카티야야나가 가까이 가서, 성자에게 물었다. "존경하는 스승이시여! 진정, 이런 생물들은 어디에서 생겨나는 것입니까?"

4 성자가 카반딘에게 말하였다. "만물의 창조주[프라자파티]는 참으로 자손을 바라고 있었다. 그는 그 자신을 뜨겁게 달구었다. 그가 그 자신을 달굴 때 '이 둘은 나를 위하여 많은 자손을 퍼뜨려 나갈 것이다'라고 생각하고, 그는 질료(Rayi)와 숨(Prāṇa)이라는 한 쌍을 낳았다.

5 참으로 숨(息)은 태양이고, 질료[물질]는 달이다. 형태가 있는 것과, 형태가 없는 것—이 모든 것은 확실히 물질이다, 그러므로 물질은 형태이다.

6 그래서 떠오르는 태양은 동쪽 방향으로 들어가고, 그것에 의하여 그 햇살 속으로 동쪽의 숨을 모은다. 태양이 남, 서, 북, 아래, 위와 중간의 방

향, 이 모두를 비칠 때 사방의 모든 생물체는 햇살 속으로 모든 숨을 모은다.

7 만인에게 공통으로 모든 형태를 띠고 있는 이 숨은 불로서 떠오른다. 이것에 관련하여 리그 베다의 시구는 다음과 같이 말하고 있다.

8 모든 형태를 띠고 있는 것, 황색의 불〔쟈타베다스〕, 최고 목표, 유일한 빛, 뜨거워진 것을 〔사람은 인식해야 한다〕.

천의 햇살을 가지고 백 겹으로 회전하면서 이 태양은 생물의 숨으로서 떠오른다.

9 확실히 프라자파티는 세월이다. 세월에는 남과 북으로 가는 두 길이 존재한다. 확실히 제례의 장점을 행하는 것으로서 명상하는 사람들—그들은 달의 세계만을 얻는다. 틀림없이 그들은 〔이 세상에〕 다시 돌아온다. 그러므로 자손을 바란다. 이들 성자는 남쪽으로 가는 길로 향한다. 확실히 이 조상의 길이 물질이다.

10 그런데 금욕에 의하여, 바라문의 행적에 의하여, 신앙에 의하여, 지식에 의하여, 자기를 탐구하면서 사람들은 북쪽으로 가는 길을 지나 태양을 얻는다. 확실히 이것은 여러 가지 숨의 주거이다. 이것은 불멸이고 두려움을 모른다. 이것이 궁극의 목표이다. 이 길에서 사람들은 〔이 세상으로〕 다시 돌아온다. 이것은 정지시키는 것이다. *¹ 이것에 관련하여 다음 시구가 있다.

11 그에 대하여 '다섯 발(足)을 가지고, 열두 달로 된 모습으로, 하늘 저쪽 측면, 그 근원에 앉아 계신 아버지시다'라고 어떤 사람들은 말한다.

그런데 그를 '일곱 수레바퀴와 여섯 바퀴살로 된 수레에 고정하시어 좀더

---

*1 '정지'의 원어는 nirodha이다. 요가 스트라 1.2에서 "요가란 마음의 작용을 정지시키는 것이다"라고 설명하고 있다. 여기에서는 니로다를 요가의 한 용어로서 이해. citta-vṛtti -nirodha는 마음 작용의 '억제' 또는 '억압'이 아니고, 그것을 '멈추게 하는 것' 또는 '정지시키는 것'이다.

아래 측면을 비치고 계시다'고 다른 사람들은 말한다. *²

12 참으로 프라자파티는 달력이다. 물질은 바로 〔달이 없는〕 어두운 반달이고, 숨은 〔초승달에서 보름달까지의〕 밝은 반달이다. 그러므로 이런 성자는 밝은 반달 때 제례를 올린다. 다른 사람들은 다른 반달 때 그렇게 한다.

13 확실히 프라자파티는 낮과 밤이다. 그의 숨은 낮이고, 그의 물질은 밤이다. 낮에 섹스를 즐기는 이런 사람들은 확실히 숨을 낭비한다. 사람들이 밤에 섹스를 즐기는 것은 확실히 바라문의 생활태도이다〔그것은 금욕하는 생활이나 같은 것이다〕.

14 참으로 창조주 프라자파티는 음식이다. 이것을 먹음으로써 정액이 생긴다. 이 정액에서 이들 생명체의 숨이 생겨나는 것이다.

15 참으로 프라자파티의 맹세를 지키는 사람들은 아들 딸 한 쌍 (mithunam)을 낳는다.

　금욕과 바라문의 생활〔절제〕을 지켜 그들에게 진리가 기초를 이루게 한다. 그 사람들만이 이 브라만의 세계에 속한다.

16 그들 속에 부정, 허위나 기만이 존재하지 않은 사람들에게, 그 티끌 없는 브라만의 세계가 속한다.”

---

*2 이 시구는 수수께끼 같은 느낌을 주며, 그 의미는 분명하지 않다. 오리벨〔1998년, 637쪽, 주11〕에 따르면 '하늘 저쪽 측면에' 있는 것은 태양을 가리키고, '좀더 아래 측면을 비치는' 것은 달, 또는 어쩌면 제례를 가리키는지도 모른다〔적어도 프라슈나 우파니샤드의 문맥으로 보아〕. 다섯 발이 가리키고 있는 것은 다섯 계절, 열두 달이 가리키고 있는 것은 12개월. 그러나 일곱 수레바퀴와 여섯 바퀴살이 무엇을 의미하는지는 알 수가 없다〔호르슈, 1966년, 192~193쪽 참조〕.

둘째 질문

1 그리고 바르가바 바이다르비는 위대한 성자(피파라다)에게 물었다.

"존경하는 스승이시여! 확실히 얼마나 되는 신들이 생물을 떠받치고 있는 것입니까? 어떤 신들이 이처럼 눈에 보이게 될까요? 또 그들 중에서 가장 훌륭한 이는 누구입니까?"

2 그는 바르가바에게 말했다.

"확실히 이 신은 허공이다, 바람이다, 불이다, 물이다, 대지다, 언어다, 사고다, 시각이다, 청각이다. 이 모든 신들이 눈에 보이게 될 때 그들은 말한다. ―'이 갈대(육신)를 근거로서 우리는 그것을 떠받치고 있는 것이다'라고.

3 이처럼 자만심 가득한 그 신들에게 숨의 신 프라나가 말하였다. '미혹에 빠지지 않도록 하라! 나는 이처럼 자기자신을 다섯 부분*¹으로 나누어, 이 갈대를 떠받쳐 그것을 유지하고 있는*² 것이다'라고. 그러나 다른 신들은 〔숨이 말하는 것을〕 믿지 않았다.

4 〔상처를 입은〕 자존심에서 숨은 〔육신 속에서〕 조금 나간다. *³ 그것이 나갈 때 확실히 다른 숨도 모두 〔따라〕 나간다. 그리고, 그것이 〔육신 속에〕 머물고 있을 때 확실히 모든 숨도 머문다. 마치 여왕벌이 나갈 때 모든 일벌

---

*1 다섯 부분=숨, 언어, 시각, 청각, 사고 〔보란트, 1999년, 127~130쪽 참조〕.

*2 '이 갈대를 떠받쳐 그것을 유지하고 있는' 것은 프라나〔숨〕이다. 그리고 프라나에 의하여 떠받쳐 유지되고 있는 '갈대'는 '육신'. 카우시타키 우파니샤드〔3.3〕에는 숨이 '이 육신을 붙잡아 일으킨다'는 표현이 나와 있다.

*3 다섯의 생기〔=감각기관의 우위를 둘러싼 다툼에 대하여는 브리하다라냐카 우파니샤드 1.3.2~6 참조〕.

이 나가고 여왕벌이 머물 때 어김없이 일벌이 다 머물 듯이 언어, 사고, 시각과 청각도 마찬가지이다. 즐거운 듯 그들은 숨을 찬양한다.

5 이것은 불이 되어 탄다. 이것이 태양이다. 이것은 비다, 마가반[인드라]이다, 바람이다. 이것은 대지다, 물질이다, 신이다, 존재하는 것, 존재하지 않는 것, 그리고 불멸인 것이다.

6 마치 수레바퀴의 바퀴통에 바퀴살이 고정되어 있듯 모든 것은 숨에 의하여 기초가 이루어져 있다. 리그 베다의 시구, 제례의 상투적 문구, 사마 베다의 가곡, 크샤트리아 및 바라문의 계급은 정해져 있다.

7 그대는 창조주 프라자파티입니다. 그대는 태 속을 움직입니다. 그대가 새로 태어납니다. 아아, 숨이여! 모든 생기 중에 머물러 있는 그대에게 이런 생물들은 공물을 가지고 옵니다.

8 그대는 신들에 대한 공물의 가장 좋은 운반자입니다. 그대는 조상에 대한 최초의 공물입니다. 그대는 성자들에 의하여 실천되는 진리, 아타르반과 안기라스의 자손입니다.

9 아아, 숨이여! 그 빛에 의하여 그대는 인드라입니다. 보호자로서 그대는 루드라입니다. 태양으로서 그대는 대기 속을 움직입니다. 그대는 광명의 주인이십니다.

10 그대는 비를 내리게 할 때 아아, 숨이여! 그런 생물은 환희로 이루어진 그대로의 상태입니다. *4 '먹고 싶을 만큼 음식이 넉넉하리라'고 생각하여.

11 그대는 브라티야(vrātya) *5입니다. 아아, 숨이여! 그대는 유일한 성자

---

*4 아타르바 베다, 11.4.5—"숨이 비에 의하여 대지에 비를 내리게 할 때에 가축은 기뻐한다. '실로 우리에게 위대함이 있을 것이다'라고 생각하여".

*5 브라티야는 정통 바라문의 전통 권외에 있는 사람들. 그들 중에는 방랑의 생활을 보낸 사

입니다. 그대는 모두를 먹는 자, 선량한 주인이십니다. 우리는 음식을 주는 자입니다. 그대는 우리 아버지이십니다. 아아, 마타리슈반[바람]이여!

12 언어에, 청각에, 시각에 머물며, 그리고 사고로 퍼지셨습니다, 그대의 육신—그것을 그대는 징조가 좋은 것이 되시기를! [우리 육신에서] 떠나지 않기를 소원합니다!

13 이 세상의 모든 것은 숨의 지배하에 있다, 제3의 하늘에 머물러 있는 것도.
어머니가 아들을 보호하듯 그대는 [우리를] 보호하소서! 우리에게 번영과 지혜를 베풀어 주소서!"

람들도 있는 것같이 생각된다. 그러나 여기에서는 브라티야를 높이 평가하고 있다. 브라티야는 아리안이었다[라우, 1957년, 17쪽].

셋째 질문

1 그리고 카우사리야 아슈바라야나가 성자 피파라다에게 물었다.

"존경하는 스승이시여! 어디에서 이 숨은 생기는 것입니까? 어떻게 그것은 이 육신에 도달하는 것입니까? 혹은 자기자신을 나눈 다음에 어떻게 그것은 〔그 속에〕 머무는 것입니까? 무엇에 의하여 그것은 떠나는 거지요? 육신의 밖에서 어떻게 사람은 그것에 이름을 붙입니까? 육신과 관련하여 어떻게 사람은 그것을 부르는 것입니까?"

2 성자 피파라다는 그에게 말했다.

"그대는 숨과 관련해서 매우 어려운 질문을 하였다. 그러나 그대는 훌륭한 바라문이야. 그러므로 나는 기쁜 마음으로 그대에게 대답하겠노라.

3 이 숨은 자기(ātman)에게서 생긴다. 마치 인간의 육신 뒤에 그림자가 따르는 것처럼 이 사고는 숨의 위로 퍼져 있다. 그것은 사고에 의해 만들어진 길*1을 따라 이 육신 속으로 들어온다.

4 통치하는 왕이 '그대는 이들 마을을 다스려라! 그대는 다른 마을을 다스려라!' 하고 관원을 임명하듯 확실히 이와 같이 이 숨은 다른 숨들을 따로따로 배치한다.

5 들이쉬는 숨〔아파나〕은 항문과 생식기 가운데에 있다. 내쉬는 숨〔프라나〕은 입과 콧구멍을 지나 시각과 청각에 머문다. 중간 부분에는 〔아파나와

＊1 Manokṛtena는 manas-akṛtena와 manaḥ-kṛtena라는 두 가지로 해석된다. 여기에서는 manokṛtena를 manaḥ-kṛtena로 해독. 흄〔1931년, 383쪽〕은 '〔자기 전세의 존재에서〕 마음 활동에 의하여'로 번역하였다. 여기에서는 흄의 이 전통적인 번역에 따랐다.

프라나를) 연결하는 숨(사마나)이 있다. 왜냐하면 이것은 제공된 음식을 배분하여 똑같이 하기 때문이다. 거기에서 일곱의 불꽃이 생긴다.

6 실로 이 자기(아트만)는 심장 속에 있다. 여기의 육신 속에 백한 개의 혈관이 있다. 그들 하나하나는 각기 100갈래로 나뉘어 있다. 거기에는 저마다 7만2천의 모세혈관이 있다. 그리고 이런 모세혈관에 따라 중간의 숨(비야나 : 아파나와 프라나 사이에 있는 숨)*2이 움직인다.

7 그리고 이런 하나에 의하여 위로 가는 숨(우다나)은 위로 가고, 혹시 사람이 선한 행위를 할 때에는 그것은 그를 복된 세계로 이끌고, 혹시 사람이 악업(惡業)을 행할 때에는 그것은 그를 죄악의 세계로 가게 한다. 혹시 사람이 선·악 양쪽 행위를 할 때에는 그것은 그를 인간의 세계로 이끈다.

8 참으로 태양은 외부에 있는 숨으로 떠오른다. 왜냐하면, 이것은 시각에 머문 숨을 돕기 때문이다. 대지 속 신들—그것은 인간이 들이쉬는 숨을 근거로 하고 있다. 그 중간에 있는 허공—그것은 연결하는 숨(사마나)이다. 바람은 중간의 숨이다.

9 참으로 위로 가는 숨은 열기이다. 그러므로 열기가 사라진 사람은 사고하는 중에 흡수되고 있는 감각기관과 함께 (죽은 다음에) 재생으로 향한다.

10 사람이 생각하는 것, 그것과 함께 그는 숨으로 돌아온다. 열기와 결합하여 숨은 그의 자기(아트만)와 함께 (임종할 때) 의도된 세계로 그를 데려간다.

11 이와 같이 알고 있는 사람, 숨을 알고 있는 사람—그의 자손은 망하지 않는다. 그는 멸하지 않게 된다. 그것에 관련하여 다음 시구가 있다.

---

*2 비야나 : 전신에 퍼져 있는 숨. 매기(媒氣).

12 숨의 기원, 도래,[*3] 존속, 5중의 전개 및 육신과 관련되어 있는 것을 인식하고 사람은 불멸을 얻는다. 〔이와 같이〕 알게 되면 사람은 불사에 이른다."

[*3] Āyati는 āyāti〔돌아온다〕와 결부해서 생각할 수 있다. 호르슈〔1966년, 193~194쪽〕 참조.

넷째 질문

1 그리고 사우르야야니 가르기야가 성자 피파라다에게 물었다.

"존경하는 스승이시여! 이 인간에게 잠을 자는 것은 무엇입니까? 이 인간이 깨어 있는 것은 무엇입니까? 꿈을 꾸고 있는, 이 신은 누구입니까? 〔꿈을 꾼다는〕 이 행복은 누구의 것입니까? 그런 것 모두는 무엇에 근거하는 것입니까?"

2 성자 피파라다는 그에게 말하였다.

"오오, 가르기야야! 태양이 저물어 갈 때 그 모든 햇살이 이 열기의 원반에서 하나가 되고, 태양이 다시 떠오를 때 햇살이 되풀이하여 나타나듯, 이와 같이 참으로 그 모두는 최고의 신(神)인 사고(思考)에서 하나가 된다. 그러므로 그 경우에 이 인간은 듣지 않고, 보지 않고, 맡지 않고, 맛보지 않고, 만지지 않고, 말하지 않고, 붙잡지 않고, 성적인 쾌락을 느끼지 않고, 배설하지 않고, 움직이지 않는다. '그가 잠을 잔다'고 사람들은 말한다.

3 숨인 불(火)만이 이 육신 안에서 늘 깨어 있다. 참으로 이 아파나〔들이쉬는 숨〕은 가르하파티야〔가장(家長)의 불〕이다. 〔아파나와 프라나의〕 중간의 숨〔비야나〕는 아누바하리야 파챠나〔남쪽의 제화(祭火)〕이다. 그것은 옮겨왔기 때문에 그것은 가르하파티야에서 옮겨져 왔기 때문에 프라나〔내쉬는 숨〕는 아하바니야 불〔공물을 바치는 불. 가르하파티야에서 옮겨온 불〕에 의해 점화된 것이다.

4 내쉬는 숨과 들이쉬는 숨이라는 두 공물을 똑같게 하는〔=소화하는〕 것이기에 사마나〔연결하는 숨〕라고 부른다. 확실히 제주(祭主)는 사고이다. 제사의 결과는 바로 우다나〔위로 가는 숨〕이다. 우다나는 매일 이 제주를 브

라만의 세계로 인도한다.

5 여기에서 잠을 통해 이 신〔사고〕은 그의 위대성을 경험한다. 그는 예전에 보였던 것은 무엇이든 다시 본다. 예전에 들렸던 그것을 다시 듣는다. 예전에 여러 곳과 낯선 고장에서 따로따로 경험하였던 것을 다시 되풀이하여 경험한다. 보였던 것과 보지 못했던 것, 들렸던 것과 들리지 않았던 것, 경험하였던 것과 경험하지 않은 것, 존재하는 것과 존재하지 않은 것—그 모든 것들을 그는 본다. 그 모든 것들을 그는 본다.

6 그가 열에 의하여 압도되어 있을 때 이 신〔사고〕은 여기에서 꿈을 꾸지 않는다. 그때에는 이 육신에 이 행복의 감정이 생긴다.

7 사랑스러운 제자야! 새가 보금자리 나무에서 휴식하듯 이와 같이 참으로 그 모든 것은 최고의 자기 (아트만)에게서 휴식한다.

8 땅과 땅의 성분, 물과 물의 성분, 열과 열의 성분, 바람과 바람의 성분, 허공과 허공의 성분, 시각과 볼 수 있는 것, 청각과 들을 수 있는 것, 후각과 맡아야 하는 것, 맛과 맛보아야 하는 것, 촉각과 만져야 하는 것, 언어와 말해야 하는 것, 양손과 잡아야 하는 것, 생식기와 성적 쾌감, 이해력과 이해해야 하는 것, 자아의식과 자아의식의 대상, 생각하는 것과 생각해야 하는 것, 빛과 비쳐져야 하는 것, 숨과 〔그것에 의해〕 유지되어야 하는 것이다.

9 실로 보고 있는 것, 만지고 있는 것, 듣고 있는 것, 〔냄새를〕 맡고 있는 것, 맛보고 있는 것, 생각하고 있는 것, 이해하고 있는 것, 행위하고 있는 것—이 인간은 인식으로 이루어진 자기이다. 그런 최고의 불멸의 자기에게서 휴식한다.

10 그것은 확실히 최고의 것, 불멸의 그것 속으로 들어간다. 참으로 그림자가 없고, 육체가 없고, 피가 없고, 그 빛나는 것, 불멸인 것을 알고 있는 사람—사랑스러운 제자야! 그는 이 모든 것을 아는 사람이 된다. 그것과 관

련하여 다음 시구가 있다.

11 모든 신들과 더불어 인식으로 이루어진 자기, 갖가지 숨과 생물이 거기에서 휴식하고 있다. 그 불멸을 알고 있는 사람―사랑스러운 제자야! 그는 모든 것을 알게 되고 어느 곳이든 들어간다."

다섯째 질문

1 이번에는 샤이비야 사티야카마가 성자에게 물었다.

"존경하는 스승이시여! 인간 중에서 어떤 인간이 그가 죽을 때까지 '옴' [OM=AUM]이라는 음절을 명상한다면 그는 그 명상에 의하여 어떤 세계를 얻게 되는 것입니까?"

2 그러자 성자 피파라다는 사티야카마에게 말하였다.

"사티야카마야! 참으로 '옴'이라는 음절은 초월의 브라만(para brahman)이며 또한 속세의 브라만(apara brahman)이기도 하다. 그러므로 현명한 사람은 이런 수단으로써 둘 중의 하나에 도달한다.

3 혹시 사람이 〔A라고 하는 최초의〕 한 음소(音素)를 명상한다면 그것으로만 배웠으므로 그는 몹시 서둘러 대지에 도달한다. 리그 베다의 시구는 그를 인간의 세계로 데려간다. 이 속세에서 그는 고행과 금욕생활과 믿음으로 살며, 위대함을 느끼며 산다.

4 그러나 혹시 사람이 〔A와 U라고 하는〕 두 음소에 의하여 사고 속으로 들어간다면 야쥬르 베다의 상투적인 문구에 의하여 그는 대기에 도달하고, 달의 세계로 이끌려가게 된다. 달의 세계에서 그는 브라만의 영광을 경험하고 다시 돌아온다.

5 그런데 〔AUM이라고 하는〕 세 음소로 이루어진 '옴'의 음절에 의해서만 최고의 인간에 대하여 명상하는 사람—그는 태양에서 열 속으로 들어가 있다. 뱀이 〔그것이 벗어버린〕 허물에서 해방되듯 이와 같이 참으로 그는 악에서 해방된다. 사마 베다의 구절에 의하여 그는 브라만의 세계로 끌려가게 된

다. 생물의 이 전체보다도 훨씬 저쪽의 성채에서 살고 있는 푸루샤*¹를 그는 바라본다. 이것과 관련하여 이런 두 시구가 있다.

6 셋의 음소와 결부되어 서로 부착하고, 그리고 분리되어 있지 않을 때 그들은 불멸에 이른다.

외적, 내적, 중간적 행위에서 그들이 올바로 결부되어 있을 때 현명한 사람은 다시 자신의 본 모습에서 흔들리지 않는다.

7 리그 베다의 시구에 의하여 이 세계를 얻고, 야쥬르 베다의 상투적 문구로써 대기를, 사마 베다의 구절에 의하여 그 브라만의 세계를 얻는다. 수단으로서의 '옴' 음절로만 알고 있는 사람은 조용히, 늙는 일도 없고 죽는 일도 없고, 두려움을 모르는, 그래서 최고의 경지에 도달한다."

---

*1 푸루샤의 통속 어원 해석—'〔육신이라고 이름붙여진〕 성채에 누워 있다'(puri-śaya).

여섯째 질문

1 이번에는 스케샨 바라드바쟈가 성자 피파라다에게 물었다.

"존경하는 스승이시여! 코사라의 왕자 히라니야나바 카우사리야가 저를 찾아와서 이런 질문을 하였습니다. '바라드바쟈여! 그대는 열여섯 부분으로 이루어진 인간을 알고 있는가?' 그 왕자에게 저는 이렇게 말했습니다. '나는 그것을 모르오. 혹시 내가 그것을 알았다면 왜 내가 그대에게 그것을 말하지 않았겠소?' 거짓말을 하는 사람은 밑뿌리까지 말라죽지요. 그러므로 저는 거짓말을 할 수는 없었습니다. 왕자는 말없이 수레를 타고 떠났습니다. 열여섯 부분으로 이루어진 인간은 어떤 것입니까?"

2 성자 피파라다는 바라드바쟈에게 말하였다.

"사랑스러운 제자야! 바로 여기에 있는 육신 내부에 인간〔푸루샤〕이 있다. 그 속에서 이런 열여섯 부분이 생겨난 것이다."

3 그는 생각하였다. "누가 (몸 속에서) 나갈 때 내가 나가는 것일까? 그리고 누가 머무를 때 내가 머무는 것인가?"

4 그는 숨을 내쉬었다. 숨에서 신앙, 허공, 바람, 빛, 물, 땅, 감각기관, 사고, 음식을, 음식에서 힘, 열, 만트라〔제사의 상투적 문구〕, 의식, 모든 세계를, 모든 세계에서 이름을 〔만들어냈다〕.

5 바다로 흘러가는 이렇게 흐르고 있는 강이 바다에 이르러 〔바닷물에 녹아〕 사라져서 명칭과 형태를 잃은 것을 바다라고 말하듯 확실히 이와 같이 지각하는 인간의 열여섯 부분은 푸루샤로 향하여 가서, 인간에 도달하고, 〔인간으로 융합되어〕 사라진다. 그런 〔부분의〕 명칭과 형태는 사라져 없어진

다. '그것이 인간이다'라고 말한다. 이 인간은 부분을 갖는 일이 없이 불멸에 이른다. 그것에 관련하여 다음의 시구가 있다.

6 수레바퀴 바퀴통에 바퀴살이 고정되어 있듯 그에게 부분은 기초가 다져져 있다.

알아야 할 그 인간을 나는 알고 있다. 그대들을 죽음이 괴롭히는 일이 없기를 바라노라!

7 성자 피파라다는 바라드바쟈에게 말하였다.

"이 최고의 브라만(brahman)에 대하여 알고 있는 것은 이것뿐이다. 그것을 뛰어 넘을 아무것도 존재하지 않는다."

8 그러자 제자들은 [다음과 같이 말하며] 그를 찬양하였다. "스승께서는 실로 우리를 무지의 저쪽 피안으로 건네주신 우리의 아버지입니다. 최고의 성자들에게 경배! 최고의 성자들에게 경배!"

마이트리 우파니샤드

[먼저 알아야 할 것들]

마이트리 우파니샤드(Maitri-Upaniṣad) 또는 마이트라야니야 우파니샤드 (Maitrāyaṇiya-Upaniṣad)는 흑(黑)야쥬르 베다의 마이트라야니야 학파에 속한다. 이 우파니샤드는 서기 200년 무렵에 성립된 것이라고 한다. 마이트리 우파니샤드에는 일반에게 널리 유포된 정본과 남방판(南方版)이 존재한다. 유포된 정본은 모두 일곱 장(Prapāṭhaka)으로 구성되어 있으며 라마티르타 (Rāmatirtha)의 주석이 붙어 있다. 그런데 남방본에는 제6장과 제7장이 생략되어 있다. 남방본에서 생략되어 있는 것은 제화(祭火)를 쌓는 의식이다. 학계에서는 제1~5장이 최초로 성립된 부분이고, 제6~7장은 다음에 추가된 부분으로 생각하고 있다. 그리고 마이트리 우파니샤드의 핵심 부분은 제1장 2에서 시작하여 제4장 3으로 끝난다는 것이 대체적인 견해이다. 혹시 성자 샤카야니야와 브리하드라타 왕의 대화를 마이트리 우파니샤드의 주제라고 생각한다면 그런 결론에 도달할 것이다. 그러나 전혀 새로운 관점에서 생각한다면 전혀 다른 결론을 얻을 것이다. 우파니샤드의 연구에서 필요한 것은 발상의 전환이다.

브이테넨[1962년, 14쪽]에 따르면 마이트리 우파니샤드의 주제는 제화를 쌓는 의식이다. 제화를 쌓는 의식은 마이트리 우파니샤드의 첫머리 제1장 1에서 알리고 있다. "태곳적 사람들이 제화를 쌓는 의식—이것은 확실히 브라만에게 올리는 제례이다. 그러므로 제사장은 제화를 쌓고 나서 이제 그것을 자기(ātman)로서 명상해야 한다." 그러나 여기에서 제화를 쌓는 의식은 알려져 있을 뿐, 그것이 실제로 다루어진 것은 제6장 33부터 제7장 1부터이다. 다른 학자들과 달리 브이테넨은 이런 대목을 마이트리 우파니샤드의 주요 부분으로 보고, "이 점에서 적어도 정본 1.1과 정본 6.33부터, 그리고 정본 7.1부터가 주요한 원전이라는 것을 당연한 것으로 생각한다"[34쪽]고 말한다. 브리하드라타 왕 이야기[1.2~6.30]는 보유(補遺)이며 본래 부분이 아니라는 것이 그 논리적 귀결이다.

그러나 브리하드라타 왕 이야기의 밑바닥에 깔려 있는 것은 숨은 자기〔ātman〕라는 철학적 고찰이다. 숨은 자기라는 것을 설명하는 것이 브리하드라타 왕 이야기의 중심 사상이다. 이 이야기는 "명상해야 할 자기〔아트만〕는 누구인가? 숨이라고 이름붙여진 것이다"〔1.1〕에 대한 설명을 하려고 한다. 마이트리 우파니샤드 첫머리에서 이 우파니샤드의 주제가 나와 있지만 이 주제는 둘로 나뉘어 있다. 여기에서는 제화를 쌓는 의식을 마이트리 우파니샤드의 본디 주제로 보고, 제2의 주제를 다음에 덧붙인 것으로 생각한다.

브리하드라타 왕 이야기는 사상사적으로 흥미를 자아낸다. 브리하드라타 왕 이야기는 말할 것도 없고, 이 이야기 이외의 부분, 예를 들면 제4장 4 이하, 제5장에서도 산카-요가의 사상은 자주 나온다. 그리고 '부타 아트만' (bhūtātman)을 다룬 제3장은 사상적으로 중요한 사상을 품고 있다. 이 우파니샤드는 불교의 영향을 받았다고 생각되고 있다. 이 우파니샤드에는 "……자기를 갖지 않게 된다"〔6.20〕, "공허(śunya)하게 되어"〔6.23〕와 같은 문구가 보이는데 이런 것은 다음에 삽입되었을 것이다. 마이트리 우파니샤드 6.1 이하의 주제는 제화를 쌓는 의식이고〔브이테넨, 1962년, 35쪽〕, 비자기설(非自己說) 또는 공(空) 사상은 처음부터 그런 자리에 존재하지 않았던 것이 틀림없다. '자기는 존재하지 않는다' '세상 모든 것은 공(空)하다'라고 하는 불교의 가르침을 마이트리 우파니샤드가 받아들였을 리는 없다. "자기는 존재하지 않는다고 주장한 사기"〔7.8〕라고 하는 말이 시사하는 것은 아마 불교 신자일 것이다.

브리하드라타 왕 이야기에서 "……이것이 브라만의 지식, 또는 모든 우파니샤드의 지식이다"〔2.3〕라고 말한다. 그러나 브라만의 지식(brahmavidyā)이라는 말이 아무 맥락도 없이 갑자기 여기에 튀어나온다. 그러나 브라만은 바라문에 의하여 사랑받는 단지 말의 수식이고 추상적인 관념이다. 그것은 '신성한 말', '진리의 공식화'를 의미한다. 그러나 그것은 '공백의 공식'이라는 이름이 붙게 되었는지도 모른다. 마이트리 우파니샤드에서 브라만은 공백의 공식이다. 우파니샤드에서 브라만이라는 개념은 불확정적인 개념이다. 거기에서는 세계의 배후에 숨겨진 원리를 브라만이라고 말한다. 그것은 세상 모두를 설명하지만 실제로는 아무것도 설명하지 않은 공백의 공식에 불과하다.

제1장

1 태곳적 사람들이 제화(祭火)를 쌓는 의식—이것은 확실히 브라만에게 올리는 제례(brahmayajña)*¹이다. 그러므로 제사장은 제화를 쌓고 나서, 이제 그것을 자기(ātman)로서 명상해야 한다. 잘 알려진 것처럼 확실히 제례는 완전한 것, 결함이 없는 것이 된다. 명상해야 하는 자기는 누구인가? 숨(Prāṇa)이라고 부르는 자기이다. 그것에 대하여 다음의 이야기가 있다.

2 브리하드라타 왕은 아들에게 왕국의 지배를 맡기고, 육신을 무상한 것으로 생각하며 세상에 대한 혐오에 도달하여 황야로 들어갔다. 거기에서 그는 엄격한 금욕을 실천하며 태양을 쳐다보면서 팔을 들고 섰다. 1000일 뒤에 자기를 알고 있는 존경하는 성자 샤카야니야가 열에 의해 타고 있는 연기 없는 불처럼 그의 가까이로 찾아왔다.

"일어나시오! 일어나시오! 소원을 말해보시오!" 성자가 왕에게 말했다.

성자에게 경배하고, 왕은 말하였다. "나는 자기자신(ātman)을 모르오. 그대는 그것의 진정한 성질을 알고 있다고 우리는 듣고 있소이다. 그대는 나에게 그것을 말하여 주십시오!"

"예전에도 그런일이 있었지만 이것은 가장 어려운 질문이오. 아아, 이크슈바크의 자손이시여! 다른 소원을 말해 보시오!" 성자 샤카야니야는 말했다.

왕은 머리가 그의 두 발에 닿도록 고개 숙이면서 다음 시구를 암송하였다.

3 "존경스러운 이여! 뼈, 피부, 힘줄, 골수, 살, 정액, 피, 점액, 눈물, 눈곱, 똥, 오줌, 바람, 담즙과 가래의 혼합으로 악취가 나고 본질이 없는 이 육신으로 욕망을 즐기고 맛보는 것이 무슨 소용이 있습니까? 욕망, 분노,

---

*1 '브라만에 올리는 제례'가 의미하는 것은 베다를 읽고 그것을 배우는 것. 《마누 법전》 3.70 참조. 여기에서 사용되고 있는 브라만은 대우주의 원리는 아니다.

탐욕, 현혹, 공포, 절망, 질투, 사랑하는 사람과의 이별, 사랑하지 않는 사람과의 결합,[*2] 굶주림, 갈증, 늙음, 죽음, 질병, 슬픔으로 괴로워하고 있는 이 육신으로 욕망을 즐기고 맛보는 것이 무슨 소용이 있습니까?

4 그리고 이 세상 모든 것이 무상하다는 것을 우리는 보아 알고 있습니다. 예를 들면 등에, 모기 따위는 초목이 생겼다가 없어지는 것이나 같지요.

그러나 이런 것이 무슨 소용이 있겠습니까? 다른 훨씬 훌륭한 것, 큰 활을 가지고 있는 전사, 세계의 정복자들, 스듀무나, 브리디유무나, 인드라디유무나, 크바라야슈바, 야우바나슈바, 바드리야슈바, 아슈바파티, 샤샤빈두, 하리슈찬드라, 안바리샤, 샤리야티, 야야티, 아나라니야, 아크샤세나 등이 있었어요. 그리고 마르타, 바라타를 비롯한 왕들이 있었습니다. 수많은 친족이 보는 앞에서 그들은 크나큰 영광을 버리고, 이 세상에서 저 세상으로 사라져갔습니다.

그러나 이런 것이 무슨 소용이 있겠어요? 다른 좀더 훌륭한 것이 있습니다. 간다르바(반인반신), 아수라(귀신), 야크샤, 라크샤사, 브타, 가나, 피샤챠, 우라가(뱀)과 그라하 등이 아주 없어짐을 우리는 보지 않았습니까.

그러나 이런 것이 무슨 소용이 있겠습니까? 다른 온갖 사물들이 아주 없어지는 것을 우리는 보고 알았지요. 이를테면 큰 바다의 고갈, 산의 붕괴, 북극성의 흔들림, 바람의 자일 절단, 대지의 침몰, 그들의 지위로부터 신들의 퇴거. 이와 같은 이 유전(流轉)의 세계(saṃsāra)에서 욕망을 즐기고 맛보는 것이 무슨 소용이 있겠어요? 확실히 즐기고 맛봄으로써 먹는 사람의 이 대지로 거듭 돌아오는 것을 볼 수 있습니다. 그러므로 나를 구원하여 주십시오! 이 유전의 세계에서 나는 탁한 우물 속에 있는 개구리와 같습니다. 존경하는 성자여! 그대는 우리가 달아나는 길(gati)입니다. 그대는 우리가 달아나는 길입니다."[*3]

---

*2 '사랑하는 사람과의 이별, 사랑하지 않는 사람과의 결합'은 특히 불교적인 표현이다. 사랑하는 사람들과의 이별, 미워하고 있는 사람들과의 결합이라는 표현은 《마누 법전》 6.62에 나와 있다.

*3 여기에서 tvaṃ no gatis tvaṃ no gatiḥ와 같은 문구를 두 번 되풀이하고 있다. 이것은 제1장이 완결된 것을 의미한다.

제2장

1 그러자 훌륭한 성자 샤카야니야는 매우 만족하여 왕에게 말하였다.

"오오, 브리하드라타 대왕이여! 이쿠슈바크 가계의 깃발이여! 그대는 해야 할 일을 다 마치고, 빠르게 자기(ātman)를 알게 될 것입니다. 그대는 마루트*¹라는 이름으로 널리 알려져 있어요. 잘 알려져 있듯이 확실히 이것이 그대의 자기가 아니겠습니까."

"존경스러운 이여! 그 자기는 어떤 것일까요?"라고 왕이 다시 묻자, 성자는 왕에게 이렇게 말하였다.

2 "'마시는 숨을 멈추지 않고 위로 올라가도록 움직이면서 움직이지 않은, 어둠을 쫓아버리는 것—이것이 자기이다'라고, 성자 마이트리는 말하였습니다. 실로 그는 그렇게 말한 것입니다. '바로 이 평온한 것은 이 육신에서 일어나 최고의 빛에 이르고, 자기의 형태에 의하여 나타난다'고, 그는 말하였어요. '이것이 자기이다'라고 그는 말한 것입니다. '이것이 불멸이며, 두려움을 모르는 것이다. 이것이 브라만이다'라고 말했어요."

3 "그래서 잘 알려진 것처럼 이것이 브라만의 지식, 또는 모든 우파니샤드의 지식입니다, 아아, 왕이여! 존경스러운 성자 마이트리가 그것을 우리에게 가르친 것이지요. 이제 나는 그대에게 그것을 말하려고 합니다."

바라킬리야스로 알려진 금욕주의자들〔정액을 흘리지 않고 위로 유지하는 사람들〕이 있었다. 그들은 악을 멸하고, 위대한 빛을 가지고 있었다. 그들은 크라투 프라자파티에게 말했다.

"존경하는 분이여! 이 육신은 수레와 같이 지성을 가지고 있지 않습니다.

---

*1 마루트(Marut)＝바유〔vāyu, 바람〕＝아트만〔ātman, 자기〕.

그것에 의하여 잘 알려진 것처럼 이런 종류의 육신이 지성을 가진 것으로서 기초가 잡혀 있는 그와 같은 힘은 어떤 초감각적 존재에 속하는 것입니까? 또는 육신을 몰아내는 것은 누구인가요? 존경하는 분께서 알고 계시는 것, 그것을 우리에게 말해주십시오!"

그러자 그는 그들에게 대답하였다.

4 "잘 알려져 있는 것처럼 어쨌든 구나(guṇa)*2 속에 있고, 그런 것들이 접촉할 수 없는 금욕주의자같이 모든 것의 위에 있는 것으로 성전에서 가르치고 있는 것—그것은 참으로 청정하고 깨끗하여 공(空)하고, 평온하며, 호흡을 하지 않고, 자기자신을 갖는 일이 없이(nirātman), 끝도 없고, 멸하는 일도 없이, 지속하고 영구히 이어지며, 아직 태어나지 않아, 스스로 의존하고, 자기자신의 위대성으로 존속하느니라. 그것으로써 이 육신은 지성을 가진 것으로서 확립되어 있다. 확실히 이것은 육신을 몰아내는 것이기도 하다."

그러자 그들은 다시 물었다.

"이와 같이 기초도 없는 것에 의하여 이런 종류의 이 육신은 어떻게 지성을 가진 것으로 확립되었을까요? 어떻게 하여 이것은 확실히 육신을 몰아내는 것이 되었을까요?"

그러자 그는 그들에게 이렇게 대답하였다.

5 "참으로 푸루샤라고 부르는 이 미세한 지각할 수 없는 눈에 보이지 않는 이것은 예전의 지각을 갖지 않고, 〔그 자신의〕 일부분과 함께 여기의 육신으로 돌아온다. 예전의 지식을 갖지 않고, 자고 있는 사람이 잠을 깨는 것도 마찬가지니라.

그래서 잘 알려져 있는 것처럼 확실히 〔육신 속으로 돌아온〕 이 자기의 일부분인 것은 저마다 푸루샤에 대한 크셰트라쥬냐〔kṣetrajña, 장소를 알고 있는 것. 개별적 자기〕, 즉 순수지성(cetāmātra)이다. 그것은 의도, 결심 및

---

*2 구나(guṇa)는 산키야 철학의 용어. 모든 생물에 내재하는 특징을 결정한다. 프라크리티(근본 질료)의 세 가지 기본적인 특성 내지 속성. 구나는 프라크리티의 구성 요소이다. 순질(純質), 격질(激質), 암질(暗質)을 말한다.

자의식에 의하여 특징지어진다. 그것은 일체(viśva)라고 부르는 프라자파티이다. 이 지성의 어떤 것에 의하여 이 육신은 지성을 가진 것으로서 확립되어 있다. 확실히 이것은 육신을 몰아내는 것이기도 하다."

그러자 또 다시 그들이 물었다.

"존경스러운 분이여! 혹시 이와 같이 기초를 갖지 않은 것에 의하여 이런 종류의 육신이 지성을 가진 것으로 확립되어, 확실히 이것이 육신을 몰아내는 것이라고 한다면 어떻게 그리 되는 것입니까?"

그러자 그는 그들에게 이렇게 대답했다.

6 "참으로 프라자파티만이 홀로 최초에 존재하고 있었다. 독신이었기 때문에 그는 즐기지 않았다. 자기자신(ātman)에 대하여 명상한 다음에 그는 많은 자손을 만들어냈다. 그들이 돌처럼 의식이 없고 나무의 그루터기처럼 호흡을 하지 않는 것을 그는 보고 알았다. 그는 즐기지 않았다. 그는 생각하였다.

'이들을 깨닫게 하기 위하여 나는 그들의 내부로 들어가야겠다'고. 그는 자기자신을 바람처럼 만들어 그들의 내부로 들어갔다. 그러나 자기 혼자는 그〔내부로〕 들어갈 수가 없었다. 그는 자기자신을 다섯으로 나누었다. 프라나〔내쉬는 숨〕, 아파나〔들이쉬는 숨〕, 사마나〔프라나와 아파나를 연결하는 숨〕, 우다나〔위로 가는 숨〕, 비야나〔프라나와 아파나 중간의 숨〕가 그 다섯 갈래이다.

그래서 위로 가는 숨—이것은 확실히 프라나(prāṇa)이다. 그리고 아래로 가는 숨—이것은 확실히 아파나(apāna)이다. 그리고 참으로 그것에 의하여 〔프라나와 아파나라고 하는〕 이 둘은 떠받쳐지고 있다, 이 숨은 확실히 비야나(vyāna)이다. 그리고 아파나 속으로 음식의 가장 거칠고 엉성한 성분을 도달시켜 저마다의 육신 부분에 가장 미세한 성분을 배분하는 이 숨—이것은 확실히 사마나(samāna)라고 하는 것이다. 그것은 비야나(vyāna)의 좀더 훌륭한 형태이고, 비야나와 사마나의 사이에 우다나(udāna)가 생긴다. 그리고 마신 것과 먹은 것을 내뱉고 삼키는 이 숨은 확실히 우다나이다.

그래서 우판슈라고 하는 잔은 안타르야마 잔과 안타르야마 잔은 우판슈 잔과 마주보고 있다. 이 두 잔 사이에 그것은 신적인 소화(消化)의 불을 피우게 하였다. 이 불은 푸루샤〔인간〕이다. 그래서 푸루샤라는 것은 만인에게 공통적인 불이다. 다른 곳에서도 말하고 있는—'인간 내부에 있는 이 만인에게 공통적인 불—그것에 의하여 먹을 수 있는 이 음식은 소화된다. 사람이 이처럼 두 귀를 막고 듣는 것은 그〔만인에게 공통적인 불〕의 이 소리인 것이다. 사람이 〔그의 육신을〕 떠나려고 할 때 그는 이 소리를 듣지 못하게 된다.'

그래서 이것은 자기자신을 다섯으로 나누어 심장의 동굴에 숨어 있었다. '그는 사고에서 이루어진 숨을 육체로 하고, 빛을 형태로 하며, 진리를 의도로 하여, 허공을 자기로 하고 있다.' 참으로 아직 목적을 이루지 못한 그는 그의 심장 내부에서 생각하였다. '나는 사물을 즐기고 맛보자'고. 그러므로 이런 구멍을 열고 나온 그는 다섯의 고삐로 감각기관의 대상을 즐기며 맛본다. 그의 이런 고삐라는 것은 〔다섯 가지〕 지각기관이다. 그의 말은 행동기관이다. 육신은 짐수레이다. 마부는 사고이다. 그의 채찍은 프라크리티로 이루어진 〔세 가지 구나〕이다. 잘 알려진 것처럼 도공이 돌리는 녹노처럼 그에게 휘둘려, 이 육신은 회전한다. 이 육신은 지성을 가진 것으로 확립되어 있다. 확실히 이것은 육신을 휘둘리는 것이기도 하다.

7 시인들은 우긴다.

'확실히 이것은 자기이다. 이 세상에서 밝고 또는 어두운 행위의 결과에 따라 무슨 방법으로든 압도되어 그는 저마다의 육신에서 방황한다. 또 드러나지 않은 상태이기 때문에, 미세하기 때문에, 눈에 보이지 않은 상태이기 때문에, 파악할 수 없는 상태이기 때문에, 아집을 부릴 수 없는 상태이기 때문에, 그것은 불안정하다. 그것은 존재하지 않은 행위자이며, 무슨 방법을 써서라도 행위하지 않은 자로서 안정하고 있다. 참으로 이것은 청정하고, 지속적으로 부동이며, 오염되지 않고, 대범하여 욕망이 없고, 바라보는 사람처럼 멈추어 자기자신 속에 머물러 있다. 옳은 행위의 과실을 즐기고 맛보면서 그것은 〔사트바, 라자스, 타마스라고 하는 프라크리티의 구성 요소로서의〕 세 가지 구나〔성질〕를 사용하여 자기자신을 숨겨 존재를 이어간다.' ”

제3장

1 바라킬리야는 말하였다.

"존경하는 스승님! 혹시 그대가 이 자기[아트만]의 훌륭함을 이와 같이 알린다면 밝고 또는 어두운 행위의 결과에 따라 압도되면서 좋거나 나쁜 모태 속으로 들어가, 그 길이 아래로 향하고 또는 위로 향하여 반대의 사물 한 쌍에 의해 압도되어 방황하는 또 다른 저쪽에 있는 이 자기라고 하는 자는 어떤 존재입니까?"

2 그는 말하였다.

"잘 알려져 있는 것처럼 밝고 또는 어두운 행위의 결과에 따라 압도되면서 좋고 나쁜 모태 속으로 들어가, 그 길이 아래로 향하고 또는 위로 향하는 [반대 사물의 한 쌍에 의해] 압도되어 방황하고 또 다른 저쪽에 있는 원소로서의 자기(bhūtāman)라고 이름붙여진 것이 존재한다."

그것을 설명하면, 부타(bhūta)라고 하는 말로 나타내는 것은 다섯 가지 미세한 원소이다. 그리고 부타라고 하는 말로 나타내는 것은 다섯 가지 거칠고 엉성한 원소이다. 그리고 그런 것의 집합이 육신이라고 한다. 그리고 잘 알려져 있는 것처럼 확실히 육체 속의 어떤 것이라고 하는 것—그것은 원소로서의 자기라고 한다. 그리고 그 자기는 불멸이며, 연화(蓮華) 위의 한 방울과 같은 것이다. 참으로 이 [원소로서의 자기]는 근본 질료[프라크리티]의 성질[구나]에 의하여 압도되고 있다.

그래서 압도되고 있기 때문에 그것은 우둔에 빠져 있다. 우둔하기 때문에 행동으로 휘몰리는 존경스러운 지배자가 자기자신에게 머물고 있는 것을 그것은 알지 못했다. 그것은 성질[구나]의 도도한 흐름에 따라 옮겨져 오염되고 불안정하며 변하기 쉽고, [식별하는 지식을] 빼앗겨 욕망을 가지고 산만해진 자의식의 상태에 도달하였다. "나는 그것이다, 이것은 나의 것이다"라고 이렇게 생각하면서 확실히 그물에 새가 잡히듯 사람은 자기자신에 의해 자기가 붙잡힌다. 그의 행위에 이어 일어나는 결과에 따라 압도되면서 사람은 좋고 또는 나쁜 모태 속으로 들어간다. 그 길은 아래로 향하고 혹은 위로 향하는 반대 사물의 한 쌍에 의해 압도되어 그는 방황한다.

"이것은 무엇입니까?"라고 바라킬리야는 말하였다.

크라투 프라자파티는 그들에게 말하였다.

3 그래서 다른 곳에서도 현자들은 말한다.

"행위를 하는 것, 그것은 참으로 원소로서의 자기이다. 내부에 있는 프루샤〔인간〕는 감각기관에 의하여 사람을 행동으로 몰아붙이는 것이다. 그래서 철의 덩어리가 불에 의해 압도되고 대장장이의 해머를 맞고 갖가지 형태를 띠듯이 이와 같이 잘 알려진 것처럼 확실히 그 원소로서의 자기는 내부에 있는 자기에 의하여 압도되고 성질〔구나〕에게 얻어맞아 다양한 형태를 띠게 된다. 넷의 네트를 가진 14종류이며 84의 부분으로 변전하고 있는 생물의 떼—참으로 이것이 다양성의 형태이다. 도공에 의하여 돌아가는 돌림판처럼 확실히 이런 〔성질〕은 푸루샤에 의해 움직여진다. 그래서 철의 덩어리가 해머를 맞을 때 불이 압도되지 않는 것처럼, 이와 같이 그 푸루샤는 압도당하지 않는다. 이 원소로서의 자기는 압도된다. 그것은 〔갖가지의 성질과〕 결부되어 있기 때문이다."

4 다른 곳에서도 현자들이 말한다.

"이 육신은 성교에 의하여서만 생겨난다. 그것은 〔모태라고 하는〕 지옥에서 성장하도록 되고, 요도를 통하여 나오게 된다. 그것에 뼈가 만들어지고 살이 붙어 피부가 씌워져 재물로 채워진 보고처럼 분뇨, 담즙, 점액, 골수, 지방, 짐승 기름과 그밖의 많은 질병으로 채워져 있다."

5 다른 곳에서도 그들은 말을 한다.

"의식 불명, 공포, 절망, 수면, 태만, 부주의, 늙음, 슬픔, 굶주림, 갈증, 인색, 분노, 무신론, 무지, 질투, 잔학, 어리석음, 파렴치, 비열, 오만과 평등하지 않은 상태—그런 것들은 타마스〔tamas, 암성(暗性)〕에서 생기는 성질이다.

그리고 갈증, 애착, 격정, 탐욕, 상해, 사랑의 기쁨, 증오, 위장, 질투, 마음이 내키지 않은 상태, 불안정, 변덕, 주의 산만, 정복욕, 재산 취득, 친구에 대한 호의, 아내에의 의존, 바람직하지 않은 감각기관의 대상에 대한 혐오, 바람직한 것에 대한 애착, 거친 음성 및 식탐—그런 것들은 라자스〔rajas, 격성(激性)〕에서 생기는 성질이다. 이 원소로서의 자기는 이런 것들로 채워지고, 이런 것들에 의하여 압도되고 있다. 그러므로 그것은 다양한 형태를 띤다, 다양한 형태를 띤다."*1

---

*1 같은 말을 두 번 되풀이하고 있다. 여기에서 제3장은 끝을 맺는다.

제4장

1 잘 알려진 것처럼 참으로 금욕적인 바라킬리야는 몹시 감탄하여 그에게 가까이 가서 말했다.

"존경스러운 성자여! 그대에게 경배를 드립니다. 가르쳐주소서! 그대는 우리의 유일한 길입니다. 다른 길은 존재하지 않습니다. 이 원소로서의 자기가 이 육신을 떠난 다음, 그것에 의해 사람이 확실히 자기와 결부하게 되는 방법은 무엇입니까?"

크라투 프라자파티는 그들에게 말하였다.

2 그래서 현자들은 말하였다.

"큰 강의 물결처럼 이전에 사람이 한 행위는 원래대로 돌아오지 않는다. 바다의 조류처럼 사람에게 죽음이 찾아오는 것은 피할 수 없다. 손발이 마비되어 있는 사람같이 〔원소로서의 자기는〕 선악의 결과로 이루어진 밧줄에 의하여 묶여 있다. 죄수처럼 그것은 자유를 빼앗기고 있다. 죽음의 신 영역의 주인처럼 그것은 많은 공포를 가진 상태에 있다. 사람을 취하게 하는 마실 것에 의하여 취하게 된 사람같이 그것은 미혹이라는 사람을 취하게 하는 음료로 취하게 한다. 나쁜 혼령에 씐 사람처럼 그것은 계속 걷는다. 큰 뱀에 물린 사람처럼 그것은 감각기관의 대상에 의하여 물린다. 짙은 암흑처럼 그것은 격정에 의하여 소경이 되어 있다. 마술의 술수같이 그것은 환영으로 되어 있다. 꿈에서처럼 허상이 나타난다. 바나나 속같이 그것은 심이 없다. 무희처럼 그것은 순간마다 의상을 바꾼다. 벽화처럼 그것은 겉치레만 가지고 매료한다."

그리고 다른 곳에서도 현자들은 말하였다.

음성, 감촉이라고 하는 〔감각기관의〕 대상은 인간에게 있어 어쨌든 무의미한 것으로 그친다.

그런 것에 집착하고 있는 원소로서의 자기는 그것의 최고 장소를 회상하지 않을 것이다.

3 잘 알려져 있는 것처럼 확실히 이것은 이 원소로서의 자기에 대한 대항수단이다. 베다의 지식 획득, 자기자신의 의무[달마]의 준수, 또는 확실히 자신이 속한 인생 단계에서 자기자신의 의무 이행. 이것이 맹세(vrata)이다. 다른 것은 풀다발의 줄기 같은 것이다. 이것에 의하여 사람은 위에 달하고, 그렇지 않으면 밑으로 떨어진다. 이것이 베다에서 가리키고 있는 자기자신의 의무이다. 자기 의무에 위반함으로써 사람은 인생 단계에 속하지 못하게 된다. 또는 확실히 인생 단계에 머물지 않는 사람이 금욕주의자라고 말한다면 이것은 옳지 않다. 금욕생활을 하지 않는 사람은 자기(ātman)의 지식을 획득하지 못한다. 또 그에게는 의식의 성취도 존재하지 않는다.

왜냐하면 현자들은 다음과 같이 말하기 때문이다.

금욕에 의하여 진성[眞性, 사트바]을 얻게 되고, 진성에 의하여 사고를 얻게 된다.

사고에 의하여 실로 자기를 얻게 되고, 그것에 도달할 때 사람은 [이 세상으로] 돌아오지 않는다.

4 "브라만은 존재한다"고 브라만의 지식을 가진 사람은 말하였다. 금욕에 의하여 악을 멸한 사람은 "이것은 브라만에 이르는 문이다"라고 말했다. 충분히 주의력을 집중하여 끊임없이 명상하는 사람은 "'옴'은 브라만이다"라고 말한다.

그러므로 지식에 의하여, 금욕에 의하여, 그리고 명상에 의하여 브라만을 얻게 된다. 브라만을 뛰어넘어 가는 사람은 신들 위에 있는 최고 신의 상태에 도달한다. 이 세 가지의 한 조[지식·금욕·명상*1]에 의하여 브라만을 명상하는 사람—그는 불멸의 헤아릴 수 없는 질병을 피하는 행복에 도달한다.

---

*1 에스눌[1952년, 63쪽, 주402]에 따르면 세 가지의 한 조는 ⓐ브라만의 지식 ⓑ금욕주의의 실천 ⓒ옴 음절에 의하여 상징된 브라만에 관한 명상이다.

그래서 그것들로 채워지고, 압도되어 있는 이 짐수레를 갖추고 있는 사람은 그것에서 해방되어 틀림없이 자기와 결부하게 된다.

5 그들이 또 말하였다.

"존경스러운 성자여! 그대는 진정한 스승이십니다. [그대가 가르친] 적절한 말씀을 우리들은 가슴 속 깊이 새겨놓았습니다. 그래서 다음의 질문에 대하여 말씀해주십시오! 어떤 사람들은 불, 바람, 태양, 시간, 야마, 숨, 음식, 브라흐마[범천], 루드라, 비슈누 가운데 어떤 신을 명상하고, 다른 사람들은 다른 어떤 신을 명상하는 것입니까? 과연 어느 신이 가장 훌륭한가요? 그것을 우리에게 가르쳐주십시오!"

프라자파티가 그들에게 대답하였다.

6 "확실히 그 신들은 최고의, 불멸의, 육신이 없는 브라만의 중요한 형태이다. [그런 형태의 하나로] 이 세상에 집착하고 있는 사람—그는 그의 세계에서만 기뻐한다"고 말했다. 그러므로 현자들도 말하였다.

"잘 알려져 있는 것처럼 브라만은 이 세상 모든 것이다."

실로 그 신의 주요한 형태를 사람이 명상하고 숭배하며 그리고 비밀로 해야 한다. 그러므로 확실히 그런 [브라만의 형태]와 더불어 사람은 모든 세계에서 저 높은 곳으로 간다. 그리고 마지막 순간에 이르렀을 때 그는 [그 어느 신도 아닌] 푸루샤와 하나가 된다. 그는 푸루샤와 [하나가 된다]. *2

---

*2 같은 말의 되풀이. 여기에서 제4장은 끝을 맺는다. 그래서 잘 알려진 것처럼 이것이 브라만의 지식, 또는 모든 우파니샤드의 지식이다, 오오, 왕이시여! 샤카야니야의 가르침은 이 말로써 끝난 것이다.

제5장

1 그래서 크트사야나 성자의 이 찬가가 존재한다.

그대는 브라흐마[범천]로다, 그리고 확실히 그대는 비슈누이다. 그대는 루드라이다. 그대는 프라자파티이다.

그대는 불이다. 그대는 바루나이다. 그대는 바람이다. 그대는 인드라이다. 그대는 달이다.

그대는 마스이다. 그대는 야마이다. 그대는 대지이다. 그대는 모든 것이다. 그리고 그대는 흔들림이 없는 존재이다.

자기의 목적에서 그리고 자성(自性)의 목적에서 그대 속에 사물은 다양하게 존재한다.

아아, 모든 것의 주인이여! 모든 것의 자기, 모든 행위를 하는 그대에게 경배!

그대는 모든 것을 즐기고 맛보는 일체의 수명이다. 그대는 모든 희롱을 즐기는 주인이다.

평온한 자기[아트만]을 가진 그대에게 경배! 매우 깊이 숨어 있는, 불가사의한, 헤아릴 수 없는,*1 시작도 끝도 없는 그대에게 경배!

2 확실히 태초에 이 세상에는 칠흑만이 존재하고 있었다. 그것은 최고의 것 가운데 있는지도 모른다. 최고의 것을 휘몰아 불균형 상태에 빠진다. 확실히 이 불균형이 라자스[격성] 형태이다. 잘 알려져 있는 것처럼 이 라자스를 휘몰아 불균형 상태에 빠진다. 확실히 이 불균형은 사트바[순질] 형태이다. 확실히 사트바는 몰아붙여졌다. 정수가 [거기에서] 만들어진 [육신이라

---

*1 《마누 법전》, 1.3 참조.

고 하는 이름의〕 장소를 알고 있다, 각자의 안에 있는 순수지(純粹知)가. 그리고 이 부분은 의도, 결심 및 자의식에 의하여 특징지어져 있다. 그것은 비슈바〔일체〕라고 부르는 프라자파티이다. 그의 이런 형태는 이미 알려져 있다.

그래서 잘 알려져 있는 것처럼 확실히 타마스에 속하는 그의 그 부분은 아아, 바라문의 학생들이여! 이 루드라이다. 그래서 잘 알려져 있는 것처럼 확실히 라자스에 속하는 그의 그 부분은 아아, 바라문의 학생들이여! 이 브라흐마〔범천〕이다. 그래서 잘 알려져 있는 것처럼 확실히 사트바에 속하는 그의 그 부분은 아아, 바라문의 학생들이여! 이 비슈누이다.

참으로 이 하나인 것은 3곱으로 되고, 8곱으로 되고, 11곱으로, 12곱으로, 그리고 헤아릴 수 없는 배수를 낳는다. 나온 것이기 때문에 그것은 부타〔bhūta, 생성하고 있다. 생성하고 있는 것. 존재하고 있는 것. 살아 있는 것〕이다. 그는 생물 속으로 들어가〔그런 것들 사이를〕 움직인다. 그는 생물의 지배자가 되었다. 그래서 그것은 내부에 있고, 더구나 외부에 있다. 내부에 있고, 더구나 외부에 있는 자기〔아트만〕이다. *2

---

*2 같은 말의 되풀이. 여기에서 이 장이 끝났다는 것을 나타낸다.

제6장

1 참으로 이것은 숨이라는 것과 저 태양이라는 것으로서 자기자신(ātman)을 2중으로 떠받친다. 그래서 참으로 내부와 외부에 있는 그것의 두 길이다. 그들 둘은 낮과 밤을 통하여 회귀한다. 참으로 저 태양은 외부에 있는 자기이고, 숨은 내부에 있는 자기이다. 그러므로 외부에 있는 자기의 운동에 의하여 내부에 있는 자기의 운동이 추론된다. 실로 현자들은 이렇게 말한다.

"아는 자로서 악을 멸하고 시각을 감시하며 그 사고를 정화하여 그것에 근거를 두고,〔감각기관의 대상에서〕시각을 딴 데로 돌리게 하는 것은 누구인가. 그가 자기이다."

내부에 있는 자기의 운동에 의하여 외부에 있는 자기의 운동을 추론하게 한다. 실로 현자들은 이렇게 말한다.

"그래서 황금 위치에서 이 대지를 본다, 태양 내부에 있는 이 황금으로 이루어진 인간〔푸루샤〕―이것이 바로 심장의 연화에 머물러 음식을 먹는 자이다."

2 그래서 확실히 심장의 연화에 머물러 음식을 먹는 자―그것은 하늘에 머물러 시간이라는 이름이 붙여지고 눈에 보이지 않은 모든 생물을 음식으로 먹는, 이 태양의 불이다. 연화란 무엇인가? 그리고 그것은 무엇으로 만들어졌는가?

확실히 이 연화는 이 허공인 것이다. 그것의 이런 네 방향과 넷의 중간 방향은 그것의 잎 모양을 하고 있다. 숨과 태양이라는 둘은 밑으로 따로따로 떨어져 간다. '옴'이라는 이 음절에 의한 짧은 외침〔브훌, 부바하, 스바하〕에 의하여 사비트리 찬가에 따라 사람은 이 두 가지를 명상해야 한다.

3 확실히 브라만에는 형체가 있는 것과 형체가 없는 두 형태가 있다. 그래

서 형체가 있는 것은 진리가 아니고, 형체가 없는 것은 진리이다. 그것이 브라만(brahman)이다. 그것이 빛이다. 빛이라는 것, 그것이 태양이다. 참으로 이 태양은 '옴'이다. 이것은 태양이 되었다. 자기는 자기자신을 셋으로 나누었다. 그것이 '옴'이라는 세 가지 음소(AUM)이다. 이런 음소(音素)에 의하여 확실히 이 모든 것은 이 태양으로 왔다 갔다 엮어지고 있다.

실로 현자들은 이렇게 말한다.

"참으로 이와 같이 '태양은 옴이다'라고 이렇게 명상하면서 사람은 스스로를 자기(ātman)와 결부시켜야 한다."

4 다른 곳에서도 현자들은 말하고 있다.

"그래서 잘 알려져 있는 것처럼 우드기타라는 것은 '옴' 음절이고, '옴' 음절이라는 것은 우드기타이다." "참으로 우드기타는 저 태양이다. 이것이 옴 음절이다"라고, 그들은 말한다.

'옴' 음절이라고 이름붙여진 우드기타, 〔제례의 실행을〕 선도하는 것, 빛나고 있는 것, 졸음이 사라진 것, 늙는 일이 없는 것, 죽는 일이 없는 것, 세 발을 가진 것, 세 음절을 가진 것, 그리고 다섯 겹이라고 알려져야 하는 것, 심장의 동굴 속에 놓아둔 것으로서 〔사람은 자기에 대하여 명상해야 한다.〕

실로 현자는 이렇게 말한다.

"세 발의 브라만은 위로 향하고 있는 뿌리를 갖는다. 그것의 가지는 허공, 바람, 불, 물, 땅 등이다. 아슈바타〔무화과〕라고 이름붙여진 유일한 것, 그것이 브라만이다. 이것의 이 빛, 그것이 저 태양이다. 그리고 이것은 옴이라는 이 음절의 휘황한 빛이다. 그러므로 '옴'이라는 이 음절에 의하여 사람은 끊임없이 이것을 명상해야 한다. 유일한 것은 그를 깨닫게 하는 것이다."

실로 현자들은 이렇게 말한다.

이 음절만이 훌륭한 것이다. 이 음절만이 최고이다.

사람이 확실히 이 음절을 알고 있을 때, 그가 바라는 것은 그의 것이 된다.

5 다른 곳에서도 현인들은 말하고 있다.

"'옴'은 그[아트만], 소리의 울림을 가진 육신이다. 여성, 남성 및 중성은 성(liṅga)을 가진 육신이다. 그리고 불, 바람과 태양은 빛을 가진 육신이다. 그리고 브라흐마[범천], 루드라와 비슈누는 지배자를 가진 육신이다. 그리고 가르하바티야, 다크시나와 아하바니야는 입을 가진 육신이다. 그리고 리그 베다의 시구, 야쥬르 베다의 문구 및 사마 베다의 가곡은 지혜를 가진 육신이다. 그리고 브훌, 브바하, 스바하는 모든 세계를 가진 육신이다. 그리고 과거, 현재와 미래는 시간을 가진 육신이다. 그리고 숨, 불과 태양은 열을 가진 육신이다. 그리고 음식, 물과 달은 팽창을 하는 육신이다. 그리고 이해력(buddhi), 사고 및 자아의식(ahaṃkāra)은, 의식(cetana)을 가진 육신이다. 그리고 프라나[내쉬는 숨], 아파나[들이쉬는 숨]와 비야나[아파나와 프라나의 중간 숨]는 숨을 가진 육신이다."

그러므로 '옴'이라고 하는 말에 의하여 이런 육신은 칭찬을 받고, 단단하게 된다.

실로 현자는 이렇게 말한다.

"사티야카마야! 옴이라는 음절은 보다 훌륭하고 그리고 보다 뒤떨어진 이 브라만(brahman)이다."

6 참으로 [최초]의 이 [우주]는 소리내어 말로 할 수 없는 것이었다. 진리인 프라자파티는 금욕을 실천한 다음에 브훌(땅), 브바하(대기), 스바하(하늘)라고 소리내어 말하였다. 바로 이것이 모든 세계를 가진 이 프라자파티의 가장 엉성하게 큰 육신이다. 스바하는 그 육신의 머리이다. 부바하는 배꼽이다. 브훌은 발이다. 태양은 눈이다. 왜냐하면 [사물을] 측정하는 인간의 위대한 잣대는 눈에 근거하고 있기 때문이다. 인간은 눈에 의한 잣대에 따라 움직이기 때문이다. 확실히 눈은 진리이다. 왜냐하면 눈에 머물고 있는 인간[푸루샤]은 모든 사물 속을 움직이기 때문이다. 그러므로 브훌, 부바하, 스바하라고 하며 사람은 명상을 해야 한다. 이와 같이 모든 것인 자기, 모든 것의 눈인 프라자파티는 무슨 방법으로든 명상을 하게 되기 때문이다.

실로 현인은 이렇게 말한다.

"확실히 이것은 모든 것을 떠받치는 프라자파티의 육신이다. 이 육신 속에 모든 것은 숨겨져 있다. 그리고 이 모든 것 속에 이 육신은 숨겨져 있다. 그러므로 이 육신은 명상을 해야 한다."

7 tat savitur vareṇyam〔사비트리 신의 그 소망스러운 빛〕―참으로 사비트리〔자극하는 것〕는 저 태양이다. 진정 자기를 사랑하는 사람에 의하여 그는 이렇게 선택받아야 된다고, 브라만에 대하여 논하는 사람들은 말한다.

그리고 bhargo devasya dhīmahi〔신의 영광을 우리는 명상해야 한다〕―참으로 신은 사비트리이다. 그러므로 그의 바르가〔영광〕라고 하는 것, 그것을 우리는 숙고한다고, 브라만에 대하여 논하는 사람들은 말한다.

그리고 dhiyo yo naḥ pracodayāt〔그는 우리 사상을 자극해야 한다〕―디야하〔dhiyaḥ, 사상〕는 확실히 이해력이다. '이해력은 우리를 자극해야 한다고' 브라만에 대하여 논하는 사람들은 말한다.

그리고 bhargas〔빛나다〕―저 태양 속에 있는 것, 눈속의 눈동자, 그것을 바르가스라고 부른다. 왜냐하면 그것은 햇살과 함께 가기 때문에 바르가스 (bhargas)라고 하는 것이다. 그는 또 건조시키기 (bharjayati) 때문에, '이것은 바르가스 루드라이다'라고 브라만에 대하여 논하는 사람들은 말한다.

그리고 Bha라고 하는 것은 이런 세계를 비치는 것을 의미한다. Ra라고 하는 것은 이들 생물을 기쁘게 하는 것을 의미한다. Ga라고 하는 것은 이 세상 만물이 그의 속으로 가서 그의 속에서 나타나게 되는 것을 의미한다. 그러므로 bha-ra-ga라고 하는 것에서 그것은 bhargas가 된다. 〔소마가〕 끊임없이 착취되기 때문에 그것은 Sūrya〔태양〕이다. 자극하기 때문에 그것은 Savitṛ이다. 제거하기 때문에 그것은 Āditya〔태양〕이다. 정화하기 때문에 그것은 Pavana이다. 그리고 팽창시키기 때문에 그것은 Āpas〔물〕이다.

그러므로 현자는 이렇게 말한다.

"잘 알려져 있는 것처럼 그것은 자기의 자기, 인도하는 자는 불멸이라는 이름이 붙여지고 관찰하는 것, 사고하는 것, 가는 것, 배설하는 것, 성적으로 환희하는 것, 행동하는 것, 말하는 것, 맛보는 것, 냄새를 맡는 것, 보는 것, 듣는 것, 만지는 것이 된다. 편재하고 있는 것이 육신 속으로 들어온 것이다."

또 다른 곳에서도 현자는 이렇게 말한다.

"그래서 인식이 2원적으로 된 곳에서는 사람은 듣고, 보고, 냄새를 맡고, 맛보고, 그리고 만지기 때문이다. 자기는 일체를 알고 있다. 인식이 1원적으로 된 곳에서는 결과, 원인 및 행위에서 해방되어 언어를 초월, 비교할 수 없고, 설명할 수 없는 것을 〔사람은 획득한다〕. 그것은 무엇인가? 언어로는 표현할 수 없는 것이다."

8 잘 알려져 있는 것처럼 실로 이 자기는 주인이고, 행복을 가져오는 것, 생성하는 것, 루드라, 프라자파티, 세상 모든 것을 창출하는 것, 황금의 태아, 진리, 숨, 기러기, 교사(敎師), 비슈누〔편재자〕, 나라야나, 태양, 사비트리〔태양의 여신〕, 유지하는 것, 배분하는 것, 대왕, 인드라, 달〔인두〕이다. 불에 의하여 불이 가려져 있는 것처럼 천의 눈을 가진 황금알에 의하여 가려져 이것은 뜨거워진다. 확실히 이것은 알기를 바라야 하고 탐구되어야 한다.

모든 생물을 두려워하지 않는 상태를 베풀어 사람이 황야로 가서 감각기관의 대상을 그의 육신 밖에 두고, 그는 이것을 인식해야 한다.

모든 형태를 띠고 있는 것, 황금의 자타베다스〔불〕, 최고의 목표, 유일한, 뜨거워진 하나의 것을 〔사람은 인식해야 한다.〕
천 개의 햇살을 가지고 백 겹으로 회전하면서 이 태양은 생물의 숨으로 떠오른다.

9 그러기에 참으로 사람은 〔숨과 태양의〕 양쪽을 자기로 가진다. 이와 같이 알고 있는 사람은 확실히 자기에게 명상하고 자기에게 바로 공물을 바친다. 〔명상의〕 실천과 관련되는 사고는 현인들에게 칭찬을 받는다. '남은 음식으로 인해 상한 것'이라는 식으로 사람은 사고의 오염을 정화해야 한다. 그는 다음의 만트라〔제례의 상투적 문구〕를 외운다.
"음식의 남은 것, 남은 음식에 닿아 상한 것, 죄인에게서 받은 것, 또는 사산아의 출산 후에 〔부정을 탄 것〕, 바수(Vasu)를 정화하는 것, 불, 사비트리의 햇살이 우리의 음식과 다른 나쁜 행위가 깨끗해지기를!"
처음에 〔입을 헹굼으로써〕 그는 물을 가지고 〔숨〕을 두른다.

"내쉬는 숨〔프라나〕에게 스바하! 들이쉬는 숨〔아파나〕에게 스바하! 들이쉬는 숨과 내쉬는 숨의 중간 숨〔비야나〕에게 스바하! 들이쉬는 숨과 내쉬는 숨을 연결하는 숨〔사마나〕에게 스바하! 위로 가는 숨〔우다나〕에게 스바하!"

그는 이렇게 말하고 다섯 가지 제례의 상투어로 공물을 바친다. 그리고 침묵하면서 그는 남긴 음식을 먹는다. 그리고 다시 그 다음에 그는 물로써 〔숨을〕 두른다. 입을 행구고 나서, 자기에게 공물을 바치는 사람은 "숨, 불은……" 그리고 "그대는 모든 것이다"라고 하는 두 제례의 상투적 문구로 자기〔아트만〕을 명상해야 한다.

> 참으로 숨이요 불인 최고의 자기는 다섯 가지 바람으로서 〔육신에〕 머물고 있다. 그것은 만족하고 있다. 그것은 모두를 흡족하도록 하라, 모두를 즐기고 맛보는 자는.
> 그대는 모든 세상이다. 그대는 바이슈바나라〔만인에게 공통되는 불〕이다. 태어난 모든 것은, 그대에 의하여 유지된다. 모든 공물이 그대 속으로 들어가기를! 그대는 영원한 불멸의 존재이기에 모든 생물은 〔살고 있다〕.

잘 알려져 있는 것처럼 이 의식에 따라 이와 같이 음식을 먹는 사람은 다시 '먹히는 자'로 태어나지 않는다.

10 그리고 알아야 될 또 다른 것이 있다. 즉 음식이면서 그와 동시에 그 음식을 먹는 자인 아트만〔자기〕에 대한 제례의 적용에 관한 것이다. 이제 그 것을 설명하리라.

푸루샤는 질료〔프라다나〕의 내부에 있는 의식이다. 그만이 즐기고 맛보는 것이고, 그는 질료〔프라크리티〕에서 유래하는 음식을 먹는다. 왜냐하면 이 원소로서의 자기*¹는 그것의 음식이기 때문이다. 질료는 그것〔원소로서의 자기〕를 만든 근원이다. 그러므로 그것은 세 가지 구나〔guṇa, 프라크리티의 구성 요소〕로 먹어야 되는 것이다. 먹는 것은 내부에 있는 푸루샤이다. 이 경

---

*1 '원소로서의 자기"(bhūtātman)는 육신을 가진 자기. 이 자기는 프라크리티의 음식이다. 먹는 자는 먹어야 되는 것〔음식〕보다도 훌륭하다는 것이 고대 인도적 발상이다.

우에는 보인 것이 곧 증거이다. 왜냐하면 가축은 정액에서 생기기 때문에 정액은 먹어야 되기 때문이다. 확실히 이것으로써 질료는 먹어야 된다는 것이 설명되었다. 그러므로 푸루샤는 먹는 것이고, 질료는 먹어야 되는 것이다. 그 속에서 푸루샤는 먹는다.

질료에서 유래하는 음식은 세 가지 구나[질료의 구성 요소]의 차이에 근거하여 변형하였으므로 큰것(mahat)에서 시작하여 특수(viśeṣa)로 끝나는 미세한 육신[jinga]이다. 확실히 이것으로써 열네 종류의 길에 대한 설명이 이루어지게 된다. '왜냐하면 이 세계는 쾌락, 고통과 미혹이라고 부르는 음식으로 이루어졌기 때문이다. 왜냐하면 씨가 생겨나지 않는 한 그것의 감미로움은 포착될 수 없기 때문이다. 씨에도 이처럼 유년기, 청춘기 및 노년기라는 세 단계로 음식의 상태가 존재한다. 그것의 음식 상태는 변화하기 때문이다.

이와 같이 질료가 밖으로 드러날 때 그것의 지각이 생긴다. 그 속에 달콤한 것, 즉 결심, 의도, 자아의식이라고 하는 이해력 같은 것이 생긴다. 그리고 감각기관의 대상인 다섯 가지 달콤한 것이 생긴다. 모든 감각기관의 활동과 숨의 활동도 마찬가지다. 이와 같이 드러난 음식과 드러나지 않은 음식이 있다. 그것을 먹는 자[푸루샤]는 구나[성질]을 가지고 있지 않다. 그것은 먹어야 되는 것이므로 그것에 의식(意識, caitanya)은 속한다는 것이 알려져 있다. 확실히 신들 사이에 불이 음식을 먹는 것이고, 소마가 음식이듯이 이와 같이 알고 있는 사람은 확실히 불에 의하여 음식을 [먹는다]. 이 원소로서의 자기는 소마라고 부르며, 아직 나타나지 않은 입을 가진 것은 불이라 부른다고 하기 때문이다.

왜냐하면 푸루샤는 드러나지 않은 것을 입이라고 함으로써 세 가지 성질로 이루어진 것[질료]를 먹기 때문이다. 이와 같이 알고 있는 사람이 걸식을 하면서 방랑하는 세속을 버린 사람(saṃnyāsin), 요가 행자 그리고 자기에게 공물을 바치는 사람이다. 그래서 사람이 빈 집에 들어가 사랑을 하고 있는 여자에게 손을 대지 않듯이 그와 같이 그의 속으로 들어온 감각기관에 개의치 않는 사람은 걸식을 하면서 방랑하는 탈속인이요, 요가 행자이며, 자기에게 공물을 바치는 사람이다.

11 참으로 음식이라는 것은 자기의 최고 형태이다. 왜냐하면 이 숨은 음

식에서 이루어지기 때문이다. 만일 그가 먹지 않는다면 그는 생각하지 못하는 사람, 듣지 못하는 사람, 만지지 못하는 사람, 보지 못하는 사람, 말을 못하는 사람, 냄새를 맡지 못하는 사람, 맛을 알지 못하는 사람이 된다. 그는 모든 생기를 버린다. 실로 현자는 이렇게 말한다.

그러나, 잘 알려져 있는 것처럼 만일 그가 먹는다면 그는 숨이 풍족해짐으로써 생각하는 사람, 듣는 사람, 만지는 사람, 말하는 사람, 맛보는 사람, 냄새를 맡는 사람, 보는 사람이 된다.

실로 현자는 다음과 같이 말한다.

참으로 생물은 음식에서 태어난다, 땅 위에 사는 모든 것들은.
그러므로 그들은 음식에 의해서만 살고, 마지막으로 그것 속으로 들어간다.

12 다른 곳에서도 현자는 말하고 있다.
"참으로 모든 생물은 하루하루 먹을 것을 구하려고 뛰어다닌다. 태양은 그의 햇살로 자신의 먹을 것을 섭취한다. 그것으로 저 태양은 뜨거워진다. 음식이 주어지면 생명체는 그것을 먹어 소화한다. 확실히 불은 음식을 먹어야 타오른다. 이 세상은 브라흐마가 음식을 원하여 만든 것이다. 그러므로 사람은 음식을 자기[아트만]으로서 명상해야 한다."

현자는 다음과 같이 말한다.
"생물은 음식에서 생겨난다. 생긴 것은 음식으로 성장한다. 그것은 먹을 수 있다. 그리고 그것은 생물을 먹는다. 그러므로 그것은 음식이라고 말한다."

13 다른 곳에서도 현자들은 말하고 있다.
"참으로 이 음식은 모든 것을 떠받치는 성스러운 비슈누의 육신이다. 참으로 숨은 음식의 진수이다. 사고는 숨의 진수이다. 인식은 사고의 진수이다. 환희는 인식의 진수이다. 이렇게 알고 있는 사람은 음식을 가진, 숨을 가진, 인식을 가진, 환희를 가진 자가 된다. 이렇게 알고 있는 사람은 참으로 이 세상에서 생물이 음식을 먹는 한 그런 한에 있어서 [생물의] 깊은 내부에 있는 음식을 먹는다.”

확실히 음식은 노화를 피하고, 마음을 가라앉히는 것이라고 전해지고
있다.
음식은 가축의 생기인 가장 오래된 것으로 음식은 의사이라고 전해지고
있다.

14 다른 곳에서도 현자들은 말하고 있다.
“참으로 음식은 이 모든 것의 근원이다. 그리고 음식의 근원은 시간이다.
시간의 근원은 태양이다. 시간의 이 형태는 순간들의 시각으로 만들어져 있
다. 1년은 열두 〔월력〕으로 이루어져 있다. 이것의 절반은 아그니에 속하고,
다른 절반은 바루나에 속한다. 〔태양이 남쪽으로 가는〕 경로에 아그니에 속
한 절반은 마가 별자리(6월)에서 시작하여 슈라비슈타 별자리(12월)의 처음
절반과 함께 끝난다. 〔태양이 북쪽으로 가는〕 경로는 소마에 속한 절반은 사
르바〔뱀〕 별자리(6월)에서 시작하여 슈라비슈타 별자리(12월) 제2의 절반과
함께 끝난다. 그런 별자리에서의 1〔년〕 그 자체의 각 달은 〔별자리를 지나가
는 태양〕 경로의 흐름에 아홉 부분〔일부분＝4분의 1〕에 이른다.”
〔시간은〕 미세한 것이기 때문에 이 〔태양의 경로〕가 〔기준이 되는〕 잣대이
다. 이것에 의해서만 시간은 측정되기 때문이다. 잣대가 없으면 측정해야 하
는 것을 지각하지 못한다. 〔시간〕 그 자체를 인식하기 위하여 개별적인 것이
기 때문에 측정해야 하는 것조차도 잣대라고 하는 상태에 도달한다.
그러므로 현자는 다음과 같이 말한다.
“참으로 시간의 부분이 존재하는 한 그러는 한 저 태양은 간다. 시간을 브
라만으로 명상하는 사람—그 사람으로부터 시간은 너무나 멀리 사라진다.”
실로 현자는 다음과 같이 말한다.

모든 생물은 시간에서 흐른다. 그리고 그들은 시간 안에서 자라난다.
그리고 그들은 시간 속으로 사라진다. 시간은 형태가 있는 것과 형태가
없는 것, 모든 것이다.

15 확실히 브라만에는 시간과 시간이 아니라는 두 형태가 존재한다. 그래서 태양보다도 전에 존재한 것은 시간이 아닌 것이고, 부분을 가지고 있지 않다. 그러나 태양과 함께 시작하는 것은 시간이고, 부분을 가지고 있다. 확실히 부분을 가지고 있는 것의 이 형태는 해(년)라는 것이다. 잘 알려져 있는 것처럼 해 가운데서 이런 생물은 생긴다. 확실히 이 세상에 태어난 것은 해에 따라 성장한다. 그들은 해 속으로 사라진다. 그러므로 해는 실로 프라자파티이고, 시간이며 음식이고 브라만의 보금자리이며, 그리고 그 자신(ātman)이다. 실로 현자는 다음과 같이 말한다.

시간은 확실히 모든 생물을 위대한 자기(ātman)로서 성숙시킨다.
그러나 그 속에서 시간이 성숙하는 그〔위대한 자기〕를 알고 있는 사람.
그는 베다를 알고 있다.

16 육신을 구비한 이 시간은 생물의 큰 바다이다. 그 속에 존재하는 사비트리라고 하는 바로 이것으로부터 달, 별, 행성, 세월 등이 생겼다. 그리고 이런 것들 속에서 이 모든 것이 생겼다. 혹은 여기에서 보이는 뭔가 좋은 것, 나쁜 것이 이런 것에서 생겼다.

그러므로 브라만은 태양 그 자체이다. 그리고 사람은 시간이라고 하는 태양을〔브라만으로서〕명상해야 한다. 브라만은 태양이라고 어떤 사람들은 말한다.

그리고 실로 현인은 다음과 같이 말한다.

"공물을 바치는 자, 그것을 먹는 자, 제물, 제례의 상투적 문구〔만트라〕, 제례, 비슈누, 프라자파티—그런 모든 것은 저 태양에서 빛나고 있는 주인이고, 눈앞에 보고 있는 그 누군가이다."

17 확실히 브라만만이 여기에 최초로 존재하고 있었다. 그것은 동쪽으로 무한하고, 남쪽으로 무한하며, 서쪽으로, 북쪽으로, 위로 아래로 모든 방향으로 무한하였다. 왜냐하면 브라만에게는 동이니 서니 하는 방향은 존재하지 않기 때문이다. 그리고 이 최고의 아트만〔자기〕는 비스듬히 또는 아래로 위로 헤아릴 수가 없다. 이것은 한계를 갖지 않았고, 또 아직 태어나지도 않

앉으며, 그래서 헤아릴 수 없고 불가사의한 것이다.

이것은 허공을 자기로 하고 있다. 모든 것이 다할 때 깨어 있는 유일한 것이 이것이다. 이와 같이 이 허공 속에서 잘 알려져 있는 것처럼 이것은 이 순수 정신을 깨어나게 한다. 이 허공에 의해서만 이것은 생겨난다. 그리고 이것은 그 속으로 사라진다. 저 태양에서 뜨거워지고 있는 그것이 빛나고 있는 형태이다. 그리고 그것은 연기 없는 불에서 [뜨거워진] 좀더 밝게 빛나는 빛이고, 또는 음식을 소화하는 위 속에 있는 것[만인에게 공통적인 불]이다.

그래서 현자는 다음과 같이 말한다.

"불 속에 있는 이것 심장 속에 있는 이것, 그리고 태양 속에 있는 이것—이[불]은 하나이다."

이렇게 알고 있는 사람은 하나인 것과 하나의 상태가 된다.

18 그 하나에 가는 가장 좋은 방법은 다음과 같다. 숨을 조절*²하고, 감각들을 그 대상으로부터 거두어들이며, 정신을 집중하고 명상의 단계로 들어가, 숙고의 과정을 통해 삼매경에 이른다. 이것이 요가의 여섯 단계라고 말한다. 이 요가에 의해 "보면서 사람이 황금색의 행위자, [만물의] 주인, 푸루샤, 브라만, 모태를 볼 때 그는 알고 있는 자로서 선악을 초월한 최고의 존재, 불멸의 존재로서 모든 것을 하나로 하는" 것이다.

불타고 있는 산에 사슴이나 새가 가지 않듯이,

그와 같이 브라만을 알고 있는 사람에게 과실은 결코 일어나지 않는다.

19 다른 곳에서도 현인들은 말하고 있다.

"참으로 알고 있는 사람은 밖으로 향하고 있는 사고를 조절하여, 감각기관의 대상을 숨 속으로 거두어들이고, 거기에서 의도를 갖지 않는 상태로 있게 해야 한다. 숨이라고 이름붙여진 생명이 있는 것(jīva)은 숨이 없는 것에서 생겼다. 그러므로 진정 숨[이라는 말이 여기에서 사용된다]. 투랴[turya, 의식의 최고 상태]*³라고 부르는 것에서 사람은 숨을 유지해야 한다."

---

*2 숨 조절의 종국적 목표는 숨을 정지(靜止)시키는 것이다.

*3 투랴 또는 투리야(turīya)는 깨어 있는 상태, 꿈 또는 꿈을 꾸지 않은 깊은 잠을 초월하고

실로 현인은 다음과 같이 말한다.

사상이 없이 사상의 한가운데에 있고, 불가사의하며 최고로 신비적인 것.
거기에 사람은 사상을 돌려야 한다. 그리고 그것은 기초가 없는 증거 (liṅga)이다.

20 다른 곳에서도 현자들은 말한다.

그에게 있어 그보다도 훌륭한 정신의 집중이 존재한다. 입천장으로 혀끝을 밀어붙임으로써 언어, 사고 및 숨을 멈추게 하기 때문에 숙고에 의하여 사람은 브라만을 본다. 사고가 멸하기 때문에 미세한 것보다도 더 미세한 빛나는 자기를 자기가 볼 때, 그때에 사람은 자기를 자기가 보고, 자기를 갖지 않게 된다.*4 자기를 갖지 않는 자이므로 그는 세어볼 수 없고 근원을 갖지 않은 자라고 생각해야 한다. 이것이 해탈에 의해 특징지어지는 최고의 신비이다.

실로 현자는 다음과 같이 말한다.

마음의 평온에 의하여 사람은 선악의 행위를 사라지게 한다. *5
평온한 자기를 가진 사람은 자기에 머물러 불멸의 행복에 도달한다.

21 다른 곳에서도 현인들은 말한다.

"숨을 이끌어 입천장 안에서 방해를 당하는 스슘나라고 하는 위로 가는 혈관—'옴'의 음절과 사고가 결부되어 있는 그 혈관에 의하여 혈관은 위로

있다—만두키야 우파니샤드 7. 그리고 브리하다라냐카 우파니샤드 5.14, 3~4.6~7 참조.

*4 '자기를 갖지 않게 된다'(nirātmā bhavati)고 하는 이 표현에 의하여 여기에서 비자기설(非自己說)을 주장한다고는 생각되지 않는다. 라마틸타에 따르면 '자기를 갖지 않는다'는 것은 '사고를 갖지 않는다'는 것이고 '개별적인 자기의 상태에서 해방된다"는 것이다. 에스누르[1952년, 37쪽]는 nirātmā bhavati를 '원소로서의 혼을 빼앗기고 있다"고 번역하였다. 어쨌든 '자기를 갖지 않게 된다"는 말을 듣기 전에 '미세한 것보다도 더 미세한" 자기 (ātman)는 중심 사상으로서 이 우파니샤드에서 인정되고 있다.

*5 여기에서도 역시 모럴의 피안에 있는 것이 고대 인도의 이상으로서 인정되고 있다.

나갈 수가 있다. 입천장 위로 〔혀의〕 끝을 반전시켜 감각기관을 〔숨과 사고 와〕 결합시켜서 사람은 위대성으로서 그 위대함을 관찰해야 한다. 그리고 사람은 자기를 갖지 않는 상태에 도달한다. 자기를 갖지 않은 상태이기 때문에 사람은 쾌락과 고통에 관여하지 않게 된다. *6 그는 혼자의 상태를 얻는다."
　실로 현자는 다음과 같이 말한다.

　　최초로 억제되어 있는 숨을 저쪽으로 〔입천장에〕 정지시켜 그리고
　　기슭이 없는 것에 의해 기슭을 건너 그 다음에 사람은 그것을 머리에서
　　결부시켜야 한다.

　22 다른 곳에서도 현자들은 말하고 있다.
　"확실히 음성과 음성이 아니라고 하는 명상을 해야 하는 두 브라만이 존재한다. 정작 음성이 아닌 브라만은 확실히 음성에 의하여 드러난다. 그런 가운데서 음성은 '옴'이다. 이 '옴'에 의하여 위로 나아가는 음성은 음성이 아닌 데서 끝에 도달한다. 그래서 이것은 진정한 길이다. 이것은 불멸이 되는 것이다. 이것은 결부되어 있는 상태이고 마찬가지로 평정한 상태이다. 거미가 줄을 따라 위로 올라가서 널따란 장소를 획득하듯 이와 같이 확실히 잘 알려져 있는 것처럼 명상하고 있는 요가 행자는 '옴'에 의하여 위로 나아가 자립을 얻는다.
　음성을 〔브라만이라고〕 말하는 사람들은 다르게 생각한다. 귀를 엄지로 막음으로써 사람들은 심장의 허공에 포함되어 있는 음성에 귀를 기울인다. 그 음성에는 비슷한 일곱 종류가 있다. 예를 들면 강(江) 소리, 초인종 소리, 놋쇠그릇 소리, 수레바퀴 소리, 개구리 소리, 빗소리, 바람 없는 곳에서 말하는 소리이다. 그런 음성은 개별적인 특징을 뛰어넘어 최고의 음성이 없는 아직 드러나지 않는 그 브라만〔브라흐만〕에 가서 하나가 된다. 꿀의 상태에 도달한 여러 수액처럼 거기에서의 그런 음성은 개별적인 특징이 없는 것이므로 개별적으로 아무런 구분이 없게 된다."
　그러므로 현자는 다음과 같이 말한다.

---

*6 자기를 소유할 때 사람이 쾌락과 고통에 관계가 있다고 한다면 이 경우의 '자기'는 개별적 자기 또는 원소로서의 자기가 될 것이다.

두 브라만을 알아야 한다, 음성으로서의 브라만과 그보다 높은 브라만이 있음을.

음성으로서의 브라만에 정통한 사람은 높은 데에 있는 브라만에 도달한다.

23 다른 곳에서도 현자들은 말하고 있다.

"'옴'이라고 하는 이 음절이 음성〔으로서의 브라만〕이다. 그것의 끝에 있는 것, 그것은 평온하고 음성이 없으며 두려움을 모르고 슬픔도 없으며 환희이고 만족하며 안정이 되어 흔들림이 없고 죽지 아니하며 부동으로 이어가는 비슈누라고 하는 것이다. 모든 것의 더 높은 데에 있는 것을 얻기 위하여 사람은 〔음성과 음성이 아니라고 하는〕 이 둘을 명상해야 한다."

실로 현인은 다음과 같이 말한다.

참으로 좀더 높고 좀더 낮은 저 신은 실로 이름에 의한 '옴'의 음절이다.

소리도 없이 공(空, śūnya)하게 되어 그것은 머리라고 하는 장소에 머문다. 그것에 사람은 주의를 집중해야 한다.

24 다른 곳에서도 현자들은 말하고 있다.

"육신은 활이다. '옴'이라고 하는 이 음절은 화살이다. 사고는 그것의 끝이다. 타마스〔어둠〕에 의하여 특징지어진 것을 뚫고, 사람은 타마스가 아닌 것에 의하여 가려져 있는 타마스에 가까이 간다. 그리고 〔타마스에 의해〕 가려진 것을 돌파하여 사람은 보았다. 횃불의 테두리처럼 불꽃을 흩뜨리고 있는 태양의 색깔을 한 타마스 저쪽의 힘을 주는 브라만을, 저 태양에서 그리고 달에서 불에서 번개에서 빛나고 있는 것을 사람은 보았다. 그래서 잘 알려져 있는 것처럼 이 브라만을 보고 사람은 불멸의 경지에 도달한다."

실로 현자는 다음과 같이 말한다.

명상은 내부에서 최고의 원리를, 그리고 〔외부에서〕 목표로 향하게 된다. 그러므로 차별이 없는 인식은 차별을 받게 된다.

사고가 사라질 때 생기는 자기(ātman)를 증인으로 하는 행복한 것. 그것이 브라만이요 불멸의 존재이고 빛나는 것이다. 그것이 길이다. 그것이 세계에 다름없는 것이다.

25 다른 곳에서도 현자들은 말하고 있다.

"수면 상태와 같이 숨겨져 있는 감각기관을 가지고, 감각기관의 동굴〔육신〕에서 더구나 그런 것에 지배를 받지 않는 사람—그는 꿈을 꾸는 때처럼 매우 순수한 생각에 의하여 성스러운 소리 '옴'(praṇava)이라고 부르는 이끄는 자, 빛나는 자, 잠이 없는 자, 늙지 않는 자, 죽음을 벗어난 자, 슬픔을 모르는 자를 본다. 그도 역시 성스러운 소리 '옴'이라 부르게 된다, 이끄는 자, 빛나는 자, 잠이 없는 자, 늙지 않는 자, 죽음을 벗어난 자, 슬픔을 모르는 자가 된다."

실로 현자는 다음과 같이 말한다.

이와 같은 사람은 숨, '옴'의 음절 및 모든 것들을 결부하는 혹은 또 사람들이 결합하기 때문에 〔명상의 이 테크닉이〕 요가라고 전하여 온다.
숨과 사고의 둘, 그리고 마찬가지로 숨, 사고와 감각기관이 하나가 된 상태, 그리고 모든 사물의 포기가 요가*7라고 하는 것이다.

26 다른 곳에서도 현자들은 말하고 있다.

"참으로 어부가 물 속에서 사는 물고기를 그물로 건져내어 〔자신의〕 위 속의 불에 제물로 바치듯 이와 같이 확실히 잘 알려져 있는 것처럼 사람은 이런 숨을 '옴'이라는 음절로 끌어내어 그런 것을 무병(無病)의 불 속에 제물로서 바친다. 그러므로 그는 뜨거워진 대지〔에 놓여 있는 마하빌라의 가마〕 같이 된다. 짚과 뗄나무에 접촉함으로써 뜨거워진 〔대지에 놓여 있는 가마 속의〕 녹인 버터가 타오르는 것같이 이렇게 확실히 잘 알려져 있는 것처럼 아프라나〔aprāṇa, 숨이 아닌 것〕라는 것은 숨과 접촉함으로써 타오른다. 그래서 타오른 이것은 브라만의 형태이다. 그리고 이것이 비슈누 최고의 걸음

---

*7 요가의 정의(定義).

이다. 이것이 루드라의 루드라인 까닭이다. 그리고 이것은 셀 수 없을 만큼 자기자신을 나누어 이들 세계를 채운다."

실로 현자는 다음과 같이 말한다.

잘 알려져 있는 것처럼 불에서 불똥이 나오듯이, 태양에서 광선들이 나오듯이,

온갖 숨들은 참으로 거기에서 되풀이하여 순서대로 이 세상에 생긴다.

27 다른 곳에서도 현자들은 말하고 있다.

"참으로 최고 불멸의 육신이 없는 브라만의 이 열은 그의 체온이다. 이것은 녹인 버터이다. 그것은 밖으로 드러나 있지만 (심장 속의) 빈 공간에 숨겨져 있다. 이와 같이 주의를 한 점에 집중함으로써 그들은 심장의 허공을 내쫓는다. 그것은 무슨 방법으로든 그것의 빛이 된다. 그러므로 얼마 후에 사람은 그것과 동일한 상태가 된다. 그것은 땅바닥에 놓여 있는 쇠막대가 얼마 후에 흙의 상태로 되는 것과 같은 것이다. 불이나 대장장이가 찰흙 같은 상태의 쇠막대기를 압도하지 않듯이 그와 같은 마음(citta)은 그것의 기초와 함께 이렇게 사라진다."

실로 현자는 다음과 같이 말한다.

심장 속의 허공으로 이루어진 그릇은 환희이고, 최고의 거처이다.

그것은 자기자신의 불, 그리고 우리의 요가, 불과 태양의 열 그 자체인 것이다.

28 다른 곳에서도 현자들은 말하고 있다.

"원소, 감각기관과 그 대상을 뛰어넘어 그리고 그 활시위가 방랑의 걸식생활이고, 그 지팡이가 단단한 활을 붙잡아, 자아의식이 아닌(anabhimāna) 것으로 된 화살에 의하여 사람은 브라만에 이르는 최초의 문지기를 쓰러뜨린다. (이 문지기는) 미혹을 왕관으로 삼고 갈증과 질투를 귀고리로 삼으며 게으름, 음주, 악을 지팡이로 가지고, 자의식에 의하여 감시되자 그 활시위가 화를 내어 그 지팡이가 탐욕스러운 활을 붙잡아 욕구로 이루어진 화살에

의하여 잘 알려진 것처럼 이들 생물을 살해한다. 사람은 그를 살해하여 '옴' 음절이라는 나룻배로 심장 속의 허공 피안으로 건너가 광물을 찾는 광부가 갱 속으로 들어가듯, 이렇게 그는 드러나게 된 허공의 내부에 있는 브라만의 홀 속으로 서서히 들어가야 한다. 그리고 그는 스승의 가르침에 따라 넷의 그물로 된 바라문의 그릇*8을 쫓아내야 한다.

그러므로 순수하고 깨끗하며 그 안이 빈(śūnya) 평온하며, 숨이 없고, 자기가 없고, 무한하며, 불멸이고, 안정하게, 영원히 이어가는 아직 태어나지 않은 자립하고 있는 것은 자기자신의 위대성으로 존재한다. 그러므로 자기 자신의 위대함으로 말미암아 존재하고 있는 것을 보고 회전하고 있는 수레바퀴처럼 그는 윤회(saṃsāra)를 바라본다."

실로 현자는 다음과 같이 말한다.

> 육신을 가진 사람이 6개월 동안 요가 수행을 하여 영원히 해방되어 있을 때 무한히 최고인 비밀의 완전한 요가가 나온다.
> 라자스[격질(激質)]와 타마스[암질(暗質)]에 꿰뚫려 아들, 아내와 가정에 집착하는 인간은 아무리 열의가 있다고 해도 그에게서는 결코 완전한 요가는 나오지 않는다.

29 이와 같이 말한 다음에 마음을 내부로 돌린 성자 샤카야니야는 그[브리하드라타 왕]에게 고개 숙여 말하였다.

"오오, 왕이여! 이 브라만의 지식으로 프라자파티의 아들[바라키리야]들은 브라만의 길로 갔습니다."

요가의 실천에 의하여 사람은 만족하고 한 쌍의 대립물을 견디어 냄으로써 평온한 상태를 얻게 됩니다. 이 매우 신비스러운 요가의 실천을 사람은 아들이 아닌 자나 평온하지 않은 자에게 알리면 안됩니다. *9 [스승에게] 완

---

*8 넷의 그물[숨, 음식, 사고, 인식]로 된 코샤(kośa)는 이 우파니샤드의 6.38에 나온다. 코샤에 대해서는 타이티리야 우파니샤드 2.3 이하 참조.

*9 아들이 아닌 자, 제자가 아닌 자나 마음의 평온이 없는 자에게 알리면 안된다는 것은 여기에서는 '요가의 실천'이다. 그것은 브라만-아트만 설[범아일여설(梵我一如說)]을 의미하지 않는다.

전히 헌신하고 있는 사람, 모든 성질[구나]를 갖추고 있는 사람에게만 그것을 전해야 합니다.

30 옴! 깨끗한 장소에서 사람이 깨끗하고, 사트바[진성(眞性)] 안에 존재하여 잘 배우고 좋은 말을 하며, 좋은 명상을 하고 제례를 잘 모셔야 합니다. 그러므로 진리를 구하는 진실한 브라만에서 사람은 완성됩니다. 다른 존재—그를 행위의 과실에 묶은 밧줄이 끊어져 그는 희망도 없고, 그 자신에 그러하듯 다른 사람에 대해서도 공포는 사라지고 욕망도 없이 불멸의 무한한 행복 속으로 들어가 거기에 머뭅니다. 참으로 욕망이 없는 상태는 무슨 방법으로든지 최고의 보고인 최고의 발굴입니다. 왜냐하면 모든 욕망으로 이루어진 인간은 결심과 의도, 그리고 자기의식에 의하여 특징지어진 결박에서 헤어나지 못하기 때문입니다. 그래서 푸루샤와 정반대의 것이 해방되어 있는 것입니다.

이 점에 관하여 어떤 사람들은 이렇게 말합니다.

"질료[프라크리티]는 차별을 낳기 때문에 결심을 본질로 하는 결박에 도달한다. 결심이라는 과실(過失)이 끝나기 때문에 해방[해탈]을 낳는다."

[그러나 이 생각은 옳지 않습니다.] 왜냐하면 사람은 사고에 의해서만 보고 사고에 의하여 듣기 때문입니다. 욕망, 의도, 의혹, 신뢰, 불신, 확신, 불확신, 수치, 사상, 공포라고 하는 이 모든 것은 바로 사고에서 나오는 것입니다. 성질의 범람에 따라 사라져 가고, 오염되고, 불안정하여, 흔들리며, 현혹된 탐욕이고, 산만하여 그는 자의식의 상태에 빠져—'나는 바로 그이다. 이것은 내 것이다'라고 생각하면서 그물에 걸린 새처럼 그는 자기에 의해 자기를 결박합니다. 그러므로 결심, 의도 그리고 자기의식에 의하여 특징지어진 인간은 결박되는 것입니다.

그러나 그와 반대인 사람은 해방됩니다. 그러므로 그는 결심을 떠나 의도를 떠나 자기의식을 떠난 채로 있어야 합니다. 이것이 해방[해탈]의 특징입니다. 여기에서 이것은 브라만에 이르는 길입니다. 여기에서 이것은 문의 입구입니다. 이 입구를 지나 사람은 타마스[어둠]의 피안으로 갈 것입니다. 왜냐하면 여기에는 모든 욕망이 포함되어 있기 때문입니다.

이 점에 관하여 현자들은 인용합니다.

다섯 가지 지식[감각기관]이 사고와 더불어 머물러 움직이지 않고, 이해력이 활동하지 않을 때 그것이 가장 높은 상태라고 하는 것입니다.

이렇게 말하고 나서 마음을 내부로 돌린 성자 샤카야니야는 [침묵하였다]. 목적을 이룬 마르트[라고 부르는 브리하드라타 왕]은 그에게 경배하고 알맞는 경의를 표한 다음 [태양]이 북쪽으로 가는 길로 갔다. 왜냐하면 여기에서는 옆길로 갈 수가 없기 때문이다. 여기에서 이것은 브라만에 이르는 길이다. 태양의 문을 돌파하여 그는 위로 가는 길을 따라 나갔다.
이 점에 관하여 현자들은 이렇게 인용한다.

등불과 같이 심장에 머무는 그의 햇살은 무한하다.
그들은 희고, 검고, 황갈색, 감색, 갈색이며 거기에 붉은 기운을 띠고 있다.

그런 햇살의 하나는 태양 궤도를 돌파한 위에 있다.
이 햇살에 의하여 브라만의 세계를 뛰어넘어 그들은 최고의 목표에 도달한다.
확실히 위에 존재하고 있는 그것과 다른 백 개의 햇살
그 백 개의 햇살을 따라 사람은 신들이 모여 있는 저마다의 거처에 도달한다.
그 백 개의 햇살 아래 있는 많은 색의 흐릿하게 빛나는 햇살
그 햇살들을 통해서도 사람이 다니니, 그 길의 사람은 어쩔 수 없이 그들의 업보를 겪는다.

그러므로 신성한 태양은 탄생의 근원, 천상(天上)의 근원, 해탈의 근원이다.

31 어떤 사람들은 이런 것을 묻는다.
"밖으로 향하여 가는 이런 감각기관은 무엇으로 이루어졌는가? 그리고 그런 것을 여기에서 밖으로 이끄는 것, 또는 조절하는 것은 누구인가?"

그는 이렇게 대답한다.

"〔감각기관은〕 자기(ātman)로 이루어졌다. 왜냐하면 자기는 이런 감각기관을 밖으로 이끌고 또 조절하는 것이기 때문이다. 천녀〔天女, 매혹하는 사물〕와 태양 광선이 존재한다. 그래서 다섯 개의 햇살〔다섯 감각기관〕에 의하여 자기는 대상을 먹는다."

"자기는 무엇인가?"

"이 순수한 것, 깨끗해진 것, 빈 것, 평온한 것이라는 특징을 가졌다고 하는 것이다."

"그것은 자기자신의 특징에 의하여 파악할 수 있다. 특징을 갖지 않은 그 것〔자기〕의 특징은 열과 열로 채워지는 것이 불의 특징이고, 매우 인연이 좋은 맛이 물의 특징인 것 같은 것이다"라고, 어떤 사람들은 말한다.

"그리고 말하는 것, 듣는 것, 보는 것, 생각하는 것, 숨 쉬는 것이 〔자기의 특징이다〕"라고. 어떤 사람들은 말한다.

"그리고 이해력, 기억, 인식이 〔자기의 특징이다〕"라고 어떤 사람들은 말한다.

"그리고 이 세상에서 새싹이 씨의 연기, 불길, 불꽃이 불의 특징인 것처럼 이런 것은 이와 같이 바로 이것〔자기〕의 특징이다."

이 점에 관하여 현자들은 다음과 같이 인용한다.

잘 알려져 있는 것처럼 불에서 불꽃이 태양에서 미진이 흩날리듯이,
바로 그와 같이 참으로 그의 숨이 되풀이하여 그 속에서 이 세상에 차례
차례로 생겨난다.

32 그러므로 진정 이 자기로부터 모든 숨, 모든 세계, 모든 베다, 모든 신들, 모든 생물들이 나온다. 그 우파니샤드는 진리 중의 진리이다. 축축한 땔나무에 불을 붙여 그 불에서 연기가 여러 방향으로 나가듯이, 이와 같이 리그 베다, 야쥬르 베다, 사마 베다, 아타르바-안기리사, 전설, 이야기, 지식, 우파니샤드, 시구, 경구, 설명, 주석—이런 크나큰 존재가 내쉬는 숨이다. 이런 모든 존재는 확실히 그 속에서 생겨났다.

33 참으로 다섯 개의 벽돌을 가진 이 불[가르하바티야]는 해[년]이다. 그 벽돌은 이런 것—봄, 여름, 우기, 가을, 겨울이다. 인간[푸루샤]의 모습을 하고 있는 아그니[제화(祭火)의 단(壇)]은 머리, 두 날개, 등과 꼬리를 가지고 있다. *10 이 대지는 프라자파티의 최초인 [벽돌을] 포개어 쌓은 것이다. 그 손으로 제사장을 대기에 들어올려 그것은 그를 바람에 건네주었다.

참으로 바람은 숨이다. 불은 숨이다. 그것의 벽돌은 이런 것—프라나[내 쉬는 숨], 아파나[들이쉬는 숨], 비야나[아파나와 프라나를 연결하는 숨], 우다나[위로 가는 숨]이다. 인간의 모습을 하고 있는 이 아그니[제화의 단]은 머리, 두 날개 등과 꼬리를 가지고 있다. 이 대기는 프라자파티의 둘째 벽돌로 포개어 쌓은 것이다. 그 손으로 제주를 하늘로 들어올려 그를 인드라에게 건넸다. 참으로 인드라는 저 태양이다. 이 불은 태양이다. 그 벽돌은 이런 것, 곧 리그의 시구, 야쥬르 베다의 상투적인 문구, 사마 베다의 가곡, 아타르바-안기라스[아타르바 베다], 전설과 이야기이다. 인간의 모습을 하고 있는 이 아그니[제화의 단]은 머리, 두 날개, 등과 꼬리를 가지고 있다. 이 하늘은 프라자파티의 셋째의 벽돌로 포개어 쌓은 것이다. 그 손으로 그것은 자기(ātman)를 알고 있는 사람에게 제사장을 공물로 바친다. 그리고 자기를 알고 있는 사람은 그를 들어올려 브라만에게 건넸다. 그 속에서 그는 환희하는 자, 기뻐하는 자가 된다.

34 가르하바티야 불은 대지이다. 다크시나 불은 대기이다. 아하바니야 불은 하늘이다. 그러므로 그들은 정화하고 있는 자(Pavamāna), 정화하는 자(Pāvaka) 그리고 빛나는 자(śuci)이다. 이것에 의하여 그의 제례는 드러나게 된다. 왜냐하면 위 속에서 소화되는 불은 파바마나, 파바카 그리고 슈치의 결합이기 때문이다. 그래서 제례에 맞게 제화(祭火)의 단(壇)에 이 불을 세우고, 이 불을 찬양하며, 이 불을 명상해야 한다. 제사장은 제물을 손에 들고 [불이라고 하는] 신들에 대하여 명상하기를 바란다.

심장과 태양에 머무는 황금빛의 새,

---

*10 제화의 단은 새의 모습을 하고 있다.

물에 잠긴 물새, 기러기, 빛이 다양한 것 이 불 속에 있는 것을 우리는 제례 드린다.

그리고 또 그는 제례의 상투적 문구의 의미를 음미한다. 사비트리의 바람직한 빛은 이해력의 내부에 존재하는 것이고 그에 의해 명상되어야 한다. 여기에서 명상하고 있는 사람은 사고를 위하여 평온한 장소에 도달하여 〔사고를〕 자기자신 안에 누리게 된다. 이것에 관하여 다음의 시절〔詩節, 슈로카〕이 존재한다.

땔나무가 없는 불이 스스로 근원에서 사그라지듯이,
그와 같이 그 활동이 다하였기 때문에 마음(citta)은 자기자신의 근원에서 잦아든다.

진리를 사랑하기 때문에 사고는 자기자신의 근원에서 사라진다.
그러나 그가 감각기관의 대상에 의해 유혹되었을 때 행위의 지배에 대응하고 있는 사물은 빗나가게 된다.

왜냐하면 마음이 바로 윤회이기 때문이다. 노력으로써 사람은 그의 마음을 맑게 해야 한다.
사람은 마음이라는 것, 거기에서 이루어지게 된다. 이것이 영원한 비밀이다.

왜냐하면 마음을 평온하게 함으로써 사람은 선악의 행위를 없애버리기 때문이다.
평온한 자기를 가진 사람은 자기에 머물러, 불멸의 행복을 누리게 된다.

인간의 마음이 대상 영역에 집착하는 것처럼,
이와 같이 그것이 브라만에 집착한다면,
어느 누가 얽매임에서 풀려나지 않으리오?

실로, 사고는 확실히 청정과 부정이라는 두 종류가 있다고 한다.
욕망과의 접촉 때문에 그것은 부정하고 욕망을 벗어날 때 그것은 청정
하다.

게으름과 주의가 산만한 데서 빠져 나와, 사람이 사고를 완전히 흔들림
없이 하여,
사고가 존재하지 않은 상태에 도달할 그때에 그것은 최고의 장소[최고
의 단계]이다.

심장에서 사라져 버릴 때까지 사고는 정지되어야 한다.
이것이 지식이요 그리고 해탈이다. 나머지는 원전(原典)의 방대함에 불
과하다.

그의 마음이 자기(ātman) 속으로 들어갔을 때 침잠(沈潛, semādhi)에
의하여 오염이 깨끗해짐으로써 생겨난 행복—그것은 말로 다할 수 없도
다. 그 경우에 그것은 그 내부 기관에 의해 스스로 이해가 된다.

물에서 [그것에 쏟아진] 물이, 불에서 불이 또는 대기에서 대기가 인정
을 받지 못하듯,
이와 같이 그의 사고가 [자기의] 내부로 들어간 그 사람—그는 해탈이
된다.

사고만이 인간의 결박과 해탈[해방]의 원인이다.
그것이 대상에 집착하고 있을 때 그것은 결박으로 이끌고, 해탈에 있어
그것은 대상에서 빠진다고 전해지고 있다.

　그러므로 불의 제례(agnihotra)를 올리지 않은 사람, [벽돌로] 제화(祭火)
의 단을 쌓지 않은 사람, 그것을 모르는 사람, 명상하지 않은 사람—그들에
게는 브라만의 장소인 하늘을 회상하는 것이 방해받게 된다. 그래서 불의 제
례를 올려야 하고 제화의 단을 쌓아야 하며 사람은 불을 찬양해야 하고 그것

에 대하여 명상해야 한다.

35 대지에 머물러 세계를 쟁취한 불에게 경배! 이 제사장에게 세계를 주옵소서!

대기에 머물러 세계를 쟁취한 바람에게 경배! 이 제사장에게 세계를 주옵소서!

하늘에 머물러 세계를 쟁취한 태양에게 경배! 이 제사장에게 세상을 주옵소서!

모든 곳에 머물러 모든 것을 쟁취한 브라만에게 경배! 이 제사장에게 모든 것을 주옵소서!

황금 그릇으로 진리의 얼굴은 가려져 있소.
아아, 푸샨이여! 그것의 법〔달마〕가 진리라는 것에 대하여 그대는 그것을 개방하시오!
태양 속의 그 인간이라는 것—내가 바로 그입니다.

참으로 태양이 태양이라는 것—그것은 그 법이 진리인 이것이다. 그것은 빛나는 푸루샤의 모습을 하고, 성(性)이 없는 것이다. 그러나 그것은 하늘 내부에 있는 것의 열기의 극소(極少)에 불과하다. 이것은 어쨌든 태양의 한가운데에 있는 것, 그리고 눈 속에, 불 속에 있는 것이다. 이것이 브라만이다. 이것은 불멸인 것이다. 이것이 빛(bharga)이다. 이것의 법이 진리인 것이고, 하늘 내부에 있는 것의 열기의 극소이다. 이것이 태양의 한가운데에서 불멸인 것이다. 왜냐하면 달과 모든 생기는 그것의 새싹이기 때문이다. 이것이 브라만이다. 이것이 불멸인 것이다. 이것이 빛난다. 이것의 법이 진리인 것이다. 이것이 하늘 내부에 있는 것의 열기의 극소이다. 태양의 한가운데에 있는 것, 야쥬르 베다는 빛난다. 그것은 옴이고, 물이고, 빛이고, 정수이고, 불멸인 것으로 브라만이다. 브훌, 브바하, 스바하, 옴!

여덟 개의 발을 가지고 있는 것, 깨끗한 것, 기러기, 세 가닥의 실로 된 것, 미세한 것, 불멸인 것, 〔선악이라고 하는〕 두 법에 대하여 맹목인 것, 열에 의해 점화되어 있는 것을 보고, 사람은 모든 것을 본다.

그것이 하늘 내부에 있는 것의 열기의 극소이다. 이것이 태양 한가운데 일어서는 두 갈래 광선이다. 이것이 사비트(savit)이고, 그것의 법이 진리인 것이다. 이것이 야쥬르 베다이다. 이것이 타바스[열]이다. 이것이 불이다. 이것이 바람이다. 이것이 숨이다. 이것이 물이다. 이것이 달이다. 이것이 빛나고 있는 것이다. 이것이 불멸인 것이다. 이것이 브라만의 영역이다. 이것이 물결치는 빛이다. 바로 그 속에 제례는 소금처럼 녹아든다. 진정 이것이 브라만과 하나인 상태이다. 왜냐하면 모든 욕망은 그 속에 포함되어 있기 때문이다.

이와 관련하여 현자들은 인용한다.

미풍에 [여러 모습으로] 흔들리는 등불처럼 모든 신들 안에 그것은 [여러 모습으로] 반짝인다.
이것을 아는 자는 진실로 아는 자이며, 그 둘의 차이를 아는 자이다. 그 둘의 차이를 아는 자는 하나됨을 얻어 그 하나가 될 것이다.

끊임없이 솟아오르는 물방울처럼 최고천(最高天)에서 비구름 속의 햇살에서 생기는 번개같이 참으로 이런 햇살은 그 영광의 기틀이기 때문에 검은 깃을 가진 것[=불]의 불꽃을 많은 머리에 무슨 방법으로든 대응하고 있다.

36 확실히 잘 알려져 있는 것처럼 브라만의 빛에는 이런 두 모습이 있다. 하나는 평온한 모습이고, 다른 하나는 번영하는 모습이다. 그래서 허공은 평온한 것의 버팀대이다. 정작 이 음식은 번영하는 것의 [버팀대]이다. 그러므로 만트라[제례의 상투적 문구], 약초, 녹인 버터, 고기, 과자, 우유로 삶은 쌀과 보리의 요리 등에 의하여, 그리고 입속에 남은 음식과 음료에 의해 입을 아하바니야 불이라고 생각하고, 열을 번영시키기 위하여, 이점이 있는 세계를 얻기 위하여, 그리고 불멸을 위하여, 사람은 제단의 내부에서 제례를 올려야 한다.

이와 관련하여 현자들은 인용한다.

"천상에 이르기를 소망하는 사람은 불의 제례[*11]를 올려야 한다. 아그니슈트마〔소마제(祭)의 기본 형태〕에 의하여 사람은 야마의 왕국을 정복한다. 우크타〔uktha, 소마제의 일종〕에 의해 달의 세계를, 쇼다신〔ṣoḍaśin, 하루에 지내는 소마제〕에 의해 태양의 왕국을, 아티라트라〔atirātra, 밤새도록 지내는 소마제〕에 의해 인드라의 하늘을, 천 년의 끝까지 도달하는 제례에 의하여 프라자파티의 영역을 〔사람은 정복한다〕"

심지, 그릇 그리고 기름과 결합되어 있는 것에 의하여 등불이 존속하듯이,
그와 같이 내부에 있는 것과 〔우주〕 알이 결합됨으로써 자기와 빛나는 것〔태양〕의 둘은 존속한다.

37 그러므로 '옴'이라고 하는 이 음절에 의하여 사람은 이 한없는 열을 명상하여야 한다. 그것은 불, 태양, 숨 세 가지로 발음된다. 그래서 음식이 넉넉한 이 혈관은 불 속에 공물로 바친 것을 태양으로 이끈다. 공물에서 흘러나온 즙, 그것은 우드기타〔udgītha, 사마 베다의 영창〕로 내린다. 그것에 의하여 이들의 생기는 〔산다〕. 모든 생기에 의하여 생물은 〔산다〕.

이와 관련하여 현자들은 인용한다.

"불 속에 바친 공물을 사람은 태양으로 이끈다. 햇살에 의하여 태양은 그것을 내리게 한다. 그것에 의하여 음식이 생긴다. 음식에서 만물은 생겨난다."

왜냐하면 다음과 같이 현자들이 말하기 때문이다.

불 속에 올바로 넣어진 공물은 〔연기가 되어〕 태양에게 간다.
태양 속에서 비가 생긴다. 비에서 음식이, 음식에서 모든 생물이 생겨난다.

[*11] '불의 제례'(agnhotra) : 불 속에 우유를 바치는 의식. 저녁 및 이른 아침에 날마다 행해진다.

38 불의 제례를 올리는 사람은 욕망의 그물을 거두는 자이다. 그리고 유혹을 뿌리치며 그는 분노를 칭찬하지 않는다. 그는 욕망에 대하여 명상한다. 그리고 그는 네 겹의 그물을 가진 브라만의 그릇(brahmakośa)을 뚫고, 가장 높은 허공의 세계로 간다. 왜냐하면 여기에는 태양, 달, 불 그리고 순수한 원형의 궤도가 존재하기 때문이다. 그런 궤도를 깨고, 깨끗한 그는 자기의 위대성으로 존재하고 있는 순수한 내부에서 자립하고 있는 의식을 본다. 그것은 움직이지 않고 불멸하며 흔들리지 않고 일정하다. 그것은 비슈누라고 부른다. 그것은 모든 것의 위에 있는 주거이고, 진리를 사랑하며 모든 지혜를 갖추고 있다.

이와 관하여 현자들은 인용한다.

> 태양 한가운데 달이 있다. 달 한가운데 불[=음식 먹는 자]이 있다.
> 불 한가운데 순결[사트바]이 있다. 순결 한가운데 흔들리지 않은 자가 서 있다.

엄지 손가락만 하며, 또는 육신 안에 그만한 크기로 있으며, 미세한 것보다도 더 미세한 그 존재에 명상하는 자는 가장 높은 자리에 도달한다. 왜냐하면 그곳은 모든 욕망이 저절로 이루어지는 곳이기 때문이다. 이와 관련하여 현자들은 인용한다.

> 실로 두 겹, 세 겹으로 타는 등잔의 불꽃처럼 엄지 손가락만 하거나 육신만 한 크기를 가진 자
> 그것은 모두가 찬양하는 브라만이다. 그 위대한 신! 그가 모든 존재들 안에 들어갔도다.

옴! 브라만에게 경배! 경배!

제7장

1 불, 가야트라[가야트리 운율], 트리브리트 찬가, 라탄타라 가곡, 봄, 숨, 별자리, 바스 신들은 동쪽에서 나타난다. 그들은 열기를 내뿜고 비를 내리며 찬양하고 다시 [태양 속으로] 들어가 내부에 있는 구멍을 통하여 내다본다. 그것은 불가사의하며 육신을 가진 적이 없고 심원하며 가려져 있고 흠이 없이 촘촘하고 매우 깊고 아무 특성이 없으며 깨끗하게 빛나고 성질을 즐겨 맛보며 두려워하지 않는다. 그것은 활동을 쉬는 요가 행자의 지배자이며 모든 것을 알아 죄가 없고, 한정이 없고 시작도 없으며 끝도 없다. 그것은 행복을 가져오고, 아직 태어나지 않았으며, 현명하고, 말로 다할 수 없이 모든 것을 창조하고, 모든 것의 자기[아트만]이며, 모든 것을 즐기며 맛보고, 모든 것을 지배하며 모든 내부에 존재하고 있다.

2 인드라, 트리시투브 운율, 판챠다샤 찬가, 브리하드 가곡, 여름, 비야나[들이쉬는 숨과 내쉬는 숨 사이에 있는 숨], 달, 루드라 신들은 남쪽에서 나타난다. 그들은 열기를 내뿜고 비를 내리며 찬양하고 다시 [태양 속으로] 들어가 내부에 있는 구멍을 통하여 내다본다. 그것은 시작도 없고 끝도 없으며, 한정되지 않고, 다른 것에게 쫓겨나지 않는다. 그것은 자립하며, 특징을 갖지 않고, 육신도 없고, 무한한 능력을 가지고, 창시하는 자, 비치는 자이다.

3 마르트 신들, 쟈가티 운율, 샤프타다샤 찬가, 바이르파 가곡, 우기, 아파나[들이쉬는 숨], 슈크라[금성], 태양 신들은 서쪽에서 나타난다. 그들은 열기를 내뿜으며 비를 내리고 찬양하며 다시 [태양 속으로] 들어가, 내부에 있는 구멍을 통하여 내다본다. 그것은 평온하고 소리도 없으며 두려움도 없고 슬픔도 없고 환희가 있어 흡족하고, 안정되어 흔들림이 없으며, 불멸하고

움직이지 않으며 일정하게 지속된다. 그것은 비슈누라고 부르는 모든 것 위에 있는 주거이다.

4 모든 신들, 아누시토브 운율, 에카빈샤 찬가, 바이라쟈 가곡, 가을, 사마나〔프라나와 아파나를 연결하는 숨〕, 바르나, 사디야 신들은 북쪽에서 나타난다. 그들은 열기를 내뿜고 비를 내리며 찬양하고 다시 〔태양 속으로〕 들어가 내부에 있는 구멍을 통하여 내다본다. 그것은 내부에서 깨끗하게 맑아져 텅 빈(śūnya) 것이다. 그것은 평온하고 숨도 없으며 자기를 갖지 않은(nirātman) 그것은 무한하다.

5 미트라와 바르나, 판크티 운율, 트리나바와 트라야스트린샤라고 하는 찬가, 샤크바라와 라이바타라고 하는 가곡, 겨울과 한랭기(寒冷期), 우다나〔위로 가는 숨〕, 안기라스, 달은 〔태양보다도〕 위에 나타난다. 그들은 열기를 내뿜고 비를 내리며 찬양하고 다시 〔태양 속으로〕 들어가 내부에 있는 구멍을 통하여 내다본다. 그것은 '옴' 음절이라 부르고 이끄는 자, 비치는 자, 잠이 사라진 자, 늙지 않는 자, 죽지 않는 자, 슬픔이 없는 자이다.

6 샤니〔토성〕, 라후, 케투, 뱀, 라크샤스〔=라크샤사. 악마〕, 야크샤〔야차〕, 인간, 새, 사슴, 코끼리 등은 〔태양보다도〕 아래에서 나타난다. 그들은 열을 내뿜고 비를 내리며 찬양하고 다시 〔태양 속으로〕 들어가 구멍을 통하여 내다본다. 그것은 현명하게 떠받치고 있으며 모든 내부에 있다. 그것은 불멸이고 청정하며 맑아져 빛나고, 참을성이 강하며 평온하다.

7 잘 알려져 있는 것처럼 이것은 켜져 있는 불과 같이 모든 형태를 띤 좀 더 미세한 심장 속의 자기〔아트만〕이다. 이 모든 세상이 바로 그의 먹을 것이다. 그 위에 이런 만물이 서로 맞물려 짜여져 있다. 이것이 죄악을 없애고, 늙지도 않고 죽지도 않으며 슬픈 일도 없고 굶주리지도 않으며 갈증도 없이 그 의도가 진리이고 그것의 욕망이 진리인 자기이다.
　이것이 최고의 지배자이다. 이것이 만물의 군주이다. 이것이 만물의 보호자이다. 이것이 떨어져 있는 둑이다. 잘 알려져 있는 것처럼 이 자기는 실로 지배하고 있는 것이며, 샨브〔행복을 가져오는 자〕, 바바〔존재하는 자〕, 루드라〔무시무시한 자〕, 프라쟈파티〔창조주〕, 모든 세상의 창조자, 황금 태아, 진리, 숨, 기러기, 명령자, 흔들리지 않는 자, 비슈누〔편재자〕, 나라야나〔신이 머무는 자리〕이다. 불 속에 있는 이것, 심장 속에 있는 이것 그리고 태양 속에 있는 그것—이것은 하나이다. 모든 형태를 가진 그대에게 진정으로 하늘에 가려져 있는 이에게 경배!

8 그래서 이제 지식을 구하는데 장애가 되는 것에 대해 말하나니. 아아, 왕이시여! 하늘로 가는데 어울리는 사람이 하늘로 갈 자격이 없는 사람들과 사귀는 것—이것이 미혹이라는 그물에서 연유하는 것입니다. 무화과나무에서 만들어지는 것에 비유하면 이것을 바로 눈 앞에 숲을 두고 사람들은 아래 있는 나무를 붙들고 늘어지는 것이나 같습니다.

그래서 어떤 사람들은 늘 흥분하여 여행을 하고 구걸을 하며 항상 손으로 만든 물건을 팔아 살아갑니다. 다른 사람들은 거리에서 구걸을 하고, 제례에 어울리지도 않은 사람을 위하여 제례를 올리고, 슈드라를 제자로 삼은 사람들, 성전(聖典)을 알고 있는 슈드라입니다. 어떤 자들은 사기꾼, 머리를 땋은 자들, 무용수도 있고, 용병, 떠돌아다니는 수도승, 배우, 왕에게 복무하는데 지위가 내려간 자 등입니다.

다른 자들은 야크샤〔야차〕, 라크샤사〔악마〕, 브타〔요괴〕, 가나, 피샤차, 뱀, 그라하 등에 대한 이익을 나타내 보여 '우리는 그들을 달랜다"고 말합니다. 그래서 다른 자들은 거짓으로 〔출가자처럼〕 자줏빛의 옷을 입고, 귀고리와 두개골을 몸에 걸치고 다닙니다. 그래서 다른 자들은 거짓된 추측, 실례, 기만과 인드라의 주술로써 베다에 관한 것을 방해하려 듭니다. 사람은 그런 자들과 가까이하면 안 됩니다. 그들은 분명히 도둑이기에 하늘로 가는 것은 어울리지 않는 자들입니다. 실로 현인 다음과 같이 말합니다.

자기(ātman)는 존재하지 않는다고 주장하는 사기*1에 의하여, 허위의 실례와 논거에 의해

---

*1 불교를 암시하고 있다. 불교는 베다의 지식이 아니고, 인간의 지식에 바탕을 두고 있다는 것도 시사한다. 불교의 입장은 반(反) 베다.

현혹되어 세상 사람들은 베다와 〔인간의〕 지식 차이를 분간하지 못하는 구나.

9 참으로 브리하스파티〔학문의 신〕는 슈크라〔악마 아수라들의 스승〕가 되어, 인드라의 안전을 위해 귀신들을 파멸시키려고 이 허위의 지식〔avidyā, 무지〕를 만들었다. 그들은 그 거짓된 지식으로써 행복을 가져오는 것을 재앙으로 가득 찬 것, 재앙으로 가득 찬 것을 행복을 가져오는 것이라고 하였다. 베다 같은 성전을 훼손하는 법〔달마〕에 대하여 사람은 명상해야 한다고 그들은 말한다. 그러므로 사람은 이 지식에 대하여 명상하면 안 된다. 이 지식은 거짓이다. 이것은 아이를 낳지 못하는 여자와 같다. 이 결과는 단지 쾌락에 불과하다. 그것은 올바른 행적을 벗어난 사람과 같다. 〔이런 지식을 얻을〕 생각도 해서는 안 된다. 그러므로 현자는 다음과 같이 말한다.

이 두 가지는 전혀 달라, 저마다의 방향으로 간다―무지와 지식으로 알려져 온 것은.
나치케타스는 지식을 갈구하는 자라고 생각한다. 왜냐하면 그 많은 욕망이 그대를 유혹해내지 못했으므로.

지식과 무지―이 두 가지를 모두 알고 있는 사람
그는 무지에 의해 죽음을 건너고, 지식에 의하여 불멸을 얻는다. 무지 속에 갇혀 있으면서 스스로 현명하고 더구나 학식이 있다고 생각하며 장님에게 이끌려 다니는 장님처럼 어리석은 사람들은 삐뚤어진 길로 다니면서 배회한다.

10 참으로, 자기(ātman)를 〔인식하고자〕 바라는 신들과 귀신들*2은 브라만 앞으로 나아갔다. 브라만에게 경배하고 그들은 말하였다.
"존경스러운 분이시여! 우리는 자기를 인식하고자 합니다. 저희에게 가르침을 주소서!"

---

*2 찬도기야 우파니샤드 8.7 참조. 다만 찬도기야 우파니샤드에서는 신들과 귀신들은 브라만이 아니고, 프라쟈파티에게 가는 것이다.

그리고 숙고하였다고 그〔=브라만〕는 생각하였다.

"참으로 그 귀신들은 자기와 다른 딴 것을 구하고 있다."

그러므로 〔자기와 다른〕 것들 중의 하나를 그들에게 말하였다. 그래서 이런 어리석은 사람들은 그것에 집착하여 〔베다라고 하는 해탈로 인도하는〕 작은 배를 공격하고, 거짓된 비난을 하며 거기에 의지하여 산다. 인드라의 주술〔네트〕같이 그들은 허위를 무슨 방법으로든 진리로 보려는 것이다.

그러므로 베다에서 말하고 있는 것은 진리이다. 베다에서 말하고 있는 것에 의지하여 현자들은 산다. 그러므로 바라문은 베다에 속하지 않은 것을 배워서는 안 된다. 이것이 목적이 되어야 한다.

11 최고로 뜨거운 열이라는 것―참으로 이것은 하늘의 허공 내부에 있는 것의 본질이다. 그것은 세 가지로 설명되고 있다―불로서, 태양으로서, 숨으로서. '옴'이라고 하는 이 음절―참으로 이것은 하늘의 허공 내부에 있는 것의 본질이다. 확실히 그것에 의하여 불은 깨어나고, 태양은 솟아오르며, 숨은 내쉰다. 참으로 확실히 그 속에 끊임없이 브라만을 명상하기 위한 떠받침이 존재한다. 이 〔열〕은 바람〔=숨〕 속으로 빛을 집어넣는 소화의 열을 나타낸다. 이것은 연기가 〔피어오르는 것과〕 비슷하다. 바람으로 이것은 가지에 의하여 하늘로 올라가 나무줄기에서 나무줄기에 도달한다. 또는 물 속에 마치 소금을 처넣는 것과 같다. 또는 녹인 버터의 열과 같은 것이다. 그것은 명상하는 사람으로부터 퍼져나가는 것과 같다.

이와 관련하여 현자들은 이렇게 인용한다.

"그런데 어째서, 그〔옴 음절〕은 바이디유타〔vaidyuta, 섬광〕라고 말하는 것인가? 그것은 발음되기만 하여도 온몸을 비치기(vidyatayati) 때문이다."

그러므로 '옴'이라는 이 음절로써 사람은 이 무한한 열에 대하여 명상해야 한다.

오른쪽 눈에 머물고 있는 이 눈에 보이는 푸루샤.

이것이 인드라이다. 그리고 그의 아내는 왼쪽 눈에 머물러 있다.

두 사람이 만나는 곳은 심장 속의 동굴이다. 여기에 있는 피의 덩어리가 그들 두 사람의 열이다. 심장에서 눈에 이르러, 눈에까지 바탕을 두고 있는 채널—그것이 두 사람의 혈관이고, 하나이면서도 두 겹이다.

사고는 육신의 불을 일게 한다. 불은 바람(숨)을 일게 한다.

가슴 속을 순환하면서 바람은 낮은 소리를 내게 한다.

불의 휘저음으로 인해 생겨나는 것, 그것은 처음에는 아주 작은 것이나 그것이 목청에 이르러 두 개가 되고 혀끝에 소리로 얹혀지는 것임을 그대는 알아야 한다. 그것이 '발음되는 소리'이다. 이와 같이 사람들은 말한다.

이것을 보는 사람은 죽음을 보지 않으며, 그에게는 질병도 그리고 괴로움도 없다.

왜냐하면 보는 사람은 모든 것을 보고 도처에서 모든 것을 얻기 때문이다.

눈에 보이는 것, 꿈 속을 움직이는 것, 숙면하고 있는 것, 그리고 숙면하고 있는 것의 저쪽에 있는 것—이들은 그것의 네 가지 구별이다. 그런 것보다도 훨씬 위대한 것은 제4의 것(turya) *³이다.

세 가지에서, 한 발의 브라만(브라흐만)은 움직일 것이다. 그리고 세 발을 가진 브라만은 최후의 것(제4의 것)에서 움직인다. 진리와 허위를 경험하기 위하여, 위대한 자기(아트만)은 두 모습을 취한다. 위대한 자기는 두 모습을 취한다.

---

*3 라마틸타는 turya를 turīya로 고쳤다. 투리야는 제4의 상태를 말한다. 베단타 철학에서 네 가지 상태라고 하는 것은 (1)잠에서 깨어난 상태, (2)꿈을 꾸고 있는 상태, (3)꿈을 꾸지 않고 깊이 잠든 (숙면)의 상태, 그리고 (4)깊은 잠을 건너 순수 의식의 상태이다. 의식의 네 가지 상태 분석이 만두키야 우파니샤드의 주제이다. 특히 만두키야 우파니샤드에서 (1)잠에서 깨어난 상태, (2)꿈을 꾸고 있는 상태, (3)숙면 상태, (4)투리야는 각각 (1)바이슈바나라(vaiśvānara), (2)타이자사(taijasa), (3)프라주냐(prājña), 그리고 (4)투리야(turīya)라고 이름붙였다.

만두키야 우파니샤드

[먼저 알아야 할 것들]

프라슈나와 문다카와 마찬가지로 만두키야 우파니샤드(Māṇḍūkya
-Upaniṣad)는 아타르바 베다에 속한다. 이 우파니샤드가 성립된 것은 6세기
뒤로 보인다. 만두키야 우파니샤드는 산문으로 쓰였으며, 우파니샤드 가운
데 가장 짧은 열두 개의 문장(mantra)으로 구성되어 있다.

온 세계는 '옴'(OM)에 의하여 표현되고, '옴'의 세 가지 음소(音素,
AUM)는 저마다 잠에서 깨어난 상태, 꿈을 꾸고 있는〔자고 있는〕상태, 그
리고 숙면과 같다고 본다. 그리고 세 가지 음소를 가지고 있지 않은 것, 이
른바 제4의 음소는 제4의 상태(caturtha)로 본다. 이것이 만두키야 우파니샤
드의 기본적인 사상이다.

신성한 음성 '옴'의 상징성과 명상 및 의식의 네 가지 상태(catuṣpād)라고
하는 사상의 전개 때문에 이 우파니샤드는 중요하다. 이 우파니샤드는 매우
짧지만 그 설명은 체계적이고 내용이 정연하기 때문에 여기에서 "우파니샤
드의 철학은 통일적인 정상에 도달한다"〔볼츠-고트발드 1994년, 73쪽〕고 말
한다. 이 우파니샤드 의식의 네 가지 상태의 근원은 브리하다라냐카 우파니
샤드 4.3.19~21와 찬도기야 우파니샤드 8.7.12로까지 우리는 거슬러 올라갈
수 있다.

만두키야 우파니샤드는 인간의 의식이라는 차원을 중심 주제로 잠에서 깨
어난 상태로부터 '제4의 상태"라고 하는 최고의 의식까지를 명상의 대상으로
하고 있다. 그러나 이 우파니샤드가 중요한 것은 결코 그것으로 끝나는 것이
아니다. 만두키야 우파니샤드는 역사적으로 높이 평가되고 있다.

베단타 철학의 대표적 대변인인 샨카라(Śaṅkara)의 스승의 스승이라고 하
는 가우다파다가 만두키야 우파니샤드에 대한 주석을 쓴 것이다. 가우다파
다 카리카는 네 장으로 구성된 그 첫 장〔1~29〕에 만두키야 우파니샤드〔1~

12)에 대한 주석이 포함되어 있다. 가우다파다 카리카의 나머지 3장은 만두키야 우파니샤드로부터 독립된 작품이고, 샨카라 아드바이타 철학의 근원을 대표한다고 할 수 있다.

만두키야 우파니샤드를 번역할 적에 그것에 대한 두 가지 접근 방식이 있다는 것을 우리는 알아야 한다. 하나의 접근방법은 우파니샤드의 원전 그 자체에 근거하여 번역하는 것이다. 또 다른 접근방법은 가우다파다 카리카의 관점에서 번역하는 것이다. 이 우파니샤드는 다른 우파니샤드의 경우와 같이 우파니샤드의 원전에 근거하여 번역하였다.

1 이 모든 것은 '옴'이라고 하는 음절이다. 그것의 설명—과거 현재 미래라고 하는 모든 것은 바로 '옴'이다. 그리고 셋의 시간을 뛰어넘는 다른 것도 확실히 '옴'이다.

2 왜냐하면 브라만은 이 모든 것이기 때문이다. 브라만은 이 자기〔아트만〕이다. 이 자기는 네 발〔=넷의 4분의 1〕이다.

3 깨어 있는 상태에서 그것의 인식이 밖으로 향하여 일곱의 육신 부분을 가지고, 열아홉의 입을 가지며,*1 엉성한 것을 즐기고 맛본다, 〔만인에게 공통되는〕 보편적인 것—그것이 최초의 발〔=최초의 4분의 1〕이다.

4 꿈을 꾸고 있는 상태에서 그것의 인식이 안으로 향하여 일곱의 육신 부분을 가지고, 열아홉의 입을 가지며, 미세한 것을 즐기고 맛보며 빛나는 것—그것이 제2의 발〔=제2의 4분의 1〕이다.

5 사람이 잠을 잘 때 어떤 욕망도 갖지 않고, 꿈도 꾸지 않는 그것이 숙면이다. 숙면 상태에서 하나가 되고 인식의 덩어리 그 자체가 되며 환희로 이루어져 실로 환희를 즐기고 맛보는 '인식'이라는 입을 가진 프라자(prājña)—그것이 제3의 발〔=제3의 4분의 1〕이다.

6 이것〔프라자〕는 모든 것의 주인이다. 이것은 모두를 아는 자이다. 이것은 내부의 통치자이다. 이것은 모든 것의 근원이다. 왜냐하면 이것은 만물을 생겨나게 하고 사라지게 하기 때문이다.*2

---

*1 '일곱의 육신 부분"이 무엇을 의미하는지는 분명하지 않다. 샹카라는 열아홉의 입을 다섯 가지 지각기관, 다섯 가지 행위기관, 다섯 가지 숨, 그리고 사고, 이해력, 자아의식, 마음(citta)과 같은 것으로 보았다.

*2 전통적으로 만두키야 우파니샤드 6은 앞의 다섯 산문에서 숙면의 사상을 더욱 발전시킨 것으로 본다. 그리고 그 경우에는 '주인"(Īśvara)이 숙면과 결부된다. 그러나 만두키야 우파니샤드 6을 7과 결부시키고 있다〔킹, 1995년, 67쪽 참조〕. 우드의 견해는 풍부한 시사성을 가지고 있다. 이 우파니샤드 6을 5와 결부시켜 생각하든가 아니면 7과 결부시켜 생각하든가. 그것은 매우 흥미 있는 제언이다.

7 내부에 있는 것을 인식하지 않고, 외부에 있는 것을 인식하지 않고, 그 양쪽의 경우도 인식하지 않고, 인식의 덩어리도 아니며, 인식도 아니고, 인식이 아닌 것도 아니고, 보이지도 않으며, 일상적인 말을 뛰어넘어 파악할 수 없고, 특징이 없고 생각할 수 없으며 지시를 받을 수 없고, 유일한 자기라고 하는 확신을 본질로 하여 현상을 사라지게 하고, 조용하여 징조가 좋은 이원성을 가지고 있지 않은 것—이것을 그들은 제4의 것〔제4의 발, 제4의 4분의 1〕*3이라고 생각한다. 그것이 자기〔아트만〕이다. 그것이 인식되어야 하는 것이다.

8 음절에 관하여, '옴'이라는 음성은 이 자기이다. 〔'옴'이라는 음성의〕 음소에 관하여—발〔4분의 1〕은 음소이고 음소는 발〔4분의 1〕이다. 즉 〔음소는〕 아(a)의 음성, 우(u)의 음성, 므(m)의 음성이다.

9 깨어 있는 상태인 바이슈바나라〔=만인에게 공통한 것〕는 최초의 음소인 '아'(a)의 음성이다. 그것은 아프티〔āpti, 도달, 획득〕 또는 아디마트바〔ādimatva, 최초의 것〕에서 파생되었다. 〔이와 같이 알고 있는 사람은〕 참으로 모든 욕망을 획득하여 최초의 것이 된다.

10 꿈을 꾸고 있는 상태인 타이자사〔=빛이 가득한 것, 빛나는 것〕는 제2의 음소인 '우'(u)의 음성이다. 그것은 우트카르샤〔utkarṣa, 북돋움〕 또는 우바야트바〔ubhayatva, 양쪽의 중간에 있는 상태〕에서 파생되었다. 그는 지식의 계속을 북돋아 그래서 같아진다. 이와 같이 알고 있는 그의 가족에게는 브라만을 모르는 자는 태어나지 않는다. *4

11 숙면하고 있는 상태인 프라자〔=인식하고 있는 것〕는 제3의 음소인 '므'(m)의 음성이다. 그것은 미티〔miti, 건설〕 또는 아피티〔apīti, 귀일(歸

---

*3 '제4의 것"(caturtna)은 브리하다라냐카 우파니샤드 5.14.3~4,6~7에서는 turīya, 마이트리 우파니샤드 6.19, 7.11에서는 turya라고 이름붙였다. 벤단타의 용어로서 일반적으로 사용되는 것은 투리야.

*4 문다카 우파니샤드 3.2.9—"그의 가족에는 브라만을 모르는 자는 태어나지 않는다."

一), 몰입]에서 파생된다. 이와 같이 알고 있는 사람은 참으로 이 모두를 건설하여 〔그 모두는 그의 속으로〕 합쳐지게 한다.

12 제4의 것(caturtha)은 음소를 갖지 않은 것으로 일상의 말을 초월한다. 그것은 현상계를 멈춰 없애고, 징조가 좋아 이원성을 갖지 않는다. *5 이와 같이 확실히 자기는 '옴'의 음성이다. 이렇게 알고 있는 사람은 자기자신(ātman)에 의하여 자기(ātman) 속으로 들어간다.

---

*5 Advaita＝a-dvaita. 둘이 아니다, 또는 '불이(不二)'라고 하는 것이 아드바이다.

우파니샤드란 무엇인가

우파니샤드란 무엇인가

우파니샤드는 고대 인도의 문자 산스크리트(범어)로 쓰인 철학서들을 가리킨다. 우파니샤드는 한 권의 책이 아니라 오랜 세월에 걸쳐 차례차례 나온 수많은 책들을 통틀어 일컫는 말이다. 수량에 제한이 없을뿐더러 형식 또한 산문이나 운문 또는 두 가지를 혼용하여 쓰기도 하여 한결같지 않다. 내용도 간단히 정의하기 어려울 만큼 통일성이 없지만, 전체적인 경향은 만물의 근본원리를 탐구하여 대우주의 본체와 소우주 즉 개인의 본체가 동일함을 널리 알리고자 하는 것이다. 한마디로 관념론적 색채가 짙은 일원론이다.

여러 우파니샤드는 저마다 이름이 따로 있으며 그 교리를 주창한 철학자의 이름을 딴 것도 적지 않다. 또한 책 속에는 수많은 현자와 학자들 이름이 나오지만 누가 진짜 저자 또는 편집자인지는 추정하기가 쉽지 않다. 옛 현자의 이름을 빌려 자신의 주장을 내세우기도 하고, 어떤 학파나 학통에서 이어져 내려오는 내용을 모으고 보충하여 책으로 엮은 경우가 많기 때문이다. 이것은 우파니샤드를 비롯한 고대인도 문헌의 공통된 특징으로, 역사적 연구를 어렵게 하는 한 가지 원인이기도 하다.

우파니샤드(Upaniṣad)라는 말의 뜻은 전문가들 사이에서도 저마다 주장이 다르므로 일반적인 설에 따르는 것이 가장 타당할 듯하다. 우파니샤드는 산스크리트로 upa-ni-ṣad 곧 '가까이 앉다'라는 뜻이다. 이것이 사제 간에 가까이 마주 앉아 전수하는 '은밀한 가르침'으로 뜻이 변하여 우주의 신비지식이 담긴 성전(聖典)을 일컫게 되고, 나아가 이러한 문헌을 통틀어 이르는 말로 사용하게 되었다고 풀이한다.

실제로 우파니샤드의 교리는 대체로 대화와 문답 형식으로 이루어져 있으며, 제자나 아들이 스승 또는 아버지 곁에 앉아 심오한 철학의 이치를 듣는 경우가 적지 않다. 비슷한 우파사드(upa-sad)라는 동사는 전수를 받기 위하여 스승이나 아버지 가까이 앉는다는 뜻으로 사용된다. 또 우파니샤드라는 명사는 예부터 '밀의(密意)·비의(秘義)·비교(秘敎)'를 뜻하는 한편 문헌의 이름으로 사용되고, 여기에서 파생된 형용사 아우파니샤다(aupaniṣada)는 '우파니샤드의 교리에 적합한'이라는 뜻으로 속설과 대비된다.

우파니샤드는 매우 비밀스러운 교리이기 때문에 함부로 전수하지 못한다. 아버지는 맏아들에게, 스승은 수제자에게만 가르치고 다른 사람에게는 말하지 말아야 한다는 것이 우파니샤드의 계율이다. 따라서 예부터 인도에서는 '비밀'을 뜻하는 말(rahasya, guhya)이 그것과 동의어로 사용되었다. 우리나라에서도 주로 오의서(奧義書)라고 번역한다.

기원전 2천 년 무렵에 아리아인 일부가 카불 협곡에서 인도 서북부로 침입하여 다섯 줄기의 지류가 인더스 강으로 합류하는 지금의 펀자브 지방에 정착하였다. 그들이 바로 인도아리아인이다. 무예를 중하게 여기는 그들은 자기들과 종교가 다른 피부가 검고 코가 납작한 선주민을 악마라고 여기고 몰아냈는데, 그때 정복당한 사람들이 현재 드라비다족의 조상으로 추정된다. 인도아리아인은 종교적 정서가 매우 풍부한 민족이다. 고유의 천신(天神)숭배사상은 인도의 대자연에 힘입어 더욱 발전하였으며, 세계에서 보기 드문 종교문학인 베다에 실마리를 제공하였다.

그러나 펀자브 지방을 정복하고 인도문화의 기틀을 세운 인도아리아인은 그 땅에 오래 머물지 않고 점차 동쪽 야무나 강과 갠지스 강 유역으로 진출하였다. 땅이 기름지고 천연자원이 풍부한 중앙 지대에 자리를 잡자, 전쟁이 그치고 문물이 번영하여 종교와 철학과 문예가 눈부시게 발전했다. 후세의 인도문화에 결정적인 특징을 제공한 여러 제도 역시 대부분 이 시대에 확립되었다. 오늘날까지 인도사회를 얽매는 카스트제도가 가장 대표적인 사례이다. 종교와 제례를 담당하는 승려계급 브라만(바라문)이 사회 최상층을 차지하고, 정치와 군권을 장악한 왕후(王侯) 및 무사계급 크샤트리아가 그 아래를 차지하며, 서민계급 바이샤는 경작·목축·상업 등 다양한 업무에 종사하고, 슈드라라는 노예계급은 최하층으로 구분되었다. 브라만은 제례를 집행하는 특권을 독차지하여 스스로 지상의 신으로 군림하고, 왕후나 귀족과 결탁하여 서로 권익을 옹호하며 함께 서민의 고혈을 착취하기에 바빴다. 노예계급은 인도아리아족에게 정복당한 선주민을 포함하여 모든 사회적 권익을 빼앗기고 상위 세 계급의 압박에 신음했다. 특히 찬달라라는 천민은 가장 참담한 모멸을 겪어야 했다.

이와 같은 사회제도와 열대기후의 영향으로 아리아족의 활발하고 진취적인 기상은 점점 위축되어 안일한 삶에 만족하고 관례를 굳게 지키려는 풍조가 확산되었다. 브라만 지상주의와 제례 만능의 기치 아래 종교의식이 세분화되고 그 내용을 수록한 베다 문헌이 점점 더 완성된 형태를 갖추어 갔다. 예부터 인도는 세계에서 유례가 없을 만큼 종교의식을 중하게 여기는 나라였다. 사람은 어머니 뱃속에 있을 때부터 갖가지 의례를 받으며, 탄생·작명·발육·졸업·결혼·장례에 이르기까지 모든 것이 제례의 대상이다. 게다가 아침저녁의 제례, 조상 공양, 신월제(新月祭), 만월제(滿月祭), 계절제, 추수제, 신에게 신주(神酒)를 만들어 바치는 대규모의 소마제(Soma祭), 소원을 비는 소망제 등 세상의 모든 일에 제례가 따르므로, 인생이 종교의식으로 시작하여 종교의식으로 끝난다고 볼 수 있었다. 따라서 베다 문학은 복잡 다양한 제례에서 쓰는 찬가와 기도문의 수록, 의의 해석, 제례를 올리고 공물을 바치는 세칙 및 그 목적과 신비지식을 설명하는 것이다.

베다(Veda)는 본디 '지식'이라는 뜻으로 특히 종교적 지식을 말하지만 나아가 그 원천인 성전(聖典)을 통틀어 이르게 되었으며, 이것을 받드는 제관의 직책에 따라 네 종류로 구별하였다.

이렇듯 예부터 인도는 세계에서 그 유례를 찾아볼 수 없을 만큼 종교의식을 중요시하는 사회로, 사람은 어머니 뱃속에서 태어나 평생을 살고 장례에 이르기까지 모든 것이 제례의 대상이 아닌 것이 없다. 인도의 독특한 철학과 종교사상을 이해하려면 우파니샤드와 베다를 알아야 한다.

베다 문헌에서 우파니샤드가 차지하는 위치

엄격한 카스트제도의 틀 속에서 종교의례에 얽매어 사는 인도 사회, 그 제례를 집전하는 제관은 직책에 따라 네 종류로 구별하였다. 바로 모든 신을 제사 장소로 초청하여 찬송을 부르는 호트리 제관에 속하는 리그 베다(Rigveda), 일정한 선율에 맞추어 영창을 하는 우드가트리 제관에 속하는 사마 베다(Sāmaveda), 제례를 올리고 공물을 올리는 제식을 담당하는 아드바류 제관에 속하는 야쥬르 베다(Yajurveda), 본디 이익을 크게 하고 악귀를 물리치는 주술 영역을 담당하였으나 나중에 적당히 보완하여 제례 전반을 총괄하는 브라만 제관에 속하게 된 아타르바 베다(Atharvaveda)이다.

그러나 이 4베다는 체계적인 4부의 책이 아니라 저마나 몇 가지 부분 또는 책으로 이루어진 집합 문헌이다. 찬가와 기도문을 모아 수록한 부분을 산히타(본집)라 하고, 그 사용법과 의의를 자세히 설명한 산문 부분을 브라흐마나(범서)라 한다. 이 두 부분은 보통 독립된 책으로 전해져 왔으나, 야쥬르 베다만은 조금 특이하게 두 부분을 합쳐 산히타라고 부르는 책과 이것을 분리하여 편찬한 것이 있다. 전자를 흑(黑)야쥬르 베다, 후자를 백(白)야쥬르 베다라고 한다. 또한 특히 숲속에서 전수받은 비법과 신비지식을 수록한 부분을 아라니야카[삼림서(森林書)]라 하고, 우주 만물은 하나라고 널리 알린 철학적 부분을 우파니샤드[오의서(奧義書)]라고 부른다. 아라니야카는 내용상 브라흐마나와 우파니샤드의 중간에 위치하고, 우파니샤드도 때로는 예로부터 제례와 신화라는 여운을 남긴다. 모두 브라흐마나에 포함되어 그 일부를 이루고, 또 우파니샤드가 아라니야카 속에 삽입되기도 한다.

시대와 더불어 각 베다는 많은 학파로 갈리고, 같은 베다의 여러 부분에서도 갖가지 다른 책이 나왔기 때문에 베다 문헌의 구조는 몹시 복잡하다. 중간에 유실되어 전해 내려오지 않는 것도 많으므로 일찍이 있었던 베다 문헌의 일부를 살펴볼 수밖에 없는데, 현존하는 것만으로도 전체적으로 방대한 하나의 문학을 이룬다. 그러나 어느 학파에 속하든 베다를 근본성전으로 받드는 브라만 교도의 관점에서 보면 모두 신의 계시에 의한 슈르티[천계(天啓)문학]로, 제례요강서 같은 베다 보조문헌 및 2대 서사시 마하바라타와 라마야나 마누의 법전 같은 고대 성자와 현인이 저술한 스므리티(성전문학)와 구별된다. 고대 인도의 연대는 조금도 명확하지 않고, 베다에 대하여도 여러 설이 분분하여 단정하기 어려우나, 리그 베다 본집의 가장 오래된 것부터 중요한 고대 우파니샤드가 성립되기까지를 대략 기원전 2000년에서 500년으로 가정하면 사실상 큰 지장은 없다.

베다의 윤곽과 그 가운데 우파니샤드가 차지하는 위치는 대략 이와 같다. 아리아족의 인도 침입으로부터 헤아려 1천수백 년의 세월이 흐르는 동안 종교와 철학의 사상에도 여러 곡절이 있었음은 말할 것도 없다. 우파니샤드 철학의 유래를 탐구하려면 그 문헌적 모태인 베다에 대한 철학사상의 근원으

로 거슬러 올라가 연구해
볼 필요가 있다.

그 철학사상의 역사

리그 베다 본집(本集)

베다 문헌 가운데 가장
오래되고 가장 중요한 리
그 베다는 펀자브 지방을
기반으로 부흥한 인도아리
아 문화의 초기를 장식하
였다. 10권으로 1028찬가
를 담고 있는 리그 베다는
인도의 언어·문학·종교·
철학 연구에 무궁무진한
자료를 제공한다. 물론 같
은 시대 시인의 작품이 아
니고, 신구·우열의 차이
및 보완과 삽입의 발자취
가 뚜렷이 나타난다. 종교

베다의 신 인드라는 여자와 술을 좋아한다고 한다. 가끔 세 개
의 눈을 갖고 있는 것으로 그려지는데 어떤 때는 수천 개의 눈
이 있는 것으로 묘사된다.

는 다신교로, 대자연의 구성요소와 여러 현상으로 스며들어 배후에 숨어 있
는 신비로운 힘을 감득하고, 이것을 개개의 신격으로 숭배하는 신앙에 근원
을 둔다. 하늘과 땅의 신·태양신·새벽신·불의 신·바람의 신 등이 가장 두드
러진 예이다.

하지만 의인법에 의한 시적 묘사의 진보와 그에 따르는 신화의 교착은 때
때로 여러 신의 근원을 속이게 되고, 특히 중요한 대신격(大神格)에서 그런
현상이 두드러진다. 또한 우정 같은 추상개념에서 출발하여 나중에 자연현
상과 관련지은 신격도 있었다. 이러한 천신은 저마다 주재하는 영역에서 타
의 추종을 불허하는 최고 권위로 추앙되고, 자연·제례·도덕의 질서를 지배
하는 천칙(天則, 원어로는 리타)을 받들어 서로 범하지 않으며, 제례를 통해

인간과도 밀접하게 교섭함으로써 신과 인간의 관계는 친애와 존경하는 마음으로 맺어졌다.

그러나 악마와 원수를 굴복시켜 아리아인의 신앙을 한 몸에 받은 용맹한 천둥신 인드라는 물론, 천칙을 옹호하고 인륜을 감시하는 신으로서 전지전능할뿐더러 올곧은 것을 칭찬하고 비뚤어진 것을 벌하는 데 한 치의 어긋남도 없는 바르나도 끝내 제1신의 왕좌를 차지하지 못했다. 뿐만 아니라 숭고한 천칙 리타 역시 이것을 구현하려는 여러 신에게서 벗어나 독자적인 최고의 신격이 되기에는 모자랐다. 리그 베다의 신계는 본질적으로 다신교의 모습을 바꾸지 못하였다. 다만 시대가 진보할수록 현 상태에 만족하지 않고, 많은 것 가운데 하나를 찾고 혼돈 속에서 질서를 요구하는 사색의 빛이 보이기 시작하면서 우주개벽의 위업을 한 몸에 떠맡고 여러 신 위에 군림하는 최고의 창조신, 또는 만물의 본원으로서 우주 전개의 첫 원인이 된 근본적이고 유일한 것을 바라는 사변 경향이 드디어 리그 베다 말기에 속하는 6편의 철학 찬가로서 나타났다. 나중에 설명할 귀일(歸一)사상이 여기서 그 첫걸음을 내딛었다.

아타르바 베다 본집

리그 베다와 어깨를 나란히 하는 아타르바 베다는 20권이며 731찬가를 포함한다. 리그 베다가 소마제를 중심으로 하는 정규 제례에 사용되는 찬가를 포함하는 데 비해, 아타르바 베다는 본디 병치료·재난소멸·승전(勝戰)·구애·화합·이익증가·항복·속죄 등에 관한 주법(呪法)·주술에 쓰이는 찬가를 근간으로 한다. 인도에서는 제례와 주술 사이에 두드러진 구별이 없으며, 찬가와 제례의 신비력으로 신을 움직여 소원을 이루려는 목적도 다르지 않다. 리그 베다에 기우(祈雨)·저주의 노래가 있는가 하면, 아타르바 베다에는 원수를 물리치기 위한 것임에도 착상이 숭고하고 표현이 아름다운 바루나 찬가가 있다.

리그 베다 말기부터 발달한 귀일사상이 점차 보급될수록 철학적 찬가의 수도 비교적 늘었는데, 그 내용을 요약해 보면 우주 창조를 하나의 최고 원리로 보고 여기에 여러 명칭을 붙여 최고신의 지위를 주고자 했다. 그러나 화려한 규모나 기이한 착안에 비해 오직 홀로 신비가 두드러지며 전체적으로 고매하고 진지한 태도가 부족한 느낌이다. 그러나 우파니샤드에서 중요한 술어가 마치 누구나 아는 개념처럼 다루어지고, 어느새 일원론의 완성을 예고하는 듯한 문체를 접하게 된 점은 주목할 만하다. 현존하는 아타르바 베다를 보면 벌써 갠지스 강 유역의 풍물을 배경으로 브라만 지상주의의 엄격한 계급 차별을 특징으로 하는 사회제도가 예상되고, 언어와 운율 역시 시대의 차이를 반영하여 리그 베다가 이미 지나간 아득한 유물인 듯 느껴진다.

신들에게 불멸성을 가져다 준 감로수의 탄생
우파니샤드에 의하면, 신들이 본래 불멸의 존재였던 것이 아니라 감로수를 마심으로써 불멸하게 되었다고 한다. 그림은 히말라야의 한 봉우리 '메루'를 막대삼고, 우주의 뱀 '셰샤나가'를 끈 삼으며, 밑받침은 비슈누 신이 스스로 거북으로 헌신하여 받쳐 있는 가운데 신들이 감로수를 만드는 장면.

브라흐마나 문헌

사마 베다 본집의 가사는 대부분 리그 베다를 그대로 옮겨 쓴 것에 지나지 않고, 야쥬르 베다 본집의 기도문은 대체로 단편적이라 철학사상의 발달과정을 살피기에 적합하지 않다. 그러나 각 베다에 속하는 산문 형식의 브라흐마나(범서) 문헌은 학파별로 그 수도 많다. 뿐만 아니라 제례 규정 및 설명을 목적으로 하면서도 곳곳에 신화와 전설이 삽입되어 있어 내용이 흥미롭고, 때로는 철학사상의 진보를 암시하는 글귀도 찾아볼 수 있다. 또한 어떤 공통된 성질을 계기로 언뜻 볼 때는 전혀 관계없는 두 사물을 동일시하고, 하나를 깨우침으로써 다른 것까지 지배하는 경향은 귀일사상의 완성에 더욱 박차를 가한다. 그러나 철학적 사색은 아타르바 베다와 큰 차이가 없다. 태초의 유일신은 다양한 이름

을 가지고 있지만, 태초의 창조신으로 가장 자주 추앙받으며 이 시대의 신계
(神界)에 군림하는 신은 프라자파티(Prajāpati, 창조주)이다. 창조신화에도
일정한 형식이 생겼다. 먼저 프라자파티가 창조의욕을 일으켜 노력과 고행
을 통해 열의 힘을 발휘하자 다양한 순서에 따라 갖가지 만물이 나타난다.
다만 이러한 일화의 목적은 모두 제례를 해설하기 위한 것이므로 여기서 논
리적인 통일성이나 오묘한 사변을 찾아볼 수는 없다. 더욱이 광범한 브라흐
마나 문헌에는 새롭거나 오래된 여러 층이 존재하는데 주된 것을 분류하면
다음과 같다.

①오래된 층

ㄱ. 흑(黑)야쥬르 베다 본집의 산문 부분 및 타이티리야 브라흐마나.

ㄴ. 사마 베다의 판챠빈샤 브라흐마나.

②가운데 층

리그 베다의 아이타레야 브라흐마나와 카우시타키 브라흐마나.

③새로운 층

ㄱ. 백(白)야쥬르 베다의 샤타파타 브라흐마나.

ㄴ. 사마 베다의 쟈이미니야 브라흐마나.

우파니샤드 철학에서 중요한 개념과 교리는 대개 브라흐마나 문헌에서 싹
이 트거나 완성에 가까워졌는데, 특히 새로운 층의 2대 브라흐마나에는 이
미 우파니샤드와 공통되는 대목이 나타나 있다.

우파니샤드

여기까지 훑어봄으로써 우파니샤드의 근원이 매우 오래되었고, 귀일사상
이 차츰 발전되어 왔음을 알 수 있다. 오래된 우파니샤드에서는 아직 최고
원리의 명칭이나 성질이 완전히 일치하지 않고, 예부터 이어져온 전통에 근
거한 신화와 제례 같은 요소를 섞어 넣는 일도 드물지 않았다. 그러나 형식
적 제례의 절대 권위를 부인하고, 귀일사상을 순화하여 대우주와 개인의 본
체를 분명하게 일원(一元)으로 단정하여 아트만(자기) 또는 브라만(우주원
리)이라고 불러 진리가 둘이 아닌 하나임을 강조하고, 선악의 업에 따라 다
시 이 세상에서 생을 받는 윤회설을 받아들임으로써 도덕상의 요구에 부응
한 점에서 우파니샤드 철학가들의 노력을 인정해야 한다.

우파니샤드는 베다의 마지막 부분을 이루기 때문에 베단타(Vedānta, 베다의 말미·극치)라고도 하는데, 예부터 철학적으로 뛰어난 부분을 '베다의 극치'라고 존중한 것도 다 이유가 있었다.

우파니샤드 분류

우파니샤드의 수

우파니샤드는 오랜 세월에 걸쳐 점차 성립되었으므로 전체가 몇 권인지 헤아리기란 도저히 불가능하다. 가장 오래된 것은 불교가 일어난 시대(기원전 6세기 말)보다 훨씬 더 오래 전이며, 그 뒤로 몇 세기를 거치면서 주요한 우

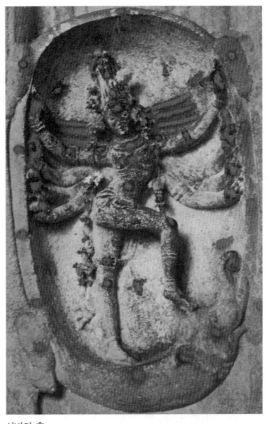

시바의 춤

시바의 춤은 흐르는 시간 속 우주의 주기, 창조의 파괴, 탄생과 죽음 주기를 상징한다. 인도, 마드라스, 미나크쉬 사원 조각.

파니샤드는 서서히 지금의 형태를 갖추게 되었다. 그러나 그 뒤에도 우파니샤드는 계속 제작되었다. 극단적인 예로, 16세기 악바르 황제 치하에서는 이슬람교 교리를 선전하는 알라 우파니샤드(Allāh-Up.)가 만들어졌다. 연대와 내용을 불문하고 우파니샤드라는 이름이 붙은 서적만 헤아려도 현존하는 것이 200가지가 넘는다. 또한 옛날에는 있었지만 지금은 사라진 것도 결코 적지 않다. 후대에 만들어진 무크티카 우파니샤드(Muktikā-Up.)에 108가지 이름이 열거되어 있는데, 여기에 근거한 108 우파니샤드집(集)은 인도에서도 자주 간행되어 일반 대중에게 보급되었다. 다만 이 책들은 성립연대에 뚜렷한 전후 차이가 있을 뿐만 아니라 내용면에서도 우열이 매우 분명하게 드

러나 옥석이 뒤섞인 느낌을 준다.

고대 우파니샤드

대체로 예부터 베다 학파에 직접 속해 있는 우파니샤드는 연대도 오래되고 내용도 신선하기 때문에 고대 우파니샤드라 하고, 나머지는 신(新) 우파니샤드라고 부르며 일반적으로 아타르바 베다에 속한다. 더 자세히 살펴보면, 고대 우파니샤드에도 신고(新古)의 차이가 있으므로 내용과 언어 및 여러 방면으로 고찰하여 일반적으로 3단계로 나눈다. 물론 그 근거를 고증하려면 자세한 설명이 필요하며, 각 종류별 순서를 결정하고 그 책의 시대를 세밀히 구별하려면 이론이 많아 갈피를 잡을 수 없다. 그러나 산문이냐 운문이냐 하는 외면적 구별이 거의 시대 구분과 일치하므로, 여기서는 편의상 이점에 입각하여 세 단계로 나누고자 한다. 각 순서는 내용과 언어를 검토하여 대체로 연대가 오래된 것을 앞에 놓고 새로운 것을 뒤에 배치하고자 힘썼으나, 복잡한 사실을 단순한 표로 정리한 탓에 애당초 정확성을 따지기에는 무리가 있다.

①고(古)산문 우파니샤드

브리하다라냐카(Bṛhadāraṇyaka, 백야쥬르 베다에 속함) 원칙적으로 이 책의 인용은 칸바 파에서 전하는 것에 따랐으나 마디얀디나 파에서 전하는 것과 근소한 차이가 있을 뿐이다.

찬도기야(Chāndogya, 사마 베다에 속함)

카우시타키(Kauṣītaki, 리그 베다에 속함) 카우시타키 브라흐마나 우파니샤드라고도 한다. 이 책의 인용은 1861년 캘커타 판에 따랐다.

아이타레야(Aitareya, 리그 베다에 속함)

타이티리야(Taittirīya, 흑야쥬르 베다에 속함)

케나(Kena, 사마 베다에 속함) 후반의 산문 부분이 전반의 운문 부분보다 오래되었으며 전체적으로 고산문 우파니샤드와 운문 우파니샤드의 중간에 위치한다. 참고로 그 바탕인 자이미니야 우파니샤드 브라흐마나에는 찬도기야 우파니샤드와 공통되는 대목이 적지 않다.

②운문 우파니샤드

이샤 또는 이샤바스야(Īśā, Īśāvāsya, 백야쥬르 베다에 속함)

인드라의 하소연을 들은 비슈누 비슈누는 우주 질서를 유지할 계획을 세웠다. 그것은 악마들과 협력해서, 우주의 서로 대립하는 두 가지 나선 운동이 길항 작용을 하게 만들자는 계획이었다. 이리하여 악마들과 신들이 양쪽에서 우주 뱀 세샤를 잡아당기게 되었다. 세샤는 우주의 중심축인 만다라 산을 둘러싸고 있었으므로, 이 악마들과 신들의 줄다리기는 중심축을 회전시키고 우유 바다를 휘저어 마침내 불로불사의 물 암리타를 만들어 냈다.

이밖에도 바쟈사네이 삼히타에 우파니샤드로 전해지는 부분이 있다. 철학적 가치가 있는 것으로는 푸루자수크타(Puruṣasūkta) 및 그 속편 우타라나라야나(Uttaranārāyaṇa), 타데바(Tadeva), 시바삼칼파(Śivasaṁkalpa)가 있다.

카타 또는 카타카(Kaṭha, Kāṭhaka, 흑야쥬르 베다에 속함)

슈베타슈바타라(Śvetāśvatara, 흑야쥬르 베다에 속함)

문다카(Muṇḍaka, 아타르바 베다에 속함)

마하나라야나(Mahānārāyaṇa, 흑야쥬르 베다에 속함)

③ 신(新)산문 우파니샤드

프라슈나(Praśna, 아타르바 베다에 속함)

만두키야(Māṇḍūkya, 아타르바 베다에 속함)

마이트리 또는 마이트라야나(Maitti, Miatrāyaṇa, 흑야쥬르 베다에 속함)

또한 20세기에 산스크리트 원전이 발견된 차가레야(Chāgaleya, 산문, 야쥬르 베다에 속함), 바슈칼라만트라(Bāṣkalamantra, 운문, 리그 베다에 속함), 아르셰야(Ārṣeya, 산문, 아타르바 베다에 속함) 등 3편도 고대 우파니샤드에 편입될 자격이 있으므로, 아마 차례로 위 3종류 중 1곳에 추가될 성싶다.

이 중 고산문 우파니샤드를 대표하는 2대 걸작인 브리하다라냐카와 찬도기야는 불교가 발생하기 훨씬 전부터 존재하였다. 운문 우파니샤드를 대표하는 카타와 슈베타슈바타라 중 카타는 확실히 위대한 문법가 파니니(기원전 4세기 중엽)보다 앞서 나왔으며, 슈베타슈바타라 역시 불교가 나오기 훨씬 전부터 존재했다고 생각된다. 신산문 우파니샤드를 대표하는 마이트라야나는 내용과 언어 모두 파니니 이전에 나왔다고 단정할 증거가 없다. 언어상으로 볼 때 대표적인 고산문 우파니샤드는 더욱 옛 산스크리트어 즉 베다어의 특징을 여실히 나타내고 있다. 그러나 그 밖의 우파니샤드는 파니니의 문법을 따르는 고전 산스크리트어에 점점 가까워지거나 일치한다. 물론 낡은 사상을 펼치면서 새로운 어법을 사용하는 경우도 있으므로 사상 발달의 역사와 문법적 연구가 반드시 동일한 결과에 이른다고 볼 수는 없다. 더욱이 장편 우파니샤드는 연대가 다른 길고 짧은 장절(章節)을 모아 편찬한 것이므로 연대를 엄밀히 따지려면 각 편과 각 장을 심도 있게 연구해야 한다. 하지만 고대 우파니샤드 전체의 연대는 대략 기원전 600년~300년으로 생각하면 큰 오차가 없다.

우파니샤드 철학은 일반적으로 제례 만능주의에 대한 반발로 해석되며, 이윽고 불교의 발상을 촉진할 사상계의 기복 위에 우뚝 솟은 하나의 높은 봉우리로서 연대적으로도 불교와 가깝다고 여겨진다. 그러나 베다학의 관점에서 보면 그러한 사고방식을 조금 수정할 필요가 있다. 우파니샤드의 핵심을 이루는 귀일사상과 그 중심 개념들이 하루아침에 이루어지지 않았다는 사실은 앞에서 이미 말했다. 또한 현명한 왕후가 스스로 철학의 이치 규명에 참여하거나 학자를 보호하여 우파니샤드의 번창에 크게 기여한 사실도 부정할 수 없으나, 현존하는 우파니샤드는 브라만(바라문)이 편찬했다고 보아야 한다. 더구나 새로운 철학이 나옴으로써 종래의 제례와 주술이 쇠퇴했다고는 볼 수 없다. 브라만이든 왕족이든 유한한 행복과 안락에 만족하지 않고 궁극적인 해탈에 매진한 식견 있고 비범한 두뇌만이 제례 이상의 것, 그것만 알면 세상 만물의 본체와 동화될 수 있는 것을 찾아 생사의 큰 문제를 해결하려고 하였다.

그러므로, 기존의 제례와 주술은 한정된 범위에서 여전히 효력을 발휘했다. 고상한 철학이 제례학 번성기에 더불어 발달하고, 두 방면을 두루 통달한 대학자가 있었던 점도 이상한 일이 아니었다. 브리하다라냐카(제3장·제4장)에서 뛰어난 대학자 야지냐발키야는 동시에 샤타파타 브라흐마나(제1~5권)에서도 제례의 권위자였다. 이것을 모순이라 치부하고 전자를 가상의 인물로 여길 필요는 없다. 야지냐발키야의 시대에는

《바가바드 기타》의 크리슈나와 아르주나
《바가바드 기타》는 우파니샤드의 형이상학적 신애(bkakti)의 방법을 통해 대중들과 만날 수 있는 계기를 만들었다.

남이 듣는 것조차 꺼릴 만큼 새로운 이론이던 업(業)설도 불교시대에는 이미 상식적인 교리로 자리잡았다. 물론 브리하다라냐카가 현존하는 형태로 편찬되기까지는 오랜 세월이 걸렸다. 그러나 사상이 나온 연대와 문헌이 성립한 연대를 혼동해서는 안 된다. 찬도기야(제6장)에는 야지냐발키야의 스승 웃다라카 아르니의 설교가 실려 있는데, 문헌으로는 전자보다 조금 못하다고 하겠다. 가장 오래된 우파니샤드 역시 오랜 사색이 축적된 결과물이다. 새로운 철학의 새벽이라기보다 한낮으로 넘어가는 과정이다.

신우파니샤드

우파니샤드 철학으로서 대중에게 알려진 사상은 거의 대부분 고대 우파니샤드에 포함되어 있다. 그러나 우파니샤드의 전반적인 개념을 정확히 알려면 비록 성립연대가 새롭고 발달한 사색의 흔적은 부족하지만 신우파니샤드

도 한번 훑어볼 필요가 있다.

신우파니샤드는 대개 길이가 짧고 운문과 산문 형식을 두루 취하지만 주제가 언제나 통일성이 있으므로 그에 따라 보통 다섯 가지로 분류한다.

①베단타 학파

고대 우파니샤드에서 발달한 일원론을 그대로 계승하여 일반적으로 간결하고 요령이 있으나 새로운 사상은 발견되지 않는다.

②요가 학파

일원론을 예상하면서 성음(聲音) 옴(Om)의 관법(觀法)을 중시하여 조용한 곳에서 단정히 앉아 눈을 감고 정신을 통일하는 요가수행을 해탈방법으로 강조한다.

③삼냐사 학파

깨우침을 목적으로 욕심을 버리고 정처 없이 떠도는 둔세유행(遁世遊行, 세속을 피하여 떠돌아다님)의 생활을 찬미하고 장려한다.

④시바 신앙

우파니샤드의 근본원리를 민간신앙의 최고신 시바(Śiva)와 동일시하여 숭배하도록 드높인다.

⑤비슈누 신앙

마찬가지로 민간에게 세력을 떨치는 비슈누(Viṣṇu)신과 그 다양한 모습의 화신을 근본원리로 찬미한다. 인도의 성서로서 널리 알려진 바가바드기타(Bhagavadgītā)도 이 종파적 경향의 소산이다.

이러한 모든 사상적 경향은 이미 고대 우파니샤드 속에서 싹을 틔우고 있었다.

서술범위

신고(新古) 우파니샤드의 내용을 자세히 논하자면 분량이 지나치게 방대해지므로 여기서는 고대 우파니샤드의 2대 걸작을 근간으로 필요에 따라 다른 고대 우파니샤드를 보충하는 데 그친다. 논술의 전거를 밝히고자 원전 이름을 약자(略字)로 삽입하였으나, 비슷한 예를 열거하거나 문헌학적 고증 및 전문가가 아니면 흥미가 없는 내용은 피하였다.

우파니샤드는 논리 정연한 철학서가 아니므로 그 진수를 파악하려면 불순

물을 걸러내야 한다. 그 거장은 하늘에서 들려오는 묘음을 마음의 귀로 듣고, 참된 앎의 빛을 마음의 눈으로 보는 명상의 철인이자 신비의 시인이었다. 깨우친 내용은 말할 수 없이 깊고 그윽하며 고요한 경지에 숨어 있으며, 이것을 암시하는 말은 곧잘 신비로운 안개에 가려져 범속한 이해를 아득히 초월한다. 더구나 우파니샤드는 해탈을 최종 목적으로 삼기 때문에 철학인 동시에 종교이다. 참된 앎을 떠난 공론은 오직 입과 혀를 지치게 할 따름이다. 태곳적 철학시인의 체험 내용에 직접 참여하지 못하고 문자에 사로잡히고 언어에 방해받는 현대 문헌학자가 주장하는 바로는 성이 차지 않는다 하여도 어쩔 수 없는 일이다.

＊약자표

AA	아이타레야 아라니야카
AB	아이타레야 브라흐마나
ArU	아르셰야 우파니샤드
AU	아이타레야 우파니샤드
AV	아타르바 베다
BAU	브리하다라냐카 우파니샤드
BMU	바슈칼라 만트라 우파니샤드
ChāgU	차가레야 우파니샤드
ChU	찬도기야 우파니샤드
IU	이샤 우파니샤드
JB	자이미니야 브라흐마나
JUB	자이미니야 우파니샤드 브라흐마나
KBU	카우쉬타키 브라흐마나 우파니샤드
KeU	케나 우파니샤드
KU	카타카 우파니샤드
MāU	만두키야 우파니샤드
MNU	마하나라야나 우파니샤드
MU	마이트라야나 우파니샤드
MuU	문다카 우파니샤드

Oup.	라틴어역 우프네카트
PU	프라슈나 우파니샤드
RV	리그 베다
ŚA	샨카야나 아라니야카
ŚB	샤타파타 브라흐마나
ShB	샤드빈샤 브라흐마나
ŚU	슈베타슈바타라 우파니샤드
TA	타이티리야 아라니야카
TB	타이티리야 브라흐마나
TU	타이티리야 우파니샤드
VS	바쟈사네이 삼히타
cf.	참고

우파니샤드의 내용과 사상

우파니샤드의 주제

어떤 우파니샤드는 "우주의 근원인 브라만은 무엇인가. 애당초 어디에서 생기며 우리는 무엇으로 생존하는가. 또 어디에서 멈추는가. 무엇에 지배되어 우리는 고락 속에서 각자의 상태에 이르는가. 브라만을 아는 자여"*1라는 질문으로 시작된다. 이것은 모두 우파니샤드에서 대답할 과제이다.

그러나 고대의 대표적인 우파니샤드는 일정한 조직이 없고 주제에 통일성이 없으며, 같은 문제에 대한 해답이 반드시 한결같지 않을 뿐만 아니라 서로 상반되는 견해를 포함하고 있다. 하물며 수많은 우파니샤드를 비교해 보면 거의 수습이 불가능한 혼란을 빚어내기도 한다. 이것은 우파니샤드 편찬에 통일된 방침이 없었으며, 신비를 좋아하는 철학가들이 명상하다가 깨달은 인식을 단편적으로 말하고, 새로운 사상을 발표할 때 낡은 요소를 섞고, 더욱이 시대가 달라질 때마다 서로 다른 다양한 교리와 경향이 도입되었기

---

*1 ŚU i. 1

프라슈나 우파니샤드의 이야기를 묘사한 그림 성자 피팔라다의 거처로 가르침을 얻기 위하여 젊은 사제 6명이 장작을 들고 들어서고 있다.

때문일 것이다.

그런 상태에서 통일된 철학체계를 확립하고자 옛날 인도에서 베단타라는 철학학파가 생겨 우파니샤드의 정통을 이을 듯이 보였다. 그러나 그 해석이 과연 원전의 참뜻에 적합한지 아닌지 의심스러운 경우도 적지 않았다. 철학 조직을 구성하는 데 적합한 대목만을 발췌하여 배합하는 일이 크게 어렵지 않을지도 모르지만, 원전의 참뜻을 존중하면서 전체를 모순 없는 하나의 체계로 엮어내는 일은 공평하고 비판적인 현대 학자가 생각도 못할 일이다. 엄정을 기하려면 특정 우파니샤드 몇 편 몇 장의 사상으로 한정하지 말아야 하고, 우파니샤드 철학을 막연히 논하는 것도 허락되지 않는다. 물론 그 중심적 내용이 우주 본체를 밝혀내고 해탈이라는 위대한 목적을 이루는 데 있는데, 그 본체가 무엇이고 해탈이 무엇인가라는 질문에 대답하지 못한다면 설명이 될 수 없다.

실제로 우파니샤드에서는 많은 학자들이 이 해답을 여러 관점에서 제시했지만, 본체의 명칭·실체·성질·기능 등에 관한 통일성을 발견하기는 어렵다.

그러나 철학적으로 가장 순수한 사변을 배경으로 후세에 가장 뚜렷한 영향을 남긴 교리를 찾는다면, 대우주의 근원을 물어 도달한 브라만(brahman)과 개인의 본체로서 알게 된 아트만(ātman) 곧 자기를 가장 중요한 개념으로 인정한다. 더욱이 이 두 원리가 본질적으로 동일하여 대우주 쪽에서 설명하든 소우주 곧 개인 쪽에서 설명하든 결국 철저한 일원적 세계관으로 귀결되는 것이 우파니샤드 철학의 특징이다. 세상에서 흔히 말하는 범아일여(梵我一如) 사상이다. 여기서도 범아일여부터 설명해야 하겠지만, 그에 앞서 귀일(歸一)사상 발달의 발자취를 자세히 살펴보고자 한다.

일원적 원리의 탐구

앞에서 말한 바와 같이 철학적 사색은 아주 오랜 옛날부터 시작되었고, 귀일사상도 이미 리그 베다에서 싹을 틔웠다. 우주 창조의 위업은 일찍부터 건설이나 출산에 빗대어 여러 신들에게 공을 돌렸으나, 아직 고상한 사고의 경지에는 이르지 못하였다. 불은 곳곳에서 타올라 다양한 모습으로 나타나지만 본체인 아그니(불의 신)의 여러 모습일 뿐이고, 바르나와 미트라, 인드라라는 이름도 한낱 불의 신으로서의 호칭에 지나지 않는다고 보았다.[2] 그때부터 이미 일원(一元)에 대한 심도 깊은 연구가 시작되었다.

불뿐 아니라 태양과 붉게 물드는 새벽 또한 그러하다. "여기저기에서 타오르지만 불은 오직 하나. 모든 것에 두루 미치는 태양도 하나. 세계를 골고루 비추는 우샤스(새벽의 여신) 역시 하나이다. 유일한 것이 퍼져나가 온 세상이 이루어진다."[3] "인드라, 미트라, 바르나, 또는 아그니라고 부르지만, 아름다운 날개로 하늘을 나는 새(태양)의 이름이야말로 그러하다. 시인은 하나의 존재를 여러 이름으로 부르나니, 바로 아그니요 야마요 마타리슈반이다."[4] 변이(變異)는 오직 이름의 차이일 뿐이라고 단언한 성자 우달라카 아루니의 교설은 이미 이때부터 준비되어 있었다.

이러한 단편적인 서술 외에 리그 베다 제10권에는 철학사에서 볼 때 중요한 창조 찬가(讚歌) 여섯 편이 실려 있다. 이 가운데 비슈바카르만(Viśva-

---

[2] RV iv. 40. 5, v. 3. 1.

[3] RV viii. 58. 2.

[4] RV x. 164. 46.

karman, 조물주)이 천지를 창조했다고 보는 찬가는 기존의 창조관적 색채를 짙게 나타낸다. 만유를 대장장이처럼 용접했다는 브라흐마나스파티(Brahmaṇaspati, 기도의 신)를 창조신으로 추앙하는 찬가는, 신비적인 순환 발생—다크샤(능력)는 아디티(무한)에서 생기고 아디티는 다크샤에서 생긴다—관념에 입각하며 우주 전개의 시초를 설명하고자 하지만 도리어 브라흐마나스파티의 위치를 불분명하게 만든다.

우파니샤드를 학습하는 스승과 제자들
스승과 제자들이 함께 기거하면서 금욕을 실천하고, 스승을 존경하고 믿음으로 섬기며 학습·명상한다.

다음으로 각 송(頌)이 "어느 신에게 우리는 제물을 바치리"라는 후렴구로 끝나는 히라냐가르바 찬가[5]는 스스로 만들어 낸 큰물 속에 '황금알(Hiraṇyagarbha)'로 나타나, 천지를 편안히 세우고 공계(空界)를 헤아리고 태양을 떠받치고 산과 바다 및 4극을 낳고 신들에게 생기를 불어넣어 신계와 생물계에 군림하는 유일한 창조신을 그려내는데 성공했다. 하지만 여전히 신화적인 장식이 많고 철학적 박력이 모자란다. 그러나 우주 창조의 태초에 '큰물'과 '황금알'이 있다고 보고, 또 이 유일한 조물주가 뒷날 프라자파티라는 이름으로 숭배 받은 점은, 다음 시기에 나오는 브라흐마나 문헌에 자주 등장하는 창조신화의 선구로서 주목할 만하다.

이러한 찬가들이 단일신교 경향을 보이는 반면 푸루샤 찬가는 범신론적

---

*5 RV x. 121.

색채를 띤다. 여러 신이 푸루샤(Puruṣa) 즉 '원인(原人)'을 희생 제물로 제사를 거행하자 각 부분에서 삼라만상이 생겨났다고 한다. 위대한 푸루샤는 지계(地界)를 둘러싸고도 여전히 열 손가락만큼의 폭이 남으며, 이미 존재하거나 아직 존재하지 않은 모든 사물이다. 더구나 현상계는 그의 4분의 1에 불과하고 나머지 4분의 3은 하늘에 있으며 불멸하다. 여기에도 순환 발생에 의존하는 본원인 푸루샤와 처음 생긴 푸루샤를 구분하며, 후자에게서 만유가 바뀌어 나타났다고 한다. 전개 기술 및 순서 등에 모순이 많고 완성되지 않은 아쉬움은 있으나, 우파니샤드의 근본원리와 현상계와의 관계에 귀중한 시사점을 제공해준다. 이 찬가는 다른 베다 문헌에도 그대로 답습되며, 후세에 독립된 우파니샤드로 여겨지기도 했다.

리그 베다 이후 푸루샤는 점차 하나의 근본원리를 가리키는 말이 되어, 우파니샤드에서도 그 중요성을 잃지 않고 때때로 '개인의 본체·영혼·인아(人我)'라는 의미로 사용된다. 푸루샤라는 의미의 변천을 나타내는 중요한 대목은 백야쥬르 베다 본집에 포함되어 있으며 때로는 이미 우파니샤드의 표현을 방불케 한다. 그 일부는 타데바라는 이름으로 일찍이 독립된 우파니샤드로 꼽히기도 하였다.

이러한 철학적 찬가가 우주의 근원을 일원적으로 설명하려고 하면서도 여전히 낡은 방식에서 벗어나지 못하는 반면, "그때 없는 것도 아니요 있는 것도 아닌"*6이라는 글귀로 시작하는 1편은 지금으로부터 3천수백 년 전에 인류가 이룩한 사색의 최고봉이었다. 여기에서 우주의 근원은 절대적인 유일물(唯一物)로 돌아가 의인신(擬人神)의 모습을 완전히 벗고 창조하는 신과 창조된 세계의 대립구도가 아주 없어졌다. 우선 상대적인 유무의 관념을 초월한 태초의 상황을 그려서 공계와 천상계의 구별이 없고 밤낮을 나누는 일월성신도 없고, 죽음도 없고, 불멸도 없고, 암흑으로 뒤덮인 드넓은 원수(原水)의 속에 바람 한 점 없이 스스로 호흡하는 절대의 유일물을 끄집어내어, 여기에 사고력과 창조 의욕, 열의 힘이 발동하는 순서를 말하고 그 음양 두 힘의 작용으로 만물이 생겨난다고 보았다.

시인은 마지막으로 "신들은 우주의 생성보다 뒤지도다. 그렇다면 누가 생

---

*6 RV x. 129.

성의 어느 단계에서 왔음을 아는가"라 묻고 "최고천에서 우주를 감시하는 자만이 이것을 알 따름이다. 또는 그조차도 모른다"고 영원히 의문으로 남긴 채 이 찬가를 끝맺고 여운을 남기며 해답을 후세의 철학가에게 맡긴다.

귀일사상은 아타르바 베다에서 한 단계 높은 진전을 보인다. 일원적 원리에 비하여 주체의 수와 변화에서 리그 베다를 훨씬 능가하고 독창적 착상 또한 소홀히 여길 수 없다. 또 브라만과 아트만이라는 용어 사용에도 시대의 추이가 느껴지며 우파니샤드 철학 전사(前史)에 중요한 의의를 갖는다. 일원적 원리는 여러 이름으로 불리면서도, 유일한 근원, 절대적 주재신(主宰神)으로서 자주 브라만과 일치되고 대체로 그 배후에는 창조신 프라자파티가 있다고 예상된다. 생리적·심리적 관찰도 크게 발달하여 개인의 본체로서 프라나(Prāṇa, 생기) 또는 아트만이 고양되는 점은 사상계의 새로운 추세를 반영한다. 만유 생성의 양식과 순서에 통일성이 없고 태초의 원리와 현상계의 교류에도 막연한 결점은 있으나, 우파니샤드가 크게 이루어야 할 귀일사상은 여기에서 차근차근 진전하고 있었다.

개개의 원리를 하나하나 설명하진 않겠지만, 아타르바 베다 철학시(詩) 가운데 으뜸인 스캄바 찬가는 반드시 살펴보아야 한다. 이 찬가는 스캄바(Skambha, 기둥)라는 이름 아래, 당시 알려진 중요한 여러 원리를 통합하면서 우파니샤드로 접근한다. 프라자파티가 이 기둥으로 온 세상을 떠받치고 고정하여 스캄바라는 이름을 얻었으며, 푸루샤 찬가에서 보았듯이 그 일부는 현상계에서 전개되며 게다가 본체는 엄연히 존속한다. 하늘·허공·땅·해·달·불·바람을 몸체로 하는 최고의 브라만으로서 경배 받고, 개인에게 깃들어 있는 신령한 힘과 불로불사의 아트만으로서 찬양받는다. "브라만을 아는 사람은 '마지막 승자'를 안다. 프라자파티를 아는 자, 최고의 브라흐마나(브라만의 힘?)를 아는 자는 마찬가지로 스캄바를 안다."*7

프라나는 본디 숨을 뜻한다. 대우주의 숨결인 바람에 대응하는 동시에 개인의 본체인 생기로서 우파니샤드에서도 근본원리의 하나로 일컬어지지만, 그 출발점은 아트만과 상통하는 부분이 있다. 모든 것의 주인으로서 모든 것을 지배하고 모든 것 안에 있으며 사람이 잠들어도 스스로 잠드는 일 없는

---

*7 AV x. 7, 17.

프라나를 최고원리로 숭배하는 찬가는 이런 의미에서 중요하다. 여기서도 프라나는 프라자파티와 일치한다.

브라흐마나 문헌에서 프라자파티가 창조신화의 중심이 되어 거의 일정한 형식이 만들어진 점은 이미 말했다. 히라냐가르바 찬가의 주재신도 나중에는 파라자파티로 인정되고, 아타르바 베다의 여러 원리가 음양으로 프라자파티와 일치한다는 점도 이미 살펴보았다. 또 이 시기에는 우주 창조를 단순히 건설이나 출산에 비유하기보다는 오히려 최고신으로부터 방출 또는 창출된다고 여기는 경향이 두드러졌다. 그러나 철학사상은 대체로 아타르바 베다와 같은 수준이며 논리적 통일성을 찾아보기 힘들다. 새롭고 낡은 다양한 요소의 결합은 창조신화에 변화를 가져왔지만, 한편으로는 귀일사상의 순화를 방해하여 연구자를 현혹시켰다. 프라자파티가 스스로 만들어 낸 원수(原水) 속으로 들어가 만유를 감싸 안은 '황금알'을 나타내기도 하고, 원수를 첫머리에 두고 그 속에서 나오는 '황금알'에서 프라자파티가 나오기도 한다. 때로는 그에게 남녀 두 성을 부여하여 자가생식에서 만유의 기원을 찾거나 또는 그의 곁에 제2물을 두어 그것과의 성교를 기인으로 삼는 경우도 있다. 또한 프라자파티 외에 제례와 관련 있는 다양한 사물을 우주 생성의 첫머리에 위치시켜 응접하느라 틈이 없을 정도이지만, 여기서는 우파니샤드와 긴밀하게 관계되어 있는 사항만 언급하겠다.

아타르바 베다에 새롭게 나타난 브라만은 점차 사상계를 중요시하여 때로는 최고신 프라자파티와 일치하고 때로는 독립된 창조원리로 여겨진다. "태초에 이 '우주'는 정말로 브라만이었다. 여러 신을 만들어 각 세계에 배치"시키고, 스스로 이러한 세계에 들어가 만물에 이름과 형태를 부여했다는 설도 있다. 그와 더불어 아트만 관념도 발달했는데, 때로는 프라자파티와 일치하며 아트만이 온 세계라고도 한다. 만물의 보호자인 브라만을 "위대한 모든 것을 포함하는 아트만"[8]이라고 보는 시각은 범아일여라는 교리의 선구가 된다.

프라나(생기)는 이 시대에도 개인의 주체로서 다음의 아트만에 비길만한 위치를 차지하며 중심적 프라나 외에 각종 프라나를 분화하고 저마다 특수

---

*8 TB iii. 12. 9. 7.

한 생활기능을 다스린다. 브라흐마나 문헌 말기를 대표하는 아라니야카는 프라나를 눈과 귀 또는 사고력과 같은 생활기능 가운데 없어서는 안 될 생명력으로 삼았다. 그와 같은 사상은 고대 우파니샤드에도 자주 되풀이된다.

리그 베다의 푸루샤가 백야쮸르 베다에서 진전을 보인 점은 이미 설명하였다. 백야쮸르 베다에서 푸루샤는 프라자파티 및 브라만과 동일시되고 개체의 중추로서 우파니샤드의 아트만과 다름없다. 브라흐마나 문헌에서도 푸루샤와 프라자파티를 중심으로 한 복잡한 창조신화가 전해져 온다.

리그 베다의 철학시인은 "성현들은 깊이 생각하여 마음에서 찾고, 유(有, sad)의 가까운 혈통을 무(無, asad)에서 발견하였도다"[9]라고 노래했다. 다른 시인은 "신들의 원시시대에 유는 무에서 나왔도다"[10]라고 읊었다. 이 사상은 아타르바 베다에 계승되었으며 브라흐마나 문헌에는 '무'로 시작하는 수많은 창조신화가 전해져 온다.

《요가 수트라》의 저자 파탄질리
요가의 의미와 수행방법을 총망라하여 책으로 펴냈다.

브라만은 진실하다고 믿어야 한다. 인간은 의향에 따라 달라진다. 그가 어떤 의향을 가지고 이 세상을 뜨면 그 의향을 고스란히 가진 채 저 세상에 이른다.

사람은 아트만을 믿어야 한다. 뜻이 이루어져 생기를 몸으로 하고, 광명을

---

*9 RV x. 129. 4.
*10 RV x. 72. 2, 3.

형상으로 하며, 허공을 본성으로 하고, 여의상(如意相)을 가지며, 그 사유와 의도가 진실하고, 모든 향기를 가지고, 모든 맛을 가지고, 모든 곳을 지배하며, 모든 우주에 두루 가득하고, 말이 없고, 관심이 없다. 쌀알처럼, 보리알처럼, 또는 수수알처럼, 아니면 수수알의 핵심처럼 아트만 가운데 있는 황금 푸루샤(영체)는 바로 그와 같고 연기 없는 광명과 같다. 하늘보다 크고 허공보다 크고 이 땅보다 크며 모든 만물보다도 크다. 이 생기의 아트만, 곧 이 내가 아트만이다. 이 세상을 떠난 뒤 우리는 이 아트만과 합일해야 한다고, 뜻이 있는 자에게는 의혹이 있을 수 없다. 샨딜야는 그렇게 말하였다. 실로 그러하도다. *11

이것을 조금 개정한 것이 오래된 우파니샤드에도 실려, 두 문헌이 얼마나 긴밀하게 접촉하고 교류했는지를 말해준다.

범아일여(梵我一如)

우파니샤드 철학의 중심은 브라흐마나 문헌의 첫째 신인 프라자파티도 아니고 또 순수한 철학적 사변에 가장 적합하다고 생각되는 유(有=실재)도 아니다. 프라자파티는 제례를 설명하는 꼭두각시에 지나지 않으며, 구체적인 의인신(擬人神)보다 정신적인 신비력을 그리워하는 사상계의 풍조에 맞지 않는다. 반면 후자는 베다로 육성되어 제례를 중심으로 하는 세계관과 너무나 동떨어져 일반화되지 못한 듯하다. 리그 베다 이래 준비기를 거쳐 범아일여의 진리를 선양하게 된 우파니샤드를 설명하려면 먼저 그 2대 중심개념부터 알아보아야 한다.

브라만(중성어) 즉 범(梵)은 본디 베다의 찬가, 기도문, 주술문, 그리고 그 안에 가득한 신비력, 베다의 지식 및 그 결과인 신통력을 뜻한다. 또한 베다 신성(神聖), 제례 만능의 신앙에 따라 신을 움직여 소원을 이루는 원동력으로 인정되고, 아타르바 베다와 브라흐마나 문헌에서는 다른 여러 원리와 더불어 우주의 근본적 창조력으로 이름을 올렸다. 베다의 여러 신 가운데 브리하스파티 또는 브라흐마나스파티는 '기도의 주인'을 뜻하고, 브라만은 이 신비력을 가장 많이 지니고 구현하는 자이며, 제례의 숨은 뜻을 밝히

---

*11 ŚB x. 6. 3.

는 갖가지 설명도 브라흐마나라고 부른다. 이름이 그 자체의 본성을 나타낸다는 이치에 따라 명칭을 존중하고, 언어의 숨은 힘을 인정하여 기도에 절대적인 위력을 부여한 인도에서 베다를 총괄하는 진수인 브라만이 우주 만물을 창조하고 지배하고 두루 채워졌을 뿐 아니라 만물 그 자체와 동일시되는 근본원리의 위치에 오른 것도 다 그만한 이유가 있다.

샹카라차리아(700~750년경)
중요한 우파니샤드에 주석을 달았으며, 환영론·불이일원론의 베단타 사상을 확립하였다. 우파니샤드에 대한 주석 가운데 샹카라 것이 가장 정평나 있다.

형식적 제례는 이론상 피하고 있으나 제례의 여러 요소는 정신적으로 해석되어 종종 고대 우파니샤드 안에 설명되어 있다. 예를 들면, 특수한 찬송(讚誦, Uktha)은 프라나(생기)와 일치하거나 브라만과 일치하고, 칸바파(派)가 전하는 브리하다라냐카는 '마사제(馬祀祭)'의 신비로운 설명으로 시작하고, 찬도기야는 가영(歌詠, udgitha)의 찬미로 시작한다. 우파니샤드는 어디까지나 베다의 일부이고 브라만의 개념은 적어도 그 근원에서 중요한 연쇄를 이룬다.

다음으로 브라만과 더불어 발달하여 마침내 동일시된 아트만 즉 자아(自我)는 본디 '숨'을 의미한다. 생명의 주체로 여겨지면서 '생기'가 되었고, 총괄적으로는 생활체 즉 '육신' 특히 '몸통'이 되었다. 다른 사람과 구별할 때는 '자신'을 말하고, 내면적·본질적으로는 '본체·진수·영혼·자아'를 뜻한다. 따라서 아트만은 처음부터 프라나(숨·생기)와 푸루샤(인간·인아(人我)·본체)와 밀접하게 관련되어 접촉했음이 분명하다. 생명의 주된 힘으로서 숨은 예부터 아수(Asu) 또는 프라나라는 이름으로 존중되었으며, 특히 프라나는 아타르바 베다 이래로 철학적 의의를 부여받았으나, 단순한 생활기능보다 더욱 본질적인 영체(靈體)를 나타내느라 차차 본디 뜻에서 멀어진 아트만보다 못하게 되었다. 아트만은 아타르바 베다에서 이미 개인의 본체로서 찬양되었으며 어떤 브라흐마나는 열 가지 프라나(생활기능) 위에 아트만을 두었다.

개인의 본체와 우주의 본체를 동일시하는 일은 속단으로 보이지만, 그 둘의 매개는 자연계와 개인의 은밀한 결합과 상응을 인연으로 이루어졌다. 가장 오래된 리그 베다의 푸루샤 찬가를 보면 눈에서 태양이 생기고, 숨(prāṇa)에서 바람이 생겼으며*12, 장송 찬가에서는 사람이 죽자 눈은 태양으로 돌아가고, 숨(ātman)은 바람으로 돌아갔다고 한다. 이러한 사상은 뒤에도 계속 이어졌는데, 특히 숨과 바람과의 대응이 주목할 만하다. 우파니샤드에서도 개체의 생기와 우주에서 만물을 움직이는 하나의 요소로서 우월성이 나란히 강조된다. 우파니샤드는 때때로 개인에 대한 설명(adhyātmam)과 우주에 대한 설명(adhidevatam ; adhidaivatam)을 비교하여 병행시킨다. 만약 개인의 생활기능이 하나하나 자연계의 위력에 걸맞다면 각 개인은 곧 소우주이다. 대우주의 모형이라고 할 만큼 각 개인의 본체는 모두 다 동일하며 대우주의 본체와 본질적으로 일치해야 된다. 여기에서 개인의 본체는 우주의 본체로 높여져 아트만을 앎으로써 대우주의 근원을 엿볼 수 있다. 개체 관찰에서 출발한 아트만 관념이 단번에 우주적 의의를 갖게 되는 것이다.

물론 육신의 속박에서 벗어나지 못하는 개인아(個人我)를 우주의 본체로 여길 수는 없지만, 둘의 본질이 완전히 일치하는 한 그 관계는 융통성 있게 받아들여졌다. 우주아(宇宙我)는 개인아의 총계가 아니라 스스로 항상 변함없이 엄존하는 무수한 개인아로서 나타난다고 생각했다. 우파니샤드 철학의 신비적 경향은 이지(理智)만으로는 도저히 해결하지 못하는 문제를 안고 있다. 그러나 다른 면에서 우주아와 개인아의 분리 대립이 암암리에 예상되었듯 근원과 파생물의 관계를 암시하는 어구도 발견된다. "마치 거미가 거미줄을 타고 위로 올라가듯, 불에서 조그만 불꽃이 튀듯, 바로 이 아트만에서

---

*12 RV x. 90. 13. 14.

모든 기능·모든 세계·모든 신격·모든 만물이 흩어져 나온다"[13]라는 대목에 대하여, 이와 동일하지만 약간 다른 책에서는 "모든 만물" 다음에 "모든 아트만"이라는 구절을 보태어[14] 개인아도 현상계와 마찬가지로 우주아에서 사방으로 방출된다고 보았다.

우주 만물에 두루 채워진 주력(呪力)에서 출발하여 브라만에 이르고 개인의 본체를 확대하여 아트만을 얻었다. 길은 다르지만 추구하는 바는 하나의 근본원리이다. 범·아의 두 원리를 대립 분열시키

라마누자(1017~1137년경)

대표적 우파니샤드 주석가. 주석을 통해 한정적 불이원론을 확립하였다.

지 않고 완전히 일치시킨 것이 자연스러운 추세라 하더라도 인도철학사에서 눈여겨볼 부분이다. 샨디르야의 교리에 "이는 곧 심장 내부에 있는 내 아트만이다. 이것이 브라만이다"라는 구절이 있는 것은 앞에서 보았다. 가장 오래된 우파니샤드도 두 원리의 동일성을 증명하기보다 오히려 양자 일치를 예상하는 논지를 펼치며 양자를 동일하게 근본원리의 명칭으로 사용한다. 예를 들면 "이는 실로 위대한 부생(不生)의 아(我)이고, 불로·불멸·불사하며 두려움이 없다. 바로 범(梵)이로다"[15]라는 말이 있다. 한마디로 요약하면 "범은 아(我)이다."[16] 브라만은 모든 우주이자 아트만이다. 즉 아트만을

---

*13 BAU ii. 1. 20.

*14 Madhy. BAU ii. 1. 23.

*15 BAU iv. 4. 25.

아는 자는 동시에 브라만을 아는 자이다.

범(梵)·아(我)의 본질

근본원리를 브라만이나 아트만이라 하고, 푸루샤(인아〔人我〕)·프라나(생기〔生氣〕)·사트(실재〔實在〕)·아크샤라(불멸〔不滅〕) 등으로 부르는 것도 단지 이름의 차이일 뿐이다. 역사적인 말뜻은 훨씬 앞으로 거슬러 올라가 결코 둘이 아닌 보편적이고 원만한 본체의 다른 이름이며, 오직 브라만과 아트만에서 가장 유력하고도 고정성 있는 명칭을 찾아낸 데 불과하다. 그러나 명칭 선택은 내버려두더라도 이 이름으로 부르는 원리의 특성 여하는 근본문제로 삼아야 한다. 사람이 진흙의 본질을 이해한다면 진흙으로 만든 모든 것을 단숨에 이해할 것이다. 따라서 명칭이나 형태의 변화에 구애될 필요는 없다. 곧 한 가지만 알면 우주 만물의 근본을 철저히 파악하여 대번에 모든 것을 깨우치는 바가 곧 근본원리이다. 우파니샤드 학자가 깨달아 증명하고자 노력한 것이 바로 그런 원리이며, 이것이 이미 알고 있거나 비교적 가까이 있는 것과 같다면 진리 파악은 훨씬 쉬워진다. 그러므로 범·아는 때때로 다양한 사물과 동일시되어 우주의 깊숙한 비밀에 직접 참여하려고 시도했다.

오만한 가르기야 성자가 카시 왕 아자타샤트루를 찾아가 "내가 왕에게 브라만을 가르쳐 드리겠소"라고 하자, 왕은 소 천 마리를 상으로 내걸고 경청한다. 가르기야 성자가 입을 열었다. "태양 속에 있는 저 푸루샤(본체)를 나는 브라만으로 믿는다오." 그러자 왕은 "아니요, 그에 대한 토론은 하지 맙시다"라고 말을 가로막았다. 왕은 "모든 만물의 주권자요 우두머리요 왕자로서만 나는 그것을 믿는다오"라고 말하며 그것이 만물의 근원이 되기에는 아직 부족하다고 설명했다. 가르기야 성자는 또한 달·번개·허공·바람·불·물·거울·방향과 장소·그림자·육신의 푸루샤를 끌어댔지만 왕은 그것이 모두 부분적인 것에 불과하고 보편성이 없음을 지적하며 반박한다. 어지간한 가르기야 성자도 마침내 무릎을 꿇고 왕에게 가르침을 청하자 왕은 마지막으로 잠을 자는 아트만을 설명했다. 줄을 뽑아내는 거미나 불에서 흩날리는 불꽃을 예로 들면서 그와 같이 아트만으로부터 모든 생활기능, 모든 세

---

* 16 cf. BAU ii. 5. 19, iv. 4. 5.

계, 모든 신격, 만물이 나옴을 밝히고, 숨은 진리(upaniṣad)를 '진실의 진실(satyasya satyam)' 즉 최고의 진실이라고 말하였다. 태양 같은 개별 현상에서 근본원리를 찾던 기존 학설을 물리치고 그 위에 성립하는 보편적 실재를 범·아라는 이름으로 부르게 된 것이다.

비데하 왕 자나카도 야지냐발키야 성자의 가르침을 듣기 전에 브라만으로 모든 기능 곧 말·숨·눈·귀·뜻·마음을 동일시하는 여러 학설을 배웠다. 그러

마다바차리아(1296~1386년경)

우파니샤드 대표적 주석가. 이원론의 베단타 사상을 확립하였다.

나 이러한 생활기능도 저마다 근본원리의 인식성·친애성·실재성·무한성·환희성·안전성을 대표할 뿐 그 전반을 골고루 뒤덮지는 않는다. 마찬가지로 유명한 6명의 브라만은 아트만을 저마다 하늘·태양·바람·허공·물·땅과 동일시하였으나, 아슈바파티 왕은 그 한계성을 하나하나 설명하고 위대한 보편적 자아(ātmā vaiśvānaraḥ)의 존재를 가르친다.

그러나 이렇게 전하여 온 바는 기존 범아설(梵我說)이 미비함을 지적하고 새로운 철학 이치의 진보를 나타냈지만 아직 그 본질을 자세히 밝히지는 못했다.

오직 하나로서 모든 것이고 상대를 떠난 유례없는 근본원리는 이미 경험 세계에서 멀리 떨어져 말로 하지 못하고 뜻도 미치지 않는 곳에 있으므로, 이것을 적극적으로 정의하건 소극적으로 정의하건 유한한 말로써 무한한 실체를 표현할 수는 없다. 그러나 불립문자(不立文字)로 깨달아야 할 범(梵)·아(我)의 참모습을 되도록 사실과 같이 그려내려는 시도는 곳곳에서 발견된

다. 샨디르야의 교리 같은 경우가 가장 유명한 예로, 모든 것을 포괄하고 모든 것을 초월하며 아주 작은 동시에 더없이 큰 점을 강조했다. 때때로 그와 같이 언뜻 보면 모순되는 말로 상대 개념을 지양한다. "그것은 움직인다, 그것은 움직이지 않는다. 그것은 멀다, 그것은 또 가깝다. 그것은 모든 것 속에 있다, 그것은 모든 것 밖에 있다"[17]와 같이 조금 새로운 사례이다. "미세한 것보다 미세하고, 큰 것보다 크기"[18] 때문에 작다고 할 수도 없고 크다고 할 수도 없다. "그것은 실로 브라만의 이른바 불멸인 것, 조잡하지 않고, 세밀하지 않고, 짧지 않고, 길지 않고, 붉은 피가 없고, 기름기가 없고, 그늘이 없고, 캄캄하지 않고, 바람이 없고, 공간이 없고, 교착이 없고, 맛이 없고, 향기가 없고, 눈이 없고, 귀가 없고, 말이 없고, 뜻이 없고, 활동이 없고, 숨이 없고, 입이 없고, 아량이 없고, 안이 없고, 밖이 없는 것이다. 그것은 아무것도 먹지 않고, 아무도 그것을 먹지 않는다"[19]라고 아무리 거듭 부정해도 끝이 없다.

모든 사물은 범·아이기 때문에 명사의 나열에 제한이 없다. "아(我)는 곧 범(梵)이고, 인식에서 이루어지고, 뜻에서 이루어지고, 생기에서 이루어지고, 눈에서 이루어지고, 귀에서 이루어지고, 땅에서 이루어지고, 물에서 이루어지고, 바람에서 이루어지고, 허공에서 이루어지고, 광명에서 이루어지고, 광명이 아닌 것에서 이루어지고, 욕망에서 이루어지고, 욕망 아닌 것에서 이루어지고, 분노에서 이루어지고, 분노 아닌 것에서 이루어지고, 법에서 이루어지고, 불법에서 이루어지고, 모든 것에서 이루어진다."[20]

무악(無惡)·불로(不老)·불사(不死)·무우(無憂 : 근심이 없음)·무아(無餓 : 굶주림이 없음)·무갈(無渴 : 목마름이 없음)하고, 불생·불멸·항상(恒常)·불변하는 아트만의 본질은 서로 대립하는 세계에 몸을 굽히는 자의 지각 대상이 아니다. 보는 주관과 보이는 객관과의 구별은 서로 대립하는 세계에서만 존재한다. "다른 것을 보지 않고 다른 것을 듣지 않고 다른 것을 인식하지 않으면, 그것은 풍만(=무한)해진다. 그러나 다른 것을 보고 다른 것을 듣고 다른 것을 인식하면 그것

---

*17 IU 5.
*18 KU ii. 20, ŚU iii. 20. MNU x. 1.
*19 BAU iii. 8. 8.
*20 BAU iv. 4. 5.

은 작아(＝유한)진다. 풍만은 곧 불사(不死)이다. 그러나 작은 것은 곧 죽게 된다.”[*21] 범·아는 모든 인식의 절대적 주체이므로 스스로 인식의 대상이 되지 않는다. 눈은 바깥 세계의 사물을 볼 수 있지만 눈 본체는 보지 못한다.

야지냐발키야는 “그대는 보는 것을 보는 자(＝시각의 주체)를 볼 수 없고, 듣는 것을 듣는 자(＝청각의 주체)를 들을 수 없으며, 사고하는 자를 사고할 수 없고, 인식하는 자를 인식할 수 없다. 그대의 아(我)는 모든 것에 내재되어 있다. 그 밖의 것은 모두 고뇌를 유발할 따름”[*22]이라고 단언했다. 또한 “말하자면 상대가 존재할 때 하나는 다른 것을 냄새 맡고, 하나는 다른 것을 보고, 하나는 다른 것을 듣고, 하나는 다른 것을 말하며 하나는 다른 것을 생각하고, 하나는 다른 것을 인식한다. 그렇지만 그 사람에게 일체가 내가 되었을 때, 그는 무엇으로 어떤 것을 냄새 맡을 수 있겠는가. 무엇으로 어떤 것을 볼 수 있겠는가. ……그는 무엇으로 어떤 것을 인식할 수 있겠는가. 이 모든 것(＝우주)을 인식할 수 있는 것, 그것을 무엇으로 인식할 수 있겠는가. 아아, 인식자(＝인식 주체)를 무엇으로 인식할 수 있겠는가”[*23]라고 말했다.

과연 그렇다면 범·아의 본질은 우리가 말로 잘 다룰 수 있는 것이 아니다. 여기에선가, 야지냐발키야 성자의 유명한 말 “아니다, 아니다(neti neti)”라는 가르침이 된다. “이 나는 오직 ‘아니다, 아니다’라고 말할 수 있을 따름이다. 그는 붙잡을 수 없다. 왜냐하면 그는 붙잡을 수 없기 때문이다. 그것은 무너질 수 없다. 왜냐하면 그것은 파괴될 수 없기 때문이다. 그는 물들지 않는다. 왜냐하면 그는 물들지 않기 때문이다. 그는 얽매이지 않고 동요하지 않으며 훼손되지 않는다.”[*24] 유명한 다섯 성현이 범(梵)을 완전히 정의하고자 토론할 때, 마지막으로 바시슈타 성인이 이 “아니다, 아니다”라는 구절을 인용하여 범(梵)· 곧 아(我)는 무한·불사·끝없는 일체를 주재하고 일체에 내재하는 것이라고 정의하여 모두의 동의를 얻었다고 한다.

[*21] ChU vii. 24. 1.

[*22] BAU iii. 4. 2.

[*23] BAU ii. 4. 14, cf. iv. 5. 15 ; cf ; MU vi. 7, vi. 35.

[*24] BAU iii. 9. 26, iv. 2. 4, iv. 4. 22, iv. 5. 15 cf. ii. 3. 6.

범·아의 본질이 경험지(經驗知)를 초월한다고 생각하는 한 그 정의가 소극으로 기울 수밖에 없으나, 특성을 적극적이고도 간명하게 표현하려는 요구가 있었던 것도 자연스러운 일이다. 우파니샤드의 정통을 이은 후세의 베단타철학은 범·아의 본질을 유(有)·지(知)·희(喜)라는 세 마디로 요약했다. ('범은 식(識)이고 환희이다') 이런 특성은 저마다 이미 고대 우파니샤드에서 비롯되었다.

범·아가 시간과 공간을 초월하여 언제나 머무는 본체라면 그 실재성은 의심할 여지가 없고, 앞에서 설명한 바와 같이 '실유(實有, sat)'는 그것의 다른 이름이라고 생각할 수 있다. 범·아를 곧 일체로 본다면 범·아만이 진실한 존재이고 최고의 진실(satyasya satyam)이다.

다음으로 이 절대적 원리를 정신적으로 해석하여 '식(識)' 곧 순수 인식의 본체로 인정하는 것도 그 예로서 부족함이 없다. 야지냐발키야는 곧잘 범·아를 "식(識)으로 이루어지는 것" 또는 "혜(慧)로 이루어지는 것"이라고 하였다. "이 일체는 혜에 이끌리고 혜에 의하여 멈춘다. 세계는 혜에 이끌리고 혜에 의하여 멈춘다. 범은 혜이다."*25 또 어떤 우파니샤드는 근본 원리를 정신활동의 중추로서 '혜아(慧我, prajñātman)'라 부르고 생활기능의 중심으로서 '생기'라 부르며 둘을 따로 뗄 수 없는 안팎의 일체로 인정한다. 그러므로 감각작용은 순수의식인 범·아의 개별적 표현이며 감각기관은 단지 그 도구에 지나지 않는다. 마치 마부가 없는 수레가 나아가지 못하고 삐걱거리듯 '혜아'가 없는 사람은 말을 못하고 숨을 못 쉬며 악취를 풍기는 들개가 떼를 지어 먹이에 달려들고 들새가 모여들어 쪼아먹는 것을 내버려두는 것과 같다. "실로 이 불멸자(=범)는 다른 것에 보이지 않고 스스로 보는 자이다. 다른 것에 들리지 않고 스스로 듣는 자이다. 다른 것이 생각게 하지 아니하고 스스로 생각하는 자이다. 다른 것이 인식하게 하지 않고 스스로 인식하는 자이다. 이밖에 보는 자가 없고, 이밖에 듣는 자가 없으며, 이밖에 생각하는 자가 없고, 이밖에 인식하는 자가 없다."*26 깊은 잠에 빠져 있다 하여도 끊임없이 상주하는 인식의 주체가 본성을 잃는 일은 없다. 인식을 멈추고 쉬는 것은 주관·객관의 상대 세계에서만 생각할 수 있다. "그때 그(=아)는 인식

*25 AU iii. 3.
*26 BAU iii. 8. 11.

하지 않는다고 하지만 실은 인식하고 있으며 인식하지 않는다. 왜냐하면 인식하는 자(=나)는 인식을 상실하지 않고, 그는 불멸이기 때문이다. 그렇지만 그때 그에게서 따로 그가 인식해야 할 다른 제2의 것은 존재하지 않는다."[27]

마지막으로 꿈도 꾸지 않는 숙면의 쾌감이 범·아가 합일한 상태를 방불케 한다고 여기고, 절대 무량의 환희를 범·아의 특성으로 보게 되었다.

이 사상을 가장 잘 대표하는 것이 '나의 5장(藏, kośa) 설'이다. 아트만의

발라바차리아(1479~1531)
우파니샤드 철학의 대표적 학자. 순수·불이원론의 입장에서 베단타를 해석하였다.

성질을 다섯 층으로 나누어 "음식으로 이루어진 나, 생기(숨)로 이루어진 나, 뜻으로 이루어진 나" 다음에 "식(識)으로 이루어진 나"를 두고 그 위에 "환희로 이루어진 나(ānandamaya ātmā)"를 인정하여 아트만의 환희성을 찬미한다. [28] "말이 미치고 뜻을 헤아릴 수 있는 한 허무하게 함께 돌아온다는 범(梵)의 기쁨을 사람들이 안다면 무엇이 두렵고 싫겠는가."[29]

이렇듯 범·아가 본질적으로 사변될 때에는 주로 중성적으로 표현되지만, 브라흐마나 문헌에서 계승된 신화적 요소가 곳곳에 섞여 들어가 당시 사상가에게 별다른 모순 없이 융화되었다. 범·아는 때때로 모든 것이라고 말하

---

*27 BAU iv. 3. 30.

*28 TU ii, iii. 1~6, cf. MU vi. 27~28.

*29 TU ii. 4. 9.

는 동시에 "일체의 지배자·일체의 주재자·일체의 군주", "일체의 주권자·만물의 군주·만물의 보호자", "세계의 보호자·세계의 군주"이다. 가장 중성적인 '유(有)'도 최고 신격으로 불린다. 여기에 순수한 중성원리가 의인화되는 계기가 숨어 있다.

최고 원리를 '불멸'이라는 말로 부르면서 "실로 이 불멸의 지령에 따라 해와 달은 서로 떨어져 있다. 실로 이 불멸의 지령에 따라 천지는 서로 떨어져 있다. 실로 이 불멸의 지령에 따라 여러 강은 백산(白山=雪山)에서 시작하여 동쪽 또는 서쪽으로 향하여 각각 흐른다. 실로 이 불멸의 지령에 따라 인간은 보시하는 자를 찬미하고, 신들은 제주(祭主)를 열망하고, 조상의 영혼은 공양을 열망한다"*30고 주장한다. 따라서 범·아는 지배신의 풍모를 띄고, 뒤에서 보듯 우주 개벽의 첫머리에 서서 창조신의 자격을 얻는다. 이런 점에서 범·아는 브라흐마나 문헌의 주신인 프라자파티의 계승자라고 할 수 있다. 즉 "마음은 프라자파티이고 브라만이다."*31

그러나 범·아는 리그 베다 이래 신계(神界)에 중요시된 신격과는 다른 부류에 속한다. 오히려 예부터 대신(大神)을 물리치고 그 위신을 떨어뜨렸으며, 사상계의 새로운 분야에 우뚝 솟은 아름다운 봉우리이다. 신들도 처음에는 갑자기 나타난 이 '신괴(神怪, yakṣa)'가 무엇인지 알지 못했다. 알아보기 위해 파견한 불의 신과 바람의 신도 그 앞에서 아무 능력을 발휘하지 못하자, 인드라가 간신히 여신 우마에게서 그것이 브라만임을 배웠다고 한다. 첫 시기의 으뜸 신인 프라자파티는 아직 창조신 자격을 잃지 않았다. 때로는 창조신화의 첫머리에 서며 신족(神族)과 마족(魔族) 또는 신족·마족·인간의 조상이고, 때로는 범·아의 교리를 널리 알리는 자로 여겨졌으나, 다른 면에서는 브라만에게 창조된 존재로 그 아래에 서게 되었다.

브라만은 문법상 중성어이면서 의인신(擬人神)의 특징을 띠고 그 세계인 범계(梵界, brahmaloka)도 신화적 분위기로 감싸여 있지만, 의인화로 인해 마침내 중성어 브라만 곁에 그와 대응하는 남성어 브라만 곧 '범천'을 두어 신화적으로도 첫 시기의 프라자파티에 필적하거나 능가하는 하나의 신격을 얻었다. 곧 범천은 프라자파티에게 태양과 브라만에 관한 밀교(密敎,

---

*30 BAU iii. 8. 9.

*31 BAU v. 3.

brahma—upaniṣad)를 전수하고, 올바르게 생애를 마친 자는 범계에 도달한다는 흔들림 없는 진실을 가르친다.

또 범계의 장엄함을 설명할 때 우파니샤드에서 중성의 브라만은 느닷없이 범천이라 불리며 해탈한 자에게 질문을 한다. 또 새로운 한 우파니샤드는 "범천은 여러 신 가운데 가장 먼저 생겨났으며, 만물의 창조자와 세계의 보호자로서"[*32]라는 문구로 시작한다. 그러나 범천은 고대 우파니샤드에서 아무런 중요한 역할을 하지 않았고, 후세 인도철학의 한 과제인 중성범(中性梵)과 범천의 관계에 대해서 논한 바가 없다. 마지막으로 가장 새로운 한 우파니샤드가 다른 신들과 더불어 범천·루드라(＝시바)·비슈누를 열거했지만 후세의 삼신일체(三神一體, trimūrti)의 사상은 아직 발달하지 않았다.

우파니샤드 철학은 예부터 이어져온 신격에 대한 신념에 변혁을 요구하였다. 아트만은 모든 것의 신격이므로 하나하나의 신마다 이 신을 모셔라 저 신을 모셔라 하여도 그것은 아트만의 개별적 창조에 지나지 않는다. 그러나 낡은 사상은 항상 그 여운이 끊이지 않으며 세속의 신앙과 결합하여 별도의 진전을 추구했다. 베다 신들과 새 교리는 서로 붙지도 떨어지지도 않는 관계이다. 여러 신도 처음부터 범·아의 지식을 갖고 있지 않았다. 그것을 알기 위하여 인드라를 프라자파티에게 파견하였고, 인드라도 범·아의 지식을 알고 나서야 비로소 마족(魔族)을 물리치고 여러 신 위에 설 수 있었다.

다만 신들 역시 참된 앎을 알아야만 범계에서 모든 소원을 성취하고 선악의 깨달음의 세계에 도달한다. 또 인드라는 최고 원리를 대표하는 동시에 그것을 널리 알리는 자이며, 앞에서 말한 프라자파티도 역시 때로는 최고 원리의 다른 이름 같은 느낌을 준다. 그러나 가장 중요한 것은 민간신앙이 믿고 2대 신을 근본원리와 동일시한 것으로, 여기서 범·아의 의인신화는 극도에 다다르고 시바파와 비슈누파에 속하는 신(新)우파니샤드가 여럿 나오게 되었다. 고대 우파니샤드 가운데 제2류에 속하는 슈베타슈바타라는 최고 원리를 루드라(＝시바)와 동일시하는 유신(有神)주의 우파니샤드의 선구가 되었다.

---

*32 MuU i. 1. 1.

근본원리와 현상계의 관계

대우주의 근본을 연구하고 개인의 본체를 추구하는 일은 우리가 사는 세계와 우리 몸과 마음을 관찰하는 일에서 출발하였으나, 이미 현상계를 초월한 근원을 발견한 이상 이를 돌이켜보고 본체와 천차만별인 현실세계의 관계를 설명해야 한다. 완전무결하고 청정무구한 절대적 원리에서 어째서, 어떻게 죄악과 고뇌로 가득 찬 현세가 생기는지, 그리고 순수 인식을 바탕으로 하는 범·아에서 어떻게 물질적 현상계가 생기는지는 도저히 만족스럽게 설명할 수 없는 문제이다. 본체 추구에 몰두한 우파니샤드의 철학가들은 범·아의 발견을 기뻐하고 이것과 대립하는 현상계의 가치를 업신여긴 나머지 둘의 관계에 대한 설명이 자칫하면 통일성을 잃고 논리적이지 못하게 된다.

브라흐마나 문헌의 창조신화와 궤를 하나로 보고 우주 만물의 전개를 설명하는 경우도 적지 않다. 태초의 원리를 본뜬 것도 전기(前期)의 계승으로 보아야 하는 경우가 많지만 여기서는 범·아의 창조신화를 예로 들겠다. "태초에 이(=우주)는 실로 범이었도다. 그것은 오직 자신만 알았도다. 내가 범(梵)이니라고. 내가 모든 세계를 창조했느니라."*33 "태초에 이(=우주)는 실로 오직 나뿐이었도다. 달리 반짝이는 것은 아무것도 없었느니라. 그는 말하였노라, 우리의 모든 세계를 창출하리라고. 그는 이런 세계를 창출하였도다. 〔천상의〕 수계(水界)·광명계(光明界)·사계(死界)·〔지하의〕 수계(水界) 곧 이것이니라." (이하 세계의 수호자인 여덟 신격, 소·말·인간·음식의 창조에 이르고, 마지막으로 아트만이 정수리에서 인간에게 넣는 취지를 말한다.) 또는 첫 시기의 프라자파티 창조에서와 마찬가지로 태초의 아트만이 고독을 두려워하여 스스로 둘로 나뉘어 배우자를 만들고 포옹하여 인류가 생겼다는 설도 있다. 배우자가 이것이 싫어 숨어서 암소가 되자 아트만도 스스로 수소가 되어 우족(牛族)을 낳고 그러한 방법으로 다른 동물들도 낳았다. 마지막으로 명칭과 형태(nāmarūpa)에 의한 만물의 구체화를 들어, 마치 칼집에 넣은 면도칼처럼 바깥에서 보일 리 없어도 아트만은 이 세계의 발부리까지 꽉 찬 것을 말한다.

---

*33 BAU i. 4. 10.

그러나 이러한 창조신화 가운데 가장 중요한 것은 "태초에 이(=우주)는 유(有, sad)만 있었느니라. 오직 하나일 따름이요 둘째는 없었도다"라는 말로 시작한 웃다라카 아르니 성자의 가르침이다. '실유(實有)'라는 이름으로 불리는 근본원리는 우선 "나는 많고자 하노라, 번식하리라" 하고 창조 의욕을 일으켜 불(=열)을 만들고, 이것으로부터 물과 음식(=땅)이 창출되었다. 여기서 '실유'는 이 3원소를 각각 3중으로 배분하고 뒤섞어, 그 안에 명아(命我=생명력)로 받아들여 명칭과 형태를 전개한다. "불(=경험계의 불)의 붉은색은 곧 불(=원소로

서의 불)의 〔색깔〕이다. 하얀 것은 물의 〔색깔〕이다. 검은 것은 음식의 〔색깔〕이다. 이렇게 볼 때 불에서 불의 성질(=불의 개념)은 사라진다. 변이(變異)는 오직 말로 파악되는 명칭이다. 3색이라는 것이야말로 진실이다." 해·달·번개 역시 그처럼 명칭과 형상에서만 차이가 존재하며, 실은 3원소로 빨아들여 다시 '유(有)'로 하나가 되어 돌아가야 한다.

또 인체를 보면, 의식은 음식으로 이루어지고 숨은 물로 이루어지며 언어는 불로 이루어진다. 이는 단식하며 물만 마시는 자가 생명은 유지해도 의식이 감퇴하는 것으로 증명된다. 그와 같이 '실유'는 의인화되어 정신적 기능과 동시에 자신 안에서 불·물·땅 3원소를 창출하는 점에서 물질적 방면도 겸비하고 있다. 그러나 아르니 성자는 그의 아들에게 보리수나무 과실을 가져오라 하여 눈에 보이지 않을 만큼 세분하여 "사랑하는 아들아, 네가 알 수 없는 그 미세한 것, 이 미세한 것에서 저렇게 큰 보리수나무가 성장하였느니라. 믿어라, 아들아. 이 미세한 것, 이 모든 것은 이것을 본성으로 이루어진 상태이니라. 그것이 진실이니라. 그것은 나이고, 너는 그것이니라"[*34]라고

가르쳤다. 이른바 이 인중유과론(因中有果論)을 앞에서 말한 설에 적용한다면 정신적인 것에서 물질적인 것으로의 변화를 용인하는 셈이 되어 논리적이지 못하다고 이미 학자들이 지적한 바이다.

최고 원리가 '명색(名色)' 즉 명칭과 형태로 세계에 들어와 만물을 구체화하고 만물에 개성을 부여한다는 사상은 브라흐마나 문헌에도 나타난다. 예를 들어 "프라자파티는 만물을 창조하였도다. 이들은 창출되어 서로 껴안았도다. 그는 그 속에 모양으로 들어왔으므로 사람들은 프라자파티가 실로 모양이라고 말한다. 그는 그 속에 이름으로 들어왔으므로 사람들은 프라자파티가 바로 이름이라고 말한다."*35 우주는 '명색'과 면적이 같아, 명색은 브라만 2대 신의 위력 및 2대 신의 괴력이라고 부른다. 마찬가지로 우파니샤드에서도 이렇게 말한다. "이(=우주)는 실로 3중이며, 바로 명·색·업(業)이다. ……이는 3중이면서 하나, 곧 나이다. 또한 나는 하나이면서 3중이다."*36 더욱 중요한 점은 근본원리가 스스로 창조한 세계로 들어온다고 설명하는 점에서 범아일여(梵我一如)의 교리에 신화적 겉옷을 입히면서 우파니샤드의 세계관에 범신론적 색채가 짙어지게 되었다. 위에서도 보았듯 범·아의 편만성(遍滿性 : 널리 가득 찬 성질)은 자주 강조되고 비유를 섞어 교묘하게 설명한다.

우파니샤드는 때때로 일체는 곧 범·아라고 설한다. 예를 들면 이러하다. "브라만은 참으로 이 모든 것이다", *37 "아트만은 곧 브라만 계급이며, 크샤트리아 계급(=왕족)이며, 이러한 세계이며, 신들이며, 만물이며, 이 모든 것이다."*38 "아트만은 실로 밑에 있다, 아트만은 위에 있다, 아트만은 서쪽에 있다, 아트만은 동쪽에 있다, 아트만은 남쪽에 있다, 아트만은 북쪽에 있다, 아트만은 실로 이 모든 것이다."*39 현상계는 범·아가 창조하거나 범·아에서 사방으로 나오는 것이지만 범·아의 본질은 이것 때문에 조금도 영향을 받지 않을뿐더러 오히려 현상계보다 훨씬 훌륭하고 가치가 높은 실재로서

---

*34 ChU vi. 12.

*35 TB ii. 2. 7. 1.

*36 BAU I. 6. 1~3.

*37 ChU iii. 14. 1.

*38 BAU ii. 4. 6, iv. 5. 7.

*39 ChU vii. 25. 2, cf. MuU ii. 2. 11.

오르빈도(1872~1950)　근대 인도철학의 대표적 인물. 그는 베다와 우파니샤드를 신비주의적 관점에서 재해석하였다.

엄존하며 이것을 지배한다.

　어쨌든 창조의 동기는 미약하고 전개과정은 분명하지 않다. 이 세계를 있는 그대로 인정하고 육신의 속박을 벗어나 한시라도 빨리 범·아에 합일하는 것을 이상으로 삼는다면 현상계의 원인과 경과는 이미 중요한 문제가 아니다. 이것은 아마 야지냐발키야가 관념적 견지에서 범·아의 순수인식을 밝히면서도 현상계와의 관계를 설명하는데 힘쓰지 않고, 웃다라카 아르니가 실재론적 관점에서 '실유(實有)'를 드높이면서도 의인화에 만족하여 인중유과론(因中有果論)을 철저하게 따르지 못하였던 까닭이라고 생각할 수 있다. 그러나 현상계 출현의 동기가 충분히 설명되지 않는 한, 또는 현상계를 허망한 환영으로 여기지 않는 한 불멸의 본체와 생사의 세계는 끝까지 대립관계를 벗어나지 못한다. 우파니샤드의 일원론은 여기에서 장차 산키아학파로 대표되는 물심이원론으로 바뀌거나 아니면 현상계 환영설(幻影說)을 채택하는 계기를 충분히 내포한다고 보아야 한다.

　범·아의 순수 정신적인 점을 강조한 결과 우주 만물은 유심(唯心)을 만든다고 생각하기 쉽고, 이 관념론적 경향이 철저해지면 모든 현상계를 환영(幻影, māyā)으로 볼 수밖에 없다. 현상계와 본체를 범·아의 두 모습으로 생각하여 범(梵)을 유형·죽음·정적·형이하로 보고 아(我)에 무형·불멸·동적(動的)·형이상의 특성을 부여하거나, 범은 시간 제약을 받고 아는 시간 제약을 받지 않는다고 여기며, 범은 진실이 아니고 아가 진실하다고 할 때, 진실이 아닌 것(asatya)은 실재가 아닌 것(asat)과 서로 쉽게 통한다. 결국 후세의 베단타 학파는 현상계의 실재성을 부정하고 이른바 마야설을 취하게 된다. 고대 우파니샤드의 대표적인 철학자는 아직껏 이 점을 깊이 사유하지 않고, 우주 만물은 범·아에서 나와 이것에 지배되고 이것에 의하여 존재의 근거를 부여받는다. 또 어느 정도까지 독자적인 존재로 인정되어 그 실재성을 부정당하지 않는다.

그러나 앞에서 말한 환영설을 예고하는 듯한 문구가 이미 고대 우파니샤드의 두 번째 부류에 속하는 한 책에 나타난 점은 간과할 수 없다. "그것(=제례·베다설 등)에서 환술사(幻術師, māyin)는 이 모든 것을 창조한다. 그래서 다른 것(=개인아)은 환영에 의해 그 속에 억류된다. 그렇지만 자연(prakṛti)을 환영으로 알고 대자유주(=루드라 신)를 환술사로 알아야 한다. 더구나 그의 부분인 요소로 온 세계가 두루 채워지는 것이다."*40

잠깐 현상계의 기원을 묻지 말고 현세의 실재성을 긍정할 때, 이것과 근본 원리의 관계를 가장 잘 표현한 것은 웃다라카 아르니가 듣고 전하여 야지냐발키야도 이미 알고 있던 '내제자(內制者, antaryāmin)'의 학설이다. 즉 "이 세계와 저 세계 그리고 모든 만물을 그 내부에 억제하는 저 내제자(범·아)에 관한 가르침이다." "땅 속에 있으면서도 땅과 다른 것, 땅은 그것을 모르고 게다가 땅은 그 뼈대인 것, 땅을 그 내부에서 억제하는 것, 이는 곧 너의 나이며, 내제자이며, 불멸한 것이다." 물·불·공중·바람·하늘·태양·방향·달·허공·암흑·광명과 같은 자연현상 및 숨·언어·눈·귀·뜻·피부·인식·정액 같은 생활기능도 마찬가지이다.

"다른 것에 보이지 않고 스스로 보는 것이다. 다른 것에 들리지 않고 스스로 듣는 것이다. 다른 것에 생각하게 하지 않고 스스로 생각하는 것이다. 다른 것에 인식하게 하지 않고 스스로 인식하는 것이다. 그 밖에 보는 이가 없고, 그 밖에 듣는 이가 없으며, 그 밖에 생각하는 이가 없고, 그 밖에 인식

---

*40 ŚU iv. 9~10.

하는 이가 없다. 이것이 곧 너의 나이며, 내제자이며, 불멸하는 자이다. 그 밖의 것은 〔모두〕 고뇌를 가져올 따름이다."*41

이 교리는 근본원리와 현상계와의 관계를 드러낼 뿐만 아니라 개인의 생활기능과의 관계도 나타낸다. 범·아를 순수한 인식 주체로 보고 감관을 오직 그 도구로 여기는 것은 이미 설명하였다. 이제 시각을 예로 든다면 "눈 속에 있으면서도 눈과 다른 것, 눈은 그것을 모르고 게다가 눈은 그 뼈대인 것, 눈을 그 내부에서 억제하는 것, 이는 곧 너의 나이며, 내제자이며, 불멸한 것"이라고 말한다. 그러므로 범·아의 기능은 부분적으로밖에 체험하지 못한다. "그것이 호흡을 하자 숨이라는 이름이 붙고, 그것을 말하자 언어, 그것을 보자 눈, 그것을 듣자 귀, 그것을 생각하자 뜻이라는 〔이름을 얻었다〕."*42

"눈이 허공으로 향할 때 그는 눈의 푸루샤(＝시각 주체)가 된다. 눈은 보기 위하여 쓸모가 있을 따름이다. ……또 이것을 생각하려고 의식하는 것은 곧 나이며, 뜻은 그의 신안(神眼)일 뿐이다. 그는 이 신안인 뜻에 따라 이러한 욕망을 보면서 기뻐한다."*43 이런 뜻에서 범·아는 '눈의 눈' 즉 시각으로 시각의 기능을 가능하게 하는 것, 바꿔 말하면 '보는 것을 보는 자' 즉 시각 주체라고 부른다. 또한 조금 새로운 우파니샤드는 현상계 즉 외계(bhūtamātrā)와 감각(prajñāmātrā)의 완전한 의존관계를 설명하고, 아울러 끝에 가서는 결국 개인아〔여기서는 생기 또는 혜아(慧我)를 말한다〕로 이르는 것을 바퀴테, 바퀴살, 바퀴통의 관계에 비유하여, 말(＝이름)·향기·모양·소리 등을 알려고 하지 말고, 개별활동에 공통되는 주체를 알아야 한다고 말한다. 다만 여기에서 문제가 되는 것은 범·아를 모든 기능의 원동력으로 인정할 뿐 아니라 여기에 직접 이런 기능을 부여하는 듯이 표현하는 점이다. 고대 우파니샤드에서는 그 한계가 명확하지 않지만 차츰 범·아를 무작부동(無作不動)의 주체로 드높여, 생활기능상 초연하도록 하는 경향을 늘려 산키아 철학의 푸루샤(＝개인아)의 영역에 접근한다.

범·아는 이 세상의 발끝 털끝까지 두루 채워져 있다고 한다. 피부의 열로

---

*41 BAU iii. 7.

*42 BAU i. 4. 7.

*43 ChU viii. 12. 4~5.

느껴지고 손으로 귀를 막을 때 들리는 소리로 알 수 있듯이 보통 몸 안의 거처는 심장이라고 생각하였다. 예컨대 "여러 기능 가운데 이 인식으로 이루어지는 것, 그것은 실로 위대하고도 불생(不生)인 나(我)이니라. 심장 안의 빈곳에 자리잡고, 모든 것의 지배자이자 주재자이자 군주로서"*⁴⁴라고 말하며, 심장을 의미하는 말 흐리다얌(hṛdayam)은 "그(아트만)는 심장 안에 있다(hṛdy ayam)"라는 말에서 나온 것이라고도 한다. *⁴⁵ 심장이 정신활동의 거처라고 생각하였기 때문이다. 그것은 또한 마음을 의미하므로, "범은 마음이다"*⁴⁶라고 주장한 학자도 있었다. 따라서 심장은 연꽃 형태로 나타내었다.

"이 몸 안에 있는 작은 연꽃 형태의 거처, 그 내부에 작은 빈 곳이 있으니, 그 안에 있는 것(=아트만)을 추구해야 한다. 실로 그것을 알고자 해야 한다"*⁴⁷라는 말이 그 한 예이다. 또한 꿈도 꾸지 않고 깊은 잠에 빠진 아트만이 있는 곳에 대해서도 상세히 설명한다.

"사람에게는 히터라는 혈관이 있다. 심장에서 나와 심포(心包)로 퍼진다. 마치 머리카락 하나를 천 갈래로 나누듯 미세하게, 청·백·흑·황·적색으로 미세하게 나뉘어 존재한다. 사람이 잠들어 아무런 꿈도 꾸지 않을 때는 이러한 혈관 안에 존재한다."*⁴⁸

세계는 영원히 존속하는가, 아니면 후세 사람들이 생각했듯 주기적으로 생기고 다시 없어지는가. 고대 우파니샤드는 이 문제에 대해서도 명쾌한 해답을 내놓지 않았다. 샨딜리야의 교리에서 쟈란(jalān)이라는 말이 과연 그런 사상에 입각하고 있는지 여부는 의문이기 때문에 잠시 접어둔다. "실로 그것에서 이러한 만물이 생겨, 태어나서는 그것으로 살고, 죽어서는 그것으로 돌아가는 것, 그것을 알려고 하라. 그것이 범(梵)이다."*⁴⁹ "마치 세차게 타는 불에서 같은 모양의 불꽃이 몇 천이나 퍼져 나오듯, 그처럼 불멸(＝범)에서 다양한 만물이 발생하고 또 불멸로 돌아간다."*⁵⁰ 이러한 대목은 여

---

*44 BAU iv. 4. 22.
*45 ChU viii. 3. 3.
*46 BAU iv. 1. 7.
*47 ChU viii. 1. 1, cf. MNU x. 23.
*48 KBU iv. 19, cf. BAUii. 1. 19, iv. 3. 20, ChU viii. 6. 3.
*49 TU iii. 1, cf. MU vi. 15.
*50 MuU ii. 1. 1.

전히 증거로 인정받지 못한다. 그러나 "그(=루드라 신)는 인간의 보호자로서 모든 만물을 창조하고 멸망할 때(antakāle) 이를 거두어들인다"*51는 말은 순환 생멸을 연상시키고 "그(=最高我)는 모든 파멸에서(kṛtsnakṣaye) 혼자 깨어 있다. 그는 실로 허공에서 유심(唯心)을 깨어나게 한다. 그래서 이는 그에 의해서만 사고하게 되고 그 안으로 몰입한다"*52라고 말하므로, 거의 이 사상의 완성을 인정할 수밖에 없다.

범·아의 발견에 만족한 초기 석학들이 자칫 소홀히 하기 쉬운 문제들, 특히 근본원리와 현상계와의 관계 및 우주아(宇宙我)와 개인아의 관계 고찰이 차츰 더 정밀해지고 산키아학파의 세계관에 가까워졌다. 근본물질을 독립원리로 인정하여 최고아(最高我) 쪽에 두고, 또 아트만의 여러 모습을 구별하여 개인아와 대아〔大我=세계편만아(世界遍滿我)〕·최고아를 세우는 등 진전을 보았다.

윤회와 업

인도에서는 아득한 옛날부터 우리의 생명이 현세의 일생으로 끝난다고 생각하지 않았다. 리그 베다에서는 죽은 자의 왕인 야마의 낙원을 사후의 이상세계로 그려냈다. 녹음이 우거지고 맑은 물이 샘솟고 광명이 끝나지 않는 곳, 최고의 천상계에서 불멸을 얻고 모든 육신적 결함이 사라져 신들 및 조상의 영혼과 만나고, 제례·보시의 과보로서 더없는 기쁨을 누리고자 간절히 바랐다. 당시의 인생관은 대체로 낙천적이었다. 선량한 자는 죽은 뒤 대체로 그러한 낙원으로 갈 수 있다고 믿었지만 흉악한 자가 가는 곳은 명확히 기록하지 않았다. 다만 지하의 깊은 암흑계에 지옥의 옥졸인 악마들과 함께 내던져진다고 생각하였던 듯하다. 그 뒤에도 천상의 낙원이라는 이상세계는 계속되었다. 그러나 아타르바 베다에는 지옥의 관념을 구체화하여 피의 강 한가운데 머리털을 씹는 자가 그려져 있고, 브라흐마나 문헌에는 이따금 죽은 뒤 시련재판법(시죄법〔謝罪法〕)을 들어서 이와 연관이 있는 고통의 세계를 전했다. "사람이 이 세상에서 먹은 모든 음식은 저 세상에서 그것을 먹는

---

*51 ŚU iii. 2, cf. iv. 1, vi. 1∼4.

*52 MU vi. 17.

다", *53 "사람은 스스로 만든 세상에 태어난다"*54와 같은 문구는 선인선과 (善人善果)·악인악과(惡人惡果) 사상의 진전을 나타낸다.

그러나 브라흐마나 문헌에서 주목할 점은 '거듭된 죽음(再死)'에 대한 공포이다. 즉 올바른 제례의 지식이 없는 자와 제례 올리기를 게을리 하는 자는 죽은 뒤 되풀이하여 거듭 죽어야 한다. 거듭된 죽음을 극복하지 못하는 한 참다운 불멸에 도달하지 못한다. "실로 음식으로 굶주림이 사라지고, 음료로 갈증이 사라지며, 길한 것으로 악이 사라지고, 광명으로 암흑이 사라지며, 불멸로 죽음이 사라진다. 그렇게 아는 자에게서 이런 모든 것이 사라지고, 그는 거듭된 죽음을 극복하여 완전한 생명에 이른다. 이것을 저 세상의 불멸로, 이 세상에서의 생명으로 믿어야 한다."*55 거듭 죽어 어디에서 태어나는가는 뚜렷하지 않으나, 저 세상에서 다시 이승에 태어난다고는 생각하지 않았다. "실로 봄은 겨울에서 환생한다. 왜냐하면 그것은 이것에서 다시 태어나기 때문이다. 이것(=특수한 제사 용법)을 아는 자는 다시 이승에서 태어난다"*56와 같은 예외적인 문구는 아무런 증명력을 갖지 못한다.

현세를 환생의 무대로 보는 참된 윤회사상이 확립되기 전이나 그와 나란히 부자 간의 상속전생(相續轉生) 관계를 인정한 점도 주목할 만하다. "아버지인 그(=생기)는 그 힘을 통해 아들 속으로 들어갔다."*57 "아버지는 삶을 되풀이하며 아들로 아버지를 얻는다."*58 이러한 말은 아버지가 아들을 어버이로 두고 환생하는 뜻으로 해석된다. "남편은 태아가 되어 아내 속으로 들어간다. 그는 어머니(=아내) 속으로 들어가 그 안에서 새롭게 되어 10달 뒤 다시 태어난다."*59 이 말은 직접 아들로 환생하는 도리라고 생각된다. 후자의 사상은 엄밀한 윤회설 쪽에, 또는 이것과 융화된 나중의 문헌에서(예컨대 〈마누법전〉의 9·8) 부자관계의 긴밀함을 나타낸다. 다만 아들로 환생하는 일이 반드시 아버지의 완전한 소멸을 뜻하지는 않았던 듯싶다. 어떤 새

*53 ŚB xii. 9. 1. 1.
*54 ŚB vi. 2. 2. 27.
*55 ŚB x. 2. 6. 19.
*56 ŚB i. 5. 3. 14.
*57 AV xi. 4. 20.
*58 TB iii. 12. 9. 7.
*59 AB vii. 13. 9.

로운 브라흐마나에 따르면 아버지는 아들로 환생하면서 자신의 제례와 선행의 인과응보를 태양 속에 축적하여 죽은 뒤 천상계에서 환생하는 밑거름을 만든다. 물론 이 진리를 모르는 자는 다만 아들로서 지상에서 재현하는 데 그친다. 이것과 조금 취지는 다르지만, 임종에 즈음하여 아버지가 아들에게 자기의 모든 능력을 수여하는 것(sampradāna)도 우파니샤드에 보인다. 아들을 단순한 후계자 이상으로 본 증거이다. 남자 상속자가 없어 제사가 끊길 때 죽은 자는 지옥으로 떨어진다. 예부터 인도에서 아들을 중히 여긴 까닭이다.

그러나 이러한 것은 아직 참된 윤회설의 이름값을 하지 못한다. 죽은 뒤 현세에 다시 태어나는 경로를 다섯 가지 희생을 바치는 데 맡기는 '오화설(五火說, pañcāgnividyā)에 이르러 비로소 조직적인 윤회설에 접근한다. 이는 강우 현상과 화장 관습을 결합시켜 연기를 타고 천상계로 올라간 영체(靈體)가 비가 되어 다시 지상으로 내려온다는 소박한 사상에 기초한 것으로, 이미 새로운 브라흐마나 가운데 나타나지만 여기에서는 가장 오래된 2대 우파니샤드가 전한 대로 대략 서술하겠다. 즉 신들이

(1) 천상계를 제화(祭火)로 인간의 '신앙'을 그 안에 바칠 때 소마왕(= 달)이 생기고,

(2) 파르자니야(=비의 신, 허공계 대표)를 제화(祭火)로 그것을 그 안에 바칠 때 비가 생기고,

(3) 지계(地界)를 제화(祭火)로 그것을 이 안에 바칠 때 음식이 생기고,

(4) 남자를 제화로 그것을 그 안에 바칠 때 정자(精子)가 생기며,

(5) 여자를 제화로 그것을 그 안에 바칠 때 태아 또는 사람이 생긴다.

죽은 뒤 존속하는 본질적인 것을 여기에서 '신앙'이라고 부르지만 그 내용은 분명하지 않고, 더구나 제례 신학의 분위기를 벗어나지 못하는 아쉬움이 있다. 윤회 과정을 다만 일반적으로 나타낼 뿐, 선하고 악한 사람의 운명을 뚜렷이 구별하지 않고, 또 죽고 나서 재생에 이르는 사이의 응보도 생각하지 않는다. 어떤 우파니샤드는 여기에서 신화적 요소를 없애고 부자(父子)를 잇는 긴밀한 관계를 강조하며 윤회의 주체인 아트만의 '삼생(三生)'을 말한다. 즉 아트만은,

(1) 정자로서 남자 안에 생겨 아내에게 들어가고,

(2) 아들로서 생전과 생후에 아버지의 부양을 받아 그 후계자가 되며,

(3) 아버지인 아트만은—바꿔 말하면 아들도 성인이 된 다음에는 아버지가 된다—후계자를 얻고 죽어서 다시 태어난다.

윤회에서 아트만은 이 풀잎에서 다른 풀잎으로 옮겨가는 거머리에 비유하거나, 베 짜는 여인이 자수(刺繡) 일부에 더욱 아름다운 무늬를 수놓는 데 비하며, '오화설(五火說)'과 같이 죽은 뒤에 중간의 응보를 인정하지 않는 설도 전하여 내려온다. 한편으로는 예부터 천상낙토(天上樂土)사상과 결합하고 앞에서 말한 오화설과도 밀접한 관계를 맺게 된 것을 '이도설(二道說)'이라고 한다.

오화(五火)의 교리를 알고 숲속에서 신앙을 고행(또는 진실)으로서 굳게 믿는 자는 죽은 뒤에 차례로 (화장의) 불꽃·해·차오르는 반달·태양 북행(北行)의 6개월·신계(神界)·태양·달·번개로 들어가 여기에서 범(또는 범계)으로 인도되어 다시 되돌아가는 일은 없다. 이것을 '신도(神道, devayāna)'라고 한다. 반면 제례와 청정 수행을 보시로 믿는 자는 죽은 뒤 차례로 (화장)의 연기·밤·이지러지는 반달·태양 남행 6개월·조령계(祖靈界)·허공을 거쳐 달로 들어간다. 남은 선업(善業)이 있는 동안 여기에 머문 뒤 거꾸로 허공에서 바람이 되고, 연기·안개·구름·비가 되어 지상으로 내려와 쌀·보리 등 음식으로 된다. 다행히 남자 몸속으로 들어가면 정자가 되고 이윽고 여자의 태(胎)로 들어가 다시 태어난다. 이것을 '조도(祖道, pitṛyāna)'라고 한다.

지상에서의 형태는 전생의 업에 따라 규정된다. 청정 수행을 한 사람은 브라만·왕족·서민 계급으로 태어나고, 추행을 한 사람은 개·돼지·천민의 태에 잉태된다. 그리고 이 두 길에도 들지 못하는 악인은 세 번째 곳에 떨어져 아침에 태어났다 저녁에 죽는 하찮은 벌레가 된다. 조도(祖道)에서 다시 지상으로 내려오는 경로에서 오화설과 접촉하기 때문에 두 설이 일찍부터 결합한 듯하지만 두 사상은 분명히 출발점이 서로 다르다. 각 도(道)에 들어온 자도 명확히 구별되고, 이미 단순한 제사의 과보가 유한한 점이 지적되어 윤회 범위도 분명히 규정되어 있다. 다만 신도(神道)로 브라만이 도달한 자에게는 오화설의 지식만을 요구하고 범·아의 깨우침을 필요조건으로 삼지 않는 점은 그 기원이 아주 오래되었음을 짐작케 한다. 따라서 새 우파니샤드에 이르면, 제사와 청정수행으로 남도(南道=조도)를 선택하여 윤회하는 자와

고행·범행(梵行＝학습·금욕생활)·신앙·지식으로 아트만을 찾아 탐구하고, 북도(北道＝신도)를 따라 태양(＝梵)에 도달하여 불퇴전(不退轉)의 지위에 오른 자를 대립시킨다.

이러한 신도와 조도는 죽은 뒤에 곧 갈라지는데, 나중에는 그 분기점을 월계(月界)에 두는 일종의 일도설(一道說)도 발달하였다. 즉 모든 죽은 자 달에 이르며, 여기에서 물음에 대답할 수 있는 자는 신도를 통해 범계에 도달하고, 그렇지 못한 자는

바라나시(Baranasi)의 갠지스 강에서 죄를 씻는 목욕
업과 윤회에 대한 믿음 때문에 죄를 씻고자 몰려드는 인파로 갠지스 강 주위는 늘 붐빈다.

지상으로 내려가 그 선악의 업과 지식 정도에 따라 벌레·물고기·금수·인간 따위로 다시 태어난다. 이 사상은 앞에서 말한 2도설을 정리한 것으로 생각할 수 있는데, 그 핵심을 이루는 물음 형식은 이미 브라흐마나 문헌에 뚜렷한 유례가 나타나 있다. 다만 이 경우의 종점은 태양 세계이다. 옛날에 월계 또는 일계(日界)를 범계와 동일하게 여긴 증거는 다른 곳에도 있다.

그렇다면 해탈을 방해하여 어쩔 수 없이 윤회를 하게 하고, 또한 유전(流轉) 형태를 규정하는 원동력은 무엇인가. 아르타바가가 야지냐발키야에게 사람이 죽어 말과 숨 등 여러 기능이 저마다 불과 바람과 같은 대자연의 요소로 돌아갈 때에 그 사람에게 무엇이 남느냐고 묻자, 야지냐발키야는 그를 사람이 없는 곳으로 데리고 가서 그 비밀을 밝혀주었다. 그들 두 사람이 말한 내용은 업(業, karman)이고, 그것을 찬미한 것은 업이었다. 다시 말해 사람은 착한 일을 하면 착한 사람이 되고 나쁜 일을 하면 나쁜 사람이 된다. 조도에 들어온 자가 다시 지상으로 내려올 때, 정태(淨胎)를 얻느냐 오태

(汚胎)에 깃드느냐는 선악의 업으로 정해지고, 월계에서 내려오는 자가 지상에서 갖는 형태도 업과 지식에 따라 다른 점은 이미 앞에서 말하였다. 업의 얽매임에서 벗어나지 못하는 한 유전(流轉)을 피하지 못한다. 그러한 사람의 임종과 윤회에서 아트만이 어떤 상태인지는 가장 오래된 우파니샤드에 자세히 설명되어 있다.

고령이나 질병으로 임종이 가까워지면 모든 생활기능은 마치 신하가 왕을 섬기듯 아트만 주위로 모이고 아트만은 심장으로 은퇴하여 바깥 세계에 대한 온갖 감각과 의식이 작용을 멈춘다. 이때 심장의 끄트머리가 빛나고 그 광명과 함께 아트만은 육신을 떠나며 생기와 다른 모든 기능도 뒤를 이어 떠나간다. 아트만은 순수인식의 본질로 돌아가지만 단지 명지(明知)와 업과 전세(前世)의 잠재의식만은 이를 따라서 윤회의 본체를 이룬다. 육신을 버리고 무명(無明)을 떠난 아트만은 다시 새로 조령(祖靈)·간다르바(=半神族의 하나)·신 또는 다른 생물 형태를 취하여 윤회한다. 선업을 행한 자는 선인이 되고 악업을 행한 자는 악인이 된다. 사람은 욕망을 이루기 위해 욕망이 이끄는 대로 의향을 일으키고 의향대로 행위하고, 행위에 따라 그 과보를 받아야 한다. 업의 작용에는 신력(神力)이 매개로 필요치 않으며, 전생 업이 현재 모습을 규정하고, 현생 업은 미래 모습을 좌우한다. 선악 과보의 도덕적 요구를 기초로 하는 업설(業說)은 윤회 교리와 결부되어 흔들림 없는 철칙이 되고, 이후 인도에서 종교의 바탕을 이루게 되었다.

그러나 고대 우파니샤드의 업과 윤회설은 아직도 완성되지 않아서 서로 모순되는 사상이 곧잘 대립한다. 앞에서 말한 윤회설은 죽은 뒤 중간 응보가 예정되어 있지 않다. 그러나 그 말미에 덧붙인 글은, 전세 업의 과보가 다할 때 저 세상에서 다시 이 세상으로 돌아온다고 되어 있어, 이 점에서 오히려 앞에서 말한 이도설(二道說)과 공통된다. 업의 작용과 근본원리의 직접적인 관계는 설명하지 않았으므로 윤회에 대하여 범·아조차 간섭하지 못한다. 그런데 "아트만은 선업에 따라 그 크기가 늘어나지 않고 악업에 따라 줄어들지 않았다. 그가 이러한 세계보다 위로 이끌고자 하는 자에게 선업을 하도록 하고, 이러한 세계보다 밑으로 이끌고자 하는 자에게 악업을 하게 만든다"*60라고 하여, 선악의 업을 이전하도록 허락하면 "그(=해탈자)와 친한 일가는 선업을 얻고, 그와 친하지 않은 일가는 악업을 얻는다"*61고 말한다.

또 하나의 새 우파니샤드에 따르면 자손을 바라는 성현은 스스로 조도(祖道)를 선택하여 다시 태어난다고 한다. 오래된 문헌을 보아도, 이미 천상계에 이른 자는 그러한 자유를 누렸다. "그가 다시 이 세상에 태어나기를 바란다면 브라만족이든 왕족이든 그가 바라는 가족을 얻으리라."*62 물론 그와 같은 사람은 뜻대로 다시 천상계로 돌아갈 수도 있지만 심산유곡에서 나와 큰 나무로 옮기는 어리석은 짓을 굳이 하는 이가 어디 있겠는가. "누가 이(＝태양계 또는 월계＝범계)를 버리고 다시 이승으로 돌아가겠는가. 반드시 거기에만 머무르라"*63라고 덧붙이고 있다.

요컨대 업을 원인으로 하는 윤회 교리는 고대 우파니샤드에서 표면화되어 범아일여의 중심사상과 제휴하게 되었다. 윤회에서 벗어나려면 범·아를 깨우칠 때까지 기다려야 하고, 업으로 얻은 이승의 생명에 한계가 있듯이 복업(福業)으로 얻은 저 세상 역시 영원한 안주처가 아니다. 제사·청정수행의 과보를 다하면 다시 천상계에서 지상으로 다시 태어날 수밖에 없다. 여기에 해탈의 위대한 이상을 구할 필요가 있다.

해탈

우파니샤드에서 해탈을 한 마디로 요약하면 범아일여의 진리를 깨우쳐 이 본체와 하나가 되는 데 있다. "나는 범(梵)이로다"*64 "너는 그것이다"*65라는 금언이 대격언(大格言, mahāvākya)으로서 오래 존중받아 온 까닭이다. 이 대자각을 통해서야 비로소 해탈에 이른다. "실로 저 최고의 범을 아는 자가 범이 되리라."*66 일체에 두루 채워진 범·아를 아는 것이야말로 우파니샤드의 가장 큰 목적이다. 무지에 눈앞이 어두워 스스로 현명하고 학식이 있다고 망상하는 자는 위태롭다. 그런 어리석은 자는 맹인에게 이끌려가는 맹인이 틀림없다.

＊60 KBU iii. 9.
＊61 KBU i. 4.
＊62 JUB iii. 28, 4.
＊63 JUB iii. 28. 5.
＊64 BAU i. 4. 10.
＊65 ChU vi. 8. 7. etc.
＊66 MuU iii. 2. 9.

물론 여기에서 '안다'는 것은 경험적인 지식이나 학문상의 지식을 말하지 않는다. 그런 세속적인 얇은 무지와 더불어 우파니샤드에서 꺼리고 피하는 것이다. "이 아트만은 해설로 얻을 수 없고, 이성이나 엄청난 학식으로도 알 수 없다."*67 "보이는 것을 보는 자(=시각 주체)는 보지 못하나니. ……인식의 인식자는 인식하지 못하도다."*68 "달리 보이지 않고 스스로 보는 것, ……달리 인식되지 않고 스스로 인식하는 것"*69은 결국 일상의 인식 대상이 되지 못한다. 오직 "아니다·아니다"라고 말해야만 얻을 수 있다. 그러나 우파니샤드는 단순한 철학서가 아니라 해탈을 목적으로 하는 종교서이다. 불가능한 일을 해탈의 필수조건으로 삼을 리는 없다. "실로 이 불멸의 존재를 알지 못하고 이 세상에서 사라지는 사람은 가엾도다. 이와 반대로 이 불멸의 존재를 알고 이 세상을 떠나는 사람이야말로 (진정한) 브라만이니라."*70 그러므로 지식이나 인식이라는 말은 이미 적절하지 않으므로 우리는 그 대신으로 진지(眞知)·명지(明知)·해탈지 또는 깨우침이라는 말을 써야 한다.

진지에 대하여 경험지는 가치가 없다. "무지를 믿는 자는 칠흑 같은 어둠으로 떨어진다. 그렇지만 학식에 만족하는 자는 더욱더 깊은 어둠으로 떨어지는 것과 같다."*71 "불멸을 야기하는 진지는 세속의 지와 무지의 피안에 있다."*72 "그것을 인식하려는 자에게 인식되지 않고, 인식하지 않는 자에게 인식된다."*73 "눈도 말도 뜻도 도달하지 못하는 곳에 있는 것을 어떻게 터득해야 할지 모르겠다. 그것은 이미 알고 있는 것과 다르지만 알 수 없다고 단념하면 안 된다."*74 끝까지 찾아 구해야 한다. 해탈을 가능하게 하는 진지는 범·아의 실재를 확신하고, 나는 범이고, 너는 그것이고, 일체는 범이라고 깨우친다. "그것은 말은 물론 뜻으로도, 눈으로도 도달하지 못한다. 그것은 존재한다는 것 말고 어떻게 해야 터득할 수 있을까."*75 이성(理性) 문제가

＊67 BAU iv. 4. 10, IU 9.

＊68 BAU iii. 4. 2.

＊69 BAU iii. 8. 11.

＊70 BAU iii. 8. 10, cf. iv. 4. 14, KeU 13.

＊71 BAU iv. 4. 10, IU 9.

＊72 IU 10~11.

＊73 KeU 11.

＊74 KeU 3.

아니라 내관(內觀)으로 얻을 수 있고, 각오(覺悟)로만 알 수 있다.

범·아를 깨우쳐 윤회의 속박을 끊고 바깥 세계와 개인의 대립을 해소하며, 객관이 없는 순수 주관의 본체와 하나되기 위하여 어떠한 수단이 장려되었는가. 예부터 신격은 그 위신이 줄고 제례도 이미 절대가치를 잃었다. "실로 이 불멸의 존재를 알지 못하면, 설사 몇 천 년 동안 이 세상에서 공물을 바치고 제례를 행하고 고행을 하였어도, 그런 사람에게 과보는 한계가 있을 뿐이다."*76 제례·베다의 교습·보시·고행·종신범행(終身梵行)은 모두 선행이기는 하지만 브라만에 안주하는 사람만이 불멸에 이른다. "그것은 눈으로도 파악할 수 없고, 말과 다른 신격(=감관) 및 고행, 행동으로도 파악하지 못한다."*77

물론 예부터 이어져온 사상이 완전히 제거된 것은 아니다. 스승 밑에서 어느 정도 학습을 마치고 가장으로서 의무를 다하며 감각을 억누르고, 제례를 올릴 때 말고는 살생을 하지 않은 자는 죽은 뒤 불멸의 범계(梵界)에 도달하여 다시 추락하는 일이 없으며, 범행(梵行)을 통해 범계에 이른다고도 한다. 또한 진지를 목표로 한 범행을 가벼이 여기지 않고, 부리그 바르니는 고행으로 차츰 브라만에 관한 명지(明知)를 진전시켜 범은 인식이고, 나아가 기쁨이라는 깨달음을 얻었다. 고행과 범행은 진지와 더불어 북도〔北道=신도(神道)〕로 들어오는 자의 조건으로 꼽히며 진실과 고행을 통해 탐구하는 자는 우파니샤드의 최고 목적인 범·아를 파악한다고 한다. 다만 이런 것은 범·아의 깨우침을 목적으로 하는 준비단계로서만 의의가 있으며, 해탈은 결국 진지(眞知)를 기다릴 수밖에 없다.

해탈을 바라고 참된 지혜를 추구하는 자에게 가장 필요한 일은 감각을 억누르고 윤회의 근원인 행동, 아니 나아가 그 근원인 욕망을 없애는 것이다. 고행·범행이 칭찬을 받는 이유는 아마 금욕 요소를 포함하기 때문이고, 요가 수행이 존중되는 까닭 역시 여기에 있다. 욕망을 끊지 못하는 자의 윤회는 이미 설명하였다. 반면 같은 우파니샤드는 욕망이 없는 자의 죽음을 이렇게 말하였다. "욕망 없이, 욕망을 떠나 욕망을 채우고 아(我)만을 바라는 자에게서는

---

*75 KU vi. 12.

*76 BAU iii. 8. 10.

*77 MuU iii. 1. 8.

그 기능이 떠나지 않고, 그는 범(梵)이 되어 범으로 돌아온다."*78 사나운 말처럼 미친 듯이 날뛰는 오감(五感)을 의지의 고삐로 억누르는 자만이 최고의 자리에 도달할 수 있다. "마음에 생각으로 욕망을 품은 자는 업에 의하여 여기저기에 환생한다. 그렇지만 그 욕망을 완성하고 아트만을 성취한 자는 이 세상의 모든 욕망을 완성·성취한다."*79 즉 속세의 욕심을 끊으면 모든 소원을 성취하는 결과가 된다. 범·아만을 깊이 생각하고 금욕하고 유혹을 이기는 자는 업에 얽매이지 않는다. 이것이 해탈의 지름길이다.

"우리는 현세에 있으면서도 이것을 안다. 그렇지 않으면 무지와 크나큰 파멸이 있을 뿐이다. 그것을 아는 자는 불멸하지만 나머지 사람들은 오직 고통에 이른다."*80 죽음을 면치 못하는 인간은 여기서 단번에 불멸이 되고, 스스로 범이라는 사실을 알고 모든 것과 하나 되는 자에게는 신들도 그것을 방해할 힘이 없다. 이와 같이 해탈은 범·아를 깨우치는 동시에 얻을 수 있기 때문에 이론상 이 세상에서도 해탈이 가능하다. 그런 뒤 가령 이 세상에서 행동하며 100살의 수명이 다하여도 참된 지혜가 있는 자는 악업에 오염되지 않는다. 그러나 범·아와의 궁극적 합일은 죽은 뒤에 비로소 달성된다고 여겨지며, 그 사람의 육체는 개밋둑 위에 늘어진 뱀 허물처럼 버려진다.

모든 것에 내재하는 아트만은 배고픔과 목마름·번민·미망·늙어 죽는 것을 초월하며, 이것을 깨우친 진정한 브라만의 자손·재물·세간의 욕망을 버리고 탁발을 한다. 그리하여 속세의 욕망이 사라진 사람은 선악의 업에 고민하지 않고 적정(寂靜)·제어·안상(安祥)·인내·정신통일을 얻어 자기 안에서 아트만을 보고 일체를 아트만으로 보며, 악의 오염에서 벗어나 의혹이 사라진다. 사람은 "무(無)에서 나를 유(有)로 인도하고 암흑에서 나를 광명으로 인도하며 죽음에서 나를 불멸로 인도하라"*81라고 간절히 바랐다. 왜냐하면 이 일체는 죽음의 먹이이고 육신은 죽음의 굴레를 벗어나지 못하기 때문이다. 이 세상에서 마소·코끼리 떼·황금·노예·부녀자·전답 소유는 상대적인 것으로, 진정한 충만·행복·위대·자유를 가져오지 않는다. 반면 아트만은 늙어

---

*78 BAU iv. 4. 6.
*79 MuU iii. 2. 2.
*80 BAU iv. 4. 14.
*81 BAU i. 3. 28.

죽음·번민·굶주림과 목마름에서 벗어난 것으로, 오직 진지(眞知)를 얻은 자만이 죽음을 보지 않고 병을 보지 않으며 고통을 보지 않는다. 다시 말해 범·아 이외의 것은 모두 고(苦, ārta)이다. 조금 새로운 한 우파니샤드는 '세계고(世界苦)'라는 용어까지 썼다. 따라서 우파니샤드의 현세관은 필연적으로 염세의 방향으로 흐르는데, 이 사상은 아직 기조를 이루지 못하고 불교에서 나타나는 심각한 무상관(無常觀)은 발달하지 않았다.

학습·가장(家長)·숲속 수행·유행(遊行)을 인생의 4단계(āśrama)로 여기는 규정은 아직 완성되지 않았으나, 해탈을 바라거나 해탈하여 세속의 욕망을 끊은 사람이 탁발하러 다니는 일은 드물지 않았다. 야지냐발키야가 아내에게 범·아의 깊은 뜻을 가르친 것도 그가 속세를 피하여 출가하고자 했을 때였다. '사문(沙門, śramaṇa)'이라는 말은 고행자(tāpasa)와 더불어 가장 오래된 우파니샤드에 이미 나타나 있다. 담담하게 욕심 없이 탁발하는 유행자(流行者)의 생활을 찬미한 수많은 책이 신 우파니샤드 가운데 한 부분을 이루고 있다.

참된 지혜를 얻은 자도 마지막으로 몸을 벗어날 때까지는 이 세상에 머물기 마련이지만 이미 평범한 사람과 길을 달리하며 선악의 업에 물들지 않는다. 그렇다면 아트만을 깨우쳐 '나는 이것이다'라고 아는 자는 이 세상에서 무엇을 바라고 무엇을 위해 안달하는가. 그리하여 후대의 우파니샤드에 종교적 자살설이 나오게 된다.

그러한 사람이 시기가 되어 육신의 허물을 벗을 때 범·아와의 하나됨이 이루어진다. 우주아와 개인아가 반드시 동일하다면 아무런 비약도 없고 아무런 이동도 있을 수 없다. 육신을 벗고 참된 범아일여가 실현되어야 한다. 그러나 우주아와 개인아의 관계가 불과 불꽃의 관계에 비유되어 방사(放射)와 분리를 연상시키듯, 죽은 뒤 아트만에도 종종 돌아옴과 이동을 예상하는 표현이 사용된다. 예컨대 해탈자는 죽은 뒤 "범(梵)이 되어 범으로 돌아온다"고 하고, 샨딜리야의 교리 끝부분에는 "이 세상을 떠난 뒤 우리는 여기에 합일해야 한다"[82]고 나와 있다. '도달하다' '들어오다' '맞추다'와 같은 동사는 두 사물의 분리 상태를 예상한다. 어쨌든 근본적으로 범·아의 본질

---

*82 ChU iii. 14. 4.

에 완전한 일치를 인정한 이상 해탈한 뒤에는 개인적 구별이 없어진다고 생각해야 한다.

야지냐발키야는 아내에게 죽은 뒤에는 의식이 없다고 가르쳤다. 온갖 꽃과 나무에서 모인 꿀이 합쳐져 한 가지 맛의 액체가 되듯 모든 생물은 실유(實有)로 들어갈 때 개인적인 의식을 잃는다. 동서로 흐르는 여러 줄기의 강물이 바다로 흘러들어가 대양을 이룰 때 "나는 이것이다, 나는 저것이다"와 같은 구별은 사라진다. "마치 하천이 흘러 이름과 형태를 버리고 바닷물이 되듯 그러한 앎을 깨우친 사람은 이름과 형태에서 해방되어 하늘과 같이 가장 높은 푸루샤(=범)에 도달한다."*83 그러한 상태는 이 세상에서도 단잠에 빠졌을 때 맛볼 수가 있다. 그러나 너무나 고매한 철리(哲理)는 보통 사람의 귀에 들어오기 어려워 야지냐발키야의 아내도 이것을 듣고 혼란스러웠다. 인드라도 깊은 잠에 들었을 때 아트만의 무차별·무의식 상태에 의구심을 느꼈다. 당시 예부터 전해온 갖가지 사상이 뒤섞여 속세 신앙에 영합한 것도 당연한 일이었다.

앞에서 언급한 이도설(二道說)이나 이와 관련된 월계일도설(月界一道說)에서는 해탈한 사람도 범에 도달하려면 장거리의 먼 길을 가야 했다. 또 두 마을이 큰길로 연결되듯 태양과 심장의 혈관이 광선으로 연결됨을 인정하고, 해탈자인 아트만은 죽은 뒤 정수리로 이어지는 한 혈관을 통해 몸 밖으로 나가 광선을 타고 세계의 대문인 태양에 도달한다고 말하였다. 또는 죽은 뒤에 이 세상에서 바람·태양·달을 거쳐 마침내 덥지도(또는 근심이 없음) 춥지도 않은 세계로 들어가 영원한 안식처를 얻는다. 아트만을 깨우쳐 세상을 떠난 자는 모든 세계를 자유로이 선택할 수 있고, 그의 소망대로 생각의 힘에만 의지하여 부모·형제·자매·친구·향기·장신구·음식·노래·여자의 세계를 얻어 기뻐한다. 이런 대목은 분명히 개인아의 상승 또는 개인적 존재의 지속을 말하는 것이다.

이도설에서는 신도(神道)를 거쳐 범계(梵界)에 이른 자에게도 드넓고 자유로운 생활이 주어진다고 생각하였던 듯하다. 즉 범계는 반드시 언제나 원리적인 범과 같은 뜻이 아니라, 오히려 프라자파티 등의 세계와 마찬가지로

---

*83 MuU iii. 2. 8.

환락으로 가득 찬 구체적인 세계였다. 최고의 천상계에 있는 범계에는 연못이 있고 보리수가 있으며 '상승(常勝)'이라는 범(梵)의 도성(都城)이 있고, 황금궁전이 있다고 한다. 따라서 범계라는 말은 오히려 범천 세계로 풀이하는 편이 적절할 것이다. 범계로 가는 머나먼 길, 그 장엄함에 대한 대규모의 기록은 월계일도설을 포함한 우파니샤드에 남아 있다. 즉 달의 물음에 대답하여 신도를 밟는 자는 점차 불·바람·(태양)·바르나·인드라·프라자파티의 세계를 거쳐 착하고 아름다움의 극치인 범계에 도달한다. 과실·향유·장신구·의상(衣裳)·향분(香粉)을 든 5백 천녀(天女)의 영접을 받아 선악의 모든 업을 뿌리치고 마치 수레에 오른 자가 두 바퀴를 내려다보듯 밤낮, 선악 같은 모든 상대적인 것을 눈 아래 바라보고, 선업을 떠나고 악업을 떠나 범을 아는 자로서 범을 향하여 간다. 그리하여 차츰 나아가 범의 궁전으로 들어가 그 옥좌 가까이 가서 범천(梵天, Brahman)과 함께 앉아 그에게 응답하기를 "……그대는 모든 생물의 아트만이다. 나는 곧 그대이니라. ……그대는 진실이다. ……그대는 이 모든 것이다"라고 하며 드디어 그 세계를 얻는다.[84]

해탈이 범·아를 깨우쳐 유혹을 뿌리친 결과라면 모두 개인의 노력에 달려 있다고 생각해야 한다. 그러나 업의 경우에서도 보았듯, 새로운 우파니샤드에는 아트만의 은혜를 말한 것도 있으며, 아트만은 스스로 선택한 자에게만 자기를 나타낸다고 했다. 유신(有神) 사상에서는 '신의 은총(devaprasāda)'이라는 말을 쓰며, 신 및 스승에 대한 최고의 '귀의(歸依, bhakti)'를 바치는 숭고한 사람에게 깊고 간절한 교리가 열어 보인다고 한다. 마찬가지로 작은 것보다도 작고, 큰 것보다도 큰 생물의 마음 깊숙한 곳에 있는 아트만은 '창조주의 은총'으로 볼 수 있다. 또 진지(眞知)의 영향은 자손에게도 미쳐 최고의 범(梵)을 아는 사람의 집에는 범을 아는 자만이 태어나게 된다.

윤리관

우파니샤드에서 윤리관을 이해하려면 근본원리의 윤리적 특징 및 이것과 본질적으로 동화한 해탈자의 윤리적 위치와 해탈을 목적으로 하는 수행자의 도덕적 책임을 구별하여 생각해야 한다.

---

[84] KBU i. 2~7.

근본원리는 선악·정사(正邪)·곡직(曲直)과 같은 상대관념을 초월하며, 범·아는 선업(善業)으로 큰 것을 늘리지 않고 악업(惡業)으로 작은 것을 줄이지 않는다. 바꿔 말하면 범·아는 절대선(絶對善)이고 청정무구하며, 아트만은 종종 '무악(無惡, apahatapāpman)'으로 불린다. 아트만은 낮밤·늙어죽음·비애·선악이 넘치지 않는 둑이고 모든 악은 여기에서 반발한다. 범계(梵界)는 무악의 세계이기 때문이다. 해탈의 지혜를 얻은 사람도 마찬가지로 "그래서 나는 악한 짓을 하였노라, 그래서 나는 선한 일을 하였노라"라는 기억에 괴로워하지 않고, 어떠한 업으로도 늘어나지 않고 줄어들지 않으며 모든 악을 극복한다. 범계에 도달한 자는 말이 갈기를 흔들어 떨어뜨리듯이 악을 뿌리치고, 수레를 탄 자가 두 바퀴의 회전을 내려다보듯 밤낮과 선악 같은 모든 상대관념을 내려다보며 선악의 두 업을 떼어버리거나, '구르는 수레바퀴(saṃsāracakra)'를 내려다본다. 진지(眞知)를 아는 자가 악업에 오염되지 않는 것은 마치 연잎에 물이 묻지 않는 것과 같고, 그 악에서 해방되는 것은 뱀이 허물을 벗는 것과 같으며, 그에게 악이 머물지 않는 것은 불타는 산에 금수가 살지 않는 것과 같다.

현세에서도 꿈을 꾸지 않는 단잠만큼은 범·아로 돌아온 상태와 동일시되기 때문에 어떠한 악도 깊은 잠에 빠진 사람은 건드리지 않는다. "그곳에서는 아버지도 아버지가 아니고 어머니도 어머니가 아니다. ……그곳에서는 도적도 도적이 아니고, 태아 살해범도 태아 살해범이 아니다. ……선을 뒤따르지 않고 악을 뒤따르지 않는다. 왜냐하면 그때 그는 모든 마음의 근심을 초월하였기 때문이다". *85 인드라는 근본원리의 자격에서만 자신의 악업을 열거한 뒤 이렇게 가르친다. "게다가 내 털끝 하나도 그 때문에 손실되지 않았다. 나를 아는 자의 세계는 어떤 업에 의해서도 손해보지 않는다. 어머니를 죽여도, 아버지를 죽여도, 도둑질을 하여도, 태아를 죽여도, 어떠한 악을 저질러도 그의 얼굴에서 (평소의) 검은색이 사라지는 일은 없다."*86

그러므로 "아무리 많은 땔나무를 불 속에 던져 넣어도 불은 그것을 모조리 다 태운다. 바로 그와 같이 그것을 아는 자는 설사 아무리 많은 악행을 저질러도 모두 그것을 소화하여 청정해지고 정화되어 불로불사가 된다"*87와

＊85 BAU iv. 3. 22.
＊86 KBU iii. 1.

같은 대목을 들추어 우파니샤드 철학이 비도덕적이라고 단정하는 것은 성급한 일이다. 근본원리와 참된 지혜를 아는 자는 본질상 선악을 초월하여 악에 오염되지 않는다는 사실을 강조한 것이지, 방종하고 흉악한 행위를 일삼고 도덕적으로 무책임해지기 위해 참된 지혜를 얻으라고 장려한 것이 아니다. 하물며 해탈의 경지에 이르지 못한 자의 악업을 허락한 흔적은 어디서도 찾아볼 수 없다. 비록 이론상 도덕적 굴레에 초연하여도 참된 지혜를 아는 자는 적정·제어·안상(安詳)·인내·정신통일을 특징으로 하며 윤리적으로 최고 표준이다. 앞에서 보았듯이 오감을 억누르고 의욕을 억제하는 일은 해탈에 반드시 필요하다. 욕망을 멀리한 자는 해탈하고, 그렇지 못한 자는 윤회한다. 욕심을 버리고 근심이 사라지고 마음이 평정한 자는 비로소 아트만의 위대성을 보지만, 악업에 열중하고 번뇌하고 마음의 평정을 찾지 못하는 자는 아트만을 인식하지 못한다. 욕망을 버리는 것은 업의 근원을 끊는 것과 같으므로 그 이상의 도덕적 요구는 있을 수 없다. 우파니샤드의 깊은 뜻은 실로 마음이 평정하지 않은 자에게 주어서는 안 된다.

업에 의한 윤회사상은 선업을 쌓으면 선인이 되고 악업을 쌓으면 악인이 된다고 가르친다. 우파니샤드가 해탈의 준비단계로 거론하거나 일반에게 선행으로 장려한 것은 베다학습·청정수행·제례·보시·고행·단식·오감억제·진실이다. 이는 예부터 인도에서 존중되어 온 덕목과 큰 차이가 없으며, 반대로 무지·탐욕·방종·허위·절도·음주·간음 등을 악덕으로 훈계하는 점도 전혀 이상하지 않다. 다만 궁극적인 목적은 범아일여의 참된 지혜에 의한 해탈이므로 이를 방해하는 것은 모두 악이고, 참된 지혜를 깨닫는 순간 속세의 선악이 그 의미를 잃는 것도 당연하다.

끝으로 가장 오래된 우파니샤드에서 도덕과 관계된 한 구절을 인용한다.

1. 프라자파티의 세 후손인 신과 인간과 아수라(=악마)는 아버지 프라자파티 곁에서 범행(梵行)을 하며 살았다. 범행으로 다 살고 나자 신들이 말하였다. "신성한 아버지께서는 우리에게 말씀을 내려주소서." 그가 그들에게 다(da)라는 한 음절을 말하며 (묻기를), "너희들은 알았느냐." "우리는 알

* 87 BAU v. 14. 8.

았습니다"라고 말하며 그들은 "제어하라(dāmyata)고 말씀하셨습니다"라고 대답하였다. 그는 말하였다. "그래, 너희들은 알아들었구나."

2. 다음으로 인간이 프라자파티에게 말하였다. "신성한 아버지께서는 우리에게 말씀을 내려주소서." 그가 그들에게 다(da)라는 한 음절을 말하며 (묻기를), "너희들은 알았느냐." "우리는 알았습니다"라고 말하며 그들은 "보시하라(datta)고 말씀하셨습니다"라고 대답하였다. 그는 말하였다. "그렇다, 너희들은 알아들었구나."

3. 다음으로 아수라가 그에게 말하였다. "신성한 아버지께서는 우리에게 말씀을 내려주소서." 그가 그들에게 다(da)라는 한 음절을 말하며 (묻기를), "너희는 알았느냐." "우리는 알았습니다"라고 말하며 그들은 "불쌍히 여기라(dayadhvam)고 말씀하셨습니다"라고 대답했다. "그렇다, 너희는 알아들었구나."

저 하늘의 소리 즉 번개가 울리는 소리인 다·다·다를 되풀이 외우라. 곧 제어하라, 보시하라, 가엾이 여기라고. 사람은 이 세 가지 덕(德)인 제어·보시·연민을 익혀야 한다.

우파니샤드의 가치

이상으로 가장 오래된 고대 우파니샤드를 참고로 하여 범아일여 사상의 중심문제를 살펴보았다. 또한 그 뜻을 분명하게 나타내기 위해 때로는 비교적 새로운 우파니샤드의 내용을 추가로 보충하고, 때로는 중요한 사상의 발전을 그 안에서 추구하였다. 그러나 범·아사상의 진보를 생각하고 이론과 실습의 발전을 거쳐 온 인도의 철학 및 종교의 여러 계통과의 관계를 밝히려면 문헌으로서 우파니샤드의 가치를 여러 방면에서 간단히 살펴볼 필요가 있다.

철학적 가치

우파니샤드는 주로 철학서이기 때문에 먼저 철학적 가치부터 살펴보아야 한다. 우파니샤드의 가장 독창적 요소는 불교가 일어나기 이전에 속하므로, 그 중심사상은 적어도 기원전 7~6세기로 거슬러 올라간다. 그리스에서 피타고라스가 등장하고 중국에서 공자가 나온 시대 전후에 인도에서도 우파니샤드 철학가를 배출하였고, 이어서 불교의 석가모니와 자이나교의 대성자인 마하비라를 비롯한 여러 사상가와 종교가가 나타났다. 물론 우파니샤드의 중심사상은 대체로 오래된 베다 문헌에 싹터 있었지만, 베다에 절대 권위를 부여하고 제사 만능을 표방하며 스스로를 지상의 신이라고 부르는 브라만 계급의 사상 및 이익과는 너무나 동떨어져 있다. 기존 전통을 고수하지 않고 외면적·형식적인 것에서 내면적·정신적인 방향으로 나아가 겉으로 드러내지 않으며 진리 발견과 해탈의 크나큰 이상에 매진한 일부 사상가의 진지한 노력, 전횡을 일삼는 브라만 교권에 반발하여 일어난 활발한 자유사상, 정통 브라만교의 표면에 나타내지는 않았어도 민간에 깊숙이 뿌리내린 신앙의 영향 등 우파니샤드 철학의 완성에는 숱한 요소가 깔려 있다. 야지냐발키야와 같은 위대한 철학자가 나타나 철학을 사랑하고 보호한 자나카와 같은 어진 왕의 총애를 얻어 그 고상한 사상으로 일세를 풍미한 것도 큰 힘이 되었을 것이다. 그러나 자신의 이익을 위해서라면 서로 모순되는 사상까지도 서슴없이 받아들이는 일반 브라만 계급은 이 신흥 철학까지도 상비약 상자에 넣고 마침내 베다의 극치라고 찬양하며 브라만교 식으로 만들었다. 어쨌든 우파니샤드 철학의 순수하고 숭고하며 세속의 이해와 타협하지 않은 부분은 고대 정신문화의 정수로서 어디에 내어놓아도 자랑스럽기 그지없다. 고대 그리스의 철학과 어깨를 나란히 하고 플라톤의 이상 세계와 비교해도 손색이 없다.

인도에서 일어난 각종 철학과 종교와의 관계는 시대적으로 볼 때 우선 불교와의 관계가 중요시된다. 범·아와 같은 고정된 원리를 부정하고 무아(無我)를 주장한 불교와는 근본적으로 상반된 듯이 보인다. 그러나 준엄한 무아의 교리는 유아론(有我論)을 예상해야 비로소 이해되므로 양쪽이 업에 따른 삼세인과(三世因果)의 윤회와 같은 중요한 교리를 공유하는 점은 매우 주목할 만하다. 다만 방대한 원시불교 경전 가운데 분명하게 우파니샤드 철학의 내용과 관련하여 설명한 것은 아주 드물다. 장부(長部) 니카야(nikāya)의 테비자 경전(Tevijja-sutra)에서 베다와 이어지는 브라만이 설하는 교리로, 우리가 알지 못하고 본 일도 없는 것(=梵)과의 합치가 거론되어 있으나 문제가 될 뿐이다.

반면 고대 우파니샤드에서 최신의 것에 속하는 마이트라야나에서 배척하는 무아론(無我論)은 거의 확실히 불교를 가리키는 듯하다. 각 용어 중에도 형태는 같지만 의미가 다른 것이 있다. 예를 들면 명색(名色, nāmarūpa)은 우파니샤드에서 명칭과 형태를 뜻하지만 불교에서는 심법(心法)과 물질이라는 뜻으로 쓰인다. 요컨대 서로 격차는 심하지만 멀지 않은 사회와 사상계를 배경으로 하고 있으므로 원시불교 연구자도 우파니샤드를 지나가는 뜬 구름을 보듯 할 수는 없다.

브라만교의 정통파를 자처하는 베단타학파는 우파니샤드 교리에 완전히 입각하여 정리하고 조직화하고자 했으며, 나중에 그 교리에서 중요한 부분을 차지하게 된 현상계 허망설(虛妄說)이 슈베타슈바타라 우파니샤드에 이미 싹트고 있었다는 점은 앞에서 언급하였다. 또한 이 우파니샤드가 유신주의(有神主義)에 속하는 신(新)우파니샤드 가운데서 선구적이라는 점도 이미 지적하였다. 그리고 우파니샤드는 푸루샤(=개인아)와 프라크리티(=근본물질)를 엄격히 구별하는 2원론을 주장한 삼키아(Sāmkhya) 철학, 이것과 철학적 기초를 공유하면서 정신통일의 실습을 강조하는 요가철학과도 밀접한 관계가 있다. 요가의 관찰법이 카타카 이후의 주요한 우파니샤드에 발달의 흔적을 남긴 사실은 앞에서 말하였는데, 삼키아 철학의 교리와 용어도 카타카, 슈베타슈바타라, 마이트라야나에서 찾아볼 수 있다. 이것과 조직화된 삼키아 철학과의 역사적 관계를 규명하는 일은 인도철학사에서 흥미로운 과제이다. 특히 슈베타슈바타라가 삼키아 철학의 시조 카필라(Kapila)라는 이름으로 삼키아 요가라는 말을 포함하고 있는 점이 특기할 만하다. 또한 찬도기야 우파니샤드에서 우주 만물의 구성요소로 불(=열)·물·음식(=땅)의 3원소를 확립하고 여기에 적·백·흑 3색을 배정하여 현상계를 그 혼합물로 설명한 점은, 비록 간접적이지만 삼키아 철학의 3덕(guṇa, =근본물질 3요소)을 떠올리게 한다.

이렇듯 우파니샤드는 제례주의의 브라흐마나 문헌을 모태로 독자적인 교리를 발전시키며 갖가지 협잡 요소를 포함하긴 했지만 주요한 철학과 종교의 여러 파들과 밀접한 관련이 있으므로 인도사상사에 중요한 한 시기를 확립했다고 해도 과언이 아니다.

문화사적 가치

우파니샤드 철학의 성립에는 여러 가지 원인이 있지만 열렬한 진리탐구와 자유롭고 진지한 사색의 분위기에 힘입은 바가 컸다. 재물이 가득한 온 세계를 가지고도 불멸을 얻을 수는 없다는 말을 듣고 심오한 교리를 남편에게 물은 마이트레이 부인의 깨달음을 구하는 마음, 자손·부귀·장수·쾌락의 유혹을 뿌리치고 생사의 비밀을 죽음 신 야마에게 다그쳐 물은 나티케타스 소년의 용맹에 그 태도가 잘 반영되어 있다.

우파니샤드 철학이 융성한 데에는 브라만뿐 아니라 왕족 또한 기여한 바가 매우 컸다. 궁전으로 수많은 학자를 모아 대규모 토론회를 개최하여 큰 상을 걸고 진리 추구를 염원하였다. 특히 야지냐발키야의 학식을 존중하여 그와 무릎을 맞대고 깊고 오묘한 이치를 논한 비데하 국왕 자나카가 대표적인 성군이었다. 그의 명성을 사모한 카시국의 야쟈타샤트루 왕은 오만한 브라만인 가르기야의 학설을 천박하다며 거부하고, 브라만이 왕족에게 가르침을 받는 일은 관습에 어긋난다고 덧붙이면서 숙면 상태를 예로 들어 스스로 '진실의 진실'인 범(梵)·아(我)의 깊고 오묘한 뜻을 펼친다. 웃다라카 아르니를 비롯한 여섯 브라만은 아슈바파티 왕이 모든 것을 두루 채우는 아트만에 관한 권위자라고 인정하고 스승에 대한 예를 갖추며 왕에게 가르침을 청한다. 진리 탐구에는 계급 장벽도 존재하지 않았던 것이다. 프라바하나 왕은 오화설(五火說)·이도설(二道說)을 아루니 성자에게 전할 때 이 교리는 일찍이 브라만에게 밝힌 적이 없음을 알렸다. 그러나 이와는 반대로 신기한 학설을 듣기 위해서는 왕도 역시 몸을 낮춰 예절을 갖추고 한낱 브라만 앞에 무릎을 꿇었다. 자나슈르티 왕은 피부병에 걸려 수레 밑에 앉아 있는 라이크바 성자의 입을 열게 하기 위해 천금을 아끼지 않았고 마침내 아리따운 왕녀까지 바쳐 이른바 산바르가의 교리를 알게 되었다.

일부 지식인 사이에서는 비교적 자유가 인정된 사회라 해도 여자가 철학 토론에 참여하는 일이 매우 드물었다. 그러나 자나카 왕궁에서 열린 토론회에서 가르기 바차크나비라는 여인이 저명한 대학자들 틈에서 두 번이나 야지냐발키야와 논쟁을 벌였다. 일반적으로 인도에서 부녀자는 사회적 지위가 낮아 통례상 학술이나 문예에 나서지 못했으므로 앞에서 언급한 마이트레이 부인과 더불어 아주 드문 일이었다.

바차크나비는 두 번째로 일어서서 두 가지 어려운 질문으로 야지냐발키야에게 화려하게 도전하면서 자신을 무인에 비유했다. 그녀는 야지냐발키야의 탁월한 변설에 탄복하여 마침내 입을 다물고 침묵할 때 "여러 신성한 브라만이여, 모름지기 이 분의 면전에서 예를 갖추고 벗어나는 것이 좋을 것이오. 여러분 가운데 그 누구도 우주 만물에 대한 토론에서 결코 그에게 이기지 못하리다"*88라고 경고하였다. 그럼에도 장광설로 야지냐발키야와 논쟁을 시도한 비다그다 샤카리야는 마지막으로 우파니샤드에서 설한 푸루샤(=범·아)를 아는가라는 물음에 대답하지 못하여 결국 머리가 깨져 죽고 말았다고 한다. 조금 오래된 문헌에 따르면 이 불행한 학자는 불손한 질문을 하여 야지냐발키야의 분노를 사는 바람에 죽음에 이르렀다고 한다.

이밖에 실제 사회의 상태에 대해서도 우파니샤드는 여러 가지 암시를 하고 있다. 인도에서 후세에 적어도 이론적으로 규정되어 있는 인생의 4단계 가운데 학문을 배우는 범행기(梵行期)와 가정을 꾸리는 가장기(家長期)가 자연의 순서로서 일반에게 지켜진 것은 이상한 점이 없지만, 숲속에 은둔하며 명상하는 임서기(林棲期)와 모든 것을 버리고 탁발하며 세상을 떠도는 유행기(遊行期)는 처음부터 엄밀하게 구별되지 않았다. 평생 스승의 집에서 살며 범행에만 힘쓴 사람도 있었다고 한다. 현명한 아슈바파티 왕이 말했다. "우리나라에는 도적이 없고, 구두쇠가 없으며, 주정뱅이가 없고, 제화(祭火)를 쌓지 않은 자가 없고, 무지한 자가 없고, 음란한 자도 없으니, 하물며 음란한 여자야 말해 무엇하랴."*89 당시 세상을 다스리는 경륜의 이상(理想)이 어디에 있었는지를 짐작케 한다. 물론 황금을 훔치고 스승의 안방을 더럽히고 브라만을 살해하는 자도 있었으며, 도적을 다스리기 위해 빨갛게 달군 도끼를 쥐게 하는 형벌도 있었다. 그러나 베다 학습을 마친 제자에게 교훈을 줄 때는 부모·스승·귀한 손님 보기를 신을 보듯 하라고 가르쳤다. 가정과 사회의 도덕 기준이 결코 낮지는 않았던 것이다.

문학적 가치
우파니샤드 학자는 생사의 피안에서 해탈을 구하는 철학자인 동시에 직관

---

*88 BAU v. 14. 8.

*89 ChU v. 11. 5.

체험을 단편적으로 말하는 신비에 싸인 시인이었다. 물론 고대 우파니샤드 전체를 문학적으로 높이 평가할 수는 없으나, 주로 산문으로 쓰인 2대 걸작에는 예스럽고 아담한 문장도 적지 않으며 문학의 향기가 그윽한 시구도 곳곳에 자리하고 있다. 운문 우파니샤드는 어구가 간결해도 뜻이 깊어 낭랑하게 외우기 좋은 주옥같은 글이 풍부하다. 불과 몇 단어로 변화하는 몇 절이 거듭 이어지는 것이 우파니샤드 문체의 특징인데, 그 단조로움이 거슬리기보다는 오히려 정제된 고전적인 맛을 낸다. 대체로 고풍스러운 산문은 브라흐마나 문체를 계승한 듯 보인다. 그러나 새로운 교리를 널리 알리기 위해 치졸한 표현과 동일한 주제의 중복을 피하기는 어려웠을 것이다. 다만 고대 우파니샤드는 거의 대부분 후세 사람들이 모아서 편집한 것이므로 각 책을 개인 작품으로서 비판할 수는 없다. 서로 차용하고, 후세 사람들이 부연하고 삽입하고 고쳐 지은 내용도 충분히 고려해야 할 것이다.

서로 관련 있는 장절은 대체로 사제(師弟)·부자·부부 간의 대화·문답 또는 학자의 토론 형식을 취하여 그 윤곽을 이루는 설화에 대단히 흥미를 느끼게 하며, 발랄한 응수에 긴장하는가 하면 극적인 장면을 전개하기도 한다. 앞에서 말한 자나카 왕궁의 대토론회 같은 경우가 대표적인 사례이다. 마지막 도전자 비다그다 샤카리야가 토론에 참패하여 머리가 깨지자 야지냐발키야가 "신성한 브라만이여, 그대들 가운데 희망자가 있다면 누구든지 나에게 물으시오. 혹은 그대들이 동시에 물어도 좋소. 그대들 가운데 희망자가 있다면 누구에게건 나는 물을 것이오. 혹은 그대들 모두에게 묻겠소."라고 단언했을 때 감히 나서는 자는 아무도 없었다. 기세가 토론회장을 압도하여 쥐 죽은 듯이 조용한 가운데 우승자의 면모는 더욱 돋보였다.

변론 방법으로는, 질문에 응하여 유창하게 소신을 피력하기도 하고, 대화 상대의 지론을 충분히 듣고 나서 그 의견을 반박하거나 보완하면서 올바른 지식으로 이끄는 경우도 있다. 그 문체와 변증법을 세계 문단에서 비교한다면 플라톤의 대화가 가장 가깝다고 할 수 있다.

고대 우파니샤드에서 쓰는 언어에는 여러 층이 있어 똑같이 논할 수는 없지만 가장 오래된 것은 브라흐마나 문헌의 고대 산스크리트를 잇고, 새로운 것은 점차 고전 산스크리트와 융합한다. 즉 과도기를 대표하는 문헌으로서 문법 연구에도 중요한 자료를 제공한다. 대화 형식을 취한 부분은 어느 정도

당시 일상 회화의 면모를 드러내고, 옛날 어형과 어법, 올바른 문법에 어긋나는 속어형 등은 고대 인도어의 연구자가 간과할 수 없는 부분이다.

우파니샤드의 가치는 이 밖에도 신화·제례·주법(呪法) 등 여러 각도에서 살펴볼 수 있다.

맺음말

과거 2천수백 년 인도 사상의 한 원천으로서 중시된 우파니샤드를 처음으로 세계 학계에 소개한 사람은 프랑스 학자 뒤페롱(Anquetil Duperron)이다. 그는 1731년 파리에서 태어나 동양학에 흥미를 보였으며 1754년 병사 모집에 자원하여 인도로 떠났다. 프랑스 정부도 이 젊은이의 열성에 감동하여 그의 연구를 도왔다. 그는 온갖 어려움을 헤치고 수라트에서 조로아스터교의 성전인 아베스타의 사본을 입수한 뒤 귀국하여 프랑스어로 번역하여 출판하였다. 때마침 친구의 협조로 우프네카트(Oupnek'hat) 사본을 입수하고 또 다른 사본까지 얻어 대조하여 숙독하였다. 이것은 17세기 중엽에 무굴제국의 황자 다라샤코(Mohammed Daraschakoh)가 인도학자를 고문으로 삼아 50편의 우파니샤드를 산스크리트에서 페르시아어로 번역한 것이다. 이 황자는 유명한 6대 황제 아우랑제브의 형으로 매우 총명하여 일찍부터 힌두교와 이슬람교와의 화해를 꾀하고 종교와 학술 진흥에 뜻을 두었다. 그러나 우파니샤드 번역이 완성되고 얼마 뒤 불신자(不信者)라는 오명을 쓰고 왕위를 탐내는 동생 때문에 불행한 최후를 맞이한다. 뒤페롱은 프랑스대혁명 대혼란에서 파리의 한 구석으로 피신하여 고난을 참고 굶주림과 싸우면서 드디어 이를 라틴어로 완역하여, 두 권으로 나누어 각각 1801년과 1802년에 출간하였다. 그 서문 일부를 보면 다음과 같다.

학식 있는 독자여, 먹구름이 죽음을 품고 일찍이 찬란하게 빛나던 프랑스의 국토 위에 음산한 검은 그림자가 드리워지고 단두대의 칼날이 번뜩이는 가운데 이 책을 썼다. 감옥을 두려워하지 않고, 운명의 마지막 일격도 두려워하지 않고, 진리와 종교의 명예, 조국의 행복, 만인 아니 원수의 복리를 위해 죽음을 사양하지 않고, 오랫동안 나그네로 세상을 떠돈 이 늙은이에게 관대함을 베풀며 이 책을 감상하기 바란다.

그런데 페르시아어는 부연과 전도와 오류가 많아 뒤페롱의 지나치게 충실하게 번역한 탓에 오히려 그 뜻이 난해해졌다. 이 이해하기 어려운 번역문에 숨어 있는 진리의 섬광을 발견할 수 있는 사람은 쇼펜하우어와 같이 용감하고 통찰력이 날카로워 숨은 뜻을 알아차리는 철학자 정도였다. 쇼펜하우어는 뒤페롱의 책을 통해 인도 철학의 진수에 가까이 다가가고 실로 생전 사후의 위로를 얻었다고 한다. 다행히 얼마 뒤부터 인도학은 빠르게 발전하여 인도·영국·독일·프랑스 등의 산스크리트 어학자가 노력한 끝에 중요한 원전의 출판·번역·연구가 잇따라 지금은 우프네카트 50편에 상당하는 원전이 모두 학계에 제공되었다.

우파니샤드의 연구에 기여한 수많은 학자 가운데 독일 철학자 파울 도이센(Paul Deussen, 1845~1919)이 으뜸으로 꼽힌다. 그는 그리스 철학, 스피노자와 칸트 철학에 정통하고 쇼펜하우어의 영향을 받아 산스크리트를 전문가 못지않게 잘하였다. 그는 대표적인 우파니샤드 60편을 독일어로 번역하여 해설과 함께 세상에 내놓고(1897년), 그의 사상을 간추려 대저《일반철학사》중 한 권에 수록하였다(1899년). 지금 보면 그의 학설에 약점이 있고 번역오류도 눈에 띄지만 그는 그야말로 우파니샤드 안에서 호흡하는 학자였다. 인도 정신문화의 원천을 이어받고, 철학을 사랑하고 문학을 이해하는 사람만이 우파니샤드를 논할 수 있다.

많은 사람이 듣기도 어렵고 설사 듣더라도 대부분 이해하지 못한다. 그것을 설하는 사람도 흔하지 않도다. 그것을 얻은 사람은 현명하도다. 현자의 가르침을 받아 깨닫는 사람 또한 드물도다. *90

생사의 비밀과 범·아의 교리는 여전히 알기 어렵지만 이제는 산스크리트 번역본을 되풀이하여 읽기 쉬운 시대가 되었다. 교양을 살찌우는 양식으로서 우파니샤드 철학을 살펴보고 그 숨어 있는 참된 가치를 음미해 본다면 참으로 보람 있는 삶이 아니겠는가.

---

*90 KU ii. 7.

텍스트 및 번역

텍스트

Limaye, V. P. / Vadekar, R. D. 1958, *Eighteen Principal Upaniṣads*, Vol. I. Poona (Gandhi Memorial Edition).

(*Ten Principal Upanishads with Śaṅkarabhāṣya*, 1964. Works of Śaṅkarācārya, Vol. I, Delhi : Motilal Banarsidass.)

(*Upaniṣadāṃ Samuccayah*, Ānandāśrama Sanskrit Series, vol. 29. Poona 1817/1895)

[번역]

(Bäumer) (1986)

(Böhtlingk) (1889a, 1889b, 1890)

(Bousquet) (1948)

(Buitenen) (1962)

(Charpentier) (1928-29)

(Cowell) (1861)

(Deussen) (1897)

(Edgerton) (1965)

(Frauwallner) (1992)

(Frenz) (1968-69)

(Geldner) (1928)

(Hamm) (1968-69)

(Hauschild) (1927)

(Hertel) (1924)

(Hillebrandt) (1921)

(Hume) (1931)

(Keith) (1909)

(Lal) (1974)

(Lesimple) (1944)

(Mehlig) (1987)

(Morgenroth) (1958)

(Müller) (1879, 1884)

(Oberlies) (1988, 1995, 1996, 1998)

(Olivelle) (1996a, 1998b)

(Radhakrishnan) (1953)

(Rau) (1964, 1971)

(Renou) (1943a, 1943b, 1943c, 1948)

(Richter) (1990)

(Ruben) (1961)

(Senart) (1930, 1934)

(Thieme) (1968a)

(Türstig) (1996)

(Whitney) (1890)

(Wolz—Gottward) (1994)

(Zaehner) (1966)

참고문헌

Abegg, E. 1945. *Indische Psychologie.* Zürich

Alsdorf, L. 1950. *Contributions to the Texual Criticism of the Kaṭhopaniṣad.* *ZDMG* 100 : 621—637

Antoine, S. J. 1954—55. *Religious Symbolism in the Kauṣītaki Upaniṣad, JOIB,* Vol. 4., pp. 330—337

Bäumer, B. 1986. *Befreiung zum Sein. Auswahl aus den Upanishaden.* Zürich

Beall, I. F. 1986. Syntactical Ambiguity at Taittirīya Upaniṣad 2. 1. *IIJ* 29 : pp. 97—102

Biardeau, M. 1965. *Ahaṃkāra* The Ego Principle in the *Upaniṣads, Indian Sociology,* No. 8, pp. 62—84

Bodewitz, H. W. 1973. *Jaiminīya Brāhmaṇa* I, 1—65 : Orientalia Rheno Traiectina 17. Leiden

— 1982. The Waters in Vedic Cosmic Classifications. *IndT* 10 : 45—54

— 1985. Yama's Second Boon in the Kaṭha Upaniṣad, *WZKSA* 29 : 5—26

— 1986a. Prāṇa, Apāna and other Prāṇas in Vedic Literature, ALB 50 : 326—348

— 1986b. The Cosmic, Cyclical Dying (*parimara*) : Aitareya Brāhmaṇa 8, 28 and Kauṣītaki Upaniṣad 2. 11—12 in : *Sanskrit and World Culture,* ed. W. Morgenroth, pp. 438—443. Schriften zur Geschichte und Kultur des alten Orients 18. Berlin

— 1996a. Redeath and Its Relation to Rebirth and Release, SII 20 : 27—46

— 1996b. The *Pañcāgnividyā* and the *Pitryāna/Devayāna,* Studies on Indology : *Professor Mukunda Madhava Sharma Felicitation Volume,* ed.

A. A. Goswami and D. Chutia, pp. 51—57

Böhtlingk, O. 1889a. *Bṛhadâraṇyakopanishad in der Mâdhyaṁdina Recension*, Hrsg. u. über. von Böhtlingk. St. Petersburg : Kaiserliche Akademie der Wissenschaften

— 1889b. *Khândogjopanishad*, Hrsg. u. über. von Böhtlingk. Leipzig

— 1890. Drei kritische gesichtete und übersetzte Upanishad mit erklärenden Anmerkungen, *BKSGW* 42 : 127—197

— 1897a. Bemerkungen zu einigen Upanishaden, *BKSGW* 49 : 78—100

— 1897b. Kritische Beiträge, *BKSGW* 49 : 127—138

Boland, M. 1977. *Die Wind Atem Lehre in den älteren Upaniṣaden*. Münster

Bousquet, J. 1948. Praśna Upaniṣad. *LU* 8

Brereton, J. 1982. The Particle *iva* in Vedic Prose, *JAOS* 102 : 443—450

— 1986. "Tat Tvam Asi" in Context, *ZDMG* 136 : 98—109

— 1988. Unsounded Speech : Problems in the Interpretation of BU(M) 1. 5. 10 = BU(K) 1. 5. 3. *IIJ* 31 : 1—10

— 1991. Cosmographic Images in the Bṛhadāraṇyaka Upaniṣad, *IIJ* 34 : 1—17

— 1996. Yājñavalkya's Curse, *SII* 20 : 47—57

Brockington, J. L. 1981. *The Sacred Thread Hinduism in its Continuity and Diversity*, Edinburgh

— 1996. Śvetaketu and the Upanayana, *As Stud* 50 : 592—601

Buitenen, J. A. B. van. 1955. *Vācārambhaṇam*, Indian Linguistics 16 : 157—162

— 1958. *Vācārambhaṇam* Reconsidered, *IIJ* 2 : 295—305

— 1958. *Akṣara*, *JAOS* 79 : 176—187

— 1962. *The Maitrāyaṇīya Upaniṣad : A Critical Essay, with Text, Translation, and Commentary*. Disputationes Rheno Trajectinae 6. The Hague

— 1964. The Large Ātman, *History of Religions* 4 : 103—114

— 1979. Ānanda, or All Desires Fulfilled, *History of Religions* 19 : 27—36

Charpentier, J. 1928—29. Kāṭhaka Upaniṣad, Translated with an Introduction and Notes, *Indian Antiquary* 58 : 201—207 ; 221—229 ; 59 : 1—5

Cowell, E. B. 1861. *The Kaushītaki—Bráhmaṇa Upanishad with the Com mentary of Śankarananda.* Bibliotheca Indica

Delbrück, B. 1888. *Altindische Syntax.* (Syntaktische Forschungen, 5). Darmstadt 1976

Deshpande, S. 1989. *IDAM* in the cosmogonical statement in early Upaniṣads, ABORI, LXX ː 256—261

Deussen, P. 1897. *Sechzig Upanishad's des Veda, aus dem Sanskrit übersetzt und mit Einleitungen versehen.* 4. Aufl. Darmstadt 1963 (Nachdruck der 2. Aufl. Leipzig 1921)

Edgerton, F. 1965. *The Beginnings of Indian Philosophy.* Harvard University Press

— 1953. Buddhist Hybrid Sanskrit Grammar and Dictionary. Vol. I—II Reprint ː Delhi, 1970, 1972, 1977, 1985

Emeneau, M. B. 1968—69. Sanskrit Syntax Particles—*kila, khalu, nūnam, IIJ* 11 ː 241—268

Esnoul, Anne Marie. 1952. Maitry Upaniṣad. *LU* 15

Fadegon, B. 1926. The Catalogue of Sciences in the Chāndogya Upaniṣad, *AO* 4 ː 42—54

Falk, H. 1986. Vedisch upaniṣad, *ZDMG* 136 (Heft 2) ː 80—97

Frauwallner, E. 1992 (Erich Frauwallner Nachgelassene Werke II) *Philosophische Texte des Hinduismus,* Hrsg. von Oberhammer/Werba, Wien

Frenz, A. 1968—69. Kauṣītaki Upaniṣad. *IIJ* 11 ː 79—129

Fris, O. 1955. Two Readings of the Kathopaniṣad, *Arch Or* 23 ː 6—9

Geib, R. 1976. Food and Eater in Natural Philosophy of Early India, *JOIB* 25 ː 223—235

Geldner, K. F. 1928. *Vedismus und Brahmanismus.* in ː Religionsgeschichtliches Lesebuch, Hrsg. von A. Bertholet, Heft 9. 2. erweiterte Aufl.

Gonda, J. 1965. Bandhu in the Brāhmaṇas *ALB* 29 ː 1—29

— 1982. In the Beginning, *ABORl* 63 ː 43—62

Grend Eklund, G. 1978. *A Study of the Nominal Sentences in the Oldest Upaniṣads.* Studia Indoeuropaea Upsaliensia, 3. Uppsala

— 1984. Causality and the Method of Connecting Concepts in the Upaniṣads, *IndT* 12 : 107—118

Hamm, F. R. 1968—69. Chāndogyopaniṣad VI. Ein erneuter Versuch, *WZKSA* 12—13 : 149—159

Hanefeld, E. 1976. *Philosophische Haupttexte der älteren Upaniṣaden.* Freiburger Beiträge zur Indologie, 9. Wiesbaden

Hauer, J. W. 1930. Die Śvetāśvatara Upaniṣad. Ein monotheistischer Trakt einer Rudra Śiva Gemeinde, *ZDMG* 84(Anhang) : 97—102

— 1958. *Der Yoga. Ein indischer Weg zum Selbst.* Stuttgart. 3. Aufl. 1983

Hauschild, R. 1927. *Die Śvetāśvatara Upaniṣad : Eine kritische Ausgabe mit einer Übersetzung und einer Übersicht über ihre Lehren.* in : Abhandlungen für die Kunde des Morgenlandes, XVII. 3. Leipzig

— 1968. Saṃvarga—vidyā : *Mélanges d'Indianisme a la Mémoire de Louis Renou,* 337—365

Heimann, B. 1922. *Madhva's Kommentar zur Kāṭhaka Upaniṣad.* Leipzig

Heifer, J. S. 1968. The Initiatory Structure of the Kaṭhopaniṣad, *History of Religions* 7 : 348—367

Hertel, J. 1924. *Muṇḍaka Upaniṣad. Kritische Ausgabe mit Rodarneudruck der Ernst Ausgabe(Text und Kommentare) und Einleitung.* Indo Iranische Quellen und Forschungen, III. Leipzig

Hillebrandt, A. 1921. *Upanishaden. Altindische Weisheit (Jena)= Upanishaden Die Geheimlehre der Inder* (mit einem Vorwort von Helmuth von Glasenapp) 2. Aufl. Düsseldorf 1978

Hoffmann, K. 1961. *Der Injunktiv im Veda. Eine synchronische Funktionuntersuchung.* Heidelberg

Hopkins, E. W. 1901. Notes on the Çvetāçvatara, the Buddhacarita, etc., *JAOS* 22 : 380—389

Horsch, P. 1961. Die Kaṭhopaniṣad und der ältere Buddhismus.

Wissenschaftliche Zeitschrift der Martin Luther Universität Halle Wittenberg. Jahrgang 10. Gesellschafts und Sprachwissenschaftliche Reihe, Heft 6, S. 1404—1410

— 1966. *Die vedische Gāthā und Śloka Literatur.* Bern

Hume, R. E. 1931. *The Thirteen Principal Upanishads,* Translated from the Sanskrit, 2. Ed, revised, Oxford University Press (First published 1921)

Ickler, I. 1973. *Untersuchungen zur Wortstellung und Syntax der Chāndogyopaniṣad.* Göppingen

Jamison, S. 1986. Brāhmaṇa Syllable Counting. Vedic tvac　'skin', and the Sanskrit Expression for the Canonical Creature. *IIJ* 29 : 161—181

Johnston, E. H. 1930. Some Sāṃkhya and Yoga Conceptions of the Śvetāśvatara Upaniṣad, *JRAS* 1930 : 855—878

Keith, A. B. 1909. The Aitareya Āraṇyaka, ed. and transl. by Keith. Oxford. Reprint 1969

King, R. 1995. *Early Advaita Vedānta and Buddhism The Mahāyāna Context of the Gauḍapādīya Kārikā,* State University of New York

Kuiper, F. B. J. 1960. The Ancient Aryan Verbal Contest, *IIJ* 4 : 217—281

— 1960—61. The Interpretation of Cāndogya Upaniṣad III. 1. 2, *Bāratīya Vidyā* (Munshi Indological Felicitation Volume) 20—22 : 36—39

Kunst, A. 1976. Indeterminism versus Determinism : The Seventh Prapāṭhaka of the Chāndogya Upaniṣad. *JRAS* 1976 : 67—72

Lal, P. 1974. *The Brhadaranyaka Upanisad A Writers Workshop Publication* (The Jawaharla Nehru Memorial Fellowship Project), Calcutta

Lesimple, E. 1944. Māṇḍūkya Upaniṣad et Kārikā de Gauḍapāda. LU 5

Lüders, H. 1940a. Zu den Upaniṣads : I. *Die Saṃvarga—vidyā, Philological Indica : Ausgewählte kleine Schriften von Heinrich Lüders,* S. 361—390, Göttingen

— 1940b. Zu den Upaniṣads : II. Die Ṣoḍaśakalavidyā, Philological Indica : *Ausgewählte kleine Schriften von Heinrich Lüders,* S. 509—529, Göttingen

Maury, J. 1943. Muṇḍaka Upanishad. *LU* 4

Mehendale, M. A. 1961. Satyam eva jayate nānṛtam, JAOS 81 ﹕ 405—408

— 1962. Some Lexicographical Notes on the Upaniṣads. *IIJ* 5 ﹕ 184—186

Mehlig, J. 1987. *Weisheit des alten Indien.* Bd. I. Vorbuddhistische und nichtbuddhistische Texte. München

Mirasdar, M. 1987. Ṣoḍaśakala Puruṣa ﹕ A Study, *VIJ* 25 ﹕ 90—98

Morgenroth, W. 1958. Chāndogya Upaniṣad. Versuch einer kritischen Ausgabe mit einer Übersicht über ihre Lehren. Inaugural Dissertation, Jena

— 1970. Die Lehre des Uddālaka Āruṇi ﹕ Ch. —Up. VI, *Arch Or* 38 ﹕ 33—44

— 1980—81. Glossen in der Chāndogya Upanishad, *IndT* 8—9 ﹕ 283—291

Mukhopadhyay, B. 1987. Parokṣapriyā iva hi devāḥ pratyakṣadviṣaḥ, *VIJ* 25 ﹕ 74—77

Müller, F. M. 1879. *The Upanishads.* 1. *SBE* 1. Reprint, Motilal Banarsidass 1965

— 1884. The Upanishads. 2. *SBE* 15. Reprint, Motilal Banarsidass 1965

Oberlies, T. 1988. Die Śvetāśvatara Upaniṣad ﹕ Eine Studie ihrer Gotteslehre, *WZKSA* 32 ﹕ 35—62

— 1995. Die Śvetāśvatara Upaniṣad ﹕ Einleitung Edition und Übersetzung von Adhyāya I, *WZKSA* 39 ﹕ 61—102

— 1996. Die Śvetāśvatara Upaniṣad Edition und Übersetzung von Adhyāya II—III, *WZKSA* 40 ﹕ 123—160

— 1998. Die Śvetāśvatara Upaniṣad Edition und Übersetzung von Adhyāya IV—VI, *WZKSA* 42 ﹕ 77—138

Oldenberg, H. 1915. Die Lehre der Upanishaden und die Anfänge des Buddhismus. Göttingen

— 1896. Vedische Untersuchungen. 6 ﹕ Upaniṣad, *ZDMG* 50 ﹕ 457—462= *Oldenberg* KS Teil I, S. 35—40 (1976)

— 1900. Upaniṣad, ZDMG 54 ﹕ 70—78=*Oldenberg KS* Teil I, S. 62—70 (1976)

Olivelle, P. 1993. *The Āśrama System* ﹕ The History and Hermeneutics of a

Religious Institution. Oxford University Press

— 1996a. *Upaniṣads* World's Classics. Oxford University Press

— 1996b. Dharmaskandhāḥ and Brahmasaṃsthaḥ : A Study of Chāndogya Upaniṣad 2. 23. 1, JAOS 116 : 205—219

— 1997. Organic Rapture and Divine Ecstacy : The Semantic History of *ānanda, JIP* 25 : 153—180

— 1998a. Unfaithful Transmitters : Philological Criticism and Critical Editions of the Upaniṣads, JIP 26 : 173—187

— 1998b. *The Early Upaniṣads* (Annotated Text and Translation). Oxford University Press

— 1999. Young Śvetaketu : A Literary Study of an Upaniṣadic Story, *JAOS* 119 : 46—70

Parpola, A. 1981. On the Primary Meaning and Ethmology of the Sacred Syllable ōm, Proceedings of the Nordic South Asia Conference, *Stud Or* 50 : 195—213

Radhakrishnan, S. 1953. *The Principal Upaniṣads*. London. Humanities Paperback Library, 1992

Rau, W. 1957. *Staat und Gesellschaft im alten Indien nach den Brāhmaṇa Texten dargestellt*. Wiesbaden

— 1964. Versuch einer deutschen Übersetzung der Śvetāśvatara Upaniṣad, *As Stud* 18—19 : 216—226

— 1971. Versuch einer deutschen Übersetzung der Kāṭhaka Upaniṣad, *As Stud* 25 : 158—174

Rawson, J. N. 1934. *The Kaṭha Upaniṣad*. Oxford University Press

Renou, L. 1943a. Isa Upanishad. LU 1

— 1943b. Katha Upanishad. *LU 2*

— 1943c. Kena Upanishad. *LU 3*

— 1946. 'Connexion'en védique, 'cause' en bouddhique, in : *Dr. C. Kunhan Raja Presentation Volume*. Madras : The Adyar Library, pp. 55—60

— 1948. Kauṣītaki Upaniṣad. *LU* 6

— 1953. Le Passage des Brāhmaṇa aux Upaniṣad, *JAOS* 73 : 138—144

Richter Ushanas, E. 1985. *Das Stillhalten der Fackel. Mandukya Upanishad mit Gaudapadas Karika.* 2. Aufl. Bremen

— 1990. *Im Wandel Das Bleibende Acht Upanishads,* Aus dem Sanskrit übersetzt und erläutert von Richter Ushanas. 3. verbesserte Aufl. Bremen

Rocher, L. 1973. Iha ced aśakad boddhum (Kaṭhopaniṣad 6. 4), *VIJ* 11 : 7—12

Ruben, W. 1961. *Beginn der Philosophie in Indien.* 3., unveränderte Aufl., Berlin

Rüping, K. 1977. Zur Askese in indischen Religionen, *ZMR* 61, S. 81—98

Salomon, R. 1981. A Linguistic Analysis of the Muṇḍaka Upaniṣad, *WZKSA* 25 : 91—105

— 1986. The Śvetāśvatara and the Nāsadīya : Vedic Citations in a Śaiva Upaniṣad, *ALB* 50 : 165—178

— 1991. A Linguistic Analysis of the Praśna Upaniṣad, *WZKSA* 35 : 47—74

Schayer, S. 1927. Über die Bedeutung des Wortes Upaniṣad, *RO* 3 : 57—67

Schmithausen, L. 1994. Zur Textgeschichte der Pañcāgnividyā, *WZKSA* 38 : 43—60

Senart, E. 1930. *Chāndogya Upaniṣad,* Traduite et annotée par Senart, Paris

— 1934. *Bṛhadāraṇyaka Upaniṣad,* Traduite et annotée par Senart, Paris

Schneider, U. 1961. Die altindische Lehre vom Kreislauf des Wassers, *Saeculum* 12 : 1—11

— 1963. Die Kamposition der Aitareya Upaniṣad, *IIJ* 7 : 58—69

Sharma, A./Young, K. K. 1990. The meaning of *ātmahano janāḥ* in *Īśā Upaniṣad* 3, JAOS 110 : 595—602

Silburn, L. 1950. *Aitareya Upaniṣad. LU* 10

Smith, B. K. 1990. Eaters, Food, and Social Hierarchy in Ancient India : A Dietary Guide to a Revolution in Values, *JAOS* 58 : 177—205

Smith, R. M. 1952. Birth of Thought I Taittirīya and Aitareya Upanisads,

ABORI 33 : 97—113

— 1953. Birth of Thought II Bṛhadāraṇyaka Upaniṣads, *ABORI* 34 : 51—69

— 1966. Religion of India : Death, Deeds and After, *JOIB* 15 : No. 3—4, pp. 273—301

— 1975. Thinking Class Theism : The Śvetāśvatara Upaniṣad, *JOIB* 24 : 317—337

— 1976. The Muṇḍaka Upaniṣad Reconsidered, *VIJ* 14 : 17—40

Söhnen, R. 1981 Die Einleitungsgeschichte der Belehrung des Uddālaka Āruni, *SII* 7 : 177—213

Strauss, O. 1924. Indische Philosophie. München

— 1931. Udgīthavidyā, *SAWB* 13 : 243—310=*Otto Strauss KS* 24 : 311—378(1983)

Thieme, P. 1951—52. Der Weg durch den Himmel nach der Kausitaki Upanishad, Wissenschaftliche Zeitschrift der Martin Luther Universität Halle Wittenberg, Jahrgang 1, Gesellschafts und sprachwissenschaftliche Reihe, Heft 3, 19—36=*Thieme KS* 2:82—99

— 1952. Brahman. *ZDMG* 102 : 91—129=*Thieme KS* 2 : 100—138

— 1961. Īśopaniṣad (=Vājasaneyi Saṃhitā 40) 1—14, *JAOS* 85:89—99= *Thieme KS* 2:228—238

— 1968a. *Upanishaden:Ausgewählte Stücke*. Philipp Reclam

— 1968b. Ādeśa. *Mélanges d'Indianisme a la Mémoire de Louis Renou*, pp. 715—723

Tull, H. W. 1989 *The Vedic Origins of Karma Cosmos as Man in Ancient Indian Myth and Ritual*. State University of New York Press

Türstig, Hans Georg. 1996. *Die Weisheit der Upanischaden*. Fischer Taschenbuch. Frankfurt am Main

Vacek, J. 1991. The Term Upaniṣad in the Early Upaniṣads (In the margin of S. Radhakrishnan's translation), Arch Or 59 : 255—263

Weber, A. 1850. *Indishe Studien*, Bd. 1, 247—302;380—456 (Nachdruck, 1973)

Weller, F. 1953. *Versuch einer Kritik der Kaṭhopanisad* Deutsche Akademie der Wissenschaften zu Berlin, Institut für Orientforschung 12. Berlin: Akademie Verlag

Wezler, A. 1982. Zum Verständnis von Chāndogya—Upaniṣad 5. 1. 12, *SII* 8/ 9 : 147—168

Whitney, D. 1886. Hindu Eschatology and the Katha Upanishad, *JAOS* 13 : ciii—cviii

— 1890. Translation of the Katha Upanishad, *Transactions of the American Philological Association* 21 : 88—112

Witzel, M. 1984. Sur le chemin du ciel, *Bulletin D'Etudes Indiennes* 2 : 213— 279

— 1996. Looking for the Heavenly Casket, *SII* 20 : 531—544

Wolz Gottward, E. 1994. *Die drei kleine Upaniṣaden Kena Upaniṣad Īśā Upaniṣad Māṇḍūkya Upaniṣad,* Eingeleitet, übersetzt und kommentiert von Wolz Gottward. Sankt Augustin

Wood, T. E. 1990. *Māṇḍūkya Upaniṣad and the Āgama Śāstra : An Investigation into the meaning of the Vedānta.* Monographs of the Society for Asian and Comparative Philosophy. No. 8. University of Hawaii Press

Zaehner, R. C. 1966. Hindu Scriptures. London. Everyman's Library

Zysk, K. G. 1993. The Science of Respiration and the Doctrine of the Bodily Winds in Ancient India, *JAOS* : 113 : 198—213

〔약어 (略語)〕

ABORI : *Annals of the Bhandarkar Oriental Research Institute,* Poona

AO : *Acta Orientalia,* Copenhagen

ALB : *Adyar Library Bulletin,* Adyar (Madras)

Arch Or : *Archiv Orientálini,* Prague

As Stud : *Asiatische Studien,* Bern

BKSGW : *Berichte über die Verhandlungen der königlich sächsischen Gesellschaft*

der Wissenschaften zu Leipzig, Philologisch–historische Classe.

JA : *Journal Asiatique*, Paris

JAOS : *Journal of the American Oriental Society*, New Haven.

JIP : *Journal of Indian Philosophy*, Dordrecht

JOIB : *Journal of the Oriental Institute*, Baroda.

JRAS : *Journal of the Royal Asiatic Society*, London.

IIJ : *Indo–Iranian Journal*, The Hague.

IndT : *Indological Tourinensia*, Torino.

KS : *Kleine Schriften, Glasenapp—Stiftung*, Wiesbaden.

LU : *Les Upanishad Texte et traduction sous la direction de Louis* Renou, Paris :
   Adrien Maisonneuve, 1943—1976

RO : *Rocznik Orientalistyczny*, Warsaw

SAWB : *Sitzungsberichte der preussischen Akademie der Wissenschaften*, Berlin.

SBE : *Sacred Books of the East*, Oxford.

SII : *Studien zur Indologie und Iranistik*, Reinbek

STud Or : *Studia Orientalia*, Helsinki.

VIJ : *Vishveshvaranand Indological Journal*, Vishveshvarananda Vedic Research
   Institute, Hoshiarpur.

WZKSA : *Wiener Zeitschrift für die Kunde Südasiens*, Wien

ZDMG : *Zeitschrift der Deutschen Morgenländischen Gesellschaft*, Wies-
baden.

ZMR : *Zeitschrift für Missionswissenschaft und Religionswissenschaft*, Münster

김세현(金世鉉) 역해
홍익대교육대학원 국어교육학과 석사졸업.
조계사불교대학 졸업.
지은책 《최명익 소설연구》
논문 《우파니샤드란 무엇인가》

세계사상전집051

उपनिषद्
우파니샤드

김세현 역해
동서문화창업60주년특별출판
1판 1쇄 발행/2016. 9. 19
1판 2쇄 발행/2021. 6. 1
발행인 고정일
발행처 동서문화사
창업 1956. 12. 12. 등록 16-3799
서울 중구 마른내로 144(쌍림동)
☎ 546-0331~6 Fax. 545-0331
www.dongsuhbook.com
*
사업자등록번호 211-87-75330
ISBN 978-89-497-1566-7 04080
ISBN 978-89-497-1514-8 (세트)